Biographie

D1214228

JACQUES PARIZEAU

Tome II
Le Baron
1970-1985

Du même auteur

Jacques Parizeau, tome 1, Le Croisé, (1930-1970), Québec Amérique, 2001.

Pierre Duchesne

JACQUES PARIZEAU

Tome II
Le Baron
1970-1985

ÉDITIONS QUÉBEC AMÉRIQUE

329, RUE DE LA COMMUNE OUEST, 3ᵉ ÉTAGE, MONTRÉAL (QUÉBEC) H2Y 2E1 (514) 499-3000

Données de catalogage avant publication (Canada)

Duchesne, Pierre

   Jacques Parizeau t. 2, Le Baron

   (Biographie)
   Comprend des réf. bibliogr. et un index.
   Sommaire : t. 1. Le Croisé, 1930-1970 – t. 2. Le Baron, 1970-1985

   ISBN 2-7644-0105-1 (v. 1)
   ISBN 2-7644-0153-1 (v. 2)

   1. Parizeau, Jacques, 1930- . 2. Québec (Province) – Politique et gouvernement – 1994- .
3. Parti québécois – Histoire. 4. Québec (Province) – Histoire – Autonomie et mouvements indépendantistes. 5. Premiers ministres – Québec (Province) – Biographies. 6. Hommes politiques – Québec
(Province) – Biographies. I. Titre. II. Collection : Biographie (Éditions Québec Amérique).

FC2926.1.P37D82 2001   971.4'04'092   C2001-940339-9
F1053.25.P37D82 2001

Nous reconnaissons l'aide financière du gouvernement du Canada par l'entremise du Programme
d'aide au développement de l'industrie de l'édition (PADIÉ) pour nos activités d'édition.

Gouvernement du Québec - Programme de crédit d'impôt pour l'édition de livres - Gestion SODEC

Les Éditions Québec Amérique bénéficient du programme de subvention globale du Conseil des Arts
du Canada. Elles tiennent également à remercier la SODEC pour son appui financier.

Le Conseil des Arts | The Canada Council
du Canada | for the Arts

Québec ::

Dépôt légal : 2e trimestre 2002
Bibliothèque nationale du Québec
Bibliothèque nationale du Canada

Révision linguistique : Danièle Marcoux
Mise en pages : André Vallée

Tous droits de traduction, de reproduction
et d'adaptation réservés

Imprimé au Canada

©2002 ÉDITIONS QUÉBEC AMÉRIQUE INC.
www.quebec-amerique.com

À mon épouse, Marie-France,
pour sa présence, sa douceur et sa solidité.

NOTE DU BIOGRAPHE

L'idée d'entreprendre la biographie d'un personnage qui vit toujours est plutôt intrépide. Dans le cas de Jacques Parizeau, le défi est d'autant plus périlleux que sa présence et son influence sur le paysage politique continuent de se faire sentir. Malgré les risques que comporte cet exercice, l'entreprise recèle de nombreux avantages. D'abord, les événements qui doivent être racontés n'ont pas encore pris la dimension mythique que le temps fait normalement subir à certains souvenirs. Nous ne sommes pas encore très éloignés de l'action racontée et la majorité des acteurs sont encore là pour en témoigner. Le biographe a pu confronter Jacques Parizeau à certaines réalités et l'opposer à plusieurs témoignages. Sur une période de quatre ans, le sujet d'étude a accordé cent cinquante heures d'entrevues réparties sur cinquante rencontres. Personne auparavant n'a eu un tel accès à cet ancien premier ministre.

Le cadre dans lequel se déroulaient les discussions fut déterminé dès le départ. Comme il s'agit d'une biographie non autorisée, Jacques Parizeau a collaboré à la réalisation de l'ouvrage par les nombreuses heures d'entrevues qu'il a accordées, mais il n'a exercé aucun contrôle sur le texte final. Il lui a été impossible de consulter le manuscrit avant la publication. Aucun privilège ne lui a été accordé. Il n'a lu l'ouvrage que lorsque le livre a été disponible en librairie. Par précaution, le biographe s'est assuré de choisir une maison d'édition qui n'entretient aucun lien avec Jacques Parizeau ou son entourage. Son employeur, Radio-Canada, n'a pas non plus fait la lecture du manuscrit avant sa publication.

Afin de ne jamais être prisonnier de la version du sujet d'étude, le biographe a mené plus de trois cents entrevues avec cent quarante personnes. L'échantillonnage incluait des gens proches de lui et d'autres, plus critiques. Toutes les entrevues ont été enregistrées, transcrites et classées.

Ce que l'auteur de cet ouvrage propose donc aux lecteurs, c'est la première biographie non autorisée de Jacques Parizeau. Il ne croit pas cependant que son livre constitue une biographie définitive. L'héritage économique et politique que ce personnage controversé a légué au Québec et au Canada sera peut-être être évalué différemment dans plusieurs années. Le biographe espère toutefois que cette biographie deviendra un ouvrage de référence pour tous ceux et celles qui cherchent à mieux définir et comprendre le rôle qu'a joué ce personnage authentique et unique dans notre histoire.

TABLE DES MATIÈRES

Quatrième partie (*suite*)

LA CROISADE POLITIQUE

Cinquième partie

L'ARISTROCRATE APPELÉ SOUS LES DRAPEAUX

LA CROISADE POLITIQUE

CHAPITRE 1

Le militant

« Je vois mon Parizeau infatigable, parcourant tout le Québec rural dans une petite Renault 5, à faire des dîners bénéfices. Ça, c'est le plus beau Parizeau, Parizeau le militant. Ça lui a donné une base incroyable pour la suite et pourtant, je ne crois pas qu'il faisait cela pour cette raison. »

Denis de Belleval [1],
ministre dans le gouvernement Lévesque

Les premières années de la décennie soixante-dix augurent d'excellentes relations entre Jacques Parizeau et René Lévesque. Nouvellement élu sur le Conseil exécutif du parti, Pierre Bourgault remarque que « Lévesque avait une admiration sans bornes pour Parizeau et sa compétence. Il l'écoutait comme un oracle [2]. » Celle qui deviendra la seconde épouse de René Lévesque, Corinne Côté-Lévesque, confirme que la grande intelligence de Jacques Parizeau impressionnait beaucoup René Lévesque [3]. De son côté, Jacques Parizeau soutient sans défaillir son « chef-poète [4] », y compris dans les moments les plus difficiles pour René Lévesque.

---

1. Entrevue avec Denis de Belleval, le 29 mars 2000.
2. Entrevue avec Pierre Bourgault, le 28 septembre 2000.
3. Entrevue avec Corinne Côté-Lévesque, le 2 octobre 2000.
4. L'expression est de Jacques Parizeau.

René Lévesque et Jacques Parizeau au début des années 1970,
deux indépendantistes qui s'entendent bien.
Source : Parti québécois

C'est le cas, notamment, lors de l'importante manifestation d'appui du mouvement syndical à l'égard des employés en grève du journal *La Presse*. Alors que la moitié de l'exécutif national et la grande majorité de l'aile parlementaire souhaitent participer à l'événement qui doit avoir lieu le 29 octobre 1971, René Lévesque s'y oppose craignant des débordements et un glissement vers la violence. Si pendant cet épisode, certains, comme Robert Burns, n'hésitent pas à affronter durement le chef, Jacques Parizeau demeure solidaire. Alors que de 1973 à 1976, Claude Charron, Robert Burns, Lucien Lessard, Marcel Léger et bien d'autres font des sorties contre René Lévesque et contestent son leadership, la loyauté de Jacques Parizeau à l'égard du président du parti demeure inébranlable. « Après les tensions, les luttes d'images, les oppositions de personnes, il faut que quelqu'un siffle maintenant la fin de la récréation, écrit-il en 1974 dans *Québec-Presse*. On ne voit pas qui peut vraiment remplir cette fonction à part monsieur Lévesque [5]. »

L'attitude et les allures de grand seigneur que se donne Jacques Parizeau déplaisent à plusieurs. Sur cet aspect de sa personnalité, un grave conflit l'oppose d'ailleurs à Claude Charron. « Parizeau est quelqu'un de très très loin de moi, concède-t-il facilement. Dès notre première rencontre, je ne voyais pas le jour où j'aurais une familiarité quelconque avec lui. Nous avons suivi deux chemins parallèles et ça l'est resté jusqu'à la fin. Nous avons donc respecté la définition des droites qui ne se rejoignent jamais (rires) [6]. » Tout au long de ses années d'apprentissage politique, Claude Charron est toujours prêt à en découdre avec Jacques Parizeau. Il revendique, comme un trophée de chasse, l'instant où il a réussi à tirer des larmes au docteur en économie : « Nous l'avons même fait brailler à un moment donné [7] ! », avoue-t-il fièrement.

L'incident se produit lors d'une rencontre tenue à l'Auberge Handfield [8]. Elle regroupe le Conseil exécutif du Parti québécois et l'aile parlementaire.

---

5. Chronique de Jacques Parizeau, « Parizeau en liberté », *Québec-Presse*, le 20 octobre 1974.

6. Entrevue avec Claude Charron, le 22 mars 2000.

7. *Idem*.

8. Les témoins ne sont pas précis sur la date, mais tous confirment que l'orageuse réunion s'est tenue à l'Auberge Handfield. Or, après consultation des procès-verbaux de l'exécutif du Parti québécois, la seule rencontre tenue à l'Auberge Handfield où Jacques Parizeau et Pierre Bourgault étaient présents est celle du 28 août 1971.

À un moment donné, Jacques Parizeau s'agite et évoque la nécessité de prévoir tous les scénarios possibles afin que le parti ne soit pas infiltré par des informateurs fédéralistes. « Ah! Jacques, vous n'êtes qu'un grand énervé[9]! », tonne Pierre Bourgault. « On dirait une *prima donna* et en plus, quand ça chauffe, vous jetez de l'huile sur le feu au lieu de l'éteindre[10]! » René Lévesque, surpris, se tourne vers Pierre Bourgault : « Venant de vous Monsieur Bourgault… c'est un peu étonnant[11]! » Pierre Bourgault riposte : « Ah attention! Moi, quand il n'y a pas de feu, j'en allume, mais quand il y en a déjà un, je ne jette pas d'huile dessus, c'est différent[12]. » Guy Joron en est estomaqué : « Bourgault a été cinglant, méchant même. » Il traite Parizeau de paranoïaque. « Vous vous énervez à propos de rien et vous voyez des fantômes derrière les portes[13]! », s'écrie Pierre Bourgault. Jacques Parizeau est sonné. Fait exceptionnel, il verse quelques larmes et s'essuie les yeux avec son mouchoir. « Il s'est carrément retiré, confirme Guy Joron. Il était blessé. » Pierre Marois, qui préside la réunion, craint les retombées de cette attaque. « Parizeau sort dehors et Camille Laurin va lui parler. Il ne reviendra que le lendemain[14]. » Pour sa part, Claude Charron n'est nullement troublé par la peine de Jacques Parizeau. « Il boude encore! » se dit-il.

Tito, calvaire!

La crise d'Octobre a permis d'asseoir à une même table les grandes centrales syndicales et le Parti québécois. Côte à côte, ils ont formé un front commun qui affirme se porter à la défense des droits fondamentaux. Au lendemain de cette alliance, la cohabitation se révèle plutôt incertaine, menaçant même de se rompre. Le 8 septembre 1971, la CSN propose à ses membres un changement de société radical. Elle publie le document

---

9. Propos attribués à Pierre Bourgault et rapportés par Guy Joron et par Pierre Marois.
10. Entrevue téléphonique avec Pierre Bourgault, le 28 septembre 2000.
11. Propos attribués à René Lévesque et rapportés par Pierre Bourgault. Entrevue du 28 septembre 2000.
12. Entrevue téléphonique avec Pierre Bourgault, le 28 septembre 2000.
13. Propos attribués à Pierre Bourgault et rapportés par Guy Joron et par Pierre Marois.
14. Entrevue avec Pierre Marois, le 23 mars 2000.

intitulé *Il n'y a plus d'avenir pour le Québec dans le système actuel*. Un mois plus tard, son président, Marcel Pepin, présente le manifeste *Ne comptons que sur nos propres moyens* dans lequel on peut lire : « Le socialisme apparaît dans le monde actuel comme la seule véritable alternative. Par socialisme, nous voulons dire que la société possède les moyens de production, que les travailleurs participent directement à la gestion, que l'activité économique est planifiée directement par l'État [15]. »

Jacques Parizeau reçoit très mal le document qu'il considère comme un brouillon dépassé : « C'est un appel, au fond, à une sorte de communisme à la yougoslave. On y parle même de la nationalisation des terres agricoles ! C'est un document qui n'a littéralement aucun bon sens pour n'importe qui, qui est le moindrement au courant de ce qui se passe dans le monde et qui a le moindrement fait un peu d'études. C'est complètement fou ! Mais il y a tout à coup les présidents des Sociétés Saint-Jean-Baptiste en province et le Mouvement national des Québécois qui semblent trouver que cela a bien du bon sens... Tito, calvaire [16] ! »

Voulant éviter de se mettre à dos l'importante centrale syndicale, Jacques Parizeau va manœuvrer afin d'amener son président à se compromettre sur le plan politique. Le changement de régime que Marcel Pepin souhaite instaurer se fera-t-il à l'intérieur du Canada ou hors de ce pays ? Fédéraliste, Marcel Pepin demeure vague à ce sujet, suggérant que le mouvement ouvrier ne soit inféodé à aucun parti politique. Jacques Parizeau discrédite publiquement le document, l'associant à une forme de marxisme à papa plutôt caricaturale. Il ridiculise la campagne de nationalisation globale qui promet d'aller jusqu'à « nationaliser Jos Bleau sur ses 120 acres [17]. »

Pendant que Louis Laberge, président de la FTQ, déclare que « ce n'est pas les vitres que nous voulons casser, mais le régime [18] », Jacques Parizeau contrarie plusieurs militants gauchistes en critiquant vertement ce type de

---

15. Document intitulé *Ne comptons que sur nos propres moyens*, CSN, octobre 1971.
16. Entrevue avec Jacques Parizeau, le 26 octobre 1999.
17. Chronique de Jacques Parizeau, « Jacques Parizeau en liberté », *Québec-Presse*, le 28 novembre 1971.
18. Propos attribués à Louis Laberge lors d'une assemblée publique tenue au Forum de Montréal le 2 novembre 1971 et rapportés à l'émission radiophonique *Présent – Édition québécoise*, de Radio-Canada, le 19 novembre 1971.

*L'économiste, Jacques Parizeau, le chef, René Lévesque
et le président de l'aile parlementaire, Camille Laurin.
Photo d'Antoine Désilets.*

propos. Lors de cette période d'échauffement idéologique, le journal de gauche *Québec-Presse* ouvre ses pages à Jacques Parizeau. L'économiste péquiste rédige alors une chronique dans laquelle il ne se gêne pas pour démolir tous ceux qui prônent une nationalisation complète de l'économie. Dans un geste sans précédent, des militants de la CSN, membres du Conseil de Montréal, qualifiés par Parizeau de fiers-à-bras, viennent occuper les bureaux du journal et empêchent que sa chronique du 14 mai 1972 soit publiée. Le Conseil central de Montréal est représenté au conseil d'administration de *Québec-Presse*. Les syndiqués reprochent alors à l'exécutif du Parti québécois l'une de ses prises de position à l'endroit de la «lutte des travailleurs». Parizeau crie à la censure et affirme dans un communiqué: «On peut et on doit vouloir abolir l'influence de Power Corporation sur les médias d'information. Mais est-ce pour la remplacer par la censure musclée [19]?»

---

19. Extrait de son communiqué reproduit dans la chronique de René Lévesque, *Le Journal de Montréal*, le 16 mai 1972.

Les mois de mai se succèdent, mais ne se ressemblent pas. Un an plus tard, alors que les trois chefs syndicaux du Québec ont été emprisonnés par le gouvernement de Robert Bourassa, c'est Jacques Parizeau qui propose à l'exécutif du parti d'aller marcher aux côtés des travailleurs en ce premier mai 1973 pour le moins spécial.

Une élection et un pays

Le 7 avril 1972, au cours d'une importante conférence de presse donnée par René Lévesque, Jacques Parizeau et Camille Laurin, la direction du Parti québécois rend public un manifeste de cent trente-huit pages intitulé *Quand nous serons vraiment chez nous*. Ce document d'orientation sera présenté au Congrès qui aura lieu en octobre. Compte tenu du climat social de l'époque, la presse juge le document passablement modéré. René Lévesque n'hésite pas à affirmer que les mesures préconisées dans ce document sont «incompatibles avec l'analyse de la situation faite dans le document de travail de la CSN [20].» Il ne s'agit pas de socialisme ou de marxisme, mais de social-démocratie à la québécoise, «un modèle de développement adapté à l'homme d'ici», précise René Lévesque.

Le document soutient qu'au moment où les avorteurs ne manquent pas, seul le Parti québécois se soucie de proposer l'effort suprême de la naissance. «La minorité que nous sommes encore, même si elle ne cesse de s'accroître, ne deviendra cette majorité décisive qu'à la condition de rester attachée à l'idée d'indépendance avec une persistance inébranlable, de creuser cette idée et de la clarifier constamment afin de la rendre de plus en plus contagieuse [21].» Le manifeste propose un régime présidentiel et un financement public des partis politiques. Parmi les principaux auteurs du manifeste, on retrouve Pierre Marois, Camille Laurin, René Lévesque et Jacques Parizeau.

Une large place est faite à l'économie. Cette section regroupe quatre-vingt-quatre pages sur les cent trente neuf du manifeste. Jacques Parizeau en est le principal rédacteur, mais il a aussi reçu l'appui de Guy Joron. Ce

---

20. Propos cités dans l'article de Jean-Claude Picard, «Le PQ lance un manifeste consacré en majeure partie à l'économie», *Le Soleil*, le 8 avril 1972.
21. *Quand nous serons vraiment chez nous*, document soumis par le Conseil exécutif du Parti québécois, avril 1972, p. 8.

dernier rappelle que les premiers jets de cet ouvrage comprenaient des textes beaucoup plus révolutionnaires, dont un projet de « coopérativation » de tout le système financier, ce que Jacques Parizeau n'a pas approuvé[22].

Le texte final propose l'instauration d'une banque centrale et d'une « Société de réorganisation industrielle » inspirée du modèle britannique et chargée de gérer les acquisitions faites par l'État. Le Parti québécois propose un code des investissements qui empêchera une société étrangère de posséder la totalité des actions d'une entreprise incorporée au Québec. « La Caisse de dépôt, conformément au rôle qu'on lui a assigné parmi les institutions financières du secteur public, devrait être actionnaire de toute société d'une certaine importance, et singulièrement de toutes celles où des intérêts étrangers sont présents[23]. » Tout le secteur culturel, particulièrement l'industrie des médias, devra être à l'abri du contrôle étranger. Dans le domaine financier, il est suggéré de maintenir à cinquante pour cent la propriété des banques, des fiducies et des compagnies d'assurances entre les mains d'actionnaires québécois.

Le plan verra à donner à l'État un rôle central de planificateur de l'économie. Le manifeste critique la tentative de planification régionale du Bureau d'aménagement de l'Est du Québec (BAEQ). Bien que Jacques Parizeau y ait été associé lors de la Révolution tranquille, il est écrit que « de cela, il ne serait plus question[24]. » Une grande place sera faite au développement de l'énergie nucléaire. Sur cet aspect, on sent l'influence de Jacques Parizeau.

Sur la question monétaire, René Lévesque, qui favorise une transition en douceur, souhaite garder le dollar canadien. Jacques Parizeau, craignant que cette question ne devienne l'objet d'un chantage de la part du fédéral, y voit une menace à la réalisation de l'indépendance. « Par conséquent, est-il écrit dans le manifeste, nous ne nous faisons guère d'illusions. Autant l'union douanière est souhaitable et pour ainsi dire inscrite sur la carte, autant l'union monétaire demeure hautement problématique[25]. »

Au Congrès du parti en octobre 1972, les militants adoptent, dans leurs grandes lignes, les orientations proposées par le document. Le programme est pratiquement réécrit et restructuré à partir de ce manifeste.

---

22. Entrevue avec Guy Joron, le 18 avril 2000.
23. *Quand nous serons vraiment chez nous*, op. cit., p. 95.
24. *Idem*, p. 124.
25. *Idem*, p. 135.

BON DE COMMANDE

Dans la collection LE CITOYEN

( ) Le Parti Québécois en bref $0.25
( ) Témoignage de Camille Laurin 0.25
( ) Qui contrôle l'économie du Québec? 0.25
( ) Qui finance le Parti Québécois? 0.25
( ) La monnaie de l'Etat du Québec 0.50
( ) Pour s'abonner à la collection
 LE CITOYEN, le coût est de $3.00
 pour 12 numéros.

Dans la collection DOSSIER

( ) L'affaire de la Baie James 0.50
( ) A quand la réforme scolaire? 0.25

Dans la collection ACTUALITÉ

( ) L'agriculture chez nous 0.25
( ) Le "coup" du fédéralisme 0.25

Autres publications

( ) Quand nous serons vraiment chez
 nous (le Manifeste du conseil
 exécutif) 1.50
( ) Le programme - Edition 1971 .... 0.25
( ) La nouvelle carte électorale
 du Québec 1.00
( ) Les dossiers du 4ième congrès
 national du Parti Québécois 2.50
( ) Disque: "Quand nous serons
 vraiment chez nous" 2.00

Indiquer le nombre de publications désirées.
Envoyer un chèque ou mandat à l'ordre:

LES ÉDITIONS DU PARTI QUÉBÉCOIS
5675, rue Christophe-Colomb
Montréal (326)   Téléphone: 273-0471

Nom ....

Adresse ....

....

Téléphone ....

prochaine étape...

**quand
nous
serons
vraiment
chez Q
nous**

**MANIFESTE DU CONSEIL EXÉCUTIF
DU PARTI QUÉBÉCOIS**

EN VENTE PARTOUT AU PRIX DE $1.50
ET AUX ÉDITIONS DU PARTI QUÉBÉCOIS
5675, rue Christophe-Colomb
Montréal (326)   Téléphone: 273-0471

*De tous les documents du Parti québécois,
ce manifeste reflète le mieux la pensée de Jacques Parizeau.
Source : Parti québécois*

De tous les documents de l'histoire du Parti québécois, *Quand nous serons vraiment chez nous* est celui qui intègre le mieux la pensée politique et économique de Jacques Parizeau. Dix-sept ans plus tard, l'un des premiers gestes qu'il posera une fois élu chef de l'opposition en 1989, sera de retirer le document des archives pour le distribuer à tous les députés élus de son parti. Devenu premier ministre en 1994, Jacques Parizeau ne cessera de puiser dans cette source encore non contaminée par l'étapisme.

Quand il s'est engagé en politique auprès de René Lévesque, le croisé n'envisageait pas de référendum pour proclamer l'indépendance. En 1972, son idée demeure la même : «Combien de temps entre l'élection et

RENÉ LÉVESQUE et PAULINE JULIEN DANS VOTRE SALON!

RENÉ LÉVESQUE VOUS LIVRE SUR DISQUE UN MESSAGE DE 7 MINUTES SUR L'AVENIR DU QUÉBEC

PAULINE JULIEN INTERPRÈTE POUR VOUS LA CHANSON "QUAND NOUS SERONS VRAIMENT CHEZ-NOUS"

Disque 45 tours, durée de 12¾ minutes
Pochette cartonnée avec calendrier

EN VENTE AUX ÉDITIONS DU PARTI QUÉBÉCOIS AU PRIX DE $2.00

À l'époque où le Parti québécois était plus qu'un parti...
Source : Le Parti québécois.

l'indépendance?, écrit-il. Dix-huit mois, deux ans? Probablement quelque chose de cet ordre[26]. » Dans une brochure intitulée *Comment se fera l'indépendance*, Jacques Parizeau prévoit des négociations longues et ardues après une victoire péquiste. S'il y a mésentente avec le gouvernement fédéral, tout cela aboutira à une déclaration d'indépendance unilatérale[27]. Dans le même document, René Lévesque explique que la conduite du premier ministre Pierre Elliott Trudeau pendant les événements d'Octobre l'amène maintenant à penser qu'une élection suffira pour proclamer l'indépendance : « Le jour où nous formerons le gouvernement, élu pour appliquer un programme que chacun connaît, c'est à ce moment-là que nous l'appliquerons[28]. » Et Jacques Parizeau d'ajouter : « Le Québec est entré dans la confédération sans référendum et il se retirera de la confédération sans référendum, conformément aux règles du parlementarisme britannique[29]. » Plusieurs mois auparavant, devant le comité spécial mixte du Sénat et de la Chambre des communes sur la constitution du Canada, le député fédéral Douglas Hogarth questionnait Jacques Parizeau à ce sujet : la séparation devient-elle inévitable si le Parti québécois obtient cinquante sièges et quarante-cinq pour cent du vote? « Oui, certainement, répond Jacques Parizeau. Lorsqu'un parti a un programme aussi clair que le nôtre, quiconque vote pour nous, doit savoir qu'il vote pour l'indépendance du Québec[30]. »

---

26. Chronique de Jacques Parizeau, « Parizeau en liberté », *Québec-Presse*, le 19 avril 1972.
27. Brochure du Parti québécois *Comment se fera l'indépendance*, Les Éditions du PQ, novembre 1972, p. 13. Ce fascicule, publié dans le *Toronto Star* du 6 au 15 novembre 1971, est élaboré à partir des entrevues menées par le journaliste Robert McKenzie avec René Lévesque, Jacques Parizeau, Jacques-Yvan Morin et Camille Laurin.
28. *Idem*, p. 19.
29. *Idem*, p. 20.
30. Procès-verbal du témoignage de Jacques Parizeau devant le comité spécial mixte du Sénat et de la Chambre des communes sur la constitution du Canada. Fascicule n° 44, le jeudi 11 février 1971, p. 64.

Le cavalier de Jacques Parizeau

Toujours minutieusement préparé et très bien informé, Jacques Parizeau a des entrées partout au sein de la fonction publique québécoise. Ses relations, en particulier à la société Hydro-Québec, sont excellentes. En témoigne cette rencontre de novembre 1974 où le chef de l'aile parlementaire du parti, Jacques-Yvan Morin, se rend au siège social d'Hydro-Québec en compagnie de Jacques Parizeau. Au moment de cette rencontre, le professeur des HÉC n'est ni député, ni même membre de l'exécutif du parti. On lui permet pourtant de discuter, derrière des portes closes, du projet de la Baie James et de la question de l'énergie nucléaire avec nul autre que le président de la société d'État, Roland Giroux, et cela une semaine avant que ne siège la commission parlementaire qui doit traiter de ces dossiers.

Depuis la nationalisation de l'électricité en 1962, Jacques Parizeau prétend que Roland Giroux « aime deux personnes dans le Parti québécois, Lévesque et moi. Il veut sans cesse nous rendre un tas de services sans jamais demander quoi que ce soit. C'est un vieux nationaliste et je demeure convaincu que Giroux était, dans le sillage de Lévesque, profondément souverainiste [31]. »

Mais le véritable contact de Jacques Parizeau au sein de la machine hydro-québécoise, celui qui est prêt à mener toutes les luttes, se nomme Jean Labrecque. Ancien étudiant de Jacques Parizeau, ce dernier ne lui a plus adressé la parole depuis le jour où le jeune poulain a mis fin unilatéralement à ses études supérieures à l'Université Queens [32]. L'étudiant rebelle a fait bien du chemin depuis. Dès 1968, il gérait l'importante caisse de retraite d'Hydro-Québec. À 28 ans, il détenait un pouvoir discrétionnaire de cinq millions de dollars.

Grâce à son poste à la trésorerie de la société Hydro-Québec, Jean Labrecque peut observer les déplacements stratégiques du syndicat financier d'où sont exclus les francophones. Il apprend à démonter les mécanismes de la machine, puis remet les choses en place. Il cherche à comprendre. Il n'est plus seul à s'intéresser à la bête. Au même moment, les acteurs

---

31. Entrevues avec Jacques Parizeau, le 27 avril 1998 et en janvier 1999. Roland Giroux n'en a pourtant jamais fait étalage publiquement.
32. Il en est fait mention dans le tome I, aux pages 195-196.

francophones commencent également à se parler. L'équipe de la Caisse de dépôt et placement, notamment, se fait les dents. « Tu observes comment le jeu se met en place et s'exécute, raconte Jean Labrecque. [Tu cherches à savoir] qui a intérêt à poser de tels gestes. Je réalise qu'on n'a pas besoin d'avoir des masses monétaires si importantes pour influencer le marché, il faut juste savoir comment les déplacer [33]. » Au ministère des Finances, sous l'administration du ministre Raymond Garneau, et à Hydro-Québec, on découvre que A.E. Ames & Co., le chef du syndicat, vend des obligations d'Hydro-Québec au gouvernement et vice-versa sans en informer les institutions concernées. « Tu commences à faire les liens, explique Jean Labrecque. Tu te rends compte que le syndicat joue sur les deux tableaux. Qu'il nous joue les uns contre les autres. Nous, nous achetons entre nous et c'est le messager qui empoche les commissions. En réalité, c'est toi-même qui alimentes la machine. C'est toi qui nourris la banque et le courtier. Quand tu as compris cela, tu casses les circuits et les réseaux d'amitiés [34]. » Jean Labrecque a le nez dans le ventre du syndicat financier. Il a procédé à l'autopsie du dragon. Voilà de quoi plaire à Jacques Parizeau qui est avide de tout renseignement sur le cartel financier.

La rencontre entre Parizeau et son ancien étudiant, qui donnera lieu à une forme de réconciliation, est fortuite. En avril 1970, Jean Labrecque est vice-président de l'association du comté de Fabre où Jean-Roch Boivin se présente comme candidat péquiste. Lors d'une réunion de l'exécutif dans un bungalow de Duvernay, Jean Labrecque croise son professeur d'autrefois dans les escaliers du sous-sol. L'économiste des HÉC découvre alors que son ancien étudiant est dans le même camp que lui, prêt pour le combat. Compte tenu de ses connaissances et de sa situation, Jean Labrecque deviendra plus qu'un soldat. Jacques Parizeau va s'en servir comme d'un allié précieux à qui il demande de mener d'audacieuses et d'astucieuses charges de cavalerie.

Jean Labrecque est membre du conseil d'administration de *Québec-Presse* et signe, sous le pseudonyme de Raymond Brouillard, des articles parfois acides sur le gouvernement libéral. Le 25 juin 1970, le ministre québécois des Institutions financières, compagnies et coopératives met sur

---

33. Entrevue avec Jean Labrecque, le 2 novembre 1998.
34. Le syndicat financier achète les obligations du Québec et les revend aux investisseurs. Voir tome I, à la page 314 et suivantes.

pied le Comité d'étude sur l'industrie des valeurs mobilières du Québec en réaction à un comité semblable créé par le gouvernement fédéral. Jean Labrecque en fait partie. Sous la présidence de Louis-Philippe Bouchard, sous-ministre des Institutions financières, le groupe peut compter, entre autres, sur la présence de Claude Prieur, président de la Caisse de dépôt et placement, et sur celle de Louis Rousseau, président de Molson, Rousseau et Compagnie limitée. Jean Labrecque est délégué comme observateur par Roland Giroux. Privé du droit de vote, son rôle s'avère toutefois fort limité, sans compter les efforts du ministre des Finances Raymond Garneau qui tente de l'expulser, le trouvant trop radical. Pour demeurer en place, Jean Labrecque demande à Jacques Parizeau sa protection. Comme ce dernier ne fait plus partie du gouvernement, il ne peut intercéder en sa faveur. L'économiste des HÉC communique alors avec Roland Giroux pour qu'il protège le représentant d'Hydro-Québec. Voilà que se développe le circuit Giroux-Parizeau-Labrecque. Roland Giroux accepte de devenir le paratonnerre de Jean Labrecque. Cet appui permet au jeune Labrecque de devenir plus actif et de participer à la rédaction du rapport pour lui donner un air plus nationaliste. Le cavalier de Jacques Parizeau entreprend cette bataille pour donner plus de place aux courtiers québécois. «Les obligations du gouvernement se vendent en grande partie au Québec. Pourquoi donc les courtiers québécois ne les distribuent pas[35]?» La complicité est telle entre Jacques Parizeau et Roland Giroux, que celui-ci lui remet un exemplaire du rapport préliminaire avant qu'il ne soit déposé publiquement le 16 juin 1972. Le rapport du Comité d'étude sur l'industrie des valeurs mobilières du Québec propose, entre autres, que pour toutes les maisons de valeurs mobilières opérant au Québec, un minimum de vingt-cinq pour cent du capital-actions votant soit la propriété d'officiers et d'employés domiciliés au Québec.

Pendant toute cette période, de 1970 à 1976, Jean Labrecque n'hésite pas à affirmer que pour «tout ce qui concerne la gestion de la dette de la province, la situation des marchés financiers, le fonctionnement interne de la Caisse de dépôt et du syndicat financier, monsieur Parizeau est très bien alimenté. Très, très bien alimenté[36].»

---

35. Entrevue avec Jean Labrecque, le 2 novembre 1998.
36. Entrevue avec Jean Labrecque, le 31 janvier 2000.

Le Québec en Renault 5

Lors des assemblées du Parti québécois, parmi les barbus, les rêveurs, les excités et les socialistes, Jacques Parizeau se voit comme l'aumônier des âmes égarées. En congrès, il s'élève contre le salaire minimum à dix dollars l'heure et détruit l'argumentation de ceux qui encouragent les nationalisations à tout vent : « S'il vous plaît, arrêtez-vous avant de nationaliser les jolies filles [37]! », répète-il. S'il fait rire les militants, c'est qu'on reconnaît en lui le docteur en économie, une compétence plutôt rare dans le parti. Dans les rangs péquistes, il est de plus en plus perçu comme le bourgeois qui a changé de camp, le seigneur laissant son manoir pour rejoindre ses sujets sur la paille. Son militantisme, l'activisme qu'il déploie dans toutes les régions du Québec, lui assure bientôt la reconnaissance d'un grand nombre de militants [38].

Jacques Parizeau ne répugne pas à se déplacer dans les comtés dépourvus d'organisation. Il élabore ce qu'il appelle « l'intronisation des poteaux. » Il s'agit de recruter des représentants du Parti québécois là où ils se font rares. Dans un premier temps, Jacques Parizeau utilise sa notoriété au maximum. Lorsqu'il se déplace pour la première fois dans un village ou dans un rang, tout consiste pour lui à être exagérément visible. Il va jusqu'à encourager la formation d'un convoi de voitures pour se rendre à la résidence du futur président de comté ou du délégué local. Après avoir invité tous les notables de la place, il consacre devant témoins celui ou celle qui sera autorisé à représenter le parti. Jacques Parizeau rentre ensuite à Outremont en souhaitant que le nouvel élu saura profiter de cette poussée symbolique pour lancer et solidifier l'organisation et le tenir informé au besoin. Isabelle Fecteau, pour la Gaspésie, Léo et Diane Gagné, « les métallos de l'Abitibi » ne sont que quelques-uns de ses poteaux.

« Pendant toutes ces années-là, évoque Denis de Belleval, militant de la région de Québec, Parizeau couvrait la campagne partout, en bon soldat. Il

---

37. Cette formule revient à quelques reprises chez Jacques Parizeau, dont une fois dans sa chronique publiée dans *Québec-Presse*, le 28 novembre 1971.
38. Contraste frappant, si Jacques Parizeau est populaire en région, il n'en est pas moins détesté par plusieurs employés de la permanence du parti à Montréal. Sous le couvert de l'anonymat, bien des gens ont confié au biographe qu'ils n'appréciaient guère son arrogance et sa suffisance.

L'infatigable militant parcourant le Québec.
Archives de Jacques Parizeau, ANQ, Montréal.

le faisait d'une façon absolument admirable et dans des voitures de fortune parce qu'il ne conduisait pas. Toutes sortes de gens le conduisaient dans toutes sortes de *bazous.* Il n'y avait jamais de limousine, mais presque toujours des Renault 5. Je vois mon Parizeau infatigable, parcourant tout le Québec rural, à faire des dîners bénéfices. Ça, c'est le plus beau Parizeau, Parizeau le militant de 1969 à 1976. Ça lui a donné une base incroyable pour la suite et pourtant, je ne crois pas qu'il faisait cela pour avoir une base. Parizeau ne croit pas à ça, c'est ridicule[39].» Ses déplacements ne passent pas inaperçus. «Quand vous voyez arriver Parizeau depuis Montréal dans une Renault 5 pour expliquer pourquoi la souveraineté... C'est la plus belle chose au monde après le pain tranché!, raconte Denis de Belleval. Par une tempête de neige ou de pluie, et Dieu sait comment sont

---

39. Entrevue avec Denis de Belleval, le 29 mars 2000.

nos routes, il se mettait à l'écoute de tous. Il parlait à tous, se faisait comprendre. C'était extraordinaire! Ça impressionnait les gens[40].» Denis de Belleval en est encore admiratif.

Malgré l'envergure du personnage et son allure hautaine, Jocelyne Ouellette, présidente du Parti québécois dans la région de l'Outaouais dès 1969, est d'abord surprise par la disponibilité manifestée par le professeur d'université à l'endroit des militants de sa région. «On lui donnait un coup de fil et il venait à Hull tout de suite, que ce soit la semaine ou la fin de semaine. Il prenait l'autobus en fin d'après-midi, il passait un bout de soirée avec nous, puis on allait le reconduire par le dernier autobus vers 11 heures ou minuit[41].» Un jour, une grève des chauffeurs d'autobus est déclenchée. Quelques heures auparavant, Jacques Parizeau, qui n'en est pas informé, avait téléphoné à Jocelyne Ouellette pour lui confirmer sa présence à la rencontre du soir : «Madame Ouellette, je serai là à dix-huit heures.» À l'heure convenue, Jocelyne Ouellette se présente tout de même au terminus d'autobus. «Quand monsieur Parizeau nous donnait sa parole, il aurait renversé le monde pour l'honorer. Il savait qu'on était là, que les militants du comté avaient travaillé plusieurs jours et que nous l'attendions. J'étais persuadé qu'il trouverait un moyen d'être là à l'heure. Il ne nous a jamais fait faux bond[42].» Jacques Parizeau arrive pile et au point de rendez-vous fixé quelques heures auparavant. «Il était là», se souvient Jocelyne Ouellette. Il avait négocié entre temps avec un chauffeur de taxi l'aller-retour Montréal-Hull. Après la soirée de travail, il reprend le taxi pour Montréal, où il donnera un cours aux HÉC le lendemain.

En 1994, quand Jacques Parizeau est élu premier ministre et demande à Louis Bernard de diriger l'appareil administratif de son gouvernement, c'est ce militantisme passé qui va l'amener à s'engager auprès du nouveau premier ministre : «Monsieur Parizeau a été plus proche des militants et du parti que monsieur Lévesque. Il a parcouru le parti et s'est promené. Il a fait cela plus que Lévesque. Il avait mérité à mon sens qu'on l'aide[43].» Louis Bernard voit dans le Parizeau militant, l'homme en mission.

40. *Idem.*
41. Entrevue avec Jocelyne Ouellette, le 21 mars 2000.
42. *Idem.*
43. Entrevue avec Louis Bernard, le 27 avril 2000.

Yves Duhaime, qui ne se gênera pas pour critiquer durement Jacques Parizeau une fois devenu ministre des Finances, reconnaît son dévouement envers les militants. Il se souvient de cette assemblée à l'aéroport de Shawinigan vers 1973. Il voit Jacques Parizeau prononcer son discours en plein air devant quelques 300 personnes. Sous la pluie battante, debout dans la boîte d'un camion, il s'essuie le visage à plusieurs reprises avec son mouchoir blanc, tout en continuant à haranguer la foule, son complet trois pièces complètement détrempé[44]. Tous ces gestes sont posés dans une terre fertile. « Ce sont des contacts que vous cultivez pendant vingt ans et à un moment donné, ça vous donne une force, une capacité de rebondissement extraordinaire[45] », rappelle Jacques Parizeau.

Ces années pionnières comptent leurs lots d'histoires abracadabrantes. Jacques Parizeau se souvient, par exemple, de ce voyage périlleux qu'il entreprend pour la Gaspésie. Au cœur d'une tempête de neige, son avion atterrit avec difficulté à Mont-Joli. « De là, je prends un camion pour aller à Murdochville, ramasser en pleine nuit une enveloppe contenant soixante-huit dollars et vingt-cinq cents (rires)[46]. » À l'époque, le financement se fait de façon plutôt artisanale et « au râteau », selon l'expression même de Jacques Parizeau. Les exercices comptables n'ont alors rien de sérieux. N'empêche que Jacques Parizeau convainc des vérificateurs comptables d'étudier les rapports financiers du parti afin de recevoir une certification, ce qui n'existe pas encore dans le paysage politique canadien. « La première fois, ils refusent. Il faut faire plusieurs réformes [comptables], mais trois ans plus tard, vers 1973, nous serons le premier parti au Canada à avoir une certification de nos comptes[47]. »

Jacques Parizeau veut aussi tout connaître de cette imposante machine que constitue le Parti québécois. Il est présent à de nombreux conseils régionaux. S'il considère qu'une de ces rencontres est capitale et qu'il ne peut s'y rendre, il envoie ses émissaires, bien souvent Daniel Paillé ou Serge Guérin. Il demande à ses gens d'écouter, d'identifier ceux qui font des éclats, de reconnaître les leaders. Les émissaires doivent faire des rapports écrits, si possible. « C'est comme ça qu'il a intégré le parti, atteste Daniel

---

44. Entrevue avec Yves Duhaime, le 5 avril 2000.
45. Entrevue avec Jacques Parizeau, le 31 octobre 2000.
46. Entrevue avec Jacques Parizeau, le 9 mai 2000.
47. *Idem.*

Paillé. Il recevait des coups de téléphone de partout et de façon tout à fait gratuite. Les gens se disaient, il me semble que Parizeau devrait savoir ça[48].»

Mais cette structure presque parallèle en inquiète plusieurs à la tête du parti. Certains commencent à parler avec agacement du «PQ de la rue Decelles», où sont situés les HÉC ainsi que le bureau de Jacques Parizeau et de ses assistants de recherche. Claude Charron est de ceux qui croient que l'économiste se bâtit un réseau afin de contrer l'influence trop grande de René Lévesque. De façon contradictoire, c'est pourtant ce même Claude Charron qui attaque alors sans répit son chef, pendant que l'économiste des HÉC évite tous conflits ouverts avec René Lévesque.

Quand Jacques Parizeau soutient qu'il a «choisi un gouvernement avant un pays», on est forcé d'ajouter que c'est un parti qui lui a fait découvrir son pays. Petit garçon dans Outremont, il ne pouvait compter que sur Sarah Saint-Jean, la bonne de la maison, pour lui présenter une ouverture sur le Québec profond. Jeune homme, le technocrate en saura plus sur la structure de l'État québécois que sur sa population. À l'âge mûr, celui qui ne connaît pas encore la plupart des chansonniers québécois et les mœurs des habitants de la province va découvrir, dans les années 1970, l'âme d'une nation et l'identité québécoise en battant la campagne pour son parti, de même qu'en visitant les quartiers populaires. Qui prend parti, prend pays…

---

48. Entrevue avec Daniel Paillé, le 29 février 2000.

CHAPITRE 2

Le réseau Parizeau

« Nous étions, je crois, un peu, beaucoup, passionnément naïfs, et Lévesque a contribué à cette naïveté. L'histoire a montré que c'est Parizeau qui avait raison. Il avait compris, lui, que ce n'est pas vrai que sur le continent nord-américain naîtrait un pays comme ça, uniquement grâce à une approche démocratique. Il est sûr que c'est l'approche fondamentale, mais attention, il y a d'autres règles du jeu aussi. »

Pierre Marois [1],
président du Conseil exécutif du PQ,
de 1971 à 1973

Jacques Parizeau est fasciné par les récits de son épouse qui lui relate les gestes héroïques de l'armée clandestine de Pologne qui manœuvrait dans l'ombre, entre les mailles du filet tendu par l'occupant allemand [2]. De la même façon, il raffole des ouvrages qui traitent de Winston Churchill et des opérations d'espionnage menées par les services secrets anglais pendant la Seconde Guerre mondiale. En raison même de cette fascination, il n'est pas étonnant de constater que le renseignement politique et la désinformation constituent très tôt pour lui des outils que le nouveau politicien a

---

1. Entrevue avec Pierre Marois, le 23 mars 2000.
2. Marcel Pepin, qui a connu Alice Parizeau, confirme qu'elle « voyait des complots partout. Puis quand j'écoutais Parizeau, je sentais bien que ça déteignait sur lui. Les questions d'infiltration et le réseau Parizeau, Alice devait être derrière ça complètement. » Entrevue du 14 février 2000.

bien l'intention d'utiliser contre le gouvernement fédéral. « À un moment donné, on va avoir besoin de quelque chose comme ça [3] », se dit-il. Dans le Parti québécois, il est toutefois l'un des seuls à penser ainsi. Peu importe, Jacques Parizeau est décidé à intervenir dans la sphère ténébreuse du renseignement politique.

« On s'est conduit comme des amateurs pendant les événements d'Octobre. Le réseau, je vais le monter pour que jamais plus on se fasse prendre de la même façon [4]. » Le « réseau », comme il l'appelle, est la moins connue des réalisations de Jacques Parizeau. À l'intérieur du parti, ceux qui soupçonnaient l'existence d'un tel réseau ont largement sous-estimé les travaux du professeur des HÉC dans ce domaine.

Depuis les premiers jours de son arrivée au Parti québécois, Jacques Parizeau cultive la collecte d'information en tous genres. Dévoilant rarement l'origine de ses sources, il transforme aisément de simples confidences en des révélations spectaculaires. Il aime donner un air de clandestinité à une démarche le plus souvent publique et parfaitement autorisée, convaincu que cela lui donnera plus de crédit. « Il nous surprenait, évoque Guy Joron. Je ne sais pas s'il s'exerçait chez lui avant de venir au bureau, en se disant : bon, bien là, je vais leur faire un bon numéro ! Mais il pouvait nommer non seulement le directeur régional de telle organisation dans un coin du Québec, mais jusqu'aux noms des employés d'un hôpital dont il était question. On avait l'impression qu'il savait tout ce qui se passait partout ! (rires) C'est vrai, il était formidablement bien renseigné [5]. »

Fidèle à son personnage théâtral, Jacques Parizeau sait émailler ses propos d'un éblouissant vernis. Lorsqu'il s'agit d'information confidentielle, la direction du parti ne semble s'attarder qu'à la dimension éclatante de ses déclarations, dont elle se moque allègrement, pour ne passer que très peu de temps à découvrir ce qui se cache derrière le lustre. « Les gens appelaient ça les espions à Parizeau, atteste Louis Bernard. On se moquait de lui. Il aimait avoir des personnes placées à des endroits qui lui donnaient de l'information que d'autres n'avaient pas. Cela lui permettait de voir les choses différemment des autres (rires) [6]. » « Louis Bernard et René

---

3. Entrevue avec Jacques Parizeau, le 16 août 1999.
4. Entrevue avec Jacques Parizeau, le 20 juillet 1999.
5. Entrevue avec Guy Joron, le 18 avril 2000.
6. Entrevue avec Louis Bernard, le 27 mars 2000.

Lévesque se sont toujours méfiés du renseignement, reconnaît Jacques Parizeau. Ils trouvaient que c'était ridicule, que c'était des affaires de *James Bond*. Si vraiment le renseignement était un exercice futile… cela se saurait. Les pays ne dépenseraient pas autant d'argent pour créer des services qui ne font que cela[7]!» Serge Guérin ajoute : «Lévesque ne croyait pas que dans la construction d'un pays, il fallait avoir un minimum de renseignements. Or, c'est fondamental. Quand on est en train de former un pays, nous entrons en opposition avec un autre pays qui lui ne veut pas se démanteler[8].» À cet égard, il semble que Michel Carpentier faisait exception. Il comprenait l'utilité du renseignement, mais fonctionnait beaucoup plus dans l'ombre et n'en parlait pratiquement jamais. Pierre Marois concède sans hésitation que «la méfiance de Parizeau pouvait avoir un côté drôle et amusant. Pour monsieur Lévesque, la sécurité c'était le dernier de ses soucis[9].» Des années plus tard, après avoir participé activement aux blagues que l'on faisait à ce sujet, Pierre Marois reconnaît que Jacques Parizeau «a eu raison d'être terriblement méfiant[10].»

Batman et le B.A.T.

À force d'insister auprès de ses collègues de l'exécutif du parti sur la pertinence de mener des activités de renseignement, Jacques Parizeau finit par les convaincre de lui donner quelques moyens pour entretenir un réseau informel qu'il a déjà commencé, par ailleurs, à bâtir. À la réunion du 3 avril 1971, le Conseil exécutif du parti consacre l'existence d'un «Bureau d'assistance technique». Cette couverture permet à Jacques Parizeau d'utiliser un bureau et une ligne téléphonique pour communiquer avec ses informateurs, tous des bénévoles. Il n'y a aucun délateur payé par le parti, l'organisation n'en a pas les moyens. C'est ce qu'affirme Jacques Parizeau. L'économiste dispose en fait de très peu d'argent pour agir. À la réunion du 14 novembre 1971, «on accorde à Jacques Parizeau l'utilisation d'une

---

7. Entrevue avec Jacques Parizeau, le 27 mars 2000.
8. Entrevue avec Serge Guérin, le 27 janvier 2000.
9. Entrevue avec Pierre Marois, le 23 mars 2000.
10. *Idem.*

carte de crédit pour son travail pour le Bureau d'aide technique[11].» Il s'agit en fait de lui rembourser ses appels interurbains. Quant à ses déplacements en province et à Ottawa, il les finance de sa propre poche.

Le «Bureau d'assistance technique» est aussi appelé le B.A.T. À la permanence, les détracteurs de Jacques Parizeau ont tôt fait de le surnommer «BATman». Sur la constitution même de son réseau, Jacques Parizeau a toujours été discret[12]. «Il s'agissait essentiellement d'une opération destinée à faire en sorte qu'un parti légal, dans un pays qui se veut une démocratie, puisse voir venir, explique-t-il. Avec quelles techniques? Avec des techniques qui consistent à écouter des gens qui parlent trop, parce que généralement les gens parlent trop[13].»

L'une des techniques éprouvées dans le milieu consiste à obtenir de l'information en provenance de petites cellules qui ne communiquent pas entre elles. Avec le fractionnement par trois, chaque individu ne connaît jamais plus que deux personnes dans le réseau, celle qui est devant et l'autre derrière. «Personne n'a jamais eu le portrait complet, sauf moi et mon assistant. C'est une vieille règle de compartimentage. La deuxième règle, c'est que vous ne faites pas appel à des gens directement impliqués, vous faites le tour. Il faut toujours un intermédiaire[14].» Loin de laisser croire que l'organisation comptait beaucoup de membres, Jacques Parizeau concède que la première personne d'un groupe de trois était souvent la même pour plusieurs cellules[15].

L'assistant

Peu après la période trouble d'Octobre 1970, Serge Guérin est recruté par Jacques Parizeau et devient son bras droit. Des liens presque filiaux

11. Extrait du procès-verbal du Conseil exécutif du PQ, le 14 novembre 1971. Archives du Parti québécois.
12. Au biographe qui se fera insistant sur le sujet, il répond : «Le réseau Parizeau n'existait pas et c'est ce qui faisait sa force.» Mais au fil des nombreuses rencontres, Jacques Parizeau finira peu à peu par lever le voile sur une partie des activités de ce réseau.
13. Réponse de Jacques Parizeau à une question sur la définition du «réseau Parizeau». *Journal des débats* de l'Assemblée nationale, le lundi 12 décembre 1977, p. 4 584.
14. Entrevue avec Jacques Parizeau, le 16 août 1999.
15. Entrevue avec Jacques Parizeau, le 26 octobre 1999.

*Serge Guérin, l'assistant de Jacques Parizeau,
devenu son ami.
Archives personnelles de Raymonde Savard.*

se créent entre les deux hommes. Admis dans les murs des HÉC à titre d'assistant de recherche, Serge Guérin entretient, dans les faits, une multitude de contacts qui traversent toutes les structures nationales, régionales et locales du Parti québécois. De façon souterraine, c'est aussi lui qui maintient en place le réseau de renseignement qui doit contribuer à percer les secrets de l'ennemi, incarné par le gouvernement fédéral.

Ceux qui savent des choses et qui veulent parler s'adressent à Serge Guérin. «Un bonne part du renseignement provient des hasards et des oreilles attentives, estime-t-il, le reste est organisé[16].» Une seule phrase dans un journal ou une observation apparemment banale peuvent lancer une opération. Les activités du réseau Parizeau s'étendront de 1970 à 1974 environ[17].

---

16. Entrevue avec Serge Guérin, le 27 janvier 2000.
17. Les recherches actuelles du biographe ne permettent pas de croire que Jacques Parizeau ait maintenu ce type d'activité après l'élection du Parti québécois.

En 1972, l'assistant de Jacques Parizeau reçoit un appel téléphonique anonyme à son bureau des HÉC. L'inconnu informe Serge Guérin : «J'ai des documents secrets provenant de l'armée canadienne. Les renseignements qu'ils contiennent pourraient vous intéresser [18].» Serge Guérin manifeste son intérêt, mais demeure peu emballé. Ce n'est pas la première fois qu'un militaire prend contact avec lui. Aucun jusqu'à présent ne lui a confié de grands secrets. «Je connais la couleur et le modèle de votre voiture, dit la voix. Veuillez à l'instant prendre votre voiture en direction du tunnel Louis-Hippolyte-Lafontaine. À la sortie du tunnel, vous verrez une voiture sur la voie de service, suivez-la !» L'individu raccroche. Les directives lui semblent un peu trop étudiées, mais le flair de Serge Guérin l'incite à obéir. Comme convenu, à la sortie du tunnel, Serge Guérin aperçoit une voiture immobilisée à sa droite qui démarre en trombe à son passage. Il suit le véhicule qui l'amène dans le stationnement d'un centre commercial. «C'est là qu'il me donne le document et s'en va [19]», raconte Serge Guérin.

Impatient, il ouvre l'enveloppe. Ses yeux s'illuminent : «Les documents font état des récentes nominations des groupes de choc de l'armée, des comités constitués et de leurs mandats. Il s'agit en fait de documents sur la structure du Service canadien de renseignement et sur la formation du *Quebec board*[20].» Il revient aux HÉC et s'empresse de montrer à son patron les résultats de cette dernière récolte. Jacques Parizeau salive comme un gourmet devant un festin de roi. «Nous avons accès à des affectations d'officiers suggérées par Marc Lalonde, chef de cabinet du premier ministre, pour diriger le service de renseignement qui opère, pendant un certain temps, à partir des instructions que donne Lalonde [21].» Pour montrer à Marc Lalonde à quel point le réseau Parizeau a pénétré le système et qu'il est temps qu'il cesse d'espionner le Parti québécois [22], Jacques Parizeau fait envoyer un mémo au cabinet du premier ministre, en présumant

---

18. Dialogue reconstitué à partir des souvenirs de Serge Guérin. Entrevue du 7 juillet 2000.
19. Entrevue avec Serge Guérin, le 7 juillet 2000.
20. Entrevue avec Serge Guérin, le 27 janvier 2000.
21. Entrevue avec Jacques Parizeau, le 27 mars 2000.
22. Pour en apprendre plus sur les actions menées par la GRC au Québec, le lecteur peut consulter l'annexe A du premier tome.

faussement que la dernière nomination de l'agent de liaison de la GRC au bureau de Pierre Elliott Trudeau risque de mettre en péril la crédibilité du service parce qu'il est homosexuel. Jacques Parizeau bluffe, il souhaite compromettre l'adversaire en le poussant à agir sous la pression et à commettre des faux pas. Avec un grand éclat de rire, Jacques Parizeau affirme que Marc Lalonde change aussitôt le directeur des services du renseignement au bureau du premier ministre : « Il déplace le gars [23] ! » Appelé à commenter cette affirmation, Marc Lalonde affirme : « C'est possible, mais celle-là, je ne m'en souviens pas [24]. »

En 1973, le bureau du Service de renseignement de l'armée, installé à Saint-Hubert, est déménagé à Kingston en Ontario. « Nous les avions complètement pénétrés, soutient Jacques Parizeau. Nous leur avons envoyé un télégramme à Kingston pour les féliciter d'avoir déménagé [25] ! » Frondeur, Jacques Parizeau souhaite au colonel la meilleure des chances dans ses nouveaux bureaux.

« On fonctionnait avec très peu d'argent, révèle-t-il. Toujours du comptant, sans chèque. Il faut être en dehors du réseau bancaire. Cela a très bien fonctionné. À une ou deux reprises, il a fallu louer une voiture pour une surveillance à trois *shift* [26] », c'est-à-dire de jour et de nuit. « Une chose est évidente, je ne laisse pas mon monde dans le champ louer leurs propres autos. Le bénévolat oui, mais les dépenses non [27]. » Jacques Parizeau nous apprend que Jean-Pierre Goyer, alors solliciteur général dans le gouvernement de Pierre Elliott Trudeau, « ministre en charge de la surveillance et de la direction des services de renseignement au Québec, avait son bureau sur la rue Cathcart, au-dessus de la caserne. Il a longtemps été sous surveillance [28]. » Que veut dire Jacques Parizeau ? « Puisque c'était non officiellement le quartier général du service de renseignement

---

23. Entrevue avec Jacques Parizeau, le 16 août 1999.
24. Entrevue avec Marc Lalonde, le jeudi 7 décembre 2000.
25. Entrevue avec Jacques Parizeau, le 16 août 1999. Un responsable de la force terrestre de l'armée canadienne a confirmé ce déménagement.
26. Entrevue avec Jacques Parizeau, le 26 octobre 1999. Un militant péquiste, devenu ministre dans le gouvernement Lévesque, confirme la location de voitures pour des filatures.
27. Entrevue avec Jacques Parizeau, le jeudi 7 décembre 2000.
28. Entrevue avec Jacques Parizeau, le 27 mars 2000.

au Québec, il fallait quand même savoir qui entre et qui sort de cette boîte-là!» Ce qui veut donc dire que des gens du Parti québécois faisaient le guet devant l'immeuble? «J'espère bien. Ils s'imaginaient tout de même pas qu'ils allaient opérer comme ils opéraient sans que quelqu'un les regarde! Quand même! (rires)[29]» Jacques Parizeau ajoute que l'officier de la GRC qui était l'agent de liaison au bureau du premier ministre à Ottawa a aussi été suivi. Des gens du Parti québécois faisaient le guet devant «toutes les portes du nouveau quartier général de la GRC à Montréal[30].»

La branche outaouaise du réseau

Jocelyne Ouellette, qui deviendra plus tard ministre dans le gouvernement Lévesque, est l'une des plus actives collaboratrices de Jacques Parizeau dans cette entreprise de collecte de renseignements. De son poste d'observation à Hull, sur l'autre rive de l'Outaouais, elle peut surveiller les mouvements dans la capitale fédérale. Dès la fin des années soixante, son sentiment nationaliste s'exacerbe avec les expropriations «sauvages» de quelque cinq mille personnes des quartiers ouvriers de Hull pour construire des édifices à bureaux du gouvernement fédéral[31]. Dévorée par l'action politique, elle participe en 1967 au congrès de fondation du Mouvement souveraineté-association. Elle occupe ensuite le siège de la présidence régionale du Parti québécois pour l'Outaouais. En octobre 1970, cette région sera l'une des plus perquisitionnées par la police et l'armée. Les arrestations y seront nombreuses. La police visitera à deux reprises la demeure de Jocelyne Ouellette. Les événements d'Octobre aiguiseront chez elle des convictions indépendantistes déjà tranchantes.

Munie de sa petite radio à piles qu'elle garde constamment sur elle, la militante enflammée s'informe sur tout et écoute chaque bulletin de nouvelles. «J'allais chercher les communiqués à la tribune de la presse à Ottawa et nous les commentions. Il faut savoir, dit-elle, qu'à Ottawa nous cohabitions avec deux cent cinquante agences de presse. Quatre-vingt-quinze

29. *Idem.*
30. Entrevue avec Jacques Parizeau, le jeudi 7 décembre 2000.
31. Entrevue avec Jocelyne Ouellette, le 21 mars 2000.

pour cent de l'information est publique [32]. » Celle qui nie l'existence d'un réseau de renseignement animé par Jacques Parizeau déclare plutôt qu'elle faisait alors du renseignement public. «C'est un peu insultant! La GRC nous sous-estimait. Elle ne comprenait pas tout le travail de gens dans la vingtaine qui ont le goût d'un pays et qui ne pensent qu'à ça [33]. » Dans le dossier de la stratégie d'acquisitions immobilières de la Commission de la capitale nationale, Jocelyne Ouellette et le Parti québécois de l'Outaouais sont particulièrement bien informés et vont mettre le gouvernement fédéral dans l'embarras à plus d'une occasion en faisant plusieurs révélations. Lors d'une conférence de presse régionale en décembre 1975, Jocelyne Ouellette n'hésite pas, en compagnie de René Lévesque et de Pierre Marois, à dénoncer l'intention du gouvernement fédéral d'encercler la ville de Hull par l'achat de terrains en visant ainsi à noyer l'Outaouais dans un district fédéral anglophone. Statistiques en main, Jocelyne Ouellette soutient que le gouvernement fédéral possédait vingt-trois pour cent des terrains de Hull en 1967 et que huit ans plus tard, il en possède trente-cinq pour cent. Le résultat de tout ce travail ne provient pas de fuites, mais d'une recherche fouillée, répète-t-elle. Le gouvernement fédéral est fort indisposé par la précision des informations rendues publiques. Vingt-cinq ans plus tard, le journaliste Bernard Drainville exhibera à la télévision un mémorandum du comité des priorités du cabinet fédéral, daté d'avril 1969, qui révèle l'intention du gouvernement fédéral d'amener la région de l'Outaouais à s'identifier à la capitale fédérale, afin qu'elle puisse «se commettre à l'égard du fédéralisme et faire contrepoids aux autres régions du Québec sous l'influence des ultra-nationalistes [34]. »

Quand on lui parle du réseau Parizeau, Jocelyne Ouellette oppose à la blague le réseau Villeneuve, sa propre famille. Les onze enfants Villeneuve habitent tous en Outaouais. À ceux-là, s'ajoutent les cousins et les cousines. «Mon père avait un hôtel et une taverne plantés juste à l'entrée du pont interprovincial, en face de la colline parlementaire. Avec la bière en fût le

---

32. *Idem.*

33. *Idem.*

34. Extrait du mémorandum fédéral qui rend compte des décisions prises lors de la réunion du comité des priorités du 15 avril 1969. Le mémo, rédigé le 17 avril 1969 par Michael Pitfield, le secrétaire du comité, a été rendu public à la télévision de Radio-Canada par le journaliste Bernard Drainville, le 13 décembre 1999.

midi, ça parlait. Nous avions tous dans nos familles quelqu'un qui travaillait au fédéral. Il faut savoir que notre région est une société tricotée serrée», raconte-t-elle. L'hôtel et la taverne Laurier sont donc des sources inépuisables d'information et de potins.

Dans l'entourage de Jacques Parizeau, on confirme pourtant que Jocelyne Ouellette est exagérément discrète sur cette période. Elle ne croit pas avoir fait l'objet de filature, alors que les rapports du SSGRC [35] et les témoignages des agents fédéraux lors des audiences de la Commission québécoise sur les opérations policières en territoire québécois le révèlent [36]. «Que nos téléphones étaient *tapés*, on le savait, avoue toutefois Jocelyne Ouellette. Un technicien chez Bell Canada à Hull nous l'avait dit. C'était un membre du Parti québécois. Il avait fait des tests et m'avait donné le nombre de personnes dont les lignes étaient branchées sur écoute. Il y avait parmi ce groupe un certain nombre de journalistes. Je me suis donc dit, s'ils écoutent, nous allons les politiser [37]!»

En raison de son activisme, l'un des frères de Jocelyne Ouellette, qui travaille à la Commission de la capitale nationale, perd son emploi. Un autre de ses frères (elle en a sept!) travaille comme magnétothécaire au ministère de la Défense nationale. Il est un jour interrogé par des agents du SSGRC. La GRC cherche à savoir s'il a transmis des informations de nature confidentielle à sa sœur. Les officiers lui présentent des coupures de journaux qui rapportent certaines des déclarations publiques de Jocelyne Ouellette, présidente régionale du Parti québécois. Les enquêteurs lui donnent alors un numéro de téléphone où il peut appeler 24 heures par jour. «Si jamais ta sœur te contacte pour savoir ce que tu fais, tu nous appelles [38].» Le cousin du mari de Jocelyne, batteur dans la fanfare de la GRC, est aussi interrogé. La jeune militante fait vraisemblablement l'objet d'une enquête. Ses relations constantes avec Jacques Parizeau n'apaisent en rien les inquiétudes des agents fédéraux qui soupçonnent déjà le professeur d'université de chercher à recueillir de l'information auprès des fonctionnaires fédéraux sympathiques au Parti québécois.

---

35. SSGRC : le Service de sécurité de la Gendarmerie royale du Canada.
36. Commission présidée par Jean Keable.
37. Entrevue avec Jocelyne Ouellette, le 21 mars 2000.
38. *Idem.*

Depuis 1969, Jocelyne Ouellette travaille étroitement avec l'économiste des HÉC. «L'Outaouais est une région très revendicatrice et des plus actives. Nous appelons plusieurs fois par jour au national et on ne lâche pas l'exécutif[39].» René Lévesque confie la région de l'Outaouais à son «stratège napoléonien[40]», Jacques Parizeau. Ainsi mandaté, le professeur fait de nombreux voyages en autobus à la frontière ontarienne.

Il supervise un petit groupe de militants et de fonctionnaires fédéraux qui travaillent à l'élaboration d'une brochure pour le Parti québécois portant sur l'intégration des fonctionnaires fédéraux dans la perspective d'un Québec souverain. Le groupe se réunit à Val-Tétreault, dans le sous-sol d'un militant. «Nous mettions du papier journal dans les fenêtres et nous passions des soirées à décortiquer, une fois le Québec souverain, les actifs et les passifs à partager [avec le Canada] et comment intégrer les fonctionnaires fédéraux. Monsieur Parizeau nous appelait à la minutie et à la précision. Quand il venait nous rejoindre, nous nous devions d'avoir fait nos devoirs[41].»

Mais pourquoi donc le papier journal dans les fenêtres? «Parce que les fonctionnaires fédéraux, ils étaient entre six ou huit, ne voulaient pas être vus!», s'empresse de répondre Jocelyne Ouellette. «Ils assistaient quelquefois aux assemblées publiques du PQ et se voilaient la figure lorsque les caméras balayaient la salle[42].» La nervosité des fonctionnaires s'explique. Le 15 décembre 1972, tous les sous-ministres de l'administration fédérale reçoivent une note les informant que la GRC va produire un rapport sur les «sympathies séparatistes[43]» des fonctionnaires. Affirmant qu'il n'y avait à l'époque que deux sous-ministres en provenance du Québec dans la fonction publique canadienne, Jocelyne Ouellette nie qu'ils aient participé aux rencontres présidées par Jacques Parizeau. Le SSGRC, pour sa part, soutient le contraire et affirme que Jocelyne Ouellette a pénétré la fonction publique canadienne et compromis des hauts fonctionnaires dont certains

39. *Idem.*
40. L'expression est de René Lévesque dans *Attendez que je me rappelle...*, Montréal, Québec Amérique, 1986, p. 318.
41. Entrevue avec Jocelyne Ouellette, le 21 mars 2000.
42. *Idem.*
43. Selon un article de Michel Vastel dans *Le Soleil du* 14 avril 1992.

sous-ministres [44]. Jacques Parizeau confirme bel et bien que des infor-mateurs de la fonction publique fédérale l'alimentaient, mais il refuse de dévoiler leur identité et leur poste, affirmant que plusieurs d'entre eux sont toujours en fonction [45].

Si Jocelyne Ouellette agit dans l'ombre, il en est tout autrement de Jacques Parizeau que l'on expose à tous vents lors de ses visites à Hull et à Ottawa. Celui qui adore les restaurants choisit les endroits les plus fré-quentés par les journalistes et les politiciens. Jocelyne Ouellette en a été témoin à de nombreuses reprises : «Monsieur Parizeau s'amusait à laisser courir les rumeurs les plus folles sur les raisons de sa visite.» Autant à l'égard des services de renseignement que des politiciens et des journalistes, Jacques Parizeau amplifie artificiellement son rôle et entretient tous les doutes. L'un de ses endroits préférés est le *Canadian Grill*, la salle à manger du Château Laurier. «Je m'installe toujours à la même table, insiste Jacques Parizeau. Je mange toujours à mes frais. Jean Marchand et Donald Gordon sont là. En fait, tout le Canada est là et moi je reçois à ma table. J'ai donc de la visibilité. Et en politique, quand vous avez de la visibilité, les gens pensent que vous avez de l'importance. Je me comporte comme si [j'étais] dans le club. Je reçois des gens du PQ que je rends honorables en les recevant dans ce milieu-là. Puis au fond, personne ne sait que j'invite deux types de personnes à ma table, ceux qui sont dans le renseignement et ceux qui font de la politique [46].»

À chacune de ses visites dans l'Outaouais, Jacques Parizeau réside à l'hôtel Château Laurier et exige toujours la même chambre, ce qui facilite le travail des limiers. Serge Guérin soutient qu'il apprend très rapidement que la chambre est sous écoute électronique par la GRC. Des «privés» balayent la chambre pour Jacques Parizeau et trouvent des micros. «Quand tu surveilles, tu es surveillé. À partir du moment où tu le sais, tu l'utilises, et que le meilleur gagne. C'est le jeu et c'est normal! Le sachant, nous passions de l'information pour les manipuler. Plus on discutait dans la chambre, plus on savait que ça passait de l'autre côté [47].» Jacques Parizeau

---

44. Ces propos ont été soutenus lors des audiences de la Commission Keable (tenues de 1978 à 1981) et au moment du procès de l'agent Vermette en 1982.
45. Entrevue avec Jacques Parizeau, le 27 mars 2000.
46. Entrevue avec Jacques Parizeau, le 30 mars 2000.
47. Entrevue avec Serge Guérin, le 27 janvier 2000.

La Mata Hari québécoise,
Loraine Lagacé.
Archives personnelles de Loraine Lagacé

député fédéral. «De par sa relation avec de Bané, je me suis servi de Loraine Lagacé. Comme agent double, c'est moi qui ai inventé Lagacé[55]», dit-il.

Jacques Parizeau pousse l'audace jusqu'à demander à son informatrice d'organiser une rencontre avec Pierre de Bané pour le convaincre de changer de camp. Loraine Lagacé confirme que Jacques Parizeau voulait «que Pierre fasse une défection. L'idée était d'attirer des [adversaires] politiques et de les ramener sur notre terrain[56].» Pendant l'hiver 1971, elle invite donc les deux hommes à souper chez elle, à sa maison du quartier Mont-Bleu à Hull. Aujourd'hui sénateur, Pierre de Bané se souvient de cette longue mais passionnante rencontre qui débute à huit heures le soir pour se terminer vers cinq heures du matin. «J'ai tenté de le repousser jusque dans ses derniers retranchements, confirme le sénateur, mais je n'y suis pas arrivé et lui ne m'a pas convaincu non plus[57].» Loraine Lagacé nous apprend que «du côté de Pierre, cela lui faisait plaisir de rencontrer Parizeau qu'il prenait pour un homme intelligent. Pierre ayant été un

---

55. Entrevue avec Jacques Parizeau, le 27 mars 2000.
56. Entrevue téléphonique avec Loraine Lagacé, le 23 janvier 2001.
57. Entrevue téléphonique avec Pierre de Bané, le 5 mars 2001.

ancien membre du RIN, il n'était pas du tout allergique à cette cause-là. Il savait que j'étais indépendantiste. Il n'y avait pas de cachette nulle part. Ils se sont revus, mais je n'étais pas avec lui. Ce serait sur la rue Robert [au domicile de Jacques Parizeau][58].» Mais les efforts de Jacques Parizeau demeurent vains : Pierre de Bané reste loyal à l'équipe Trudeau.

Si Jacques Parizeau encourage Loraine Lagacé à demeurer la maîtresse de Pierre de Bané, beaucoup de militants péquistes de la région de l'Outaouais, qui ignorent tout de la stratégie de Jacques Parizeau, sont plutôt troublés par les relations que Loraine Lagacé entretient avec les fédéralistes. Jocelyne Ouellette avoue aujourd'hui qu'elle «ne savait à quelle auberge logeait Loraine Lagacé. Avec son petit salaire, elle se faisait livrer des robes Dior, vivait au chic condominium *Les Jardins du Château* et avait souvent une chambre réservée pour elle à l'hôtel Delta. Les gens savaient qu'elle était la maîtresse de Bané et ça la rendait suspecte aux yeux de tous[59].»

Peu à peu, la vie trépidante de Loraine Lagacé et ses très nombreuses fréquentations avec des fédéralistes commencent à semer le doute dans l'esprit de Jacques Parizeau. Loraine Lagacé reconnaît volontiers que Jacques Parizeau «avait plus confiance en Jocelyne Ouellette qu'en moi[60]». Toutefois, elle croit que c'est une affaire personnelle qui a miné la confiance que lui témoignait Jacques Parizeau. La Mata Hari québécoise a-t-elle eu une liaison avec Jacques Parizeau? C'est ce que Loraine Lagacé soutient. D'abord intellectuelle, leur relation devient charnelle, affirme-t-elle. Ils se rencontrent «à la fois au Château Laurier et chez moi, à Outremont, dans un petit appartement sur la rue Querbes. À un moment donné, je lui ai dit : " Je n'ai pas de désir pour vous, mais j'aimerais que l'on continue à se voir quand même." Ça l'a choqué noir! C'est un homme très orgueilleux, monsieur Parizeau[61].»

Jacques Parizeau nie formellement avoir entretenu quelque relation intime que ce soit avec Loraine Lagacé. Il est même très précis sur le nombre de fois où il s'est retrouvé en tête-à-tête avec elle : «Un jour, je mange au restaurant *Chez Madame Burgé* à Hull. Loraine Lagacé se

---

58. *Idem.*
59. Entrevue avec Jocelyne Ouellette, le 21 mars 2000.
60. Entrevue avec Loraine Lagacé, le 21 février 2000.
61. Entrevue avec Loraine Lagacé, le 23 janvier 2001.

présente par hasard et me dit : "Je travaille pour vous." Nous prenons un verre à une terrasse de café. Le lendemain, je reçois un coup de téléphone d'un de mes gars qui agissait comme intermédiaire entre Loraine Lagacé et moi. Il m'engueule : "Monsieur Parizeau, crie-t-il, c'est vous qui m'avez appris le fractionnement par trois, voulez-vous me dire pourquoi vous êtes sorti avec elle [62] ?" » Jacques Parizeau soutient que c'est la seule fois où il a rencontré Loraine Lagacé [63]. «Elle n'a jamais mis les pieds dans ma chambre d'hôtel du Château Laurier [64].» Jacques Parizeau est catégorique : il a cessé d'avoir confiance en Loraine Lagacé parce qu'il était convaincu qu'elle avait changé de camp. «Ce sont ses fréquentations qui nous ont amenés à nous méfier d'elle [65]», confie Serge Guérin. Ce dernier reçoit alors la mission de couper tous les liens que le réseau Parizeau entretenait avec elle.

Un dimanche après-midi, Serge Guérin se rend donc à l'appartement de Loraine Lagacé à Montréal. Il affirme détenir assez d'information pour conclure que l'agent double livre trop de renseignements au côté adverse. «Il était treize heures trente. Je la confronte avec tout ce que j'ai. "Non, jamais! s'écrie-t-elle. Ce qui est important pour moi c'est la souveraineté du Québec. Vos informations sont fausses", me dit-elle [66].» Loraine Lagacé fait toute une scène. Serge Guérin lui dit alors : «OK, je prends ta parole.» Un mois plus tard, Jacques Parizeau demande à nouveau à son bras droit d'expulser Loraine Lagacé de son réseau. La deuxième rencontre se déroule en soirée, toujours chez elle. «Je la confronte à nouveau, raconte Serge Guérin. T'auras beau me dire ce que tu voudras, *you're out* [67]!» Loraine Lagacé est démolie : «Tu ne peux pas me faire ça! On se connaît depuis si longtemps! hurle-t-elle [68].» Serge Guérin met fin à l'entretien en disant : «Loraine, ça me fait plaisir.» Les liens sont définitivement coupés.

---

62. Entrevue avec Jacques Parizeau, le 27 mars 2000.
63. Poussant l'enquête plus loin, le biographe a questionné le fidèle entourage de Jacques Parizeau qui est plutôt partagé à ce sujet, mais qui n'écarte pas la possibilité d'une liaison entre les deux personnages.
64. Entrevue avec Jacques Parizeau, le 27 mars 2000.
65. Entrevue avec Serge Guérin, le 27 janvier 2000.
66. *Idem.*
67. *Idem.*
68. Propos attribués à Loraine Lagacé et rapportés par Serge Guérin. Entrevue du 27 janvier 2000. Loraine Lagacé dit ne pas se souvenir d'une telle rencontre.

Jacques Parizeau n'adressera plus jamais la parole à Loraine Lagacé. Celle-ci quitte Pierre de Bané à la fin de l'année 1973 et s'installe à Montréal. Elle ne reverra Jacques Parizeau que huit ans plus tard au cours d'un épisode décisif de l'histoire politique du Québec : la Conférence constitutionnelle de 1981 qui donne lieu à la nuit des longs couteaux. Le Parti québécois est alors au pouvoir et Loraine Lagacé occupe le poste de directrice du Bureau du Québec à Ottawa. De toute évidence, le premier ministre René Lévesque, à la différence de Jacques Parizeau, ne croit pas que Loraine Lagacé a trahi le Parti québécois[69].

Le biographe a tenté sans succès de connaître la nature exacte des renseignements qui permettaient au duo Parizeau-Guérin de conclure à la trahison de Loraine Lagacé. Interrogé à plusieurs reprises à ce sujet, Serge Guérin a fini par admettre que Loraine Lagacé n'avait peut-être pas trahi de façon active. Par contre, elle était trop bavarde, ce qui la rendait peu fiable et même très dangereuse pour le mouvement souverainiste. Elle parlait autant à l'adversaire qu'au réseau Parizeau[70].

Le réseau international

Devant les commissions d'enquêtes sur les activités de la GRC au Québec, l'agence fédérale a tenté de justifier la surveillance exercée sur le Parti québécois, en évoquant les activités souterraines menées par Jacques Parizeau. Selon la GRC, celui-ci agissait dans le but d'alimenter une puissance étrangère : la France. Absolument rien, pourtant, ne permet d'étayer cette thèse. Si Jacques Parizeau a mis sur pied un réseau d'informateurs, c'était avant tout pour solidifier le Parti québécois et faire avancer sa thèse indépendantiste et non pas pour nourrir des agents secrets français aussi voraces qu'imaginaires... En ce qui concerne le renseignement outre-frontière, et le cas de la France particulièrement, ce mandat était plutôt couvert par la militante Louise Beaudoin, future chef de cabinet du ministre Claude Morin et ministre dans le gouvernement de Jacques Parizeau. Mariée

---

69. Nous reviendrons sur cet épisode au chapitre 19.
70. Entrevue avec Serge Guérin, le 8 novembre 2001.

à François Dorlot [71], d'origine française, elle entretenait des rapports éminemment actifs avec les autorités politiques de la France, mais n'agissait pas sous l'autorité de Jacques Parizeau.

La crainte de l'infiltration française au Canada, particulièrement au sein des mouvements indépendantistes du Québec, tourmente la GRC depuis les années soixante. Selon les confidences de l'officier bleu [72], John Starnes, directeur du SSGRC de 1970 à 1973, estimait que le Service de documentation extérieure et de contre-espionnage de la France (SDECE) avait été pénétré par le KGB soviétique et que, depuis les années 1963 ou 1964 [73], il avait mis sur pied un réseau d'espionnage au Québec. L'officier bleu rapporte aussi que le SSGRC croyait que le gouvernement français tentait d'infiltrer la société québécoise par l'entremise de son service civil et des coopérants qui débarquaient le long des rives du Saint-Laurent. John Starnes savait que le gouvernement français envoyait de l'argent au journal acadien *L'Évangéline*, ce qui était de notoriété publique, mais il croyait également que le quotidien n'était qu'une couverture pour infiltrer les milieux francophones. L'officier bleu nous apprend par ailleurs que la GRC n'a jamais voulu rendre publiques ces présomptions, afin de ne pas nuire aux relations diplomatiques entre le Canada et la France. Ces soupçons ont été à l'origine de multiples enquêtes et filatures de dignitaires français, autant en terre canadienne qu'en France [74]. Marc Lalonde, chef de cabinet du premier ministre Trudeau puis ministre fédéral, confirme enfin

---

71. François Dorlot inquiète les services secrets de la GRC. Ancien militant riniste, il est détenu pour être interrogé par la GRC au début de l'année 1965 en raison de ses liens présumés avec certains membres du FLQ. Aucune accusation ne sera portée contre lui. Source : Fournier, Louis, *FLQ – Histoire d'un mouvement clandestin*, Montréal, Québec Amérique, 1982, pp. 95 et 398.

72. Une source anonyme.

73. Des sources françaises, indépendantes de la GRC, confirment la présence de la SDECE au Québec dès le début des années soixante.

74. Le 27 août 1981, Mike Duffy, journaliste du réseau anglais de Radio-Canada, révèle que le premier ministre Trudeau avait donné son appui à une délicate opération d'espionnage sur le territoire français à l'automne 1970. Jean-Pierre Goyer, alors solliciteur général du Canada, envoyait des agents de la GRC en France pour espionner les Canadiens en contact avec des membres du gouvernement français. Pierre Elliott Trudeau a alors refusé de commenter l'information rendue publique par Mike Duffy.

publiquement ces allégations : « Sur les activités [secrètes] de la France, ça n'a pas commencé en 1970, mais plutôt vers 1964-1965 avec la SDECE. On avait de l'information qui nous venait par les services d'intelligence… qui avaient de l'information par la CIA et le service britannique, le MI5 [75]. »

En 1968, le nouveau premier ministre du Canada, Pierre Elliott Trudeau, ne peut plus se contenir. Il accuse publiquement le diplomate français, Philippe Rossillon, d'être un espion. Cet ardent défenseur de la francophonie dans le monde, qui est aussi responsable du Haut Comité de la langue française, est idéologiquement proche du général de Gaulle. La GRC va passer beaucoup de temps à filer et à mettre sur écoute le soi-disant espion. L'agence fédérale sait-elle que vers 1958 Jacques Parizeau a côtoyé Philippe Rossillon aux HÉC? À l'époque, le jeune professeur occupait, au sous-sol de l'immeuble, un bureau dont le petit soupirail donnait sur la rue : « Un jour, François-Albert Angers m'amène un bonhomme me disant : " Écoutez, votre bureau est très grand, on va coller deux bureaux face à face et ce monsieur travaillera avec vous quelque temps [76] ". » Il s'agissait de nul autre que Philippe Rossillon. « Trudeau avait tort, ce n'était pas un espion, dit Jacques Parizeau. C'était un activiste, un agitateur pour le compte du gouvernement français. Dans ce temps-là, je ne m'intéressais pas beaucoup à la francophonie. Tout ce dont je me souviens, c'est que nous avons eu beaucoup de conversations anodines [77]. »

Il n'y a pas que la France qui cause des maux de tête aux autorités du SSGRC. À la même époque, le service d'espionnage observe avec inquiétude les agissements du consul général des États-Unis à Québec, Everett Melby. Le diplomate arrive à Québec pendant les événements d'Octobre. Il exprime rapidement une certaine empathie à l'endroit du Parti québécois. Dans un mémo qu'il envoie à Washington, il réagit favorablement à la déclaration des seize lancée en pleine crise d'Octobre par Claude Ryan et René Lévesque. Loin de penser que les signataires de la déclaration veulent former un gouvernement parallèle, Everett Melby juge plutôt que ces porte-parole présentent des critiques « constructives et motivées par [des] inquiétudes légitimes au sujet de la vie des otages et de l'avenir de la

---

75. Entrevue avec Marc Lalonde, le 7 décembre 2000.
76. Entrevue avec Jacques Parizeau, le 16 août 1999.
77. *Idem.*

démocratie au Québec[78]. » Pendant ce temps, la fille du consul, Judith Melby, flirte avec le Parti québécois. Dans la région de Québec, Claude Morin et Louise Beaudoin se souviennent de l'avoir vue participer à des réunions du parti. Elle devient l'amie de Michel Leguerrier, un des recherchistes parlementaires du Parti québécois à Québec, et militant de la première heure. L'officier bleu nous apprend que Patrick Banning[79], de la section G du SSGRC, croit que le consul américain a lui-même tissé des liens qui s'entremêlent à la toile de Jacques Parizeau. Le principal intéressé, Jacques Parizeau, est toutefois catégorique à ce sujet : Everett Melby, consul des États-Unis de 1970 à 1974, n'a jamais entretenu de relations particulières avec lui ou son entourage. Jacques Parizeau ne se souvient même pas d'avoir rencontré le diplomate ! Il se plaît à voir en ces allégations fantaisistes de la police montée l'efficacité de sa vaste campagne de désinformation.

Mon enfant de nanan !

En septembre 1972, Pierre Elliott Trudeau annonce la tenue d'élections fédérales pour le 30 octobre. « Mon enfant de *nanan*, se dit alors Jacques Parizeau, tu vas voir les pelures de bananes que l'on va te mettre sous les pieds[80]. » Le professeur des HEC a bien l'intention d'utiliser au maximum le réseau Parizeau avec lequel il travaille depuis deux ans. « Les fédéraux pensaient nous écraser en 1970, fait observer Serge Guérin. Nous avons rebondi en 1971. En 1972, nous n'avons plus d'autres tests électoraux à subir. Ce sont les libéraux fédéraux qui viennent en test[81]. » Venez

---

78. Extrait du document retrouvé par Jean-François Lisée dans les archives du Département d'État des États-Unis : Airgram Quebec A-55, 12 novembre 1970 et reproduit dans son livre, *Dans l'œil de l'aigle – Washington face au Québec*, Montréal, Les Éditions du Boréal, 1990, p. 137.
79. Patrick Banning passe la majeure partie de sa carrière dans le SSGRC. Quand la section G est formée, il en joint les rangs jusqu'en 1971. Il est ensuite transféré au bureau du solliciteur général. En 1973, il retourne à la section G à titre d'officier assistant de John Walsh. Pendant l'hospitalisation de Walsh, il sera en charge du service de novembre 1973 à janvier 1974. En février 1974, il est transféré à la section B, aux travaux de contre-espionnage.
80. Entrevue avec Jacques Parizeau, le 9 novembre 1999.
81. Entrevue avec Serge Guérin, le 27 janvier 2000.

nous voir, semble dire Serge Guérin aux fédéraux. Venez! Nous allons nous amuser...

Avant que la campagne ne débute, René Lévesque prend clairement position contre l'idée d'un parti politique indépendantiste à Ottawa comme le suggère Guy Bertrand, qui souhaite former le Bloc québécois. En revanche, il appuie la stratégie qui favorise une contre-campagne active et mordante pendant l'élection fédérale. Pour René Lévesque et Jacques Parizeau, il s'agit de répondre à l'agression d'octobre 1970 et de profiter de l'occasion pour faire le bilan du fédéralisme. «Toujours à l'offensive!», de dire Jacques Parizeau. C'est la meilleure des stratégies politiques.

Comme s'il était lui-même en élection, le Parti québécois va donc tenir, pendant cette campagne électorale fédérale, près d'une centaine d'assemblées publiques à la grandeur du Québec. Dans la dernière semaine de la campagne, pas moins de vingt-six réunions publiques sont organisées par le parti indépendantiste. Les journalistes vont baptiser toute cette agitation politique «l'anti-campagne» du Parti québécois. Il existe toutefois une lacune importante au sein de la stratégie péquiste. À quelques jours du vote, René Lévesque se sent incapable de donner un mot d'ordre clair à ses troupes. Doit-on annuler le vote, s'abstenir, voter pour un candidat autre que libéral? Le chef laisse toutes les portes ouvertes, ce qui sèmera la confusion chez plusieurs militants. Le soir de l'élection, Pierre Elliott Trudeau se retrouve à la tête d'un gouvernement minoritaire, mais au Québec, les francophones ont voté massivement pour son parti. Mince consolation pour les nationalistes, le Québec se classe au premier rang des provinces canadiennes pour le nombre de bulletins de votes rejetés. Si le directeur des élections fédérales, Jean-Marc Hamel, attribue le phénomène à la configuration du nouveau bulletin de vote, il est intéressant de remarquer que parmi les quatre comtés québécois qui comptent un pourcentage de bulletins rejetés supérieur à neuf pour cent, on retrouve celui d'Ahuntsic, le comté de Jacques Parizeau [82]. Retournons aux premiers jours de cette campagne un peu spéciale.

Jacques Parizeau, qui appuie fortement l'idée d'une bataille électorale contre Pierre Elliott Trudeau, va jusqu'à suggérer d'occuper le territoire de l'adversaire et de tenir une importante assemblée à Toronto où partici-

---

82. Les trois autres comtés sont Joliette, Lapointe et Roberval.

peraient tous les députés du Parti québécois, les directeurs régionaux et l'exécutif national[83]. Trop audacieuse, l'idée ne sera pas retenue.

Vingt-quatre heures avant le début de la campagne fédérale, devant six cents partisans réunis au cégep de Hull, Jacques Parizeau perce l'un des secrets du gouvernement fédéral et divulgue l'existence d'un rapport commandé par Pierre Elliott Trudeau sur la faisabilité de l'indépendance. Le résumé qu'il a entre les mains conclut que la souveraineté est réalisable. Le document prévoit même une dévaluation du dollar québécois de quinze cents le jour de l'indépendance. Jacques Parizeau précise que « la source d'information qui lui a révélé l'existence du document est sûre et ne peut être mise en doute[84]. » Dès lors, il exige que le premier ministre Trudeau rende le document public.

Au deuxième jour de la campagne, Pierre Elliott Trudeau met les Québécois en garde contre le mythe de l'inviolabilité du territoire québécois. Le premier ministre canadien affirme ne pouvoir garantir l'intégrité du territoire québécois qui risquerait de se morceler, advenant le cas où la province se séparerait du reste du Canada. « Si le Canada peut *péter*, la province peut *péter* aussi », déclare-t-il à la radio montréalaise de CKVL, le 12 septembre. « Par ses déclarations insipides, folichonnes et incitatives, Pierre Elliott Trudeau ne cesse de prouver qu'il est le désintégrateur professionnel et permanent du Québec[85] », lui répond René Lévesque. Plus tard, Trudeau affirme que l'association économique prônée dans le document péquiste existe déjà. René Lévesque réplique encore une fois avec véhémence : « Trudeau ment comme un démagogue *quétaine*[86]. » À la radio de CKLM, le vendredi 15 septembre, Jacques Parizeau se fait plus ironique : « Monsieur Trudeau, je l'adore[87] ! » Quand le chef libéral traite le Parti québécois de parasite qui profite de la campagne électorale fédérale pour se faire de la publicité, Jacques Parizeau est d'accord avec lui. Le Parti québécois veut faire l'indépendance et il ne ratera aucune occasion de le dire à tout moment et sur toutes les tribunes qui se présenteront. En croisade politique, Jacques Parizeau veut faire comprendre à la population québécoise

---

83. *Le Soleil*, le 24 mars 1972.
84. *La Presse*, le 13 septembre 1972.
85. Propos rapportés par Bernard Cleary, *Le Soleil*, le 13 septembre 1992.
86. René Lévesque cité dans *La Presse*, le 16 septembre 1972.
87. Propos cités dans *Le Soleil* du 18 septembre 1972.

que le seul problème d'importance au Québec est celui de son indépendance. « Nous allons faire plus d'assemblées au Québec que n'importe quel
autre parti politique [88] », déclare-t-il aux journalistes.

Secret – Canadian Eyes Only

Le 18 septembre 1972, lors d'une conférence de presse explosive à
l'hôtel Holiday Inn, rue Sherbrooke à Montréal, René Lévesque fait une
déclaration fracassante : « L'armée canadienne se comporte au Québec
comme en territoire envahi et occupé [89] ! » C'est la copie d'un rapport de
l'armée canadienne que le président de l'exécutif du parti, Pierre Marois,
vient tout juste de distribuer aux journalistes, qui suscite ainsi l'indignation de René Lévesque. Sur la première page du document, on peut lire
la mention *Secret – Canadian Eyes Only*. Préparé et rédigé en anglais par le
service de renseignement de l'armée canadienne, le rapport provient du
quartier général de la Force mobile stationnée à la base de Saint-Hubert.

Mise sur pied en 1965, la Force mobile est une unité d'intervention
rapide capable de se déployer sur le territoire canadien en cas de conflits
graves. Elle peut également assister l'OTAN lors de manœuvres militaires.
Près du quart des effectifs de l'armée canadienne dépendent de la Force
mobile. Cette unité est intervenue à Montréal à deux reprises : en 1969 lors
de la grève des policiers et au cours des événements d'Octobre 1970. Dans
ses mémoires, le fondateur de la Force mobile, le général Jean Allard,
souligne que « ce commandement est le plus important et le plus imposant
que notre pays ait eu en période de paix [90]. » De son côté, le major général
Dan G. Loomis écrit, en 1984, que la Force mobile a été créée dans un
contexte très particulier [91]. Pendant que les premières bombes du FLQ
explosaient au Québec, l'armée canadienne devait se préparer, relate-t-il, à
une longue et sanglante guerre avec ce mouvement révolutionnaire. Il
affirme en avoir longuement discuté avec le général Allard au milieu des

---

88. Cité par Gilles Léveillé, *Le Devoir*, le 20 septembre 1972.
89. *Le Journal de Montréal*, le 19 septembre 1972.
90. Jean V. Allard, en collaboration avec Serge Bernier, *Mémoires du Général Jean V. Allard*, Montréal, Les Éditions de Mortagne, 1985, p. 363.
91. Dan G. Loomis, *No Much Glory – Quelling the F.L.Q.*, Toronto, Deneau, 1984, p. 14.

années 1960[92]. Les deux hommes avaient alors convenu que la Force mobile devait être prête au combat le jour où la révolution planifiée par le FLQ attendrait le stade de la résistance armée. Cette analyse, qui surestime nettement les effectifs et les moyens du FLQ, a permis au chef d'état-major Dan G. Loomis d'affirmer dans son livre qu'il « est clair que l'armée était mieux préparée à cette guerre qu'à celles de 1914 et de 1939[93]. »

Le rapport de seize pages produit par la Force mobile, et rendu public par le Parti québécois, est daté du 20 juin 1972 et il porte sur la CSN. Une grossière erreur s'est glissée dès les premières lignes : le document fait mention du Congrès des syndicats nationaux plutôt que de la Confédération des syndicats nationaux (CSN). Le rapport mentionne que des études semblables sont en cours pour la FTQ et la CEQ. On peut y lire que la centrale syndicale ne tolère aucun compromis dans sa recherche d'une forme de marxisme-socialisme à la québécoise et que le syndicat appuie divers mouvements communistes et séparatistes. L'analyse des militaires présente ensuite un portrait des dix-sept présumés dirigeants de la CSN.

Pour que l'impact médiatique soit le plus fort possible, Pierre Marois a fait préparer pour les journalistes une copie dactylographiée du document qui n'est pas l'original photocopié. « Il faut protéger nos sources », explique-t-il aux journalistes. Puis, il ouvre une chemise et permet aux journalistes d'examiner la photocopie du document original. Les journalistes se ruent sur Pierre Marois. « Pas de photos!, s'exclame-t-il. Pensez à nos sources. » C'est la cohue autour du document. À voir la réaction des journalistes, René Lévesque, Pierre Marois et Camille Laurin réalisent qu'ils viennent de marquer des points. Même si c'est grâce à son réseau que le Parti québécois a mis la main sur ce document secret, Jacques Parizeau n'assiste pas à la conférence de presse. Il a jugé qu'il valait mieux ne pas se présenter, estimant que cela contribuerait à brouiller davantage les pistes si les militaires tentaient de remonter jusqu'à l'origine de la fuite.

---

92. Dans ses mémoires, le général Allard est étonnamment silencieux à ce sujet. Il fait totalement abstraction du FLQ comme un élément motivant la création de la Force mobile. Il insiste plutôt sur le mandat international de la Force mobile. *Mémoires du Général Jean V. Allard, op. cit.*, p. 349.
93. Dan G. Loomis, *No Much Glory – Quelling the F.L.Q.*, Toronto, Deneau, 1984, p. 144.

Les documents secrets de l'armée canadienne,
rendus public par le réseau Parizeau, suscitent l'intérêt des journalistes.
Source : Le Journal de Montréal.

La diffusion du document produit par l'armée canadienne soulève beaucoup de questions. Dans quel but l'armée s'intéresse-t-elle à un syndicat? Voit-elle cette organisation comme une menace éventuelle à la stabilité du pays? Le rôle des militaires consiste habituellement à combattre des ennemis armés, pourquoi espionner un syndicat? Devant les journalistes réunis, René Lévesque attaque l'administration fédérale et se demande s'il existe de tels rapports sur des syndicats anglophones ailleurs au Canada. Cette conférence de presse constitue l'une des plus efficaces ripostes médiatiques du Parti québécois depuis la performance de Pierre Marois lors des élections partielles dans Chambly en février 1971.

La journée même de la publication du document, Marcel Pepin, secrétaire général de la CSN, téléphone au ministre de la Défense par intérim, Charles Drury. «L'armée est-elle autorisée à introduire une forme d'État policier au Canada?, demande-t-il au ministre d'un ton provocateur. L'armée canadienne tient-elle lieu de CIA au Canada[94]?» En début de soirée, le ministère de la Défense confirme l'authenticité du document divulgué par le Parti québécois. Le ministère ajoute qu'il s'agit d'une «partie de l'information préparée par le commandement de la Force mobile pour son propre usage[95].» Le lendemain, l'armée ouvre une enquête sur les origines de la fuite. L'enquête est menée par quelques membres de la police militaire, un petit groupe d'environ cinq personnes, qui ne sont pas sous l'autorité de la *Mobile Command Headquarters*[96].

Trois jours plus tard, le Parti québécois récidive et fait monter la tension en rendant public un deuxième document produit par les militaires de la Force mobile et également classé *Secret – Canadians Eyes Only*. Plus court, le rapport de sept pages est lui aussi daté du 20 juin 1972, mais il porte cette fois sur une autre centrale syndicale, la Centrale des syndicats démocratiques (CSD). De telles révélations du Parti québécois, en pleine campagne électorale fédérale, ont de quoi susciter de vives réactions.

Le 6 octobre, au cours d'une conférence de presse à Hull, Jacques Parizeau somme Pierre Elliott Trudeau de se prononcer clairement sur le recours ou non à l'armée advenant l'indépendance du Québec. Il ne lui

---

94. Propos cités dans *La Presse*, le 19 septembre 1971.
95. Communiqué du ministère de la Défense, reproduit dans les journaux le jour suivant.
96. *The Gazette*, le jeudi le 21 septembre 1972.

donne que quelques jours pour riposter, sinon le Parti Québécois posera un geste d'éclat[97]. Un autre?, se disent les observateurs politiques. Mais Pierre Elliott Trudeau ne répond pas à l'ultimatum lancé par Jacques Parizeau et ce dernier ne met pas sa menace à exécution. Pourtant, Jacques Parizeau ne bluffe pas. Après la publication des deux premiers rapports émis par les militaires de la Force mobile, il prépare un troisième coup encore plus fumant. Depuis plusieurs mois, avec l'appui de Serge Guérin, il a activé ses contacts dans la fonction publique fédérale et au sein de l'armée. Les résultats sont très satisfaisants. Dès avril 1972, le réseau Parizeau réussit à mettre la main sur un autre document sensationnel : un plan militaire destiné à occuper le territoire québécois.

Neat Pitch

Le plan *Neat Pitch* est un exercice militaire conçu à la base de Saint-Hubert par la Force mobile. Le nom de la province est *Regina* et la capitale se nomme *Queenstown*. Malgré ces noms fictifs, il faut bien peu de temps, même au profane, pour constater que la géographie du territoire imaginaire ainsi que son contexte sociopolitique s'apparentent fortement à la province de Québec. En réalité, il s'agit d'un plan d'invasion et d'occupation du Québec en cas d'insurrection. «Nous avons la répartition, bataillon par bataillon et compagnie par compagnie, des troupes canadiennes sur l'ensemble du territoire du Québec, raconte Jacques Parizeau. C'est un plan extrêmement détaillé[98].»

En septembre 1972, Jacques Parizeau est déterminé à rendre public le plan de cette opération militaire. Après avoir hésité un certain temps, car il craint que la publication de *Neat Pitch* puisse contrevenir à la *Loi des secrets officiels* et entraîner des poursuites judiciaires pour avoir dévoilé des secrets d'État, il est maintenant prêt à passer à l'action et à divulguer le document. «Quand un mouvement politique est placé devant des opérations comme celle-là, a-t-il le droit de se défendre[99]?» Jacques Parizeau en est personnellement convaincu. «Il n'y a rien comme la transparence, ajoute-t-il. Vous

---

97. Cité dans *Le Soleil*, le 7 octobre 1971.
98. Entrevue avec Jacques Parizeau, le 16 août 1999.
99. *Idem.*

prenez un renseignement et vous le montrez[100].» Serge Guérin se fait l'écho du patron : «Pour nous, si le jeu de la démocratie est menacé, nous rendons publiques les informations[101].»

Mais René Lévesque ne voit pas les choses de la même façon. «Le renseignement, il n'aime pas ça, répète Jacques Parizeau. C'est épidermique chez lui[102].» Avec une telle révélation, Jacques Parizeau est persuadé que le Parti libéral perd ses élections. Compte tenu des résultats électoraux qui, le jour du vote, vont donner un gouvernement libéral minoritaire, il est raisonnable de penser que cela aurait pu être possible. René Lévesque demeure toutefois intraitable. Pas question de publier un document aussi explosif en période électorale. «Pendant toute la campagne de 1972, raconte Jacques Parizeau, il y avait une sorte de crescendo et quand on arrive à *Neat Pitch* qui complète l'édifice…. *he got cold feet*. René Lévesque ne veut pas. Il trouve cela trop gros et il m'arrête[103].»

Probante démonstration que le réseau Parizeau n'était pas qu'un mythe ou la construction imaginaire d'un bel esprit fertile, voici comment le document *Neat Pitch* est tombé entre les mains de Jacques Parizeau. L'histoire est inédite.

Les 18 et 19 avril 1972, l'hôtel Laurentien de Montréal, rue Peel, est pratiquement occupé par une brochette de hauts gradés militaires. Ils arrivent de partout au Canada. Rarement a-t-on vu une aussi grande concentration d'officiers supérieurs en temps de paix. Ils sont une soixantaine, dont huit généraux, quatorze colonels et vingt-quatre lieutenants-colonels. Ils ont tous été convoqués à une réunion ultra-secrète. Ce véritable état-major doit se pencher sur un document préparé par la Force mobile de Saint-Hubert. Il s'agit d'une manœuvre destinée à venir en aide à des populations civiles, du même type que celle menée en octobre 1970 au Québec. Un officier d'état-major de quarante et un ans distribue le document secret intitulé *Mobile Command Headquarters – Internal Security Group – Exercise Neat Pitch*[104]. *Neat Pitch* semble être une opération

100. *Idem.*
101. Entrevue avec Serge Guérin, le 27 janvier 2000.
102. Entrevue avec Jacques Parizeau, le 16 août et le 9 novembre 1999.
103. Entrevues avec Jacques Parizeau le 16 août 1999 et le 27 mars 2000.
104. Le document est rédigé uniquement en anglais.

sérieuse. Des manœuvres militaires ont déjà été menées à l'automne 1971 à Gagetown, au Nouveau-Brunswick, en prévision de sa mise en exécution.

En ce matin du 18 avril 1972, vers neuf heures quinze, deux militaires britanniques, l'un capitaine et l'autre major, font donc un exposé sur leur expérience en Irlande du Nord. L'officier d'état-major qui a distribué le plan *Neat Pitch* est l'un des rares francophones présents dans la salle. Silencieux, il assiste à cet exposé intitulé *Tactical Operations in Northern Ireland*. L'officier francophone n'en croit pas ses oreilles. En cas de désordres sociaux, les spécialistes britanniques sont partisans d'une riposte rapide et massive. L'équipement lourd est prescrit afin de protéger une population menacée par des terroristes. L'utilisation de balles de caoutchouc qui ne tuent pas, mais causent des fractures, est encouragée à l'endroit des civils trop récalcitrants. À la fin de leur présentation, qui dure plus d'une heure, les Britanniques ne semblent pas avoir convaincu les haut gradés canadiens. Pour sa part, l'officier francophone est troublé par la présentation qui vient d'être faite. Profitant d'une pause, il quitte la salle de réunion muni d'un exemplaire du plan *Neat Pitch* et il téléphone à Serge Guérin. «Monsieur Guérin, je vous attends à la réception de l'Hôtel Laurentien. J'ai un document pour vous. Venez le chercher immédiatement [105].»

Le jeune officier en uniforme qui attend Serge Guérin dans le lobby de l'hôtel se nomme Jean-René-Marcel Sauvé. Au moment où il lui remet le document compromettant, il sent Serge Guérin nerveux. Le jeune capitaine Sauvé apprendra plus tard que le document va également foutre la frousse à René Lévesque. «Moi, j'ai eu moins peur que lui, révèle le capitaine Sauvé, parce que je suis habitué à la guerre. Je suis habitué à la bataille et j'aime ça une bonne bataille. Je ne jouais pas à l'espion. Mon but était de tuer une tendance, l'arrêter tout de suite et qu'on n'aille pas plus loin parce que la guerre commence avec des affaires comme ça [106].»

L'officier indépendantiste

Âgé aujourd'hui de 70 ans et luttant contre un cancer, Jean-René-Marcel Sauvé croit qu'il faut rester froid en toutes occasions. Comme le dit

---

105. Entrevue avec Jean-René-Marcel Sauvé, le 6 avril 2000.
106. *Idem.* Le biographe précise au lecteur que Jean-René-Marcel Sauvé n'est pas la source anonyme baptisée «l'officier bleu».

Machiavel : «Deux têtes et pas de cœur. Avoir toujours les deux têtes qui fonctionnent pareilles à une hydre[107]. [Il faut] voir le discours de l'autre et tout de suite faire les équations[108].» Originaire de Montréal et né pendant les pires années de la Grande Dépression des années 1930, Jean-René-Marcel Sauvé passe son adolescence le nez dans les livres. À seize ans, quand il s'engage dans l'armée de réserve, il a déjà lu tous les récits des grands officiers de l'histoire militaire. Il fait ensuite son service militaire à plein temps. «J'ai été commissionné par le Roi Georges VI le premier décembre 1948, raconte-t-il fièrement. Je n'avais pas dix-huit ans. J'ai menti sur mon âge pour faire une carrière d'officier[109].» Après ses études de géographie à l'Université de Montréal, il réalise son rêve d'enfance et se joint à l'armée régulière. En 1957, lorsque Raymond Barbeau fonde l'Alliance laurentienne, Jean-René-Marcel Sauvé est séduit par cette idée révolutionnaire qui consiste à faire de la «belle province» un pays. Les deux hommes ont étudié ensemble à l'école secondaire du Parc-Lafontaine et il n'en faut pas plus à Jean-René-Marcel Sauvé pour qu'il adhère secrètement au mouvement de son ancien copain de classe. Pour la cause, Raymond Barbeau lui suggère alors de faire une carrière dans l'armée canadienne, tout en profitant de cette plate-forme pour s'instruire. Le jeune lieutenant suit les conseils de son ami. Contrairement à ce que croit l'armée et le SSGRC, il n'a jamais été proche du RIN et ne sera membre du Parti québécois qu'après avoir pris sa retraite de l'armée.

Parachutiste et officier d'infanterie, Jean-René-Marcel Sauvé est envoyé au collège militaire de Teshie pendant la guerre civile qui sévit au Ghana. Devenu professeur d'histoire militaire, il est promu capitaine et participe, de 1961 à 1964, à la formation des officiers ghanéens pour contrer la rébellion générale et l'insurrection. En sa qualité d'officier du 22e régiment, il tient à envoyer ses enfants à l'école française. Or, si au Ghana l'armée canadienne offre gratuitement l'école anglaise à son personnel militaire, il n'en est rien pour les petits francophones qui désirent fréquenter l'école française. Jean-René-Marcel Sauvé doit alors lutter férocement pour que ses enfants s'instruisent en français. Finalement, c'est le gouvernement ghanéen

---

107. Animal fabuleux et dangereux. Le serpent aux sept têtes qui repoussaient sitôt coupées.
108. Entrevue avec Jean-René-Marcel Sauvé, le 6 avril 2000.
109. *Idem.*

qui accepte de défrayer les coûts d'inscription de l'école dirigée par l'Alliance française. L'armée refuse de collaborer financièrement à cette mesure d'exception. Après avoir servi l'armée canadienne sur les quatre continents et dans vingt pays, Jean-René-Marcel Sauvé est nommé officier du personnel de 2ᵉ classe en juillet 1971. Ses quartiers sont situés à la Force mobile de Saint-Hubert, en banlieue sud de Montréal.

« La Force mobile, c'était la force de frappe, rappelle le capitaine Sauvé. C'était l'organisation qui avait les armes pour taper et cogner. » Mais à peine quelques semaines après son retour au Canada, l'officier ne se plaît pas à Saint-Hubert. « À la Force mobile, ce n'était plus pareil. Quand j'ai commencé à voir les rapports de l'*Intelligence Service* et jusqu'à quel point ils étaient biaisés et tournés vers une intervention militaire contre le Québec, j'ai décidé d'intervenir [110]. » Pour l'officier spécialisé en géopolitique et en polémologie [111], bien que la crise d'Octobre soit terminée et que le FLQ soit anéanti, il est clair dans son esprit que l'armée canadienne prépare une autre intervention militaire au Québec. « Il n'y a pas de vrais indices, mais des conférences se préparaient à toutes les semaines. Et il faut savoir que l'organisation militaire est tournée vers l'action. La placotage inutile n'existe pas [112]. » Au quartier général de la Force mobile, il remarque même la présence d'un officier supérieur britannique. Venu d'Irlande du Nord, ce spécialiste de la contre-insurrection informe l'état-major de la façon de contrer une résistance armée parmi une population civile. « Autant que je suis concerné, moi ça m'enrageait au plus haut degré ! J'estime qu'il n'y a jamais eu d'insurrection au Québec et qu'aucune menace de cet ordre n'a jamais existé [113]. »

Puis à l'automne 1971, Jean-René-Marcel Sauvé apprend que des manœuvres militaires se tiennent à Gagetown au Nouveau-Brunswick, afin de roder un plan d'intervention militaire qui doit assister les autorités civiles en cas d'insurrection ou d'émeutes graves. C'en est trop pour lui. « Quand même, j'étais un officier dans la quarantaine. Je [connaissais] le sens des mots ! Ils ne sont pas sans importance. » En présence de tels indices, ce militaire de carrière sent alors que son devoir consiste à écouter

---

110. Entrevue avec Jean-René-Marcel Sauvé, le 6 avril 2000.
111. La polémologie est l'étude scientifique et sociologique de la guerre.
112. Entrevue avec Jean-René-Marcel Sauvé, le 6 avril 2000.
113. *Idem.*

Le capitaine Jean-René-Marcel Sauvé, du Royal 22ᵉ régiment.
L'officier indépendantiste qui informait Jacques Parizeau.
Source : Parti québécois

sa conscience avant de respecter les ordres de ses supérieurs. Il se décide donc à parler. La dissuasion par la parole deviendra son arme. Indépendantiste de longue date, il se tourne vers le Parti québécois.

Jean-René-Marcel Sauvé tente de faire partager ses craintes à une personnalité du Parti québécois. Il se tourne vers Jacques Parizeau. « Il était ouvert et il nous recevait. Personne d'autre au PQ ne le faisait. Parizeau était le personnage central à ce moment-là, plus que Lévesque. En fin de compte, je faisais confiance à la compétence de Parizeau et beaucoup moins à celle de Lévesque. Le gros défaut de Lévesque, et j'ai eu plusieurs fois des conversations avec lui, c'est qu'il nous interrompait tout de suite, il n'écoutait pas. Il n'y avait pas moyen d'aller plus loin, tandis que Parizeau écoutait. Il n'écoutait pas beaucoup, mais il écoutait. C'est ce qui est important [114]. » Mais avant d'entrer directement en contact avec Jacques Parizeau, le capitaine doit passer par Serge Guérin, son assistant.

Les rencontres avec Serge Guérin débutent à la fin de l'année 1971. À une vingtaine de reprises, l'officier discute secrètement avec le bras droit de Jacques Parizeau dans un café ou à l'entrée d'un hôtel. Le capitaine Sauvé décrit alors Serge Guérin comme « un intellectuel discipliné, froid et calme qui écoute et qui ne s'énerve pas. » Il ne prend pas de notes, « que des notes mentales, dit le militaire. Il est d'une discrétion absolue [115]. » Jean-René-Marcel Sauvé fait part à Serge Guérin de son analyse de la situation et du risque d'une autre intervention armée au Québec. Serge Guérin et Jacques Parizeau n'avalent pas facilement la thèse de leur informateur. Serge Guérin reçoit les confidences de l'officier, mais ne gobe pas tout : « Il fait une bonne analyse, mais rapidement j'ai appris à le connaître. Il faut faire attention, il extrapole et quelquefois il exagère certaines choses. Je dois par contre reconnaître qu'il est bien renseigné en maudit [116] ! »

« Ça commence comme ça une guerre ! »

En avril 1972, avec la réunion ultra-secrète des hauts gradés militaires qui étudient le plan d'intervention *Neat Pitch*, Jean-René-Marcel Sauvé

---

114. *Idem.*
115. *Idem.*
116. Entrevue avec Serge Guérin, le 7 juillet 2000.

voit ses appréhensions grandir. « Ça, c'était le pire de tout. C'était une préparation fictive, un scénario fictif pour une intervention militaire réelle. Quand Parizeau a vu ça, il en est devenu fou de rage, Lévesque aussi [117]. » Or, on l'a vu, René Lévesque a refusé de divulguer le plan *Neat Pitch* et ce n'est que deux ans plus tard, sur l'initiative de Jacques Parizeau, que le journal *Le Jour* révèle toute l'affaire [118]. Le ministre de la Défense James Richardson confirme alors aux Communes la tenue de la réunion militaire : « Il s'agissait d'une réunion normale destinée à planifier l'assistance militaire aux autorités civiles en cas d'urgence [119]. » Le ministre en profite pour se moquer du journal en disant que *Le Jour* publie de bien vieilles nouvelles… Il est loin de se douter que, le jour même de la rencontre, le numéro deux du Parti québécois détenait le document secret ainsi que la liste de tous les militaires présents avec leur fonction.

En plus de *Neat Pitch*, Jean-René-Marcel Sauvé fournit également deux autres rapports secrets à Serge Guérin. Il s'agit des documents dont nous avons parlé précédemment, préparés par le service de renseignement de la Force mobile, et qui analysent les principales centrales syndicales au Québec, dont la CSN. « Moi quand j'ai vu cela, je me suis dit c'est immoral. Vous n'avez pas le droit de faire cela [120] ! » De l'avis de Jean-René-Marcel Sauvé, il n'entre pas dans les fonctions d'une armée de faire de telles analyses. « C'est tout de même à l'État de décider de ce qui est subversif ! » L'officier Sauvé est d'autant plus indigné qu'il considère le document fort mal rédigé et rempli d'erreurs. « Quand vous vous trouvez devant une organisation sérieuse et responsable comme une armée, ce n'est plus le temps de commérer. Il faut vérifier en double tous les renseignements qui rentrent. Cette fois-là, l'*Intelligence Service* se basait sur des découpures de journaux ! Ça commence comme ça une guerre [121]. »

---

117. Entrevue avec Jean-René-Marcel Sauvé, le 6 avril 2000.
118. Gil Courtemanche, « Sous le nom de code Neat Pitch, 46 généraux et colonels de l'armée élaborent en avril 1972 une stratégie pour l'occupation du Québec. », *Le Jour*, le 9 avril 1974.
119. Le 26 janvier 1978, lors de son témoignage devant la Commission Keable, l'agent Robert Potvin de la section G du SSGRC décrit le document *Neat Pitch* comme un plan de contingentement dans l'éventualité de l'indépendance du Québec.
120. Entrevue avec Jean-René-Marcel Sauvé, le 6 avril 2000.
121. *Idem.*

En juin 1972, Jacques Parizeau possède donc trois documents secrets d'une haute valeur politique, mais il n'a pas encore rencontré le capitaine Sauvé, la source principale qui l'alimente à la Force mobile. Jusque-là, c'est Serge Guérin qui a servi d'intermédiaire entre les deux hommes. Après de nombreuses requêtes de la part de l'officier, Jacques Parizeau accepte finalement de le rencontrer à son bureau des HÉC.

Homme d'institutions, Jacques Parizeau voue une grande admiration aux militaires de carrière. Il est rempli d'estime pour ceux qui ordonnent et supervisent, dans un ordre relatif, le déploiement de milliers d'hommes sur un théâtre d'opération [122]. De plus, il saisit très bien le rôle réservé à la fonction militaire dans la construction et la défense d'un pays. Il dénigre les rêveurs qui croient en un pays sans armée [123].

À l'occasion de cette première rencontre, l'officier Sauvé prévient Jacques Parizeau : «Ne vous faites pas d'illusions, on va chercher à vous taper sur la tête, on va chercher à justifier une intervention armée, comme on l'a fait en Irlande [124].» Jacques Parizeau ne réagit pas. Il questionne plutôt l'officier à propos d'une information qu'une autre source lui a transmise [125].

— Saviez-vous que trois ou cinq officiers de la base de Valcartier seront traduits en cour martiale parce qu'ils se disent séparatistes?

— Monsieur Parizeau, il n'y a aucune cour martiale qui se tient nulle part, sans que j'aie préparé la paperasse et communiqué avec les autorités concernées. Je peux vous assurer qu'il n'y pas d'officiers qui sont ou seront traduits en cour martiale pour cette raison.

Officier de 2e classe responsable du personnel, Jean-René-Marcel Sauvé est en effet très bien renseigné sur cette question. Il contrôle tous les griefs qui conduisent éventuellement à la mise sur pied d'une cour martiale. Jacques Parizeau est quelque peu décontenancé par le démenti.

---

122. À cet égard, Jacques Parizeau sera fort admiratif du travail effectué par le major général Forand lors de la crise du verglas de l'hiver 1998. L'efficacité avec laquelle le major général déploiera ses troupes sur le territoire québécois impressionnera Jacques Parizeau.

123. Entrevue avec Jacques Parizeau, le 30 mars 2000.

124. Entrevue avec Jean-René-Marcel Sauvé, le 6 avril 2000.

125. Le présent dialogue a été reconstitué à l'aide des témoignages de Jacques Parizeau (entrevue du 16 août 1999) et de Jean-René-Marcel Sauvé (entrevue du 6 avril 2000).

— Comment se fait-il que j'ai été faussement renseigné?

— Je ne le sais pas. Les officiers séparatistes ont pu faire l'objet de réprimandes, mais ce n'est pas une cour martiale. Or, pour être expulsé de l'armée, il doit y avoir une cour martiale.

Puis, les deux hommes discutent de l'éventuelle formation d'une armée québécoise advenant l'indépendance du Québec.

— Cela fait longtemps que j'y pense, lui dit Jacques Parizeau. Je n'ai pas confiance en la police. Depuis que la Sûreté du Québec a le droit d'association, elle n'est plus sûre. Il faut toujours avoir l'armée en tête, répète-t-il. Jacques Parizeau a bien observé le zèle policier lors de la crise d'Octobre de 1970. Il considère, comme bien des citoyens, que la police du Québec en a fait un peu trop [126].

De cette rencontre, Jean-René-Marcel Sauvé garde l'impression qu'il n'est pas le seul militaire à faire des confidences au professeur des HÉC. «À ce moment-là, j'ai su qu'il y en avait d'autres qui y allaient [127].» «Une chose est claire, confirme Jacques Parizeau, singulièrement à la base de Saint-Hubert, à la Force mobile, on avait un certain nombre d'oreilles [128].» Sans donner de noms, Serge Guérin confirme qu'il «n'a pas de problèmes à avoir des contacts dans l'armée. J'ai dix ou douze noms dont je pourrais vous parler [129].» Parmi le groupe, un médecin de l'armée canadienne et la secrétaire d'un major. Serge Guérin met toutefois la pédale douce sur le nombre et l'importance de ce type de confessions : «Des militaires indépendantistes qui viennent et qui disent "Puis-je vous aider?", oui, il y en a eu beaucoup, mais ils ne faisaient que prendre contact. Peu [d'entre eux] nous amenaient vraiment du renseignement [130].» À cet égard, Jean-René-Marcel Sauvé se distingue des beaux parleurs et s'avère une véritable pierre précieuse pour le réseau Parizeau.

---

126. La Commission d'enquête fédérale sur les activités de la GRC (Commission McDonald) nous apprend par ailleurs à la page 207 de son troisième rapport, déposé en août 1981, que la GRC se méfiait également de la Sûreté du Québec en 1970. La GRC soupçonnait ce corps de police de «garder dans ses rangs un ou plusieurs sympathisants du FLQ.»

127. Entrevue avec Jean-René-Marcel Sauvé, le 6 avril 2000.

128. Entrevue avec Jacques Parizeau, le 17 octobre 2000.

129. Entrevue avec Jacques Parizeau, le 16 août 1999.

130. Entrevue avec Serge Guérin, le 7 juillet 2000.

L'officier indépendantiste, quant à lui, refuse de parler de « réseau de renseignement » lorsqu'il s'agit de décrire les activités menées par Jacques Parizeau. « Ce n'était que la prise de conscience d'officiers de l'armée, d'officiers de la GRC et puis de hauts fonctionnaires qui ont réalisé ce qui se faisait et qui ont voulu en avertir Lévesque et Parizeau. Tous réalisaient qu'il est possible d'arrêter des choses très graves en parlant [131]. »

De Nuremberg à Montréal

Quand, en septembre 1972, le Parti québécois rend public le document secret sur la CSN, l'atmosphère devient irrespirable à la base militaire de Saint-Hubert. Tous les soupçons se portent sur Jean-René-Marcel Sauvé. Dans les heures et les jours qui suivent, sa carrière d'officier est dangereusement menacée. « À la Force mobile, on savait que c'était moi. Quelqu'un m'a même dit : " Il n'y a qu'un officier qui a assez de culot et assez de front pour faire cela et c'est toi ! " Amenez-moi en cour martiale, leur ai-je dit, vous n'avez aucune preuve [132]. » Une enquête est ouverte et la tension se propage jusque dans le milieu familial de l'officier nationaliste. Le père de Jean-René-Marcel Sauvé meurt moins d'un mois plus tard. Son fils se sent en partie responsable de sa mort. « Il savait que c'était moi qui avais fait le coup. Il en a fait une crise d'angoisse », croit-il.

Tout au long de sa carrière de vingt-huit ans dans l'armée, Jean-René-Marcel Sauvé joue gros. L'officier d'état-major fait l'objet de multiples enquêtes, mais aucune accusation n'est portée contre lui. Le *Special Investigation Unit*, qui enquête sur les fuites dans l'armée, considère que Jean-René-Marcel Sauvé se trouve hors limite avec la divulgation du document portant sur la CSN. Son comportement se rapproche trop d'un geste politique. L'enquête est donc menée par la police militaire et un corps d'enquête étranger à l'armée, le SSGRC. Un ex-agent de ce service confirme d'ailleurs que le capitaine fait l'objet d'écoute électronique et de filature [133]. Le SSGRC tente de trouver des raisons d'expulser cette forte tête de l'armée. Quelles sont les failles de cet homme ? Est-il alcoolique ou homosexuel ? La

---

131. Entrevue avec Jean-René-Marcel Sauvé, le 6 avril 2000.
132. *Idem.*
133. Une source anonyme.

L'américain Telford Taylor,
procureur lors des procès de Nuremberg.
Serait-il venu défendre l'officier indépendantiste?
Source : Internet

Gendarmerie royale ne trouve rien. L'armée et le gouvernement fédéral ne désirent pas, de toute façon, l'accuser de trahison. Le dossier est devenu trop politique et cela en ferait un martyr au Québec.

Au cas où des accusations seraient portées contre lui, Jean-René-Marcel Sauvé a déjà préparé sa contre-attaque. «J'aime bien les bonnes batailles», répète-t-il. S'il est traduit en cour martiale, prévient-il, il fera venir Telford Taylor des États-Unis pour le défendre. Sommité internationale, Telford Taylor fut l'un des procureurs vedettes lors des célèbres procès de Nuremberg en Allemagne, procès mis sur pied par les Alliés au lendemain de la Seconde Guerre mondiale afin de juger les criminels nazis. Ancien militaire, juriste, professeur dans les plus grandes écoles de droit en Amérique, Telford Taylor est un activiste qui ne craint nullement la controverse et le pouvoir politique. Ses travaux, commencés à Nuremberg, établissent que lorsqu'il y a conflit entre les ordres et la conscience, le soldat en armes doit obéir à sa conscience. Ce nouveau concept a ainsi permis de juger les officiers allemands qui justifiaient les horreurs des camps de la mort au nom des directives qu'ils avaient reçues de leurs supérieurs. «Si on me traduisait en cour martiale, je faisais venir cet homme-là. Il avait pris l'engagement à Nuremberg de défendre les officiers, tous les officiers confrontés à un problème de conscience. Pas besoin de vous dire qu'il n'y avait personne à la Force mobile et au gouvernement de Trudeau qui voulait avoir ce Taylor-là [dans les pattes] [134].»

Le jour de ses quarante-cinq ans, le 28 mars 1976, l'armée canadienne met Jean-René-Marcel Sauvé à la retraite. Dans les semaines qui suivent, il reçoit la visite de deux officiers supérieurs du SSGRC, dont l'inspecteur chef Claude Shaver, responsable des opérations antisubversives au Québec. L'agent Shaver le prévient que la police fédérale et l'armée savent qu'il a trahi. «Avant de partir, j'ai été prévenu de me taire», raconte l'ex-officier. Frondeur de nature, il devient membre du Parti québécois et travaille pour l'organisation du comté de Taillon où René Lévesque se présente. Peu de temps avant l'élection du 15 novembre, il organise une visite du candidat René Lévesque au *mess* des officiers de la base de Saint-Hubert. L'impact de cette visite est terrible. «Le câble de communication qui relie Saint-Hubert à Ottawa a failli fondre tellement il était rouge [135]!», raconte Jean-René-Marcel Sauvé. Par ses gestes de provocation, le capitaine a fait enrager Pierre Elliott Trudeau à de nombreuses reprises. On lui transmet qu'au bureau du premier ministre, il est connu sous le vocable de «Chri... de Sauvé [136]!». Après une fin de carrière mouvementée, Jean-René-Marcel Sauvé devient professeur de géopolitique au niveau collégial et complète d'autres études supérieures à l'Université de Montréal.

De son côté, Jacques Parizeau quitte l'exécutif du Parti québécois à la fin de l'année 1973. Le réseau Parizeau cesse peu à peu de fonctionner. En 1974, l'arrestation de Robert Samson, un agent du SSGRC [137], l'amène à réactiver ses contacts un certain temps, mais les activités du réseau n'ont plus la même intensité qu'au début des années soixante-dix. «C'est beaucoup plus difficile de l'entretenir. Je n'ai plus beaucoup d'instruments

---

134. Entrevue avec Jean-René-Marcel Sauvé, le 6 avril 2000.

135. *Idem.*

136. Entrevue avec Jean-René-Marcel Sauvé, le 6 avril 2000. L'ancien ministre Marc Lalonde affirme ne pas connaître l'officier Sauvé et n'avoir jamais été témoin de colère de Pierre Elliott Trudeau à propos de cet l'officier. Entrevue du 7 décembre 2000.

137. L'agent du SSGRC est accusé et reconnu coupable d'avoir posé une bombe à la résidence du président de la compagnie Steinberg. Il révèle l'existence de l'opération bricole menée par la GRC. (Le biographe en fait mention à l'annexe A du tome I, *Certaines opérations de la GRC au Québec.*)

entre les mains. Le réseau va disparaître petit à petit. Quand on arrive en 1976, il n'y a plus rien [138]. »

D'une certaine manière, Jacques Parizeau met fin à ses activités de renseignement au moment où Claude Morin intensifie les siennes. « Parizeau, il faut lui donner ça, dit Claude Morin, il a le sens de l'État et un État, ça se défend. Il s'est intéressé au renseignement et tant mieux, je le félicite [139]. » Claude Morin a toutefois une façon de procéder bien différente de celle de son collègue. À l'été 1974, il entame secrètement une nouvelle série de rencontres avec des agents du SSGRC. Ses liens avec la police fédérale date des années cinquante. Mais les péripéties de Claude Morin à ce chapitre méritent plus que quelques lignes. Elles constituent une autre histoire en soi qui reste à raconter [140].

La justification

En 1981, pendant les travaux de la Commission Keable sur les opérations policières en territoire québécois, les témoins de la GRC ont justifié leurs activités d'espionnage d'un parti politique comme le Parti québécois, en évoquant la présence du réseau Parizeau. Pour Jean Keable, le président de la commission provinciale, c'est l'amplification du réseau Parizeau qui a autorisé la GRC à exercer une surveillance et cela a servi d'excuse et de justification pour certaines de leurs opérations [141]. Par contre, si l'on se base sur les renseignements rendus publics et compilés au cours de la réalisation de cet ouvrage, le réseau Parizeau ne semble pas s'être adonné à de la subversion proprement dite. Il aurait plutôt favorisé la dissidence. En dépit de sa relative efficacité, ce réseau d'information était tout de même faiblement constitué. Il n'est pas parvenu à identifier Carole de Vault comme une informatrice de police, pas plus qu'il n'a réussi à démasquer les informateurs potentiels au sein du Parti québécois, à l'exception de Claude Larivière, si informateur il fut. Jacques Parizeau n'a jamais pu contrer ou prévoir la subtilisation des listes de membres du Parti québécois

---

138. Entrevue avec Jacques Parizeau, le 16 août 1999.
139. Entrevue avec Claude Morin, le 17 mars 2000.
140. Nous y reviendrons au chapitre 20.
141. Entrevue avec Jean Keable, le 13 avril 2000.

en janvier 1973, tout comme il n'a jamais été informé des activités de Claude Morin et de ses liens obscurs avec la GRC.

La lecture d'un rapport de la Commission fédérale d'enquête sur les agissements de la GRC révèle qu'avant même l'adhésion de Jacques Parizeau au Parti québécois ou la constitution de son réseau, le Service de sécurité de la Gendarmerie royale du Canada avait décidé d'élargir «ses activités de manière à recueillir des renseignements sur les partis et les groupes séparatistes démocratiques agissant au grand jour [142].»

Avec les révélations des dernières décennies sur toutes les opérations d'espionnage que la GRC a pu mener contre le Parti québécois, certains anciens dirigeants du parti, comme Pierre Marois, regrettent aujourd'hui l'attitude nonchalante de leur organisation face aux questions du renseignement et de la sécurité. «Le Bureau d'assistance technique (B.A.T.) nous amenait des éléments d'information, mais pas de l'ampleur de ce qu'on aurait pu obtenir si on avait été un peu moins naïfs et si on avait mieux compris ce que Parizeau préconisait, si on l'avait aidé, encadré et soutenu [143].»

---

142. Extrait du rapport de la Commission d'enquête fédérale sur les activités de la GRC, deuxième rapport, vol. 1, août 1981, p. 470. Dès le 14 août 1967, lors d'une réunion présidée par le premier ministre Pearson, Ottawa conclut que le séparatisme est jugé plus dangereux que l'activité communiste. Le 19 décembre 1969, le comité sur la sécurité et le renseignement, présidé par le premier ministre Trudeau, suggère au SSGRC de produire un rapport détaillé sur l'état des forces séparatistes au Québec.

143. Entrevue avec Pierre Marois, le 23 mars 2000.

CHAPITRE 3

Le bon soldat

« *En 1970, c'était le Biafra, en 1973, c'était le Chili, en 1977, ce sera le Paraguay ou le Basutoland. On aura toujours à se battre contre la peur du dollar qui s'effondre, des capitaux qui fuient, du ski-doo qui disparaît, du compte en banque qui fond. D'élection en élection, c'est l'argument économique qui sera brandi par les fédéralistes.* »

Jacques Parizeau[1]

À l'été 1973, Alice Parizeau persuade son mari de traverser le continent nord-américain en voiture afin d'aller passer quelques semaines de vacances en famille au Mexique. Jacques Parizeau, sa fille, son fils et même le chien Psinka sont du périple. Alice adore conduire. C'est elle qui tiendra le volant jusqu'à leur arrivée au Mexique. Après « l'anticampagne » de 1972, ce séjour de repos dans la capitale de l'État du Yucatán, Mérida, puis dans le village de Progreso est des plus apprécié. Aux longues séances de baignade et de bronzage à la plage, succèdent les paisibles après-midi de lecture et les repas pris dans les petits restaurants de Progreso.

Au retour de l'une de ces escapades familiales, Jacques Parizeau est intercepté par le réceptionniste de l'hôtel, qu'il sent nettement plus nerveux qu'à l'habitude. « Señor Parizo !, Señor Parizo ! Tiene un teléfono de

---

1. Propos tenus par Jacques Parizeau lors du Conseil national du Parti québécois du 17 novembre 1973 à Québec et rapportés par Gérald Godin dans le journal *Québec-Presse*, le 2 décembre 1973.

Canadá, muy importante, muy importante!» «Ce doit être important en diable pour qu'on m'appelle jusqu'ici», se dit Jacques Parizeau. Celui qui, jusqu'à maintenant, a tout fait pendant son séjour au Mexique pour éviter les coups de soleil, en reçoit un sur la tête par l'exécutif national du Parti québécois.

Louis Bernard, le chef de cabinet de Camille Laurin et responsable de l'aile parlementaire, l'appelle pour lui dire, que la direction du Parti québécois est en train de préparer le budget de la première année de l'indépendance et elle souhaite que le document soit terminé avant septembre afin de l'utiliser pour la campagne électorale qui s'en vient. «Quoi!», s'insurge Jacques Parizeau. Sans qu'il ne soit prévenu, l'économiste du parti, le numéro deux du mouvement souverainiste, est placé devant un fait accompli et est contraint de participer à un exercice budgétaire. «Je suis en chr..., avoue Jacques Parizeau. On m'a fait revenir du Mexique pour prendre en charge l'exercice qui avait été décidé en mon absence par l'exécutif national. Je l'ai trouvé forte en maudit! J'étais absolument contre[2].» En dépit de cette décision qu'il désapprouve, Jacques Parizeau se résigne à abréger ses vacances au Mexique. Il prend l'avion pour Montréal en laissant seuls derrière lui femme et enfants.

Jacques Parizeau a encore du sable dans ses souliers quand il se présente à la permanence du parti de fort mauvaise humeur. De façon pimentée, il explique que l'exercice est casse-gueule, improvisé, et que le temps nécessaire à la préparation d'un tel budget n'est pas suffisant. Il insiste, mais personne ne l'écoute. L'idée vient de Louis Bernard et René Lévesque l'appuie solidement[3]. Un recherchiste, Pierre Lamonde, est déjà au travail. Dans les bureaux du Parti québécois, le mercure est à la hausse. Jacques Parizeau a ramené avec lui la chaleur torride des plages du Yucatán. Il menace de démissionner. Avant que le thermomètre n'éclate, René Lévesque va calmer le bouillant économiste. «Je n'ai pas déposé ma démission, précise Jacques Parizeau. Lévesque est venu me voir et m'a dit de rester tranquille[4].» Jacques Parizeau avale le morceau en grimaçant comme si c'était un piment *jalapeño*. Le bon soldat décide de se plier aux ordres,

2. Entrevue avec Jacques Parizeau, le 6 janvier 2000.
3. Selon les souvenirs de Claude Morin, de Guy Joron et de Pierre Marois. Pour sa part, Louis Bernard affirme ne pas se souvenir de qui provient l'idée.
4. Entrevue avec Jacques Parizeau, le 6 janvier 2000.

mais Louis Bernard devra composer avec l'absence d'enthousiasme de l'économiste des HÉC, ce qui est tout à fait inhabituel chez lui [5]. « Il n'a pas été vraiment intégré à la fabrication du budget de l'an 1, avoue Louis Bernard. C'est l'aile parlementaire qui a fait les travaux. Cela a créé un froid, parce que Parizeau se traînait les pieds [6]. » Publiquement toutefois, Jacques Parizeau va défendre le document sans fourberie.

Le budget de l'an 1 est présenté à la population le 9 octobre 1973. Le Québec est en pleine campagne électorale, des élections ayant été convoquées pour le 29 octobre. La conférence de presse qui lance la campagne du Parti québécois se tient dans la Vieille Capitale. René Lévesque est entouré de dix-sept de ses lieutenants parmi lesquels figure, au rang d'honneur, Jacques Parizeau. La troupe annonce qu'au lendemain d'une victoire péquiste, le nouveau gouvernement s'engagera dans des négociations qui dureront environ deux ans avec le Canada. Le premier budget de l'indépendance sera ensuite déposé. Pour l'année financière 1975-1976, il s'élèvera à près de 12 milliards de dollars comparativement à 5,1 milliards en 1973-1974. Le document prévoit pour le pays du Québec une armée de huit mille hommes. Advenant l'impossibilité de négocier une union monétaire avec le Canada, le Québec imprimera ses propres billets de banque.

La direction du Parti québécois affiche une telle confiance dans son document que René Lévesque met au défi Raymond Garneau, ministre des Finances du gouvernement Bourassa, de débattre du budget de l'an 1 devant les caméras de télévision [7]. Le Parti libéral, flairant la bonne affaire, accepte instantanément. Le débat aura lieu dans les jours qui suivent. Le Parti libéral veut faire vite, craignant que le Parti québécois ne change d'idée. Depuis des semaines et avec insistance, Robert Bourassa demandait à René Lévesque de publier son fameux budget de l'indépendance. Le chef libéral espérait ainsi diriger les vautours de la critique au-dessus du document péquiste plutôt que de les laisser s'attaquer à l'administration libérale des trois dernières années. Robert Bourassa a habilement placé la trappe dans laquelle l'adversaire vient de tomber. L'amateurisme dont fait preuve l'organisation du Parti québécois étonne encore aujourd'hui. Lors des

---

5. Entrevue avec Guy Joron, le 18 avril 2000.
6. Entrevue avec Louis Bernard, le 27 mars 2000.
7. Le défi est lancé le dimanche 14 octobre lors d'une conférence de presse dans le comté de Joliette en présence du candidat Bernard Landry.

négociations qui déterminent les conditions dans lesquelles le débat doit se tenir, Raymond Garneau exige la présence des tiers partis[8]. Le Parti québécois accepte. Jacques Parizeau va donc se retrouver seul contre trois adversaires qui n'auront qu'un seul document à se mettre sous la dent, celui du budget de l'an 1. Le jour du débat, André Steenhaut, militant du comté de Crémazie, accompagne Jacques Parizeau en voiture vers le studio de télévision. Renfrogné, tendu, il lui confie : « Monsieur Steenhaut, je m'en vais à l'abattoir[9]. »

Le débat de l'an 1

À trente minutes du débat, qui sera enregistré dans les studios de Télé-Métropole, Jacques Parizeau se trouve déjà confortablement calé dans son fauteuil, les pouces enfouis dans les revers de sa veste. Du regard, il cherche Raymond Garneau qui semble n'être pas encore arrivé. En fait, le jeune ministre des Finances se cache derrière des rideaux, en compagnie de son adjoint Jean Lambert. Raymond Garneau dissimule mal sa nervosité. Sous l'effet de la peur, il a complètement perdu la mémoire. « Quelques instants avant l'ouverture, je n'avais plus rien dans la tête[10] », atteste-t-il. Jean Lambert tente de le rassurer et lui rappelle que tous les grands artistes sont rongés par un trac incroyable dans les instants qui précèdent une performance remarquable. « Mais pour moi, c'était mon premier grand spectacle et je n'avais que trente-huit ans[11] », rappelle Raymond Garneau. Son adversaire n'a pourtant que cinq ans de plus que lui, mais la réputation de Jacques Parizeau l'a devancée. Raymond Garneau, né à Plessisville, craint le grand seigneur d'Outremont. Il n'a pas, comme le célèbre professeur, discouru devant une multitude d'auditoires prestigieux. En présence du vénéré docteur en économie, il se sent comme un gamin. « En raison de sa notoriété, de l'importance que les journalistes lui donnent, il est LE porte-parole crédible du PQ en matière financière. Il est le véritable critique de

---

8. C'est ce que rapporte René Lévesque lors de l'émission radiophonique de Radio-Canada, *Présent à l'écoute*, le 22 octobre 1973.
9. Entrevue avec André Steenhaut, le mardi 28 novembre 2000.
10. Entrevue avec Raymond Garneau, le 4 avril 2000.
11. *Idem.*

l'opposition [12].» Raymond Garneau ignore encore que son adversaire est aussi nerveux que lui.

Pour bien se préparer au débat, Raymond Garneau a mis le paquet. Il est même allé jusqu'à solliciter l'aide technique de ses hauts fonctionnaires au ministère des Finances. Le sous-ministre Pierre Goyette et les sous-ministres associés Michel Audet et Michel Caron l'ont conseillé et lui ont préparé quelques notes bien senties. Marcel Cazavan s'est également fait un plaisir de collaborer à l'exercice. Devenu président de la Caisse de dépôt et placement du Québec, l'ancien rival de Jacques Parizeau au ministère des Finances, le même qui trouvait que Parizeau prenait beaucoup trop de place lors de la Révolution tranquille et lui portait ombrage, est décidé à le faire mal paraître. Il communique l'observation suivante à Raymond Garneau : «Parizeau connaît trente pour cent de tout. Choisis donc un aspect des plus techniques et pointus et pousse-le au maximum. Tu vas l'avoir [13].» Raymond Garneau reçoit le précieux conseil avec délectation. Il décide d'approfondir la question des coefficients d'élasticité. « Marcel Cazavan m'avait rendu le plus grand service [14]», constate aujourd'hui Raymond Garneau.

Le directeur de la salle des nouvelles demande bientôt aux participants de s'approcher et de prendre place, le débat va commencer. Pré-enregistrée, l'émission sera diffusée sur les ondes de Télé-Métropole le vendredi 19 octobre 1973. Marcel Côté, le candidat de l'Union nationale, et Fabien Roy, du Parti créditiste, se joignent à Raymond Garneau et à Jacques Parizeau. «Parizeau trônait parmi nous comme Louis XIV», se souvient Raymond Garneau. Lorsqu'on m'a donné la parole, j'ai ouvert la bouche, puis les mots sont sortis [15].» Il avait retrouvé la mémoire.

La discussion est lancée. Jacques Parizeau, sous les feux de la rampe comme jamais auparavant, joue un rôle. Le personnage qu'il a su bâtir à Londres se déploie au petit écran. L'air décontracté, un peu trop, il tente de répondre aux coups qui fusent de toutes parts. Raymond Garneau observe avec grand plaisir la façon dont la lutte prend forme : « Marcel Côté et

---

12. Entrevue avec Raymond Garneau, le 17 avril 2000.
13. Propos attribués à Marcel Cazavan et rapportés par Raymond Garneau. Entrevue du 4 avril 2000.
14. Entrevue avec Raymond Garneau, le 4 avril 2000.
15. *Idem.*

Fabien Roy ont joué un rôle de déstabilisation chez Parizeau. Moi, j'avais le temps de souffler, mais pas Parizeau [16].» Et contrairement à ses habitudes, Jacques Parizeau reconnaît qu'il n'avait pas suffisamment préparé la présentation publique de ce budget [17]. Le débat télévisé ne tourne pas à son avantage. « Je fais bien trop professeur d'université. Je ne vais pas faire un grand millage, c'est le moins qu'on puisse dire [18].» Le taux d'élasticité est bientôt lancé dans la mêlée. Personne ne veut toucher à cette question, mais Raymond Garneau insiste et multiplie les équations. Une pluie de décimales et de chiffres s'abat sur Jacques Parizeau. Il tente de répliquer, mais c'est peine perdue, la complexité du débat a l'effet d'un repoussoir chez l'opinion publique qui ne comprend plus rien à l'échange. Le budget de l'an 1, l'arme des indépendantistes, vient de se retourner contre eux et leur explose à la figure.

Pendant un instant, Jacques Parizeau se recule, s'appuie contre son siège et s'allume une cigarette. « J'ai alors vu ses mains trembler, se souvient Raymond Garneau. Dès ce moment, cela m'a rassuré et je me suis dit : "Tiens, ma stratégie a fonctionné [19]!" » Le député ministre de Plessisville réalise alors qu'il peut ébranler le docteur en économie qu'il croyait imperturbable. « À partir de ce moment-là, j'ai laissé tombé la technique et je suis devenu plus politicien [20].»

René Lévesque, qui regarde le débat télévisé en compagnie de Corinne Côté, lui avoue à un moment donné : « On sait maintenant que c'est une erreur, mais bon, il fallait l'essayer [21].» « Monsieur Lévesque comptait beaucoup sur monsieur Parizeau pour ce budget, estime Louis Bernard. Lors du débat, il n'a pas été à la hauteur, mais je crois qu'il pouvait être bien meilleur ce soir-là [22].» Daniel Paillé n'est pas d'accord. Selon lui, la formule même du débat poussait Jacques Parizeau vers l'abîme : « Fabien Roy,

---

16. *Idem.*
17. Entrevue avec Jacques Parizeau, le 15 novembre 1999.
18. *Idem.*
19. Propos de Raymond Garneau diffusés à l'émission consacrée en partie à l'héritage économique de Jacques Parizeau, *Les Affaires et la vie*, à la radio de Radio-Canada, le 20 janvier 1996. Propos également tenus lors d'une entrevue avec Raymond Garneau, le 4 avril 2000.
20. *Idem.*
21. Entrevue avec Corinne Côté-Lévesque, le 2 octobre 2000.
22. Entrevue avec Louis Bernard, le 27 mars 2000.

dans son langage, y allait avec des évidences évidentes. Marcel Côté trimbalait Parizeau d'une page à une autre puis là, vous aviez Parizeau qui voulait expliquer les taux d'élasticité de l'impôt sur le revenu des particuliers... Tabar...! Parizeau était sur la défensive avec ce budget. Ce n'était plus Garneau qui défendait ses trois ans d'administration, c'était Parizeau qui défendait son budget de l'an 1 [23]. »

Au moment du débat, Claude Charron a lui aussi les yeux fixés sur son téléviseur. Les blasphèmes contre Jacques Parizeau ne cessent de s'accumuler. « On était mort sur le taux d'élasticité! On avait perdu sur le taux d'élasticité! Bourassa riait sûrement à gorge déployée. Garneau n'avait pas planté Parizeau sur le fond, il l'avait rendu ridicule! Moi, j'écoutais ce débat-là et je me disais, tabar...! Au lieu de me faire gagner des votes, ça m'en a fait perdre dans Saint-Jacques. C'est mortel! C'est mortel [24]! » Dans ses *Pages de journal*, Gérard Parizeau, le père de Jacques, n'hésite pas à qualifier Marcel Côté et Fabien Roy « d'aboyeurs ». « On devrait éviter ces débats passionnés à la télévision, écrit-il. Ils soulèvent des questions, mais ne résolvent rien. Ils deviennent même odieux quand on laisse un seul personnage recevoir tous les coups sans qu'il ait le temps, ni le moyen de se défendre. Alors qu'il a probablement raison, souvent il ne fait pas le poids devant le nombre [25]. »

Le débat se termine. Les protagonistes se serrent la main, puis Parizeau va rejoindre André Steenhaut, son chauffeur pour l'occasion. « Il est sorti de là malheureux, confie André Steenhaut. Nous sommes allés prendre un verre en sortant [26]... » Raymond Garneau, de son côté, va retrouver Robert Bourassa dans une chambre d'hôtel pour lui faire part de la tournure des événements. Il lui fait écouter l'émission qu'a enregistrée en cachette son adjoint Jean Lambert sur un petit magnétophone. Quand Bourassa entend l'échange sur le coefficient d'élasticité, son visage s'illumine : « Ah! L'élasticité, c'est un bijou ça. Tu as dû mélanger tout le monde (rires) [27]. » Il cesse

23. Entrevue avec Daniel Paillé, le 29 février 2000.
24. Entrevue avec Claude Charron, le 22 mars 2000.
25. Gérard Parizeau, *Pages de journal*, volume IX, Trois-Rivières, Les Éditions du Bien public, 1980, p. 10.
26. Entrevue avec André Steenhaut, le mardi 28 novembre 2000.
27. Propos attribués à Robert Bourassa et rapportés par Raymond Garneau. Entrevue du 4 avril 2000.

d'écouter la cassette et conclut à la victoire. Ce débat télévisé aura un impact certain sur la crédibilité de Raymond Garneau : « Après le débat, j'attirais des foules beaucoup plus nombreuses, raconte-t-il, et après les élections, on m'invitait à un plus grand nombre de tribunes pour prononcer des conférences [28]. »

Les journaux du lendemain sont unanimes : un débat « non concluant », « décevant », « fort navrant », « terriblement technique »... Jacques Parizeau s'est offert en pâture. Son armure, un complet trois pièces, n'a pu le protéger contre les oiseaux carnassiers qui ont tôt fait de le déchiqueter.

Une campagne *all dressed, relish,* moutarde

Dans le nouveau comté de Crémazie où il se présente, c'est en col roulé et en veston de suède que Jacques Parizeau apparaît sur les dépliants électoraux. Roger Nantel, son conseiller électoral, est responsable de cette nouvelle image et du renouvellement de la garde-robe du candidat. Se détachant du plan de campagne nationale, le Parti québécois de Crémazie adopte son propre slogan : « Soyons librement confortables ». Le croisé se présente contre le ministre libéral, Jean Bienvenu, et contre Jacques Desjardins, du Parti créditiste. Peu présent dans son comté, on le voit toutefois partout au Québec. Aux côtés de René Lévesque, c'est l'une des vedettes du Parti. Il est, plus que jamais, la caution économique du mouvement politique souverainiste. En plus du débat télévisé, il participe à certaines émissions télévisées, payées par le parti. Il explique aux téléspectateurs la mécanique d'un dollar québécois et trace le portrait de l'économie d'un Québec indépendant. S'appuyant sur le document de réflexion *Quand nous serons vraiment chez nous,* qu'il considère comme un chef-d'œuvre, Jacques Parizeau est « librement confortable » tout au long de cette campagne où il prône la proclamation de l'indépendance après une victoire péquiste.

En début de campagne, le Parti québécois annonce qu'il récoltera entre trente-cinq et quarante pour cent des votes [29]. Une semaine avant l'élection

---

28. Entrevue avec Raymond Garneau, le 4 avril 2000.
29. Consulter l'article de Gilles Pépin, « Le PQ s'attend à récolter au moins 35 % des votes aux prochaines élections », *Le Soleil,* le 29 août 1973.

L'affiche électorale de 1973.
Jacques Parizeau en col roulé,
veste de suède, plus décontracté...
Photo d'Antoine Désilets.

Le nouveau Parizeau.
Photo d'Antoine Désilets.

du 29 octobre, le Parti se bombe le torse et rassemble de façon spectaculaire près de dix-huit mille personnes au Forum de Montréal. Le 28 octobre, René Lévesque envoie un télégramme à tous les candidats : «Après une campagne très positive du Parti québécois, il reste une étape à franchir : le jour du vote. Dans des dizaines de comtés elle sera déterminante. Soyez calmes et vigilants[30].» Les militants sont surtout confiants.

Le soir du 29 octobre, la déception vient assommer les péquistes. Camille Laurin, chef de l'aile parlementaire, est défait dans son comté. En larmes, il s'accroche au cou de René Lévesque, lui aussi perdant. Claude Morin, la toute nouvelle étoile du parti, ne scintillera pas à l'Assemblée nationale. Jacques Parizeau non plus. «Là, on en a mangé une tabar…![31]», rapporte Daniel Paillé, l'un des organisateurs de Jacques Parizeau dans le comté de Crémazie. Le candidat libéral, le ministre Jean Bienvenu, a été parachuté dans le comté de Crémazie à la dernière minute et cela ne l'a pas empêché de remporter l'élection avec 1 396 voix de plus que Jacques Parizeau, une marge encore plus grande qu'en 1970. Dans le comté voisin, son ami Jacques-Yvan Morin est victorieux. Pour Daniel Paillé, «cela faisait partie de la déception. Que son *chum* d'autrefois, le boy-scout en culottes courtes, devenu professeur de droit international, à l'accent plus pointu que Parizeau, passe dans son comté de Sauvé, alors que nous sommes défaits dans Crémazie…. Et que Jacques-Yvan Morin devienne chef de l'opposition… Monsieur aurait bien aimé être chef de l'opposition[32].» L'atmosphère est écrasante au local de comté. La petite équipe se déplace ensuite dans une salle réservée pour l'occasion. Daniel Paillé monte sur la tribune et présente Jacques Parizeau. La défaite rend-elle les militants sourds? Personne n'entend le jeune Paillé. Le micro ne fonctionne pas. «Voyons! s'écrie Daniel Paillé, il n'y a rien qui marche dans ce chr… de comté-là![33]» Après un long moment, la voix de Daniel Paillé

---

30. Télégramme de René Lévesque. Archives de Jacques Parizeau, ANQ, Montréal.
31. Entrevue avec Daniel Paillé, le 29 février 2000.
32. *Idem.* Au début de l'année 1970, c'est Jacques Parizeau qui est allé sonder Jacques-Yvan Morin au nom de René Lévesque pour qu'il adhère au Parti québécois. Confirmé par Jacques-Yvan Morin, le 30 novembre 2000.
33. Entrevue avec Daniel Paillé, le 29 février 2000.

résonne dans la salle : «…et voici Jacques Parizeau!» Les applaudissements ont la faible intensité des soirs de défaite. L'intervention du candidat perdant est courte. Il lance un message d'espoir aux militants, mais sans conviction. «Par son texte et ses gestes, il [était] très, très amer[34]», observe Daniel Paillé.

Avec cent deux députés sur cent dix, la victoire des libéraux ressemble à un raz-de-marée. La moisson péquiste est pourtant en nette croissance. De 662 000 votes en 1970, le mouvement indépendantiste récolte maintenant presque 900 000 voix en 1973, soit trente pour cent de l'électorat. De quelques milliers en 1968, ils sont maintenant près d'un million à croire au pays du Québec. L'écrasement de l'Union nationale a favorisé la polarisation du vote entre indépendantistes et fédéralistes et explique la solide victoire des libéraux. Une fois passée l'amertume du moment, Jacques Parizeau, ardent propagandiste de la limpidité en politique, considère la campagne de 1973 comme exemplaire, à l'exception du budget de l'an 1 et d'une publicité de fin de campagne qui le mettra hors de lui.

En effet, à la surprise de plusieurs, à deux jours du vote, la carte de rappel du Parti québécois indique aux électeurs qu'un référendum sera maintenant nécessaire pour faire l'indépendance en cas de victoire péquiste. Cette carte, qui déplaît fortement à Jacques Parizeau, n'est cependant à ses yeux qu'une gênante bavure de fin de course[35]. Ce qui compte, c'est que «nous avons trente pour cent des voix avec une monnaie québécoise *all dressed, relish,* moutarde! On a trente pour cent sur quelque chose de pur et dur[36]!», affirme triomphalement Jacques Parizeau. Selon sa lecture de la situation, si en 1970 l'association avec le Canada devait être négociée, «en 1973 on y va clairement. La campagne de 1973 est plus claire que celle de 1970.» Sans compter qu'il a été l'une des principales vedettes de cette élection, ce qui sera moins le cas pour les prochaines campagnes.

Mais les défaites électorales détrônent les rois et malheureusement pour Jacques Parizeau plusieurs militants jugent que la vedette du parti a perdu pied lors du débat de l'an 1. Jacques Parizeau a glissé sur la scène qu'on lui offrait et, au lendemain de l'élection, des candidats déçus sont déterminés à immoler l'économiste.

---

34. *Idem.*
35. Nous reviendrons sur ce document litigieux au prochain chapitre.
36. Entrevues avec Jacques Parizeau le 15 décembre 1997 et le 6 janvier 2000.

Les défaites électorales n'empêchent pas Camille Laurin
et Jacques Parizeau de vivre de bon moment ensemble.
Photo d'Antoine Désilets.

La rôtisserie

Au Conseil national du Parti québécois, les 17 et 18 novembre 1973, le bilan de la campagne est au menu... Jacques Parizeau aussi. Pour la défaite, il faut un responsable. Progressivement, une exécution politique se dessine. Toute la critique se concentre à un endroit, vers une personne : l'économiste des HÉC. Dans son discours d'ouverture, René Lévesque tente de repousser la meute qui, toutes canines dehors, veut manger du Parizeau. Le chef du parti affirme que le budget de l'an 1 « a été la clef de la campagne. On dit que ce fut peut-être une erreur, mais lors de conseils nationaux, on est arrivé à dire qu'il fallait le présenter. Il fallait établir la rentabilité de l'indépendance. C'était une nécessité reconnue par tous[37]. »

La salle du Conseil national est chauffée à blanc. Elle se transforme, peu à peu, en rôtisserie. À la période des questions succède celle de la discussion et des commentaires. Lucien Lessard, député du comté de Saguenay, est le premier à embrocher Jacques Parizeau. « Parizeau est un technocrate coupé des réalités du monde[38] ! », s'écrit-il. Emporté par ses propos et par moments hystérique, Lucien Lessard continue sa diatribe juché sur une table. Il met les brûleurs à plein gaz. « Il faut se poser une question déchirante, dit-il, peut-être que le PQ a plafonné à Montréal et qu'il doit songer maintenant à s'étendre dans les régions. Auquel cas, il faudrait peut-être envisager la possibilité que certaines grandes vedettes du parti, comme Jacques Parizeau, se retirent de l'exécutif et laissent [leur] place à des leaders régionaux[39]. » Lucien Lessard demande la « démontréalisation » du parti. Quelques minutes plus tard, le délégué Clément Richard vient appuyer ses propos. Le bien cuit se transforme bientôt en méchoui.

Une vingtaine de personnes passent au micro et entretiennent le feu. Claude Charron, député de Saint-Jacques, se met de la partie. « Mon intervention visait directement Parizeau[40] », avoue-t-il. Le jeune député lui reproche de banaliser les conséquences de l'indépendance, en soutenant

37. Procès-verbal du Conseil national du 17 et 18 novembre 1973, p. 2. Archives du Parti québécois.
38. Version rapportée par plusieurs témoins, dont un article bien étayé de Gérald Godin, *Québec-Presse*, le 2 décembre 1973.
39. Gérald Godin, *Québec-Presse*, le 9 décembre 1973. Godin a recueilli ces propos à la suite d'une entrevue avec Lucien Lessard.
40. Entrevue avec Claude Charron, le 22 mars 2000.

qu'il ne se passera rien au lendemain de la victoire péquiste et que tout ira bien. «Moi, je galvanisais les foules pour leur dire que le changement s'en vient. S'il ne se passe rien, je ne vois pas pourquoi on fait tout ce bordel-là!» Claude Charron tourne la broche et salive. Il a en main le dépliant du comté de Jacques Parizeau. «Là, j'avais la porte ouverte en baptême[41]», estime Claude Charron qui ridiculise le slogan du camp Parizeau *Soyons librement confortables.* «Pour moi, ce slogan s'adresse à la clientèle d'Outremont et non aux gens de Crémazie! Tant qu'on va faire des affaires de même, tant qu'on va poster des affaires comme ça, on ne peut pas se surprendre de perdre[42]!», dit-il aux délégués réunis en Conseil national. L'endroit commence à sentir le roussi.

Jacques Parizeau, silencieux, attend son tour dans la file. Il se sent comme un pestiféré. Il est le vingt-cinquième à parler. Il rappelle d'abord qu'il est entré au Parti québécois parce qu'il croyait que l'indépendance devait et pouvait se faire. Puis, il ajoute : «Il faut être réaliste. Le Parti québécois n'est pas rassurant et ne le sera jamais. C'est la fierté qui nous amènera à faire l'indépendance, mais la frousse jouera toujours. Il faut dégonfler les thèmes en les usant. En 1970, c'était le Biafra, en 1973, c'était le Chili, en 1977, ce sera le Paraguay ou le Basutoland. On pourrait ainsi continuer longtemps étant donné qu'il y a cent quarante pays dans le monde. On aura toujours à se battre contre la peur du dollar qui s'effondre, des capitaux qui fuient, du *ski-doo* qui disparaît, du compte en banque qui fond. D'élection en élection, c'est l'argument économique qui sera brandi par les fédéralistes. Toutes les élections, jusqu'à l'indépendance, n'auront pour thème que la peur économique. C'est pourquoi il fallait, cette année, faire la campagne que nous avons faite. Ceux qui croyaient que le PQ prendrait le pouvoir en 1973 rêvaient en couleurs. C'était une élection perdue d'avance, aussi bien la faire servir à détruire un peu plus, ce qui a été, est et sera toujours le seul argument de nos adversaires. On a déjà commencé en 1973, la campagne de 1977[43].» Jacques Parizeau est chaudement applaudi.

---

41. *Idem.*
42. *Idem.*
43. Procès-verbal du Conseil national du 17 novembre 1973, p. 9. Vous pouvez consulter également l'article de Gérald Godin publié dans le *Québec-Presse,* le 2 décembre 1973 et dans *La Presse,* le 10 octobre 1973.

À la fin du Conseil national de Québec, c'est toutefois un homme profondément meurtri qui se prépare à quitter la salle des Chevaliers de Colomb. « Ce qu'il y avait de difficile dans l'intervention de Lessard, se souvient Serge Guérin, c'est que c'était très gratuit. Il l'a très mal pris[44]. » Jacques Parizeau confie aujourd'hui que la séance d'attaques personnelles l'a « affecté plus que d'avoir été battu lors des élections[45]. » Avant de rentrer chez lui, il informe René Lévesque qu'il démissionnera de l'exécutif national dans les prochains jours.

Pour le retour à Montréal, Daniel Paillé l'accueille dans sa petite coccinelle, une Volkswagen orange. Le grand Jacques Parizeau se plie en quatre pour entrer dans le véhicule. Il est muet pendant les deux heures trente du trajet. La nuque légèrement baissée, les genoux repliés, il ne dit qu'une chose à son chauffeur : « De la star du Congrès de 1969 à aujourd'hui, les conseils nationaux se suivent, mais ne se ressemblent pas[46]. »

Cet épisode révèle, selon Pierre Marois, un aspect peu connu du personnage Parizeau : « Le budget de l'an 1 n'a jamais été une idée de Jacques Parizeau. Il n'était pas là quand ça a été pondu. Il était en désaccord avec ça. Il comprenait passablement bien, de son point de vue à lui, que c'était terriblement dangereux de présenter un exercice comme celui-là sur le plan stratégique. À l'interne il l'a dénoncé, mais jamais vous n'avez entendu monsieur Parizeau le dénoncer publiquement. Comme un soldat loyal, il l'a défendu sur la place publique, il a fait le débat et il a même accepté d'en porter la responsabilité et les conséquences pendant plusieurs années comme si c'était lui qui l'avait fait. Ça prend quand même une bonne dose de loyauté[47] », estime Pierre Marois. « J'ai trouvé ça totalement injuste, dit Claude Morin. Il ne méritait pas ça. Il a été conscrit par Lévesque. Et Parizeau, il faut lui donner ça, il obéit au patron[48]. »

---

44. Entrevue avec Serge Guérin, le 3 mars 2000.
45. Entrevue avec Jacques Parizeau, le 6 janvier 2000.
46. Propos attribués à Jacques Parizeau et rapportés par Daniel Paillé. Entrevue du 29 février 2000.
47. Propos de Pierre Marois diffusés à l'émission consacrée en partie à l'héritage économique de Jacques Parizeau, *Les Affaires et la vie*, à la radio de Radio-Canada, diffusée le 20 janvier 1996.
48. Entrevue avec Claude Morin, le 28 juin 1999.

Le démissionnaire

Le 19 novembre 1973, vingt-quatre heures après le Conseil national, Jacques Parizeau remet sa lettre de démission au président du parti : « Je vous confirme que je démissionne comme membre du Conseil exécutif du Parti québécois et que cette démission prend effet aujourd'hui [49]. » Le 23 novembre, une courte déclaration de trois lignes est rendue publique : « Je présente ma démission comme membre de l'exécutif national du Parti québécois, étant entendu que ce geste ne change en rien mes convictions politiques et que je reste indépendantiste et membre du Parti québécois. » René Lévesque accepte ce départ avec « le plus vif regret ». Jacques Parizeau lui en veut-il de ne pas avoir pris sa défense avec plus d'ardeur lors du dernier Conseil national ? « Cela fait douze ans que je vis dans l'arène politique à un titre ou un autre, dit-il. Cela ne me dérange pas que le chef lance quelqu'un aux loups, parce qu'il faut bien lancer quelqu'un aux loups. Cela m'aurait beaucoup peiné si Lévesque avait ouvert la chasse contre moi, ce qu'il n'a pas fait [50]. »

Dans les régions, la confirmation de la démission de Jacques Parizeau provoque une marée montante de consternation. À la permanence, le téléphone ne cesse de sonner. Ces trois dernières années, Jacques Parizeau a beaucoup semé dans les régions du Québec. Aujourd'hui, les fruits sortent de terre et revendiquent le retour du semeur. Pris de panique, de nombreux exécutifs de comtés votent des résolutions d'urgence exprimant toute leur solidarité à l'endroit de Jacques Parizeau et le supplient de demeurer à l'exécutif national. Des présidents de comtés des régions de la Gaspésie, du Saguenay et de l'Outaouais font pression sur René Lévesque pour qu'il obtienne de Jacques Parizeau le retrait de sa démission [51]. À son domicile, Jacques Parizeau reçoit une multitude de télégrammes et de lettres d'appui. « L'exécutif estime que si pour certains la défaite est

49. Lettre au président du conseil exécutif du Parti québécois, le 19 novembre 1973. Archives de Jacques Parizeau, ANQ, Montréal.
50. Entrevue avec Jacques Parizeau, le 6 janvier 2000.
51. Selon le procès-verbal de la réunion du Conseil exécutif du Parti québécois tenue le 15 décembre 1973 : « Le président du Conseil répondra aux comtés en leur rappelant la lettre déjà expédiée et en ajoutant qu'il fut impossible à l'exécutif de faire revenir M. Parizeau sur sa décision. »

orpheline, au sein du Parti québécois elle doit être collégiale [52]», écrit, par exemple, René Turcotte, membre de l'exécutif de comté de Sherbrooke. Puis, il y a cette lettre écrite à la main sur une simple feuille lignée : «Pour bâtir un pays, nous avons besoin de vous, car vous êtes un des piliers du Parti québécois. Ne nous abandonnez pas... Nous sommes en ce jour du 24 novembre 1973 au monument des Patriotes. Nous, nous souvenons de ceux qui ont lutté pour le pays [53].» La déclaration est signée par environ trente-six personnes. Jacques Parizeau en est profondément touché. À tous ces militants déçus, il répond qu'il n'est pas question de revenir sur sa décision, mais que «cela n'enlève rien à la force de nos convictions et à la réalisation d'objectifs que nous avons tous à cœur [54].»

Jacques Parizeau est alors âgé de 43 ans. Il lui est encore possible de modifier sa trajectoire. Ses compétences, sa réputation, en font une recrue de prestige capable d'occuper diverses fonctions, tant au Québec que partout ailleurs dans le monde. En 1975, après d'intenses consultations menées auprès des professeurs et des diplômés des HÉC ainsi que de la Chambre de commerce de Montréal, il est désigné candidat au poste de directeur des HÉC [55]. Mais Jacques Parizeau refuse de s'engager dans une autre voie que celle qu'il s'est tracée en septembre 1969. Il repousse l'offre de cette institution d'enseignement avec laquelle il entretient des liens presque filiaux. Le chevalier en pleine croisade n'a qu'une seule dame : la passion du pays. Il ne cessera de faire de la politique que le jour où il aura enfin touché à son rêve, que le jour où il l'aura étreint. «J'étais en politique depuis trois ans et en l'espace de trois ans, le parti indépendantiste, qui partait de rien, était déjà à trente pour cent du vote [56]!» Pour cette même raison, il comprend mal «que tout le monde se donne des coups dans les tibias et

---

52. Lettre envoyée à Jacques Parizeau, le 11 décembre 1973. Archives de Jacques Parizeau, ANQ, Montréal.
53. Lettre retrouvée dans les archives de Jacques Parizeau, ANQ, Montréal.
54. Tiré des nombreux accusés de réception que Jacques Parizeau envoie aux militants. Archives de Jacques Parizeau, ANQ, Montréal.
55. Dans une lettre qui lui est adressée le 22 avril 1975, Jacques Parizeau apprend qu'il est désigné candidat au poste de directeur des HÉC par un comité présidé par Roger Charbonneau. Le poste sera vacant le 1er juin. Archives de Jacques Parizeau, ANQ, Montréal.
56. Entrevue avec Jacques Parizeau, le 13 janvier 2000.

s'entre-assassine. » Bien qu'il quitte l'avant-scène, l'infatigable vigie a bel et bien l'intention de rester dans le parti.

Mais ce repli stratégique comporte des risques qui peuvent compromettre la carrière politique du croisé. Depuis son départ de l'exécutif national, son influence auprès de René Lévesque décroît au profit de celle de Claude Morin. En démissionnant, il laisse toute la place à celui qui a été élu sur ce même exécutif en février 1973. Avec brio, Claude Morin a déjà convaincu René Lévesque de la nécessité d'un référendum comme préalable à toute déclaration d'indépendance. Dans les prochaines semaines, il va tenter de rallier à lui l'exécutif et les militants. Pour un temps, Jacques Parizeau se retrouve dans l'opposition au sein de son propre parti. Son étoile pâlit momentanément. «Mais l'avenir dure longtemps, se dit Parizeau. Je les aurai bien [57]. »

---

57. Propos attribués à Jacques Parizeau peu après la gifle du Conseil national de novembre 1973 et rapportés par Daniel Paillé, lors de l'entrevue du 29 février 2000.

Le référendum :
une platée de spaghetti

« *Jacques impressionne parce qu'il est impressionnant et aussi parce qu'il est distant. Il suit son impulsion, sa trajectoire, nonobstant celle des autres. Moi j'adapte ma trajectoire aux autres.* »

Claude Morin [1]

Depuis que Claude Morin a annoncé, en mai 1972, qu'il joignait les rangs du Parti québécois, le mode d'accession à l'indépendance est sous observation. Le nouveau venu a tôt fait de jeter aux ordures la thèse voulant qu'une majorité de sièges suffisent pour réaliser l'indépendance. Habilement, Claude Morin met son plan en marche et tente alors de promouvoir l'idée d'un référendum comme condition incontournable à tout changement de statut politique. Le 17 novembre 1973, deux semaines après la défaite électorale du Parti québécois, il accorde une longue entrevue à Michel Roy du journal *Le Devoir*. Déclarant qu'il n'est pas séparatiste, il annonce qu'il ne parlera plus d'indépendance. À partir de ce jour, il utilisera plutôt le mot de « souveraineté » qui est plus juste et exclut, selon lui, toute référence à la séparation. Il suggère une forme de rapatriement des pouvoirs à la pièce. Dans un premier temps, il s'agirait de ramener à Québec les pouvoirs de la politique sociale, puis ceux du domaine culturel. « La souveraineté culturelle de Bourassa pourrait en ce sens être une première ou bien une deuxième étape. Ensuite, ce pourrait être l'étape

---

1. Entrevue avec Claude Morin, le 12 avril 1999.

des pouvoirs administratifs ou économiques[2].» Cet article communique la naissance du concept de «l'étapisme» et son père se nomme Claude Morin. L'hypothèse qu'il soumet écarte un référendum «global» qui effraie, semble-t-il, la population. Celui qui soutient ne pas remettre en question l'idée de souveraineté ne repousse pas les analystes qui associent sa démarche à une redéfinition de la fédération canadienne. Il qualifie d'ailleurs d'importante la contribution d'un auteur fédéraliste comme Gilles Lalande, lequel affirme que la souveraineté-association est l'une des formes du fédéralisme. Cette proposition révèle jusqu'à quel point Claude Morin est prêt à repousser toute déclaration solennelle d'indépendance, une thèse qu'il soutiendra plusieurs années après la prise du pouvoir par le Parti québécois. De son côté, Jacques Parizeau perçoit toute étape comme un obstacle sur la voie de l'indépendance. De trop longues négociations équivalent pour lui à de lancinantes hésitations.

Bien avant l'élection d'octobre 1973 et alors que Jacques Parizeau est encore membre de l'exécutif national, Claude Morin a déjà persuadé René Lévesque de la nécessité d'un référendum. Le 18 février, à quelques jours du Congrès du parti, le chef péquiste déclare à la télévision de Radio-Canada que l'indépendance se réalisera quelques années seulement après l'élection du Parti québécois et qu'il y aura un référendum sur la constitution du Québec indépendant[3]. Lors du Congrès, les militants repoussent cette proposition et défient l'exécutif en adoptant la résolution suivante qui s'insère dans le programme du parti en prévision de l'élection : «Étant donné que le Parti québécois préconise clairement l'indépendance du Québec, la souveraineté sera acquise en principe par proclamation de l'Assemblée nationale, sans qu'il soit nécessaire de recourir au référendum[4].»

À la fin du Congrès, dans son discours de clôture, René Lévesque maintient et soutient qu'un «référendum demeurera nécessaire pour faire accepter par le peuple la nouvelle constitution[5].» Chez les journalistes, la déroute

---

2. Propos de Claude Morin cités dans l'article de Michel Roy, «Claude Morin se demande si l'indépendance par étapes ne serait pas mieux acceptée», *Le Devoir*, le 17 novembre 1973.

3. À l'émission *Politique Atout* de Radio-Canada, le dimanche 18 février 1973.

4. Extrait de la résolution portant sur la déclaration d'indépendance adoptée lors du Congrès du Parti québécois tenu les 23-24-25 février 1973 à Laval (Saint-Vincent-de-Paul).

5. Cité par Normand Delisle, *Le Journal de Montréal*, le 25 février 1973.

est totale. Le lundi matin, *La Presse* titre : « Malgré le Congrès, Lévesque veut toujours tenir un référendum » et *Le Devoir* écrit : « Le PQ ne tiendra pas de référendum. » Si l'échec d'un référendum sur la constitution signifie, pour René Lévesque, le rejet de l'indépendance, dans l'esprit de Jacques Parizeau, il n'en est rien. Un référendum perdu sur un projet de constitution ne remet pas en cause le principe de la souveraineté proclamé par l'Assemblée nationale. Jacques Parizeau déclare d'ailleurs à *La Presse* le 27 février 1973 : « Le Québec est entré dans la Confédération sans référendum et il se retirera de la Confédération sans référendum, conformément aux règles du parlementarisme britannique. »

Une chose à la fois !

Claude Morin a très bien compris ce que les militants lui disent et il en désespère : « J'avoue avoir vécu, au printemps 1973, une période de doute non sur la souveraineté mais sur le parti lui-même, à certains égards davantage un mouvement qu'une formation politique. Dans le PQ d'alors, il y avait de l'évangélisation dans l'air. Le côté prosélyte et monastique du Conseil national, qui me séduisit d'abord, finira par me déplaire [6]. »

Contre toute attente, dans l'agitation de la fin de la campagne électorale de 1973, alors que bien des indices annoncent une défaite du Parti québécois, un sous-comité décide de mettre un bémol sur l'option souverainiste du parti. « C'est Guy Joron qui le suggère, soutient Claude Morin. Il nous dit : "Écoutez baptême, on vote pour un gouvernement, puis l'avenir du Québec, ça se décidera autrement, par un référendum [7]". » Un slogan publicitaire en ce sens sera donc inscrit sur la carte de rappel du parti. Si Claude Morin semble bien renseigné sur cette question, il en est tout autrement des autres membres de l'exécutif du parti. Guy Joron, le responsable des communications, n'en parle ni à Jacques Parizeau, ni à Gilbert Paquette, le conseiller au programme du parti. Ils en prendront connaissance une fois que le matériel aura été imprimé et distribué.

---

6. Claude Morin, *Les choses comme elles étaient*, Montréal, Les Éditions du Boréal, 1994, p. 256.
7. Entrevue avec Claude Morin, le 28 juin 1999.

Pendant ce temps, sur le terrain, Jacques Parizeau fait campagne à un rythme d'enfer dans tout le Québec. À quelques jours du vote, un responsable de son organisation l'appelle pour lui signifier que le comté a reçu les cartes de rappel. Quelque chose agace l'organisateur, qui refuse d'en dire plus au téléphone, mais avant d'envoyer ses troupes sur le terrain avec cette publicité, il aimerait bien que le candidat de Crémazie la lise. Intrigué, Jacques Parizeau demande qu'on lui envoie le carton aux couleurs du parti. Traditionnellement distribuée aux foyers québécois durant les derniers jours de la campagne, la carte de rappel donne l'adresse du bureau de scrutin, le nom du candidat et la date de l'élection. Le parti profite également de l'occasion pour y aller d'un dernier slogan. Jacques Parizeau reçoit la carte de rappel et peut y lire le texte suivant : « Aujourd'hui, [en 1973] je vote pour la seule équipe prête à former un vrai gouvernement. En 1975, par référendum, je déciderai de l'avenir du Québec. Une chose à la fois ! » Le croisé explose : « Chr...! » Puis, il ne dit plus un mot, il se lève et se met à marcher de gauche à droite en s'assurant que chacun de ses pas s'écrase lourdement sur le plancher. Il a l'impression d'avoir été trahi. Pourquoi ce recul momentané en fin de campagne ? D'autant plus qu'il n'a pas été prévenu.

Dans la région de Québec, le candidat de Lévis, Jean Garon, refuse tout simplement de distribuer la carte de rappel : « Tu ne peux pas faire la campagne sur la souveraineté puis dans les derniers jours dire " C'est pas tout à fait ce qu'on avait dit [8] " ! », s'indigne-t-il. À l'exécutif national, la sonnerie du téléphone ne cesse de se faire entendre. Pour sa part, Claude Morin ne comprend pas les récriminations des militants qui contestent la façon dont la décision a été prise : « Un réflexe syndical, voyez-vous. Ça n'a pas été voté par les instances... Franchement ! On est en guerre baptême ! Ah ! J'aime autant pas reparler de ça [9] ! » Selon Pierre Marois, qui n'était plus président de l'exécutif national à ce moment-là, l'influence de Claude Morin dans cette affaire est manifeste : « C'est étampé Claude Morin [10] », dit-il.

---

8. Entrevue avec Jean Garon, le 23 février 2000.
9. Entrevue avec Claude Morin, le 28 juin 1999.
10. Entrevue avec Pierre Marois, le 23 mars 2000.

AUJOURD'HUI,
je vote pour la seule équipe prête à former
un vrai gouvernement

EN 1975,
par référendum, je déciderai de
l'avenir du Québec

Une chose à la fois

LE 29, **Je vote Parti Québécois.**
Je vote pour le vrai!

Voici la publicité du Parti québécois qui, sans tenir compte du programme, annonce un référendum en 1975 si le PQ est élu.
Source : Parti québécois.

D'ailleurs, lors d'une entrevue accordée par Claude Morin au journal local le *Rond Point* du 25 octobre 1973, il explique clairement la portée du référendum à venir et ne tient aucunement compte du programme du parti : « L'indépendance du Québec ne se fera que lorsqu'une majorité de la population québécoise aura été d'accord, par référendum (...) Pour nous, il est une étape absolument essentielle de l'accession à l'indépendance. »

Au lendemain de la défaite électorale, lors du Conseil national des 17 et 18 novembre, heureusement pour Claude Morin, le parti est trop occupé à faire cuire Jacques Parizeau pour entamer une autre bataille sur la carte de rappel. Le budget de l'an 1, que l'on descend en flamme, occupe toute la place dans les débats au cours desquels, rappelons-le, Jacques Parizeau sert de bouc-émissaire.

Depuis sa démission du Conseil exécutif, Jacques Parizeau se consacre davantage aux HÉC. Il prend un immense plaisir à diriger l'Institut d'économie appliquée fondé par son maître François-Albert Angers. Le professeur Parizeau ne cesse d'innover. Il élabore la version filmée d'un

Jacques Parizeau lors d'une « assemblée de cuisine » dans une résidence privée. Archives de Jacques Parizeau. ANQ, Montréal.

cours intitulé *Initiation à l'économie du Québec*. Les nombreuses heures qu'il consacre à sa tâche d'enseignement ne lui font toutefois pas perdre de vue sa principale préoccupation : la réalisation de l'indépendance dans les plus courts délais.

Chroniqueur au journal *Québec-Presse* jusqu'à sa fermeture en novembre 1974 et éditeur du journal indépendantiste *Le Jour*, Jacques Parizeau profite de ces tribunes et utilise sa plume pour contester l'approche stratégique de son rival, Claude Morin. Il engage le débat en prévision du 5e Congrès du parti qui se tiendra en novembre 1974. Faut-il modifier le programme afin d'y inclure un référendum comme étape additionnelle et nécessaire avant la déclaration d'indépendance? Claude Morin en est convaincu tandis que Jacques Parizeau prétend que le débat sur la question a été très mal initié, qu'il est prématuré et que le parti s'enfonce dans des discussions « byzantines ». « Tout Québécois sait par expérience que quand on commence à lui dire que quelque chose se fera graduellement, cela veut dire que la chose ne se fera pas [11] », écrit-il dans *Le Jour*. Pour Jacques Parizeau,

---

11. Éditorial de Jacques Parizeau dans le journal *Le Jour*, « Le débat sur l'accession à l'indépendance », le 10 septembre 1974.

l'expression «l'indépendance par étapes» ne peut qu'envenimer les choses. «Tout cela consiste à offrir à ceux qui veulent un idéal profond et tenace une platée de spaghetti [12].»

Claude Morin est furieux. Il aime bien les pâtes, mais ne se considère pas «empâté» pour autant. Le lendemain, il répond à Jacques Parizeau en rédigeant un article plutôt caustique intitulé «L'élasticité du spaghetti [13].» Le père de l'étapisme revient sur la campagne électorale d'octobre 1973, en ramenant à la surface l'échec du budget de l'an 1. Sachant très bien que l'exercice n'était pas de Jacques Parizeau, il laisse cependant sous-entendre que le «ministre des Finances du budget de l'an 1» a eu sa chance durant la campagne et qu'il est temps de passer à autre chose. À la platée de spaghetti, Claude Morin riposte en affirmant que cette image est aussi injuste que d'écrire que «par son travail nécessaire pour le budget de l'an 1, M. Parizeau aurait, en octobre 1973, transformé cet idéal en exercice de comptabilité... [14]» Quatre jours plus tard dans le journal *Québec-Presse*, Jacques Parizeau charge ses canons et expédie d'autres boulets à son rival. La souveraineté par étapes, écrit-il, ne relève que «d'une espèce de nostalgie des années 1960, alors que MM. Lesage et Johnson avaient réussi, pendant un temps, des opérations assez spectaculaires [15].»

Le Congrès du référendum

Lors du Congrès du parti qui se tient le 15 novembre 1974, au Petit Colisée de Québec, la question référendaire est au centre des débats. En prévision de l'événement, Jacques Parizeau mobilise ses partisans. Il est déterminé à faire battre l'idée d'un référendum. «Je fais des conférences partout dans le parti, j'ameute mon monde, je dirige le vote [16]», raconte-t-il. Cependant, bien des militants sympathiques à Jacques Parizeau, comme Jocelyne Ouellette, se rangent du côté de René Lévesque, qui est

---

12. *Idem.*
13. Claude Morin, *Le Jour*, le 11 septembre 1974.
14. *Idem.*
15. Chronique de Jacques Parizeau, «L'indépendance : après le pourquoi, le comment», *Québec-Presse*, le 15 septembre 1974.
16. Entrevue avec Jacques Parizeau, le 15 novembre 1999.

favorable à l'idée du référendum. La délégation de la région de Montréal-centre, vivement opposée à cette idée, mène sa cabale en parallèle à celle de Jacques Parizeau. L'aile gauche du parti se méfie de celui qui porte un complet trois pièces, rapporte Gilbert Paquette [17].

Celui qui fut autrefois président de l'exécutif du parti est incapable de se faire élire comme délégué dans le comté d'Outremont où il habite. Après le budget de l'an 1, « on ne veut pas me voir, raconte Jacques Parizeau. J'étais *persona non grata*, responsable de l'échec de la campagne de 1973 [18]. » Il ne désarme pas et se rend au Congrès à titre de journaliste pour *Le Jour*. « Alors que l'on décide d'un référendum, je suis obligé de rentrer avec ma carte de presse ! », rappelle-t-il outré.

Sa présence au congrès est remarquée. « Bien sûr que Parizeau était dans les murs, se souvient Daniel Paillé. Tout tremblait. On entendait la réverbération de sa présence à travers ses rires. Les deux mains enfouies dans les poches de sa petite veste, sa carte de journaliste épinglée au veston, il disait : Regardez, je suis journaliste, Ah ! Ah ! Ah [19] ! »

Le conseiller au programme, Gilbert Paquette, propose un compromis aux congressistes. Il y aura un référendum au lendemain de la victoire, uniquement s'il y a une opposition systématique du fédéral qui refuserait de négocier une entente de souveraineté-association. En d'autres mots, pour procéder unilatéralement, il faudra un référendum.

La position défendue par Jacques Parizeau le place en opposition avec René Lévesque, ce qui ne le gêne nullement. L'ancien élève du collège Stanislas croit aux débats d'idées. Pour d'autres, c'est plus difficile. Pierre Marois, ex-président de l'exécutif et dauphin présumé de René Lévesque, est angoissé à l'idée de devoir affronter le père spirituel du parti. Sur la question du référendum, il est pourtant en désaccord avec René Lévesque, mais c'est surtout à Claude Morin qu'il en veut. « J'étais contre et toutes les délégations de la Rive-Sud aussi [20] », raconte Pierre Marois. La force de René Lévesque, estime-t-il, résidait dans son flair politique, cet instinct qui lui permettait de sentir le rythme auquel le peuple voulait avancer. Mais à

---

17. Entrevue avec Gilbert Paquette, le 30 mars 2000.
18. Entrevue avec Jacques Parizeau, le 27 mars 2000.
19. Entrevue avec Daniel Paillé, le 29 février 2000.
20. Entrevue avec Pierre Marois, le 13 mars 2000.

force d'écouter Claude Morin, Pierre Marois constate que le chef du Parti québécois trahit une énorme faiblesse, celle « de croire qu'il peut passer d'une Révolution tranquille à une révolution tout court. L'indépendance est un projet qui va déranger de gros intérêts. Lévesque est un grand démocrate et jusqu'à la naïveté en un certain sens. Tu ne te prépares pas à faire une grande révolution comme celle-là, en dévoilant tous tes instruments, tes outils et une partie de ta stratégie. Or, pour moi, le référendum c'était une stratégie possible. On ne va pas foutre ça dans un programme de parti politique. Deuxièmement, je n'étais pas convaincu que pour des raisons d'évolution de courbes démographiques, pour des raisons de politique d'immigration canadienne… la démocratie tournerait pas en une forme de naïveté bloquant le projet[21]. »

Afin de ne pas défaillir devant le chef, Pierre Marois apporte au Congrès la brochure *Comment se fera l'indépendance* élaborée par René Lévesque, Jacques Parizeau, Jacques-Yvan Morin et Camille Laurin. Daté de novembre 1972, le document résume les propos de ses auteurs sur la question. Il y est écrit noir sur blanc que l'indépendance se fera au lendemain de l'élection du Parti québécois. À son arrivée dans la salle, Pierre Marois est tout de suite assiégé par René Lévesque qui est assis juste devant lui. Le chef tente de lui servir des arguments en faveur du référendum. Sentant bien que René Lévesque est en train de trouer son armure, Marois présente son bouclier. Il sort de son veston la plaquette du parti. « C'est quoi ça, monsieur Lévesque ? Ce n'est plus vrai ? J'ai publié ça et je l'ai fait accepter alors que j'étais président de l'exécutif. Or Morin, d'une habilité incroyable, passe outre[22]. » Avec son regard d'enfant triste, René Lévesque le fixe droit dans les yeux et lui dit : « Pierre, vous ne pouvez pas me faire ça. » Le dauphin présumé, celui qui veut ressembler à Lévesque, qui reprend la moindre de ses mimiques et de ses intonations, va déposer les armes : « J'étais plus jeune et en adoration avec Lévesque. Avec son expérience politique, je me suis dit, peut-être a-t-il vu quelque chose que je n'ai pas saisi ? » Il casse et donne le mot d'ordre. Toute la région de la Rive-

---

21. *Idem.*
22. L'anecdote et le dialogue qui s'ensuit sont rapportés par Pierre Marois. Entrevue du 13 mars 2000.

Sud votera pour la proposition de Claude Morin, amendée par Gilbert Paquette. « Pour moi, ça s'avérera une erreur [23] », confie Pierre Marois.

Par six cent trente voix contre trois cent cinquante-trois, le référendum est introduit dans le programme du parti [24]. Lorsque Jean-François Bertrand et Claude Morin, les porte-parole de la proposition référendaire, sont élus conseillers à l'exécutif, des huées se font entendre dans la salle. « À ce moment-là, tu touchais à la liturgie et tu avais l'air de t'en prendre au dogme, raconte Claude Morin. Tu posais des questions sur le clergé et tu avais l'air de mettre en doute l'existence de Dieu [25]. » Ce débat donne naissance à l'apparition des « purs », l'expression est de René Lévesque. Claude Morin préfère plutôt parler des « rinistes », ce dernier tiers des délégués qui ne se résigneront jamais à l'idée de l'étapisme, prétend-t-il, et qui retrouveront en Jacques Parizeau leur leader. [26] Une partie de ces nouveaux « purs » veulent démissionner du parti et déchirer leur carte. Jacques Parizeau les en dissuade et les encourage à rester à bord du navire péquiste qui bat toujours pavillon pour l'indépendance [27]. Jacques Parizeau se reconnaît peu de supérieurs, mais pour lui René Lévesque est un chef. Il lui maintient donc sa confiance.

De mouvement à parti politique

Bénéficiant de l'appui indéfectible de René Lévesque, Claude Morin transforme peu à peu le mouvement politique que constituait le Parti québécois en un véritable parti politique. Il promet la victoire électorale aux péquistes, s'il y a une promesse de tenir un référendum plus tard. Or, les sondages lui donnent raison. Il amène donc le parti à modifier son programme politique en prévision des élections, ce qui est la façon de faire habituelle de tout parti politique traditionnel : se faire élire. Au Conseil

---

23. *Idem.*
24. C'est donc près de 36 % des délégués qui votent contre la proposition référendaire.
25. Cité dans l'article de Jean-Marc Salvet, « Référendum de 1980 – Claude Morin voulait attendre », *Le Soleil*, le 20 mai 2000.
26. Entrevue avec Claude Morin, le 28 juin 1999.
27. Entrevue avec Jacques Parizeau, le 15 novembre 1999.

national de Victoriaville les 18 et 19 octobre 1975, Claude Morin soutient qu'il ne faut plus craindre le pouvoir : «Je changerai d'avis le jour où on réussira à me convaincre qu'il est possible, en régime parlementaire, de faire l'indépendance du Québec sans d'abord prendre le pouvoir!»

Cette dose de réalisme politique déplaît à Jacques Parizeau, plus idéaliste. Il considère avoir suffisamment participé à la gestion de l'État dans les années soixante. Avec le Parti québécois, le croisé s'est engagé en politique pour faire un pays. Le pouvoir ne doit servir qu'à une seule chose, proclamer l'existence d'un nouveau pays au nord du 45e parallèle. Il pourrait aisément répéter ce que Jean Garon dit à propos de l'idée du référendum : «Nous aurions dû rester dans l'opposition et ne prendre le pouvoir qu'au moment où les gens étaient prêts à faire l'indépendance. Ce serait arrivé bien plus rapidement de cette façon-là. Là, on a pris le pouvoir et administré le pouvoir. On essaie de montrer que le gouvernement est bon, que le système est bon. On essaie de faire marcher un système auquel on ne croit pas[28].» Voilà résumé en une phrase le dilemme du Parti québécois pour les prochains trente ans.

L'influence de Jacques Parizeau auprès de René Lévesque diminue. Le chef rencontre régulièrement Claude Morin, présent à l'exécutif national. De plus, Claude Morin est beaucoup moins formel dans ses rapports avec le chef du parti que ne pouvait l'être le fils d'Outremont. Partenaire de René Lévesque lors des parties de *black-jack* et de poker, Claude Morin a réussi à établir des liens chaleureux avec le chef. Jacques Parizeau n'a jamais joué aux cartes avec René Lévesque. Celui qui a toujours préféré mettre cartes sur table déteste ce type de divertissement.

Le Jour des illusions

À quelques semaines d'une troisième campagne électorale, le seul journal indépendantiste au Québec, *Le Jour*, cesse de paraître. Aussi paradoxal que cela puisse sembler, le Parti québécois en est réconforté. Mis au monde pour accompagner le parti indépendantiste dans sa marche politique, *Le Jour* implose à la suite de multiples conflits internes et par manque

---

28. Entrevue avec Jean Garon, le 23 février 2000.

de financement. «Ce journal sera indépendantiste, social-démocrate, national, et libre», avait écrit Yves Michaud dans son premier éditorial, le 28 février 1974. Mais deux ans et demi plus tard, le rêve s'est transformé en cauchemar et le quotidien ferme ses portes le 27 août 1976.

Ce projet de journal est né un soir de défaite électorale. Le 29 octobre 1973, les principales têtes d'affiches du Parti québécois se retrouvent dans une salle du restaurant *Le Bouvillon*, dans le quartier Côte-des-Neiges à Montréal. Le découragement tire vers le fond plusieurs des perdants. Les rescapés élaborent des analyses de plus en plus sombres sur les causes du naufrage. Yves Michaud aimerait bien stopper la descente abyssale. Fort déçu de la couverture électorale réalisée par *Le Devoir*, qui a finalement pris position en faveur du Parti libéral, il s'adresse d'abord à René Lévesque qu'il veut aiguillonner en lui proposant de lancer un journal indépendantiste. «Puis, je me retourne vers Parizeau, se rappelle Yves Michaud, et je lui dis " trente pour cent des voix, ça va chercher un million de personnes? Il n'y a aucun journal qui leur est adressé. Et si on fondait un quotidien? " » Tel un scout toujours près pour une expédition, Jacques Parizeau répond : «Excellente idée.» «Il faut savoir, explique Yves Michaud, que Parizeau est un enthousiaste[29].» Plus que tout autre épisode, l'aventure du journal *Le Jour* témoigne de l'intense idéalisme de Jacques Parizeau. René Lévesque se laisse finalement convaincre. Le trio est formé : Jacques Parizeau, Yves Michaud et René Lévesque se lancent à la conquête du quatrième pouvoir. «Ça a été le party, signale Yves Michaud. Nous avons oublié l'élection et on a parlé du journal. Vers minuit ou une heure, c'est devenu l'enthousiasme et la fête[30].»

Les lettres patentes sont présentées le 28 novembre 1973. René Lévesque, Jacques Parizeau et Yves Michaud sont les premiers administrateurs. La SODEP, la société éditrice, est incorporée le 4 décembre 1973. Jacques Parizeau est président du conseil d'administration et éditeur du journal. Yves Michaud en est le directeur et René Lévesque sera le chroniqueur vedette. Comme dans le cas du journal *Le Monde* de Paris, une société des rédacteurs est instituée. Cette formule inédite en Amérique donne aux journalistes un pouvoir sur la gestion de l'information qui n'est plus à la merci des directives patronales.

---

29. Entrevue avec Yves Michaud, le 21 février 2000.
30. *Idem.*

Jacques Parizeau, Yves Michaud, René Lévesque.
Les trois patrons lors du lancement du journal Le Jour.
Photo d'Antoine Désilets.

Le grand bal des illusions commence. Jacques Guay, l'un des journalistes recrutés par *Le Jour,* raconte que Jacques Parizeau et Yves Michaud, survoltés, parlent «au début d'acheter des postes de radio [et] d'assurer la distribution du journal par les taxis de Montréal, des choses complètement farfelues [31]!» Tous participent à une valse endiablée. Les journalistes Marie Vallée et Marcelle Bourque composent un code d'éthique dans lequel il est suggéré de refuser les annonces invitant les lecteurs à participer à des concours commerciaux. «Cela ne fait que nourrir l'infantilisme des consommateurs», écrivent-elles. Elles ajoutent : «En conformité avec la politique pro-syndicale du journal, nous devrions refuser les annonces des entreprises durant les périodes où leurs travailleurs sont en grève [32].»

31. Extrait de l'article de Denis Lessard, «"Monsieur" premier ministre», *La Presse,* le 17 septembre 1994.
32. Extrait du code d'éthique du journal *Le Jour.* Archives de Jacques Parizeau.

Pour le démarrage, le journal peut compter sur des bataillons de militants péquistes. Les fidèles de Jacques Parizeau sortent des rangs. Pendant un certain temps, Jean Labrecque fait la distribution des journaux en voiture. À l'hiver 1974, question de bien publiciser le lancement du journal, une dizaine d'équipes se mobilisent pour coller des affiches. Serge Guérin forme l'une d'elles avec Isabelle Parizeau, la fille de Jacques[33]. Dans de pénibles conditions climatiques et en pleine nuit, les deux coéquipiers collent leurs affiches. Des gyrophares viennent bientôt balayer les environs. «Qui vous autorise à placarder les lieux de cette façon? demande l'agent. Avez-vous un permis?» L'agent de police s'apprête à les arrêter quand Serge Guérin affirme qu'ils agissent au nom de Jacques Parizeau. Les policiers font appeler à la demeure de celui-ci. Rassuré par les propos de l'homme public, l'agent leur permet de terminer le placardage de la rue à la condition d'aller chercher un permis auprès de la municipalité dès le lendemain.

André Steenhaut, un autre de ces militants dévoués qui a connu Jacques Parizeau dans le comté de Crémazie, laisse son emploi pour faire la distribution du journal. Pour bien s'acquitter de sa nouvelle fonction, il s'achète un véhicule de livraison. «Mais ce n'était pas rentable à l'époque[34]», dit-il en riant.

Le journal est lancé avec une souscription de départ de deux cent mille dollars. De simples militants, avec leur chèque de cents dollars, deviennent les petits actionnaires de cette périlleuse entreprise. De mars à mai 1974, le journal fonctionne avec une «relative facilité. On vendit environ trente-deux mille copies par jour[35]», affirme Jacques Parizeau. Le journal *Le Devoir* en est même ébranlé. «Cela nous a fait mal, explique Claude Ryan, alors directeur du *Devoir*. Ils sont venus chercher plusieurs journalistes et nous ont arraché du tirage. Les premiers mois, ils n'étaient pas tellement loin de nous. Nous étions entre trente-cinq et trente-sept mille copies. Ils nous ont baissé à vingt-cinq mille. C'était douloureux[36]», se rappelle Claude Ryan.

---

33. L'anecdote est de Serge Guérin. Entrevue du 27 janvier 2000.
34. Entrevue avec André Steenhaut, le mardi 28 novembre 2000.
35. Extrait du rapport de Jacques Parizeau, président du conseil d'administration à l'assemblée des actionnaires de la SODEP, le 9 juin 1975.
36. Entrevue avec Claude Ryan, le 14 juin 2000.

Les millions de la Libye

Mais le succès du journal *Le Jour* sera de courte durée. En juin, le quotidien commence à éprouver des problèmes d'ordre financier. Le tirage chute graduellement et les revenus publicitaires sont trop bas. «*Le Jour* a été l'objet d'une odieuse discrimination de la part des pouvoirs publics, se plaint Jacques Parizeau. La plupart des ministères fédéraux et provinciaux ont systématiquement boycotté *Le Jour*[37]. » «Eh bien il fallait qu'il prévoie tout ça, soutient Claude Ryan. Il ne pouvait être question de revenus de cette nature-là dans la première année[38]. » Le 31 décembre 1974, *Le Jour* a déjà perdu quatre cent mille dollars.

Jacques Parizeau se transforme alors en cueilleur de fonds. Infatigable, il se déplace sur toutes les tribunes et racle tout ce qu'il peut vers les coffres du journal. En juin 1975, devant le Conseil national du parti, il trace pendant trente minutes le portrait financier du quotidien. «Jusqu'ici, le PQ a participé au financement du *Jour* jusqu'à concurrence de dix mille dollars sur quinze mois, ce qui représente, on en conviendra, assez peu de choses[39]. » Après un débat acrimonieux qui dure deux heures, le Conseil national accepte sans grand enthousiasme de verser cinquante-cinq mille dollars additionnels au journal. Claude Charron s'oppose vivement à cette idée et critique violemment René Lévesque. Il est contre un journal de propagande. «C'est une de mes plus grandes dissidences, considère Claude Charron. Elle a failli me coûter la confiance de Lévesque[40]. » D'autres militants trouvent le journal trop intellectuel. De plus, disent-ils, le financement du *Jour* fait du tort à celui du Parti québécois. Nos militants ne sont pas riches!, clame-t-on.

Pendant que le Parti québécois boude le journal des indépendantistes, une extravagante proposition monétaire en provenance de l'étranger est faite au quotidien. À la fin de l'été 1975, le journaliste Jean-Pierre Fournier est en train d'écrire un article dans la salle de rédaction quand il reçoit un appel téléphonique hors de l'ordinaire. Un individu, qui refuse de s'identifier, lui donne rendez-vous dans le stationnement près du journal.

---

37. Extrait du rapport de Jacques Parizeau, *op. cit.*, le 9 juin 1975.
38. Entrevue avec Claude Ryan, le 14 juin 2000.
39. Extrait du rapport de Jacques Parizeau, *op. cit.*, le 9 juin 1975.
40. Entrevue avec Claude Charron, le 22 mars 2000.

Jean-Pierre Fournier se retrouve donc à bord d'une voiture à discuter des problèmes de financement du journal en compagnie d'un Libanais qui prétend appartenir à une phalange arabe. Le mystérieux individu se dit prêt à fournir environ trois cent mille dollars au quotidien *Le Jour*[41]. «Pourquoi?», lui demande Jean-Pierre Fournier. «Parce que nous voulons vous aider», répond le mystérieux interlocuteur. Emballé, Jean-Pierre Fournier informe tout de suite Jacques Parizeau de la rencontre qu'il vient de faire. Ce dernier reçoit la nouvelle avec suspicion. Le président du journal n'a pas oublié la périlleuse offre financière faite au Parti québécois par le gouvernement français en 1970[42]. La colère de René Lévesque avait alors mis fin à l'épisode et l'argent n'avait jamais traversé l'Atlantique. Dans ce cas-ci, même s'il se méfie, Jacques Parizeau a envie de savoir jusqu'où le généreux donateur est prêt à aller. «Poursuivez donc, monsieur Fournier[43].»

Lors de leur deuxième rencontre, l'agent libanais informe Jean-Pierre Fournier que son organisation est prête à rembourser toute la dette du journal. Le montant en jeu dépasse le demi-million de dollars. À la demande de son contact et sans en informer Jacques Parizeau, Jean-Pierre Fournier prend l'avion pour Washington. Arrivé dans la capitale américaine, on le conduit à l'ambassade de Libye. Des officiels s'entretiennent avec lui[44]. Les sommes en question atteignent désormais de nouveaux sommets, «des millions de dollars», selon le témoignage de Jean-Pierre Fournier. Les donateurs visaient-ils le Parti québécois à travers *Le Jour*?

Pendant ce temps au journal, on s'explique mal l'absence de celui qui occupe un poste important à la salle de rédaction. Quand Jean-Pierre Fournier rentre de son périple secret, il reçoit une volée de bois vert de Jacques Parizeau. Ce dernier, qui flaire le piège politique, somme le journaliste de couper tout contact avec les obscurs bailleurs de fonds: «Si

---

41. Cette révélation et le récit qui suit s'inspirent des souvenirs de Jean-Pierre Fournier. Entrevue téléphonique du 1er novembre 2001.

42. Dans le premier tome de cet ouvrage, le biographe a établi de façon claire et inédite qu'un haut fonctionnaire du gouvernement français a offert en 1970 une somme considérable au Parti québécois, ce que René Lévesque s'est empressé de refuser. Il en a gardé le secret jusque dans sa tombe.

43. Propos attribués à Jacques Parizeau et rapportés par Jean-Pierre Fournier, le 1er novembre 2001.

44. Il s'agirait peut-être du premier conseiller de l'ambassade. Jean-Pierre Fournier n'est pas précis à cet égard.

jamais cela se sait, cela nous fera un tort énorme ainsi qu'au PQ. Je ne veux pas me mêler à ça. Je ne veux pas toucher à cet argent[45]!» Yves Michaud adopte la même attitude que le président du conseil d'administration[46]. Mais le journaliste résiste. Il souhaite continuer à explorer cette voie. La discussion avec Jacques Parizeau dégénère bientôt en une sérieuse engueulade. Dans les semaines suivantes, Jean-Pierre Fournier démissionne du journal. Il ne sera plus jamais fait mention de l'argent libyen au quotidien *Le Jour*[47].

Incapable de gérer un dépanneur

Pendant l'épopée du journal *Le Jour*, Yves Michaud et Jacques Parizeau se rencontrent pratiquement tous les soirs devant un verre de scotch. L'amitié qu'ils ont développée lors de la Révolution tranquille se solidifie. Débordant d'énergie, le professeur des HÉC discute avec passion des affaires du journal jusqu'à tard dans la nuit. «Mais le problème avec Parizeau, souligne Yves Michaud, c'est que j'avais tout sur le dos[48].» Excellent dans son rôle de président du conseil d'administration ou de responsable des campagnes de financement, Jacques Parizeau n'était pas très utile à la gestion quotidienne du journal. Il apportait très peu d'aide aux gens sur le plancher, estime Yves Michaud. L'économiste de la London School of

---

45. Propos attribués à Jacques Parizeau et rapportés par Jean-Pierre Fournier.
46. Ces événements ont été confirmés par Jacques Parizeau, le 25 janvier 2000, et par Yves Michaud, le 21 février 2000.
47. Une autre histoire de financement étranger a déjà été évoquée dans *Relations particulières – La France face au Québec après de Gaulle*, Montréal, Les Éditions du Boréal, 1999. L'auteur du livre, Frédéric Bastien, écrit à la page 105 de son ouvrage qu'une source anonyme lui a confié que Jacques Parizeau a sollicité un montant d'argent auprès d'intérêts français, afin de financer le journal *Le Jour*. La source anonyme aurait agi comme intermédiaire pour ramener de France un montant d'environ 25 000 $ de la poche de Philippe Rossillon. Le biographe a identifié cette source et a pu s'entretenir avec elle. L'enquête n'a toutefois pas permis de trouver une preuve formelle ou une deuxième source venant appuyer cette affirmation. Yves Michaud et Jacques Parizeau ont nié formellement avoir reçu de l'argent de la France pour leur journal.
48. Entrevue avec Yves Michaud, le 21 février 2000.

111

Economics préférait la macro-économie et ne portait que peu d'attention à la micro-économie. «Mais pour moi, la micro-économie c'était de payer les journalistes à tous les quinze jours[49]», ajoute Yves Michaud. Jacques Parizeau se comportait par moments comme un grand banquier incapable de gérer un dépanneur, ajoute-t-il. Or, le directeur du journal en a déjà plein les bras avec la salle de rédaction. Les journalistes, regroupés en société des rédacteurs, contrôlent collectivement presque tous les textes publiés. Yves Michaud, responsable de la page éditoriale, est «le gardien de la fidélité à la doctrine», c'est-à-dire, à un journal d'abord indépendantiste et ensuite social-démocrate. Peu à peu, il constate qu'un important groupe de journalistes veut inverser les priorités et transformer le journal en un instrument de la gauche révolutionnaire. Les relations deviennent rapidement tendues. L'adjointe à la rédactrice en chef, Evelyn Dumas, est l'objet des sarcasmes de bien des journalistes. «Des gens crachaient sur son passage!, rappelle Yves Michaud. Il y avait une dérive libertaire. L'expérience d'autogestion a *foiré* lamentablement. Je vivais dans l'illusion que ça pouvait marcher, mais vient un moment où ça ne pouvait plus tenir. J'étais épuisé. Nous avions des maoïstes, des trotskystes, des gauchistes et très certainement de l'infiltration par la GRC[50]», soutient Yves Michaud sans pourtant avancer aucune preuve.

Parmi les fauteurs de trouble, la rédaction identifie Guy Rochette, Jean-Noël Bilodeau et Jacques Keable qui demandent à être payés pour leur temps supplémentaire. «Nous n'avions jamais demandé à être payés! Nous avions du plaisir et faisions notre travail comme des missionnaires[51]», évoque Paule Beaugrand-Champagne, chef de la rédaction. Mais en mai 1976, le missionnariat prend fin lorsque les journalistes se syndicalisent sous les auspices de la Fédération nationale des communications (rattachée à la CSN). Jacques Parizeau est exaspéré par ces journalistes qui abandonnent la cogestion pour l'autogestion : «Nous allons devenir d'affreux capitalistes. Pourtant, ceux qui à toutes les fins de semaine vont chercher de l'argent pour financer le journal ne sont pas des ennemis et ils ont des droits sur le contenu! Moi, j'ai mis ma maison en garantie pour financer ce journal-là. Michaud, Lévesque et moi avons tous fait des emprunts

---

49. *Idem.*
50. *Idem.*
51. Entrevue avec Paule Beaugrand-Champagne, le 22 août 2001.

personnels pour payer ces gens-là qui nous critiquent[52]!» Selon Jacques Keable, alors président de la Société des rédacteurs, l'ensemble des journalistes ne pouvaient accepter que le journal prenne la forme d'un journal de parti comme l'était le *Montréal-Matin* pour l'Union nationale. «Nous voulions écrire des articles qui ne soient pas toujours en accord avec la ligne du Parti québécois[53].»

Avec un tirage qui dégringole, un faible réseau de distribution et une vive concurrence qui ne laisse aucune chance au petit nouveau, *Le Jour* broie bientôt du noir. «Ils se chicanaient entre eux plutôt que d'écrire de bons [papiers][54]», rappelle Claude Ryan. Yves Michaud croit qu'il aurait dû «et j'en avais les pouvoirs, bloquer l'entrée de certaines personnes au *Jour*.[55]» Dans une lettre aux actionnaires, il s'en prend particulièrement aux «discours litaniques d'un Jacques Keable et au déferlement collectif d'injures à l'endroit de M. Jacques Parizeau et du soussigné. Pendant la période la plus difficile de l'année, soit le 19 août 1976, le syndicat des journalistes du *Jour* réclamait de la direction qu'elle procède dans un délai de quinze jours à l'engagement de plusieurs journalistes.» Le même Jacques Keable, faut-il le mentionner, est l'auteur en juillet 1976 d'un article ravageur sur le Parti québécois de l'Outaouais. Malgré cet article plutôt critique, on ne trouve pas encore de textes clairement anti-péquistes proposant aux lecteurs de voter plus à gauche en prévision des élections qui doivent avoir lieu dans les prochains mois, mais Jacques Parizeau sent que l'idée émerge peu à peu. Or, le futur candidat vedette du Parti québécois n'a nullement l'intention de voir son propre journal lui barrer la route pendant une campagne électorale. Lors d'une séance de médiation organisée par Paule Beaugrand-Champagne, Jacques Parizeau s'emporte devant un Jacques Keable plus à gauche que jamais. «Monsieur Keable!, s'écrie-t-il, vous ne viendrez pas m'écœurer pendant la campagne électorale. Je vais fermer le journal avant[56]!» Cette déclaration catégorique est ponctuée de nombreux coups de poing sur la table.

---

52. Entrevue avec Jacques Parizeau, le 25 janvier 2000.
53. Entrevue téléphonique avec Jacques Keable, le 5 octobre 2000.
54. Entrevue avec Claude Ryan, le 14 juin 2000.
55. Extrait de la lettre aux actionnaires du journal *Le Jour*, rédigée par Yves Michaud, le 8 septembre 1976.
56. Propos attribués à Jacques Parizeau et rapportés par Paule Beaugrand-Champagne, le 22 août 2001.

Bailleur de fonds du journal, le Parti québécois manifeste de plus en plus ouvertement son insatisfaction à l'égard de l'orientation idéologique du quotidien. Le 3 juin 1976, René Lévesque affirme qu'il a l'impression très nette que la partie du journal placée sous l'autogestion d'une société de rédacteurs « semble véhiculer, jusque dans l'information, des tendances nettement contraires aux grands objectifs définis par la charte du *Jour* », qui est de faire la promotion de l'indépendance. Comme actionnaire principal, René Lévesque juge légitime « de faire savoir que le parti [n'a] pas l'intention de devenir l'otage d'une telle distorsion[57]. » Dans ses mémoires, René Lévesque n'hésite pas à parler de cette « jeune gauche qui avait fini par détruire à force d'autogestion à gogo[58] » le journal des indépendantistes.

Voilà de quoi nourrir Claude Charron qui mène une vigoureuse campagne de dénigrement contre ce projet. Au passage, il en profite pour éclabousser Jacques Parizeau dont il juge l'influence néfaste pour le Parti québécois. Il tente même de l'empêcher de se présenter sous la bannière du parti pour la prochaine élection. Le 9 juin 1976, à l'Auberge des Gouverneurs de Québec, Claude Charron présente une résolution à la réunion conjointe de l'exécutif du parti et de l'aile parlementaire qui interdit à tout candidat du Parti québécois de collaborer régulièrement à la gestion et à la rédaction du journal *Le Jour*[59]. René Lévesque, Marc-André Bédard et Jacques-Yvan Morin sont parmi ceux qui votent contre la proposition, mais une partie importante de l'exécutif national est absente et la résolution est adoptée. L'exécutif convient de garder cette résolution secrète. Jacques Parizeau fulmine. Il la rend publique lors du Conseil national du 20 juin : « Je peux écrire dans n'importe quel journal sauf *Le Jour*, s'écrie-t-il devant des délégués stupéfaits. C'est abusif, discriminatoire, incroyable[60] ! » René Lévesque concède que « c'est une erreur grave. C'est un geste qui a été posé de bonne foi, mais qui est abusif[61]. » La résolution est annulée par le Conseil national qui consacre, par la suite, la rupture

57. Cité dans *Le Devoir*, le 4 juin 1976.
58. René Lévesque, *Attendez que je me rappelle*, Montréal, Québec Amérique, 1986, p. 368.
59. Selon *Le Devoir*, le 1er septembre 1976.
60. Jacques Parizeau cité dans le journal *Le Jour*, le 21 juin 1976.
61. René Lévesque cité dans le journal *Le Jour*, le 21 juin 1976.

entre *Le Jour* et le parti qui décide de rendre les actions qu'il détenait dans le journal.

À la réunion spéciale des actionnaires du journal, le 10 août 1976, Jacques Parizeau fait adopter une résolution permettant à la direction de reprendre un certain contrôle sur le contenu[62]. La société des rédacteurs refuse de se plier à cette nouvelle directive. Le 23 août, elle se rebelle et décide « d'assurer elle-même le bon fonctionnement et la direction de la rédaction[63]. » Sans argent, sans grand tirage et sans aucun contrôle sur le contenu, la direction du journal n'a plus beaucoup de choix.

La fin du *Jour*

Le 24 août, jour de l'anniversaire de René Lévesque, les trois fondateurs du journal discutent dans la cour arrière de la demeure d'Yves Michaud. Ils prennent la décision de fermer le journal[64]. Trois jours plus tard, Jacques Parizeau et Yves Michaud déposent leur démission comme membre du conseil d'administration du journal. Jacques Parizeau accuse la Société des rédacteurs d'avoir pris ses distances par rapport aux indépendantistes. « Le noyautage, l'agitation, un radicalisme suicidaire sont venus à bout du *Jour*[65] », profère-t-il. « Quelque temps après la fermeture, le président de la Société des rédacteurs et la présidente du syndicat des employés de soutien partent pour l'Algérie pour un contrat de deux ans avec le Service universitaire canadien outre-mer (SUCO). Tout cela sent le sabotage[66] », conclut Jacques Parizeau. Jacques Keable repousse cette accusation avec véhémence. Le président de la Société des rédacteurs affirme qu'il ne prend l'avion pour l'Algérie que le 15 novembre 1976, des mois après la fermeture du journal. Il précise que la négociation pour décrocher ce nouvel emploi a été entreprise après la fermeture du journal. Il refuse par ailleurs de se définir

---

62. Procès-verbal de l'assemblée spéciale des actionnaires de la SODEP, tenue le 10 août 1976 et présidée par Pierre de Bellefeuille.
63. Dépêche de la Société des rédacteurs publiée dans *Le Jour*, le 24 août 1976.
64. Le quotidien cesse de paraître le 24 août 1976. L'hebdomadaire paraîtra du 4 février 1977 au 13 janvier 1978.
65. Selon l'allocution prononcée par Jacques Parizeau, le vendredi 27 août 1976 et reproduite dans *Le Devoir*, le 30 août 1976.
66. Entrevue avec Jacques Parizeau, le 25 janvier 2000.

comme un militant gauchiste rattaché à quelque organisation radicale que ce soit. « Je ne suis pas un ML ! [marxiste-léniniste][67] », affirme-t-il exaspéré.

Evelyn Dumas, qui occupe un moment le poste d'adjointe au rédacteur en chef, est d'avis que « Jacques Parizeau cristallise les oppositions. Dans les cercles qui confondent gauche et négativisme, droite et port de la cravate, on l'accuse d'être bourgeois. Sans doute lui reproche-t-on moins la fortune de sa famille que la culture de cette famille, croit-elle. Il y a beaucoup d'inavouables petites envies personnelles dans les haines qui se braquent sur Jacques Parizeau sous le couvert de divergences politiques[68]. »

L'ancien directeur du *Devoir*, Claude Ryan, n'hésite pas pour sa part à voir dans l'aventure du journal *Le Jour* un échec à la fois journalistique et financier. « Monsieur Parizeau a été un homme courageux, précise-t-il. Il ne se sauvait pas devant la défaite. Il a agi avec dignité, mais je pense que comme administrateur, il n'a pas fait montre d'un grand jugement[69]. »

Le croisé reçoit la fermeture du journal comme une gifle. Cet échec personnel a un goût particulièrement amer pour l'économiste de la London School of Economics. L'homme qui aspire à gérer un nouvel État verra-t-il sa réputation entachée par son incapacité à diriger les destinées d'un petit journal ? A-t-il fait preuve d'imprudence en se lançant tête baissée dans cette aventure ? À la journaliste Lysiane Gagnon qui lui pose la question, il répond : « Je n'ai pas été prudent et je ne le serai jamais. Je savais que c'était une entreprise difficile, mais ce genre d'entreprise peut parfois réussir[70]. » Les idéalistes ne sont jamais prudents. Ils s'avancent vers l'inconnu avec confiance. Il suffit d'être possédé par « la volonté de vouloir[71] », se plaît à répéter Jacques Parizeau.

L'expérience du journal *Le Jour* est probablement l'une des plus émouvantes manifestations de cet idéalisme qui crépite avec insistance au plus profond de l'âme de Jacques Parizeau. Sous la froide cape de l'économiste à l'allure rationnelle, règne une agitation insoupçonnée et un flot de

---

67. Entrevue téléphonique avec Jacques Keable, le 5 octobre 2000.
68. Evelyn Dumas, « Oui, les journalistes ont tué *Le Jour* », *La Presse*, le 17 septembre 1976.
69. Entrevue avec Claude Ryan, le 14 juin 2000.
70. Cité dans l'article de Lysiane Gagnon, « Leadership du PQ, pas de crise, mais malaise évident », *La Presse*, le 11 septembre 1976.
71. Expression souvent utilisée par Jacques Parizeau, entre autres, dans un article qu'il publie dans *Le Devoir*, le 30 août 1971.

sentiments troubles. Jacques Parizeau croit fermement qu'il peut changer le monde. Il n'a pas réussi avec un journal, qu'à cela ne tienne, il se fera élire et réalisera l'indépendance. Comme une flèche qui n'a pas encore atteint sa cible, il file à vive allure. Malgré les embûches, Jacques Parizeau entend déjà le bruit sourd du dard touchant l'objectif.

Il a connu deux défaites électorales consécutives en 1970 et en 1973. Il se retrouve honni du parti pour avoir mal défendu le budget de l'an 1. Il est le témoin malheureux de la montée de l'étapisme et de l'idée d'un référendum et, pour couronner cette enfilade de coups durs, il préside finalement à la faillite d'un journal souverainiste. Mais cet enchaînement de batailles perdues ne démontent pas pour autant Jacques Parizeau, véritable destructeur de fatalité. L'incroyable solidité du personnage se construit sur les combats menés, qu'ils soient perdus ou gagnés. « Est-ce que j'aurai des ennuis ? Oui j'aurai des ennuis. Est-ce que quelqu'un peut faire quelque chose sans avoir des ennuis ? Non, personne [72]. » Comme en écho, Jacques Parizeau reprend la pensée de son père : « La vie reste une bataille qu'on ne peut livrer en évitant tout ennui, toute inquiétude, tout mal [73]. » On s'expose inévitablement aux risques de fractures et de blessures lorsque l'on est debout et en marche. Assis et immobile, on ne risque rien. Et pour ce chef de troupe, l'essentiel est d'avancer. Dans l'esprit de Jacques Parizeau, la guerre reste toujours à gagner. De tous ceux qui, dans l'entourage de René Lévesque, parient sur le résultat des élections de novembre 1976, il sera le plus optimiste. L'impossible victoire du Parti québécois lui semble à portée de main et, sur cet aspect, rien ne peut l'ébranler. Il a la foi du croisé et l'endurance du marathonien.

---

72. Entrevue avec Jacques Parizeau, le 10 décembre 2000.
73. Gérard Parizeau, *Pages de journal*, volume IV, Trois-Rivières, Les Éditions du Bien public, 1976, p. 342 et 365. Textes parus dans la revue *Assurances*.

CHAPITRE 5

15 novembre – 20h40

« Pour moi, le point tournant se déroule dans les jours qui précèdent l'élection de 1976, quand on commence à diffuser le renouvellement du fédéralisme. Ce ne sera jamais tout à fait pareil après ça. Je me suis rendu compte que pour prendre le pouvoir, on serait prêt à faire à peu près n'importe quoi. »

Jacques Parizeau [1]

Le 15 novembre 1976, un peu plus de seize mille personnes ont envahi les gradins du Forum de Montréal. La foule assiste, distraite, au match opposant les Canadiens de Montréal aux Blues de Saint-Louis. L'atmosphère est singulière. Les joueurs peinent à se concentrer. Il en va de même pour les spectateurs qui gardent constamment les yeux rivés aux tableaux lumineux. À tout moment, ils s'emballent alors qu'aucun but n'est marqué. C'est qu'en cette soirée d'élections, les partisans observent une toute autre joute, celle qui met au prise l'équipe de René Lévesque à celle de Robert Bourassa [2]. Chaque fois que les chiffres affichent le score électoral qui confirme l'avance du Parti québécois, la foule applaudit [3].

---

1. Entrevue avec Jacques Parizeau, le 27 mars 2000.
2. De toutes les élections tenues au Québec, celle du 15 novembre 1976 a connu le plus haut taux de participation de l'histoire.
3. Selon les comptes rendus des journalistes de la section sportive des quotidiens *La Presse* et *The Gazette* du 16 novembre 1976.

Vers vingt heures quarante-cinq, une impressionnante clameur monte qui ébranle les murs de l'auguste enceinte. Le tableau lumineux annonce un gouvernement majoritaire péquiste : «*New government* – Nouveau gouvernement : PQ!!!» Mario Tremblay, qui a compté un but, commente en fin de match : «Je te dirais bien… bien des affaires, mais je ne voudrais pas perdre ma job… Alors, tout de même, ça fait drôle de jouer un jour d'élections. Je ne dirai pas qu'on avait la tête ailleurs, parce que ça ne se dit pas, mais on sentait bien que même la foule ne pensait pas qu'au hockey[4].» En cette soirée mémorable du 15 novembre 1976, les deux sports des Québécois se sont côtoyés : le hockey et la politique. Les Canadiens ont gagné quatre à deux et le Parti québécois a lui aussi remporté la victoire avec soixante et onze sièges contre vingt-six pour les Libéraux[5]. Dans les pages sportives du lendemain, on parlera de la victoire de «nos Habitants». Pour quelques jours, le mot «Canadiens» sera écarté…

Dès que Bernard Derome, le chef d'orchestre des grandes soirées électorales à la télévision de Radio-Canada, donne le signal à vingt heures quarante et annonce la victoire du Parti québécois, Jacques Parizeau quitte la suite de son motel. Accompagné de sa femme Alice et de son fidèle lieutenant, Serge Guérin, il fait une entrée triomphale au Golden Palace de Repentigny, où plus de cinq cents personnes du comté de L'Assomption l'acclament. Ce soir de victoire est particulièrement suave pour Jacques Parizeau qui récolte la plus importante majorité au Québec (quatorze mille voix), après celle de René Lévesque (vingt-deux mille voix) dans le comté de Taillon.

Le nouvel élu fait un très long discours, au point d'arriver en retard au Centre Paul-Sauvé. Il n'est donc pas aux côtés de René Lévesque quand celui-ci, étourdi et décoiffé, prononce cette phrase désormais célèbre : «Je n'ai jamais été aussi fier d'être Québécois… que ce soir!» De l'extérieur de l'aréna, Jacques Parizeau entend les grondements de la foule. Sa voiture est incapable de se frayer un chemin parmi la masse indisciplinée de gens qui a envahi les rues environnantes. De la fenêtre de sa voiture, il aperçoit une dame de forte taille, emportée par la joie, embrasser un policier. «Ça c'est

---

4. Propos rapportés par le journal *La Presse*, le 16 novembre 1976.
5. Voici les résultats pour les partis tiers : onze sièges pour l'Union nationale, un pour le Ralliement créditiste et un pour le Parti national populaire.

la plus belle image de politique que l'on puisse imaginer[6]», raconte-t-il, ému.

Le père de Jacques, d'ordinaire si réservé, se laisse aussi gagner par l'euphorie du moment : «On a l'impression d'un retour à la Révolution tranquille, écrit-il dans son journal. Je suis heureux que Jacques soit parvenu à se faire élire[7].» À cette époque, Jacques Parizeau ignore si son père a voté pour le Parti québécois. «Mon père ne parlait pas de ces choses-là. J'ai découvert au fur et à mesure qu'il vieillissait un fond nationaliste que je n'avais jamais imaginé. Mon père a toujours caché cet aspect par intérêt familial. Tout ce qui aurait semblé être un appui de mon père, il l'aurait payé cher dans ses affaires[8].» De là son étonnement quand il apprend, à la fin de la campagne électorale de 1976, lors d'une grande assemblée à la polyvalente Jean-Baptiste-Meilleur de Repentigny, que son père est présent dans la salle. «Il devient tout croche», se rappelle Arthur Dubé, organisateur dans le comté. «Il ne cessait de dire : "Mon père est dans la salle"! Il était ébranlé d'apprendre que son père le [soutenait] politiquement, ce qu'il n'avait jamais fait auparavant[9].»

D'Outremont à Saint-Roch-de-l'Achigan

Au cours des mois précédents, alors que la date des élections n'est pas encore connue et après en avoir discuté avec Michel Carpentier, Jacques Parizeau a décidé de se présenter dans le comté très francophone et rural de L'Assomption, hors de l'île de Montréal. Camille Laurin, natif du village de Charlemagne, s'est vu courtisé par des militants de L'Assomption, mais sentant que les militants préféraient Jacques Parizeau, il a choisi de demeurer dans le comté de Bourget.

Le 26 janvier 1976, Jacques Parizeau pose officiellement sa candidature dans le comté de L'Assomption. Sa lettre est accompagnée d'une longue liste de partisans. Il a minutieusement préparé son coup, en s'assurant

---

6. Entrevue avec Jacques Parizeau, le 25 janvier 2000.
7. Gérard Parizeau, *Pages de journal*, volume VIII, Trois-Rivières, Les Éditions du Bien public, 1978, p. 133.
8. Entrevue avec Jacques Parizeau, le 6 octobre 199
9. Entrevue téléphonique avec Arthur Dubé, le 9 janvier 2001.

Le 7 mars 1976, Jacques Parizeau, élu par acclamation,
devient le candidat du Parti québécois dans le comté de L'Assomption.
Archives de Jacques Parizeau. ANQ, Montréal.

d'être l'unique candidat péquiste. Deux semaines plus tard, la nouvelle est rendue publique par les journaux régionaux. Le dimanche 7 mars, Jacques Parizeau est élu par acclamation devant près de cinq cents partisans enthousiastes réunis à la salle des Arsenaux canadiens de Saint-Paul-L'Ermite. Le président du parti, René Lévesque, Jacques-Yvan Morin, alors chef de l'opposition, et Guy Chevrette, candidat péquiste du comté voisin de Joliette, viennent tour à tour appuyer le candidat vedette par des discours bien sentis. Doris Lussier anime la soirée.

Dès que sa candidature est entérinée par les instances du parti, Jacques Parizeau se consacre à l'organisation de son comté qu'il désire redoutable en prévision de la campagne électorale tant attendue. À sa première réunion avec les gens du comté, Jacques Parizeau étonne les militants en leur annonçant, sans détours, que la structure électorale du comté ne sera pas nécessairement composée de gens de L'Assomption. « Comprenez-moi bien, j'ai perdu deux élections pour des questions d'organisation. Alors pour la troisième, je ne prendrai aucune chance. Je comprends que vous êtes des militants qui avez travaillé très fort, que vous méritez d'avoir une place dans l'organisation, mais comprenez aussi que je ne prendrai pas de chance cette fois-ci. Je ne choisirai que des gens que je juge indispensables à mon élection. Il faut comprendre cet état des choses et l'accepter [10].» Si la nouvelle assomme l'assistance, elle est aussi séduite par la franchise du candidat. «C'était bien présenté, raconte Jean Royer, et dans la salle les gens semblaient considérer que cela avait bien du bon sang, mais moi je comprenais ce que ça voulait dire : nous n'aurons donc pas de *job* [11]!»

Jean Royer n'a alors que vingt ans, mais il est très perspicace. Peu de temps s'écoule en effet avant que Jacques Parizeau ne fasse débarquer dans L'Assomption sa propre troupe recrutée essentiellement dans les rangs du «PQ de la rue Decelles» tout droit sortie des HÉC. Serge Guérin devient son directeur de campagne. Maurice Fortin s'occupe des questions de financement. Le jeune Fortin est un étudiant du professeur Parizeau qui possède une maîtrise en administration des affaires. Strenna Cody, la secrétaire de Jacques Parizeau aux HÉC, agit depuis l'université en se voyant confier plusieurs tâches pendant la campagne. Pierre Lamy, un ancien du journal *Le Jour*, se joint également au groupe.

Mais Jean Royer ne désarme pas. Il souhaite à tout prix faire partie de l'entourage immédiat de Jacques Parizeau. Lors de la première campagne électorale du Parti québécois en 1970, Jean Royer n'a que quatorze ans et c'est à bicyclette qu'il participe à l'élection en distribuant les dépliants du parti indépendantiste dans la moitié des foyers de la ville de Repentigny. En 1973, il n'a toujours pas le droit de vote, mais il milite activement pour la victoire qu'il croit assurée, lorsqu'il prend part à l'assemblée monstre organisée par le parti en fin de campagne. La présence des dix-sept mille personnes rassemblées au Forum de Montréal lui donne alors l'illusion du triomphe. Ce sera son dernier moment de naïveté.

Le jeune Royer est issu d'une famille dont les deux parents travaillent au journal *Le Devoir* [12]. Il grandit donc dans un milieu propice à la lecture. La maison de son enfance est un vivier où l'analyse politique bourgeonne

---

10. Propos attribués à Jacques Parizeau et rapportés par Jean Royer, alors présent. Entrevue du 7 avril 2000.

11. Entrevue avec Jean Royer, le 7 avril 2000

12. Ses parents se sont connus grâce au journal. Son père est représentant des ventes et parcourt le Québec pour offrir des abonnements, tandis que sa mère est secrétaire. De plus, le grand-père de Jean Royer y a travaillé pendant 60 ans à titre de comptable, puis de directeur des finances. Il avait été embauché par Henri Bourassa.

Jean Royer au milieu des années soixante-dix. « Il faudra vous couper les cheveux », lui dira Jacques Parizeau en l'embauchant. Archives personnelles de Jean Royer

et se déploie sans retenue. Grand et mince, Jean Royer est un militant construit sur deux piliers, celui de la lucidité et du pragmatisme. Une puissante idée le soulève toutefois émotivement, celle de l'indépendance du Québec. Derrière sa moustache, se présente une personne à l'allure froide et rude. Il parle peu, parce qu'il préfère l'action politique. Fuyant les comités aux innombrables chaises, il choisit plutôt de se rapprocher du porteur du pouvoir afin de répondre à ses ordres et à lui prodiguer ses conseils.

Peu de temps avant que la campagne électorale ne s'amorce, Jean Royer va donc trouver Jacques Parizeau et lui dit : « Monsieur Parizeau, bien que vous ayez donné la priorité à des gens hors du comté pour constituer votre équipe, je suis convaincu qu'à la fin, quand vous allez faire votre organigramme, il y aura une *job* que personne ne voudra. Soyez assuré que moi, monsieur Parizeau, je vais la prendre[13]. » Jean Royer étudie alors au CÉGEP de Joliette où, à titre de président de l'association étudiante, il participe à la fondation de l'Association nationale des étudiants du Québec (ANEQ). Jacques Parizeau finit donc par le nommer responsable des jeunes. Son rôle consiste à faire sortir le vote des étudiants le jour

13. Entrevue avec Jean Royer, le 7 avril 2000.

*Lise Payette s'exprimant en faveur du candidat Jacques Parizeau lors d'une
assemblée publique dans L'Assomption, en 1976.*
Archives de Jacques Parizeau. ANQ, Montréal.

du scrutin. L'association Parizeau-Royer débute doucement. Ce n'est qu'à
partir de 1980, après le départ de Serge Guérin, que Jean Royer deviendra
indispensable au point de devenir, en 1994, chef de cabinet du premier
ministre Parizeau.

Un nouveau personnage se fait également remarquer et réussit à percer
le cercle restreint des proches collaborateurs de Jacques Parizeau. Il s'agit
de Lisette Massicotte, une jeune femme à la chevelure blonde dont le
charme personnel et l'efficacité, en tant qu'attachée de presse du nouveau
candidat de L'Assomption, ne passeront pas inaperçus. La première
rencontre entre Lisette Massicotte et Jacques Parizeau remonte à 1975. À
titre de membre de l'équipe de publicité du journal *Le Jour*, la jeune femme
réussit à vendre en un temps record tous les espaces publicitaires d'un
important cahier thématique, ce qui lui vaut les félicitations de l'éditeur du
journal. À cette époque, Lisette Massicotte habite déjà dans le comté de
L'Assomption. Elle invite aussitôt Jacques Parizeau à se présenter dans sa
région. «Si vous venez dans L'Assomption, je vais travailler pour vous et je

vous jure que vous allez être élu et nous ne vous mettrons pas un col roulé ou un *t-shirt*[14]», ironise-t-elle, en lui rappelant la campagne de 1973 pour laquelle Roger Nantel avait convaincu Jacques Parizeau de modifier radicalement son image. Flatté, le futur candidat de L'Assomption lui suggère de téléphoner à Serge Guérin aux HÉC afin d'évaluer le type de collaboration qu'elle pourrait offrir. À partir de cet instant, Lisette Lapointe, qui reprendra son nom de fille après son divorce, se rend régulièrement aux HÉC. Au moment de l'élection de Jacques Parizeau, voilà déjà un an qu'elle travaille étroitement avec lui.

Lisette Lapointe appartient à une famille nationaliste. Son père, Philippe Lapointe, lui transmet très tôt sa ferveur de militant indépendantiste. Celle qui se plaît à répéter qu'elle est «presque née avec une pancarte dans les mains[15]» a grandi dans le quartier Hochelaga-Maisonneuve dans l'est de Montréal. En 1973, elle s'installe à Saint-Sulpice, dans le comté de L'Assomption. Péquiste invétérée, elle assiste, comme observatrice, à tous les Conseils nationaux du parti. Pierre Bourque[16], futur maire de Montréal et président du Parti québécois dans le comté de L'Assomption, est le premier mentor politique de Lisette Lapointe. Pierre Desjardins, candidat du Parti québécois défait en 1970 et 1973 dans ce même comté, est le second.

C'est donc en qualité d'attachée de presse que Lisette Lapointe prend officiellement du service auprès de Jacques Parizeau. Seize ans plus tard, elle en deviendra la seconde épouse. Entre temps, en tant que responsable de l'image publique d'un homme qui s'en soucie fort peu, elle a beaucoup à faire. Rusée, elle l'amène un jour chez un grand couturier sans qu'il n'en soit prévenu : «Il pensait qu'il allait faire une visite politique. En fait, je l'amenais chez Robichaud pour qu'il mette autre chose que ses complets des années 1965[17].» Arrivé rue Crescent, Jacques Parizeau réalise qu'il s'est fait

---

14. Entrevue avec Lisette Lapointe, le 5 avril 2000.
15. *Idem.*
16. En 1970, alors qu'il est président de l'Association péquiste de Saint-Jacques à Montréal, Pierre Bourque lui fait visiter le local du parti et offre à Jacques Parizeau de se présenter dans son comté comme candidat. Jacques Parizeau refuse parce qu'il a déjà convenu avec René Lévesque de se présenter dans Ahuntsic. Claude Charron sera finalement choisi comme candidat du Parti québécois dans Saint-Jacques et remportera l'élection. Entrevue avec Jacques Parizeau, le 20 février 2001. Confirmé par Pierre Bourque.
17. Entrevue avec Lisette Lapointe, le 5 avril 2000.

piéger. En colère, l'air renfrogné, il s'enferme dans son mutisme pendant que deux ou trois personnes s'affairent le plus rapidement possible à prendre ses mesures. Les tenues vestimentaires sont déjà agencées, prêtes à porter. Mais le dévouement de la jeune attachée de presse ne s'arrête pas là. Elle l'entraîne ensuite dans les magasins pour lui faire essayer et acheter des chaussures appropriées. Elle l'accompagne aussi pour des visites régulières chez le coiffeur. « Alice n'aimait pas ça, elle trouvait ça futile [18] », relate Lisette Lapointe, qui pousse l'audace jusqu'à conseiller également la femme du candidat sur sa façon de se vêtir. Alice Parizeau refuse. Elle trouve la jeune femme de 32 ans un peu trop entreprenante.

Si elle se soucie peu de la garde-robe de son mari, Alice Parizeau ne participe pas moins activement à la campagne électorale de son époux, comme elle l'a fait aussi en 1970 et en 1973. Jean Royer la décrit comme « une femme libre, à l'esprit libre, joyeuse et excessive. Quand elle arrive dans le comté, elle est prête à faire n'importe quoi, y compris les foyers pour personnes âgées. Moi, je l'aimais beaucoup cette femme-là [19] », confie-t-il. Une belle complicité réunit également Jacques Parizeau et sa fille Isabelle, qui accomplit elle aussi certaines tâches. Cette année-là, au lendemain de l'anniversaire de son mari, Alice Parizeau invite toute l'organisation du comté à leur maison de campagne de Fulford. Manifestant une fois de plus son remarquable sens de l'hospitalité, Alice insiste auprès de Lisette Lapointe pour qu'elle se joigne à la fête en compagnie de ses deux enfants.

Parallèlement à l'activité fébrile qui se déploie dans le comté, la grogne s'installe dans certains milieux du Parti québécois. Certaines têtes d'affiches, à l'exclusion de Jacques Parizeau, contestent ouvertement le leadership de René Lévesque. Dans le journal *Le Devoir* du 1er septembre 1976, Claude Charron fait une sortie fort inélégante à l'endroit de son chef en affirmant que « l'homme de la situation » reste à découvrir et qu'il ne le voit pas émerger des rangs du parti. « Dans bien des places, il faudra passer par-dessus un stock usé [20] », dit-il. Le 11 septembre dans *La Presse*, Lysiane Gagnon évoque elle aussi les tensions soulevées par le leadership de René

---

18. *Idem.*
19. Entrevue avec Jean Royer, le 7 avril 2000.
20. Pierre O'Neil, « Le Québec a un urgent besoin d'un " détonateur " », *Le Devoir*, le 1er septembre 1976.

Lévesque. Sans qualifier la situation de crise, elle parle volontiers « d'une sorte de malaise diffus, une incertitude lancinante. » Parmi les successeurs éventuels de René Lévesque, le nom de Jacques Parizeau est évoqué. « Craint par ses pairs, détesté par d'autres (…) M. Parizeau multiplie les tournées à travers le Québec et est actuellement, de tous les " grands " du PQ, le mieux connu et le plus populaire dans les comtés de l'extérieur de Montréal et de Québec[21]. »

Jean Garon fait alors partie de ceux qui vont rendre visite à Jacques Parizeau. « Je lui dis de tenir son bout, de pousser plus fort. Beaucoup d'indépendantistes considéraient que Parizeau devait prendre plus de place, j'étais de ceux-là. Moi, je trouvais que Parizeau représentait la confiance des Québécois en eux-mêmes. Il démontrait une détermination. [L'élection de] 1973 l'avait magané, et il fallait oublier cela[22]. » Mais Jacques Parizeau répond alors à Jean Garon la même chose qu'il a dite à Lisette Lapointe quand elle est devenue son attachée de presse : « Je n'endure pas que l'on spécule dans mon entourage sur mes intentions de remplacer monsieur Lévesque un jour. S'il quitte, je suis sur les rangs, mais entre temps, je serai d'une loyauté totale[23]. »

Tout ce tumulte s'estompe cependant avec l'annonce de la date des élections. Pour Marc-André Bédard, un inconditionnel de René Lévesque, « Monsieur Bourassa nous a rendu service en décrétant les élections rapidement. Il était temps d'aller en élections, parce que ça chauffait dans le parti. Les pros et anti-Lévesque s'affichaient de façon de plus en plus forte[24]. »

Cachez cette souveraineté que je ne saurais voir

Le 20 octobre 1976, René Lévesque lance officiellement la campagne électorale du Parti québécois, en lisant un texte de neuf pages où le mot *indépendance* n'apparaît pas une seule fois. Ce vocable est dorénavant expurgé des textes de l'évangile péquiste. Contrairement à 1973, aucune

21. Lysiane Gagnon, « Leadership du PQ – Pas de crise, mais malaise évident », *La Presse*, le 11 septembre 1976.
22. Entrevue avec Jean Garon, le 23 février 2000.
23. Propos attribués à Jacques Parizeau et rapportés par Lisette Lapointe.
24. Entrevue avec Marc-André Bédard, le 9 décembre 2000.

assemblée publique monstre n'est prévue en fin de campagne. Le Parti québécois souhaite à tout prix éviter de laisser croire à l'électorat que le parti est trop puissant. Tandis qu'avec le slogan *Non au séparatisme!* la campagne publicitaire du Parti libéral ramène constamment à l'avant-scène l'option fondamentale des péquistes, ceux-ci proposent plutôt *Un vrai gouvernement* qui réformera la politique agricole, abolira les caisses électorales secrètes et dotera le Québec d'un nouveau régime d'assurance-automobile. L'article 1 du programme, qui indique qu'une fois au pouvoir le Parti québécois convoquera l'Assemblée nationale à voter une loi exigeant d'Ottawa le rapatriement de tous les pouvoirs, est ignoré.

Jacques Parizeau déteste cette nouvelle approche nébuleuse et empreinte de retenue tant dans le discours que dans l'action. Mais depuis le naufrage médiatique de la campagne de 1973, l'entourage de René Lévesque a décidé de ne pas trop tenir compte des observations de l'économiste quant à la stratégie électorale. «Parizeau annonce toujours tout ce qu'il va faire à l'avance[25]», souligne Claude Malette, alors adjoint de Michel Carpentier, le directeur de la campagne électorale. Si les proches de René Lévesque voient en cette franchise une absence totale de sens politique, Jacques Parizeau, quant à lui, n'a nullement l'intention de changer cette attitude dans laquelle il voit plutôt une bonne façon de guider le peuple en indiquant clairement la direction à suivre. Quoi qu'en disent les organisateurs du parti, Jacques Parizeau veut faire campagne sur l'indépendance et, de ce point de vue, il est difficile à encadrer. Le coordonnateur et responsable du contenu, Louis Bernard, est inquiet : «Monsieur Parizeau voulait sortir sur un certain nombre de thèmes, ce que nous ne voulions pas. Après avoir eu vent de ses intentions, Michel Carpentier et moi en avons parlé à monsieur Lévesque[26].» René Lévesque leur dit alors de maintenir la ligne électorale déjà tracée et de ne pas y déroger. Louis Bernard appelle Jacques Parizeau pour le prévenir : «Monsieur Parizeau, il ne doit y avoir qu'une seule campagne. Voici ce que l'on a décidé, voici ce que l'on fait. Nous disons aux électeurs qu'ils votent aujourd'hui pour un bon gouvernement. Ensuite, quand ce sera le temps, ils voteront sur la souveraineté. Là, actuellement, on parle du bon gouvernement. Plus tard, on parlera de souveraineté.

---

25. Entrevue avec Claude Malette, le 17 mars 2000.
26. Entrevue avec Louis Bernard, le 17 avril 2000.

Il ne faut pas mêler les deux[27].» Jacques Parizeau fulmine : «Écoutez, c'est absurde, on ne va quand même pas promettre un mauvais gouvernement[28]!» Louis Bernard utilise alors un argument infaillible : l'autorité de René Lévesque. «J'en ai parlé à monsieur Lévesque. Il m'a dit de vous demander de vous en tenir à la campagne et à la ligne[29].» Le ton sur lequel cette dernière phrase est prononcée ne laisse aucune place à la réplique. Elle a tout d'une directive et non d'une demande. «Merci de m'avoir appelé, monsieur Bernard, je vais m'y conformer[30].» «J'ai toujours trouvé que Parizeau était un joueur d'équipe», souligne Louis Bernard. À ceux qui contestent cette affirmation et qui sont gênés par la place qu'occupe Jacques Parizeau, il répond : «Il l'avait méritée sa place. Il n'usurpait pas celle des autres[31].»

Dans le comté de L'Assomption, la campagne se déroule bien. Les libéraux du Québec, qui sont allés recruter Roland Comtois dans les rangs du Parti libéral du Canada, ont promis de faire subir un troisième échec électoral à Jacques Parizeau. Ce dernier se moque allègrement de l'ex-député du comté fédéral de Terrebonne : «S'il me bat, il sera ministre. Si je lui fais mordre la poussière, il sera sénateur. C'est pourquoi je l'appelle maintenant le sénateur Comtois[32].» Michel Duval est le troisième candidat d'importance dans le comté. Sous la bannière de l'Union nationale, il mène une campagne active sur le terrain.

Le 30 octobre, lors d'une assemblée publique à Saint-Roch-de-l'Achigan, Jacques Parizeau ramène à l'avant-scène «l'affaire Joyal», un vieux cas de corruption révélé en 1975 lors des audiences de la Commission Cliche. Le ministre de la Justice, Jérôme Choquette, y avouait avoir informé le premier ministre Robert Bourassa d'un pot-de-vin de deux mille dollars offerts en 1970 par Paul Joyal à René Gagnon, alors chef de cabinet du ministre Pierre Laporte. Le pot-de-vin permettait à Paul Joyal d'obtenir un siège à la Commission du salaire minimum. Le jour même où Jacques Parizeau ramène à la surface cette histoire ténébreuse, Robert Bourassa

27. *Idem.*
28. Entrevue avec Jacques Parizeau, le 25 janvier 2000.
29. Entrevue avec Louis Bernard, 17 avril 2000.
30. Propos attribués à Jacques Parizeau et rapportés par Louis Bernard, le 17 avril 2000.
31. Entrevue avec Louis Bernard, 17 avril 2000.
32. Rhéal Bercier, «L'UN brouille les cartes», *La Presse*, 3 novembre 1976.

Alice et Jacques Parizeau devant le clocher de Saint-Roch-de-l'Achigan pendant la campagne électorale de novembre 1976.
Photo de Roger Pellerin.

riposte à l'accusation en qualifiant le candidat péquiste de «dragon des vertus». Le premier ministre laisse entendre que dans les années soixante, au moment où Jacques Parizeau était conseiller économique de Jean Lesage, il aurait dirigé de généreux contrats vers des membres de sa famille, des contrats accordés sans appels d'offres[33]. Robert Bourassa soutient même que la société d'assurances de son père a reçu d'Hydro-Québec des contrats d'une valeur de trente-trois mille dollars en 1965. En 1970, la même société d'assurances détenait deux cent cinquante mille dollars en contrats. Robert Bourassa s'empresse toutefois de dire aux journalistes qu'il ne possède «aucune preuve[34]» sur le rôle de Jacques Parizeau dans l'attribution de ces contrats. «Ce n'est pas parce que l'on est premier ministre que l'on a le droit de jeter de la boue dans la figure de ses adversaires, réplique Jacques Parizeau. Sa fonction ne lui donne pas tous les droits. Il a attaqué ma réputation et celle de ma famille. J'ai été fonctionnaire et j'ai

---

33. Pierre April, *Montréal-Matin*, 1er novembre 1976.
34. Propos attribués à Robert Bourassa et rapportés par Pierre April dans le journal *Montréal-Matin* du 1er novembre 1976.

fait mon travail correctement. Mon intégrité et celle de ma famille, j'y tiens et les choses ne resteront pas là [35]. »

Lucien Bouchard, que René Lévesque a tenté sans succès de recruter comme candidat péquiste il y a quelques semaines, sera l'avocat de Jacques Parizeau. Celui-ci annonce qu'il poursuivra le premier ministre Bourassa pour diffamation, mais qu'il attendra après les élections avant d'entamer les démarches judiciaires, afin de laisser le temps à son avocat « de bien étayer sa preuve et dresser la liste des journalistes présents qui seront éventuellement convoqués comme témoins [36]. » Quelques jours plus tard, le grand fracas médiatique causé par la victoire péquiste viendra étouffer la menace de poursuite. Mais lorsqu'on porte atteinte à son intégrité et à celle de sa famille, Jacques Parizeau rugit. Il n'oubliera pas l'offense que lui a faite Robert Bourassa et la lui rappellera durement lors d'un débat référendaire quatre ans plus tard, en refusant même de se faire photographier en compagnie de l'ancien premier ministre [37].

À quelques jours du scrutin, on tient des paris à la permanence du parti et malgré les sondages qui donnent le Parti québécois gagnant, personne ne prévoit la victoire. « C'est moi qui vais avoir le plus grand nombre de sièges pour le PQ avec quarante-cinq sur cent vingt-deux, raconte Jacques Parizeau. La victoire est une grande surprise [38]. » Du côté du Parti libéral, on sent la soupe chaude. À quatre jours du vote, Robert Bourassa demande à René Lévesque un débat sur les conséquences économiques de l'indépendance. « Pas question », répond René Lévesque. Le parti n'a pas l'intention de répéter l'expérience du budget de l'an 1.

L'incrédulité sur les chances du Parti québécois de remporter l'élection est telle que le jeune sondeur Michel Lepage se fait expulser du bureau de Michel Carpentier quand il lui annonce un balayage péquiste jusque dans la région de l'Outaouais. « Toi, pis tes maudits sondages [39] ! », s'écrie Michel Carpentier. Il lance ses feuilles en l'air et il l'engueule : « Je ne veux plus te voir ici ! » Discret et timide, Michel Lepage n'insiste pas. Il quitte la permanence avec l'impression d'avoir été congédié.

---

35. Rhéal Bercier et Daniel L'Heureux, « À l'affaire Joyal, Bourassa oppose le " cas Parizeau " », *La Presse*, 1er novembre 1976.
36. La Presse, le 8 novembre 1976.
37. Le débat se tient le 21 janvier 1980 au collège de L'Assomption.
38. Entrevue avec Jacques Parizeau, le 13 janvier 2000.
39. Propos attribués à Michel Carpentier et rapportés par Pierre Marois, Jocelyne Ouellette et Michel Lepage.

Un carton publicitaire préparé pour la campagne de 1976.
Archives de Jacques Parizeau. ANQ, Montréal.

Dans le comté de L'Assomption, les deux dernières semaines de campagne sont intenses. Serge Guérin se couche très souvent à cinq ou six heures du matin, surexcité [40]. Jacques Parizeau, qui sent la victoire, téléphone alors à Marcel Cazavan, président de la Caisse de dépôt et placement du Québec : «La Caisse possède-t-elle suffisamment de liquidités dans les jours qui suivront un éventuel triomphe du Parti québécois?», demande-t-il. «J'ai cinq cents millions en vingt-quatre heures», lui répond Cazavan. «À ce moment-là, c'est beaucoup d'argent [41]», fait observer Jacques Parizeau. Cet entretien permet à Jacques Parizeau de constater que le deuxième président de la Caisse a su tirer profit des leçons du passé. Le futur ministre des Finances aura de nombreux désaccords avec Marcel Cazavan, «mais quant à son rôle pour protéger le gouvernement contre le syndicat financier, il a très bien joué ça [42].»

La promesse honteuse

Dans la nuit du 13 au 14 novembre 1976, un dépliant est distribué par le Parti québécois dans les boîtes aux lettres des maisons et des appartements. Claude Charron se trouve alors en compagnie de Lise Payette.

---

40. Entrevue avec Serge Guérin, le 3 mars 2000.
41. Entrevue avec Jacques Parizeau, le 13 janvier 2000.
42. Entrevue avec Jacques Parizeau, le 3 mai 2000.

«J'avais fait une assemblée avec elle. Louise Beaudoin nous accompagnait. Elle m'a dit ce soir-là : "Il est temps que ça finisse, parce que c'est en train de déraper". Si on ne gagnait pas le 15 novembre, le feu prenait[43].» Le dépliant en question a été préparé à la dernière minute pour contrer une défaite toujours anticipée par la direction du parti. On peut y lire la phrase suivante : «Une fois élue, l'équipe du Parti québécois sera encore à la tête d'un gouvernement provincial. [Elle veillera à] établir avec le Canada une nouvelle association. D'égal à égal, pour la première fois. (...) Nous engagerons donc des discussions avec Ottawa. Si Ottawa refuse, c'est ensemble que nous trancherons la question par référendum[44].» Aux dires de Claude Charron et de Pierre Renaud, le feuillet publicitaire aurait été inspiré par Claude Morin. Or, la proposition s'éloigne passablement du programme du parti qui affirme qu'une fois le gouvernement du Parti québécois élu, il doit mettre «immédiatement en branle le processus d'accession à la souveraineté[45]» en faisant adopter une loi pour rapatrier au Québec tous les pouvoirs détenus par Ottawa.

Pierre Renaud se souvient d'avoir discuté de cet envoi lors d'une réunion de l'exécutif national à l'Hôtel de La Salle[46]. Il justifie ce revirement idéologique soudain en invoquant les derniers jours de campagne menés par les fédéralistes : «Ça jouait très dur, ils évoquaient le sang dans les rues. La feuille était une réponse ponctuelle, pas quelque chose de pensé stratégiquement. C'était une réponse...[47]» Issu des rangs du RIN et à la fois fidèle à René Lévesque, Pierre Renaud sent la nécessité de rappeler qu'il fait partie de l'école de pensée qui proposait l'indépendance. «J'ai plié aux stratégies inspirées par Claude Morin. Ce n'était pas mon choix», se défend-il. Claude Malette, adjoint de Michel Carpentier, affirme que cette proposition venait atténuer «énormément la portée du vote et

43. Entrevue avec Claude Charron, le 22 mars 2000.
44. Extrait du dépliant. Fonds Pierre Renaud. ANQ, Montréal.
45. Extrait de l'article 1 du programme du Parti québécois, édition de 1975.
46. Il n'en est pas fait mention dans les procès-verbaux des réunions de l'exécutif national.
47. Entrevue avec Pierre Renaud, le 21 novembre 2000.

l'engagement du parti [48]. » « On a failli déraper à ce moment-là, commente Claude Charron. Là des gens ont réagi, se disant qu'on [diluait] l'affaire[49]. »

Le biographe a trouvé dans le fonds d'archives de René Lévesque un mémo inédit rédigé par Claude Morin et adressé à l'exécutif national qui peut expliquer cette stratégie. Le père de l'étapisme y écrit qu'il faut « cesser de laisser croire que notre programme est parfait [50]. » Le Parti québécois est « le seul parti à proposer une option catégorique », déplore-t-il. « Nous avons l'air tellement " purs " lorsqu'il s'agit de financement et de démocratie », ajoute-t-il. Il questionne la " netteté " de l'option. Il propose enfin de ne plus parler d'indépendance et d'insister plutôt sur les scandales de l'équipe Bourassa, parce que « notre population est devenue moralement éclopée et politiquement morose. [Les Québécois] sont méfiants et désabusés (…), d'un défaitisme latent (…) Quand on se croit né pour un petit pain, il paraît utopique d'aspirer à toute une boulangerie [51]. »

Pour Jacques Parizeau, les jours qui précèdent l'élection marquent un point tournant. « Là on commence à diffuser le renouvellement du fédéralisme. Moi, ça m'a donné un coup [52]. » Après cet épisode, il avoue que ce ne sera plus jamais tout à fait pareil. Il se sent trahi, « mais j'ai l'impression que l'on est pas tellement nombreux à sentir cela. » Pour Jacques Parizeau, ce dépliant envoyé à l'improviste et sans avertissement n'était qu'un appel à la réforme du système canadien. « Je me suis rendu compte que pour prendre le pouvoir, on serait prêt à faire à peu près n'importe quoi [53]. » Y compris, selon lui, à proposer un « bon gouvernement » et à glisser sous le tapis l'idée de souveraineté. « Je ne suis pas entré en politique pour [faire] un " bon gouvernement ". Des tas de gens peuvent faire et dire cela. Je suis

48. Entrevue avec Claude Malette, le 17 mars 2000.
49. Entrevue avec Claude Charron, le 22 mars 2000. Bernard Landry fait partie de ceux qui n'accordent aucune importance à cette promesse. Convaincu de perdre, il se dit : « Je n'en ai rien à cirer, il n'y aura pas de référendum, parce qu'il n'y aura pas de victoire. » Entrevue du 25 avril 2000.
50. Citation tirée du mémo de Claude Morin à l'exécutif national, daté du 16 février 1976. Le biographe a retrouvé une autre version de ce mémo, non datée. Archives nationales du Québec, Fonds René-Lévesque, Montréal.
51. Idem.
52. Entrevue avec Jacques Parizeau, le 27 mars 2000.
53. Idem.

entré en politique pour faire la souveraineté. Le goût du pouvoir et du bon gouvernement, j'ai commencé ça en 1961 et en 1962 avec Lesage[54]. »

La victoire possède cependant cette faculté magique d'expédier dans les limbes toute question controversée. Au cours des nombreuses célébrations qui suivront la victoire du Parti québécois, plus personne n'ouvrira ce placard. Le cadavre y demeurera caché jusqu'en 1979, au moment du débat sur la question référendaire.

Le grand soir

Le 15 novembre au soir, assis devant son téléviseur, Jean Labrecque n'en croit pas ses yeux ni ses oreilles. Comme il rentre d'un long séjour à l'étranger, il se sait déphasé et éloigné de la réalité politique, mais à ce point ? Il ne peut retenir ses larmes. « Je braille comme un veau[55] », raconte-t-il. Ce pays dont il rêve depuis le début des années 1960 semble prendre forme devant lui. Une minute après que Radio-Canada ait annoncé que le prochain gouvernement sera formé par le Parti québécois, Bernard Derome déclare Jacques Parizeau gagnant dans son comté. Le raz-de-marée péquiste est complet : Robert Bourassa, premier ministre du Québec, perd dans son propre comté aux mains du poète Gérald Godin.

Jean Labrecque s'essuie les larmes pour une sixième fois, quand il est tout à coup importuné par la sonnerie du téléphone. Il baisse le volume du téléviseur et saisit le combiné[56] :

— Jean ! Regardes-tu la télé ?

— Oui, mais qui parle ?

— Georges Lafond.

Du coup, Jean Labrecque réalise que si le trésorier de la société Hydro-Québec a choisi ce moment pour l'appeler, ce n'est pourtant pas pour l'entretenir de politique, mais bien d'argent. Les deux hommes se connaissent parfaitement. En 1968, Georges Lafond a confié à Jean Labrecque la gestion de la caisse de retraite d'Hydro-Québec. Ils s'étaient déjà rencontrés une

---

54. *Idem.*
55. Entrevue avec Jean Labrecque, le 31 janvier 2000.
56. Le dialogue suivant provient des souvenirs de Jean Labrecque et de Georges Lafond.

première fois le 24 juillet 1967, le jour où Charles de Gaulle avait lancé du balcon de l'hôtel de ville de Montréal sa célèbre phrase « Vive le Québec libre ! »

— Jean, il faut que je parle à Jacques Parizeau à la première heure demain.

— Pourquoi donc ?

— L'Hydro a emprunté cet après-midi cinquante millions à la Equitable Life Assurance. L'entente a été conclue, mais je crains qu'ils me demandent de se retirer. Si les contrats sautent, le marché va prendre une dégringolade !

Étant donné que l'ensemble des analystes financiers n'anticipaient pas une victoire péquiste, Georges Lafond craint une chute de la valeur des obligations du Québec. Il désire donc s'adresser à la personne qui pourra adopter rapidement un arrêté en conseil pour valider le contrat. Alarmé, Jean Labrecque se rend immédiatement au Centre Paul-Sauvé avec l'intention de parler à Jacques Parizeau.

Arrivé sur les lieux, le jeune homme réussit à se frayer un chemin dans la foule puis à se rapprocher de l'endroit où se tiennent plusieurs candidats élus du Parti québécois. Dans la cohue, il s'époumone et fait de grands signes à Jacques Parizeau. De la scène où il est juché, le nouveau député du comté de L'Assomption finit par apercevoir son ancien étudiant des HÉC. Jacques Parizeau tend l'oreille : « Lafond veut vous parler pour un emprunt de cinquante millions ! » Jacques Parizeau hoche la tête : « Venez demain, à dix heures trente à mon bureau des HÉC. »

Quelques heures auparavant, depuis le Doc Motel de Repentigny où il suivait le décompte des votes, le futur ministre des Finances a logé deux appels importants : l'un au sous-ministre des Finances du Québec et l'autre à Marcel Cazavan, président de la Caisse de dépôt [57]. Alors que des boîtes de scrutin doivent encore être dépouillées, Jacques Parizeau est déjà en mode opérationnel.

---

57. Serge Guérin en est témoin. Entrevue du 3 mars 2000.

CINQUIÈME PARTIE

L'ARISTROCRATE APPELÉ SOUS LES DRAPEAUX

CHAPITRE 6

Un taxi pour North Hatley!

> « *Jacques Parizeau ne sera pas seulement le personnage le plus en vue du gouvernement après René Lévesque, ce sera aussi le ministre des Finances et du Revenu le plus connu de la population que le Québec n'ait jamais eu.* »
>
> Roger Leroux [1],
> journaliste

Au petit matin du 16 novembre 1976, Jacques Parizeau se lève, fébrile. Après avoir enfilé son complet trois-pièces et pris quelques minutes pour déjeuner, il part en direction des HÉC. À son arrivée, il demande immédiatement à sa secrétaire, Strenna Cody, d'appeler Serge Guérin. Madame Cody a tôt fait de mettre les deux hommes en communication.

— Bon matin, Monsieur Guérin.

— Bonjour, Monsieur Parizeau.

— Monsieur Guérin, êtes-vous libre ce midi?

— Oui... Je n'ai rien de prévu.

— J'aimerais vous inviter à déjeuner. Venez me rencontrer, j'ai des choses à vous dire.

« C'était une grande sortie cette [fois-là], relate Serge Guérin. Normalement nous allions au Café campus, parmi les étudiants. Là, il m'invitait dans un restaurant [2]. » Le chef de campagne de Jacques Parizeau ne sait pas

---

1. Roger Leroux, *La Presse*, le 27 novembre 1976.
2. Entrevue avec Serge Guérin, le 27 janvier 2000.

*Le bulletin publicitaire de Jacques Parizeau distribué
dans le comté de L'Assomption en novembre 1976.
Archives de Jacques Parizeau. ANQ, Montréal.*

encore que l'objet qui motive pareille sortie, c'est l'offre de chef de cabinet qui va bientôt lui être faite.

Sitôt le rendez-vous pris et le combiné raccroché, Jacques Parizeau demande à sa secrétaire de faire passer Jean Labrecque dans son bureau. Avec empressement, l'ancien gestionnaire de la caisse de retraite d'Hydro-Québec lui raconte les détails de sa conversation de la veille avec Georges Lafond. Après avoir convenu d'une façon de procéder pour rassurer le trésorier d'Hydro-Québec, Jacques Parizeau, qui se comporte déjà comme le grand argentier de la province, offre à son ancien élève un poste au ministère des Finances. «Moi, j'étais fou comme d'la *marde*!, raconte Jean Labrecque. Bien sûr, ai-je répondu[3]!» Dans les heures qui suivent la rencontre entre les deux hommes, Jean Labrecque, en fidèle chevalier, se met immédiatement au travail. Entre la prise du pouvoir par le Parti québécois et l'assermentation des ministres, il s'écoule un intervalle de dix jours. Pendant ce laps de temps, Jean Labrecque rédige pour Jacques Parizeau de brefs comptes rendus sur le comportement des titres québécois et sur l'état général du marché. À cet égard, dans une note du 18 novembre, il

---

3. Entrevue avec Jean Labrecque, le 31 janvier 2000.

écrit : «Les financiers adoptent temporairement une position d'attente. Mais certains envisageraient, à brève échéance, de forcer le gouvernement à préparer le référendum tout de suite. L'argument [étant] "pas de référendum, pas d'argent [4]".» Il signale aussi que les grandes banques suisses ont expédié à toutes leurs succursales une note leur recommandant la prudence dans toute transaction impliquant des valeurs canadiennes. Il tire cette information d'Hydro-Québec qui possède un avis écrit rédigé en ce sens par l'Union des Banques Suisses.

Le lendemain des élections se fait tumultueux au siège de la société Hydro-Québec, le lendemain des élections se fait tumultueux. Quand Georges Lafond arrive au bureau, la panique a déjà envahi les lieux. Le système téléphonique surchauffe, la réceptionniste est débordée. Les titres d'Hydro-Québec, garantis par le gouvernement de la province, perdent de leur valeur et les emprunteurs veulent en savoir plus sur le «*Piquiou*», cet étrange parti socialiste qui prône l'indépendance! Tous les boutons du standard téléphonique clignotent en même temps. Georges Lafond n'en est pas du tout amusé : «C'était comme un sapin de Noël, chr… [5]!!»

Avec Ed Lemieux, le grand patron du financement, il élabore un plan de défense. Son patron s'occupera de rassurer les agences de crédit, pendant que lui se chargera d'appeler la compagnie d'assurances qui hier, juste avant la tempête, a annoncé son intention d'acheter cinquante millions de titres de la société hydro-québécoise. Georges Lafond désire à tout prix couler l'entente dans le béton.

Sa conversation téléphonique avec l'un des responsables de l'Equitable Life Assurance est de courte durée. La veille, Georges Lafond avait fort heureusement prévu la victoire du Parti québécois. La franchise et la précision du trésorier rendent l'investisseur confiant : «*Well*, Georges, dans les journaux new-yorkais, ils ont écrit exactement ce que tu m'as dit hier. *It's a deal Georges, don't worry* [6].» L'entente conclue le 15 novembre est toujours valide. Le trésorier s'essuie le front, soulagé.

Georges Lafond n'a pourtant aucune raison d'être inquiet. Au printemps, il a pris la précaution de décrocher un prêt d'un milliard de dollars

---

4. Mémo de Jean Labrecque. Archives de Jacques Parizeau, ANQ, Montréal.
5. Entrevue avec Georges Lafond, le 1er mars 2000.
6. Selon les souvenirs de Georges Lafond. Entrevue du 1er mars 2000.

sur le marché privé américain. L'émission, datée du 20 février, lui permettait ainsi de prendre de l'avance sur son programme d'emprunt et de disposer, bien avant la venue du gouvernement péquiste, de l'équivalent ou presque des emprunts nécessaires pour toute l'année 1976. Il convient de rappeler que la société Hydro-Québec se comporte alors comme un goinfre sur les marchés financiers. Elle a mis en chantier la phase I du projet de la Baie James et, pour financer le plus gros projet énergétique au monde, elle a besoin de colossales sommes d'argent. Les grands travaux de la Baie James doivent coûter quatorze milliards de dollars...

L'attente du pouvoir

Le 16 novembre à midi, Jacques Parizeau est attablé avec son fidèle lieutenant, Serge Guérin. Le lieutenant va prendre du galon. Quand Jacques Parizeau lui annonce qu'il désire le recruter comme chef de cabinet, Serge Guérin, la bouche pleine, passe à deux doigts de s'étouffer. Avalant avec difficulté sa bouchée, il dit à son patron : « Monsieur Parizeau, vous le savez bien, quand j'ai terminé ma maîtrise en administration des affaires en avril dernier, le ministère de l'Éducation m'a fait une offre que j'ai acceptée ! Je dois entrer en fonction dans quelques jours. C'est d'ailleurs sur vos propres conseils que j'ai posé ma candidature à un poste dans la fonction publique[7] ! » Jacques Parizeau fait comme s'il n'avait rien entendu et expose à son interlocuteur la teneur du rôle qu'il désire le voir jouer au sein de son équipe. Serge Guérin considère que la tâche de chef de cabinet est décidément trop lourde[8] :

— Mais Monsieur Parizeau, écoutez, je devrai discuter et argumenter avec le sous-ministre des Finances, alors que je viens tout juste de terminer mes études ! Je ne serai pas à la hauteur.

— Vous avez les compétences, insiste Jacques Parizeau.

— En êtes-vous sûr ?, demande Guérin.

— Oui, j'en suis sûr.

Pendant que Jacques Parizeau est en train d'enrôler son futur chef de cabinet, René Lévesque en est à la composition de son Conseil des

---

7. Entrevue avec Serge Guérin, le 27 janvier 2000.
8. Ce dialogue est basé sur les souvenirs de Serge Guérin. Entrevue du 27 janvier 2000.

ministres. Retiré à l'Auberge Hatley Inn en compagnie de quelques-uns de ses plus fidèles collaborateurs dont Michel Carpentier, Louis Bernard, Jean-Roch Boivin et Pierre Marois, le premier ministre désigné tisse avec difficulté ce qu'il appelle la «tapisserie de Pénélope».

Les jours passent. Jacques Parizeau apprend que certains élus ont été convoqués à North Hatley, ce qui n'est pas encore son cas. Le professeur se montre de plus en plus impatient. En attendant l'appel de René Lévesque, il arpente nerveusement les couloirs des HÉC. «Monsieur Parizeau est très fébrile [9]», relate Serge Guérin. Le futur chef de cabinet a été prévenu : il doit se tenir prêt. Dès que Jacques Parizeau recevra un appel de l'entourage de René Lévesque, Guérin devra immédiatement prendre le volant de sa vieille Volvo et conduire le futur ministre des Finances à North Hatley. «Nous avions convenu de partir ensemble depuis deux jours. J'avais stationné la voiture de façon à démarrer facilement et rapidement [10].» L'appel tant attendu confine donc Serge Guérin dans ses quartiers. Pour Jacques Parizeau, la situation devient lancinante. Le téléphone sonne enfin! Madame Cody, la secrétaire, refile l'appel à son patron. C'est le signal. On lui demande de se présenter à l'Auberge Hatley Inn. Jacques Parizeau sort de son bureau. Il cherche Serge Guérin partout. Ce dernier est malheureusement sorti pour quelques minutes. Jacques Parizeau est trop excité pour l'attendre. Maintenant qu'il a l'honneur d'être enfin appelé à servir sous les drapeaux, il ne peut plus se retenir. Il saisit sa mallette au vol. Il sort à l'extérieur et hèle un taxi. Un taxi pour North Hatley.

Lorsqu'il revient à son bureau, Serge Guérin constate l'absence de Jacques Parizeau. La secrétaire lui annonce le départ du professeur pour les Cantons de l'Est. «Comment ça!? s'écrie-t-il. Je n'ai été hors du bureau que quelques minutes!» Il se jette sur la sortie, mais son patron n'y est déjà plus. Il saute aussitôt dans sa voiture et file vers North Hatley. Après une course effrénée sur l'autoroute 10, la Volvo de Serge Guérin et la voiture de taxi de Jacques Parizeau arrivent en même temps au fil d'arrivée.

Michel Carpentier accueille les deux hommes à l'entrée de l'hôtel et les fait patienter devant le foyer du salon central. Quelques minutes plus tard,

---

9. Entrevue avec Serge Guérin, le 3 mars 2000.
10. *Idem.*

Louis Bernard vient chercher Jacques Parizeau, qui n'attend que d'être nommé au poste de ministre des Finances. À sa grande surprise, René Lévesque lui offre plutôt le ministère d'État au Développement économique. « Qu'est-ce ?! », demande Jacques Parizeau, l'air méfiant. René Lévesque se tourne vers Louis Bernard à qui revient la tâche périlleuse de définir la mission de ce nouveau ministère. Devant un Jacques Parizeau sceptique, il explique que cinq nouveaux ministères supérieurs ont été créés afin de chapeauter les ministères administratifs du gouvernement. Ces « super-ministères », dont celui du Développement économique, du Développement culturel, du Développement social, de l'Aménagement et de la Réforme parlementaire, ont pour mandat de définir et planifier les grandes orientations du gouvernement [11]. Louis Bernard soutient que, loin de la gestion quotidienne, ces ministères d'État auront le temps et la latitude nécessaire pour élaborer des politiques structurantes. « Je veux bien, dit alors Jacques Parizeau, mais où sont les pouvoirs de chef et de sous-chef [12] ? » René Lévesque ne saisit pas la nature de la question et se tourne à nouveau vers Louis Bernard. Le spécialiste de l'administration publique comprend très bien ce que Jacques Parizeau désire exprimer. Dans le langage des initiés, le chef et le sous-chef sont responsables des nombreux fonctionnaires et leurs signatures engagent le gouvernement. « Non Monsieur Parizeau, répond Louis Bernard, le ministre d'État n'a pas de pouvoir de chef. » Or, Jacques Parizeau connaît les lois et il sait fort bien que le ministre des Finances jouit du pouvoir du chef et que le sous-ministre incarne la fonction du sous-chef. C'est ce ministère que Jacques Parizeau désire de même que le pouvoir qui s'y rattache. « Je ne jouerai pas n'importe quel rôle [13] », dit-il. À ses yeux, toute autre structure, aussi belle ou prestigieuse soit-elle, se voit privée de pouvoir. Quand il a adhéré au Parti québécois en 1969, il était clair pour lui qu'une fois élu, il occuperait le poste de ministre des Finances et rien d'autre.

Le nouveau premier ministre tente alors de convaincre un Jacques Parizeau de plus en plus sceptique. « C'est très intense comme discus-

---

11. Un comité des priorités est aussi mis sur pied. Cette nouvelle structure regroupe les ministres d'État, le ministre des Finances et celui des Affaires intergouvernementales.
12. Entrevue avec Jacques Parizeau, le 25 janvier 2000.
13. Entrevue avec Jacques Parizeau, le 30 mars 2000.

sion [14]», raconte Louis Bernard. Jacques Parizeau finit par dire : «Dans ces conditions, monsieur Lévesque, je préfère demeurer député [15].» Dans son fauteuil, René Lévesque s'agite nerveusement : «Bon! Il faut que l'on s'en reparle. Attendez-nous, prenez une chambre pour la nuit s'il le faut, nous allons nous reparler [16].» En sortant de la pièce, Jacques Parizeau croise Marc-André Bédard. Ce dernier a plutôt l'air contrarié [17].

— Qu'avez-vous cher ami?

— Ah! Bien... On m'a offert le ministère d'État à l'Aménagement et... ça ne m'intéresse pas. Je... Je souhaite plutôt le ministère de la Justice.

— Faites comme moi, dites que vous n'en voulez pas!

Serge Guérin, qui était demeuré devant le feu de foyer, voit son mentor revenir [18].

— Et alors, Monsieur Parizeau?

— Louis Bernard a inventé un nouveau concept : les ministères d'État. Ils m'ont offert le Développement économique. C'est un ministère sans portefeuille, donc sans pouvoir. J'ai refusé.

— Vous avez eu raison.

Camille Laurin se pointe une heure plus tard. Magnanime, il a accepté le ministère d'État au Développement culturel. Il en parle même positivement avec Serge Guérin, son secrétaire de comté en 1970, puis avec Jacques Parizeau, qui demeure intraitable. En soirée, après le repas, Jean-Roch Boivin, l'émissaire de René Lévesque, est envoyé auprès de Jacques Parizeau avec pour mission de le convaincre d'accepter le poste qui lui a été offert le matin. La discussion s'étire jusqu'à tard dans la nuit, sans que Jean-Roch Boivin ne réussisse à faire bouger l'économiste des HÉC qui s'entête, dur comme le roc.

Le lendemain, à l'heure du petit-déjeuner, Jacques Parizeau est à nouveau convoqué par René Lévesque. Une deuxième offre lui est faite : «Très bien, vous serez ministre des Finances et président du Conseil du

14. Entrevue avec Louis Bernard, le 3 avril 2000.
15. Entrevue avec Jacques Parizeau, le 25 janvier 2000.
16. Propos attribués à René Lévesque et rapportés par Jacques Parizeau, le 25 janvier 2000.
17. Marc-André Bédard et Jacques Parizeau confirment la tenue d'une telle discussion.
18. Serge Guérin et Jacques Parizeau confirment la tenue d'une telle discussion.

Trésor, ce qui vous confère une présence assurée au nouveau comité des priorités [19]. » À 46 ans, cela signifie que Jacques Parizeau n'a plus seulement l'allure d'un grand seigneur, il en a désormais les pouvoirs.

Quant au ministre d'État au Développement économique, « il acceptera que ça existe [20] », ironise Serge Guérin. Une période difficile s'amorce alors pour Bernard Landry, qui hérite ainsi du nouveau ministère d'État. « La présence de Parizeau me disqualifiait pour les fonctions économiques [21] », affirme-t-il. Le talent du jeune Landry se trouve sans cesse occulté par l'influent ministre des Finances à l'ombre duquel il doit marquer des points. Un autre ministère à vocation économique, celui de l'Industrie et du Commerce détenu par Rodrigue Temblay, aura le même effet sur Bernard Landry en le privant de tout pouvoir. À ce chapitre, Jacques Parizeau va même jusqu'à critiquer l'attitude de Rodrigue Tremblay, qui « a été absolument odieux avec Bernard Landry [22]. » Coincé entre un Parizeau qui ne se reconnaît aucun supérieur, à l'exception de René Lévesque, et un Rodrigue Tremblay dont l'arrogance atteint des sommets inégalés, Bernard Landry dispose d'une très mince marge de manœuvre. Des années plus tard, il admet que Jacques Parizeau a eu la sagesse de refuser un ministère d'État privé de pouvoir réel : « Il avait saisi très tôt ce qu'il fallait faire [23] », commente Bernard Landry. L'année 1976 marque le début d'une éternelle rivalité entre les deux hommes.

Le goût du pouvoir

Le salon rouge de l'Assemblée nationale est l'objet d'une activité inhabituelle pour un vendredi après-midi. Des caméras de télévision ont été installées aux quatre coins de la salle, afin de capter l'histoire en mouvement. En ce 26 novembre 1976, à dix-sept heures, Radio-Canada transmet en

---

19. Propos attribués à René Lévesque et rapportés par Jacques Parizeau. Entrevue du 25 janvier 2000.
20. Entrevue avec Serge Guérin, le 3 mars 2000.
21. Entrevue avec Bernard Landry, le 25 avril 2000.
22. Entrevue avec Jacques Parizeau, le 25 janvier 2000. Propos confirmés par une autre source.
23. Entrevue avec Bernard Landry, le 25 avril 2000.

direct la formation du premier cabinet de René Lévesque. Un nombre record de journalistes assistent à l'événement, ils sont plus d'une centaine. Accompagné de Jacques Parizeau, Marc-André Bédard traverse l'un des couloirs qui mènent au salon rouge. L'avocat de Chicoutimi a également refusé un ministère d'État et il va bientôt se retrouver ministre de la Justice, procureur général et solliciteur général. « Monsieur Bédard, vous avez le sens du pouvoir. Je pense que nous avons fait la même analyse tous les deux[24]. » Ils éclatent de rire.

En plus d'avoir la main haute sur les finances de l'État et le Conseil du trésor, Jacques Parizeau est prévenu par l'entourage de René Lévesque, quelques minutes à peine avant son assermentation, qu'il sera aussi nommé ministre du Revenu[25]. Puis, devant ses vingt-quatre ministres nouvellement nommés, René Lévesque s'adresse à la nation québécoise : « Jamais, peut-être, un groupe d'hommes et de femmes n'aura été porteur de tant d'espoir. S'il fallait que nous décevions les Québécois, ce serait notre confiance en nous-mêmes comme peuple qui risquerait d'être atteinte. Nous n'avons pas le droit de manquer notre coup. » Parizeau tousse, signe extérieur d'une certaine contrariété. « Pourquoi, se dit-il, encore laisser entrevoir cette image d'une équipe vulnérable et hésitante devant l'ampleur du défi ? Nous ne décevrons pas les nôtres et nous ne connaîtrons pas l'échec. » Mais le mot « pays » que vient de prononcer son chef le ramène soudainement à la réalité. « Nous pouvons, si tous font leur effort, faire du Québec un pays où l'on est heureux de vivre. » « Ah !, soupire le nouveau ministre des Finances, satisfait. C'est tout de même une belle performance. Il ne faut jamais sous-estimer le chef ! »

La cérémonie terminée, les journalistes se ruent sur les nouveaux ministres afin de recueillir leurs premiers commentaires. Aux micros qu'on lui braque sous le menton, Jacques Parizeau déclare, solennel : « C'est la conférence du premier ministre, c'est sa journée, je n'ai rien d'autre à ajouter[26]. » Nombreux sont les ministres qui se montrent plus loquaces et c'est donc vers eux que se déplacent les micros. Jacques Parizeau balaie

---

24. Propos attribués à Jacques Parizeau et rapportés par Marc-André Bédard, le 9 décembre 2000.
25. Entrevue avec Jacques Parizeau, le 25 janvier 2000.
26. Propos publiés dans le *Journal de Québec*, le 27 novembre 1976.

l'assistance du regard. Il repère ceux qu'il a voulus présents à cet événement. Son père et sa mère sont là, de même que sa femme et ses enfants. Il aperçoit aussi François-Albert Angers. «Mon vrai patron est ici[27]», se dit-il. Pour la soirée, une grande fête a été organisée au Centre municipal des congrès de Québec. La nouvelle équipe péquiste est présentée à plus de cinq mille personnes venues célébrer l'événement et à qui René Lévesque parle de la grande aventure qui s'amorce. On sent bien, aux applaudissements nourris de la foule, que le nouveau ministre des Finances compte parmi les favoris de l'assistance[28].

Les Suisses à la rescousse

Pendant que les militants festoient, quelques grands commis de l'État s'activent dans les coulisses afin d'empêcher que la capacité d'emprunt du Québec se voit restreinte. Georges Lafond est l'un de ceux-là. Le trésorier d'Hydro-Québec a trouvé une formule-choc pour rassurer les créanciers : la victoire du Parti québécois est déterminante, mais pas au point de renverser le cours des rivières. La solidité financière d'Hydro-Québec demeure intacte, insiste-t-il. Pour répondre efficacement aux craintes des «donneurs d'argent», Georges Lafond effectue une visite en Europe dans les jours qui suivent l'élection du Parti québécois.

À Zurich, où les liquidités suisses ne demandent qu'à être investies, Georges Lafond sait se faire convaincant lorsqu'il explique aux banquiers que les titres d'Hydro-Québec n'ont aucune raison de perdre de leur valeur. Les trois grandes banques suisses semblent admirer le courage de ce Québécois qui, si peu de temps après le changement de pouvoir, prend la peine de venir leur expliquer la nouvelle donne politique. Ils ont confiance en Hydro-Québec et, d'un point de vue européen, ce changement de gouvernement ne constitue ni un renversement ni un changement de régime politique. En Europe, le mot «social-démocratie» est loin d'inspirer la même crainte qu'en Amérique. L'Union des Banques Suisses offre donc à Georges Lafond deux cents millions de franc suisses, le Crédit Suisse, cent

---

27. Entrevue avec Jacques Parizeau, le 25 janvier 2000.
28. Selon les observations des journalistes présents.

cinquante millions, et la Swiss Bank Corporation, cent millions. C'est plus que ne l'aurait espéré l'Hydro-québécois!

Georges Lafond rentre à Montréal exténué, mais fort satisfait. S'il le veut, il dispose de près d'un demi-milliard de dollars pour financer les opérations de sa société. Roland Giroux, président d'Hydro-Québec, est anxieux de connaître les résultats du pèlerinage financier effectué par Lafond. Il l'invite chez lui dès le dimanche 28 novembre. «Le nouveau ministre des Finances sera présent», prévient-il. Georges Lafond rédige son rapport en pleine nuit. Lorsqu'il se présente au domicile de Roland Giroux, Jacques Parizeau n'est pas encore arrivé. Le trésorier présente son rapport au président d'Hydro-Québec. Le document contient certains commentaires des banquiers suisses, lesquels insinuent que le projet de souveraineté risque de nuire économiquement au Canada et au Québec. Roland Giroux grimace : «Il vient juste d'être nommé ministre des Finances, ce n'est pas le moment de lui présenter ça [29].» Jacques Parizeau ne verra donc pas le rapport écrit. Par contre, le président d'Hydro-Québec insiste pour que le trésorier prenne tout son temps pour informer le ministre de l'offre faite par chacune des trois banques suisses.

Jacques Parizeau reçoit la nouvelle avec ravissement. Enthousiaste, il s'écrit : «Lafond, vous savez, il ne faut pas louper cette transaction-là pour un huitième de pourcent [30]!» Roland Giroux lui emboîte le pas et exige une confirmation écrite de ces offres pour le lundi matin.

Le 23 décembre 1976, moins d'un mois après la venue au pouvoir d'un gouvernement formé par ceux que la presse américaine désigne comme les «Cubains du nord», trois grandes banques suisses souscrivent à un emprunt de trois cents millions de francs suisses en faveur d'Hydro-Québec. Le nouveau gouvernement, qui garantit les titres d'Hydro-Québec, vient de prouver qu'il peut séduire les puissances de l'argent. Pour Jean Labrecque, il ne s'agissait pas d'une «bonne affaire, c'était une affaire essentielle [31].»

---

29. Propos attribués à Roland Giroux et rapportés par Georges Lafond. Entrevue du 1er mars 2000.
30. Propos attribués à Jacques Parizeau et rapportés par Georges Lafond. Entrevue du 1er mars 2000.
31. Entrevue avec Jean Labrecque, le 1er mars 2000.

CHAPITRE 7

Le « premier ministre »
des Finances

> *« Parizeau n'a préparé qu'une seule carrière : celle de ministre des Finances. Il n'a jamais été aussi bon et heureux que de 1976 à 1984. Avec ses huit budgets en rafales, il était le bon gars, à la bonne place. »*
>
> Daniel Paillé [1]

La veille de son entrée au ministère des Finances, Jacques Parizeau réside au Château Frontenac, dans le Vieux-Québec. Par la fenêtre de sa chambre, il observe les eaux du Saint-Laurent qui dérivent tout doucement vers l'est. Bien que les grands froids approchent et que le fleuve sera bientôt paralysé par la glace, le nouvel élu ne voit aucune embâcle capable d'arrêter la marche du peuple québécois. Son chef de cabinet, quant à lui, passe la nuit à l'Auberge des Gouverneurs, au pied de la colline parlementaire. Nerveux, Serge Guérin se demande ce que demain lui réserve.

Le soleil se lève enfin sur la première journée de l'entrée en fonction du ministre des Finances.

— Où puis-je vous déposer ? demande le chauffeur de taxi.

— Nous allons prendre quelqu'un à l'Auberge des Gouverneurs avant de nous rendre au parlement, lui répond Jacques Parizeau.

— Bien, Monsieur le Ministre.

---

1. Entrevue avec Daniel Paillé, secrétaire particulier du ministre Parizeau. Entrevue du 29 février 2000.

Flatté, Jacques Parizeau sourit. C'est la première fois qu'on l'appelle ainsi depuis qu'il a été assermenté. Quelques minutes plus tard, le ministre pénètre dans l'édifice Honoré-Mercier situé à proximité de l'Assemblée nationale. Accompagné de son chef de cabinet, Jacques Parizeau s'arrête devant un vieil ascenseur métallique datant des années trente. À bord de l'antique cabine, un garçon d'étage les accueille.

— À quel étage, Messieurs?

— Au ministère des Finances.

— Au 3e étage alors?... C'est parti!

En sortant de l'ascenseur, Jacques Parizeau demeure silencieux. Après qu'on lui ait ouvert la porte de son bureau, lentement, il pénètre dans l'espace qu'ont occupé avant lui Maurice Duplessis, Jean Lesage et tous les autres premiers ministres du Québec, jusqu'à ce que les bureaux du chef du gouvernement soient relocalisés dans le nouvel édifice de la Grande-Allée surnommé le *bunker*. Serge Guérin fixe du regard son patron : « Je pense qu'il était très très impressionné, ce premier matin [2]. » Jacques Parizeau se déplace dans toutes les directions. Il observe attentivement les meubles et les murs. « De l'émotion, il y en avait », affirme Serge Guérin qui sait comment la détecter auprès de son mentor : « Dans ces moments-là, il ne parle pas mais le regard bouge beaucoup. Je suis capable de sentir la fébrilité à l'intérieur de lui, explique Serge Guérin. À plusieurs reprises Jacques Parizeau s'arrête et dit, regardez-moi ça... Comme c'est beau [3]! » Puis, pour la première fois, il s'assoit dans la chaise du ministre. Raymond Garneau, son prédécesseur, lui a laissé des clés et un petit mot.

Le premier appel téléphonique du ministre Parizeau est destiné au responsable des assurances pour le gouvernement du Québec : « Monsieur, vous allez [vous rapporter] au ministère des Travaux publics. Je suis fils d'assureur, je ne veux plus connaître autre chose dorénavant que l'assurance de mes sentiments distingués. Allez-vous-en, vous reviendrez au prochain ministre des Finances [4]! » Traditionnellement, ce service avait

---

2. Entrevue avec Serge Guérin, le 27 janvier 2000.

3. *Idem.*

4. Entrevue avec Jacques Parizeau, le 30 mars 2000. Jacques Parizeau adopte le même comportement quand il est question, au Conseil des ministres, de la réforme de l'assurance-automobile. Le ministre des Finances quitte alors la salle et ne revient que lorsqu'un autre sujet est discuté.

Jacques Parizeau, devenu ministre des Finances,
président du Conseil du trésor et ministre du Revenu.
Archives de Jacques Parizeau. ANQ, Montréal.

toujours relevé du ministère des Finances. Jacques Parizeau réserve son deuxième appel téléphonique pour son épouse, Alice. Le moment est précieux pour le couple qui savoure ce couronnement. Leur conversation est ponctuée de grands éclats de rire : «Ma femme est [heureuse] comme la fille qui a gagné à la loto ! (rires)» Jacques Parizeau a toutefois peu de temps pour savourer son triomphe. Dans les jours qui suivent la prise du pouvoir, son ministère s'active. Jacques Parizeau doit d'abord veiller à redonner de la solidité à la situation budgétaire de la ville de Montréal déstabilisée par le déficit olympique. Une taxe foncière spéciale est prévue. Puis, sa nouvelle équipe doit se préparer pour la conférence fédérale-provinciale des ministres des Finances qui va se tenir à Ottawa dans quelques jours.

La première conférence

En ce jeudi 6 décembre 1976, les délégations du Canada anglais sont réunies dans la capitale fédérale. À quelques heures de la conférence où l'on ne doit parler que de fiscalité, la présence de Claude Morin, le ministre responsable des questions constitutionnelles, sème l'inquiétude. Sur un pied d'alerte, tous se demandent si Claude Morin va profiter de l'événement pour leur livrer une déclaration d'indépendance. La délégation ontarienne, bien informée, est la seule à faire preuve d'un certain flegme. C'est que Jacques Parizeau a prévenu le trésorier de l'Ontario, Darcy McKeough, de la raison de la présence du ministre Morin[5]. Ce dernier est là pour annoncer que le gouvernement du Parti québécois est «fermement convaincu qu'un dialogue d'une beaucoup plus grande envergure est essentiel à une compréhension réciproque[6]» et que le Québec a l'intention de participer à cette conférence et aux autres qui viendront dans un esprit de coopération. Il n'est donc pas question, pour l'instant, de couper les ponts avec le reste du Canada.

La crainte et le respect qu'inspire Jacques Parizeau au Canada anglais se manifeste dès cette première conférence. Avant le début des travaux, le ministre Roy Romanov de la Saskatchewan se dirige vers Claude Morin et le prie de le présenter à Jacques Parizeau. «C'est peut-être la troisième phrase qu'il prononce après m'avoir salué[7]!», raconte Claude Morin. Darcy McKeough fait aussi partie des politiciens canadiens qui admirent le ministre péquiste : «Parizeau est le seul économiste parmi les vendeurs d'autos, les avocats et les plombiers qui dirigent les finances canadiennes... Je crois que tous, en tant qu'économistes amateurs, nous le respectons comme professionnel ; nous accordons beaucoup d'importance à ce qu'il pense[8].»

Après deux jours de débat, les participants à la conférence ne s'entendent toujours pas avec le gouvernement fédéral sur les montants à transférer

5. Entrevue avec Serge Guérin, le 27 janvier 2000.
6. Extrait du discours intégral de Claude Morin, prononcé le 6 décembre 1976.
7. Entrevue avec Claude Morin, le 12 avril 1999.
8. Citation de Darcy McKeough, reproduite dans le livre de Graham Fraser, *Le Parti québécois*, Montréal, Libre Expression, 1984, p. 99. Darcy McKeough avait tenu des propos semblables au journaliste David Thomas dans la revue anglophone *Maclean's*, le 7 août 1978.

aux provinces dans le cadre du renouvellement des accords fiscaux. Une discussion s'engage sur la Loi des banques. Jacques Parizeau est le porte-parole des provinces sur cette question. Celui qui a rédigé un rapport sur les institutions financières en 1969 connaît bien le sujet. Le gouvernement fédéral voudrait assujettir les Caisses populaires du Québec à sa nouvelle loi des banques, ce à quoi s'oppose Jacques Parizeau.

Michel Grignon, le sous-ministre adjoint aux questions fiscales, ne doute pas des compétences de son nouveau ministre. Mais lors d'une séance préparatoire à la conférence fédérale-provinciale, il essaie tout de même de lui fournir de l'information plus actuelle et plus détaillée sur le dossier. Le sous-ministre Grignon déploie beaucoup d'énergie afin que le professeur des HÉC soit en mesure de s'opposer avec justesse à l'offensive fédérale. Toutefois, le ministre péquiste ne l'écoute pas : «Oubliez ça, Monsieur Grignon, je sais tout à propos de cette question. Passons plutôt aux autres dossiers.» Au cours de la conférence, quand vient le temps de discuter de cette mesure, Michel Grignon est très tendu. Jacques Parizeau a peut-être écrit un rapport sur les institutions financières, se dit-il, mais le document date tout de même de sept ans... De plus, Donald McDonald, le ministre des Finances du Canada, livre une belle performance et défend avec brio les propositions fédérales. Le haut fonctionnaire craint le pire pour son ministre.

Lorsque Jacques Parizeau prend la parole, quelques minutes lui suffisent pour mettre en pièces les arguments d'Ottawa. «C'était toute une prestation!, se souvient un haut fonctionnaire. Nos collègues fédéraux et les sous-ministres des autres provinces viennent nous voir par la suite en nous disant : "En tout cas, on ne vous aime pas vous autres la *gang* de séparatistes, mais on est obligé de dire que vous en avez tout un, un ministre!"»

La conférence se termine sur une profonde mésentente. Un écart d'environ huit cents millions sépare Ottawa des provinces. Jacques Parizeau sort de la réunion, le sourire aux lèvres. Devant un parterre de journalistes, il affirme qu'Ottawa vient à nouveau de prouver que le système ne fonctionne pas. Il déclare se plaire dans son rôle de «père de la déconfédération». Un rire tonitruant suit sa déclaration. L'échec des pourparlers permet à Jacques Parizeau de donner libre cours à l'une des facettes de son style et de sa personnalité : il exprime sans retenue toute sa satisfaction. Pour lui, en politique, les faux sentiments n'existent pas. Dans les moments de gloire, il triomphe, et dans la défaite, la colère l'envahit. Mais sa franchise ne plaît pas à tout le monde. Dans son éditorial du 8 décembre 1976, Claude Ryan décrit le nouveau ministre des Finances comme un personnage arrogant. Donald McDonald, pour sa part, est furieux et lui en veut d'autant plus que le front commun des provinces demeure uni, résistant aux pressions d'Ottawa.

Le lundi suivant, c'est au tour de René Lévesque de se rendre dans la capitale canadienne pour participer à la conférence fédérale-provinciale des premiers ministres. Le front commun des provinces se liquéfie et les accords fiscaux sont renouvelés pour une période de cinq ans, sans l'accord du Québec. René Lévesque en est furieux[9]. Le Québec se retrouve encore seul.

Les hommes de Parizeau : la filière des HÉC

L'allure sévère et le regard froid de Serge Guérin, le chef de cabinet du ministre des Finances, dissimulent le plus dévoué et le plus fidèle collaborateur de Jacques Parizeau. De tous ceux qui ont travaillé aux côtés du croisé, Serge Guérin est celui qui a côtoyé l'homme de plus près. D'une loyauté à toute épreuve, il a été témoin des moindres états d'âmes de Jacques Parizeau. « Guérin a une sensibilité à mon égard que d'autres n'ont pas, révèle Jacques Parizeau. Je me rends bien compte que par les colères que je peux faire, il me sent fragile. Lui-même est un gars d'une très très grande sensibilité. Il a l'air bourru comme ça, mais ce n'est pas le cas[10]. » Serge Guérin connaît mieux que quiconque la femme et les enfants de son « patron », comme il aime l'appeler. Véritable « maître-ouvrier », il joue tous les rôles pour son mentor, y compris celui de gardienne d'enfants. Pour rendre service à son maître, il n'hésite pas à amener les enfants de Parizeau au ciné-parc. Son dévouement agace bien des gens dans le parti. On trouve qu'il en fait trop.

Pierre Harvey, collègue enseignant de Jacques Parizeau et devenu par la suite conseiller au programme à la permanence du Parti québécois,

---

9. Pour plus de détails à ce sujet, lire le livre de Graham Fraser, *Le Parti québécois*, Montréal, Libre Expression, 1984, p. 110.
10. Entrevue avec Jacques Parizeau, le 25 mai 2000.

répète que «Parizeau n'avait pas d'amis, ni de supérieurs. Il n'avait que de fidèles serviteurs et Guérin en était le prototype[11].»

Le discipliné chef de cabinet exécute en effet toutes les tâches que lui confie son supérieur. Dans la tourmente, il protège son ministre et quand vient le temps de souligner ses bons coups, il lui assure un rayonnement maximal. La loyauté de Serge Guérin n'est toutefois pas à sens unique. Jacques Parizeau ne craint pas de discuter intensément de stratégie politique avec lui. Si elle s'exprime discrètement, la reconnaissance de Jacques Parizeau à l'endroit de Guérin n'en est pas moins solide. À titre d'exemple, c'est Serge Guérin qui, de 1977 à 1980, rédige les premières versions des conclusions du discours du budget, et ce, à la demande expresse du ministre des Finances. «À chaque année, il me l'a demandé, rapporte Serge Guérin, ému. Il a corrigé à peine quelques mots. La conclusion porte [souvent] sur la souveraineté, la passion pour laquelle nous faisons tout cela[12].»

Parmi les personnes que Jacques Parizeau aurait bien aimé amener à Québec pour former sa garde personnelle, se trouve madame Strenna Cody, sa très efficace et très discrète secrétaire des HÉC. Un jour, celle-ci lui avait fait une confidence : pour ne pas être mise à la retraite par l'École, elle avait triché sur son âge. Elle n'avait pas soixante-quatre, mais plutôt soixante-dix ans. Estimant qu'il serait difficile de camoufler un tel état de fait si Strenna Cody prenait du service dans la fonction publique à Québec, Jacques Parizeau lui annonce, bien malgré lui, qu'elle ne pourra pas le suivre dans la Vieille Capitale. «Monsieur Parizeau, lui dit-elle, ne vous en faites pas, je n'ai pas soixante-dix ans, j'en ai en fait soixante-quatorze[13]!» Un grand éclat de rire met fin à la discussion et à plus de dix années de bons et loyaux services.

Pour constituer le reste de son équipe, Jacques Parizeau donne carte blanche à Serge Guérin : «Monsieur Guérin, procédez. Je veux une petite équipe, mais les meilleurs[14].» Jacques Parizeau a une telle confiance en Serge Guérin que toutes les propositions de son chef de cabinet seront acceptées. Guérin se tourne d'abord vers la filière des HÉC et choisit

---

11. Entrevue avec Pierre Harvey, le 22 mars 2000.
12. Entrevue avec Serge Guérin, le 8 mars 2000.
13. Entrevue avec Jacques Parizeau, le 23 août 2000.
14. Propos attribués à Jacques Parizeau et rapportés par Serge Guérin lors de l'entrevue du 8 mars 2000.

Maurice Fortin. Ce dernier a œuvré activement à l'élection de Jacques Parizeau dans L'Assomption. Il est nommé responsable des relations avec les sociétés d'État. Un an à peine après avoir été engagé, essoufflé par le rythme d'enfer et tanné de peiner comme un galérien, le nouveau venu abandonne cependant ses fonctions. Claude Séguin prend le relais en septembre 1977. Auxiliaire de recherche pour le professeur Parizeau de 1972 à 1973, le jeune Séguin vient tout juste de terminer un doctorat en administration publique à Syracuse, aux États-Unis. Il s'occupera du budget et des questions de fiscalité[15]. À partir de 1978, il prendra également en charge le Conseil du trésor afin d'alléger la tâche de Serge Guérin. Daniel Paillé est le troisième homme du cabinet. En tant que militant, ses états de services auprès de Jacques Parizeau datent de 1970. Récemment embauché au ministère des Finances à titre d'agent de recherche, il laisse la fonction publique pour se joindre au personnel politique de Jacques Parizeau. Il est nommé secrétaire particulier du ministre et s'occupe d'abord des questions de financement. Peu de temps après, il hérite des relations avec les sociétés d'État, dont la Caisse de dépôt et placement du Québec[16].

Quant à Lisette Lapointe, elle aurait bien aimé devenir attachée de presse de Jacques Parizeau, mais le côté trop entreprenant de la jeune femme aurait convaincu Alice Parizeau de bloquer sa venue dans l'équipe des proches collaborateurs de son mari[17]. C'est finalement Michel Héroux, journaliste à la tribune parlementaire, qui quitte Radio-Canada pour devenir le secrétaire de presse du ministre des Finances. La jeune Pauline Marois lui succède en octobre 1978. Celle qui a suivi les cours de Jacques Parizeau au moment d'entreprendre sa maîtrise en administration des affaires ne reste en fonction que six mois[18]. «La disponibilité constante, je trouvais cela tellement exécrable. Je me sentais personnellement en

---

15. Après avoir été sous-ministre des Finances sous le gouvernement de Robert Bourassa de 1987 à 1992, Claude Séguin occupait en 2001 le poste de président à la division *Participations* de la Caisse de dépôt et placement du Québec.
16. En 2001, Daniel Paillé occupait le poste de vice-président et de chef de la direction financière du Groupe Canam Manac.
17. Source anonyme. Lisette Lapointe devient finalement attachée de presse du ministre Pierre Marois.
18. Anecdote intéressante : en septembre 1974, Pauline Marois faisait partie du comité de grève des étudiants du MBA qui cesseront d'aller à leurs cours pendant quelques jours, en guise de protestation à l'endroit d'une politique de l'institution

dessous de tout, puisqu'on ne m'utilisait pas à la hauteur de mon talent[19].» Pour sa part, Serge Guérin affirme qu'elle «trouve le travail trop technique et va au cabinet de Lise Payette, comme chef de cabinet[20].»

En décembre 1979, quelques mois avant le référendum, le journaliste de la Presse canadienne à la tribune parlementaire, Louis La Rochelle, fait son entrée au cabinet du ministre Parizeau. Esprit moqueur, c'est à lui que l'on doit le surnom de «Monsieur» qu'il donne à Jacques Parizeau[21]. À son côté fantaisiste, s'ajoute une excellente connaissance du personnel de la colline parlementaire. Pour compléter l'équipe, Isabelle Fecteau devient la secrétaire du ministre. Cette militante dévouée est issue du réseau de «poteaux régionaux» que Jacques Parizeau s'est constitué au fil des ans au sein du parti. L'influence de cette gaspésienne sur Jacques Parizeau est majeure. Ils entretiennent tous les deux d'excellentes relations. «Parfois, il y avait des messages plus difficiles que l'on faisait passer par elle[22]», révèle Daniel Paillé.

Le cabinet du plus important ministre du gouvernement Lévesque est donc restreint. Cinq personnes seulement veillent à superviser les travaux de trois ministères. Jacques Parizeau le reconnaît volontiers : il utilise ses gens au maximum. Ils ne sont pas seulement loyaux, ils doivent également faire preuve d'une vaillance hors du commun.

À part le personnel politique, l'équipe du ministre des Finances, du Revenu et du président du Conseil du trésor doit composer avec trois sous-ministres et une brochette de sous-ministres adjoints. Jacques Parizeau éprouve énormément de plaisir à réunir tout ce beau monde autour d'une même table. «Tu ne t'assoyais pas n'importe où, se rappelle Daniel Paillé. Chacun avait son fauteuil déjà assigné. Cet impressionnant tour de table respirait le pouvoir à plein nez et monsieur Parizeau était de bonne humeur parce qu'il " *callait les shots*[23] "!»

---

qui stipule l'expulsion de tout étudiant ayant obtenu plus de trois notes inférieures à C dans le cadre du programme de maîtrise des HÉC. Une étudiante d'origine algérienne était au cœur de ce conflit et avait été, selon elle, notée injustement par deux professeurs, dont Jacques Parizeau.
19. Entrevue avec Pauline Marois, le 17 décembre 2001.
20. Entrevue avec Serge Guérin, le 8 mars 2000.
21. Louis La Rochelle est décédé depuis plusieurs années.
22. Entrevue avec Daniel Paillé, le 28 mars 2000.
23. *Idem.*

Pour illustrer toute la puissance de Jacques Parizeau, Daniel Paillé utilise une image : « Au ministère des Finances, on attrape le contribuable avant, au Trésor, on le prend pendant et au Revenu, on l'accroche après [24]. » Le bureau de Jacques Parizeau devient en quelque sorte le centre nerveux du gouvernement. Les réunions de travail sont nombreuses, mais brèves. « Avec Parizeau, les interminables séances de préparation et les longs documents explicatifs sont inutiles », explique un haut fonctionnaire. Jacques Parizeau a une telle connaissance de la machine gouvernementale, ses compétences dans les domaines de l'économie et de la finance sont à ce point étendues, qu'il saisit dans un temps record l'essence des politiques qui lui sont présentées. Les hauts fonctionnaires ont donc tout le temps nécessaire pour voir à l'élaboration des nouvelles mesures fiscales et économiques. « Le ministre se chargeait ensuite de convaincre ses collègues au Conseil des ministres, [d'en parler] au parlement et [de rencontrer] les intervenants externes », confie un haut fonctionnaire.

La journée du ministre Parizeau débute d'habitude vers dix heures, après ses lectures matinales. Les réunions se prolongent ensuite tout au cours de la journée. Vers dix-sept heures trente, il rencontre son cabinet pour faire le bilan de la journée. Plus détendu, il met alors de la musique classique et prend l'apéro. Du *St-Léger*, du *Johnny Walker* ou du gin qu'il prend ouvertement devant son entourage, qui constate très rapidement que le patron peut consommer passablement d'alcool sans que cela n'altère vraiment ses facultés.

Jacques Parizeau est d'une rare exigence envers ses subalternes. Il leur réclame toujours plus d'information et peut appeler les membres de son cabinet ou ses hauts fonctionnaires à n'importe quelle heure du jour ou de la nuit. Sept jours sur sept. « Ce qui est difficile avec Parizeau, estime Jean Campeau, alors sous-ministre adjoint, c'est que lorsqu'il te demande ton avis et que tu ne sais pas quoi répondre, la première fois il va l'accepter, mais s'il revient plus tard sur la même question et que tu ne sais toujours pas, il ne peut l'accepter [25]. » Il accepte la critique qui provient de son entourage à condition qu'elle soit fondée et présentée de telle sorte qu'on

---

24. Entrevue avec Daniel Paillé, le 3 mars 2000.
25. Entrevue avec Jean Campeau, le 12 mai 2000.

ne lui fasse pas perdre la face. De son expérience de sous-ministre aux côtés de Jacques Parizeau, Michel Caron a retenu qu'il «ne faut jamais mettre un politicien dans le coin. Les critiques doivent être émises, soit seul à seul avec lui ou avec ses principaux collaborateurs. Cela doit toujours se faire entre professionnels. [Dans ces conditions], il accepte et reconnaît le point de vue des hauts fonctionnaires [26].»

Le garde du corps

La rigueur, l'esprit de discipline et le tempérament de Jacques Parizeau font peur à bien des gens, en particulier à ceux qui doivent le côtoyer tous les jours et de très près afin d'assurer sa protection. Pour cette raison, les gardes du corps de Jacques Parizeau seront plutôt difficiles à recruter. Un seul fait exception : Jean-Marie Arsenault qui, à quarante-quatre ans, est le plus âgé du service. «J'ai vu neiger», dit-il. Après avoir été deux ans garde du corps du lieutenant-gouverneur Hugues Lapointe, il est assigné en 1976 à la protection du nouveau ministre des Finances.

Avant d'entrer dans ses nouvelles fonctions, le ministre l'invite à un restaurant pour discuter en tête-à-tête. Ce sera la première et la dernière fois en huit ans qu'ils s'assoiront ensemble à une même table. «Nous sommes allés au Manoir Saint-Castin, il m'a payé un cognac et nous nous sommes parlé. Il a vérifié mes antécédents, si j'avais des enfants, qui était ma femme [27].» Ayant fait sa propre enquête sur son garde du corps, Jacques Parizeau déclare : «Monsieur Arsenault, je sais que vous avez été vingt-cinq ans dans les forces armées canadiennes et que vous avez été policier militaire. Je vous en félicite. Maintenant, si vous travaillez pour moi, tout ce que je vous demande, c'est de la loyauté. Vous êtes là pour me protéger, prendre soin de moi, tout le reste m'importe peu. Vous êtes fédéraliste, et bien restez fédéraliste. Vous n'avez pas besoin de devenir péquiste [28].» Lors d'une campagne de financement du parti dans le comté de L'Assomption, des années plus tard, Carmen Desjardins sollicite

---

26. Entrevue avec Michel Caron, le 16 octobre 2000.
27. Entrevue avec Jean-Marie Arsenault, le 10 août 2000.
28. Propos attribués à Jacques Parizeau et rapportés par Jean-Marie Arsenault, le 10 août 2000.

Jean-Marie Arsenault en lui disant : « Monsieur Arsenault, j'ai préparé le formulaire. Combien donnez-vous[29]? » Jacques Parizeau, indisposé, intervient fermement : « Madame Desjardins, un instant! Ne dérangez pas monsieur Arsenault avec ça. S'il veut donner au PQ, il le fera dans son comté. Ne l'achalez plus avec ça. Oubliez-le[30]! »

Lors de cette première rencontre avec Jean-Marie Arsenault, Jacques Parizeau le prévient : « Très bien, vous allez travailler pour moi, mais il faut que je vous dise une chose. Je ne parle pas pour rien dire. Vous allez être surpris, nous allons voyager ensemble et je ne dirai pas un mot. Je vous salue le matin, mais je ne parle pas inutilement. Des balivernes, du commérage, je n'en veux pas. Si je ne vous parle pas, ce n'est pas parce que je ne vous estime pas[31]. »

De par sa formation militaire, Jean-Marie Arsenault n'a eu aucune réticence à demeurer au service de Jacques Parizeau. « Les gars craquaient, raconte-t-il. Il les intimidait. Il te regardait avec ses grands yeux noirs et tu avais à passer par là! Les gars en étaient impressionnés et avaient peur de lui[32]. » Après quelque temps, bien des candidats du service de protection ne voulaient plus être affectés auprès du ministre. Jean-Marie Arsenault a donc dû former de nombreux hommes avant de pouvoir mettre sur pied une équipe stable composée de deux gardes du corps. « Jacques Parizeau était très exigeant. Aristocrate, il fallait porter une chemise, une cravate et un veston. Il ne tolérait pas la barbe et le col roulé[33]. » À la différence de certains ministres qui permettaient parfois à leur garde du corps de manger en leur compagnie, pour Jacques Parizeau il n'en était jamais question. « Les gens ne pouvaient pas supporter la pression[34]. » L'agent Arsenault, qui déplore personnellement la façon désinvolte dont ses collègues s'habillent et entretiennent leur voiture, devient le plus fidèle des gardes du corps de Jacques Parizeau. Il demeurera à son service jusqu'en 1984.

---

29. Propos attribués à Carmen Desjardins et rapportés par Jean-Marie Arsenault, le 10 août 2000.
30. Propos attribués à Jacques Parizeau et rapportés par Jean-Marie Arsenault, le 10 août 2000.
31. *Idem.*
32. Entrevue avec Jean-Marie Arsenault, le 10 août 2000.
33. *Idem.*
34. *Idem.*

Le port obligatoire de la jupe pour les dames

Grand réformateur lorsqu'il s'agit de transformer l'État québécois, Jacques Parizeau a hérité de l'attitude conservatrice de son père en ce qui concerne sa façon de vivre. L'homme qui ne craint nullement la modernisation du Québec a de la difficulté à se servir de son nouveau téléphone à boutons dans son bureau. Pour qu'il puisse composer les numéros, «il a fallu réinstaller un ancien téléphone à cadran[35]», raconte en souriant Daniel Paillé.

L'austérité héréditaire de Jacques Parizeau s'exprime de diverses façons. Dans les bureaux du ministre des Finances, les secrétaires n'ont pas le droit aux pantalons. Le port de la jupe est obligatoire. Chez les hommes, la tenue vestimentaire fait aussi l'objet d'un code strict. Un jour, Serge Guérin se voit refuser l'entrée au bureau parce qu'il n'a pas de veston. «Monsieur Guérin, allez vous habiller!», lui ordonne Jacques Parizeau. Quelques jours plus tard, quand un sous-ministre se présente vêtu d'un veston de cuir, le gentilhomme d'Outremont se fait cinglant : «Monsieur le sous-ministre, vous avez un uniforme non convenant à votre statut[36].»

Pour ce qui est de la garde-robe du ministre, elle affiche bien peu de diversité autant dans ses couleurs que dans son style. L'allure classique et plutôt sombre du complet trois pièces demeure l'unique costume du croisé. Son épouse Alice Parizeau lui achète quelques vêtements d'apparence plus décontractée, mais rien n'y fait, il refuse systématiquement de les porter. Dans un parti au style désinvolte et contestataire, où l'on se fait une fierté de rejeter presque toutes les conventions, cette austérité, ce souci de la tenue et des bonnes manières, déplait foncièrement.

Jacques Parizeau ne s'adresse que très rarement aux députés de son parti et n'appelle pratiquement jamais ses collègues ministres. Il fait plutôt appeler son chef de cabinet, Serge Guérin, qui communique avec eux. «Moi, ça m'insultait[37]!», raconte Claude Morin. Faisant grand étalage de son savoir, ignorant la modestie, Jacques Parizeau intimide autant le personnel politique que les élus. «Il s'intéresse à tout, relate Jean Campeau. Ç'en est quasiment fatigant de voir sa supériorité[38].»

---

35. Entrevue avec Daniel Paillé, le 29 février 2000.
36. Anecdote racontée par Daniel Paillé. Entrevue du 3 mars 2000.
37. Entrevue avec Claude Morin, le 12 avril 1999.
38. Entrevue avec Jean Campeau, le 12 mai 2000.

Si la plupart des gens ne voient chez Jacques Parizeau que froideur et arrogance, sous sa cote de maille, il y a pourtant une sensibilité marquée. « Je le soupçonne d'être généreux[39] », dit Daniel Paillé. Cet homme si réservé exprime d'ailleurs une grande tendresse aux Paillé quelques jours avant le dépôt du budget d'avril 1977. Le couple vient alors de perdre son bébé de cinq mois des suites du syndrome de la mort subite. Lorsqu'il assiste à la cérémonie funèbre, Jacques Parizeau est très touché, raconte Daniel Paillé. Malgré le drame qui secoue sa famille, Daniel Paillé tient à assister au premier discours économique de Jacques Parizeau. Il est donc présent à l'Assemblée nationale le jour du budget. Pendant sa performance, le ministre des Finances aperçoit son jeune collaborateur au balcon du salon vert[40]. « D'un discret hochement de tête, il m'a alors salué de sa banquette, raconte Daniel Paillé. Ça, c'était un signe particulier[41]. » Dans pareilles circonstances, les gestes de Parizeau sont brefs, minuscules en apparence, mais extrêmement intenses et généreux. « Il est très très discret sur toutes ces questions. Les signes qu'il envoie, il faut les capter quand ils passent. C'est précieux. Si dans ces moments-là, tu ne portes pas attention, tu les rates[42] ! »

Évoquant René Lévesque et Jacques Parizeau à ce sujet, Jean-Roch Boivin fait un aveu surprenant : « Dans le fond, j'ai connu deux personnes très différentes, mais sur le plan de la distance [qu'ils créaient] vis-à-vis des autres, Lévesque et Parizeau étaient un peu pareils. Lévesque n'était pas un gars qui se dévoilait. Il gardait ses états d'âme pour lui-même. Parizeau, à ce compte-là, était moins fermé que René Lévesque[43]. »

L'artisan ministre

Le 12 avril 1977 est une date capitale pour Jacques Parizeau. Le nouveau ministre des Finances du Québec en est à la lecture de son premier discours du budget. À un moment donné, il lève les yeux afin d'apercevoir

---

39. Entrevue avec Daniel Paillé, le 29 février 2000.
40. La salle de l'Assemblée nationale ne devient bleue qu'en 1978, lors des rénovations.
41. Entrevue avec Daniel Paillé, le 29 février 2000.
42. *Idem.*
43. Entrevue avec Jean-Roch Boivin, le 20 février 2001.

les invités placés à la tribune de l'orateur. Ses yeux se posent un instant sur le visage de son père, puis sur François-Albert Angers. Avec René Lévesque, qui l'écoute depuis sa banquette ministérielle, se trouvent réunis les trois seuls supérieurs qu'il se reconnaît. Lorsque le chef des pages vient remplir son verre de gin[44], telle que le veut la tradition parlementaire britannique, le ministre des Finances déclare : «Le chemin de l'indépendance passe par des finances saines. Ce n'est pas une condition suffisante, mais nécessaire ajoute-t-il[45].» Les applaudissements fusent.

Pour la première fois, le discours du budget a été écrit de la main même du ministre. Son sous-ministre adjoint, Michel Audet, l'a appris à ses dépens il y a quelques semaines, quand le haut fonctionnaire lui a présenté une ébauche de discours rédigée par l'un des scribes du ministère :

— Tenez, Monsieur le Ministre, voici la première version du discours.

— Du discours… de quel discours parlez-vous ?, demande Jacques Parizeau.

— Le discours du budget, Monsieur Parizeau !

— Monsieur Audet, sachez qu'à partir d'aujourd'hui, c'est le ministre des Finances qui écrit ses discours du budget et personne d'autre ! Je vous prie de reprendre vos documents[46].

Jacques Parizeau lui redonne poliment ses feuilles, en se retenant pour ne pas les jeter au panier. Il vient d'initier une nouvelle façon de procéder. Dans la haute fonction publique, ce geste provoque une véritable commotion.

Pour Jacques Parizeau, le rituel qui entoure la rédaction de son discours du budget se déroule presque toujours de la même façon. D'abord, il tient plusieurs séances préparatoires avec les spécialistes de son ministère. Puis, après avoir révisé tous les modèles prévisionnels et les statistiques de

---

44. À chaque année, avant le discours du budget, le chef des pages avait un entretien avec le ministre Parizeau pour lui demander, de façon cérémonieuse, quelle était la proportion de gin, de *tonic water* ou de soda qu'il voulait dans son verre. À cette époque, le ministre préférait le *Dry gin*. Lors de la Révolution tranquille, son ami Yves Pratte l'avait initié au gin soda. Jacques Parizeau est également un amateur de scotch, le plus souvent de marque *Johnny Walker*. Entrevue avec Jacques Parizeau, le 20 février 2001.

45. Extrait du discours du ministre des Finances, le 12 avril 1977.

46. L'anecdote est racontée par Daniel Paillé. Entrevue du 3 mars 2000. Jacques Parizeau en a reconnu la véracité.

l'année à venir, il quitte son bureau de Québec pour s'enfermer pendant trois ou quatre jours dans le sous-sol de sa demeure à Outremont. Parfois, c'est dans un chalet du ministère de l'Énergie, près de la rivière Jacques-Cartier, qu'il se réfugie. Muni d'un simple crayon à mine ou d'un stylo et d'un paquet de feuilles blanches, l'artisan-ministre rédige d'une seule traite, presque sans ratures, un texte d'environ quatre-vingts pages[47]. En cours de rédaction, il lui arrive de convoquer un ou deux fonctionnaires et autant de représentants de son cabinet politique. Les séances ne durent jamais plus d'une heure et se déroulent généralement en fin d'après-midi. «Il teste certains passages, raconte Serge Guérin, en nous demandant : "Que pensez-vous de cela?" Il faut cependant être clair et précis sur les observations à faire. Il écoute, argumente et prend des notes. Puis vient le temps de le laisser seul. "Bon d'accord, dit-il. Allez-vous-en! Je travaille là-dessus."» Le jour suivant, le même manège peut recommencer. Si l'un des fonctionnaires revient à la charge et livre la même observation faite la veille parce qu'elle n'a pas été retenue par le ministre, Jacques Parizeau met rapidement fin à la discussion en disant : «Je sais, vous m'avez déjà dit cela, mais j'ai choisi. Y a-t-il d'autres points à discuter[48]?» Une fois terminé, le manuscrit est envoyé à Québec où une secrétaire le dactylographie.

Bien que le nouveau ministre des Finances soit plutôt fier du premier discours qu'il prononce à l'Assemblée nationale le 12 avril 1977, il n'en demeure pas moins que ce budget n'est pas tout à fait son œuvre. La victoire récente du Parti québécois a laissé peu de temps à la nouvelle équipe pour réorienter certaines décisions. Le gouvernement précédent a imposé bien des choix budgétaires. Jacques Parizeau n'hésite d'ailleurs pas à dire que la dernière convention collective signée par le gouvernement Bourassa juste avant les élections de 1976 est somptueuse. «L'ancien gouvernement avait perdu les pédales. Bourassa a lâché six mille postes d'enseignants, une indexation complète et un enrichissement garanti[49].» Raymond Garneau, le prédécesseur de Parizeau sous le gouvernement libéral, le concède

---

47. Le biographe a pu consulter quelques manuscrits des discours du budget rédigés par Jacques Parizeau.
48. Selon les témoignages de Serge Guérin, le 8 mars 2000, et de Daniel Paillé, le 3 mars 2000, et validés par Jacques Parizeau.
49. Entrevue avec Jacques Parizeau, le 8 février 2000 et article de Réal Pelletier dans *La Presse* du 30 juin 1977.

Avec Jacques Parizeau, la lecture du discours du budget devient un spectacle.
Photo de Jacques Nadeau.

également : « J'avais mentionné dans le discours du budget de 1976 que les équilibres budgétaires que je déposais étaient réalisables dans la mesure où les conventions collectives se signaient à l'intérieur des offres qui étaient sur la table. Or, les conventions ont été signées à des taux plus élevés que ce qui était prévu dans le budget[50]. »

Jacques Parizeau termine la lecture de son budget, acclamé par les élus péquistes. Pour célébrer l'occasion, Alice Parizeau a réintroduit une vieille tradition en donnant une réception dans les rotondes de l'édifice Honoré-Mercier situé à proximité du bureau de son mari. Les cocktails et les canapés sont servis dans les escaliers et dans les galeries attenantes aux trois étages. Le chef du protocole, Jacques Joli-Cœur, a gardé le souvenir d'une épouse qui prenait en charge l'organisation de la réception. « Alice était très présente et très active. Elle débarquait quatre à cinq semaines avant le discours. Elle savait où le pot de fleurs devait aller. C'était fait avec un goût

---

50. Entrevue avec Raymond Garneau, le 17 avril 2000.

particulier et nous devions faire de l'événement un grand succès[51]! (rires)»
Alice Parizeau veillait à ce que le discours du budget devienne l'un des grands
événements de l'année. À ce titre, il surpassait même le discours inaugural
de René Lévesque, auquel on ne donnait plus autant d'importance. La
classe financière, les économistes et les banquiers de la planète étaient
invités. Des gens de New York, de Francfort et de Tokyo se déplaçaient
parfois pour venir entendre Jacques Parizeau. Le discours était présenté en
français, «mais écrit dans d'autres langues», insiste Jacques Joli-Cœur.
«C'était une grande fête qui regroupait trois cent cinquante à quatre cents
convives et qui se terminait vers une heure ou deux du matin[52].»

Au cours de la réception qui fait suite à la lecture du premier budget,
«tout le monde reconnaît la puissance du discours de Jacques Parizeau[53]»,
témoigne Serge Guérin. Tant les invités présents à l'Assemblée nationale
que les journalistes de la colline parlementaire sont impressionnés par la
performance du nouveau ministre. On est loin des longs discours débités
sans âme et alourdis par une pléthore de chiffres. Les pouces bien enfoncés
dans les poches de sa petite veste, le grand argentier a de l'esprit : il réussit
à captiver son auditoire avec ce qui demeure tout de même un exercice
financier et comptable généralement aride. En avril 1979, le discours du
budget de Jacques Parizeau fait même l'objet d'une critique littéraire. Jean
Éthier-Blais écrit dans le journal *Le Devoir* que «pendant des décennies,
nos ministres ont noyé leurs inepties et leurs concussions dans un flot de
paroles écrites en charabia, ce qui leur permettait d'interpréter leur pensée
comme bon leur semblait et de nous enfariner le museau. Que M. Jacques
Parizeau ait ouvert les fenêtres sur le sérail des finances, qu'il ait utilisé des
formules claires pour exprimer sa pensée, cela me prouve qu'il pense, qu'il
agit en fonction d'une philosophie politique du maniement de la masse
monétaire et qu'il ne craint pas la lecture. Assainissement, clarté, honnêteté,
connaissance des dossiers, propreté, ne pas se salir les mains, pour tout
dire, patriotisme fiscal. C'est constamment un enchantement. Un discours
du budget qui est un document littéraire, voilà qui n'est pas banal[54]!»

51. Entrevue avec Jacques Joli-Cœur, le 28 juin 2001.
52. *Idem.*
53. Entrevue avec Serge Guérin, le 8 mars 2000.
54. Jean Éthier-Blais, «Les carnets de Jean Éthier-Blais», *Le Devoir*, le 7 avril 1979. Il est pertinent de souligner que monsieur Blais était un ami du couple Parizeau.

Les réceptions suivant les discours du budget,
dans les rotondes de l'édifice Honoré-Mercier, étaient toujours très courues.
Source : Archives nationales du Québec.

Le budget Parizeau de 1977 est également bien accueilli par les milieux financiers. Peu banal et même «conservateur», commente alors la Chambre de commerce du Québec. Les hommes de chiffres sont rassurés par le sérieux avec lequel le ministre péquiste a préparé ce premier exercice financier. Le *Globe and Mail* de Toronto enchaîne et parle de «conservatisme fiscal». Voilà qui met fin à l'allure socialiste que voulait se donner le Parti québécois, écrit le quotidien.

Le montant des emprunts gouvernementaux est réduit, passant de 1,3 milliard sous les Libéraux, à neuf cents millions de dollars avec les Péquistes. On prévoit une hausse des revenus et le programme des dépenses est comprimé. La firme Moody's annonce son intention de maintenir la cote AA du Québec. Feignant de n'être nullement impressionné par cette nouvelle, Jacques Parizeau qualifie la décision de «nanan». Son commentaire donne le ton et illustre toute son indépendance d'esprit à l'endroit de certains analystes financiers qu'il souhaite mettre au pas.

C'est lors de ce premier budget qu'il annonce que l'argent des régimes de retraite de trois cents mille fonctionnaires sera désormais comptabilisé et intégré aux budgets de la province. Ces fonds de pension faisant continuellement l'objet d'importants déficits actuariels, il propose une formule destinée à amortir sur cinquante ans leur manque à gagner. «Personne ne se battra dans les autobus pour défendre de telles politiques», dit-il à son entourage. Mais les hauts fonctionnaires reconnaissent en cette mesure un geste courageux qui contribue à assainir les finances publiques.

«Le rôle d'un ministre des Finances n'est pas d'être populaire, dit-il en Chambre. Ce n'est pas sa principale fonction[55].» N'empêche, comme élu, il doit composer avec les humeurs et les critiques de son électorat et, surtout, avec celui de ses collègues ministres qui réclament beaucoup d'argent pour leurs programmes. Équilibriste financier de renom, avec l'annonce de la fin de l'exemption de la taxe de vente sur les vêtements et les chaussures pour enfants, Jacques Parizeau donne l'impression du jongleur qui glisse sur la scène et échappe toutes ses balles. Technocrate plutôt que politicien, il trouve ridicule qu'une exemption de taxe s'applique ou non selon la grandeur des vêtements. En riant, Claude Charron avait ridiculisé la mesure en lui disant qu'il lui arrivait parfois de ne pas payer de taxes parce que ses culottes étaient petites. Jacques Parizeau avait répondu à la blague : «Je ne vois pas pourquoi Charron ne paie pas de taxes, alors que moi, avec ma taille, j'en paye[56]!» Toujours sur le même ton badin, il ajoutait : «Pourquoi donc les petits pieds ne paient pas de taxes[57]?!» Dans son premier budget, le ministre décide donc de supprimer l'exemption de taxe sur les vêtements et les souliers pour enfants et d'augmenter en contrepartie les allocations familiales. «C'est parfait pour un fiscaliste, convient Daniel Paillé, mais pour un politicien, c'est une grave erreur. De plus, il en fait l'annonce à l'envers. Il aurait dû avant tout parler de la hausse des allocations familiales. Disons que là, il a compris " d'une claque ", les leçons de la politique[58].» Dans l'opinion publique, la mesure est rapidement perçue comme une agression à l'endroit des familles québécoises. «Quelle bêtise[59]!», déclare Jacques Parizeau des années plus tard.

---

55. Citation de Jacques Parizeau rapportée dans le journal *La Presse* du 14 avril 1977.
56. Anecdote rapportée par Daniel Paillé et Louis Bernard.
57. *Idem.*
58. Entrevue avec Daniel Paillé, le 3 mars 2000.
59. Entrevue avec Jacques Parizeau, le 3 mai 2000.

René Lévesque tire alors un enseignement de cette erreur d'appréciation : dorénavant, il faudra en savoir davantage sur le budget avant qu'il ne soit présenté en Chambre. Cet exercice sera tenu au comité des priorités. « Ce qui est admirable chez monsieur Parizeau, raconte Claude Morin, et c'est une chose que je n'ai pas vue souvent par la suite, c'est qu'il a accepté de jouer le jeu. Il a discuté de ses intentions budgétaires, de la facture générale du budget, devant le comité des priorités [60]. »

L'incident politique soulevé par la question de la taxe de vente prend de l'ampleur et devient la taxe « sur les petits enfants ». La bavure va lui coller à la peau pendant au moins six mois. Au-delà de cette période, bien peu de gens en feront mention. D'ailleurs, en novembre de la même année, alors que les prévisions économiques du ministre des Finances s'avèrent justes, la presse anglophone le couvre d'éloges. Le journal *The Gazette*, que l'on ne peut pas soupçonner de sympathie à l'égard du ministre péquiste, affirme que ce « virtuose de la finance » incarne mieux que quiconque la crédibilité économique au sein de ce gouvernement. On le présente alors comme le numéro deux du parti et le bras droit de René Lévesque [61]. Les éloges de la presse à l'endroit de Jacques Parizeau et son inébranlable confiance en lui-même ont tôt fait, cependant, d'éveiller la méfiance de ses rivaux à l'intérieur du parti. Jean Garon se rappelle d'avoir été fort étonné de l'ampleur prise par l'histoire de la taxe de vente. Dans les rangs ministériels, il entend plusieurs ministres tenir des propos mesquins : « Tiens, disent certains, Parizeau ne peut pas tout prévoir !? » Jean Garon réalise alors que beaucoup de ministres n'aiment pas le côté triomphant de Jacques Parizeau : « J'ai senti qu'il avait des ennemis [62]. »

---

60. Entrevue avec Claude Morin, le 28 juin 1999.
61. Peter Cowan, « Parizeau gives " virtuoso performance " in finance », *The Gazette*, le 5 novembre 1977.
62. Entrevue avec Jean Garon, le 14 mars 2000.

CHAPITRE 8

L'accélérateur
au Conseil des ministres

*« Jacques Parizeau, c'est le gars qui met le pied sur l'accé-
lérateur alors qu'il faut mettre les freins. Même si la fonction première d'une automobile est d'avancer, le frein n'est
pas inutile dans l'automobile. Parfois, il faut ralentir. »*

Claude Charron [1]

À l'une des premières séances du Conseil des ministres, René Lévesque
présente la liste des hauts fonctionnaires devant épauler les cinq nou-
veaux ministres d'État. Lorsque le nom d'Éric Gourdeau est évoqué pour
occuper le poste de sous-ministre de Bernard Landry, une voix fuse :
« C'est un scandale ! Je vais m'opposer à la nomination d'Éric Gourdeau [2]. »
Le ministre qui s'exprime avec autant d'aplomb n'est nul autre que Jacques
Parizeau. Secoué, le jeune Bernard Landry s'empresse de retirer le nom de
Gourdeau, afin de ne pas être l'objet d'une scène au Conseil des ministres.
S'opposer ainsi à la candidature d'Éric Gourdeau, quand tout le monde
sait que cet ingénieur et économiste est un proche de René Lévesque,
donne une idée de la puissance et de l'influence du ministre des Finances.
Les gestes posés quelques années auparavant par le protégé du premier
ministre y sont pour beaucoup dans l'opposition de Jacques Parizeau à
cette nomination.

---

1. Propos de Claude Charron tenus à l'émission radiophonique de Radio-Canada,
   Point de vue, le 7 mai 2000.
2. Propos attribués à Jacques Parizeau et rapportés par Éric Gourdeau, le 20 avril 1998.

En 1974, Éric Gourdeau avait effectué une étude sur le processus décisionnel devant mener à la réalisation du projet de la Baie James. Réalisée pour le compte du Conseil des sciences du Canada, l'étude reprochait alors à Jacques Parizeau son parti pris pour l'industrie nucléaire, une énergie promise à aucun avenir, selon les conclusions tirées de l'étude[3]. Celle-ci tomba entre les mains d'Hydro-Québec et causa un certain tort à la réputation de Jacques Parizeau.

Bernard Landry avance une autre hypothèse : « Il ne voulait pas que j'aie quelqu'un de trop fort à mes côtés[4] ! », dit-il. D'une certaine façon, Jacques Parizeau se trouve à confirmer cette hypothèse : « Moi, j'avais des réticences à l'égard de tout ce ministère-là. Je n'y croyais pas. Comme ministre des Finances, si ce ministère (Développement économique) ne levait pas, je ne m'en plaignais pas. Alors quand j'ai vu arriver Gourdeau dans le portrait, attention ! Gourdeau, quand il fait quelque chose, il le fait bien. Il est intelligent[5]. » La semaine suivante, après en avoir discuté avec Éric Gourdeau, René Lévesque le confirme au poste de sous-ministre de Bernard Landry. Le chef a parlé. Dès lors, Jacques Parizeau se range à ses vues et ne s'opposera plus à cette nomination.

Bernard Landry aura d'autres démêlés avec le ministre des Finances. Alors qu'il prépare un voyage d'affaires à New York, le ministre d'État au Développement économique invite Marcel Cazavan, le président de la Caisse de dépôt et placement du Québec, à se joindre à sa délégation. Jacques Parizeau s'y oppose formellement. Pour lui, la Caisse relève uniquement de l'autorité du ministre des Finances. Bernard Landry fulmine : « C'est comme si Jacques Parizeau se réservait New York ! Parce que c'est l'une des destinations de ses *road show* budgétaires, il ne veut pas que les ministres économiques aillent à New York[6] ! » Jacques Parizeau laisse entendre que le milieu financier pourrait mal interpréter la présence d'un intervenant politique supplémentaire et que la valeur des obligations du Québec pourrait en souffrir. « C'est du spectacle !, se plaint Bernard Landry. C'est incongru ! Je ne fais pas varier le cours des obligations parce que je vais à

---

3. Nous reviendrons sur cette étude un peu plus tard.
4. Propos attribués à Bernard Landry et rapportés par Éric Gourdeau, le 20 avril 1998. Bernard Landry ne conteste pas cette version.
5. Entrevue avec Jacques Parizeau, le 6 février 2001.
6. Entrevue avec Bernard Landry, le 25 avril 2000.

Le jeune ministre d'État au Développement économique,
Bernard Landry, vit des moments difficiles entre Jacques
Parizeau, ministre des Finances, et Rodrigue Tremblay,
ministre de l'Industrie et du Commerce.
Archives de Jacques Parizeau. ANQ, Montréal.

New York pour une conférence devant l'Economic Club[7]!» Toutefois, le
point de vue de Jacques Parizeau prévaut : le président de la Caisse de
dépôt et placement du Québec n'ira pas à New York.

Entre Jacques Parizeau et Bernard Landry, René Lévesque n'avait
aucune peine à choisir, reconnaît Éric Gourdeau : «Parizeau avait une plus
haute " cote" auprès de Lévesque que Landry. Lévesque estimait Landry,
mais pour le guider dans le monde financier, il se fiait à la compétence
remarquable de Jacques Parizeau[8].» Le ministre d'État au Développement
économique voit donc constamment Jacques Parizeau lui piler sur les

7. *Idem.*
8. Entrevue avec Éric Gourdeau, le 15 mars 2000.

pieds. Comme le ministre des Finances est pesant, voilà qui est encore plus douloureux! Bernard Landry, qui n'a pas encore quarante ans, se console en se disant : « Je sais modestement que je suis le contrepoids économique à Parizeau[9]. » Il aime aussi raconter à son entourage que « sur dix idées, Jacques Parizeau en a neuf qui sont excellentes. La dixième, par contre, peut être absolument farfelue, mais il la défendra avec autant de rigueur que les neuf autres afin qu'on y croit[10] ». Comme plusieurs des rivaux de Jacques Parizeau, Bernard Landry soutient que son penchant pour l'alcool peut lui jouer de mauvais tours : « Tout ce qui se passait après dix-huit heures était dangereux, même très dangereux. Une réunion le soir avec Parizeau était toujours largement arrosée, et ce, depuis que j'ai souvenance de connaître Parizeau[11]. »

Bien qu'il reconnaît le penchant de Jacques Parizeau pour le scotch, Claude Malette, membre du cabinet de René Lévesque, atteste toutefois que dans les moments importants, le ministre des Finances était d'une lucidité à toute épreuve : « De tous les ministres que j'ai connus, de tous les hommes politiques que j'ai vus à l'œuvre, celui qui semblait être le plus rationnel, faire les exposés les plus magistraux, comme un vrai professeur, c'était Parizeau. Il était imbattable et convaincant. Il lui arrivait cependant de partir avec des prémisses fausses et de prouver alors l'impossible[12]. » Claude Malette, qui n'est pourtant pas un admirateur du ministre des Finances, confirme l'existence d'une « constante relation de confiance entre Jacques Parizeau et René Lévesque[13]. » « Une confiance intellectuelle plutôt qu'affective, ajoute pour sa part Pierre Marc Johnson, le futur ministre du Travail et de la Main-d'œuvre. De toute façon, ni l'un ni l'autre n'étaient ouverts aux manifestations de camaraderie[14]. » De son côté, Jacques Parizeau avoue apprécier le camarade de combat qu'était René Lévesque : « On ne s'aime pas beaucoup, mais nous avons beaucoup de respect l'un pour l'autre. Je n'ai jamais eu d'intimité particulière avec lui, puisque nous

---

9. Entrevue avec Bernard Landry, le 25 avril 2000.
10. Propos attribués à Bernard Landry et rapportés par plusieurs sources.
11. Entrevue avec Bernard Landry, le 25 avril 2000.
12. Entrevue avec Claude Malette, le 17 mars 2000.
13. *Idem.*
14. Entrevue avec Pierre Marc Johnson, le 5 septembre 2000.

n'avons pas beaucoup d'atomes crochus. Nous représentons deux mondes séparés, mais nous aimons travailler ensemble[15].»

L'énorme ascendance de Jacques Parizeau sur le Conseil des ministres s'explique avant tout par la confiance que lui accorde René Lévesque. Il faut ajouter à cela sa participation à la Révolution tranquille en tant qu'architecte de nombreuses réformes des gouvernements Lesage et Johnson. Pour les jeunes ministres inexpérimentés, Jacques Parizeau est un personnage qui inspire le respect. En compagnie de René Lévesque et de Claude Morin, il fait partie des initiés pour qui la machine gouvernementale n'a aucun secret. De plus, l'ex-révolutionnaire tranquille est le seul ministre à posséder tous les chiffres du gouvernement. Sa connaissance approfondie du monde de la finance, son intelligence, sa grande culture et sa parfaite maîtrise de la langue anglaise viennent couronner une feuille de route impressionnante. Son talent et son style lui assurent une domination complète sur l'ensemble de ses collègues.

«Parizeau était l'homme fort auprès de Lévesque, confirme Jean Garon. Parizeau n'était pas dans la mêlée, il était au-dessus[16].» Claude Morin, le plus solide rival du docteur en économie, reconnaît «que vraiment c'était *la* compétence au Conseil des ministres[17].» Yves Duhaime, alors ministre du Tourisme, de la Chasse et de la Pêche, se plaît à dire que «lors du premier mandat, Parizeau avait une espèce de statut spécial au Conseil des ministres. Ceux qui avaient maille à partir avec lui dans ces années-là avaient des problèmes[18].»

Bernard Landry n'est pas le seul à tâter la toute-puissance de Jacques Parizeau. En sa qualité de ministre délégué à l'Énergie, Guy Joron affronte Jacques Parizeau dans un autre dossier, plus important celui-là. Il s'agit du débat sur l'utilisation de l'énergie nucléaire. Dans le cadre de sa politique énergétique, le gouvernement péquiste doit déterminer s'il entend privilégier l'énergie nucléaire ou s'en tenir à l'hydroélectricité. Jacques Parizeau a une opinion bien arrêtée sur le sujet et Guy Joron devra utiliser toute son influence pour le contrer.

---

15. Entrevue avec Jacques Parizeau, le 6 janvier 2000.
16. Entrevue avec Jean Garon, le 23 février 2000.
17. Entrevue avec Claude Morin, le 28 juin 1999.
18. Entrevue avec Yves Duhaime, le 5 avril 2000.

Des centrales nucléaires
aussi nombreuses que des clochers

En septembre 1977, la position du ministre délégué à l'Énergie, Guy Joron, est assez solide pour qu'il affirme publiquement que le Québec peut se passer du nucléaire. Pour lui, cette filière s'avère peu attirante. Il s'agit, soutient-il, d'une solution de dernier recours que bien des pays ne peuvent éviter, ce qui n'est heureusement pas le cas du Québec [19]. Dans les mois qui suivent, le ministre Joron confirme cette orientation par le dépôt d'un livre blanc sur la politique énergétique du gouvernement et l'annonce d'un moratoire sur le développement des centrales nucléaires.

Ce que le public ignore, c'est que cette politique est l'aboutissement de déchirantes discussions entre ministres. Jacques Parizeau, qui s'est fait l'ardent promoteur de l'énergie nucléaire depuis le milieu des années soixante, incarne le principal opposant à ce moratoire. André Marier s'en souvient : au cœur même de la Révolution tranquille, Jacques Parizeau était l'un des seuls à défendre le développement du nucléaire au Québec et laisser l'hydroélectricité se développer au Labrador. « Au ministère des Richesses naturelles, nous étions contre, Michel Bélanger et moi [20] », insiste André Marier. Éric Gourdeau, de l'équipe de René Lévesque, favorisait également le développement hydroélectrique au Québec avec le harnachement des rivières de la Baie James. Mais à la fin de l'année 1964, un rapport conclut que tout barrage dans le bassin oriental de la Baie James ne serait pas rentable [21]. En raison du potentiel que représentent alors les chutes Churchill dans le Labrador, le gouvernement de Daniel Johnson va donc privilégier le développement de ce cours d'eau. Jacques Parizeau est satisfait et rappelle au premier ministre que le nucléaire demeure la voie royale pour le Québec. Éric Gourdeau défend sa position : « Le comportement du gouvernement s'explique par la promesse d'une énergie nucléaire à bon marché, une opinion courante à ce moment [22] », écrit-il dans une étude

---

19. Cette opinion est clairement exprimée dans *Le Devoir* du 15 septembre 1977.
20. Entrevue avec André Marier, le 20 avril 1998.
21. Consulter à ce sujet, à la bibliothèque d'Hydro-Québec, l'étude d'Éric Gourdeau intitulée *Le processus décisionnel dans la conception et la réalisation du développement nordique au Canada. Un cas d'espèce : La Baie James*, étude préparée pour le compte du Conseil des sciences du Canada, Montréal, décembre 1974.
22. Extrait tiré de l'étude précitée, pp. 17-18.

préparée pour le Conseil des sciences du Canada. «Le conseiller financier du gouvernement (Jacques Parizeau), qui se révèlera plus tard un ardent partisan du nucléaire, joue à ce moment un rôle déterminant dans la coupure des budgets de l'Hydro-Québec[23].» C'est cette dernière phrase qui, vraisemblablement, lui vaudra l'opposition de Jacques Parizeau lors de sa nomination comme sous-ministre auprès de Bernard Landry.

Encouragé par Jacques Parizeau, Jean Lesage avait initié le chantier de l'énergie nucléaire en 1966 avec le début des travaux de construction de la centrale nucléaire de Gentilly 1[24]. Il faudra attendre l'élection du gouvernement libéral de Robert Bourassa avant de procéder au harnachement des rivières de la Baie James. «Le début de l'année 1970 marque d'abord la fin de l'euphorie nucléaire, écrit Éric Gourdeau. Il est devenu évident à ce moment que l'énergie nucléaire ne peut pas remplir ses promesses. Les difficultés associées aux premières centrales nucléaires en Ontario, particulièrement à Douglas Point, montrent qu'il n'est pas facile de produire de l'énergie nucléaire à aussi bon marché qu'on l'espérait quelques années plus tôt. La période de rodage des techniques canadiennes pour produire de l'énergie nucléaire à partir de la scission de l'atome d'uranium rencontre de très sérieux problèmes; les coûts augmentent considérablement et le doute s'installe touchant la fiabilité de la production d'énergie basée sur cette technologie[25].» Le 30 avril 1971 au petit Colisée de Québec, devant plus de cinq mille partisans libéraux, le premier ministre Bourassa souligne le premier anniversaire de l'arrivée au pouvoir de son gouvernement par l'annonce du «projet du siècle» : plus de dix milliards de dollars pour développer la Baie James dans le nord du Québec.

Le Parti québécois réagit négativement à l'annonce du projet. L'équipe péquiste est d'abord outrée qu'une telle nouvelle se fasse dans le cadre d'une réunion partisane. Puis, dans sa chronique du *Journal de Montréal* du 31 mai 1971, René Lévesque écrit que produire de l'électricité pour en exporter, «c'est de la folie économique.» Le jour suivant, Jacques Parizeau discrédite lui aussi le projet de Robert Bourassa : «Voilà qu'un premier ministre annonce un projet dont le coût serait l'équivalent de toute la

---

23. *Idem.*
24. En 1973, suivra la mise en chantier de la centrale Gentilly 2.
25. *Idem*, p. 21.

dette directe et garantie du Québec[26].» «Il aurait mieux valu choisir le nucléaire», constate le plus respecté des critiques financiers du Parti québécois. «Le sens du mouvement est très net, dit-il. La capacité des centrales nucléaires en construction ou sur les planches à dessin dépasse actuellement, un peu partout dans le monde, dix fois la capacité totale envisagée pour tout le bassin de la Baie James. L'énergie nucléaire n'est plus un phénomène marginal[27].» Pour Jacques Parizeau, «la solution la plus acceptable, celle qui utilise le moins de capital et celle qui offre les meilleures perspectives d'avenir industriel» réside dans le développement de centrales nucléaires. Le premier juin 1971, il conclut son discours devant la Société Saint-Jean-Baptiste, en affirmant : «qu'à la fin de la présente décennie, le coût de l'énergie nucléaire et celui de l'énergie de la Baie James seraient très voisins, même si l'on incorpore un coefficient de réserve important pour les centrales nucléaires[28].»

Cette position est partagée par l'ensemble des membres du Parti québécois, jusqu'à sa prise du pouvoir en 1976. Jacques Parizeau visite d'ailleurs régulièrement l'aile parlementaire de son parti à Québec, afin de l'alimenter avec d'innombrables dossiers qui étayent sa position. «C'est vraiment lui qui a poussé ça, confie Guy Joron. Il disait qu'il fallait choisir la filière nucléaire, parce que sinon le Québec risquait de prendre du retard. C'est Jacques Parizeau qui a mis ça dans ma bouche finalement[29].»

Pour Jacques Parizeau, le nucléaire apparaît alors comme *la* technologie de l'avenir. Confiant dans les capacités de son peuple, il désire que le Québec puisse se positionner convenablement dans ce domaine. «Il est inutile de se targuer d'être des champions du monde dans la fabrication des chandelles au moment où on invente des ampoules électriques[30]», affirme-t-il. En ne misant pas sur cette technologie, le révolutionnaire tranquille craint de rater une nouvelle révolution industrielle, celle de l'énergie nucléaire. En ce sens, Jacques-Yvan Morin, le chef de l'opposition, ne se fait donc que le porte-parole des opinions défendues par

26. Discours prononcé devant la Société Saint-Jean-Baptiste de Montréal, au restaurant *Butch Bouchard*, le 1er juin 1971.
27. *Idem.*
28. *Idem.*
29. Entrevue avec Guy Joron, le 18 avril 2000.
30. Citation de Jacques Parizeau, dans *Le Devoir*, le 14 mai 1971.

Jacques Parizeau, quand il affirme en 1975 que Robert Bourassa est prisonnier de son « projet du siècle » et ratera la troisième révolution industrielle. « L'Ontario compte des milliers de techniciens et d'ingénieurs dans cette filière, le Québec, à peine une centaine. C'est comme le chemin de fer du début du siècle [31]. »

Une fois au pouvoir, le Parti québécois effectue pourtant un impressionnant virage. « Bourassa a vu juste [32] », reconnaît le nouveau ministre délégué à l'Énergie. À l'occasion d'une visite au chantier LG-2, Guy Joron déclare en effet que « la décision prise en 1971 par le gouvernement libéral apparaissait comme l'une des meilleures de ce gouvernement [33]. » Quelques semaines auparavant, le premier ministre Lévesque avait soutenu que seuls les imbéciles ne changent pas d'idée. La position du parti s'affirme encore davantage lors des audiences de la commission parlementaire sur l'énergie. En septembre 1977, « l'erreur » de la Baie James devient un grand projet et l'option nucléaire est définitivement balayée sous le tapis. Pour que ce virage ne se transforme pas en dérapage politique, il a fallu bien sûr en discuter longuement avec l'ardent ministre des Finances…

La réunion la plus « virile », selon le qualificatif utilisé par Guy Joron, se tient en présence de René Lévesque et regroupe les ministres du comité de développement économique. Dès le début de la discussion, Guy Joron annonce son intention d'imposer un moratoire à Hydro-Québec, et ce, malgré les déclarations du président de la société d'État, qui affirme que déjà six sites d'implantation de centrales sont à l'étude le long du fleuve Saint-Laurent et que la société hydroélectrique va devoir « faire appel de plus en plus à l'énergie nucléaire après 1985 [34]. » Pour Jacques Parizeau, le moratoire est une erreur. « Avec les investissements du fédéral dans ce domaine, il est évident qu'il va y avoir des milliers d'emplois industriels, extrêmement bien payés, qui vont tous apparaître en Ontario [35]. » Même s'il est presque tout seul à défendre l'option du nucléaire, Jacques Parizeau en débat pendant trois longues heures. René Lévesque demeure silencieux, mais attentif. À un moment donné, Yves Bérubé, ministre des Richesses

---

31. Citation provenant d'un article du journal *Le Devoir*, le 20 juin 1975.
32. Citation extraite d'un article du journal *Le Devoir*, le 13 septembre 1977.
33. *Idem.*
34. Propos de Roland Giroux cités dans le journal *Le Soleil* du 11 août 1976.
35. Entrevue avec Jacques Parizeau, le 29 juin 1999.

naturelles et des Terres et Forêts se met à réfuter un à un les arguments de Jacques Parizeau. Solide comme le roc de Gibraltar, le ministre des Finances ne bronche pas : « Je le veux bien, mais il faut développer notre connaissance dans ce secteur. » Yves Bérubé lui répond alors sèchement : « Monsieur Parizeau, ça s'achète des connaissances [36] ! »

Bernard Landry assiste à la rencontre. Il confirme les difficultés que rencontre le groupe pour faire entendre raison à l'économiste des HÉC : « Il avait sa doctrine et n'oubliez pas qu'il avait déjà dit : " Nous verrons des deux côtés du Saint-Laurent des centrales nucléaires comme on voit des clochers [37]... " » Bernard Landry reste convaincu que Jacques Parizeau s'est laissé prendre par le modèle français. Ce dernier soutient effectivement que l'Institut de recherche nucléaire de France lui a toujours fourni beaucoup d'information [38]. Aujourd'hui, Bernard Landry justifie ainsi les intentions de son parti : « Nous, on voulait garder une petite centrale Gentilly pour développer la technologie, mais le nucléaire... on avait besoin de ça comme une balle dans la tête [39] ! » Pourtant, en 1977, le ministre d'État au Développement économique n'est pas très loin des positions de Jacques Parizeau. Le 10 novembre, lors de la réunion du caucus des députés péquistes, Bernard Landry avoue « avoir été déchiré avant de se ranger dans le camp de ceux qui envisagent une utilisation mesurée du nucléaire [40]. »

Pour sa part, Guy Joron soutient que depuis 1975 des bouleversements considérables avaient transformé le paysage énergétique : « C'est arrivé à un moment où Jacques Parizeau avait d'autres chats à fouetter que de continuer à s'intéresser à cette filière-là. Quand il est arrivé au gouvernement, le ministère des Finances lui est tombé dessus. Suivre [de près] le développement de la filière énergétique commençait à être quelque chose de plus en plus difficile pour Jacques Parizeau [41]. »

Dans les semaines qui suivent la réunion « virile », le ministre délégué à l'Énergie présente une politique énergétique qui exclut l'option nucléaire

---

36. Propos attribués à Yves Bérubé et rapportés par Éric Gourdeau, entrevue du 20 avril 1998.
37. Entrevue avec Bernard Landry, le 12 juin 2000.
38. Entrevue avec Jacques Parizeau, le 29 juin 1999.
39. Entrevue avec Bernard Landry, le 12 juin 2000.
40. Extrait du compte rendu de la réunion du caucus tenue le 10 novembre 1977. Archives de Jacques Désautels, secrétaire du caucus.
41. Entrevue avec Guy Joron, le 18 avril 2000.

comme voie d'avenir. Bon prince, Jacques Parizeau finit par reconnaître l'intelligence de Guy Joron, «un homme de premier ordre» et qualifie aujourd'hui son livre blanc sur l'énergie «de meilleure chose écrite à ce sujet dans les trente dernières années [42].»

Les alliés

En prévision des séances du Conseil des ministres, Jacques Parizeau ne transige jamais avec ses collègues. Il ne se prête pas au jeu des négociations, pas plus qu'il ne s'assure au préalable de l'appui de certains ministres en échange d'un soutien ultérieur de sa part. Jacques Parizeau ne croit pas à cette façon de faire. Grand seigneur, il croit que la seule force de ses arguments et de sa présence au Conseil des ministres suffiront à convaincre ses collègues de la justesse de ses propos, ce qui, dans les faits, arrive très souvent.

Un seul ministre enfreint cette règle sans que cela ne provoque la colère du ministre des Finances. Camille Laurin, le ministre d'État au Développement culturel, rend régulièrement visite à Jacques Parizeau, afin d'obtenir son appui dans certains dossiers. «Il y avait une forme de complicité entre les deux hommes [43]», confirme Guy Rocher, le sous-ministre de Camille Laurin. «Il considérait Parizeau comme notre principal allié dans toutes les causes et dossiers que nous amenions au Conseil des ministres. Laurin estimait et respectait beaucoup Parizeau. Il admirait son intelligence et ses convictions indépendantistes. Il était impressionné par ses performances en Chambre, l'aisance avec laquelle il répondait aux questions et cette capacité de sortir de sa petite poche de sa veste, au dernier instant, les chiffres qui lui permettaient de répondre avec aplomb et pertinence [44].» Michel Caron, sous-ministre de Jacques Parizeau de 1977 à 1982, observe le même phénomène chez son ministre : «Il avait monsieur Laurin en très haute estime [45].» «J'aime le docteur Laurin. Je suis un homme de chiffres, lui est un homme de l'âme. Il est, à bien des égards, un

---

42. Entrevue avec Jacques Parizeau, le 13 juillet 1999.
43. Entrevue téléphonique avec Guy Rocher, le 24 octobre 2000.
44. *Idem.*
45. Entrevue téléphonique avec Michel Caron, le vendredi 15 décembre 2000.

« J'aime le docteur Laurin, confie Jacques Parizeau.
Je suis un homme de chiffres, lui est un homme de l'âme. »
Photo de Jacques Nadeau.

romantique, mais aussi un réaliste. On se regarde, on se reconnaît l'un et l'autre [46]. » Claude Malette, secrétaire exécutif au cabinet de René Lévesque, atteste que tout au long de ces années les deux hommes s'appuyaient l'un sur l'autre : « Il n'y a jamais eu de division entre eux, ils étaient très près [47]. » Après la mort de Camille Laurin en 1999, Jacques Parizeau écrira à son sujet : « Pendant trente ans, de 1969 à 1999, nous avons mené la même action, nous avons partagé les mêmes aspirations, les mêmes rêves aussi, nous nous sommes indignés des même choses [48]. »

Fort de ce lien privilégié qu'il a avec le ministre des Finances, Camille Laurin présente au Conseil des ministres la toute première version du projet de loi 1, qui deviendra bientôt la Loi 101 : la Charte de la langue française. Dans le long débat linguistique qui fait rage au Québec, le projet

---

46. Entrevue avec Jacques Parizeau, le 6 janvier 2000.
47. Entrevue avec Claude Malette, le 17 mars 2000.
48. Extrait de la préface écrite par Jacques Parizeau pour le livre *Camille Laurin, 1922-1999 – Une traversée du Québec*, ouvrage regroupant divers textes de Camille Laurin, Montréal, Les Éditions de l'Hexagone, 1999, p. 7.

de faire du français la langue d'enseignement obligatoire pour tous les immigrants s'inscrit comme la proposition la plus audacieuse des dix dernières années en matière linguistique. À la fin des années soixante, dans un climat des plus explosifs, le premier ministre Jean-Jacques Bertrand faisait adopter la Loi 63, préservant le libre choix de l'école pour les immigrants, au grand déplaisir des nationalistes. En 1974, dans une atmosphère tout aussi agitée, Robert Bourassa faisait du français la langue officielle au Québec avec l'adoption de la Loi 22, mais n'obligeait pas les nouveaux arrivants à aller à l'école française.

Au moment où il présente son avant-projet de loi au Conseil des ministres, Camille Laurin est indigné par la réaction de Claude Morin, le ministre des Affaires intergouvernementales. De tous les ministres présents, Claude Morin est celui qui exprime avec le plus de cynisme son opposition au projet de Camille Laurin. Servi par une habile mise en scène, Claude Morin commence par dire : «En somme, si je comprends bien, avec cette proposition, on applique la loi. Puis là, ça tombe comme une bombe atomique sur Montréal[49].» Le ministre saisit ensuite une liasse de feuilles, il la lève au bout de ses bras et la laisse retomber sur la table du Conseil. «Puis là, on tasse les décombres.» Il soulève quelques feuilles, regarde en dessous puis, avec sa cuillère à thé, il se met à frapper violemment sur la table : «Ah chr...! Encore un Anglais (un coup de cuillère). Tiens, un autre Anglais (un coup de cuillère)!» René Lévesque en pleure de rire, ce qui n'est pas le cas de Camille Laurin. «Laurin m'en a voulu. Ça a actualisé des réticences latentes», confie Claude Morin sans plus de détails. Cette première version de la Loi 101 allait jusqu'à franciser la raison commerciale des hôtels Holiday Inn. «Ça devenait presque anormal d'être anglophone. Ça allait très loin[50]», soutient Claude Morin.

Puis, il s'ensuit un débat houleux sur ce que les initiés appelleront la clause Québec et la clause Canada. «C'est l'une des réunions du Conseil des ministres les plus tendues auxquelles j'ai assisté[51]», confie Jacques

---

49. Entrevue avec Claude Morin, le 17 mars 2000.
50. *Idem.* Graham Fraser souligne également qu'un «seul (parmi les ministres) exprima une attitude tout à fait négative et s'opposa au caractère radical de cette politique : Claude Morin.» Tiré du livre *Le Parti québécois*, Montréal, Libre Expression, 1984, p. 122.
51. Entrevue avec Jacques Parizeau, le 7 septembre 1998.

Parizeau. Camille Laurin défend la clause Québec qui rend obligatoire l'enseignement du français pour tous les immigrants et pour les Canadiens anglais qui quittent une autre province et viennent habiter au Québec. René Lévesque considère que seule la souveraineté réglera la question linguistique. De plus, une loi sur cette question le rebute. Il se montre donc plutôt favorable à la clause Canada. Cette clause permet aux Canadiens des autres provinces qui ont étudié en anglais d'envoyer leurs enfants dans des écoles anglaises au Québec.

Jacques Parizeau a confié au biographe qu'il appuyait la proposition de Camille Laurin et s'opposait, sur cette question, à René Lévesque et à Claude Morin. Ce n'est pourtant pas ce que révèlent les procès-verbaux des séances du Conseil des ministres. Celui du 16 février 1977 nous apprend que, bien qu'il soit d'accord avec le projet de loi sur la langue, il émet des réserves « en ce qui a trait à la situation des cadres des entreprises qui se déplacent constamment à l'échelle de l'Amérique du Nord et auxquels on semble vouloir imposer des contraintes inutiles[52] », dont l'utilisation de la langue française. À la huitième version de la Charte de la langue française, présentée à la séance du Conseil des ministres du 23 mars 1977, Jacques Parizeau est en fait prêt à appuyer la clause Canada : « (…) Bien qu'il préfère que le gouvernement conserve le critère territorial du Québec, il serait prêt à se rallier à celui du Canada puisqu'en pratique, ce critère a beaucoup moins de conséquences qu'on ne lui en attribue en ce qui concerne le nombre d'élèves qu'il affectera. » Jacques Parizeau apparaît ainsi comme un ministre beaucoup moins radical que ce qu'il veut lui-même laisser croire vingt-cinq ans plus tard. En 1973, il affirmait d'ailleurs que « seul un Québec indépendant fera du français la langue de travail[53] », une position proche de celle de René Lévesque.

Le consensus se fait finalement grâce à un compromis amené par Denis de Belleval, ministre de la Fonction publique. Pour répondre aux préoccupations de René Lévesque, qui ne souhaite pas indisposer le reste du Canada, Denis de Belleval propose de demander aux autres provinces anglophones de s'engager à garantir les services qu'ils offrent à leur population francophone. En contrepartie, le gouvernement québécois

---

52. Extrait du mémoire des délibérations du Conseil exécutif, séance du 29 mars 1977. Archives nationales du Québec, Fonds René-Lévesque, Montréal.
53. Citation provenant d'un article du journal *La Presse*, le 17 janvier 1973.

abandonnera la clause Québec. « Si elles ne bougent pas, ajoute Denis de Belleval, nous aurons la légitimité politique pour imposer l'enseignement du français aux Canadiens anglais qui s'établissent ici[54]. » Le Canada ne réagira pas, le Québec procédera.

Évidemment, la menace du chantage financier pointe toujours à l'horizon. Bien des ministres craignent la réaction de l'*establishment* anglophone. Comment recevra-t-il les nouveaux articles de loi qui prescrivent l'utilisation du français en milieu de travail, y compris dans les bureaux de direction des entreprises? Des entreprises vont-elles déménager à l'extérieur du Québec? L'*establishment* va-t-il empêcher le gouvernement d'emprunter sur les marchés financiers? « Bien des gens disaient : " Il ne faut pas légiférer ", se souvient Jacques Parizeau. La loi va créer une bien mauvaise impression dans les milieux financiers[55]. » Formé à l'école de la Révolution tranquille, Jacques Parizeau n'est nullement effrayé par le spectre du chantage financier. Il connaît son visage et sait comment neutraliser la bête.

« Parizeau, ça ne l'énervait pas, raconte Pierre Marois. Ça énervait plus les plus jeunes collègues comme Bernard Landry et Jacques Léonard, qui étaient plus sensibles à cette question. Ils m'en parlaient davantage[56]. » Afin de rassurer ses collègues et de permettre au gouvernement Lévesque de procéder avec force et à l'abri de toute menace de boycott financier, le ministère des Finances se réserve une capacité d'emprunt auprès d'un bon nombre de banques étrangères. C'est ici, dans tout le débat entourant l'élaboration de la future Loi 101, que l'alliance entre Laurin et Parizeau va donner ses premiers fruits. Le ministre des Finances prévient Camille Laurin : « Avant de procéder, laissez-moi monter une marge de crédit de deux milliards de dollars[57]. » Jacques Parizeau affirme qu'il entame cette opération dès l'automne 1976. Après quelques mois, il téléphone à Camille Laurin et lui dit : « Monsieur Laurin, allez-y! Vous pouvez présenter votre projet de loi, on a l'argent, le milieu financier ne peut pas bouger[58]! » Aux ministres Bernard Landry et Rodrigue Tremblay, qui reviennent sans cesse

---

54. Entrevue avec Denis de Belleval, le 29 mars 2000.
55. Entrevue avec Jacques Parizeau, le 6 janvier 2000.
56. Entrevue avec Pierre Marois, le 23 mars 2000.
57. Entrevue avec Jacques Parizeau, le 3 mai 2000.
58. Entrevues avec Jacques Parizeau, le 6 janvier et le 3 mai 2000.

sur les conséquences économiques d'une telle loi, Jacques Parizeau répond en fixant le premier ministre : « Monsieur Lévesque, le fric est là ! » Jacques Parizeau trouvait des liquidités pour éviter les dérapages, pendant que « Camille Laurin provoquait la crise en donnant de sérieux tours de vis aux clauses linguistiques. On s'entendait comme larrons en foire[59] ! », ajoute Jacques Parizeau.

Après bien des tiraillements et de multiples pressions, la Loi 101 est finalement adoptée en troisième lecture le 26 août 1977. Pour François-Albert Angers, « c'est le plus grand moment de notre histoire depuis, pourrait-on dire, la fondation de Québec en 1608[60]. »

Rage de dents pour une question de langue

Jacques Parizeau sait très bien que toute mesure de francisation va inévitablement provoquer une violente réaction du côté de l'élite anglophone du Québec. Après le chantage financier, l'heure est à la menace de l'exode des sièges sociaux. Au début de l'année 1978, quatre ans après l'adoption de la Loi 22 et quelques mois après l'adoption de la Charte de la langue française, déjà plus d'une centaine de sièges sociaux d'entreprises canadiennes ont quitté le Québec. L'hémorragie ne fait que débuter quand, depuis Toronto, le président de la Federation of Independant Business, John Bulloch, qualifie Montréal « d'égout économique[61]. »

C'est à ce stade critique que se confirme, le 6 janvier 1978, une rumeur persistante voulant que la compagnie d'assurance Sun Life du Canada plie bagage pour Toronto. À quinze heures, la Sun Life annonce par communiqué la convocation d'une assemblée générale extraordinaire pour entériner la décision de la direction qui souhaite déménager le siège social de l'entreprise à Toronto. « Parizeau est hors de lui[62] », se rappelle Serge Guérin, son chef de cabinet. Non seulement la nouvelle lui déplaît, mais aussi la façon dont elle a été transmise. « J'ai dû rechercher l'information

59. *Idem.*
60. Article de François-Albert Angers tiré de la revue *L'Action nationale*, volume LXVIII, numéro 2, octobre 1977, p. 98.
61. Selon un article du journal *Le Devoir*, le 9 janvier 1978.
62. Entrevue avec Serge Guérin, le 8 mars 2000.

moi-même ce matin pour en obtenir confirmation[63]», écrit-il dans un communiqué publié le même jour. Mille huit cents employés devront peut-être faire leur valise et le gouvernement du Québec n'en a pas été prévenu. Thomas Galt, le président de la Sun Life, prétendra par la suite que l'employé qui devait téléphoner au ministère des Finances avait dû aller d'urgence chez le dentiste... Parizeau ne se satisfait pas de la réponse. Au contraire, il en a fait presque une rage de dents.

Plutôt que d'adopter une attitude défensive, Jacques Parizeau, fidèle à son habitude, passe à l'attaque. Avant que la nouvelle soit confirmée, il a déjà réquisitionné les services de ses experts au ministère des Finances et à celui des Institutions financières. Il veut coincer la Sun Life sur la question de ses investissements réels au Québec[64]. Au moment même où la Sun Life rend publique son intention de déménager en Ontario, Jacques Parizeau peut, chiffres à l'appui, attaquer la Sun Life sur ses placements au Québec. «La Sun Life exporte systématiquement l'épargne québécoise[65]», déclare-t-il. Pour chaque dollar que la compagnie d'assurance perçoit au Québec, cinquante-neuf cents sont investis dans la province alors qu'en Ontario, elle investit un dollar et vingt cents pour chaque dollar de primes d'assurances recueilli. Jacques Parizeau accuse alors la société montréalaise d'avoir privé les Québécois de quatre cents millions de dollars en investissements. Pour le ministre des Finances, une attitude défensive en politique, ce n'est pas de la politique...

L'actuaire de la Sun Life conteste les chiffres émis par le bureau de Jacques Parizeau. Il affirme que sur une période de cinq ans, ce ne sont pas quatre cents mais bien trente-quatre millions de dollars en moins qui ont été investis au Québec. N'empêche, la mauvaise impression a déjà pris le pas.

---

63. Extrait du communiqué du ministre des Finances, Jacques Parizeau, le 6 janvier 1978.
64. Dès 1963, les investissements faits au Québec par les compagnies d'assurances constituaient déjà l'une des préoccupations de Jacques Parizeau. Il demandait alors à Michel Bélanger, sous-ministre adjoint de René Lévesque et directeur de la Planification, la liste des entreprises d'assurance-vie au Québec et leurs placements. Le biographe a retrouvé une lettre de Michel Bélanger répondant à une telle demande, datée du 28 mai 1963. Archives de Jacques Parizeau, ANQ, Montréal.
65. *Idem.*

Pour justifier le déménagement de sa société, Thomas Galt invoque l'adoption de la Loi 101. Avec cette charte, clame-t-il, la Sun Life ne pourra plus recruter ou conserver du personnel anglophone suffisamment compétent pour administrer les affaires courantes de la compagnie à Montréal[66]. Après trois décennies au Québec, Thomas Galt ne connaît toujours pas un seul mot de français. Celui qui affirmait, lors de l'assemblée annuelle du 8 février 1977, que l'élection d'un gouvernement séparatiste ajoutait d'importants éléments d'incertitude économique, perpétue une vieille tradition voulant que des employés unilingues anglais occupent les postes les plus importants[67]. Sur les vingt-trois membres de son conseil d'administration, seulement deux sont francophones. Quatre-vingt pour cent des mille huit cents employés de la Sun Life sont anglophones et la plupart unilingues.

Pierre Elliott Trudeau, puis Jean Chrétien, rencontrent Thomas Galt pour le prier de reconsidérer sa décision, mais sans succès. Le 27 janvier 1978, l'assemblée extraordinaire qui se tient à Toronto entérine la décision du président de la Sun Life. «Au lieu de faire des affaires, la Sun Life a décidé de faire de la politique[68].» Jacques Parizeau a bien l'intention d'en faire payer le prix à cette compagnie. «Il est toutes voiles dehors, raconte Daniel Paillé. Pour une fois que Parizeau avait une bonne raison de s'en prendre à une compagnie[69].» Depuis l'arrivée au pouvoir du Parti québécois, les annonces d'entreprises canadiennes fermant leurs portes au Québec se sont multipliées. Jusque-là, Jacques Parizeau était demeuré généralement silencieux. Il ne pouvait pas médire contre certaines de ces entreprises qui procuraient des emplois et des revenus de taxes à l'État. Mais avec la Sun Life, l'occasion était trop belle. «Il a canalisé toute l'énergie qu'il avait contre les entreprises sur la Sun Life[70]!»

«Nous allons examiner attentivement la distribution des contrats d'assurance-vie dans les organismes publics et parapublics, menace Jacques

---

66. Déclaration de Thomas Galt, reprise dans *The Globe and Mail*, le 10 janvier 1979.
67. Dans son livre, Matthew Fraser révèle même qu'une vieille tradition dans le milieu financier montréalais consistait à amener des comptables directement d'Écosse. Source : *Québec inc. – Les Québécois prennent d'assaut le monde des affaires*, Montréal, Les Éditions de l'Homme,1987, p. 104.
68. Extrait du communiqué du ministre des Finances, le vendredi 6 janvier 1978.
69. Entrevue avec Daniel Paillé, le 3 mars 2000.
70. *Idem.*

Parizeau. À notre avis, chaque Québécois devrait faire la même chose[71].»
C'est un appel au boycott. Les syndicats de la société Hydro-Québec
s'empressent de rompre leurs relations d'affaires avec la Sun Life. Georges
Lafond, le trésorier d'Hydro-Québec, met fin au contrat qui le lie à la Sun
Life. Une compagnie québécoise, La Sauvegarde, décroche le morceau. Le
sentiment profond de Jacques Parizeau sur ce déménagement? «Bon
débarras! Allez-vous en donc! Moi, je veux que cesse le chantage aux
déménagements des sièges sociaux. Je leur ai dit dès le début, que ceux qui
veulent s'en aller, partent. Il se serait produit ce qui s'est produit de toute
façon, c'est-à-dire, un gonflement des sièges sociaux autochtones. La
nature a horreur du vide[72].»

Dans l'année qui suit le déménagement de son siège social, le chiffre
d'affaires de la Sun Life chute de près de quarante pour cent au Québec. Il
lui faudra attendre quelques années avant qu'elle reprenne ses parts de
marché auprès de la clientèle francophone. Entre temps, le mouvement
Desjardins déloge la Sun Life de la première place qu'elle occupait au
Québec dans le secteur des contrats d'assurance de personnes.

Les freins et les accélérateurs

Lorsque vient le moment de mater les maîtres chanteurs de l'*establishment* financier, René Lévesque apprécie toujours la solidité de Jacques
Parizeau. Dans ce type de dossier, le premier ministre accorde toute sa
confiance au redoutable ministre des Finances. Quand il est question de la
stratégie politique et constitutionnelle, René Lévesque craint par contre le
manque de flair politique du brillant économiste. Il préfère alors se tourner
vers d'autres ministres.

René Lévesque est un être passionné qui aime improviser et il connaît
très bien cet aspect de sa personnalité. Dans un moment de fureur, il est
capable de tenir des propos incendiaires et de poser des gestes démesurés.
Quand on occupe le siège du premier ministre, il vaut mieux éviter ce type
de dérapage. Par conséquent, René Lévesque préfère s'entourer de collaborateurs qui savent tempérer ses ardeurs. Et pour assumer ce rôle, il ne peut

71. Extrait du communiqué du ministre des Finances, le 6 janvier 1978.
72. Entrevue avec Jacques Parizeau, le 9 mai 2000.

pas se fier sur Jacques Parizeau qui est tout aussi passionné que lui et qui le stimule. René Lévesque choisit donc de former un Conseil des ministres équilibré. Les freins et les accélérateurs de la machine gouvernementale y sont représentés. Le prudent ministre de la Justice, Marc-André Bédard, et Claude Morin, le père de l'étapisme, y sont les principaux modérateurs, en compagnie de Claude Charron[73]. Avant le 15 novembre 1976, Claude Charron s'est fait particulièrement virulent à l'endroit de René Lévesque dont il contestait le leadership. Une fois élevé au rang de ministre délégué au Haut commissariat à la Jeunesse, aux Loisirs et aux Sports, Claude Charron manifeste une attitude toute mielleuse à l'égard du chef. Toutefois, l'aversion qu'il nourrit envers Jacques Parizeau ne s'en trouve aucunement diminuée[74]. Le plus jeune des ministres le considère plus dangereux que jamais. «C'est le gars qui met le pied sur l'accélérateur alors qu'il faut mettre les freins. Même si la fonction première d'une automobile est d'avancer, le frein n'est pas inutile dans l'automobile. Parfois, il faut ralentir[75].» Pour Jean Garon, l'un des plus fervents admirateurs du chef, «Lévesque se craignait lui-même. Avec Parizeau, il savait qu'il n'y avait pas de barrières. Il s'entourait donc de gens plus modérés qui étaient sur les freins, comme Marc-André Bédard, Morin et Charron[76].»

Lise Payette, ministre des Consommateurs, des Coopératives et des Institutions financières, considère pour sa part qu'avec le temps, on n'entend plus que le bruit sourd des freins au Conseil des ministres. Dans ses mémoires, elle identifie Claude Morin comme le principal porte-parole des conservateurs. Par ses commentaires et son humour cynique, il crée un climat défavorable à toutes les réformes, dit-elle. En début de séance, il

---

73. Selon les souvenirs de Claude Charron, pratiquement tous les communiqués du ministre de la Justice commencent ainsi : «Prudent, le ministre de la Justice a déclaré que…» Quand il le rencontre dans les corridors, le jeune ministre, qui aime se moquer de ce trait de caractère, dit toujours : «Tiens, voilà *Prudent* qui s'amène.» Entrevue avec Claude Charron, le 22 mars 2000.

74. Les deux ministres s'affronteront dans le dossier du Stade olympique. Jacques Parizeau refusera longtemps d'engager les fonds nécessaires pour en terminer le mât.

75. Propos de Claude Charron tenus à l'émission radiophonique de Radio-Canada, *Point de vue*, le 7 mai 2000.

76. Entrevue avec Jean Garon, le 23 février 2000.

prend l'habitude de dire : « Bon ! Qui est-ce qu'on fait chier, ce matin[77] ? »
Pierre Marois, le réformiste, en est ulcéré. Denis Vaugeois, proche du
ministre des Affaires intergouvernementales, le confirme : « Claude Morin
répétait souvent : Y a-t-il encore quelqu'un qu'on n'a pas encore écœuré[78] ? »
L'effet est démobilisateur. « Jacques Parizeau trouvait Claude Morin *ben*
mou[79] », rappelle Louise Beaudoin, alors chef de cabinet du ministre des
Affaires intergouvernementales.

Au-delà de l'attitude de Claude Morin, quelque chose d'autre indispose Jacques Parizeau. Le ministre des Finances a souvent l'impression que
des décisions importantes se prennent en petit groupe, avant ou après les
séances du Conseil des ministres. Les parties de cartes qui ont lieu au
bureau du premier ministre ou ailleurs serviraient-elles à cette fin ? Parmi
les joueurs ministres les plus assidus à ces rencontres, figurent Claude
Morin et Marc-André Bédard. Lise Payette partage cette inquiétude :
« J'aurais aimé avoir la preuve qu'on ne jouait pas le Québec aux dés, mais
je n'ai jamais rien su des délibérations secrètes[80]. »

Claude Morin confirme avoir « souvent joué aux cartes avec René
Lévesque, en soirée après des réunions politiques ici et là au Québec, chez
lui à Montréal ou chez moi à Sainte-Foy, à quelques reprises. La plupart du
temps c'était au *black-jack*[81]. » Mais contrairement à certains racontars, il
nie avoir parlé de politique pendant ces moments de loisirs. Avec une
étonnante précision, Claude Morin décrit dans le menu détail les règles du
jeu : « Quand Lévesque et d'autres jouaient aux cartes, il existait une règle
tacite : ne soulever aucune question d'actualité, ne présenter aucune suggestion, ne rien solliciter, etc. Lévesque ne l'aurait pas toléré et nous le
savions tous. Cette règle s'appliquait pendant les parties de cartes, bien sûr,
mais aussi dans les moments qui les précédaient et après[82]. »

Jacques Parizeau s'inquiète de plus en plus de l'influence de Claude
Morin sur René Lévesque. Corinne Côté-Lévesque, la seconde épouse de

---

77. Lise Payette, *Des femmes d'honneur – une vie engagée (1976-2000)*, Montréal, Libre
    Expression, 1999, p. 68.
78. Entrevue avec Denis Vaugeois, le 11 avril 2000.
79. Entrevue avec Louise Beaudoin, le 14 août 2000.
80. Lise Payette, *Des femmes d'honneur – une vie engagée (1976-2000)*, *op.cit.*, p. 68.
81. Courriels de Claude Morin adressés au biographe, les 21 et 22 novembre 2000.
82. *Idem.*

René Lévesque, confirme que Claude Morin entretenait des rapports fraternels avec le premier ministre. Son tempérament plaisait à son époux : «Claude Morin, on peut le taquiner facilement. Avec Parizeau, ce n'est pas possible[83].»

Si Jacques Parizeau se méfie de Claude Morin et doute de ses convictions indépendantistes, il apprécie toutefois Marc-André Bédard, le confident de René Lévesque. «Il est très conservateur et prudent, convient Jacques Parizeau, mais il a du charme. Il n'y a pas de méchanceté chez lui et ça, je trouve ça rafraîchissant. Il sait comment me prendre[84].» Marc-André Bédard est à ce point respecté par Jacques Parizeau, que c'est lui que Serge Guérin n'hésitera pas à appeler en situation de crise extrême, le jour où son ministre songera à démissionner.

De son côté, Claude Morin n'hésite pas à mettre ses collègues en garde contre l'approche théâtrale du ministre des Finances : «Avec Jacques Parizeau, prévient-t-il, après la première phase d'éblouissement, vient celle du doute[85].» Mais René Lévesque ne réagit pas aux propos visant à diminuer Jacques Parizeau. Au cours de son premier mandat, sa confiance en lui demeure inébranlable. Quand Claude Charron fait des sorties trop vinaigrées contre «le gros Parizeau», René Lévesque monte soudainement le ton et le somme de se taire : «Arrêtez!», dit-il. Claude Charron obéit, mais il aimerait bien que le premier ministre cesse d'accorder autant de crédit à l'économiste des HÉC : «Il le protégeait constamment. René Lévesque lui était reconnaissant depuis le début pour ce qu'il avait fait[86]», reconnaît Claude Charron. Quant à Corinne Côté-Lévesque, au départ elle se méfie de la puissance et du rayonnement du ministre des Finances. Va-t-il porter ombrage à René Lévesque au point de renverser son homme ? Mais elle est vite rassurée : «Monsieur Parizeau n'est pas quelqu'un qui joue [en] traître. Il joue franc-jeu[87].» Dès 1977, après un an de pouvoir à observer l'économiste des HÉC, l'épouse du premier ministre ne craint plus Jacques Parizeau. «Loyal, moi je l'ai toujours perçu comme un bon soldat. René aussi[88].»

83. Entrevue avec Corinne Côté-Lévesque, le 2 octobre 2000.
84. Entrevue avec Jacques Parizeau, le 30 mars 2000.
85. Entrevue avec Claude Morin, le 9 février 1998.
86. Entrevue avec Claude Charron, le 22 mars 2000.
87. Entrevue avec Corinne Côté-Lévesque, le 2 octobre 2000.
88. Idem.

Cependant, l'influence écrasante du ministre des Finances au sein du gouvernement continue d'en étouffer plusieurs. «Parizeau suscitait beaucoup de jalousie, de par les pouvoirs qu'il détenait, de par sa personnalité et de par ses idées [89]», estime Claude Malette, conseiller au bureau du premier ministre. Plus que tout, son attitude professorale au Conseil du trésor va lui attirer un grand nombre d'ennemis.

---

89. Entrevue avec Claude Malette, le 17 mars 2000.

CHAPITRE 9

Le contrôleur

« Quand Parizeau parle, tout le monde se tait. Il parle le temps qu'il veut, parce que son avis est important. Nous étions sa cour et il menait sa barque d'une main de fer. »

Denis de Belleval,
vice-président du Conseil du trésor [1]

À l'heure du lunch, l'animation est à son comble dans les cuisines du restaurant *Le Parlementaire* de l'Assemblée nationale. Alors que le maître d'hôtel fait sa tournée des fours et des casseroles, un serveur vient le prévenir de l'arrivée de Jacques Parizeau à la salle à dîner. Le maître d'hôtel s'empresse aussitôt d'aller accueillir le ministre des Finances. Il guide son invité de marque vers sa table, lui tire sa chaise pour lui permettre de s'asseoir. Puis, il pose ensuite un geste insolite : une à une, il enlève les autres chaises autour de la table. En agissant ainsi, le maître d'hôtel ne fait que respecter la consigne du ministre qui, par ce moyen, espère décourager les visiteurs impromptus qui voudraient se joindre à lui pendant le repas. Le même manège se déroule lorsque Jacques Parizeau se rend au restaurant *Le Continental* de Québec [2].

Considérant qu'il a déjà à soutenir un rythme de travail très intense durant la journée, Jacques Parizeau préfère se retrouver seul pendant les repas. Il en profite ainsi pour lire les revues et les journaux (de préférence

---

1. Entrevue avec Denis de Belleval, le 29 mars 2000.
2. Son garde du corps, Jean-Marie Arsenault, en est témoin.

The Globe and Mail) qu'il apporte avec lui. Ce manque de courtoisie lui attire de nombreux commentaires désobligeants, d'autant plus que si un collègue ose s'approcher de lui et insiste pour discuter d'une mesure budgétaire ou d'une loi, Jacques Parizeau ne se gêne pas pour manifester sa mauvaise humeur : « J'avais l'art de retourner le malotru qui venait me voir, dit-il. Il comprenait vite [3]. » Ce comportement prête à toutes sortes d'interprétations. Claude Ryan par exemple, le chef de l'opposition, finit par croire que personne ne souhaite parler à Jacques Parizeau. « Moi, dit-il, j'aurais eu constamment des gens venant me poser des questions [4]. »

Mais cette façon d'agir n'est pas uniquement à mettre sur le compte du tempérament de Jacques Parizeau. À titre de ministre des Finances et de président du Conseil du trésor, il semble vouloir ainsi éviter d'avoir des contacts trop étroits avec ses collègues. Comme il a horreur des combines et du marchandage, il cherche surtout à ne pas être placé dans la position de celui qui accorderait des faveurs. « Il ne voulait pas frayer avec les ministres, pour ne pas donner l'impression qu'il en favorisait un plutôt qu'un autre, croit Guy Rocher, sous-ministre de Camille Laurin. Il était soucieux de démontrer une objectivité certaine lors des séances du Conseil du trésor [5]. »

Le tribunal financier

Si le ministère des Finances doit élaborer un budget global pour les activités gouvernementales, en se basant sur les prévisions annuelles de ses fonctionnaires, le mandat du Conseil du trésor est plus spécifique. Il doit contrôler, sur de plus courtes échéances, les dépenses de chaque ministère. Tous les programmes qui coûtent à l'État plus de cinq mille dollars doivent automatiquement faire l'objet d'une analyse et d'une recommandation du Conseil. Au cours des séances hebdomadaires qui peuvent durer plusieurs heures, les hauts fonctionnaires et parfois les ministres concernés doivent donc se présenter à la queue-leu-leu afin de justifier leurs dépenses.

---

3. Entrevue avec Jacques Parizeau, le 29 juillet 1997.
4. Entrevue avec Claude Ryan, le 14 juin 2000.
5. Entrevue téléphonique avec Guy Rocher, le 24 octobre 2000.

Le Conseil du trésor offre à Jacques Parizeau une plate-forme rêvée où il peut exercer à souhait son autorité sur les autres et faire étalage de son savoir en toute théâtralité. Depuis qu'il y règne, les ministres ne se présentent plus simplement devant le Conseil du trésor. Ils y comparaissent. Le professeur des HÉC jubile : « J'ai fait passer des examens oraux toute ma vie. Je rentre donc là-dedans comme dans un gant[6]. » Installé sur son trône, le monarque est imparable. Certains n'hésitent pas à parler d'un second Conseil des ministres, mais dirigé celui-là d'une main de fer par un potentat qui prend à lui seul toutes les décisions.

Le Conseil du trésor est composé d'un président et de quatre ministres[7]. Chacun possède un cartable rouge sur lequel son nom est gravé en lettres d'or. Le vendredi, les ministres reçoivent leurs cartables bourrés des nouveaux dossiers de la semaine. Les projets à l'étude ont déjà fait l'objet d'une première analyse par l'équipe de fonctionnaires du Conseil. Les ministres disposent de la fin de semaine pour prendre connaissance des dossiers. Les séances du Conseil du trésor se tiennent le mardi matin à huit heures trente. Jacques Parizeau insiste pour que le Conseil siège jusqu'à ce qu'on ait épuisé la liste des dossiers contenus dans les cartables rouges. Parfois, les séances peuvent se prolonger jusqu'à tard en soirée.

Tous les acteurs ont leur place assignée. Au fond de la pièce, à la table centrale, siège le président du Conseil du trésor. À sa gauche, le vice-président et, à sa droite, son chef de cabinet. Devant lui, à l'aile gauche, siègent les trois autres ministres du Conseil. À l'aile droite, prennent place le secrétaire du Conseil et ses adjoints[8]. Jacques Parizeau ne tolère aucun retard ou manque de préparation. « Dossier numéro 1 », clame Jean-Claude Lebel, le secrétaire du Conseil. Les ministres ouvrent tous leurs cartables rouges. Jean-Claude Lebel prend la feuille bleue qui couvre le premier dossier et lit le résumé préparé par les fonctionnaires. Une fois la lecture terminée, tous les regards se tournent vers Jacques Parizeau qui continue, en silence, à prendre connaissance du dossier. De longues secondes passent, puis il lève la tête. Le secrétaire reçoit le signal et fait entrer la première

---

6. Entrevue avec Jacques Parizeau, le 3 mai 2000.
7. La première équipe est composée de Denis de Belleval, vice-président du Conseil du trésor, Guy Joron, Lucien Lessard et Marcel Léger.
8. Les trois tables forment ainsi un « U ».

délégation ministérielle habituellement constituée d'un ministre et de sous-ministres.

Comme devant un tribunal, le ministre cité à comparaître se présente à la barre des témoins. Jacques Parizeau est toujours le premier à poser les questions[9]. Il ne sourit jamais, mais il demeure courtois. Le cadre dans lequel la discussion se déroule est formel. L'interpelé se transforme en étudiant nerveux qui passerait un examen devant le professeur. Jacques Parizeau fume cigarette sur cigarette et avale un café après l'autre. Quand il n'a plus de cigarettes, il regarde son chef de cabinet qui, immanquablement, sort un autre paquet de ses poches. Serge Guérin et Daniel Paillé ont pris l'habitude de porter sur eux plusieurs paquets de Player's au cas où le patron aurait épuisé ses réserves.

Les questions de Jacques Parizeau sont précises. Si la réponse lui semble incomplète ou manquer de rigueur, il n'hésite pas à dire au ministre : «Monsieur le Ministre, je crois qu'il vous faut retravailler ce dossier. Revenez-nous la semaine prochaine[10].» Lorsqu'un haut fonctionnaire conteste son jugement avec trop d'insistance, il le rappelle à l'ordre. En 1979, le sous-ministre adjoint Raymond Parent exprime son vif désaccord au président du Conseil du trésor. La discussion porte sur l'enveloppe budgétaire à accorder au ministère de l'Éducation dans le cadre des négociations avec le secteur public : «Il nous en mettait pas mal sur le dos, nous, les fonctionnaires. Je n'étais pas habitué à ça. Alors je lui ai dit : "Vous nous demandez d'aller violer la loi[11]" !» Jacques Parizeau relève la tête d'un coup sec et fixe le fonctionnaire avec réprobation. «Oh monsieur!, raconte Raymond Parent. Là, il m'avait expliqué qu'est-ce que c'était un fonctionnaire. Il m'avait bien dit que c'était au ministre de corriger mes devoirs, et non le contraire[12].»

---

9. Les séances du Conseil du trésor ont été reconstituées à partir de multiples témoignages dont ceux de Daniel Paillé, Serge Guérin, Robert Tessier, un des secrétaires adjoints du Conseil, ainsi que de quelques ministres.

10. Propos attribués à Jacques Parizeau et rapportés par Denis de Belleval, le 29 mars 2000.

11. Entrevue avec Raymond Parent, le 24 février 2000. Vice-président de la CSN en 1966, Raymond Parent a bâti, en collaboration avec Jacques Parizeau alors jeune technocrate, l'une des premières conventions collectives de la fonction publique. Il en est question dans le chapitre 13 du premier tome.

12. Entrevue avec Raymond Parent, le 24 février 2000.

Jacques Parizeau est infatigable. «Il siégeait toujours sans désemparer [13]», raconte Jacques-Yvan Morin. En période de préparation des séances du Conseil du trésor, certains ministres affirment l'avoir vu passer la nuit au bureau, ce qu'il nie catégoriquement. Il convient toutefois qu'il lui arrivait de faire une sieste après le repas du soir. Il s'étendait alors sur le divan spécialement disposé à cet effet dans son bureau. «C'était une sieste d'une heure, vers les vingt et une heures, puis je reprenais le travail. Mais par principe, je ne couchais jamais au bureau [14].»

Jacques Parizeau est toujours remarquablement bien préparé pour les séances du Conseil du trésor. Plus rapidement que les autres, il saisit les imperfections et les erreurs d'un dossier. D'un simple regard, il donne l'impression d'avoir tout compris, ce qui exaspère bien des ministres. Guy Joron n'en peut plus. En 1978, il demande à René Lévesque d'être relevé de ses fonctions au Conseil du trésor. «Comment peut-il savoir, jusqu'à la dernière cent, ce qui se dépense dans tout le Québec, par qui et pourquoi [15]!» Les certitudes du ministre l'épuisent. «Je n'en revenais pas de la capacité de travail de cet homme-là. J'étais renversé, renversé [16]!»

C'est Jocelyne Ouellette, l'ancienne complice du réseau Parizeau, qui remplace Guy Joron au Conseil du trésor. Dès le début, elle voit bien que Jacques Parizeau se comporte comme s'il «avait le droit de vie ou de mort sur tous les dossiers [17].» «Le Conseil du trésor de Parizeau est, au fil des années, plus ou moins universellement haï, abhorré par tous les ministres [18]», confie Denis de Belleval. Pourtant, Jacques Parizeau n'attaque jamais directement les gens, rappelle Denis de Belleval, il vise plutôt les dossiers. «Gentleman anglais, il garde ses rancunes pour lui [19].» C'est plutôt son attitude arrogante qui lui attire autant d'ennemis [20].

---

13. Entrevue avec Jacques-Yvan Morin, le 30 novembre 2000.
14. Entrevue avec Jacques Parizeau, le 7 décembre 2000.
15. Entrevue avec Guy Joron, le 18 avril 2000.
16. *Idem.*
17. Entrevue avec Jocelyne Ouellette, le 21 mars 2000.
18. Entrevue avec Denis de Belleval, le 29 mars 2000.
19. *Idem.*
20. Son impopularité ne provient pas des refus au Conseil du trésor, puisque nous sommes encore dans la période où les dépenses gouvernementales ne cessent d'augmenter. Le Conseil approuve plus qu'à son tour les programmes des ministères.

Jacques Parizeau occupe toute la place. «Nous étions un peu comme des spectateurs, reconnaît Denis de Belleval. On ne faisait pas vraiment partie de la *game*. Nous étions là comme des figurants. Nous étions sa cour et il menait sa barque d'une main de fer. Mais heureusement qu'il était là, parce qu'il n'en laissait passer aucune[21].» Raymond Parent confirme que même lorsque Jacques Léonard remplace Denis de Belleval, en 1978, la situation demeure la même : «Il les traitait comme ses valets, ses serviteurs[22].» Le sous-ministre adjoint à l'Éducation relate qu'il n'a pas vu beaucoup de gens «avoir du plaisir à comparaître devant le Conseil du trésor. Pas mal de sous-ministres ne l'aimaient pas, mais ce n'était pas un gars qui cherchait à être aimé. Il avait toutes les allures et les comportements, la connaissance pour se faire respecter[23].» Jacques Parizeau ne cherchait pas à plaire.

À titre de ministre des Affaires culturelles, Denis Vaugeois se joint au Conseil du trésor en octobre 1979. «J'ai travaillé avec Jacques Parizeau dans l'harmonie totale. Ce que j'aimais beaucoup de lui c'est qu'il jouait les professeurs. J'aimais bien. Nous étions devant des dossiers compliqués puis là, il prenait le temps de nous expliquer. Parizeau est un professeur. Il devine les capacités chez les meilleurs et les soutient. Comme responsable des Affaires culturelles, tu ne peux pas avoir meilleur allié. C'est un amoureux et un passionné des arts[24].» Denis Vaugeois présente donc ses projets qui sont acceptés sans trop de résistance. «Je n'ai pas de mérite à l'aimer parce que c'est réciproque», dit-il.

Tout au long du parcours de Jacques Parizeau, il y a ceux qui aiment le personnage et ceux qui le détestent. Les sentiments mitigés à l'égard du croisé, devenu véritable baron, n'existent pas.

Gare au dragon !

Jacques Parizeau se sent rassuré quand il réussit à établir une saine distance entre lui et les autres, confie Jean Royer. «Quand on est prêt à

---

21. Entrevue avec Denis de Belleval, le 29 mars 2000.
22. Entrevue avec Raymond Parent, le 24 février 2000.
23. *Idem.*
24. Entrevue avec Denis Vaugeois, le 11 avril 2000.

accepter cette distance-là, on comprend mieux le personnage. Ceux qui ne l'aimaient pas beaucoup n'ont jamais compris cela. Certains ont essayé pendant longtemps de faire disparaître cette distance, mais ils en ont été incapables [25].» Pierre Marois, ministre d'État au Développement social, est l'un de ceux-là. Il insistait beaucoup en allant jusqu'à appeler le ministre des Finances «Jacques». Celui-ci lui répondait invariablement «cher collègue». «Je sentais pourtant que Marois l'aimait beaucoup», observe Jean Royer. Mais Jacques Parizeau ne cherche pas d'amis en politique. Chez lui, il n'y a aucune place pour le favoritisme. Son armure est coriace et camoufle bien sa sensibilité, qu'il ne cesse de percevoir comme une défaillance.

Quand il est question d'argent, il soumet tout le monde au même régime. Guy Rocher, sous-ministre de Camille Laurin, peut en témoigner. Après l'adoption de la Loi 101, tous les organismes mis sur pied pour voir à l'application de la loi doivent faire l'objet d'analyses au Conseil du trésor. Bien que Jacques Parizeau soit en bons termes avec Camille Laurin, leurs discussions se font âpres. Guy Rocher se rappelle entre autres du financement du système informatique pour le Conseil de la langue française. Jacques Parizeau est réticent et craint d'énormes dépassements de coûts : «Je vois sous la porte la queue d'un dragon… et il me semble que derrière la porte, il y a un dragon! Revenez-moi avec ce dossier [26].» Robert Tessier, alors secrétaire adjoint aux politiques administratives, en témoigne également. Selon lui, Jacques Parizeau est capable «d'oublier la carte électorale [27]», ce qui signifie qu'il reste insensible aux faveurs que certains seraient tentés d'accorder aux comtés ayant voté pour le Parti québécois. Robert Tessier juge qu'il est sage d'agir ainsi, parce que «le Conseil du trésor est une pièce essentielle du char de l'État.» Il est un frein aux dépenses, signale-t-il.

Lors des séances du Conseil du trésor, un seul ministre tient tête à Jacques Parizeau. Il s'agit de Jean Garon. L'indomptable ministre de l'Agriculture se vante d'avoir accaparé près de quarante pour cent du temps de discussion du Conseil. Son entêtement exaspère les ministres et les fonctionnaires. Il finit toujours par arracher une décision favorable, en

---

25. Entrevue avec Jean Royer, le 7 avril 2000.
26. Entrevue téléphonique avec Guy Rocher, le 24 octobre 2000.
27. Entrevue avec Robert Tessier, le 15 mai 2000.

épuisant les membres du Conseil. Robert Tessier résume cette stratégie par la méthode du poids : « Il s'installait avec toute sa masse. Il n'y avait rien pour le faire lever de son siège [28]. » Tant qu'il n'a pas les crédits nécessaires pour mettre en place un projet quelconque, Jean Garon ne bouge pas. La ténacité du ministre ne déplaît pas à Jacques Parizeau. Il le qualifie volontiers de « génie exubérant. Il est formidable, dit-il, mais a toujours tendance à en demander trop [29]. » Un soir, les deux hommes discutent d'un des projets du ministère de l'Agriculture dans le cabinet de Jacques Parizeau. À un moment donné, Jean Garon se met à hurler et à tempêter avec une telle force, que la secrétaire de Parizeau, ameutée par tout ce boucan, fait irruption dans la pièce. Inquiète, elle demande à son patron s'il faut faire venir la police. « Garon crie comme un cochon à l'abattoir, raconte Jacques Parizeau. Il se met à me menacer et dit : "Je ne dépenserai plus une *cenne* dans votre comté [30] ! " » Jacques Parizeau réussit à calmer son collègue en lui expliquant dans le menu détail les raisons de son refus. En dépit du côté un peu rustre du personnage, Jacques Parizeau dit apprécier l'activisme de Jean Garon : « J'aime les gens qui font des choses. J'ai des rapports personnels avec Garon que je n'ai jamais eus avec Lévesque [31]. »

Un personnage churchillien

Un soir, alors qu'il a entrepris la lecture d'une imposante biographie sur Winston Churchill, Robert Tessier, secrétaire adjoint au Conseil du trésor, reste abasourdi. Il ne cesse d'établir des parallèles avec son patron, Jacques Parizeau. « Je passais mon temps à dire à ma femme : "Eh ! regarde ! Mais c'est Jacques Parizeau ! " Je voyais, dans les attitudes et les comportements de Churchill, ceux de Parizeau. Pour moi, il n'y a aucun doute, c'est un personnage churchillien. Il a l'intelligence exceptionnelle, entourée (sic) d'une truculence, d'une façon de s'exprimer qui n'est jamais ordinaire. Il sait utiliser des images très fortes. Et une joie de vivre dans

---

28. *Idem.*
29. Entrevue avec Jacques Parizeau, le 3 mai 2000.
30. *Idem.*
31. Entrevue avec Jacques Parizeau, le 14 juin 2000.

tout ça. Ce n'est pas triste de travailler avec Parizeau. C'est un passionné[32].»
Jacques Parizeau serait sûrement flatté par la comparaison. Depuis son
adolescence, il admire le premier ministre de l'Angleterre qui, au cœur de
la Seconde guerre mondiale, réussit à la fois à tenir tête à l'armée d'Adolf
Hitler et à gérer au quotidien l'État anglais. Le tout avec une efficacité
remarquable. «Parizeau est friand des citations de Churchill, rappelle
Jérôme Choquette, son ami du collège Stanislas. Les bons mots de
Churchill sont une partie de sa culture personnelle[33].»

Mais à la différence de Winston Churchill, Jacques Parizeau est un
parlementaire redoutable. Outre ses discours du budget qui passeront à
l'histoire, sa performance en Chambre est étincelante. Ce bourgeois qui a
en haute estime les institutions «adore le parlementarisme, d'autant plus
qu'il y brille, juge Denis de Belleval. Il ramasse tout le monde. Il est un roc
inébranlable, mais élégant. Il a la dextérité du magicien et la finesse de
raisonnement d'un intellectuel[34].» Claude Ryan, qui succède à Robert
Bourassa à la tête du Parti libéral en 1978, découvre en lui un adversaire
politique : «L'homme a du panache. Il ne parle pas inutilement et il dit les
choses avec ordre et clarté. Jacques Parizeau attaque les idées et non les
hommes. C'est remarquable chez lui. Il a vraiment le style du politicien
européen. Comme ministre des Finances, il est un interlocuteur redoutable. Plusieurs députés de notre parti l'ont affronté en Chambre, mais à
titre de ministre des Finances, il demeure le maître. À toutes les périodes de
questions-réponses orales, il donne un spectacle. Jamais un député n'a
véritablement réussi à l'embarrasser. Il est très habile pour exposer son
argument et il connaît ses dossiers[35].» Aux députés qui ragent contre la
prestance de Jacques Parizeau en Chambre, Claude Ryan ne cesse de répéter :
«Moi, vous savez, je suis obligé de vous dire que je l'admire d'une certaine
façon. Ça choquait nos gens, dit-il. Ils auraient voulu qu'on le rabaisse à un
certain niveau. Non!, disais-je, nous en avons un qui a de la grandeur et du
panache, eh bien tant mieux!»

Claude Ryan apprécie d'autant plus les qualités de parlementaire de
Jacques Parizeau que c'est ce ministre des Finances qui lance l'idée d'un

32. Entrevue avec Robert Tessier, le 15 mai 2000.
33. Entrevue avec Jérôme Choquette, le 3 octobre 1997.
34. Entrevue avec Denis de Belleval, le 29 mars 2000.
35. Entrevue avec Claude Ryan, le 14 juin 2000.

Jacques Parizeau, le parlementaire : « Élégant, il a la dextérité du magicien et la finesse de raisonnement d'un intellectuel », dit de lui Claude Ryan. Photo de Jacques Nadeau.

huis clos accessible aux acteurs financiers et aux membres de l'opposition quelques heures avant la lecture du discours du budget. En élargissant ainsi le cercle des initiés, le ministre des Finances démontre la confiance qu'il accorde aux partis de l'opposition et il leur permet également d'avoir accès à un nombre considérable d'informations. Un jour, alors que Claude Ryan doit participer en Ontario à une conférence sur les transferts fiscaux, il rend visite à Jacques Parizeau et il lui demande de consulter certains documents du gouvernement, afin de pouvoir se préparer convenablement. Le ministre des Finances ne se montre aucunement réticent et lui donne immédiatement accès à ses fonctionnaires. « J'ai même pu me servir de ces chiffres contre Parizeau en commission parlementaire !, raconte Claude Ryan. C'est un politicien très libéral[36] », conclut-t-il.

Au cours de toutes ces années à l'Assemblée nationale, l'attaque la plus sournoise dont est victime Jacques Parizeau ne vient pas du Parti libéral, mais de l'Union nationale. Le 8 décembre 1977, Maurice Bellemare, le

---

36. *Idem.*

Jacques Parizeau rencontre les consuls généraux
et chefs de poste de carrière. Janvier 1980.
Archives de Jacques Parizeau. ANQ, Montréal.

député du parti de Maurice Duplessis, pose une question en Chambre sur les implications de la famille Parizeau dans les affaires de l'État. La société Hydro-Québec a-t-elle acheté, oui ou non, onze hélicoptères en 1977? Est-il vrai que le contrat d'assurance de ces appareils a été donné à Gérard Parizeau avec une commission dépassant trois cents mille dollars? Jacques Parizeau n'est pas en Chambre pour répondre aux insinuations de Maurice Bellemare. C'est donc Guy Joron, le ministre responsable de l'Énergie, qui s'exécute. Il n'y a pas eu de soumissions publiques, répond-il. Hydro-Québec a confié à un consortium de courtiers d'assurances la tâche de rechercher la meilleure protection au meilleur coût, en sollicitant des propositions sur le marché. Le consortium était composé de la firme de Gérard Parizeau, Sodarcan, ainsi que de celle de Steward Smith Canada. «Avoir un frère comme premier ministre ou ministre des Finances, c'est la pire chose qui puisse arriver à un homme d'affaires[37]», estime Robert Parizeau. Le frère du ministre des Finances, qui préside alors les

---

37. Entrevue avec Robert Parizeau, le 20 janvier 2000.

destinées de Sodarcan, n'apprécie guère l'intervention du député de l'Union nationale : «Nous avons Hydro-Québec comme client depuis 1963. Michel, mon défunt frère, a fait la première étude [qui évaluait les] besoins d'assurance de cette société. Nous sommes la plus grosse maison au Québec, le plus gros courtier des municipalités, du gouvernement et des sociétés d'État. Il n'y a pas un président de société d'État, même si nous avons les meilleures cotations, qui veut nous donner tout le compte. Ils veulent travailler avec Le Marsh Alexander & Alexander, une compagnie américaine, pour ne pas être accusés de favoritisme. D'une certaine façon, nous avons eu plus d'affaires sous les libéraux[38] !» À la suite de cet incident, Jacques Parizeau déclarera à l'Assemblée nationale : «Le seul crime de mon père, c'est d'avoir un fils indépendantiste[39].»

Si Jacques Parizeau domine en Chambre, règne au Conseil du trésor et se donne des allures de lord anglais au ministère des Finances, cela ne le protège pas de la contestation qui couve dans son propre comté de L'Assomption. Aussi solide soit-il, rien ne met le grand seigneur à l'abri d'une chute.

La mutinerie de L'Assomption

Tous les lundis matin, le puissant ministre des Finances se transforme en simple député. Il laisse la Vieille Capitale et l'ancien bureau de Maurice Duplessis pour un modeste local situé à Saint-Paul-l'Ermite. Dans cette circonscription à la fois très agricole et urbaine, il consacre toute sa journée aux citoyens et aux notables de l'endroit.

Comme il n'habite pas dans le comté, il doit pouvoir compter sur quelques piliers locaux qui le tiennent informé des activités et des jeux d'influence qui s'opèrent dans L'Assomption. Pendant plusieurs mois, Jacques Parizeau s'appuie sur Pierre Desjardins, le candidat défait du Parti québécois en 1970 et 1973, et directeur de la polyvalente Daniel-Johnson-Le Royer. Jacques Parizeau écoute avec attention l'homme qui a été son

---

38. *Idem.*
39. Propos rapportés par Gérard Parizeau dans *Pages de journal,* volume IX, Trois-Rivières, Les Éditions du Bien public,1980, p. 83.

secrétaire de campagne pendant l'élection de 1976 et qui est maintenant devenu son éminence grise dans le comté.

Les citoyens qui viennent rencontrer Jacques Parizeau à son bureau de comté ne se méprennent pas sur le rôle et sur la place réelle qu'il détient à Québec. Tous savent qu'il est l'homme de confiance de René Lévesque quand il s'agit de parler de chiffres et de dollars. Le citoyen ordinaire hésite cependant à venir rencontrer le puissant élu. Il le redoute même. Carmen Desjardins, la secrétaire du comté, peut en témoigner. C'est elle qui reçoit les visiteurs et qui, bien souvent, doit rassurer des électeurs effrayés à la seule idée de prendre rendez-vous avec le géant au complet trois pièces. «Les gens le craignaient vraiment [40]», raconte-t-elle. Dans les mois qui ont précédé l'élection de 1976, Lisette Lapointe, son attachée de presse, observe le même phénomène. Elle élabore alors toute une stratégie destinée à adoucir l'image publique de son député. Mais même une fois élu, on ne parvient pas à changer cette perception populaire. Les citoyens qui lui serrent la main persistent à ne voir en lui, derrière son sourire poli, que rigueur, autorité et fermeté.

«C'est pourtant un homme sensible», insiste Carmen Desjardins. Parfois, elle l'a vu complètement bouleversé par les confidences de citoyens frappés par le mauvais sort qui s'acharnait sur eux. Jacques Parizeau «démontrait réellement un intérêt pour les gens [41]», affirme Pierre Desjardins. Pour Jean-Roch Boivin, le bras droit de René Lévesque, «au premier abord, c'est un homme qui apparaît assez distant, mais rapidement il devient très chaleureux et très humain [42].» Une seule rencontre avec Jacques Parizeau suffisait pourtant aux gens pour qu'ils ne soient plus terrifiés à l'idée de lui adresser la parole : «Les gens n'en revenaient pas, raconte Carmen Desjardins. Mon Dieu!, me disaient-ils, il est parlable ce gars-là [43]!»

Depuis l'élection de Jacques Parizeau dans L'Assomption, c'est Arthur Dubé qui occupe le poste de président de comté du Parti québécois. Au début, les relations entre les deux hommes sont excellentes. Tous les

---

40. Entrevue téléphonique avec Carmen Desjardins, le 18 janvier 2001.
41. Entrevue téléphonique avec Pierre Desjardins, le 19 janvier 2001.
42. Entrevue avec Jean-Roch Boivin, le 20 février 2001.
43. Entrevue avec Carmen Desjardins, le 18 janvier 2001.

lundis, ils se rencontrent et discutent des enjeux locaux. Toutefois, dès les premiers mois de l'année 1977, les choses se gâtent. « Il ne respecte pas ses engagements et ne tient jamais compte des ententes que l'on a ensemble [44] », soutient Arthur Dubé. À la fin de chacune des discussions avec le député ministre, Arthur Dubé rédige un procès-verbal de leurs rencontres : « Moi, je me couvre parce que l'exécutif me pousse dans le dos », dit-il. L'exécutif tient à ce que Jacques Parizeau assiste aux réunions de l'association de comté qui se tiennent le dimanche soir, ce qu'il refuse. « Il vient à tous les lundis, mais nous en demandons plus [45] », insiste Arthur Dubé. La secrétaire de comté de Jacques Parizeau, Carmen Desjardins, confirme que l'exécutif se sent alors isolé. De plus, sa présence dans le comté varie d'un mois à l'autre. « Lors de la préparation du budget, on ne le voyait plus, même le lundi, raconte Carmen Desjardins. Venant si peu souvent, sa priorité allait d'abord aux maires et citoyens [46]. » L'exécutif de comté se sentait alors délaissé.

Arthur Dubé soutient que cette attitude l'amène à lancer un ultimatum au député de L'Assomption : « Je le rencontre et je lui dis : " Je vous donne trois semaines pour vous amender, sinon je démissionne [47] ". » Jacques Parizeau ne répond pas à l'ultimatum et force Arthur Dubé à passer à l'action. Ce dernier se tourne alors vers le premier ministre. Il lui adresse une lettre dans laquelle il lui annonce que tout l'exécutif du comté va démissionner. « René Lévesque communique avec moi », raconte Arthur Dubé. Il lui demande de revenir sur sa décision. Ce qu'il refuse net.

Ce refus a de quoi soulever bien des questions. Quand on cumule les fonctions de député de L'Assomption, de ministre des Finances, de président du Conseil du trésor et de ministre du Revenu, n'est-il pas normal que ces responsabilités entrent parfois en conflit avec les obligations du comté ? Leur poids ne sert-il pas à justifier certaines absences du député ministre ? Pourquoi une telle intransigeance de la part du président de comté ? D'autres motivations se dissimuleraient-elles derrière une telle contestation ? Il semble bien que oui.

---

44. Entrevue téléphonique avec Arthur Dubé, le 9 janvier 2001.
45. *Idem.*
46. Entrevue avec Carmen Desjardins, le 18 janvier 2001.
47. Entrevue téléphonique avec Arthur Dubé, le 9 janvier 2001.

L'intrigue

Peu de gens le savent, mais c'est une intrigue amoureuse qui est à l'origine de l'attitude intransigeante d'Arthur Dubé à l'endroit du député de L'Assomption. Même si Jacques Parizeau a refusé de commenter cet épisode, le biographe a découvert qu'il avait eu une liaison secrète avec la femme d'Arthur Dubé, alors qu'elle occupait le poste de secrétaire de comté aux côtés de Carmen Desjardins[48]. L'affaire a été confirmée par plusieurs sources. Arthur Dubé en apprend l'existence vers la fin de l'année 1977 et il réagit fort mal. Sans dévoiler l'intrigue amoureuse, il réussit à convaincre l'exécutif de démissionner en bloc, en faisant valoir que Jacques Parizeau n'est pas assez présent dans le comté. Une lettre en ce sens est envoyée au premier ministre. Après avoir pris connaissance de la lettre, René Lévesque communique directement avec le président de comté : « Il voulait que j'aille le voir à son bureau[49] ! », explique Arthur Dubé.

Le premier ministre du Québec prend la chose très au sérieux puisque le contenu de la lettre est plutôt compromettant pour son ministre. Arthur Dubé explique en détail la raison de son mécontentement : Il accuse Jacques Parizeau d'avoir tenté de briser son ménage. René Lévesque remet la lettre à Jean-Roch Boivin, son homme de confiance. D'une discrétion exemplaire, il reçoit Arthur Dubé chez lui à Laval dans son sous-sol[50]. Après une longue et pénible séance de défoulement de la part de l'époux blessé. Jean-Roch Boivin tente le convaincre de garder le silence et de ne faire aucune déclaration publique. Il veut éviter à tout prix que le gouvernement et le ministre des Finances soient éclaboussés par cette affaire. « Après deux heures de discussion, raconte Arthur Dubé, Boivin me dit : " Monsieur Dubé je vous comprends[51] ! " » En réalité, il semble que le président de comté soit difficile à contrôler. L'homme est prêt à tout casser pour retrouver sa fierté. Il menace de révéler l'affaire aux médias. Jacques Parizeau ne sera jamais informé de cette rencontre.

---

48. Les sources aussi diverses que nombreuses proviennent, entres autres, du bureau du premier ministre, de la permanence du Parti québécois, de l'entourage de Jacques Parizeau et de son comté.
49. Selon les souvenirs d'Arthur Dubé. Entrevue du 9 janvier 2001.
50. Selon les souvenirs de Jean-Roch Boivin. Entrevue du 20 février 2001.
51. Propos attribués à Jean-Roch Boivin et rapportés par Arthur Dubé. Entrevue du 9 janvier 2001.

Le 9 novembre 1977, la crise prend de telles proportions que l'exécutif national du Parti québécois en est saisi à son tour. « Pierre Renaud fait part à l'exécutif d'une situation existant entre le comité exécutif du comté de L'Assomption et le ministre Parizeau [52]. » Des représentants de la structure nationale du parti rencontrent alors les membres de l'exécutif de L'Assomption. Ils tentent de les dissuader de démissionner tel qu'ils projettent de le faire lors de l'assemblée générale prévue pour le 21 novembre. Ce jour-là, la permanence nationale a mandaté Jacques Rochefort, le responsable de l'organisation du parti, afin qu'il assiste à l'assemblée. Sa tâche consiste à calmer Arthur Dubé de façon à ce qu'il évite, par ses déclarations à l'emporte-pièce, d'embarrasser le gouvernement. De plus, il doit veiller à ce que cette association de comté, l'une des plus dynamiques de la province, retombe sur ses pattes. Pour que le dérapage n'ait pas lieu, Robert Lussier a également été sollicité. Cet ancien maire de Repentigny, qui a déjà été ministre sous le gouvernement de l'Union nationale à la fin des années soixante, va épauler très efficacement le jeune Rochefort, âgé de seulement 22 ans.

Tel qu'annoncé, tous les membres de l'exécutif de comté démissionnent lors de l'assemblée générale du 21 novembre 1977. La rencontre s'avère très pénible et elle est ponctuée « de violentes interventions contre le député Parizeau et sur ses relations avec l'exécutif de comté [53]. » Le climat est à ce point mauvais que l'assemblée se termine dans la confusion la plus totale. Seulement quatre membres sur une possibilité de onze ont pu être élus pour succéder à l'exécutif démissionnaire. La permanence nationale doit prendre en main le déroulement des événements. Elle convoque une nouvelle assemblée pour le lundi 12 décembre. Jacques Parizeau est inquiet. Il sait pourquoi Arthur Dubé tempête. La situation s'aggrave à ce point que la direction du parti garde à l'esprit la possibilité d'une mise en tutelle du comté de L'Assomption par l'exécutif national [54]. »

Puis, c'est au tour d'André Steenhaut de venir à la rescousse du député ministre [55]. Ce militant a déjà travaillé pour Jacques Parizeau quand il s'était

---

52. D'après le procès-verbal de l'exécutif national du Parti québécois, le 9 novembre 1977. Archives nationales du Québec, Fonds Pierre Renaud.
53. Procès-verbal de l'exécutif national du Parti québécois, le 25 novembre 1977. Archives nationales du Québec, Fonds Pierre Renaud.
54. *Idem.*
55. Entrevue avec André Steenhaut, le 28 novembre 2000.

présenté dans le comté de Crémazie. Il habite maintenant à Mascouche qui fait alors partie du comté de L'Assomption. André Steenhaut, qui n'hésite pas à se décrire comme un fidèle de Jacques Parizeau, téléphone au domicile du ministre. Pour mettre fin à cette situation tragique, il lui offre de se présenter à la présidence de l'exécutif de comté. Jacques Parizeau, ébranlé par toute cette controverse, accepte d'emblée.

Le jour de l'assemblée spéciale, que les proches de Jacques Parizeau ont préparée avec plus de soin que la précédente, André Steenhaut est le seul candidat à se présenter à la présidence de l'association de comté. Avant d'être élu par défaut, il déclare devant la centaine de militants regroupés dans le gymnase de l'école Lionel-Groulx de Repentigny : « La seule chose qui me préoccupe c'est la souveraineté du Québec et la souveraineté du Québec, nous allons la faire avec Jacques Parizeau dans le comté de L'Assomption, point final [56]. » Mais ce jour-là, le principal intéressé n'assiste pas au dénouement de toute cette affaire. Il est absent. Jacques Parizeau est rentré la veille d'une tournée de financement en Europe et au moment où se déroule l'assemblée spéciale à Repentigny, il se trouve à Québec, à l'Assemblée nationale, pour répondre aux attaques du député unioniste Maurice Bellemare à propos des contrats d'assurances que la société Hydro-Québec a négociés avec l'entreprise de son père. Décidément, doit se dire Jacques Parizeau, à quand des jours meilleurs...

L'exécutif nouvellement élu se montre moins exigeant envers le député ministre. Ernest Boudreau, le directeur de l'organisation de comté, déclare que « là, on a fait comprendre aux gens qu'il était ministre des Finances et qu'il devait aller emprunter sur les marchés internationaux. Nous leur avons dit : lâchez Parizeau ! On est assez grands pour faire marcher le comté tout seul. Il viendra quand il le pourra. Entre temps, c'est à nous de l'exécutif d'être très près du monde [57]. »

Une année plus tard, après qu'il ait assuré une paisible transition, André Steenhaut laisse la présidence à Ernest Boudreau. Jacques Parizeau voue une profonde reconnaissance au président sortant. Le jour de l'assemblée générale de comté, il prend le micro et remercie publiquement

---

56. *Idem.*
57. Entrevue avec Ernest Boudreau, le 10 janvier 2001.

André Steenhaut de l'avoir sorti du pétrin. C'est un ministre des Finances fort ému qui lui exprime alors toute sa gratitude[58].

L'homme capable de négocier des emprunts colossaux pour financer l'État québécois et les barrages du complexe hydroélectrique de La Grande semble donc moins apte à endiguer les ruisseaux de Lachenaie, qui débordent chaque année dans son comté de L'Assomption... Si nul n'est prophète en son pays, Jacques Parizeau fait toutefois bonne figure auprès de la plupart des grands banquiers du monde. Presque à chaque fois, il parvient à les séduire. Chemin faisant, il se transforme en un cueilleur de millions.

58. Entrevue avec André Steenhaut, le 28 novembre 2000.

CHAPITRE 10

Le cueilleur de millions

«Nous sommes les francophones d'Amérique du Nord, les bizarroïdes. Pour que nous rentrions dans le rang, on nous traitera toujours comme si nous étions des Noirs ou des Mexicains, mais à la différence des Noirs et des Mexicains, nous avons un gouvernement. Et un gouvernement, c'est l'aptitude de passer des lois, de préparer un budget. »

Jacques Parizeau [1]

En ce 24 janvier 1977, aucune turbulence ne secoue l'avion qui mène le premier ministre du Québec vers New York. Ce n'est qu'après l'atterrissage, quand l'appareil aura touché le sol, que l'agitation va peu à peu ébranler le nouveau gouvernement dirigé par René Lévesque. Le fondateur du Parti québécois qui déteste fréquenter l'*establishment*, se prépare à rencontrer l'Economic Club de New York, ce cénacle de la haute finance américaine. Pour cette visite chez les « dents longues », le premier ministre du Québec s'est entouré de trois ministres : Claude Morin, Guy Joron et Jacques Parizeau.

À bord de l'avion, Jacques Parizeau lit pour la première fois le discours que prononcera René Lévesque. Le texte a été préparé par Louis Bernard, le chef de cabinet de René Lévesque, et par Claude Malette, le secrétaire

---

1. Entrevue avec Jacques Parizeau, le 3 mai 2000.

exécutif. Le sous-ministre des Finances, Pierre Goyette, a vu le discours et le trouve trop politique[2]. «Ça reste un discours absolument imbécile[3]», résume Jacques Parizeau. Il trouve particulièrement risible cet extrait du discours qui souligne que «l'indépendance du Québec est donc devenue aussi naturelle, presque aussi inévitable que ne l'était l'indépendance américaine il y a deux cents ans[4].» Comparer la situation québécoise à celle des États-Unis lui apparaît déraisonnable. «Comment peut-on mettre sur le même pied une nation de six millions de personnes et une autre de deux cent trente millions[5]!?» Le parallèle avec la guerre d'indépendance américaine lui semble également de très mauvais goût, mais au moment où il prend connaissance du texte, Jacques Parizeau garde ses opinions pour lui. Conformément à sa conception du pouvoir, c'est au premier ministre et à lui seul qu'il revient de définir les bases de ce qu'il veut bien dire aux financiers new-yorkais.

Par ailleurs, malgré ses faiblesses, certains passages du discours lui plaisent grandement. À titre d'exemple, celui qui avait jugé la campagne de 1976 trop timide à l'égard de la souveraineté du Québec, lit avec ravissement l'extrait suivant : «Ce gouvernement a comme objectif fondamental l'accession de la collectivité québécoise à la souveraineté politique. La question qui importe (…) ce n'est pas de savoir si le Québec deviendra ou non indépendant, ni même de savoir quand il deviendra indépendant, mais de connaître comment les Québécois assumeront la pleine maîtrise de leur vie politique[6].» À la lecture de ce genre de phrases, dans un avion qui vole déjà à plus de vingt mille pieds d'altitude, Jacques Parizeau a l'impression de se rapprocher encore plus des étoiles. Il ne peut contenir ses murmures de satisfaction. Il confie même à Louis Bernard : «Voilà la deuxième élection du Parti québécois, la véritable élection du Parti québécois, le vrai moment où les gens comprennent que le parti est au pouvoir[7]!»

---

2. Selon les souvenirs de Louis Bernard, entrevue du 3 avril 2000. Confirmé par Pierre Goyette, entrevue téléphonique du 17 janvier 2002.
3. Entrevue avec Jacques Parizeau, le 3 mai 2000.
4. Extrait du discours de René Lévesque devant l'Economic Club.
5. Entrevue avec Jacques Parizeau, le 3 mai 2000.
6. Extrait du discours de René Lévesque devant l'Economic Club.
7. Propos attribués à Jacques Parizeau et rapportés par Louis Bernard, le 3 avril 2000, et confirmés par Serge Guérin, le 8 mars 2000.

Il se réjouit de ce retour à la franchise, ce qui, justement, déplaît à Claude Morin. « Lévesque était encore dans sa phase volontariste, dans sa phase la plus provocante, explique Claude Morin. Il aimait ça les écœurer [8]. » Le père de l'étapisme aurait bien voulu participer à la rédaction du discours, mais René Lévesque ne lui en a pas donné le temps.

L'avion touche le sol des États-Unis d'Amérique. Dans moins de vingt-quatre heures, René Lévesque va s'adresser aux marchands de capitaux de la première puissance économique du monde.

Les Cubains du nord

Le soir du 25 janvier 1977, Jacques Parizeau est en train d'enfiler le *tuxedo* noir de mise pour ce type de soirée. On frappe tout à coup frénétiquement à la porte. Alice Parizeau s'empresse d'aller ouvrir et aperçoit une Corinne Côté-Lévesque, haletante [9].

— Alice ! Nous devons partir dans quelques minutes et René a oublié le nœud papillon qu'il doit porter avec son *tuxedo*. Peux-tu nous dépanner !?

L'épouse de Jacques Parizeau, qui a l'habitude des mondanités, a eu la prévenance d'apporter deux nœuds papillons au cas où…

— Bien sûr Corinne ! J'ai ce qu'il te faut.

L'entourage de René Lévesque a trimé tellement dur pour convaincre le *bum* de New Carlisle de porter l'habit de soirée qu'il n'est pas question d'abandonner si près du but. C'est donc paré du nœud papillon du ministre des Finances que le premier ministre du Québec va prononcer son discours devant l'Economic Club de New York.

Dans les heures qui précèdent la soirée, René Lévesque rencontre d'influents investisseurs et banquiers new-yorkais dont David Rockefeller, le président de la Chase Manhattan Bank. Jacques Parizeau assiste à tous les entretiens, mais il laisse toute la place à son chef. Georges Lafond, le trésorier d'Hydro-Québec, observe le comportement du ministre des Finances : « C'était d'abord l'affaire du premier ministre et Parizeau a un grand respect pour l'autorité, mais tu sentais que si quelqu'un attaquait Lévesque, Parizeau allait le défendre [10]. »

---

8. Entrevue avec Claude Morin, le 17 mars 2000.
9. L'anecdote est de Jacques Parizeau. Entrevue du 3 mai 2000.
10. Entrevue avec Georges Lafond, le 1er mars 2000.

À la table d'honneur, la délégation québécoise écoute le discours du gouverneur de l'État de New York, Hugh Carey, qui précède celui du premier ministre du Québec. Après cette première allocution, le maître de cérémonie présente René Lévesque aux mille sept cents convives réunis à l'hôtel Hilton, un record d'assistance. Dans les années 1960, Nikita Khrouchtchev, dirigeant de l'URSS, avait attiré mille cinq cents personnes.

Le premier ministre du Québec se lève et prend place devant le lutrin situé au centre de la table d'honneur. Derrière lui, on peut apercevoir deux gigantesques drapeaux, celui de l'État de New York et le fleurdelisé du Québec. Les deux drapeaux ont été installés sur un horrible rideau jaune or qui rappelle les fameuses robes à paillettes tant prisées dans certains milieux. Devant René Lévesque, une rangée de pots de fleurs, des marguerites, donne une allure encore plus kitsch au décor du *Grand Ball Room* de l'hôtel Hilton de New York.

Depuis la victoire du gouvernement péquiste le 15 novembre 1976, c'est la première fois que René Lévesque prononcera un discours à l'étranger. Au Canada, l'événement fait l'objet d'une importante couverture médiatique. Les principaux réseaux de télévision diffusent le discours de René Lévesque en direct. À Ottawa, la Chambre des communes se vide presque entièrement de ses représentants, au moment où le premier ministre du Québec entame son discours.

La tradition de l'Economic Club de New York veut que la durée des discours ne dépasse pas vingt-cinq minutes. René Lévesque entretient son auditoire de la situation québécoise pendant quarante minutes… L'éditorialiste du journal *Le Devoir*, Claude Ryan, présent dans la salle de bal, est étonné par ce discours «empreint d'une franchise et d'un réalisme susceptibles de plaire[11]…» C'est la catastrophe pourtant! Très discret sur la promotion de son option souverainiste pendant les élections, voilà que le premier ministre devient le chef des séparatistes plutôt que celui d'un bon gouvernement. «À la surprise générale, toute la première partie du discours de Lévesque fut consacrée à une présentation du thème de l'indépendance[12]», écrit Claude Ryan.

---

11. Claude Ryan, avec la collaboration de Robert Guy Scully, *Une société stable – par Claude Ryan*, Montréal, Éditions Héritage, 1978, p. 221.

12. *Idem*, p. 222.

Pour Jacques Parizeau, l'allocution de René Lévesque « est un coup d'épée dans l'eau. » Le premier ministre n'a pas eu l'habileté de rassurer les financiers qui craignent davantage le socialisme que l'esprit indépendantiste. « Tous les gens que j'ai rencontrés là-dessus, affirme Jacques Parizeau, craignent les Cubains du nord que nous sommes à leurs yeux [13] ! » Sur le plan de l'économie, René Lévesque affirme : « Nous voulons jouer un rôle actif et orienter davantage notre développement. Quant aux limitations des investissements étrangers, nous nous sommes efforcés de définir, sous la forme d'un code d'investissements, les principes de base d'une politique par secteurs. » Guy Joron se souvient des rencontres avec les courtiers et les investisseurs. Leurs questions étaient peu variées : « C'était très *basic*, du genre " êtes-vous des communistes [14] " ? » René Lévesque a beau répéter que son gouvernement n'a nullement l'intention de se lancer dans une vague de nationalisations, à l'exception de l'industrie de l'amiante, et qu'il n'est pas « hostile aux capitaux étrangers et n'a pas l'intention de lutter contre l'entreprise privée », rien n'y fait, les marchands de *Wall Street* ne saisissent pas les nuances de l'intellectuel et ne sont guère rassurés. L'ancien journaliste de Radio-Canada « aurait eu un grand succès devant la faculté d'histoire d'une grande université américaine, mais pas devant des gens d'affaires », observe Guy Joron.

Au lendemain du discours de New York, la réaction négative des milieux financiers se mesure à l'écart qu'il en coûte pour acheter des obligations ontariennes plutôt que québécoises. En quelques heures, l'écart avec l'Ontario passe de cinquante points de base à près de cent cinquante ! Il en coûte dorénavant beaucoup plus cher à l'État québécois pour vendre ses titres. S'il veut intéresser les créanciers américains, le Québec devra y mettre le prix. Comme en 1962, lors de la nationalisation de l'électricité par le gouvernement de Jean Lesage, les portes des chambres fortes des banques américaines se referment sur les doigts du ministère des Finances du Québec. Cette fois-ci, ce n'est plus seulement depuis Toronto que l'on

---

13. Entrevue avec Jacques Parizeau, le 3 mai 2000. La veille du discours de René Lévesque, un article du *Wall Street Journal* décrit d'ailleurs René Lévesque comme un politicien de tendance socialiste : « A socialist-leaning French Canadian politician ».
14. Entrevue avec Guy Joron, le 18 avril 2000.

peut entendre le bruit sourd des coffres-forts se verrouillant à double tour : à New York, à Chicago, à Boston et dans les principaux centres financiers des États-Unis, on ne touche plus aux obligations du gouvernement du Québec. De son poste de ministre des Finances, Jacques Parizeau réagit et met au point un plan d'urgence pour s'éloigner de ce qu'il appelle «l'épicentre du séisme». Les Américains ne veulent plus financer nos dettes, se dit-il? Qu'à cela ne tienne, je vais parcourir le monde, à bonne distance de l'onde de choc, et cueillir les millions dont l'État québécois a besoin pour mettre en place ses réformes.

La brigade légère

Jacques Parizeau associe volontiers les piliers du cercle financier à des maîtres chanteurs. «Pour que nous rentrions dans le rang, on nous fera chanter jusqu'à la fin des temps ou jusqu'à ce qu'on décide d'avoir un pays [15].» Afin de contrer ce pouvoir qu'il considère abusif et trop souvent opposé au Québec, il va utiliser jusqu'à l'extrême limite tous les moyens dont il dispose à titre de ministre des Finances. Pour opposer une résistance féroce au syndicat financier, Jacques Parizeau met sur pied une petite équipe, une véritable brigade légère, prête au combat.

Le premier de ses lieutenants est recruté au sein même du ministère des Finances. À l'automne 1977, Jean Campeau, directeur de la dette dans l'équipe du ministre libéral Raymond Garneau, est promu au poste de sous-ministre adjoint au financement [16]. Ce nouveau poste, créé par Jacques Parizeau, vise à bien démontrer aux courtiers et aux banquiers que la responsabilité des émissions gouvernementales est prise au sérieux et que le ministère des Finances n'est pas qu'un simple guichet qui laisse le syndicat financier agir seul et à sa guise. L'ancien poste de directeur de la dette va bientôt être occupé par nul autre que Jean Labrecque. Pour les opérations financières les plus audacieuses, comme dans un jeu d'échec, Jacques Parizeau dispose de deux solides cavaliers. Il considère les deux

---

15. Entrevue avec Jacques Parizeau, le 3 mai 2000.
16. Pour superviser les emprunts du gouvernement du Québec, qui se chiffrent alors à environ trois milliards de dollars l'an, Jean Campeau peut compter sur la collaboration de sept personnes.

Jean comme «les frères siamois de la finance québécoise. Ce sont les personnages les plus imaginatifs sur le marché[17].»

Courtier chez René T. Leclerc dans les années cinquante, avant de devenir adjoint du président de la compagnie en 1957, Jean Campeau passe à la présidence de la société Canada Flooring limitée en 1965. Après un bref séjour chez Dominion Securities en 1970, il assume ensuite la gestion de la dette publique au ministère des Finances de la province. À son arrivée à Québec, Jean Campeau observe la façon plutôt conciliante avec laquelle Pierre Goyette, le sous-ministre adjoint, négocie les emprunts auprès des maisons de courtage anglophones. «Pierre Goyette est le genre de francophone dominé qui va à New York et se donne de l'importance en fréquentant les anglophones[18]», déclare Jean Campeau. Georges Lafond, le trésorier d'Hydro-Québec, privilégie lui aussi une approche douce avec les financiers : «Les obligations se vendront mieux. Il faut aussi penser à notre prochaine émission[19].» Balivernes!, rétorque Jean Campeau : «Dans le domaine de la finance, personne ne te fait des faveurs. Ils acceptent d'acheter tes obligations parce qu'ils font de l'argent avec toi grâce à la commission! Les courtiers ne nous aident pas, ils font des affaires avec nous.»

Le nouveau venu a la ferme intention de négocier plus serré avec les milieux financiers. Plutôt cassant et à des lieux de ce qu'on peut appeler un diplomate, cet homme d'apparence frêle n'a pas la consistance idéologique d'un Jacques Parizeau, mais il défend avec acharnement les idées reçues.

Ceux qui ont vu Jean Campeau à l'œuvre affirment qu'il est un excellent négociateur. Daniel Paillé se souvient d'une séance particulièrement tendue avec des interlocuteurs européens lors d'un voyage sur le vieux continent[20] : «À un moment donné, Jean Campeau dit aux gens d'en face : "Bon, nous devons en parler au ministre".» Jacques Parizeau se trouve alors au Québec. «Nous retournons donc à la chambre de l'hôtel.» Daniel

---

17. Entrevue avec Jacques Parizeau, le 25 mai 2000.
18. Entrevue avec Jean Campeau, 15 mai 2000.
19. Propos attribués à Georges Lafond et rapportés par Jean Campeau. Entrevue du 15 mai 2000.
20. L'anecdote a été racontée au biographe par Daniel Paillé lors de l'entrevue du 9 mars 2000.

Paillé se précipite sur le téléphone. Jean Campeau lui demande : « Que fais-tu ?! Il n'est pas question d'appeler à Québec. On attend. » C'est ainsi que Daniel Paillé apprendra comment négocier des millions de dollars. « On n'a jamais parlé à Parizeau. Nous avions le mandat dans notre manche. Deux heures passent et nous retournons rencontrer les créanciers. » Jean Campeau leur dit qu'il n'a pas réussi à joindre le ministre et que la discussion devra reprendre le lendemain. Campeau et Paillé vont tranquillement se payer un bon repas et une nuit de sommeil apaisante. « Pendant ce temps-là, raconte Daniel Paillé, les gars de l'autre côté *grafignaient*[21] ! » Dompter les milieux financier est l'une des douces obsessions de Jacques Parizeau. Son sous-ministre adjoint au financement, Jean Campeau, l'a très bien compris.

Jean Labrecque, le deuxième cavalier, a déjà mené plusieurs charges pour l'économiste des HÉC avant d'être nommé au cabinet du ministère des Finances[22]. Déjà en 1968, il gérait la Caisse de retraite et le fonds d'amortissement d'Hydro-Québec en chemise à col Mao et en pieds de bas dans les bureaux de la société d'État. Sa tenue vestimentaire n'empêchait pas son patron d'alors, Georges Lafond, de l'apprécier et de reconnaître en lui une jeune recrue au talent exceptionnel. Gauchiste parmi les financiers, Jean Labrecque est un homme à la fois timide et enflammé. Il n'a point besoin de livre rouge pour renverser le pouvoir financier. Ses armes à lui, ce sont de pénétrantes analyses sur les transferts de capitaux. Détenir ces informations permet de saper l'influence des puissances de l'argent qui écrasent, à ses yeux, la minorité francophone d'Amérique.

Dès 1970, les deux cavaliers de Jacques Parizeau avaient eu l'occasion de travailler ensemble. « Jean Labrecque [était alors] la première compétence francophone dans le secteur financier à Hydro-Québec, estime Jean Campeau. Il m'aidait grandement puisqu'il connaissait tous les rouages financiers[23]. » En 1974, grâce à leurs opérations concertées sur les marchés financiers, le gestionnaire de la Caisse de retraite d'Hydro-Québec et le haut fonctionnaire du ministère des Finances du Québec parviennent pratiquement à effacer, pendant plus d'un mois, l'écart traditionnel entre les

---

21. Entrevue avec Daniel Paillé, le 9 mars 2000.
22. Le biographe en a déjà fait mention au chapitre 1.
23. Entrevue avec Jean Campeau, 15 mai 2000.

obligations ontariennes et québécoises. Pour Jacques Parizeau, il s'agit d'un exploit : «Ils jouaient l'un et l'autre et c'est le seul moment où pendant quelques semaines, il n'y a pas eu " d'escompte de latinité " sur les obligations du gouvernement du Québec. On ne payait pas plus cher que l'Ontario [24]!»

À ces deux cavaliers, Jacques Parizeau s'adjoint un secrétaire particulier, Daniel Paillé, qui veille à organiser, tous les jeudis matins, les petits-déjeuners où l'on traite exclusivement de financement. Voilà constitué l'essentiel de sa brigade de financement.

L'expédition du prospecteur

La petite équipe, qui doit accompagner le ministre des Finances dans sa première tournée de financement à l'étranger, fait le pied de grue à l'aéroport. Jacques Parizeau se fait attendre… À la grande surprise de Jean Campeau et de Daniel Paillé, il arrive flanqué de ses parents qui ont tenu à souligner l'importance que revêt à leurs yeux cette tournée. Leur présence prend la forme d'un hommage qu'ils rendent à leur fils. Quand on rappelle à Jacques Parizeau cet épisode qui avait grandement impressionné son entourage, celui-ci se sent soudainement envahi par un profond sentiment d'attachement et d'admiration envers son père : «Gérard Parizeau, c'est Gérard Parizeau, et son fils essaie d'être aussi bien que lui [25]», déclare-t-il, ému.

Lorsqu'il entreprend ce voyage, en janvier 1977, Jacques Parizeau mesure très bien l'importance de la tâche à laquelle il s'attaque. Depuis la victoire du Parti québécois, aucun emprunt américain et canadien n'a encore été négocié par l'État. La situation n'est pas dramatique, mais pourrait le devenir. Il faut diversifier les sources de financement, d'autant plus qu'Hydro-Québec a besoin de quatorze milliards de dollars pour financer les grands travaux de la Baie James.

En partant ainsi cueillir des millions loin de l'épicentre du séisme, c'est-à-dire, loin des investisseurs canadiens et américains qui refusent de prêter au Québec des sommes d'argent à bon compte, le ministre des Finances reproduit «l'approche du colimaçon» développée par Georges

---

24. Entrevue avec Jacques Parizeau, le 15 décembre 1997.
25. Entrevue avec Jacques Parizeau, le 30 mars 2000.

Lafond, le trésorier d'Hydro-Québec, l'un des premiers élèves du professeur Parizeau à l'école des HÉC. Cette tactique consiste à aller cueillir des millions dans le monde pour ensuite revenir aux Etats-Unis. On prouve ainsi que les titres de la société d'État, garantis par le gouvernement du Québec, demeurent toujours solvables malgré la victoire du Parti québécois. De là l'image du colimaçon, cette spirale qui tourne à bonne distance du centre, pour s'en rapprocher peu à peu.

Bien que l'élargissement des champs d'emprunt ait commencé sous le règne de Raymond Garneau, le nouveau ministre des Finances va donner une impulsion nouvelle à cette tendance. Sa présence à l'étranger sera éclatante. Il sortira de cette épreuve encore plus solide. « Tentons de ne pas aborder l'avenir dans la peur, la crainte des autres et la honte de nous-mêmes. Que les meilleurs gagnent [26] », proclame-t-il.

Jacques Parizeau se met au travail. Dès les premiers jours de janvier 1977, son avion atterrit à Düsseldorf en Allemagne. Loin des secousses sismiques et du continent américain, le prospecteur financier déploie tout son talent et ramène cent cinquante millions de Deutsch marks dans les coffres de l'État québécois [27].

Daniel Paillé, qui accompagne Jacques Parizeau, remarque à quel point l'économiste raffole de ces tournées de financement (appelées *road-show*) qu'il entreprenait aux dix mois. « Il sortait de ces rencontres dans une forme exemplaire, note Daniel Paillé. N'importe qui d'autre était fatigué, mais pour l'intellectuel qu'il était, c'était à la fois un défi et un énorme repos [28]. »

Dans les heures qui précèdent les séances de signature d'emprunts, que ce soit en Suisse, en Allemagne ou à Londres, Jacques Parizeau se fait toujours aussi exigeant. Il bombarde ses lieutenants de questions : « Parlez-moi de la banque qui dirige le syndicat d'émission ? Quel est le profil de son président ? À combien s'est signée la dernière émission ? » « Les présidents étaient éblouis [par la performance de Jacques Parizeau], rappelle

---

26. Extrait de l'allocution de Jacques Parizeau devant la Chambre de commerce de Montréal à l'Hôtel Sheraton Mont-Royal, le 25 octobre 1977.
27. Hydro-Québec avait ouvert ce marché en négociant le premier emprunt en marks allemands en 1969.
28. Entrevue avec Daniel Paillé, le 9 mars 2000.

Jean Campeau. La plupart ne se souvenant pas eux-mêmes de la valeur des dernières émissions négociées [29]. »

Sur le parcours européen de Jacques Parizeau, Francfort est l'une des stations obligées du cueilleur de millions. En mai 1977, il y contracte un emprunt de soixante-cinq millions de dollars. Le ministre québécois des Finances se lie alors d'amitié avec Jürgen Reimnitz, président de la Commerzbank, qui dirige le syndicat émetteur en compagnie de la Westdeutsche Landesbank. Westphalien, Jürgen Reimnitz parle un français impeccable. Lors d'un dîner à l'extérieur de Francfort, il ridiculise les craintes des Américains qui refusent de prêter au nouveau gouvernement péquiste. D'un point de vue européen, le programme soi-disant social-démocrate du Parti québécois est loin d'être menaçant. De plus, l'idée de déplaire aux Américains en avançant de l'argent aux Québécois sourit à cet ancien sergent de la *Wehrmacht*, qui s'est battu sur le front russe... « Il avait des comptes à régler avec les Américains et les Britanniques, estime Jacques Parizeau. N'oubliez jamais que dans l'expression " homme d'affaires " il y a " homme " [30] ». Jürgen Reimnitz devient un ami intime de Jacques Parizeau. Lorsque celui-ci est élu premier ministre du Québec, des années plus tard, il lui envoie une lettre de félicitations et l'invite à venir lui rendre visite avec son épouse lors de son prochain voyage en Europe. Dans sa lettre, Jürgen Reimnitz a biffé le mot « Monsieur » et écrit « Cher ami » à la main [31]. « Il faut comprendre la puissance de ces réseaux-là », estime Jacques Parizeau.

À la fin des années quatre-vingt, Bernard Landry, alors professeur d'université, constate la force de l'empreinte laissée par Jacques Parizeau quand il était ministre des Finances : « Je suis allé à Francfort des années plus tard avec un groupe de mes étudiants à l'UQÀM. Nous sommes arrivés dans la salle de la Commerzbank et il y avait des drapeaux du Québec partout sur les tables. Le président de la Commerzbank nous dit alors : " C'est ici, avec ces drapeaux, que nous avons accueilli monsieur – Herr Professor – Jacques Parizeau. Il fut le premier ministre des Finances des provinces canadiennes à emprunter sur notre magnifique place de Francfort ". Ce fut à peu près la même chose à Tokyo, ajoute-t-il. Quand

---

29. Entrevue avec Jean Campeau, le 12 mai 2000.
30. Entrevue avec Jacques Parizeau, le 25 janvier 2000.
31. Archives de Jacques Parizeau. ANQ, Montréal.

j'ai fait des tournées de financement [à titre de ministre des Finances dans les années quatre-vingt-dix], j'ai encore entendu parler de Parizeau[32].»

En août 1979, Jacques Parizeau se rend jusqu'à Tokyo. Jean Campeau l'accompagne à nouveau : «Sortir avec Parizeau, c'était un délice. Pour nous, c'était des voyages bonbons. Nous n'avions pas à parler, nous écoutions. Les gens buvaient ses paroles, raconte-t-il. Parizeau était charismatique[33].»

Sur l'archipel nippon, Jacques Parizeau refait l'un de ses numéros préférés qui consiste à absorber d'abord les propos de son interlocuteur, pour ensuite se les approprier et les répéter avec brio à un autre auditoire ébloui par son intelligence... Jean Campeau avait déjà observé le phénomène auparavant : «Lorsqu'on lui proposait des options pour une solution, il disait : "Je ne sais pas, mais revenez demain matin à huit heures". Le lendemain, Monsieur avait trouvé la solution, mais bien souvent c'était celle que l'on avait suggérée la veille (rires)[34].»

Dès son arrivée à Tokyo, au petit matin, la délégation rencontre le président de Daiwa Securities. Celui-ci fait un brillant exposé sur la situation économique en Asie. Jean Campeau regarde son ministre des Finances qui demeure silencieux : «Parizeau, les bras croisés, écoute[35].» Au sortir de la rencontre, Jean Campeau va trouver Serge Guérin, le chef de cabinet, et lui dit discrètement : «Le patron a rencontré son Waterloo!» Serge Guérin ne réagit pas. «Là il est obligé d'écouter, raconte Jean Campeau. Ce n'est pas lui qui mène. Il faut qu'il écoute et qu'il apprenne.» En après-midi, les Québécois rencontrent le président de Nomura Securities, la plus importante maison de courtage du Japon, l'une des plus puissantes au monde. Jacques Parizeau fait son numéro. Il est brillant et ne cesse de parler. «Cette fois, au lieu d'écouter, Jacques Parizeau répète tout ce que l'autre président lui avait dit. Il avait tout mémorisé!, rapporte Jean Campeau. Sans notes, bang! Il débobine tout.» Le président de Nomura est impressionné. Le moment d'humilité de ce matin n'existe plus.

Le soir venu, le président de Nomura invite Jacques Parizeau à la traditionnelle soirée chez les geishas. Intriguée par le rôle de ces femmes,

---

32. Entrevue avec Bernard Landry, le 25 avril 2000.
33. Entrevue avec Jean Campeau, le 12 mai 2000.
34. *Idem.*
35. L'anecdote est racontée par Jean Campeau. Entrevue du 12 mai 2000.

*Le souper traditionnel chez les geishas. Jacques Parizeau et sa femme
en compagnie d'hommes d'affaires japonais.*
Archives de Jacques Parizeau. ANQ, Montréal.

Alice Parizeau, qui accompagne exceptionnellement son mari dans cette
tournée de financement, tient à y assister. Le couple Parizeau est alors
comblé de mille attentions, ce qui ne l'empêche pas de discuter abondam-
ment avec l'homme d'affaires nippon. La soirée avance puis, l'alcool
aidant, « nous passons aux confidences », se souvient Jacques Parizeau. Le
président raconte qu'il était capitaine d'un croiseur japonais durant la
guerre et que son navire a été coulé par les Américains. « Pour lui, l'aide
aux Québécois contre les Anglo-saxons, il prenait ça comme une revanche
de l'histoire[36] », estime Jacques Parizeau.

Les banquiers japonais avancent finalement au Québec soixante-
quinze millions de dollars en devises américaines. Le ministre des Finances
revient au pays, triomphant. Il n'en finit plus de se vanter de son dernier
coup d'éclat. Il fait des jeux de mots et affirme en souriant : « *Vinyenne*,
nous avons emprunté au Japon, le pays des yens, *bonyenne* de *bonyenne*[37] ! »

---

36. Entrevue avec Jacques Parizeau, le 25 janvier 2000.
37. L'anecdote est de Bernard Landry. Entrevue du 25 avril 2000.

Jacques Parizeau, son épouse, Jean Campeau et une accompagnatrice japonaise, au Japon en 1979.
Archives de Jacques Parizeau. ANQ, Montréal.

«À la mi-mai 1977, un consortium de banques européennes émet depuis Londres un emprunt de trois cent quinze millions de dollars. En octobre de la même année, un autre emprunt de soixante-quinze millions est accordé au Québec par la Suisse. La présence de Michael Von Clemm, le président du bureau londonien du Crédit Suisse-First Boston facilite ce déblocage financier. Michael Von Clemm entretient d'excellents rapports avec Jacques Parizeau. Entre autres, il adore la cuisine et il est propriétaire de quelques uns des plus grands restaurants d'Angleterre. Quand Jacques Parizeau le rencontre, souvent autour d'une bonne table, les deux hommes discutent avant tout de littérature et de musique. Une solide amitié s'établit entre les deux hommes. Les pressions extérieures destinées à inquiéter les créanciers potentiels ne semblent pas impressionner outre mesure le président Von Clemm, constate Jacques Parizeau.

La formation intellectuelle et la culture générale de Jacques Parizeau le portent de loin à préférer la compagnie des banquiers européens à ceux du Canada. «Moi, les rencontres que j'ai eues avec les présidents des grandes banques canadiennes, c'était désespérant, mais désespérant!, affirme-t-il avec dépit. Ils étaient assis sur des dizaines de milliards et cela faisait paroissial. Par contre, ce sont de bons techniciens[38]», reconnaît-il. Quant aux courtiers et aux banquiers américains, ils ne gagnent guère plus de crédit à ses yeux.

Who's that guy, Levesky?!

Jacques Parizeau considère la société américaine beaucoup trop provinciale et refermée sur elle-même. «Les Américains se méfient de ce qui n'est pas anglo-saxon, dit-il. Pour eux, l'exotisme c'est très bien pour les vacances, mais pas pour les affaires et la politique[39].» Il s'identifie donc très peu à la mentalité américaine. Michel Caron, son sous-ministre, a lui-même été en mesure d'observer une différence de sensibilité appréciable entre l'Europe et l'Amérique. Rencontrant un jour des représentants d'une banque britannique, il demande à l'un des dirigeants : «Cette histoire d'indépendance du Québec, j'ai l'impression que cela ne vous inquiète pas. Ai-je raison[40]?» Le banquier lui répond placidement : «Mon cher monsieur, vous devez savoir que nos plus importants projets pour l'instant sont en Rhodésie, alors le Québec, vous savez...»

Selon Michel Caron, rencontrer des financiers américains implique également de se buter très souvent à la même ignorance et à une totale absence de discernement. Il se souvient d'une rencontre avec le gestionnaire de l'important fonds de placement de la compagnie Avon à Chicago. Alors que le sous-ministre tente de lui expliquer quel est le programme du gouvernement du Parti québécois, le financier, qui a vaguement entendu parler de René Lévesque, demande : «Who's that guy, Levesky?» «Là, je me suis dit que nous partions de très loin[41]», raconte Michel Caron. Un peu plus et le gestionnaire confondait Levesky et Trotski...

À l'été 1977, les marchés financiers des États-Unis boudent toujours les titres d'Hydro-Québec et du gouvernement de la province. À New York, après huit mois de ce régime, certains courtiers commencent à réaliser

---

38. Entrevue avec Jacques Parizeau, le 21 septembre 1998.
39. Entrevue avec Jacques Parizeau, le 25 janvier 2000.
40. L'anecdote est de Michel Caron. Entrevue du 16 octobre 2000.
41. Entrevue avec Michel Caron, le 16 octobre 2000.

que leur attitude leur fait perdre des revenus et, surtout, des commissions. Depuis janvier 1977, les «Cubains du nord» ont réussi à emprunter plus d'un demi-milliard de dollars en ignorant l'oncle Sam. Pendant que les agences de cotation de New York maintiennent l'excellente cote triple A du gouvernement du Québec, Jacques Parizeau en est à compléter le programme d'emprunts de l'État québécois sans l'aide des investisseurs américains. Le talentueux ministre des Finances entrevoit le triomphe de sa stratégie : «Ils ont beau être nerveux à l'égard des politiques de notre gouvernement, mais comment expliquent-ils à leurs patrons qu'ils perdent des millions de commissions sur tous ces emprunts?! Comment dites-vous cela à vos actionnaires [42]?!»

Après l'Allemagne, la Suisse, l'Angleterre, Paris et Tokyo, le prospecteur peut revenir sur les lieux du séisme. La terre ne tremble plus à Manhattan et si l'on entend encore des vibrations, ce sont plutôt celles causées par les lourdes portes des coffres-forts des institutions financières qui se déverrouillent enfin pour le Québec. Georges Lafond, le trésorier d'Hydro-Québec qui a lui aussi fait le tour du monde, est prêt en juillet 1977 à revenir à New York. L'opération s'effectue de concert avec le bureau du ministre des Finances. Jean Labrecque forme une première équipe avec Georges Lafond. Le duo part pour la côte ouest et le sud des États-Unis. La deuxième équipe, composée du sous-ministre Michel Caron et d'Edouard Lemieux, directeur des finances à Hydro-Québec, parcourt la côte est avec entre autres des arrêts à New York et à Boston.

En cours de route, Michel Caron et Édouard Lemieux neutralisent rapidement l'inquiétude des investisseurs à propos de l'éventualité de la souveraineté du Québec. Ils évoquent tous les deux les nombreux sondages qui donnent perdant un référendum sur cette question. Selon Michel Caron, l'article 1 du Parti québécois n'a pas coûté si cher au Québec : «Là où la situation financière du Québec fut la plus difficile, c'était sous le gouvernement de Jean-Jacques Bertrand. Les écarts entre les titres du Québec et ceux de l'Ontario étaient très importants et il n'y avait pas de péquistes au pouvoir [43].»

---

42. Entrevue avec Jacques Parizeau, le 25 janvier 2000.
43. *Idem.*

Une étude minutieuse des écarts de rendement entre les obligations du Québec et de l'Ontario permet d'affirmer que l'écart le plus important se produit en 1970, peu de temps après l'arrivée au pouvoir de Robert Bourassa. Selon Jean Campeau, l'article 1 du Parti québécois «nous a forcés à être meilleurs gestionnaires et à choisir avec plus de précision le moment pour faire des émissions. Nous avons aussi dû aller voir d'autres marchés[44].»

Le 13 septembre 1977, les créanciers américains ouvrent leurs bras au Québec. Vingt-cinq investisseurs s'entendent et se partagent le montant d'un placement privé pour la société Hydro-Québec évalué à deux cents millions de dollars. L'écart entre le rendement des obligations ontariennes et québécoises est revenu à la moyenne historique de cinquante points. Nous sommes loin des cent cinquante points de janvier dernier ! Le 30 mai 1978, le journaliste économique Alain Dubuc peut écrire dans *La Presse*: «Les titres québécois ont retrouvé leur stabilité sur le marché américain.» Les sismologues du ministère des Finances ne distinguent plus d'oscillations sur leurs appareils en provenance de Manhattan.

Le dompteur et les spéculateurs

«La fierté d'être ne compromet pas la prospérité[45]», voilà l'un des grands commandements de Jacques Parizeau. «Il y a sans doute bien des façons d'être fiers de l'acquis et fiers de l'avenir. Essayons au moins de ne pas nous humilier[46]», soutient Jacques Parizeau. En décembre 1978, il convoque toute la presse parlementaire au salon rouge de l'Assemblée nationale. Le ministre des Finances désire souligner un événement qu'il veut grandiose. Un syndicat financier canadien, dirigé par la Banque de la Nouvelle-Écosse, va émettre pour la première fois de l'histoire du Québec des titres libellés dans la langue de Molière... Raymond Garneau, l'ex-ministre libéral des Finances, juge ridicule le comportement de Jacques Parizeau qui «fait alors son grand guignol[47]» avec l'orgie de publicité

---

44. Entrevue avec Jean Campeau, le 12 mai 2000.
45. Extrait de l'allocution de Jacques Parizeau devant la Chambre de commerce de Montréal à l'Hôtel Sheraton Mont-Royal, le 25 octobre 1977.
46. *Idem.*
47. Entrevue avec Raymond Garneau, le 17 avril 2000.

autour de cet emprunt. Serge Guérin considère plutôt qu'il s'agit d'un geste majeur : « On a la prétention et la capacité d'être un État [48] », dit-il et cet événement en offre un exemple.

Par ailleurs, pour éviter de donner prise au chantage financier, Jacques Parizeau instaure une nouvelle politique de transparence au ministère. Tous les trois mois, ses fonctionnaires doivent publier un rapport détaillé des opérations financières du gouvernement. Mais il ne s'arrête pas là. Il a décidé de mater le pouvoir financier. « Je fais de la politique, vous faites des transactions financières », dit-il aux courtiers et aux banques d'investissements. Si vous osez jouer sur le tableau politique, je serai sans merci, semble dire Jacques Parizeau.

À l'automne 1979, un analyste de la maison américaine First Boston ose critiquer durement le gouvernement « séparatiste » du Québec. Dans les heures qui suivent, Alex Tomlinson, le grand patron, appelle Jacques Parizeau pour s'excuser au nom de l'imprudent employé. Il est trop tard, la maison First Boston, qui dirigeait le syndicat financier pour le gouvernement du Québec aux États-Unis, se voit assigner un nouveau co-dirigeant syndicataire. Jacques Parizeau a déjà promu Joe Wilson de Merrill Lynch. « Joe Wilson, c'est un solide parmi les solides, déclare Jacques Parizeau. Il respecte la parole donnée [49]. »

De son bureau d'Hydro-Québec, Georges Lafond trouve Jacques Parizeau trop sévère. « Je ne suis pas sévère, je suis exemplaire, dit-il. *You handle the banking, I handle the politics!* Et arrangez-vous pour que le dernier de vos garçons d'ascenseurs soit poli à l'égard de la politique québécoise. J'ai fait un maudit bel exemple et tout le monde a compris [50] ! »

Certaines personnes comprennent cependant plus vite que d'autres. Parmi elles, Edward Waters, de la maison Kidder Peabody. Le 4 avril 1977, alors que l'ensemble des institutions financières des États-Unis ont coupé tous leurs liens avec le gouvernement du Québec, Edward Waters rend publique une audacieuse étude sur la valeur financière d'Hydro-Québec. Le document indique que les titres de la société d'État sont largement sous-évalués. Dans le domaine énergétique, Hydro-Québec est l'une des plus

---

48. Entrevue avec Serge Guérin, le 8 mars 2000.
49. Entrevue avec Jacques Parizeau, le 3 mai 2000.
50. *Idem.*

puissantes sociétés en Amérique du Nord. On peut aussi y lire que les réserves d'eau sont une richesse qui ne se déprécie pas et que les agences Moody's et Standard & Poor's devraient donc accorder leur meilleure cotation à Hydro-Québec, soit la cote triple A. L'analyste américain y établit également une avantageuse comparaison entre les barils de pétrole et l'eau en réserve sur le territoire québécois.

Le courage de Kidder Peabody est salué par Jacques Parizeau, qui choisira cette société pour conseiller le gouvernement du Québec dans le dossier de la nationalisation de la compagnie Asbestos corporation, une filiale du géant américain General Dynamics. Pour ce qui est d'Edward Waters, il sera nommé au conseil d'administration de Domtar lorsque la Caisse de dépôt et placement et la SGF prendront le contrôle de la papetière.

Dans cet univers du grand capital, Kidder Peabody fait toutefois figure d'exception. En février 1980, Salomon Brothers, une autre grande institution financière américaine, commet l'irréparable quand l'un de ses analystes de Toronto dévoile une information qui nuit à la capacité du Québec à financer ses emprunts new-yorkais [51]. La Salomon Brothers, qui représente à la fois Hydro-Ontario et Hydro-Québec, prévient la société d'État ontarienne du moment où la société québécoise ira sur le marché américain du financement. Ce coulage permet à Hydro-Ontario de devancer son émission et de couper l'herbe sous le pied à la société québécoise, en allant récolter les liquidités nécessaires sur le marché.

En agissant ainsi, Salomon Brothers se fait deux puissants ennemis au Québec : Georges Lafond et Jacques Parizeau. Le trésorier d'Hydro-Québec téléphone au président de Salomon Brothers : «Vous, vous ne ferez pas ça deux fois avec moi [52]!» Il met les Américains à la porte. À titre de client d'Hydro-Québec, Salomon Brothers avait récolté un demi-million de dollar de commissions en 1979. Jacques Parizeau sévit également. Il expulse du syndicat financier la célèbre société qui agit au nom de l'État québécois sur le territoire américain. Son expulsion du syndicat financier

---

51. Lire à ce sujet l'ouvrage de Jean-François Lisée, *Dans l'œil de l'aigle – Washington face au Québec*, Montréal, Les Éditions du Boréal, 1990. En particulier le chapitre intitulé : «Le boulet new-yorkais.»
52. Entrevue avec Georges Lafond, le 1er mars 2000.

de la province et d'Hydro-Québec lui coûte cher. L'exil de Salomon Brothers durera six ans. Avant que la société américaine retrouve les bonnes grâces du gouvernement du Québec, il faudra que Jacques Parizeau ne soit plus ministre des Finances.

« Est-il nécessaire de vous dire que cette *game*-là ne s'était jamais jouée auparavant, rappelle Serge Guérin. Au Québec, nous subissions les milieux financiers... Tout ce beau monde a été mis au pas [53] !» Le leadership de Jacques Parizeau, de même que le talent de Jean Campeau et de Jean Labrecque, instaurent pour ainsi dire une nouvelle façon de faire au ministère des Finances. Les commis de l'État ne baissent plus les yeux lorsqu'il s'agit d'emprunter sur les marchés mondiaux. «Le chantage économique et financier n'a pas gagné la partie [54]», soutient Jacques Parizeau.

---

53. Entrevue avec Serge Guérin, le 8 mars 2000.
54. Extrait de la conclusion du discours du budget de Jacques Parizeau, le 18 avril 1978.

CHAPITRE 11

Le préfet de discipline

« Si nous avons choisi des courtiers québécois, ce n'est pas pour tisser une ceinture fléchée, mais plutôt pour mettre fin au chantage [financier] et afin que les courtiers [anglophones] cessent de se mêler de politique. »

Serge Guérin [1]

Du 29ᵉ étage de la tour du C.I.L. Building [2], Colin Oates, de la firme A.E. Ames & Co., observe la ville de Montréal. Cet Australien d'origine, installé à Montréal, ne s'exprime qu'en anglais. Il est en charge des émissions des titres de la province de Québec sur le marché canadien. Le dirigeant financier n'a pas besoin de se hisser au sommet d'un gratte-ciel pour regarder de haut les fonctionnaires du ministère québécois des Finances. Émule de Douglas Chapman, décédé au début des années soixante-dix, Colin Oates se plaît en effet à reproduire les comportements hautains de l'ancien patron de la maison A.E. Ames & Co. Douglas Chapman est celui qui, rappelons-le, avait traité Jacques Parizeau de «*little rat*» au début des années soixante. À l'époque, Chapman fumait de très longs cigares et dictait ses conditions d'emprunt à l'État québécois tandis que Jacques

---

1. Entrevue avec Serge Guérin, le 8 mars 2000.
2. Les bureaux de A.E. Ames & Co. étaient alors situés au 630, boulevard Dorchester Ouest. Après la mort de René Lévesque en 1987, ce boulevard a été rebaptisé de son nom.

Parizeau n'était qu'un jeune technocrate occupé à dessiner les plans de ce qui allait devenir la Caisse de dépôt et placement du Québec[3]. Mais le jeune technocrate de trente ans lui a survécu et est devenu depuis ministre des Finances. Et même si le dictateur des marchés est mort, plusieurs ont encore l'impression de voir flotter dans les corridors de la firme A.E. Ames & Co. les nuages de fumée laissés par les cigares de cet ancien despote de la finance.

La victoire électorale du Parti québécois a atterré bien des employés de la maison A.E. Ames & Co., mais ce n'est nullement le cas pour Colin Oates et son bureau de direction. À ceux qui lui font observer que la maison de courtage ne compte que vingt-cinq employés francophones sur sept cents, le financier rétorque sur un ton sans réplique : « *They need us! –* Ils ont besoin de nous!» Inébranlable face au péril péquiste, Colin Oates s'appuie sur la position de force que sa firme détient depuis des décennies. Il n'a pas l'intention de modifier son approche et encore moins de courtiser le nouveau ministre des Finances. A.E. Ames & Co. est le prototype même de l'entreprise anglo-saxonne aveuglée par sa puissance et dont le bien-fondé n'a jamais été contesté.

Pendant ce temps, à Québec, Jacques Parizeau a bien l'intention de terminer le travail qu'il a entrepris avec la Révolution tranquille. Depuis plus de quarante ans, la firme A.E. Ames & Co. règne sans partage sur le syndicat financier chargé de la vente des titres du gouvernement du Québec.

De ses bureaux situés dans l'édifice Honoré-Mercier à Québec, Jacques Parizeau décide d'orchestrer l'exécution politique de l'une des plus prestigieuses firmes financières du Canada. Il sera soutenu dans sa tâche par plusieurs de ses lieutenants. L'année 1977 lui a permis de cueillir des millions de dollars à l'étranger. Il est également parvenu à franchir les barricades érigées par les firmes de courtage de Toronto et de New York. L'heure a donc sonné pour lui de consolider son pouvoir. L'année 1978 sera celle du grand règlement de comptes avec la compagnie A.E. Ames & Co.

---

3. À ce sujet, le lecteur peut consulter le premier tome de cet ouvrage, plus particulièrement le chapitre portant sur la création de la Caisse et intitulé « La banque du Québec ».

« Enlever ces gros pouces de sur notre gorge »

La guerre froide entre le Québec et les milieux financiers du Canada anglais va connaître une étape décisive avec la venue de Jacques Parizeau au ministère des Finances. Mais l'origine de ce conflit remonte bien avant l'arrivée au pouvoir du Parti québécois. Une recherche publiée en février 1977, et réalisée par François Dusseault du service de placements de la Fiducie du Québec, rattachée au Mouvement Desjardins, révèle que les institutions financières du Canada anglais ont commencé à lever le nez sur les titres du Québec dès 1966, avec l'élection de Daniel Johnson [4]. L'étude statistique permet de constater entre autres que depuis 1967, le Canada anglais a pratiquement cessé d'acheter des obligations du gouvernement du Québec et de la société Hydro-Québec. Sur les deux milliards et demi empruntés du 31 décembre 1966 au 31 décembre 1975, des poussières sont détenues par Toronto, la capitale financière du Canada.

Jean Labrecque, qui depuis des années accumule des rapports et de l'information sur la façon de faire de A.E. Ames & Co., a déjà constaté que cette firme de courtage ne fait pas beaucoup d'efforts pour vendre les titres du Québec. À force de persistance, il est parvenu à percer bien des secrets du syndicat financier. « Tu démontes les ficelles tranquillement, raconte Jean Labrecque, et tu réalises que la firme A.E. Ames & Co. se sert et se sert bien. Ils ne prennent pas de risque. Ils les font prendre par les autres, et puis très souvent par le gouvernement, sans qu'il ne s'en rende compte [5]. » L'essentiel de la dette de la province est financé par des sociétés para-publiques québécoises, comme la Caisse de dépôt et placement et la Caisse de retraite d'Hydro-Québec, ou encore par des institutions francophones telle la Fédération des Caisses populaires Desjardins. En 1973, Raymond Garneau, alors ministre des Finances dans le gouvernement de Robert Bourassa, s'était plaint ouvertement de cette situation : « Lorsque le Québec parle du marché financier canadien, il faut malheureusement comprendre qu'il parle surtout du marché québécois [6]. »

---

4. Les conclusions de cette étude sont publiées dans un article de Laurier Cloutier, « Le Canada anglais boude depuis dix ans les obligations du Québec », *La Presse*, le 22 février 1977.
5. Entrevue avec Jean Labrecque, le 2 novembre 1998.
6. Article de Laurier Cloutier, « Garneau se plaint du sort fait aux titres québécois ailleurs au Canada », *La Presse*, le 14 décembre 1973.

Quand le Parti québécois prend le pouvoir en novembre 1976, la situation ne s'est évidemment guère améliorée. Mais pour Jean Labrecque, la farce a assez duré : « Si l'emprunteur est Québécois, que le prêteur l'est également, il n'y a aucune raison pour que l'intermédiaire, les courtiers, ne le soient pas [7] !! » Dès qu'il entre en fonction au ministère des Finances, le cavalier de Jacques Parizeau bouscule les fonctionnaires en place avec la mise sur pied d'une salle des marchés dont il confie le fonctionnement à trois ou quatre hommes de confiance. Son objectif est clair : en tant que nouveau directeur des marchés des capitaux, il doit tout savoir sur les intentions des courtiers et des investisseurs. L'équipement de la salle des marchés se réduit à quelques appareils téléphoniques « qui disposent de vingt, trente lignes et qui permettent à tout le monde de se parler pour tenter de savoir ce qui se passe [8]. » Qui vend ? À quel investisseur ? À quel prix ? « Il faut s'outiller, explique Jean Labrecque, de façon à ce que l'on ne soit plus tributaire d'une seule source d'information qui s'appelle A.E. Ames & Co. Il faut s'affranchir de la tutelle du syndicat et simplement se comporter de façon à pouvoir prendre ses propres décisions financières [9]. » Si le courtier A.E. Ames & Co., dont le siège social est à Toronto, ne vend rien en Ontario et qu'il écoule l'ensemble de ses émissions au Québec, la seule conclusion à tirer, selon Jean Labrecque, « c'est que l'on n'a pas besoin d'eux. Il s'agit de reprendre en main ses centres de décision pour qu'il n'y ait personne qui puisse avoir les deux pouces sur ta gorge pour t'étrangler », soutient l'habile cavalier de Jacques Parizeau. S'il « y a encore des francophones au gouvernement qui sont impressionnés par les présidents de banque, se souvient Jean Campeau, lorsque Parizeau arrive [au ministère des Finances], c'est une autre histoire [10]. » Jean Labrecque abonde dans le même sens : « Jacques Parizeau n'a pas peur d'eux. Pour le convaincre, tu [n'avais] pas besoin d'un mémoire de deux cents pages [11] », ajoute enfin Jean Labrecque.

7. Laurier Cloutier, « Lévesque, Beaubien obtient la part du lion – Parizeau met sur pied un nouveau syndicat financier », *Le Devoir*, le 28 janvier 1978.
8. Entrevue avec Jean Labrecque, le 31 janvier 2000.
9. *Idem.*
10. Entrevue avec Jean Campeau, le 15 mai 2000.
11. Entrevue avec Jean Labrecque, le 31 janvier 2000.

L'exécution politique

Quand on demande à Jacques O. Nadeau de raconter comment la firme de courtage A.E. Ames & Co., pour laquelle il travaillait à titre de vice-président, a été évincée du syndicat financier de la province de Québec, une courte phrase lui vient immédiatement à l'esprit : « En janvier 1978, on en a mangé une chr... [12]!» À elle seule, cette courte phrase témoigne de toute la virulence de l'opération menée par Jacques Parizeau. Mais avant de sortir ses canons, Jacques Parizeau s'assure d'abord de bien contrôler son ministère.

En août 1977, le sous-ministre Pierre Goyette, aux Finances depuis le début des années soixante-dix, démissionne de son poste. Jacques Parizeau, qui le trouvait trop conciliant avec les marchés financiers, le remplace par Michel Caron [13]. Pour la première fois, un économiste occupe la fonction de sous-ministre des Finances. Par ce geste, Jacques Parizeau envoie des signaux clairs à ses adversaires : «l'économie vient de prendre le pas sur les finances [14]», déclare-t-il au journaliste Alain Dubuc. Jean Campeau, devenu «le chef emprunteur de la province [15]» et Jean Labrecque seront derrière le sous-ministre, mais remarquablement actifs. Voilà les deux cavaliers de Jacques Parizeau qui enfourchent leurs montures pour une chevauchée épique contre l'imprenable firme A.E. Ames & Co. qui occupe, depuis des décennies, le château fort du syndicat financier. Plus de quinze ans après la nationalisation de l'électricité, Jacques Parizeau peut enfin provoquer en duel son ennemi.

L'opération visant l'expulsion de A.E. Ames & Co. du syndicat financier se met donc en branle le lundi 23 janvier 1978 [16]. Au petit matin, à Québec, Jean Campeau et Jean Labrecque prennent la route vers Montréal. Destination : A.E. Ames & Co., rue Dorchester. Leurs mallettes pourraient

---

12. Entrevue avec Jacques O. Nadeau, le 4 août 2000.
13. De 1973 à 1977, Michel Caron a été au Conseil du trésor à titre de secrétaire adjoint aux programmes. Puis, succédant à Michel Audet, il occupera le poste de sous-ministre adjoint aux Études économiques et fiscales pendant quelques mois.
14. Alain Dubuc, «L'économie prend le pas sur les finances au ministère de M. Parizeau», *La Presse*, le 30 septembre 1977.
15. L'expression est de Jacques Parizeau et apparaît dans l'article d'Alain Dubuc, *op. cit.*, le 30 septembre 1977.
16. Selon les souvenirs de Jacques O Nadeau. Entrevue téléphonique du 3 mai 2001.

avoir la forme d'un étui à violon que ce ne serait pas exagéré. Jean Labrecque ne prévient la compagnie que le matin de la visite. Il téléphone à Jacques O. Nadeau, l'un des seuls administrateurs francophones de la maison de courtage torontoise.

— Jacques, nous serons chez vous à dix heures. Peux-tu réunir tes *boss*?

Au ton de Jean Labrecque, Jacques O. Nadeau comprend que leur heure a sonné. Ce qu'il craignait depuis le 15 novembre 1976 va éclater aujourd'hui. Cueilleur de fonds pour le Parti libéral, Jacques O. Nadeau réagit au coup de téléphone de «son péquiste favori» en lui disant [17]:

— Jean, peut-on jouer à un jeu? Je vais te dire pourquoi vous venez et quel message tu apportes.

— Très bien, essaye, répond Jean Labrecque.

— Tu nous chr… dehors aujourd'hui!

— C'est ça, Jacques.

— Peut-on jouer à un autre jeu ensemble?

— Lequel?, s'étonne Jean Labrecque.

— Je vais t'emmener l'homme qui mérite de recevoir la mauvaise nouvelle en pleine figure.

— Parfait, répond le haut fonctionnaire des Finances.

Immédiatement après avoir raccroché le téléphone, Jacques O. Nadeau se rend au bureau de Colin Oates. Il est plutôt heureux d'être le porteur de la mauvaise nouvelle. Il sourit en imaginant comment l'arrogante confiance de Colin Oates va se liquéfier à l'annonce de cette nouvelle.

«*What! They can't do that!* – Comment! Ils ne peuvent faire cela [18]!», s'écrie le patron après avoir écouté silencieusement son employé. «*They have to talk to us, they need us!* – Ils doivent passer par nous, ils ont besoin de nous [19]!» Jacques O. Nadeau qui, à de multiples reprises, a prévenu le bureau de direction et annoncé un violent orage dans le paysage financier avec la venue de Jacques Parizeau, ose défier son patron: «*You're in a different society now! Times change* – Vous vivez dans une société différente! Les

---

17. Le dialogue suivant provient des souvenirs de Jacques O. Nadeau, lors de l'entrevue du 4 août 2000. Ce récit n'est pas contesté par Jean Labrecque.
18. Selon les souvenirs de Jacques O. Nadeau, entrevue du 4 août 2000.
19. *Idem.*

LE PRÉFET DE DISCIPLINE

temps changent [20]. » Colin Oates a à peine le temps de reprendre ses esprits, que les deux cavaliers envoyés par Jacques Parizeau sont déjà arrivés et demandent qu'on abaisse le pont-levis pour qu'ils puissent pénétrer dans la forteresse…

Colin Oates les reçoit dans son bureau. En retrait dans la pièce, Jacques O. Nadeau assiste à la rencontre. De là où il est, il entend tout et il voit tout, y compris le visage de son patron qui s'assombrit avec les minutes qui passent : «Il en a mangé une taba… [21] ! », avoue Jacques O. Nadeau. Le duo formé par Jean Campeau et Jean Labrecque le malmène comme il ne l'a jamais été de toute sa carrière. En une dizaine de minutes, les deux hommes de Parizeau lui expédient les récriminations québécoises des cinquante dernières années. Leur décision est prise : A.E. Ames & Co. est expulsée du syndicat financier de la province de Québec. Colin Oates est secoué. C'en est fait de ce temple financier qu'il croyait pourtant à l'abri de toutes les attaques.

«En sortant de la rencontre, Colin Oates était à terre, nous apprend Jacques O. Nadeau. Il essayait de blâmer les autres. Je lui ai dit "Ne blâme pas les autres. Blâmez-vous tous, vous les Anglais [22] ! " » Même s'il est un fédéraliste convaincu, Jacques O. Nadeau ne reconnaît pas moins la justesse des griefs du ministère des Finances du Québec. Pour lui, il ne fait aucun doute que ses patrons se sont historiquement comportés de façon outrageuse à l'égard des francophones.

La nouvelle de l'expulsion de A.E. Ames & Co. semble à ce point invraisemblable qu'elle n'est d'abord pas prise au sérieux par les cercles financiers de Montréal et de Toronto. La presse anglophone en fait très peu de cas, tandis que la firme A.E. Ames & Co. demeure muette sur le sujet. Elle n'a pas avantage à ce que la nouvelle se répande. Quand Jean Labrecque et Jean Campeau font la tournée de la rue Saint-Jacques pour confirmer la nouvelle, les dirigeants des maisons de courtage francophones se décident alors à parler. Pierre Brunet, le vice-président de Lévesque & Beaubien, avoue que le départ de ce puissant rival aura des retombées positives pour son entreprise. À l'annonce de la mise sur pied d'un nouveau syndicat financier dont il devient le directeur, ce fédéraliste notoire réagit avec

---

20. Entrevue avec Jacques O. Nadeau, le 4 août 2000.
21. *Idem.*
22. Entrevue avec Jacques O. Nadeau, le 4 août 2000.

retenue : «Je n'ai aucune critique contre la réforme en ce qui nous concerne [23].» De son côté, Louis Rousseau, le président de Molson, Rousseau & Cie, déclare : «Les courtiers québécois sont très biens servis. C'est malheureux que ça ne soit pas venu plus tôt. Québec se base sur ceux qui ont travaillé et qui le méritent. C'est une grosse amélioration [24].»

À Toronto, au siège social de A.E. Ames & Co., Cameron Lipsit, le président, ne croit tout simplement pas à la nouvelle. Il exige des explications. Avec un immense plaisir, Jean Campeau et Jean Labrecque acceptent de se rendre à Toronto pour refaire leur numéro. Après la rencontre, le bureau de direction ne comprend toujours pas. Il demande donc des explications supplémentaires au francophone de service, Jacques O. Nadeau. Une étrange odeur de fin du monde flotte alors dans les couloirs de la maison torontoise. «Vous n'avez pas évolué avec votre client!, leur reproche Jacques O. Nadeau. Ce qui se faisait dans les années cinquante et soixante ne se fait plus aujourd'hui. La Révolution tranquille, c'était vrai et ça existe encore [25]!» Pour ajouter au climat de déroute, il dit : «Je vous préviens, ne soyez pas surpris, ils vont se financer avec Lévesque & Beaubien et Geoffrion, Leclerc ainsi que Wood Gundy [26]!» Jacques O. Nadeau vient de prononcer le nom qu'il ne fallait pas. Alors que leur expulsion du syndicat financier leur paraît totalement inacceptable, la direction ne peut supporter l'idée qu'une autre firme anglophone fasse partie du groupe de tête du syndicat émetteur. «*NO! Wood Gundy won't be there*[27]...», rétorquent-ils en chœur.

Le Canadien anglais de service

Dès les derniers jours du mois de janvier 1978, Lévesque & Beaubien devient le nouveau maître du syndicat financier qui émettra les titres d'Hydro-Québec et du gouvernement de la province de Québec. Dans le

23. Cité dans l'article de Laurier Cloutier, «Lévesque, Beaubien obtient la part du lion – Parizeau met sur pied un nouveau syndicat financier», *Le Devoir*, le 28 janvier 1978.
24. *Idem.*
25. Entrevue avec Jacques O. Nadeau, le 4 août 2000.
26. *Idem.*
27. Selon les souvenirs de Jacques O. Nadeau. Entrevue du 4 août 2000.

groupe de tête, on retrouve maintenant les maisons Tassé et Associés, Molson, Rousseau & Cie et René T. Leclerc inc. Comme Jacques O. Nadeau l'avait prévu, la seule institution anglophone de ce groupe est Wood Gundy de Toronto. La représentation de cette firme torontoise s'explique par la présence et l'attitude de Michael Scott. Même si Wood Gundy compte déjà dans son personnel un Québécois comme Guy Jolicœur, l'arrivée de Michael Scott, qui quitte Toronto et apprend en peu de temps à parler français, a tout pour plaire au cabinet de Jacques Parizeau. Jacques O. Nadeau s'intéresse de près au nouveau venu et observe l'habileté de son concurrent : «Michael Scott est rentré dans le syndicat et ce fut l'adoration pour le Parti québécois. Il disait : " Je ne suis pas un politicien, je suis ici pour faire faire de l'argent au gouvernement. Je vais vous aider ". Et c'est ce que Jacques Parizeau voulait entendre[28].»

Daniel Paillé confirme les dires de Jacques O. Nadeau : «Michael Scott est le premier des anglos à avoir compris que quand tu arrivais dans le bureau de Parizeau, tu parlais à *Monsieur* Parizeau en français et il fallait clairement dire que tu respectais le gouvernement[29].» De plus, comme bien d'autres agents du milieu financier, Michael Scott «était étonné par les compétences et surtout les connaissances du nouveau ministre des Finances[30].» Michel Caron l'affirme ouvertement : «Ce n'était pas gênant d'être autour d'une table et d'écouter notre ministre converser avec des soi-disant grands banquiers[31].»

La maison A. E. Ames & Co. se retrouve donc en queue de peloton, très loin de la zone de profit, avec des grenailles à vendre au nom du gouvernement du Québec. «Avec le PQ, il n'y avait pas moyen de reprendre notre place dans le syndicat[32]!», relate Jacques O. Nadeau. A.E. Ames & Co. devient rapidement une boîte qui périclite. Haletante, suffocante, l'entreprise est incapable de se relever de la crise amorcée avec la perte du compte du gouvernement du Québec. Détrônée, elle perd de prestigieux clients, comme la compagnie Bell Canada, qui lui procurait

---

28. Entrevue avec Jacques O. Nadeau, le 4 août 2000.
29. Entrevue avec Daniel Paillé, le 9 mars 2000.
30. *Idem.*
31. Entrevue avec Michel Caron, le 16 octobre 2000.
32. Entrevue avec Jacques O. Nadeau, le 4 août 2000.

d'excellents profits. Son empire financier se désagrège. Et pendant que les colonnes du temple s'effondrent avec fracas, on peut aisément imaginer Jacques Parizeau s'empressant d'en visiter les ruines et de mettre le pied sur la cape de l'empereur, abandonnée au sol parmi les débris. En 1981, A.E. Ames & Co. disparaît du paysage financier : la maison Dominion Securities avale sa concurrente.

Au tour de la Caisse de dépôt maintenant...

En sa qualité de ministre des Finances, Jacques Parizeau invente une multitude de nouveaux outils financiers dans le but avoué d'accroître l'influence de l'État québécois sur la gestion de sa dette et de son financement. En janvier 1980, le ministère des Finances réalise la première émission des bons du Trésor. L'opération est entièrement gérée par le ministère des Finances, en dehors de la zone d'influence du syndicat financier.

Mais dans l'esprit de Jacques Parizeau, pour s'affranchir totalement du syndicat financier et de la mainmise des investisseurs canadiens-anglais, il faut aller beaucoup plus loin. Celui qui a présidé, avec quelques discrets révolutionnaires tranquilles, à la fondation de la Caisse de dépôt et placement du Québec en 1965 et qui fut président du comité sur les institutions financières qui proposait, en 1969, que la Caisse joue un rôle accru dans l'économie, a bien l'intention de donner suite à ces recommandations vieilles de dix ans.

D'ailleurs, dans les jours qui suivent la victoire électorale du Parti québécois, une pensée poursuit Jacques Parizeau : « J'ai à me préoccuper de savoir comment me débarrasser du président de la Caisse de dépôt[33]. » Marcel Cazavan, le président de la Caisse, n'est pas le seul à être dans la mire du ministre nouvellement assermenté. « Michel Paris, le vice-président de la Caisse, a sur Cazavan une influence considérable, explique Jacques Parizeau. Pour lui, la Caisse ne doit être qu'une espèce de fonds mutuel. Nulle part, la Caisse ne doit dépasser dix pour cent des actions de compagnies, alors que la loi lui permet d'aller jusqu'à trente pour cent. La Caisse doit avoir un rôle passif. Mais moi, je n'ai jamais vu les choses sous cet angle-là. Et après notre victoire, Cazavan ne veut pas remettre en cause

---

33. Entrevue avec Jacques Parizeau, le 15 décembre 1997.

les idées de Paris[34].» Jacques Parizeau se trouve donc contraint d'élaborer «l'opération de nettoyage» et de mettre à sa main le conseil d'administration d'une institution qu'il considère comme sa propre création.

Le baron déteste improviser. Comme dans le cas du syndicat financier, il mettra un certain temps avant de poser le premier geste annonciateur d'un important changement de la garde à la direction de la Caisse de dépôt et placement du Québec. Sa démarche est celle de celui qui connaît la mécanique interne des institutions et qui favorise l'audace mesurée.

L'ambitieux ministre des Finances doit cependant jongler avec une donnée difficile à modifier, soit la durée du mandat de la présidence. En 1965, au moment de la création de l'organisme, le premier ministre Jean Lesage avait insisté pour que l'on inscrive dans le texte fondateur de la Caisse que le président de cette institution, après avoir été nommé par le premier ministre du Québec, demeure en place pour une période de dix ans. L'objectif était clair, il fallait «que la direction de la Caisse puisse jouir à l'égard des pouvoirs publics [...] d'une indépendance aussi nette que possible[35].» Or, Marcel Cazavan a été nommé à la tête de la Caisse de dépôt par Robert Bourassa en 1973. Son mandat ne se termine donc qu'en 1983. Pour Jacques Parizeau, c'est trop long. Celui qui est prêt à prendre d'assaut toutes les places fortes du capital financier considère que Marcel Cazavan incarne trop «l'homme du calme des institutions et de la paix des notables[36].» Il le trouve aussi trop servile à l'égard des maîtres de la rue Saint-Jacques. Si le fringant ministre est incapable de démettre immédiatement le paisible président de la Caisse de dépôt, il va tout mettre en œuvre cependant pour l'encercler, jusqu'au jour où il n'aura pas d'autre choix que de démissionner.

Le premier homme

André Marier est le premier homme à agir comme éclaireur pour le nouveau gouvernement. À titre de président du Centre de recherche

---

34. Entrevue avec Jacques Parizeau, le 13 janvier 2000.
35. Extrait du discours de Jean Lesage devant l'Assemblée législative lors de la présentation, en deuxième lecture, de la Loi de la Caisse de dépôt et placement du Québec, le 9 juin 1965.
36. Entrevue avec Jacques Parizeau en janvier 1999.

industrielle du Québec (CRIQ) puis de la Société québécoise d'initiatives agroalimentaires (SOQUIA), il s'introduit au conseil d'administration de la Caisse. Le 14 décembre 1977, un arrêté ministériel fait de lui l'un des administrateurs de la société [37].

Cet efficace compagnon de route de Jacques Parizeau lors de la Révolution tranquille reprend ainsi son rôle de technocrate effacé mais qui a l'habitude d'atteindre sa cible. Dès les premières séances du conseil d'administration de la Caisse, il se met à poser des questions extrêmement précises et dérangeantes «au sujet des politiques de placement. Je voyais beaucoup plus la Caisse [de façon] interventionniste, d'ajouter André Marier. Je désirais qu'elle fasse jouer tous ses pouvoirs pour favoriser le développement de l'économie québécoise [38].»

Lorsqu'il soumet la candidature d'André Marier à René Lévesque, Jacques Parizeau n'a pas besoin d'insister longuement sur les états de service de ce réformiste [39]. Le premier ministre le connaît bien, il l'a recruté une première fois, seize ans plus tôt, aux premières heures de la Révolution tranquille. Le jeune Marier avait alors été recruté comme conseiller économique au cabinet du nouveau ministère des Richesses naturelles dirigé par René Lévesque.

Dans les premiers jours de l'année 1978, Jacques Parizeau joint André Marier au téléphone [40] :

— Monsieur Marier, il est important que vous sachiez quel rôle vous aurez à jouer au conseil d'administration de la Caisse de dépôt et placement du Québec. Bien que formellement je sois le ministre de tutelle de la Caisse et que vous devriez normalement vous rapporter à moi, vous n'en ferez rien.

— Ah bon !

— Vous devenez l'agent de liaison entre le premier ministre et le conseil d'administration.

---

37. André Marier remplace alors John H. Dinsmore, un des deux représentants des fonctionnaires du gouvernement. Son mandat est expiré depuis le 19 janvier 1976.
38. Entrevue avec André Marier, le 28 juin 1999.
39. Entrevue avec Jacques Parizeau, le 25 mai 2000.
40. Selon les notes manuscrites conservées par André Marier et datées du 4 janvier 1978. Archives d'André Marier.

Jacques Parizeau insiste : «Vous serez les oreilles, les yeux et le bras du premier ministre au conseil d'administration[41].»

— Et le président de la Caisse?, demande André Marier.

— Monsieur Cazavan a été dûment averti, informe Jacques Parizeau.

André Marier est donc confirmé émissaire du premier ministre. Tout comme le jeune Jacques Parizeau dans les années soixante, qui était présent au conseil d'administration de la Caisse, André Marier fera des rapports au premier ministre et tirera la sonnette d'alarme en cas de force majeure. Le signal envoyé à la direction de la Caisse est limpide : le nouveau gouvernement aura ses sentinelles au sein de l'organisme.

Un mois plus tard, le représentant du premier ministre déploie ses ailes et pique en droite ligne sur le président de la Caisse de dépôt. À la réunion du conseil d'administration du 20 février, André Marier fait une vigoureuse intervention[42] :

— Monsieur Cazavan, vous nous parlez actuellement des placements de la Caisse pour l'année à venir, mais voulez-vous bien nous dire quel impact aura cet organisme sur le développement économique québécois?

Le président de la Caisse demeure interloqué.

— Que voulez-vous dire, Monsieur Marier?

— Eh bien, la Caisse va devoir investir presque un milliard et demi de dollars en 1978. Je crois qu'il est pertinent de demander ce que l'investissement d'une pareille somme va changer de significatif dans l'économie québécoise!

Marcel Cazavan n'est pas habitué à ce genre de débat. Les réunions durent habituellement une demi-heure ou, au plus, trois quarts d'heure. Elles se déroulent toujours très rondement et seules des questions d'ordre général sont posées. «Cazavan était très discret dans les réunions[43]», raconte Claude Castonguay, également membre du conseil d'administration. «J'aurais aimé que la Caisse intervienne davantage», ajoute celui qui fut nommé par Robert Bourassa en 1973. «J'ai essayé à quelques reprises de faire des interventions dans ce sens-là, mais sans succès. Ça me

41. *Idem.* Jacques Parizeau confirme cette version.
42. Selon les souvenirs d'André Marier et tel que raconté dans sa lettre du 17 mars 1978 adressée à Marcel Cazavan. Archives d'André Marier.
43. Entrevue avec Claude Castonguay, le 5 juillet 1999.

surprenait toujours un peu[44].» Si l'ancien ministre de Robert Bourassa considère le président de la Caisse quelque peu conservateur, il est facile d'imaginer comment André Marier le perçoit.

Le 17 mars 1978, l'émissaire du premier ministre écrit une longue lettre de cinq pages à Marcel Cazavan. Tous les membres du conseil d'administration en reçoivent une copie. André Marier rappelle au président qu'il a été membre du comité qui a recommandé la création de la Caisse de dépôt et placement. «Je puis donc vous affirmer que, dans l'esprit de ses concepteurs, celle-ci devait aller bien au-delà de la simple gestion efficace des sommes mises en dépôt chez elle et être même l'instrument privilégié de la transformation à long terme des structures industrielles au Québec[45].» Puis, il cite un extrait du rapport Dupont de mars 1964, qui recommandait la création de la Caisse. André Marier agit un peu comme un médecin accoucheur qui reviendrait prendre des nouvelles du bébé qu'il a mis au monde, treize ans après sa naissance. Aux yeux d'André Marier, il est clair que Marcel Cazavan ne respecte pas les commandements écrits par les révolutionnaires tranquilles. Il propose donc une politique de placement plus énergique. La Caisse doit «prendre une position plus valable dans l'Alcan, Dominion Textile, Ivaco, Kruger[46]», ordonne-t-il. Marcel Cazavan ne répond pas mais il compte encore beaucoup d'amis au sein du Parti libéral.

Le 3 mars 1978, le député libéral Claude Forget, qui semble bien informé, demande à Jacques Parizeau s'il est vrai que le ministre des Finances souhaite changer radicalement la politique de placement de la Caisse. Sur ce sujet, André Marier rappelle, dans une lettre adressée à René Lévesque, qu'il «ne faut pas être malin d'ailleurs pour faire un rapprochement entre les questions précises et insistantes de monsieur Forget et l'intervention assez vigoureuse que [j'ai] faite à ce sujet au conseil d'administration de la Caisse le 20 février dernier[47].» De toute évidence, le gouvernement de René Lévesque ne contrôle pas encore cette institution financière.

---

44. *Idem.*
45. Lettre d'André Marier à Marcel Cazavan, le 17 mars 1978, p. 3. Archives d'André Marier.
46. *Idem.*, p. 14.
47. Lettre d'André Marier à René Lévesque, le 5 avril 1978. Archives d'André Marier.

Après seulement trois réunions du conseil d'administration, André Marier trouve la situation intenable. Le 5 avril, il écrit à René Lévesque que la Caisse doit cesser de demeurer passive et ne «répondre qu'à des propositions des courtiers. [...] Je maintiens que la Caisse a en pratique passé à côté de ce qui m'apparaît être son plus important rôle. Je comprends très bien qu'il faille éviter à tout prix le risque de la déstabilisation, mais je crois néanmoins que, par rapport à un enjeu aussi vital, la Caisse doit assumer sans équivoque le rôle qu'elle est en mesure de jouer. Je souhaite que vous réaffirmiez cette vocation première de la Caisse, non pas publiquement, mais en mettant en branle les mécanismes qui permettraient d'en assurer discrètement la mise en œuvre[48].»

Six mois plus tard, Jacques Parizeau qui, dans sa jeunesse, raffolait des jeux scouts, met en place la grande opération qui va transformer la composition du conseil d'administration de la Caisse et réorienter sa philosophie de placement.

À nous la Caisse...

Le 18 octobre 1978, le conseil d'administration de la Caisse de dépôt et placement accueille cinq nouveaux membres. Le même jour, le mandat de Louis Laberge, comme administrateur de la Caisse, est également renouvelé. Le président de la FTQ est un allié solide du Parti québécois. Ce branle-bas au sein du conseil d'administration était prévisible depuis l'annonce du projet de loi 97 présenté par Jacques Parizeau, le 22 décembre 1977, lequel faisait passer de dix à douze le nombre d'administrateurs, dont un nouveau représentant du milieu coopératif, en la personne d'Alfred Rouleau. Président des Caisses populaires Desjardins, ce dernier membre est éminemment plus sympathique au Parti québécois que les représentants des institutions bancaires traditionnelles.

Claude Castonguay[49], dont le mandat était terminé depuis janvier 1978, est remplacé par Fernand Paré, l'ancien trésorier du Parti québécois et directeur-général de la compagnie d'assurance-vie La Solidarité. Fernand

---

48. *Idem.*
49. Celui-ci démissionne en septembre pour mieux se consacrer à d'autres fonctions dont celle de membre du conseil d'administration de la Banque d'Épargne.

Paré sera président de la Fondation des Québécois pour le OUI lors de la campagne référendaire de mai 1980. Pierre Péladeau, président de Quebecor et ami des souverainistes, succède à l'homme d'affaires Hervé Belzile dont le mandat était expiré depuis janvier 1977. À la surprise de plusieurs, Raymond Lavoie, qui devait également être remplacé, voit son siège comblé par Eric Kierans. Il s'agit du même Eric Kierans qui, en 1967 alors qu'il était président du Parti libéral, avait ardemment repoussé l'idée de souveraineté-association proposée par René Lévesque. Lors du Congrès d'octobre 1967, où on devait discuter de cette option, Eric Kierans était apparu aux côtés de Jean Lesage dans le rôle de bourreau politique de René Lévesque, lequel s'était vu forcé de quitter le parti.

Sur cette question, Jacques Parizeau est en mesure de témoigner de l'absence de rancune de René Lévesque : « Lévesque n'en a pas voulu à Kierans en 1967 [50]. » Le premier ministre tient aussi, par cette nomination, à maintenir la tradition voulant qu'au moins un anglophone siège au conseil d'administration de la Caisse de dépôt et placement.

Gaston Pelletier, le directeur général adjoint du Crédit foncier, est le dernier à être nommé. « De bonne obédience [51] », selon Daniel Paillé, il vient clore ainsi l'opération de reprise en main de la Caisse de dépôt. Deux ans après la prise du pouvoir par le Parti québécois, « il n'y avait plus personne [au conseil d'administration de la Caisse] qui avait été nommé par Robert Bourassa et Raymond Garneau [52] », rappelle fièrement Daniel Paillé. Personne, sauf le président...

Le nouveau conseil d'administration va bouger très vite. Le 18 décembre, plusieurs administrateurs expriment le désir de tenir une réunion spéciale, afin de discuter de l'orientation et de la politique de placement de la Caisse. Bousculé, Marcel Cazavan propose mars ou avril de l'année suivante. L'importante réunion se tiendra finalement les 6 et 7 avril 1979. L'ordre du jour a été préparé par Fernand Paré et André Marier, en étroite collaboration avec le sous-ministre des Finances, Michel Caron. Jacques Parizeau est tenu informé.

---

50. Entrevue avec Jacques Parizeau, le 25 mai 2000.
51. Entrevue avec Daniel Paillé, le 9 mars 2000.
52. *Idem.*

Après cette réunion cruciale, la politique d'investissement de la Caisse devient clairement nationaliste. Les membres y décident « qu'à l'avenir, la Caisse devra investir davantage dans des opérations majeures destinées à servir la cause des intérêts collectifs québécois [53]. » Le portefeuille d'actions de la Caisse devra être « plus québécois » et « tenir compte de critères additionnels à ceux de rentabilité et de négociabilité [54]. » Afin de réduire les coûts de financement du secteur public, les membres du conseil d'administration conviennent de mettre sur pied les mécanismes nécessaires à une meilleure concertation entre Hydro-Québec, la Caisse de dépôt et le ministère des Finances. Ici encore, l'empreinte de Jacques Parizeau est très claire.

En ce qui a trait à l'entrepreneurship québécois, la Caisse de dépôt et placement affirme vouloir promouvoir le développement de la moyenne entreprise. Les nouveaux administrateurs insistent pour que la participation de la Caisse au capital-actions d'une entreprise puisse aller jusqu'à la limite de trente pour cent des actions, tel que sa charte le permet. Ils font également des pressions pour que de l'ensemble des placements de la Caisse, ceux en actions augmentent, une orientation qui entre directement en contradiction avec les gestes posés au cours des dernières années par Marcel Cazavan. Depuis qu'il dirige la Caisse, les placements en actions n'ont pas cessé de fondre comme neige au soleil, pour ne représenter que dix pour cent de l'ensemble des fonds [55].

L'élan des nationalistes au conseil d'administration est tel, qu'ils font adopter, à l'hiver 1979, une proposition indiquant clairement que la Caisse sera dorénavant représentée aux conseils d'administration des compagnies dont elle est un actionnaire important [56].

En novembre 1979, les journalistes Graham Fraser et Michel C. Auger écrivent : « Sans conteste, Parizeau est actuellement le plus populaire des membres du Cabinet, après René Lévesque. Chose rare pour un ministre

---

53. Extrait du procès-verbal de la réunion spéciale du conseil d'administration de la Caisse, les 6 et 7 avril 1979.
54. *Idem.*
55. Source : Mario Pelletier, *La machine à milliards – L'histoire de la Caisse de dépôt et placement du Québec*, Montréal, Québec Amérique, 1989, p. 132.
56. Cette fois-là encore, le document préparatoire qui donnera naissance à cette proposition a été rédigé par Fernand Paré, en accord avec André Marier.

des Finances [57]... » Non seulement est-il populaire, mais il est plus puissant que jamais. Après avoir cueilli des centaines de millions de dollars autour de la planète, réussi à domestiquer la rue Saint-Jacques et à ébranler l'autorité de Bay Street à Toronto, en expulsant A.E. Ames & Co. du syndicat financier, il ne lui reste plus qu'à écarter Marcel Cazavan de la présidence de la Caisse de dépôt et placement. C'est l'unique parcelle de pouvoir qu'il lui reste à conquérir et il est sur le point d'y parvenir.

Les avancées constantes du baron suscitent l'admiration de ses adversaires. Michel Bélanger, son rival à l'époque de la Révolution tranquille devenu entre temps président de la Banque nationale, affirme : « Je ne croyais pas qu'il réussirait à contrôler la machine comme il l'a fait [58]. »

« Mais plus que ses trois budgets ou que les quelques projets de loi qu'il a parrainés, écrivent Graham Fraser et Michel C. Auger, l'événement qui a le plus contribué à la popularité de Parizeau, c'est la désormais célèbre affaire de la taxe de vente. À lui tout seul, il a détruit la crédibilité de Jean Chrétien [59]... » Les journalistes font ici référence au combat qui met aux prises, en avril 1978, le spectaculaire ministre des Finances du Québec et celui d'Ottawa. L'entourage de René Lévesque nous en donne les détails pour la première fois.

---

57. Tiré d'un article de Michel C. Auger et de Graham Fraser, « L'homme fort du Québec – La comparaison qui revient le plus souvent : un Jean Lesage... », *L'Actualité*, novembre 1979.
58. *Idem.*
59. *Idem.*

Le cardinal et Lévesque

*« Monsieur Parizeau n'a jamais essayé de se positionner
en rival de monsieur Lévesque, en aucun moment, je le
répète, en aucun moment. »*

Jean-Roch Boivin [1]

Adhérant entièrement aux enseignements bourgeois de son père, Jacques Parizeau voue un profond respect à toutes les institutions, qu'elles soient politiques, militaires ou économiques. Entré en politique comme on entre en religion, Jacques Parizeau se perçoit aisément comme l'un des cardinaux de l'Église péquiste [2]. Ce n'est pas lui le pape, mais il aime se tenir près du souverain pontife. Dans sa conception de l'engagement politique, le conclave péquiste doit tout au père fondateur, l'unificateur des forces indépendantistes. Sa loyauté à l'égard du leader est donc inébranlable et il s'agenouille volontiers devant lui. Sa foi en l'indépendance se projette sur celle du meneur : un petit homme chauve incarné par René Lévesque.

Une fois élu à la tête du gouvernement, le petit homme prend les proportions d'un géant aux yeux de Jacques Parizeau. Sacré ministre par René Lévesque, le croisé respecte avec zèle cette tradition instituée par le régime parlementaire britannique selon laquelle il doit se soumettre à l'autorité du premier ministre. Une règle qui l'amènera toutefois à vivre de nombreux tiraillements internes.

---

1. Entrevue avec Jean-Roch Boivin, le 20 février 2001.
2. Il aime également se définir comme l'un des « barons » du Parti québécois.

Celui qui n'hésite pas à faire la leçon à ses collègues ministres se comporte tout autrement devant le premier ministre. À l'occasion de l'une des rares apparitions de René Lévesque au Conseil du trésor, l'attitude de Jacques Parizeau change du tout au tout. Son arrogance coutumière et son attitude dominatrice s'évanouissent en présence du premier des ministres. René Lévesque avait insisté pour faire une présentation devant le Conseil du trésor, afin de justifier des crédits pour un programme quelconque. Jacques Parizeau s'y était opposé, « trouvant cela presque indécent, raconte Serge Guérin. Le premier ministre n'a pas à venir quémander des crédits devant ses propres subordonnés [3] ! » Mais rien n'y fit : René Lévesque alla frapper à la porte du Conseil du trésor.

Dans les minutes qui précèdent la venue du premier ministre, le président du Conseil du trésor perd peu à peu de sa contenance et se comporte tout à coup comme le professeur qui se prépare anxieusement à la visite de l'inspecteur de l'école. « Il fallait que nos pupitres soient propres, relate Serge Guérin. Jacques Parizeau ne cessait de dire : le premier ministre s'en vient ! Le premier ministre s'en vient ! Il nous parlait comme si nous devions apprendre par cœur notre leçon avant son arrivée. Il insistait pour nous rappeler qu'il ne fallait pas dire " non " au premier ministre [4]. » À la fin de sa présentation, René Lévesque n'a droit qu'à quelques inoffensives questions. Le Conseil entérine automatiquement sa demande et débloque instantanément les crédits nécessaires.

À l'occasion d'une autre visite de René Lévesque, au ministère des Finances cette fois, Jacques Parizeau répète les mêmes gestes : « Et quand je reçois le premier ministre du Québec pour la première fois dans mes bureaux, explique-t-il, deux de mes attachés de cabinet l'accompagnent à travers les corridors et sont à sa disposition pendant tout le temps qu'il est au ministère. Il est reçu comme un roi et dans un ministère où tous sont prévenus : celui qui dit un mot contre le premier ministre est dehors [5] ! »

Bien qu'ils ne soient pas des amis, les deux hommes sont liés par une loyale complicité dans l'action. Sans leur idéal commun de la souveraineté, ils n'auraient pas travaillé aussi passionnément ensemble. « Il n'y a pas

---

3. Entrevue avec Serge Guérin, le 3 mars 2000.
4. *Idem.*
5. Entrevue avec Jacques Parizeau, le 30 mars 2000.

*Germaine Parizeau, la mère de Jacques, discutant avec René Lévesque
lors du mariage de son petit-fils, Bernard Parizeau.
Archives de Jacques Parizeau. ANQ, Montréal.*

d'amitié du tout entre nous, pas d'intimité, précise Jacques Parizeau. Mais il existe un profond respect pour ce que l'autre représente, et dans les deux sens[6].» Jean-Roch Boivin, le conseiller spécial de René Lévesque qui deviendra rapidement son chef de cabinet, est plutôt d'accord avec cette affirmation. «[Lévesque avait une] confiance totale en Parizeau[7].» Quand, dans les couloirs de l'Assemblée nationale, Jacques Parizeau répète à qui veut l'entendre qu'il n'est que le bon soldat de René Lévesque, Jean-Roch Boivin soutient qu'il est sincère. «La façon dont il le dit, ça a l'air d'une coquetterie, mais c'était vrai! Pour monsieur Parizeau, une fois que Lévesque avait pris une décision, c'était : oui monsieur! Il agissait comme un grand serviteur de l'État. Je ne vous dis pas qu'il n'en avait pas discuté longuement avant[8]...»

Le respect que Jacques Parizeau porte à René Lévesque tient même de l'admiration. Cela est encore plus vrai pour son épouse, Alice Parizeau, émerveillée par l'esprit d'engagement de René Lévesque. Quand leur fils Bernard se marie, elle insiste pour que René Lévesque assiste à la cérémonie. La présence du couple Lévesque, le jour du mariage, est reçue par Alice et Jacques Parizeau comme un véritable hommage.

Il faut protéger René Lévesque!

Le dimanche 6 février 1977 à quatre heures quinze du matin, un événement incroyable se produit. La voiture conduite par René Lévesque heurte le corps d'un sexagénaire du nom d'Edgar Trottier. Couché en travers de la chaussée, sur le chemin de la Côte-des-Neiges, cet ancien combattant, appréhendé à plus de quarante occasions pour vagabondage, larcins et état d'ébriété avancée, est mortellement atteint par la voiture du premier ministre. René Lévesque rentrait d'une soirée chez son ami Yves Michaud en compagnie de sa secrétaire Corinne Côté, qui deviendra bientôt son épouse. Le 21 février, le coroner Maurice Laniel exonère René Lévesque de tout blâme. Il ne voit pas l'utilité d'une enquête publique. L'autopsie révèle un haut taux d'alcoolémie dans le sang de l'itinérant. «Parce qu'il

---

6. *Idem.*
7. Entrevue avec Jean-Roch Boivin, le 20 février 2001.
8. *Idem.*

s'agit d'un accident impliquant le premier ministre, toutes sortes d'hypothèses ont été échafaudées, mais mon étude du dossier ne laisse aucun doute dans mon esprit. Il n'y a pas eu de crime. Pour moi l'affaire est close[9].»

Politiquement, René Lévesque s'en tire sans trop d'égratignures. Comme par miracle, la population du Québec ne lui tient pas rigueur de cet accident. Mais tout au long de cette affaire tragique, Jacques Parizeau s'active. Il croit dur comme fer à un complot pour écarter René Lévesque du paysage politique. Le vagabond est un homme qui a servi dans l'armée canadienne et il logeait habituellement à l'hôpital Reine-Marie des anciens combattants. Pour Jacques Parizeau, voilà des indices qui ne trompent pas et qui lui permettent de conclure à un coup monté : des agents fédéraux ont tenté de compromettre le premier ministre souverainiste du Québec. Quand on soumet cette hypothèse à Jean-Roch Boivin, il s'écrie : «Franchement là! Il y a un pauvre piéton qui s'est fait frapper par monsieur Lévesque. Jamais, je croirai qu'il y voit un complot[10]!»

La propension de Jacques Parizeau à soupçonner la présence de comploteurs derrière toutes les portes est un trait de sa personnalité qualifié de maladif par plusieurs. Mais dans le cas de l'accident impliquant René Lévesque, Serge Guérin y voit plutôt une volonté ferme de protéger le premier ministre. «Pourquoi ne l'a-t-on pas empêché de prendre sa voiture[11]!», s'écrie Jacques Parizeau en apprenant la nouvelle. Exaspéré, il considère que l'entourage de René Lévesque est négligent. Comment se fait-il que le soir de cette réception, personne de son cabinet n'est auprès de lui?! Où sont ses gardes du corps?!, s'indigne-t-il. «Les gens de son cabinet l'aiment tellement, qu'ils ne le protègent pas contre lui-même, profère-t-il. Il n'y a pas assez d'opérateurs froids dans son entourage. J'entre dans le *bunker* et les gens sont en bras de chemise, sans cravate, tandis que les filles portent des pantalons[12]!» Lui qui est toujours vêtu de son éternel complet trois pièces et qui exige le port de la jupe aux femmes de son cabinet trouve que l'entourage du premier ministre manque de sérieux!

9. Article de Michel Auger, «Le coroner exonère Lévesque de tout blâme», *La Presse*, le 22 février 1977.
10. Entrevue avec Jean-Roch Boivin, le 20 février 2001.
11. Propos attribués à Jacques Parizeau et rapportés par Serge Guérin lors de l'entrevue du 8 mars 2000 et confirmés par Jacques Parizeau.
12. *Idem.*

Par contre, le cardinal qui veille ainsi jalousement sur Lévesque, devenu pape, va bientôt devoir se soumettre à une directive émise par ce dernier, mais qui ne lui plaît pas du tout. Le conflit éclate avec l'épisode de la taxe de vente. Rideau! Voici comment tout cela commence...

La taxe de vente : l'histoire officielle

Nous sommes le 10 avril 1978, un lundi soir plus précisément. Jean Chrétien, récemment nommé ministre des Finances du Canada, présente son premier budget à la Chambre des Communes à Ottawa. La pièce maîtresse de son discours consiste en l'annonce d'une diminution de trois pour cent de la taxe de vente provinciale pour une période de six mois [13]. Pour s'assurer de la collaboration des provinces, le gouvernement fédéral promet de rembourser aux deux tiers cette baisse de taxe qui devrait, espère-t-on, relancer l'économie.

Pour le Québec, cette mesure représente des pertes de revenu de trois cent quarante millions de dollars. Le gouvernement fédéral propose de rembourser deux cent vingt-cinq millions de dollars. Le lendemain du discours de Jean Chrétien, René Lévesque crie au « viol éhonté du respect des compétences [14]. » Le premier ministre du Québec dénonce « l'effondrement facile de la notion même de la plus minimale d'autonomie. » Il qualifie la mesure Chrétien de « plus grossière des manœuvres » qui dévalue « le mot même de budget. S'il fallait accepter ça en chien couchant, l'État québécois entrerait dans une véritable antichambre de la prostitution. Quand on se laisse tripoter aussi intimement, on est mûr pour le reste [15]...»

Moins de quarante-huit heures après la mesure annoncée par Jean Chrétien, Jacques Parizeau riposte de façon cinglante. Dans une déclaration ministérielle lue à l'Assemblée nationale, le ministre des Finances du Québec annonce l'abolition sélective de la taxe de vente. Plutôt que de suivre la suggestion d'Ottawa, laquelle consiste à réduire de huit à cinq pour cent la taxe de vente sur tous les produits pendant six mois, Jacques

---

13. La taxe provinciale de vente au détail est alors de 8 % au Québec.
14. Déclaration du premier ministre René Lévesque sur le budget fédéral, le mardi 11 avril 1978.
15. *Idem.*

Parizeau supprime complètement cette taxe pour une période d'un an, mais sur certains produits seulement, c'est-à-dire, ceux qui sont essentiellement fabriqués au Québec. Le ministre des Finances espère ainsi stimuler l'économie québécoise plutôt que celle de l'Ontario. Réduire la taxe de vente sur les automobiles et les appareils électroménagers, presque tous produits en Ontario, n'aidera pas l'économie québécoise, estime Jacques Parizeau.

Le ministre des Finances abolit la taxe de vente sur les produits suivants : les chaussures, les textiles, les vêtements et les meubles. Comme il manque vingt millions de dollars pour arriver au montant promis en compensation par le fédéral, le ministre décrète l'élimination de la taxe sur les chambres d'hôtel, afin de stimuler l'industrie touristique au Québec. « Il faut que chacun se rende compte, dit-il, que chaque fois qu'il achète un produit québécois, il crée, pour ses concitoyens comme pour lui-même, davantage de travail et de revenus [16]. »

La contre-proposition du gouvernement du Québec est si habilement ficelée, en plus d'être présentée avec éclat, qu'elle a l'effet d'une bombe dans les milieux politiques canadiens. Claude Charron, qui agit alors à titre d'hôte de la conférence fédérale-provinciale des ministres de la Jeunesse et des Sports à l'Hôtel Quatre-Saisons de Montréal, est témoin de la réaction des provinces : « Ils étaient sidérés. Ils trouvaient ça astucieux. Ils étaient complètement sciés [17] ! »

Dans la presse en général, on salue l'intelligence du ministre des Finances. Même le journal anglophone *The Gazette* écrit en éditorial le 14 avril 1978 que « Parizeau gagne des points ». Le 16 avril, dans le cadre de sa première conférence de presse comme nouveau chef du Parti libéral, Claude Ryan salue la mesure proposée par Jacques Parizeau [18].

Le jeudi 27 avril 1978, c'est au tour de l'Assemblée nationale d'adopter à l'unanimité une motion d'appui à l'endroit du gouvernement du Québec sur la question de la taxe de vente. Rodrigue Biron, chef de l'Union

---

16. Extrait de la déclaration ministérielle du ministre québécois des Finances, le 12 avril 1978.
17. Entrevue avec Claude Charron, le 22 mars 2000.
18. William Johnson, « Ryan critical of Chretien's sales tax proposal », *The Globe and Mail*, le 17 avril 1978.

nationale, Fabien Roy, du Parti national populaire, et le Parti libéral, représenté en Chambre par Gérard D. Lévesque, apportent tous leur appui au ministre des Finances du Québec. D'une seule voix, l'Assemblée nationale « exprime le vœu que le gouvernement du Québec et celui du Canada concluent sans délai une entente ferme et définitive respectant la proposition québécoise [19]. »

Pendant ce temps, Jean Chrétien est noyé sous un torrent de critiques. Au Québec, la population est grandement favorable à l'abolition sélective de la taxe de vente, telle que proposée par Jacques Parizeau. Dans son autobiographie, le futur premier ministre du Canada consacre un chapitre entier à cet épisode. Il reconnaît, dès les premières lignes, s'être « retrouvé dans la pire impasse [20] » de sa carrière. « Presque tous les membres du Cabinet me conseillaient de céder, écrit-il. De vieux amis et de vieux partisans téléphonaient à ma femme [et lui disaient] : "Mais pourquoi Jean est-il si entêté? Il avait l'habitude d'être plus souple que ça [21]..." » Le 2 mai, un éditorial du *Globe and Mail* assène un coup solide au jugement politique de Jean Chrétien. La direction du journal lui reproche, de même qu'à Pierre Elliott Trudeau, d'utiliser le ministère des Finances du Canada comme d'un *bulldozer* pour défoncer les frontières du champ de compétences provinciales dont dépend la survie du fédéralisme [22].

La riposte du docteur en économie de la London School of Economics a complètement écrasé le ministre fédéral des Finances. Celui-ci se défend toutefois avec la vigueur d'un véritable batailleur de rue. Jean Chrétien en vient à révéler que bien avant que le budget fédéral ne soit présenté, il avait discuté de cette mesure avec Darcy McKeough, le trésorier de l'Ontario, ainsi qu'avec Jacques Parizeau. Les deux hommes lui avaient donné leur aval, prétend-il. Le grand argentier de la province de Québec aurait-il donné sa parole pour la reprendre ensuite?

Au Québec, on ne croit pas à la version de Jean Chrétien. Le 17 mai 1978, Jacques Parizeau déclare à l'Assemblée nationale : « Je répète que je

---

19. Extrait de la motion unanime votée à l'Assemblée nationale, le jeudi 27 avril 1978.
20. Jean Chrétien, *Dans la fosse aux lions*, Montréal, Les Éditions de l'Homme,1994, p. 109.
21. *Idem*, p. 111.
22. Tiré de l'éditorial du *The Globe and Mail*, « Bulldozer federalis », le 2 mai 1978.

n'ai jamais accepté le plan Chrétien sur la taxe de vente.» Même Darcy McKeough, le ministre ontarien, refuse de confirmer la version avancée par Jean Chrétien [23]. «C'est une bourde de Jean Chrétien», affirme Raymond Garneau, ancien ministre des Finances sous le gouvernement de Robert Bourassa. «C'est l'expression parfaite de l'attitude du gouvernement Trudeau à cette époque-là et Chrétien jouait à cent pour cent dans ce genre d'arrogance-là [24]», ajoute-t-il. De son côté, Jacques Parizeau déclare : «J'ai rarement vu au Québec une mesure être prise dans l'enthousiasme général. Chrétien a l'air d'un niais dans cette affaire-là. Il a vraiment l'air du gars qui a complètement "passé à côté de la *track* [25]".»

Dix ans plus tard, quand Michel Caron, le sous-ministre de Jacques Parizeau, ira travailler à Ottawa au ministère des Finances, ses collègues fédéraux de la haute fonction publique admettront que le ministre des Finances du Québec avait gagné haut la main la bataille de la taxe de vente et que ce fut l'un des meilleurs coups politiques du Parti québécois [26]. Aujourd'hui, de nouveaux témoignages permettent de présenter cet épisode autrement.

La taxe de vente : l'histoire véritable

Le 29 mars 1978, Jacques Parizeau présente la proposition fédérale de réduction de la taxe de vente au Conseil des ministres pour la première fois. Le ministre des Finances se prononce en faveur de cette mesure à condition que le fédéral accepte de compenser entièrement le Québec par des ententes de développement. Il met même en garde le Conseil des ministres contre un rejet trop rapide de cette proposition : «Si le Québec refusait la proposition du gouvernement fédéral, il pourrait se faire accuser de refuser une somme de l'ordre de deux cents millions prise à même les

---

23. Darcy McKeough déclare au journaliste David Thomas, dans un article de la revue *Maclean's*, le 7 août 1978, que Jacques Parizeau est «le seul politicien de son parti capable de rallier tous les Québécois contre le gouvernement fédéral». Il fait alors référence à la «finesse» de Jacques Parizeau dans le débat sur la taxe de vente.
24. Entrevue avec Raymond Garneau, le 17 avril 2000.
25. Entrevue avec Jacques Parizeau, le 17 mai 2000.
26. Entrevue téléphonique avec Michel Caron, le vendredi 15 décembre 2000.

impôts des Québécois [27].» René Lévesque n'aime pas du tout cette mesure. Le Conseil des ministres convient alors de ne pas accepter la proposition du gouvernement fédéral pour le moment. Jacques Parizeau «mentionne qu'il pense être en mesure, au cours des prochains jours, d'obtenir des concessions additionnelles de la part du gouvernement fédéral dans ce dossier [28].»

Le lendemain, à l'Hôtel Bonaventure de Montréal [29], Jean Chrétien prend sa douche pendant qu'Eddie Goldenberg, son chef de cabinet, fait patienter les ministres des Finances de l'Ontario et du Québec. «Darcy McKeough et moi, nous faisons le pied de grue pendant une heure, se souvient Jacques Parizeau. On attendait que monsieur ait pris sa douche [30]!» Une semaine plus tôt [31], les trois ministres des Finances avaient longuement discuté au téléphone de la proposition avancée par Darcy McKeough, laquelle consistait à réduire la taxe de vente pour quelques mois afin de stimuler l'économie du pays [32]. Jacques Parizeau s'était alors exprimé en faveur de cette mesure.

Le fait que la proposition provienne de Darcy McKeough plutôt que de Jean Chrétien, une information demeurée pratiquement inédite jusqu'à aujourd'hui, revêt beaucoup d'importance. Il faut savoir que depuis leur première rencontre, en décembre 1976, Jacques Parizeau et Darcy McKeough sont devenus de véritables amis. Ils se vouent une admiration réciproque. Si le personnage londonien de Jacques Parizeau intimide bien des gens, cela amuse Darcy McKeough qui avoue, en riant, jouer sur les mêmes

---

27. Extrait du mémoire des délibérations du Conseil exécutif, séance du 29 mars 1978. Archives nationales du Québec. Fonds René-Lévesque, Montréal.
28. *Idem.*
29. Jean Chrétien et Jacques Parizeau confirment publiquement cette information en 1978.
30. Entrevues avec Jacques Parizeau, le 17 mai 2000 et le 14 juin 2000.
31. La discussion eut lieu le 23 mars 1978. Jean Chrétien en fait mention dans une lettre adressée au ministre Jacques Parizeau le 21 avril 1978. Cette lettre sera rendue publique le 26 avril.
32. Lors d'une entrevue qu'il accorde au biographe le 26 mars 2001, Darcy McKeough confirme que cette idée venait de lui. Lawrence Martin évoque également cet état de fait dans sa biographie de Jean Chrétien, *Jean Chrétien – The Will to win*, vol. 1, Toronto, Lester Publishing Limited, 1995, p. 259.

planches que le ministre des Finances du Québec. «C'était un gars charmant avec toute cette arrogance et ce snobisme[33]», reconnaît-t-il.

Fortement impressionné par l'intelligence du docteur en économie, Darcy McKeough partage avec son collègue les mêmes appréhensions quant aux visées centralisatrices du gouvernement fédéral. «Jacques Parizeau croyait honnêtement que les dédoublements étaient trop nombreux, tout comme moi[34].» Les deux politiciens se méfient d'Ottawa et en particulier du ministre libéral Marc Lalonde. «Je le trouvais vraiment détestable», confie Darcy McKeough, élu sous la bannière du Parti conservateur de l'Ontario. Quant à savoir s'il est possible de fraterniser avec un ministre péquiste, le grand argentier de l'Ontario répond sans hésitation que Jacques Parizeau «est une personne avec qui vous pouvez être en désaccord tout en demeurant ami.» Dans ce cas-ci, les deux amis semblent d'accord avec l'idée d'une réduction de taxe pilotée par Ottawa.

Le soir du 30 mars 1978 à l'Hôtel Bonaventure, Jacques Parizeau se sent donc nerveux. La veille, le Conseil des ministres a mal réagi à sa proposition et il doit aujourd'hui trouver un moyen de l'expliquer aux deux autres ministres des Finances. Jacques Parizeau a toujours soutenu qu'il ne s'était pas engagé auprès de Jean Chrétien : «Ce n'est pas le genre de chose que je ferais, mais s'il veut le faire, je ne peux pas l'en empêcher. [De mon côté], je ne suis pas obligé d'entrer dans son système. Ce soir-là, comme la semaine suivante, je cherche quelque chose d'autre[35].» La vérité, c'est qu'il a été séduit par la proposition de son ami McKeough, mais qu'il doit maintenant tenter de se défaire d'une entente verbale qui le lie de façon officieuse aux ministres des Finances de l'Ontario et du Canada. Toute la soirée, il demeure tellement vague sur son engagement que Jean Chrétien en conclut que l'appui du gouvernement québécois lui est toujours assuré. Quand il rentre à Québec, Jacques Parizeau n'a toujours rien réglé.

La parole d'un *gentleman*

René Lévesque n'apprécie guère que Jacques Parizeau se soit engagé dans des discussions de cette importance sans en informer au préalable le

---

33. Entrevue avec Darcy McKeough, le 26 mars 2001.
34. *Idem.*
35. Entrevue avec Jacques Parizeau, le 17 mai 2000.

gouvernement. «Lévesque croit que, politiquement, ce n'est pas bon cette affaire-là [36]», raconte Jean-Roch Boivin. Le premier ministre demande finalement à son chef de cabinet d'aller rencontrer Jacques Parizeau et de le convaincre de reculer : «Il faut faire changer d'idée Parizeau [37]», ordonne René Lévesque.

Alors qu'il fait nuit depuis longtemps, Jean-Roch Boivin se rend donc au bureau de Jacques Parizeau, qui y travaille toujours. L'émissaire du premier ministre utilise tous les arguments possibles pour amener le ministre des Finances à revenir sur sa parole donnée, mais Jacques Parizeau «ne veut rien entendre [38].» Exténué, Jean-Roch Boivin finit par lui dire : «Dans ces conditions, Monsieur Parizeau, je pense que vous allez être obligé de venir voir monsieur Lévesque à son bureau [39].»

Il est presque trois heures du matin quand Jacques Parizeau emprunte le sinistre tunnel qui mène au *bunker*, le surnom dont est affublé l'édifice qui abrite le bureau du premier ministre du Québec. Jean-Roch Boivin, qui dort tous les soirs dans une chambre attenante au bureau du premier ministre, est l'unique témoin de cette importante conversation nocturne. «Je m'en souviens en ta...!», raconte Jean-Roch Boivin. D'une durée indéterminée, la lutte verbale a consisté à défaire la parole donnée par un *gentleman* [40].

— Mais, Monsieur Lévesque, j'ai donné ma parole à Jean Chrétien et à Darcy!, plaide Jacques Parizeau.

— Eh bien! il faut revenir sur votre parole, Monsieur Parizeau, tranche René Lévesque.

— Mais écoutez...

— Je comprends, Monsieur Parizeau, mais vous n'aviez pas l'autorité pour agir ainsi.

---

36. Entrevue avec Jean-Roch Boivin, le 20 février 2001.
37. Propos attribués à René Lévesque et rapportés par Jean-Roch Boivin. Entrevue du 20 février 2001.
38. Entrevue avec Jean-Roch Boivin, le 20 février 2001.
39. *Idem.*
40. Le dialogue provient des souvenirs de Jean-Roch Boivin. Entrevue du 20 février 2001. Jacques Parizeau nie que cette discussion se soit tenue à ce moment-là. Pourtant, les mémoires des délibérations du Conseil exécutif tendent à confirmer cette version, de même que le témoignage de Darcy McKeough.

«On a discuté longtemps et ça été difficile, rappelle Jean-Roch Boivin. Il faut dire que quand Jacques Parizeau donnait sa parole… Mais il s'est finalement rangé et si mon souvenir est bon, de notre part, ce n'est jamais sorti dans le public[41].» Jacques Parizeau n'en dit mot à personne. Il n'en parle même pas à son chef de cabinet, ni à son sous-ministre.

Au lendemain de cette nuit difficile, le sens de l'honneur de Jacques Parizeau risque d'être abîmé. Comment va-t-il apprendre la nouvelle aux ministres des Finances du Canada et de l'Ontario? Il décide de jouer franc jeu. Son ami Darcy McKeough, qui a toujours refusé de s'exprimer sur cet épisode, raconte au biographe comment il apprend la nouvelle : «Parizeau est retourné à Québec et n'a pu vendre cette entente. Il nous a alors prévenus au téléphone en nous disant qu'il ne pouvait y arriver. Parizeau a dit à Chrétien qu'il était incapable de réaliser ce qu'il s'était engagé à faire, soit de respecter l'entente que nous avions eue à trois[42].»

Jean Chrétien est donc informé de la position du premier ministre du Québec. Malgré tout, il décide d'aller de l'avant. Tommy Shoyama, sous-ministre des Finances à Ottawa, le met en garde, mais l'obstiné ministre demeure convaincu qu'en offrant deux cent vingt-six millions à la province de Québec, la pression sera tellement forte que le gouvernement Lévesque ne pourra pas refuser[43]. Le lundi 10 avril 1978, quelques heures avant la lecture de son discours du budget en Chambre, Jean Chrétien communique avec Jacques Parizeau : «Il m'a téléphoné à quinze heures à mon bureau de comté. Je lui ai indiqué à nouveau, à quinze heures cet après-midi, que je n'étais pas d'accord[44].»

Dans ses mémoires, Jean Chrétien écrit : «Il est sûr et certain que je n'aurais pas été assez irréfléchi pour introduire cette proposition de taxe de vente dans mon budget, si je n'avais pas été convaincu que j'avais l'accord de toutes les provinces[45].» Or Jean Chrétien savait, quelques jours avant la

41. Entrevue avec Jean-Roch Boivin, le 20 février 2001.
42. Entrevue avec Darcy McKeough, le 26 mars 2001.
43. Ces propos de Tommy Shoyama sont reproduits dans le livre de Lawrence Martin, *Jean Chrétien – The Will to win, op. cit.*, p. 260.
44. *Journal des débats* de l'Assemblée nationale du Québec, troisième session, 31e législature, le mercredi 17 mai 1978, vol. 20, no 35, p. 1 483.
45. Jean Chrétien, *Dans la fosse aux lions*, Montréal, *op. cit.*, p. 110.

présentation de son budget, que la deuxième province du pays n'emboîterait pas le pas. Jacques Parizeau l'avait tenu informé du changement de cap de son ministère. «Chrétien a toujours refusé de le reconnaître en public, or j'étais présent lorsque Parizeau l'a prévenu, lance Darcy McKeough. La mémoire de Chrétien est sélective[46]», ajoute-t-il.

Le matin du 11 avril 1978, au lendemain du discours de Jean Chrétien, René Lévesque convoque une séance spéciale du Conseil des ministres, afin de discuter de la question de la taxe de vente. Jacques Parizeau propose alors quatre voies au gouvernement dont l'une est d'accepter intégralement la proposition fédérale. Lors du tour de table, les ministres sont nombreux à s'opposer à la manœuvre d'Ottawa. Rodrigue Tremblay, qui est alors ministre de l'Industrie et du Commerce fait une proposition au Conseil des ministres : pourquoi ne pas «réduire à zéro pour cent [le] taux de taxe de vente dans les secteurs du vêtement, du textile, de la chaussure, du meuble et des matériaux de construction, pour une période d'au moins un an[47]?» Des quinze premiers éléments détaxés au Canada, pratiquement aucun n'est issu de l'économie québécoise. Rodrigue Tremblay suggère plutôt de cibler des produits essentiellement fabriqués au Québec. Jacques Parizeau trouve l'idée intéressante. À la fin de la réunion, le Conseil des ministres demande au ministre des Finances d'évaluer la faisabilité d'une telle proposition.

L'idée de Tremblay, les calculs de Grignon

Quand Jacques Parizeau sort de l'immense salle ovale, appelée la soucoupe volante, où se tiennent les réunions du Conseil des ministres, il ne sait pas encore que l'un de ses hauts fonctionnaires a déjà songé à une telle mesure. Michel Grignon est un transfuge du ministère des Finances du Canada, où il a été directeur de la trésorerie, avant d'être recruté en 1975 par le gouvernement du Québec. Il agit depuis comme directeur général à la politique fiscale. Michel Grignon parle de son idée de détaxer des produits fabriqués au Québec à son patron et ami, le sous-ministre Michel

46. Entrevue avec Darcy McKeough, le 26 mars 2001.
47. Extrait du mémoire des délibérations du Conseil exécutif, séance du 11 avril 1978. Archives nationales du Québec, Fonds René-Lévesque, Montréal.

Caron. Celui-ci le met en garde : «Ta suggestion comporte des risques. Il est bien possible que le fédéral, qui prévoit rembourser les deux tiers de la facture, décide de ne pas compenser le Québec[48]!» Le sous-ministre, qui n'est pas au courant des féroces discussions politiques qui se tiennent en haut lieu, considère l'idée de Michel Grignon prématurée et audacieuse. Il n'en parle pas immédiatement à Jacques Parizeau. Mais porté par son idée, Michel Grignon, l'auteur de tous les calculs, se met à manœuvrer ferme pour que son opinion parvienne à faire vibrer les tympans du ministre des Finances.

Jacques Parizeau réunit son état-major. «Le soir, dans le bureau de Parizeau, on se demandait quoi faire[49]», se rappelle Michel Caron. Jacques Parizeau ne dit alors pas un mot de la proposition faite le jour même par Rodrigue Tremblay au Conseil des ministres. «Et là, je vois dans le coin, près de la porte, Michel Grignon», raconte Michel Caron. Le haut fonctionnaire ne peut se retenir plus longtemps. Il fait connaître sa proposition qui consiste à éliminer complètement la taxe de vente sur certains produits, principalement ceux des secteurs mous, pour une période de deux ans. Le regard de Jacques Parizeau s'illumine. Voilà une suggestion à peine différente de celle de Rodrigue Tremblay, mais qui permettra au ministre des Finances de ne pas perdre la face en revendiquant la paternité de la mesure fiscale et qui mettra en évidence le talent et l'esprit d'initiative de son équipe.

Le lendemain, lors de la séance ordinaire du Conseil des ministres, Jacques Parizeau présente cinq variantes de la proposition forgée par Michel Grignon. Il avoue toutefois préférer celle-ci : «Une réduction de la taxe de vente de huit à zéro pour cent sur les vêtements, la chaussure, le meuble et les textiles pour une période de deux ans[50].» Le Conseil des ministres décide d'accepter la réduction de taxe ainsi proposée, mais pour une année. L'adoption de cette proposition permet au ministre des Finances de faire une déclaration ministérielle le jour même à l'Assemblée nationale : «J'annonce qu'à partir de minuit ce soir et jusqu'au 31 mars

48. Entrevue téléphonique avec Michel Caron, le 16 octobre 2000.
49. *Idem.*
50. Extrait du mémoire des délibérations du Conseil exécutif, séance du 12 avril 1978. Archives nationales du Québec, Fonds René-Lévesque, Montréal.

1979[51]...» Les applaudissements couvrent les propos d'un ministre des Finances soudainement transformé en magicien.

Rodrigue Tremblay en voudra longtemps à Jacques Parizeau de ne pas lui avoir laissé le moindre crédit pour cette idée qui donnera un profil héroïque au ministre des Finances. Le principal intéressé reconnaît aujourd'hui qu'il «est vrai, sur le plan du principe, que c'est Rodrigue Tremblay qui a, pour la première fois au Conseil des ministres, exprimé cette mesure. Je dois le reconnaître[52].» D'ailleurs, il est difficile d'imaginer que cette suggestion ait pu surgir de la tête du ministre des Finances quand, trois mois plus tôt, Jacques Parizeau déclarait par écrit à l'Association des manufacturiers canadiens que des mesures «comme l'abolition de la taxe de vente sur les chaussures ne sont que des cataplasmes qui ne règlent en rien les problèmes de l'industrie de la chaussure[53].»

La page perdue

Le 18 avril 1978, Jacques Parizeau fait la lecture de son deuxième discours du budget. Les observateurs parlent encore une fois d'un budget conservateur qui ne prévoit pas de grandes dépenses pour des programmes sociaux. Les réductions de taxes et d'impôts sont toutefois au menu et le déficit franchit pour la première fois la barre du milliard de dollars. C'est dans ce budget que Jacques Parizeau s'attaque pour la première fois à la réforme de la fiscalité des particuliers. Il tâche de respecter l'orientation sociale-démocrate de son parti en faisant payer un peu plus les riches et un peu moins les pauvres. Pour Jacques Parizeau, il faut absolument épargner la classe moyenne[54].

À l'Assemblée nationale, comme un artiste, le ministre en complet trois pièces entre en scène. Terriblement sérieux, Jacques Parizeau amorce la lecture de son discours du budget. Il savoure et maîtrise à la perfection

---

51. Déclaration ministérielle du ministre des Finances, le 12 avril 1978.
52. Entrevue avec Jacques Parizeau, le 17 mai 2000.
53. Le contenu de cette lettre fut rendu public à la Chambre des communes par le député libéral de Lévis, Raynald Guay, et repris dans un article de Lise Bissonnette dans *Le Devoir* du 8 juin 1978.
54. Le lecteur intéressé par cette réforme peut consulter l'annexe A intitulée *Il faut sauvegarder la classe moyenne*.

ces minutes de gloire. Puis tout à coup, pendant quelques secondes, Jacques Parizeau, déconcerté, cesse de lire. Il tape lourdement sur les feuilles de son discours... Il manque une page! Le visage du professeur s'assombrit... Heureusement, un collègue ministre assis près de lui réalise l'impair et lui passe immédiatement sa copie du discours. L'incident, inaperçu, va pourtant donner lieu à l'une des grandes colères du ministre des Finances.

À la fin de son discours, le ministre, acclamé comme une star, file tout droit vers son bureau. Il fend la foule d'invités rassemblés à la rotonde, où l'on donne une réception en son honneur. Des gens tentent vainement de le féliciter et de lui serrer la main, mais Jacques Parizeau ne les voit pas. D'un pas lourd, il gravit les marches, sans rien dire. Il est furieux! Au passage, il renverse presque un plateau de champagne qui se trouve sur sa trajectoire. Son chef de cabinet, qui l'aperçoit, ne comprend pas très bien. Jacques Parizeau le dévisage : «Monsieur Guérin, rassemblez tout mon Cabinet. Je veux les voir dans la salle de réunion immédiatement!» Serge Guérin s'empresse de rappeler les troupes pendant qu'Alice Parizeau, souriante, s'approche de son mari et l'embrasse : «Félicitations, mon chéri! Quel magnifique discours. Accompagne-moi, bien des gens veulent te voir. Il y a d'abord François-Albert Angers qui est venu assister à ton discours...» Jacques Parizeau fait fi des observations de son épouse et surgit dans la petite salle de réunion attenante à son bureau où règne le plus étouffant des silences. Juste à côté, on peut entendre les rires et les cris de joie des gens qui festoient.

— Messieurs, c'est intolérable!

Daniel Paillé, Serge Guérin et le sous-ministre Michel Caron échangent des regards interrogateurs [55].

— On a cherché à me déstabiliser pendant mon discours. Il manquait une page. Qui a enlevé une feuille de mon discours?

L'équipe demeure muette. Jacques Parizeau donne un grand coup de poing sur la table.

— Ta...!, je veux qu'on mette dehors celle qui a enlevé une feuille! Vous m'entendez Monsieur Guérin?!

Jacques Parizeau est convaincu qu'il s'agit d'une secrétaire.

— Mais Monsieur Parizeau, c'est peut-être simplement une erreur, tente d'expliquer Daniel Paillé.

55. Pour cet épisode, ces trois personnes se sont confiées au biographe.

271

— C'est un coup monté!, rétorque le ministre avec fermeté.

— Peut-être qu'il ne s'agit pas d'une secrétaire, insiste Daniel Paillé.

— Écoutez! Je veux qu'on me retrouve cette personne et qu'on la foute à la porte! répète Jacques Parizeau, écumant de colère.

Pendant ce temps, dans la pièce voisine, Alice Parizeau est tout sourire pour ses invités. Celle qui veille à ce que la soirée soit des plus réussies est inquiétée par les cris de son mari que certains invités arrivent à entendre. Elle entre dans la salle de réunion et, sans demander quoi que ce soit à qui que ce soit, elle interrompt la discussion et prend son mari par le bras : « Bon Jacek, fini le cinéma! Viens, nous avons des invités. » Elle l'attire vers elle.

— Alice, je t'en prie…

— Allez, allez Jacek, les invités nous attendent….

— Alice…

Jacques Parizeau est entraîné par sa femme hors de la salle de réunion. Il a tout juste le temps de dire à son chef de cabinet : « Guérin, faites la lumière là-dessus. Nous en reparlons demain. »

Le lendemain, c'est un Serge Guérin catastrophé qui entre dans le bureau de Daniel Paillé.

— Daniel, nous sommes dans la merde!

— Comment?, répond Daniel Paillé.

— Imagine-toi donc que c'est nul autre que le sous-ministre qui est responsable de la page manquante. Quelques minutes avant le discours, il a photocopié le texte à Parizeau et a oublié une page dans le photocopieur…

— NON!?

— C'est donc le sous-ministre et le chef de cabinet qu'il va devoir foutre à la porte!

— Comment ça?

— Michel Caron a commis la bévue et moi j'étais responsable de l'exemplaire du discours que le ministre m'avait confié.

« Il n'est finalement rien arrivé, raconte Daniel Paillé. Parizeau avait des colères comme des orages [56]. » Une fois les nuages passés… « Je pense que quand il faisait de grandes colères, c'était un peu du cinéma, du spectacle, estime Daniel Paillé. C'est lorsqu'il ne parle pas qu'il est vraiment de

---

56. Entrevue avec Daniel Paillé, le 3 mars 2000.

mauvaise humeur [57]. » « Il ne faut pas prendre au sérieux Parizeau quand il fait ses crises [58] », confirme Michel Caron. Celui qui est à l'origine de cette tragédie presque comique en sait quelque chose, d'autant plus qu'il n'en était pas à sa première distraction. Quelques jours avant l'épisode de la page manquante, Michel Caron avait confondu le télécopieur avec la déchiqueteuse et y avait précipité une page manuscrite du discours de Jacques Parizeau. Constatant que la machine avait une bien étrange façon de photocopier les documents, il s'était empressé de coller la page et de la photocopier [59]...

Quand Serge Guérin va expliquer la situation à son ministre, le tonnerre gronde à nouveau, puis l'histoire tombe dans l'oubli tout comme cette page abandonnée sur la paroi vitrée d'un photocopieur gouvernemental. Rapidement, la bataille sur la taxe de vente revient à l'avant-scène.

La guérilla fiscale

Écrasé publiquement par la mesure annoncée par Jacques Parizeau, Jean Chrétien tente par tous les moyens de se relever. Le 21 avril 1978, il fait une contre-proposition à Québec. Toutefois, la mésentente persiste, puisque que le fédéral refuse de dédommager complètement le gouvernement Lévesque.

La bataille de la taxe de vente se transforme alors en une véritable guérilla fiscale et financière. La dernière trouvaille de Jean Chrétien consiste à rembourser le Québec, mais sans verser l'argent directement au ministère des Finances. Des deux cent vingt-six millions que Jacques Parizeau demandait, le gouvernement fédéral accepte de verser cent quatre-vingt-six millions de dollars sous la forme d'un dépôt direct dans les boîtes aux lettres des contribuables du Québec. Le 15 mai, après un mois difficile pour lui, Jean Chrétien dépose en Chambre le projet de loi C-56 qui permettra au gouvernement fédéral d'envoyer directement aux Québécois un chèque de quatre-vingt-cinq dollars. Si le Québec souhaite récupérer ce montant, il devra donc le faire par le biais de l'impôt sur le revenu. Jean

---

57. *Idem.*
58. Entrevue téléphonique avec Michel Caron, le 16 octobre 2000.
59. *Idem.*

Chrétien espère ainsi laisser le Québec porter l'odieux du geste et profiter du capital de sympathie généré par le versement d'un chèque provenant d'Ottawa.

Si Jean Chrétien avait imaginé reprendre l'initiative avec l'idée d'envoyer un chèque aux contribuables, ses espoirs sont anéantis vingt-quatre heures après le dépôt de son projet de loi, quand les députés de l'Assemblée nationale du Québec adoptent à l'unanimité, tous partis politiques confondus, une résolution qui enjoint leurs homologues fédéraux à s'opposer à la mesure annoncée par Jean Chrétien. Avec cette deuxième motion unanime en deux mois, l'Assemblée nationale du Québec vient d'injecter une incroyable dose d'énergie à Jacques Parizeau. Depuis que la bataille de la taxe de vente a commencé, il prend beaucoup de place dans les médias. Le ministre, au départ contraint par René Lévesque de revenir sur sa parole, mène à présent une folle chevauchée contre le gouvernement fédéral. Dans sa course effrénée, le croisé a oublié l'entente verbale qui le liait initialement à Jean Chrétien et à son ami Darcy McKeough. Grisé par son succès, il sent que cette bataille peut le mener jusqu'aux pieds des fortifications de l'adversaire et les ébranler. « Pour moi, c'est clair, cette crise-là [pouvait] favoriser la souveraineté [60]. » « En transposant ça dans d'autres secteurs, explique Marc-André Bédard, Parizeau [voyait] ça comme une préparation au référendum [61]. » Lise Payette émet la même idée.

Au Conseil des ministres cependant, on ne semble pas partager ce point de vue. Au même moment, des députés libéraux fédéraux, dont Pierre de Bané et Serge Joyal, de même que des sénateurs comme Jean Marchand et Maurice Lamontagne suggèrent des accommodements. Pour résoudre la crise, qui désavantage également le Parti libéral du Québec, le chef de l'opposition, Claude Ryan, propose un abattement fiscal.

Lors de la réunion du Conseil des ministres du mercredi 24 mai 1978, « l'ensemble du Cabinet estime que, puisque le Québec sort vainqueur de cet affrontement dans l'opinion publique, le temps n'est pas à la mesquinerie et qu'on peut bien adopter la formule suggérée par monsieur Ryan [62] ». Mais Jacques Parizeau n'est pas d'accord avec la proposition de Claude

---

60. Entrevue avec Jacques Parizeau, le 17 mai 2000.
61. Entrevue avec Marc-André Bédard, le 9 décembre 2000.
62. Extrait de l'article de Jean-Claude Picard dans le journal *Le Devoir* du 26 mai 1978.

Ryan. Il préfère plutôt que le gouvernement fédéral transfère des points d'impôts au Québec, ce qui constituerait une compensation fiscale définitive plutôt que temporaire, comme celle proposée par le chef de l'opposition.

Parmi les ministres favorables à la fin des hostilités, on retrouve l'influent Claude Morin. « Chrétien est un obstiné, raconte le ministre des Affaires intergouvernementales. Alors, on a compris qu'on n'en sortirait jamais[63]. »

Serge Guérin, le grand protecteur de Jacques Parizeau mais aussi un redoutable indépendantiste, n'apprécie pas beaucoup l'attitude de Claude Morin. Il est persuadé que le père de l'étapisme assaille le premier ministre et plaide auprès de lui pour que la cabale anti-Chrétien prenne fin. Un midi, au restaurant *Le Parlementaire* de l'Assemblée nationale, Serge Guérin et Claude Morin s'affrontent brutalement[64].

— Morin, peux-tu me dire pourquoi tu souhaites stopper le combat contre Jean Chrétien? Parizeau est en train d'écraser Chrétien sur la place publique. C'est épouvantable, pour un coup de poing de Chrétien, Jacques Parizeau en donne dix.

— Écoute, répond calmement Claude Morin, on peut bien être en chicane avec le fédéral, mais pas à ce point-là...

— Mais pourquoi?, demande Serge Guérin.

— Parce qu'on a d'autres dossiers à discuter avec le fédéral et que ce débat peu salir l'ensemble du tableau[65].

— De quoi parles-tu?, s'étonne le chef de cabinet de Jacques Parizeau.

— Avec la réduction de la taxe de vente telle que proposée par Parizeau, on a de toute façon gagné sur le plan politique.

— Mais je ne comprends absolument pas, insiste Serge Guérin. C'est une œuvre sainte que de continuer à tirer sur le fédéral sur cette question!

---

63. Entrevue avec Claude Morin, le 10 avril 2000.
64. Entrevue avec Serge Guérin, le 8 mars et le 7 juillet 2000. Claude Morin ne conteste pas qu'il y ait eu une telle discussion.
65. En entrevue avec le biographe, le 10 avril 2000, Claude Morin confirme que « comme ministre des Affaires intergouvernementales, ça me tracassait et je me disais : est-ce qu'on va en sortir? » Quand le biographe lui demande s'il craignait donc que ce débat sur la taxe de vente ne lui permette pas de rétablir de saines relations avec le fédéral, il acquiesce en disant : « Mon souvenir, c'est qu'à partir d'un moment donné, on se dit que trop, c'est trop. »

Nous avons la bonne ligne et elle rapporte. L'idée n'est pas simplement de gagner sur Chrétien, mais c'est aussi d'affaiblir le gouvernement fédéral. Cela a beaucoup plus de portée. Il me semble que comme souverainiste tu devrais acheter ce dernier argument?

— Bon, encore un test de pureté idéologique...

La discussion atteint un tel niveau de décibels que les deux interlocuteurs préfèrent mettre fin à l'échange. Claude Morin ne peut cependant s'empêcher d'ajouter un dernier mot : «Cette affaire a assez duré. Il faudrait vraiment que Parizeau cesse.» Serge Guérin hausse le ton : «Non, il n'arrêtera pas! Il n'arrêtera jamais!»

Selon Jean-Claude Picard du journal *Le Devoir*, René Lévesque et Jacques Parizeau ont un long tête-à-tête le 25 mai 1978[66]. Serge Guérin soutient que c'est lors de cette rencontre que René Lévesque aurait demandé à Jacques Parizeau de mettre fin à ce débat et de trouver une façon de régler les choses[67]. À la sortie de la rencontre de son patron avec René Lévesque, Serge Guérin l'aperçoit entrer dans son bureau. «Je me souviens qu'il n'était pas très heureux. Il était en maudit[68].»

À la suite de cet entretien, Jacques Parizeau se résigne donc à envoyer son sous-ministre Michel Caron à Ottawa, afin qu'il négocie avec son homologue fédéral, Tommy Shoyama. Au même moment, Jacques Parizeau et Jean Chrétien ont plusieurs conversations téléphoniques, mais qui n'aboutissent pas. Le 1er juin 1978, Jacques Parizeau annonce en Chambre que les négociations avec le gouvernement fédéral sont rompues[69].

Monsieur Parizeau, c'est assez!

Le 7 juin 1978, le Conseil des ministres autorise à nouveau le ministre des Finances à soumettre une autre proposition de règlement au gouvernement du Canada. L'objectif est d'éviter qu'Ottawa verse aux contribuables

---

66. Extrait de l'article de Jean-Claude Picard, «Satisfait d'avoir gagné la " guerre " de la taxe de vente, Parizeau jongle avec la formule Ryan», *Le Devoir*, le 26 mai 1978.
67. Entrevue avec Serge Guérin, le 7 juillet 2000.
68. *Idem*.
69. Ottawa exige toujours que le gouvernement du Québec réduise sa taxe de vente, mais fait un compromis en suggérant que la mesure ne s'étende que sur trois mois au lieu de six.

le fameux chèque de quatre-vingt-cinq dollars. À la suite de cette réunion et à la surprise de plusieurs ministres, Jacques Parizeau envoie une lettre à Jean Chrétien dans laquelle il lui laisse plutôt la possibilité de choisir entre deux options, soit celle de la réduction de l'impôt fédéral ou celle de la formule du chèque. « En acceptant le chèque du fédéral, c'était reconnaître le bien-fondé de l'intervention fédérale dans un champ de taxation du provincial [70] ! », s'insurge Rodrigue Tremblay. Les journalistes ne comprennent plus. « Parizeau laisse tomber les armes et offre à Ottawa de trancher le débat », écrit Louis Falardeau dans *La Presse* du 9 juin. Dans *Le Devoir*, on s'interroge sur la « drôle de retraite » du ministre des Finances [71]. Les médias échafaudent même une théorie selon laquelle Jacques Parizeau serait en train de tendre un piège à Jean Chrétien. En conférence de presse, c'est un Jacques Parizeau désinvolte qui s'adresse aux journalistes en affichant une indifférence certaine à l'égard de ce que le fédéral fera. Son attitude ne contribue en rien à sortir les journalistes de leur confusion.

René Lévesque rapplique sur-le-champ. En colère, il téléphone à Jacques Parizeau et le somme d'écrire une nouvelle lettre qui tiendra compte du vrai mandat que lui a confié le Conseil des ministres. « Quand Lévesque est tanné de quelque chose, il est tanné, explique Jacques Parizeau. C'est son privilège comme premier ministre. C'est dans son tempérament, c'est un homme d'intuition qui n'aime pas beaucoup les affaires techniques et il avait l'impression de rentrer graduellement dans un marécage [72]. » Jacques Parizeau raccroche le combiné et baisse la tête. Il écrit sa lettre de démission et la montre à son chef de cabinet. « Moi, je ne veux pas que la lettre parte [73] », révèle pour la première fois Serge Guérin. « Ce que Lévesque me demande de faire sur la taxe de vente me fend le cœur [74] », confie Jacques Parizeau. Pendant plus d'une heure, le baron se débat avec sa conscience. Il songe à quitter le gouvernement. Serge Guérin tente de l'en dissuader, puis il lui dit : « Je vais aller voir Lévesque. Je ne sais pas où il est actuellement, mais je vais le trouver. Entre temps, restez au

70. Entrevue téléphonique avec Rodrigue Tremblay, le 13 juin 2000.
71. Extrait de l'éditorial de Michel Roy, « Étrange épilogue d'un contentieux fiscal », *Le Devoir*, le 10 juin 1978.
72. Entrevue avec Jacques Parizeau, le 17 mai 2000.
73. Entrevue avec Serge Guérin, le 7 juillet 2000.
74. Entrevue avec Jacques Parizeau, le 15 novembre 1999.

bureau. Ce n'est pas vrai que vous allez signer cette lettre-là. Donnez-moi deux heures[75]. »

Seul et en pleine nuit, Serge Guérin cherche, dans les rues de Québec, un premier ministre. Une fête quelconque bat son plein dans le Vieux-Québec. Une soixantaine de personnes s'y amusent ferme dont tout le cabinet de René Lévesque. L'endroit a l'air d'une discothèque. Le bruit est assourdissant et presque tout le monde danse. Serge Guérin se fraie un chemin parmi les gens et réussit à se rendre jusqu'à René Lévesque. Ce dernier est fort surpris de voir apparaître le chef de cabinet de son ministre des Finances.

— Monsieur Lévesque! Monsieur Lévesque! Il faut que je vous parle[76].

— Quoi! À cette heure?

Il réussit à entraîner le premier ministre aux toilettes.

— Monsieur Lévesque, Parizeau veut démissionner. Il a même écrit une lettre.

René Lévesque semble excédé. Ce soir, il avait décidé de s'amuser. Alors, il n'a pas vraiment envie d'entendre parler de cette histoire. Il dissimule mal son impatience.

— Mais ça n'a pas de bon sens, dit Lévesque. Pourquoi démissionner là-dessus?

La discussion dure à peine trois minutes, entrecoupée par le va-et-vient aux toilettes. Exaspéré, René Lévesque coupe court aux propos de Guérin : «Bon, OK chr...! On s'en reparle demain[77]!» Serge Guérin retourne au bureau. Il bénéficie d'un sursis de 24 heures.

«Ça se termine de la façon suivante, rapporte Jacques Parizeau. Nous sommes rendus au dernier soir et je dois me décider. Il est clair que je ne suis pas d'accord avec ce que Lévesque veut de moi, mais c'est lui le *boss*. Ce soir-là, il est en commission parlementaire ou je ne sais trop quoi. Je demande à Guérin d'aller porter dans la salle de la commission un petit mot où j'écris : "Monsieur Lévesque, je ferai ce que vous m'avez dit, à condition que vous me l'ordonniez par écrit[78]". » René Lévesque reçoit le

75. Entrevue avec Serge Guérin, le 8 mars 2000.
76. *Idem.*
77. *Idem.*
78. Entrevues avec Jacques Parizeau, le 15 novembre 1999 et le 17 mai 2000.

mot de Parizeau et en remet un autre à Guérin où il est écrit : «Je vous l'ordonne!»

Jacques Parizeau serait-il vraiment allé jusqu'à démissionner de ses fonctions au gouvernement? Pas vraiment, reconnaît-il. «De toute façon, je ne voulais pas démissionner. Tout le monde avait l'impression que j'avais gagné trop fort. Ça faisait l'affaire de certains de me rabattre un peu le caquet[79].» Sa loyauté à l'égard de son chef et la jalousie de ses collègues stimulent suffisamment Jacques Parizeau pour demeurer en poste, d'autant plus qu'il adore sa fonction de ministre des Finances.

En plus de la colère de René Lévesque, Jacques Parizeau doit essuyer la vague de mécontentement qui déferle sur le Conseil des ministres du 14 juin 1978. Claude Morin, Rodrigue Tremblay, Claude Charron et Yves Duhaime le critiquent alors sévèrement. «Le premier ministre conclut que le ministre des Finances devrait écrire à nouveau à son homologue fédéral, de façon à clarifier la position du gouvernement du Québec à l'effet qu'il ne peut accepter autre chose qu'une entente de gouvernement à gouvernement[80].»

Le lendemain, en conférence de presse, René Lévesque annonce que «le temps de faire de l'humour» est fini et qu'il n'est pas question pour le Québec de choisir la voie du projet de loi C-56. Il qualifie la solution du chèque de quatre-vingt-cinq dollars de «socialement odieuse». Seule la solution de l'abattement fiscal est acceptable pour le Québec. Jacques Parizeau envoie une nouvelle lettre en ce sens à Ottawa et c'est René Lévesque qui la rend publique. Les journalistes sont en plein désarroi. Dans Le Devoir du 17 juin, Lise Bissonnette qualifie ce deuxième envoi «d'étrange post-scriptum».

Le 21 juin 1978, la Chambre des communes adopte finalement la Loi C-56 en vertu de laquelle on versera aux Québécois le chèque tant contro-versé. L'Assemblée nationale annonce le lendemain que le gouvernement du Québec a «décidé de récupérer intégralement les montants par des moyens fiscaux (...) en refusant de passer par la voie d'une entente gouver-nementale[81].»

---

79. Entrevue avec Jacques Parizeau, le 14 juin 2000.
80. Extrait du mémoire des délibérations du Conseil exécutif, séance du 14 juin 1978. Archives nationales du Québec, Fonds René-Lévesque, Montréal.
81. Extrait du Journal des débats, troisième session, 31e législature, vol. 20, n° 65, le jeudi 22 juin 1978, p. 2591.

À l'égard de René Lévesque, Jacques Parizeau est un « bon soldat »,
mais qui n'est pas pour autant servile.
Archives nationales du Québec, Québec.

Le 15 juillet 1978, Jacques Parizeau ferme définitivement la porte aux journalistes qui le questionnent sur la signification réelle des multiples contradictions dans ce dossier : « Je ne nierai pas que cette affaire s'est terminée dans une sorte de marécage où tous auront noté une nette contradiction entre les deux dernières lettres que j'ai fait parvenir à monsieur Jean Chrétien. Mais ne comptez pas sur moi pour vous révéler les dessous de cette affaire[82]. » Dans ses mémoires, René Lévesque demeure tout aussi discret. « Superbe ministre, Parizeau était aussi un désarmant personnage. D'une incroyable vivacité d'esprit et le sachant peut-être trop, il pouvait aussi bien amuser ses interlocuteurs que les mettre hors de leurs gonds. Ambitieux, certes, trouvant le loisir d'organiser un réseau de ses fidèles, il s'est toujours targué d'être pourtant le "bon soldat" dont la loyauté demeurait indéfectible. C'est ainsi, en tout cas, que je l'ai connu pendant toutes ces années[83]. »

Quand il fait le bilan de cet épisode, Serge Guérin parle « d'une œuvre inachevée et d'une retraite forcée[84] ». Pour le contribuable, ce fut un moment heureux : à la baisse de taxes, succédait la réception d'un chèque. Mais pour l'État québécois, l'attitude du gouvernement fédéral a signifié une baisse de revenus en termes de taxes non perçues, en plus d'une absence de compensation financière, lesquelles ont provoqué un manque à gagner de cent quatre-vingt-six millions de dollars. « Dans le cadre de ma réforme de la fiscalité, tout cela n'était que des *peanuts*, conclut Jacques Parizeau. La réforme fiscale des entreprises a représenté à elle seule des montants sans aucune commune mesure avec la diminution de la taxe de vente[85]. » Afin de récupérer la majeure partie des cent quatre-vingt-six millions, le ministre des Finances abolit finalement l'indexation de six pour cent des exemptions personnelles pour l'année 1979[86].

---

82. Extrait d'un article du journal *Le Devoir*, le 15 juillet 1978.
83. René Lévesque, *Attendez que je me rappelle...*, Montréal, Québec Amérique, 1986, p. 398.
84. Entrevue avec Serge Guérin, le 8 mars 2000.
85. Entrevue avec Jacques Parizeau, le 17 mai 2000. Cette réforme fiscale des entreprises ne surviendra cependant qu'en 1981, soit trois ans après l'abolition sélective de la taxe de vente. Pour en savoir plus à ce sujet, le lecteur peut consulter l'annexe B intitulée *Il faudrait abolir la taxe sur les profits*.
86. Mémoires des délibérations du Conseil des ministres, séance du 25 août 1978. Archives nationales du Québec, Fonds René-Lévesque, Montréal.

Les dessous de l'histoire officielle nous permettent donc de constater que, si Jacques Parizeau se soumet, c'est difficilement. Et compte tenu du pouvoir qu'il possède, ignorer son avis peut plonger le gouvernement péquiste dans l'incohérence la plus totale. Le cardinal et Lévesque ont définitivement besoin l'un de l'autre. Malgré les ratés dans ce dossier, Jacques Parizeau sort tout de même grandi, car l'opinion publique voit en lui l'auteur de la réduction ciblée de la taxe de vente.

CHAPITRE 13

La chevauchée
entrepreneuriale

« *À propos du régime d'épargne-actions, on peut qualifier Jacques Parizeau d'être le plus grand visionnaire que le Québec ait eu. Il a été le premier à changer les habitudes des Québécois et à leur dire : "Cessez d'être locataires et devenez propriétaires". En les amenant à investir à la bourse, il leur a fait prendre conscience de leur force.* »

Serge Saucier [1],
président de Raymond, Chabot, Grant, Thornton

Assis à son bureau, Jacques Parizeau écoute son sous-ministre depuis de longues minutes. Il fronce les sourcils. Il n'aime pas du tout ce qu'il entend. Il est facile d'imaginer Michel Caron en train de lui expliquer qu'en raison de sa réforme sur l'impôt des particuliers, présentée l'année précédente en 1978, les payeurs de taxe les plus riches sont pratiquement en état de révolte [2]. Si la classe moyenne et les plus démunis ont apprécié les baisses d'impôts annoncées par le ministre des Finances, il en est tout autrement des mieux nantis qui détestent devoir payer plus. Avec l'exode des sièges sociaux qui se poursuit à un rythme effréné depuis la prise du pouvoir par le Parti québécois et la sous-capitalisation des entreprises francophones qui se perpétue, cette hausse d'impôt peut devenir compromettante. Elle peut contribuer à ralentir sérieusement le développement

---

1. Propos de Serge Saucier recueillis en novembre 1995 et le 17 juillet 2001.
2. Pour en savoir plus sur cette réforme, le lecteur peut consulter l'annexe A intitulée *Il faut sauvegarder la classe moyenne.*

économique au Québec et à stopper la croissance de l'entrepreneurship québécois. Est-il possible qu'en raison de l'orientation sociale-démocrate de son parti, le croisé se transforme en bourreau et en exécuteur d'entrepreneurs?

Contrarié, Jacques Parizeau se lève et se met à arpenter la pièce. Michel Caron cesse alors de parler. Le regard de Jacques Parizeau se ferme. Tel un scaphandrier, l'intellectuel effectue une plongée intérieure et s'immerge dans une profonde réflexion. «Quand vous êtes assis dans le bureau de monsieur Parizeau, prévient Daniel Paillé, et qu'il se lève, il faut arrêter de parler. Au moment où il se redresse, ses oreilles se ferment. Il va continuer à marcher jusqu'à faire un trou dans le tapis s'il le faut, puis il va s'asseoir et reprendre la conversation exactement là où elle s'était arrêtée au moment où il a entrepris sa marche. Si la personne continue à parler pendant les déplacements de Parizeau, il faut reprendre l'exposé [lorsqu'il se rassoit], parce qu'il n'a pas entendu [3].»

Jacques Parizeau continue à se déplacer de long en large. Il songe à tous les efforts mis en œuvre depuis la Révolution tranquille, afin de permettre l'émergence d'une classe d'entrepreneurs québécois. Le technocrate devenu ministre n'a aucunement l'intention de faire avorter un si noble objectif. Rien ne doit entraver la folle chevauchée de cette garde montante destinée à prendre d'assaut tous les châteaux forts de l'économie du Québec, du Canada et du monde. Tout à coup, Jacques Parizeau s'immobilise. Son regard s'illumine : «Ah! Ah!, j'ai trouvé!» Il demande aussitôt à sa secrétaire de lui apporter le cahier de suggestions des contribuables. Ce cahier renferme la correspondance des gens qui écrivent au ministre des Finances. Certaines lettres dénoncent des situations et d'autres proposent des accommodements. Des suggestions sont parfois retenues. Celle, par exemple, d'une dame qui questionnait le ministre afin de savoir pourquoi la crème à barbe était exemptée de la taxe de vente, alors que les produits d'hygiène pour les femmes ne l'étaient pas. La dame trouvait une telle mesure injuste. Jacques Parizeau s'était rallié à son point de vue et, dès l'année suivante, les produits d'hygiène féminine étaient eux aussi exemptés. Le ministre des Finances se met donc à feuilleter nerveusement le cahier. Il cherche une lettre qu'il a déjà lue, dans laquelle une contribuable lui

---

3. Entrevue avec Daniel Paillé, le 29 février 2000.

suggérait de détaxer les souscriptions à des actions québécoises en bourse. Quand il retrouve le mémo, il s'écrit : « Voilà, la solution », se dit-il. L'étincelle qui va mener à la création du régime d'épargne-actions (RÉA) est donc née de l'esprit d'une femme dont on ne connaîtra pas le nom [4].

Le coup de génie

« Avant les RÉA, les Québécois plaçaient [leur argent] chez le notaire [5] », rappelle Jean Garon, ministre de l'Agriculture. Les courtiers francophones ne vendaient alors qu'une petite part des obligations d'épargne du gouvernement ainsi que des titres municipaux, le reste transitait par les firmes anglophones. Les Québécois n'achetaient pas d'actions et se retrouvaient donc à ne pas financer les entreprises francophones. Jacques Parizeau discute beaucoup de cette question avec Serge Saucier, le président de Raymond, Chabot, Martin, Paré et associés, la plus importante firme d'experts-comptables francophones au pays [6]. Les membres du cabinet du ministre des Finances sont également mis dans le coup. « Le RÉA, ce fut " la plus belle chose " ! [7], s'écrie Daniel Paillé, conseiller du ministre sur les questions de financement. » « C'est Jacques Parizeau qui l'a pensé et qui l'a mis sur la table, raconte Michel Caron. Il fallait aider l'investisseur et les petites institutions québécoises [8] », et Jacques Parizeau l'a très bien compris.

Le Régime d'épargne-actions, le RÉA, est donc créé le 27 mars 1979. Cet instrument fiscal novateur [9] et unique en Amérique permettra à l'État québécois d'aider les investisseurs de la province, à condition qu'ils achètent de nouvelles actions d'entreprises dont le siège social ou « la principale place d'affaires est située au Québec ». Sur un ton triomphant, le ministre des Finances annonce aux contribuables que grâce à ce régime

---

4. L'anecdote a été racontée par Jacques Parizeau lors d'une entrevue téléphonique, le 14 février 2001.
5. Entrevue avec Jean Garon, le 23 février 2000.
6. La firme se nomme aujourd'hui : Raymond, Chabot, Grant, Thornton.
7. Entrevue avec Daniel Paillé, le 3 mars 2000.
8. Entrevue avec Michel Caron, le 16 octobre 2000.
9. La Loi 8 entre en vigueur le 22 juin 1979. Cette initiative inédite sera reprise par bien d'autres provinces canadiennes par la suite.

« un résident québécois pourra déduire ces achats de son revenu [10] » et payer moins d'impôt. « On devrait ainsi désamorcer l'espèce de révolte des biens nantis à laquelle on assiste depuis un an », affirme encore Jacques Parizeau à l'Assemblée nationale. « Il y a moyen pour ceux qui ont des revenus élevés d'abaisser substantiellement leurs impôts : c'est d'investir dans le Québec, plutôt qu'à Nassau, en Floride ou en Alberta [11]. »

« Réduire le fardeau fiscal des hauts revenus, amener beaucoup plus de Québécois à acquérir et à détenir des actions et faciliter l'accès des entreprises à du capital de risque [12] », voilà les trois objectifs du RÉA, tel que présenté par Jacques Parizeau. L'ensemble des sommes investies dans ce véhicule fiscal ne doit cependant pas dépasser vingt pour cent du revenu gagné et le plafond est fixé à quinze mille dollars. Si le contribuable souhaite profiter de l'exemption d'impôt, l'investissement doit être maintenu deux ans après l'acquisition des actions.

Bien que l'annonce de la création du RÉA frappe l'imagination populaire et est accueillie favorablement par les milieux financiers, il lui faudra un certain temps avant de prendre son envol. C'est l'entrée en scène d'un nouvel acteur qui donne un second souffle à cette mesure fiscale. En 1981, à l'âge de 33 ans, Pierre Lortie devient président de la Bourse de Montréal. Cet ingénieur, qui a complété ses études à l'Université de Chicago où il a obtenu son MBA, déplore l'absence d'entreprises québécoises sur le marché boursier. Peu de temps après son arrivée à la présidence de l'organisme, il met sur pied deux comités de travail qui ont pour but de réfléchir aux façons de favoriser l'accès des sociétés francophones au financement public. Le comité conclut que le RÉA de Jacques Parizeau va dans la bonne direction, mais qu'il profite surtout aux grandes entreprises plutôt qu'aux petites et aux moyennes. « C'était les Bell Canada de ce monde qui en profitaient [13] », rappelle Bernard Lemaire, alors président de la compagnie Papiers Cascades.

Jacques Parizeau, qui a bien reçu les signaux que lui envoie l'entrepreneurship québécois, affirme cependant que cette orientation était volontaire. « Il s'agissait d'abord d'habituer les gens à acheter des valeurs sûres. Évitons

---

10. Extrait du discours du budget, le 27 mars 1979, p. 33.
11. *Idem*, p. 34.
12. Jacques Parizeau, « Le RÉA a-t-il encore un avenir ? », *La Presse*, le 3 février 1987.
13. Entrevue avec Bernard Lemaire, le 4 juillet 2001.

les aventures, par la suite nous verrons[14].» Quoi qu'il en soit, le ministre des Finances annonce des modifications au RÉA qui tiennent compte des observations des milieux d'affaires. Dans son discours du budget du 10 mai 1983, Jacques Parizeau déclare que «le problème de la sous-capitalisation des entreprises reste endémique.» Le RÉA a été mis sur pied pour mettre fin à cette situation, mais «il n'en reste pas moins qu'à l'usage, le régime d'épargne-actions ne s'est pas révélé aussi utile qu'il aurait pu l'être, pour les entreprises, par opposition aux particuliers. Une dizaine de grandes entreprises qui, au fond, n'ont pas besoin du régime d'épargne-actions pour placer leurs titres, ont mobilisé la majeure partie des émissions, alors que les petites et moyennes entreprises en ont moins profité qu'on aurait pu le penser à prime abord. Or les problèmes de sous-capitalisation s'appliquent bien plus à elles qu'à de grandes banques ou à des *holdings* comme Canadian Pacific Enterprises. Il faut donc réorienter le tir[15].» En 1983, Jacques Parizeau réduit les avantages offerts aux sociétés dont l'actif dépasse le milliard de dollars. Par contre, pour les entreprises «en voie de développement» dont les actifs sont inférieurs à vingt-cinq millions de dollars, le taux de déduction des actions est augmenté et passe à cent cinquante pour cent de leur coût d'achat.

Selon Matthew Fraser, auteur du livre *Québec inc. – Les Québécois prennent d'assaut le monde des affaires,* «le RÉA a été l'un des principaux moteurs dans l'explosion actuelle des affaires au Québec[16].» Parmi les entreprises québécoises qui ont profité du régime d'épargne-actions, Matthew Fraser identifie «la compagnie d'acier Canam Manac; l'importante firme d'ingénierie, le Groupe SNC; National Pagette; la Société de gestion Unigesco; l'empire de l'édition du journal Quebecor; le géant manufacturier Bombardier. De 1983 à 1987, le nombre de nouvelles compagnies publiques inscrites à la Bourse de Montréal a plus que triplé[17]», souligne-t-il.

---

14. Entrevue avec Jacques Parizeau, le 28 août 2001.
15. Extrait du discours du budget, le 10 mai 1983, p. 23-24.
16. Matthew Fraser, *Québec inc. – Les Québécois prennent d'assaut le monde des affaires,* Montréal, Les Éditions de l'Homme, 1987, p. 111. Martin Martin, analyste à la Commission des valeurs mobilières du Québec, partage la même opinion.
17. *Idem.*

Dans son éditorial du 21 septembre 1985, Jean-Paul Gagné du journal *Les Affaires* qualifie de « coup de génie » le RÉA tel que proposé par Jacques Parizeau. L'éditorialiste ajoute d'autres sociétés à la liste des entreprises ayant bénéficié du RÉA : « Aligro, les Magasins Le Château, le Groupe Transcontinental, Circo Craft ont réalisé d'importants programmes d'expansion grâce aux émissions publiques d'actions [18] », écrit-il.

Une cascade d'entrepreneurs

« Nous avons été la première petite compagnie à profiter du RÉA [19] », raconte avec fierté Bernard Lemaire, président du conseil d'administration de Cascades inc. « J'ai fait ma part comme Québécois, estime-t-il, sourire aux lèvres, mais c'est le RÉA qui nous a lancés. Sans ce régime, je ne suis pas certain que l'on aurait connu une telle progression. » Le cas de Papiers Cascades, devenu Cascades inc. au moment de son inscription en bourse, mérite que l'on s'y arrête quelques instants.

On doit d'abord à Paul Mathurin, un jeune diplômé devenu courtier pour la maison McNeil Mantha, l'idée d'approcher Bernard Lemaire, vers la fin de l'été 1982, pour lui proposer d'émettre un million d'actions à cinq dollars dans le cadre du RÉA. Après avoir accepté de mettre vingt pour cent du capital-actions de l'entreprise familiale sur le marché public, Bernard Lemaire doit faire face aux réticences de la maison de courtage Lévesque & Beaubien qui contrôle le marché de la vente des actions. « La société n'avait pas tellement confiance au titre de Cascades et se demandait si nos actions allaient trouver preneurs [20]. » Bernard Lemaire leur dit alors : « Si cela ne se vend pas, je suis prêt à racheter la moitié de l'émission. » En novembre 1982, les actions sont émises sur le marché de Montréal. Grâce à l'exemption fiscale offerte par le RÉA, elles s'envolent comme des petits pains chauds...

« Nous avions des projets d'expansion, mais nous hésitions à risquer notre " vieux-gagné ". Dans ma philosophie, avec ce cinq millions d'argent neuf, comme ce n'était pas de l'argent que j'avais gagné, je me suis donc dit

---

18. Éditorial de Jean-Paul Gagné, « Le coup de génie de M. Jacques Parizeau », dans le journal *Les Affaires*, le samedi 21 septembre 1985.
19. Entrevue avec Bernard Lemaire, le 4 juillet 2001.
20. *Idem.*

que je pouvais le risquer », confie Bernard Lemaire. Cascades se met donc à faire de nouvelles acquisitions et achète l'usine de Domtar à East Angus et celle de la compagnie Price située à Jonquière. Voilà mille nouveaux employés sous la garde de Cascades. « Là, le monde a pris confiance et tous sont embarqués dans le RÉA », rappelle Bernard Lemaire. Ce succès boursier a aussi eu pour effet de faire prospérer la société McNeil Mantha qui a occupé une position enviable parmi les maisons de courtage du Québec avant d'être achetée par la Banque Royale en 1991.

Deux ans après la première émission d'actions de novembre 1982, Cascades décuple pratiquement son chiffre d'affaires et réalise des ventes de deux cents millions de dollars[21]. En 2001, avec ses cent quarante-deux entreprises et ses douze mille quatre cents employés[22], la multinationale est devenue l'un des fleurons de l'entrepreneurship québécois issu des années quatre-vingt. Elle fait partie de cette garde montante dont Jacques Parizeau a toujours rêvé.

Pour Bernard Lemaire, ce succès est d'autant plus savoureux qu'il s'inscrit dans le secteur des pâtes et papier, un domaine autrefois réservé à l'*establishment* anglo-saxon. « Il y avait bien la compagnie Rolland avant nous, mais elle ne contrôlait même pas une bille de bois, dit-il. Rolland devait acheter sa pâte [des compagnies anglophones] pour produire son papier fin. Alors que la richesse des Québécois résidait dans le bois, nous ne possédions aucune entreprise dans ce secteur[23] !», déplore-t-il. C'est avec rancune qu'il évoque l'attitude des entreprises anglo-saxonnes quand, en 1963, sa famille achète un moulin à Kingsey Falls et produit de la pâte à partir de vieux papier[24]. Bernard Lemaire était alors à la recherche de rebuts de papier, mais il en était empêché par les compagnies anglophones. « Si vous saviez ce qu'ils m'ont fait !, s'écrie-t-il. Aussitôt qu'ils apprenaient

---

21. Éditorial de Jean-Paul Gagné, « Le coup de génie de M. Jacques Parizeau », dans le journal *Les Affaires*, le samedi 21 septembre 1985 et Gérard Cuggia dans *Cascades – Le triomphe du respect*, Montréal, Québec Amérique, 1989.
22. Ces chiffres proviennent du rapport annuel de la compagnie Cascades inc. présenté lors de l'assemblée générale annuelle des actionnaires le 30 avril 2001.
23. Entrevue avec Bernard Lemaire, le 4 juillet 2001.
24. Dès 1957, son père avait fondé la *Drummond Pulp and Fiber* à Drummondville. Depuis la fin de la Seconde Guerre mondiale, Antonio Lemaire faisait le triage et la récupération de certains produits (papier, verre, métaux, chiffons) laissés au dépotoir de Drummondville.

que je me mettais à faire du papier en achetant leur rebuts, je me faisais couper les vivres. Ils commençaient à vérifier où allaient leur rebuts et refusaient de m'en vendre. Je devais aller jusqu'à New York pour en acheter[25]!»

Les ventes de Cascades dans le monde entier représentent aujourd'hui trois milliards de dollars[26]. Comme un conquérant, l'entreprise a planté son drapeau au cœur du Montréal anglophone, au coin de la rue Sherbrooke et de McGill College. Son siège social est justement situé dans l'ancien immeuble du Strathcona Hall, qui a déjà appartenu à l'Université McGill. Le nom de Lord Strathcona suffit à évoquer un passé récent de domination économique où la société anglophone ignorait de façon outrageuse la présence française en Amérique. Ce lord d'origine écossaise, qui fut gouverneur de la Baie D'Hudson et président de la Banque de Montréal, finança l'Université McGill et les chemins de fer dans l'Ouest canadien. La façade de l'immeuble qui porte son nom abrite aujourd'hui le siège social d'un empire du papier et du carton où l'on parle français. De sa main droite, Bernard Lemaire gratte sa barbe blanche et déclare avec orgueil : «Quand tu es parti de rien et que tu es rendu là, c'est magnifique[27]!»

De l'avis de Serge Saucier, qui présidait en 2002 le conseil d'administration du plus important cabinet québécois de comptabilité et de conseillers en administration, le RÉA est une réalisation remarquable : «Le RÉA, c'est la création à Jacques Parizeau. C'est sa trouvaille et ça a été un grand succès, et ce, malgré les mauvaises années du régime[28].»

Quant à Matthew Fraser, il affirme sans détour que «le RÉA a été à l'origine de la plus forte croissance dans le nombre d'actionnaires publics au pays[29].» En 1984, quand Jacques Parizeau démissionne de son poste au

25. Entrevue avec Bernard Lemaire, le 4 juillet 2001.
26. Selon le rapport annuel de la compagnie Cascades inc. présenté lors de l'assemblée générale annuelle des actionnaires le 30 avril 2001.
27. Entrevue avec Bernard Lemaire, le 4 juillet 2001.
28. La faiblesse du RÉA, selon Serge Saucier, se résume au phénomène suivant : profitant du très grand succès du RÉA, certaines entreprises peu fiables ont déposé des prospectus incomplets et ont pu tromper l'actionnaire. Entrevue avec Serge Saucier, novembre 1995.
29. Matthew Fraser, *Québec inc. – Les Québécois prennent d'assaut le monde des affaires*, Montréal, Les Éditions de l'Homme, 1987, p. 112. Confirmé par Martin Martin de la Commission des valeurs mobilières du Québec.

ministère des Finances, les Québécois sont plus de cent cinq mille à profiter du RÉA. Ils étaient à peine quinze mille en 1979. Depuis la création du régime, la valeur de leurs placements se chiffre à deux milliards de dollars[30]. Avant l'existence du RÉA, les Québécois misaient peu à la bourse. Les Canadiens était deux fois plus nombreux à détenir du capital-actions. « D'ici quelques années, on constatera que le rattrapage est terminé[31] », écrivait Jacques Parizeau en 1987. Les dernières statistiques disponibles révèlent toutefois que les Québécois sont toujours moins nombreux que les Canadiens à miser à la bourse, bien qu'une partie du retard a été comblée. En 1999, sept pour cent des familles québécoises détenaient des actions, alors que c'était le cas de dix pour cent des Canadiens et de douze pour cent des Ontariens[32]. Force est de constater également que le RÉA aura profité avant tout aux grandes entreprises. En 1984, après cinq années d'existence, les placements RÉA étaient accaparés à plus de soixante-quinze pour cent par des sociétés milliardaires.

Selon Serge Saucier, la plus grande qualité de Jacques Parizeau dans ce dossier aura été d'écouter. La remarque peut surprendre... « Jacques Parizeau est un *Monsieur*. Il passe pour un grand seigneur. Monsieur Parizeau faisait peur ! Tu le rencontrais et t'avais peur ! En raison de sa prestance, on le voit comme un monument. C'est un homme qui a le verbe élégant et est extrêmement brillant. Sa présence ne laisse personne indifférent. Mais au-delà de cette image, c'est un homme qui a su écouter les gens qui se sont adressés à lui[33]. » En plus d'avoir eu la présence d'esprit de consulter le cahier des contribuables qui lui écrivaient, l'économiste de la London School of Economics aura aussi pris le temps de discuter avec plusieurs intervenants du monde économique, dont Serge Saucier, alors président de la Chambre de commerce du Montréal métropolitain.

L'autre grand mérite de Jacques Parizeau, aux yeux de Serge Saucier, aura été de contrer l'exode des sièges sociaux par une mesure originale. « Le Parti québécois a été responsable de la fuite des sièges sociaux. Je le sais, je

---

30. Selon l'étude de Martin Martin intitulée *Le régime d'épargne-actions du Québec, sept ans plus tard,* Service des études, Commission des valeurs mobilières du Québec, août 1986.
31. Jacques Parizeau, « Le RÉA a-t-il encore un avenir ? », *La Presse,* le 3 février 1987.
32. Selon Statistiques Canada.
33. Entrevue téléphonique avec Serge Saucier, le 17 juillet 2001.

l'ai vécue! Je les ai vus partir l'un après l'autre. Le Québec s'est vidé. Ils partaient tous. Il fallait donc faire quelque chose pour éviter que le Québec ne crève[34].» Pour lutter contre cette désertion, Jacques Parizeau s'est adressé aux PME québécoises. «Le vide n'existe pas en économie. Quand les gens partent, cela crée des occasions d'affaires. Mais si vous n'aviez pas eu un gouvernement alerte pour contrer cet effet par une mesure comme le RÉA, le Québec n'aurait pu combler le vide aussi aisément. Là-dessus, Parizeau a été le plus grand visionnaire que l'on ait eu depuis que le Québec existe, estime Serge Saucier. Personne d'autre n'a eu cette vision.»

34. *Idem.*

CHAPITRE 14

Lucien Bouchard :
négociateur en chef

« *Lucien Bouchard a outrepassé son mandat de négociateur. La dernière nuit, il lâche quelque chose de sa propre autorité sans me consulter. Parce que sa réputation de négociateur est en cause, il cherche à tout prix à régler et pellette en avant.* »

Jacques Parizeau[1]

En ce lundi soir du 19 novembre 1979, Télé-Métropole accueille dans ses studios un invité de grande renommée. Afin d'éviter l'entrée principale de la station, occupée par une meute de journalistes, l'escorte qui accompagne René Lévesque a emprunté la rue Champlain et pénètre discrètement par le stationnement intérieur appartenant au réseau de télévision TVA. Le premier ministre du Québec descend de la limousine. Il est rapidement entouré par le service de protection et par une poignée de conseillers. D'une autre voiture, surgit Pierre Marois, le ministre d'État au Développement social, accompagné d'une femme blonde au regard perçant. Lisette Lapointe, l'attachée de presse du ministre, semble plutôt satisfaite de la situation : c'est elle qui a convaincu René Lévesque de s'adresser à la population du Québec sur les ondes du petit écran. Les employés de l'État tardent à signer une nouvelle convention collective et mènent des grèves illégales dans plusieurs hôpitaux. Dans l'espoir de

---

1. Entrevues avec Jacques Parizeau, le 17 mai 2000 et le 5 septembre 2000.

dénouer l'impasse, René Lévesque va leur expliquer la teneur des dernières offres gouvernementales.

Même si Lisette Lapointe affiche une mine satisfaite, les regards accusateurs que posent sur elle des membres de l'entourage du premier ministre ne permettent pas à la jeune femme blonde de pavoiser[2]. C'est à l'encontre des conseillers de René Lévesque qu'elle a négocié avec Robert L'Herbier, de TVA, la présence du chef du gouvernement sur les ondes de la télévision : une émission de trente minutes diffusée à la grandeur du Québec. C'est donc en silence qu'elle savoure ce coup de maître, d'autant plus qu'elle sait qu'elle s'est également mise à dos l'influent ministre des Finances du Québec.

À titre de président du Conseil du trésor, Jacques Parizeau est celui qui tient la baguette du chef d'orchestre lorsqu'il s'agit de définir les grandes stratégies de négociation avec le secteur public. Or, le «premier ministre des Finances» n'a pas été consulté sur la question de la présence de René Lévesque à la télévision. Le lendemain de cette apparition, Jacques Parizeau croise Lisette Lapointe dans les corridors de l'Assemblée nationale. Il sermonne son ancienne attachée de presse : «Madame Lapointe, je ne vous ai pas formée ainsi[3]!», lui dit-il. Lisette Lapointe lui réplique sur-le-champ : «Il y a une chose que vous m'avez apprise, c'est que le patron, c'est le patron! Et il se trouve que c'est monsieur Lévesque qui me l'a demandé[4].» Étonné par un tel aplomb, Jacques Parizeau perd quelque peu de sa contenance. La discussion prend fin et chacun reprend son chemin.

Jacques Parizeau trouve improvisée l'idée d'un discours télévisé. «J'avais mon plan de match et il n'incluait pas du tout [ce type d'intervention][5]», confie-t-il. En fait, ce qui gêne davantage le président du Conseil du trésor depuis le début de cette ronde de négociations, ce sont les agissements d'un autre personnage qu'il considère nettement plus menaçant pour son autorité. L'intrus qui a pénétré sur son territoire porte le nom de Lucien Bouchard. Il arrive de Chicoutimi.

2. Selon Jacques Parizeau, les rapports de Lisette Lapointe et de Gratia O'Leary, l'attachée de presse du premier ministre, se feront plutôt tendus pendant un certain temps. Entrevue du 14 juin 2000.
3. Propos attribués à Jacques Parizeau et rapportés par Lisette Lapointe. Entrevue du 16 mai 2000.
4. Entrevue avec Lise Lapointe, le 16 mai 2000.
5. Entrevue avec Jacques Parizeau, le 14 juin 2000.

L'apparition d'un rival

En 1979, la presse écrite, tant anglophone que francophone, couvre Jacques Parizeau d'éloges. «À n'en plus douter aujourd'hui, seul René Lévesque a plus d'autorité dans le parti que Jacques Parizeau[6]», écrit Michel C. Auger dans *The Gazette*. Le ministre des Finances y est présenté comme «l'étoile montante du parti». À quarante-neuf ans, Jacques Parizeau apparaît «maintenant comme le successeur désigné du premier ministre Lévesque[7]», ajoute Ian Rodger dans le quotidien torontois *The Globe and Mail*. «Il donne l'impression de gérer à lui seul le gouvernement, négociant un emprunt de deux cents millions à New York, se débattant avec une entreprise américaine qui refuse de vendre ses mines d'amiante au gouvernement du Québec, pendant qu'il offre aux employés féminins de la fonction publique un congé de maternité de vingt semaines afin de conclure les négociations avec le secteur public. En trois ans, il a diminué la part des revenus de l'État allant au service de la dette de 17.5 % à 11 %[8].»

Au moment où il apprend que Lucien Bouchard devient négociateur en chef du gouvernement, Jacques Parizeau est donc un ministre populaire. À titre de président du Conseil du trésor, il aurait normalement eu son mot à dire dans ce choix : le négociateur en chef représente le gouvernement du Québec quand il s'agit de renouveler les conventions collectives signées avec le secteur public. Or, le bureau du premier ministre a agi sans le consulter. «Apparemment, Parizeau l'a mal pris, confirme Jean-Roch Boivin, qui est à l'origine de la manœuvre. Il a vu cela comme si le cabinet du premier ministre lui imposait le négociateur[9].» C'est pourtant bel et bien ce qui s'est passé. Le chef de cabinet du premier ministre a même avisé Lucien Bouchard qu'il relevait autant de René Lévesque que de Jacques Parizeau.

L'avocat de Chicoutimi est alors dans les bonnes grâces de René Lévesque. Peu de temps avant la campagne électorale de 1976, le chef du Parti québécois avait tenté de le recruter comme candidat, mais sans succès.

---

6. Michel C. Auger, «The rising star of Jacques Parizeau», *The Gazette*, le 21 juillet 1979.
7. Article de Ian Rodger, «Quebec's patrician finance minister proving to be a popular politician.» *The Globe and Mail*, le 12 novembre 1979.
8. *Idem*.
9. Entrevue avec Jean-Roch Boivin, le 20 février 2001.

Lucien Bouchard avait déjà expliqué à son ami Marc-André Bédard, qui souhaitait qu'il soit candidat dans le comté de Jonquière, qu'il ne désirait pas s'engager en politique active[10]. Après la victoire du Parti québécois, René Lévesque avait sollicité à nouveau les services de Lucien Bouchard, à qui il avait offert le poste de sous-ministre du Travail. René Lévesque avait récolté un autre refus. En juillet 1977, le premier ministre faisait une troisième proposition à Lucien Bouchard. Celui-ci acceptait finalement de devenir membre de la Commission d'étude et de consultation sur la révision du régime des négociations collectives dans les secteurs public et parapublic[11].

Finalement, après avoir été nommé négociateur en chef du gouvernement, Lucien Bouchard rencontre son nouveau patron pour la première fois : « Sans avoir saisi toutes les subtilités du contexte, je fus décontenancé par la froideur de son accueil, raconte Lucien Bouchard, dans son autobiographie. Jacques Parizeau m'aborda en lançant, sur le ton de la plus parfaite civilité : " On me dit que vous vous intéressez aux négociations du Front commun[12] " ?! » L'échange entre les deux hommes est à ce point tendu qu'une fois la réunion terminée, Lucien Bouchard va s'en plaindre à son protecteur, Jean-Roch Boivin. « Tu t'imagines toujours pas qu'entre son ministre des Finances et un blanc-bec comme toi, M. Lévesque va hésiter une seconde ! Prends ton trou, apprends à travailler avec Jacques Parizeau. Ça fait partie de ta job de mériter sa confiance[13]. »

Malheureusement pour lui, Lucien Bouchard sera incapable de gagner la confiance de son patron. Jacques Parizeau le perçoit tout de suite comme un adversaire potentiel qui cherche à neutraliser sa puissance en informant directement le bureau du premier ministre des moindres accrocs qu'il

---

10. Tel que raconté par Lucien Bouchard dans son autobiographie, *À visage découvert*, Montréal, Les Éditions du Boréal, 1992, à la p. 107 et appuyé par les entrevues menées par le biographe avec Denis de Belleval, Marc-André Bédard et Jean-Roch Boivin.

11. En gros, le rapport de cette Commission, présidée par Yves Martin, recommande la création d'un calendrier de négociation fixe et propose de limiter le droit de grève dans certains secteurs offrant des services jugés essentiels, le secteur hospitalier notamment.

12. Lucien Bouchard, *À visage découvert, op.cit*, p. 114.

13. Propos attribués à Jean-Roch Boivin et rapportés par Lucien Bouchard dans *À visage découvert, op. cit.*, p. 114.

pourrait faire. «Je présume que les gens de pouvoir se sentent entre eux, rapporte Robert Tessier, alors secrétaire associé au Conseil du trésor. Ils ont une odeur spéciale et, très nettement, Lucien Bouchard était une personne de pouvoir, quelqu'un d'exceptionnel dans son approche et son style [14].»

Les deux hommes ne s'apprécient guère parce qu'ils ne se ressemblent guère. «Jacques Parizeau va sentir qu'il n'a pas devant lui quelqu'un qui est dans une situation de subordination psychologique, raconte Denis de Belleval. Au fond, Lucien Bouchard se présente à lui plutôt comme un critique et peut-être même comme un futur rival. Les atomes crochus entre les deux hommes ne s'accrochent pas [15]», ajoute Denis de Belleval.

Voilà que pointe déjà la grande rivalité qui, des années plus tard, mènera le Québec tout entier à être témoin d'une féroce lutte de pouvoir entre les deux hommes devenus chefs de leur propre parti [16].

Un détournement de mandat?

Le Parti québécois, qui avait sympathisé avec les grandes centrales syndicales alors qu'il était dans l'opposition, doit maintenant les affronter. Dans le cadre du renouvellement de leurs conventions collectives, le gouvernement social-démocrate doit trouver un moyen de mettre en pratique son «préjugé favorable» envers les travailleurs. De plus, René Lévesque cherche une façon de ne pas se mettre à dos cette importante clientèle en prévision de la campagne référendaire qui s'annonce.

À la table centrale des négociations, Lucien Bouchard, le représentant du gouvernement, est assisté de Jean-Claude Lebel qui, à titre de secrétaire du Conseil du trésor, exécute les mandats «monétaires». Serge Guérin, le chef de cabinet de Jacques Parizeau, veille à faire appliquer les directives ministérielles.

---

14. Entrevue avec Robert Tessier, le 15 mai 2000. En 1979, Robert Tessier était plus précisément secrétaire associé aux programmes et aux politiques administratives du Conseil du trésor.
15. Entrevue avec Denis de Belleval, le 29 mars 2000.
16. Sur les différences qui éloignent les deux hommes, le biographe donnera plus de détails dans le troisième tome.

Jacques Parizeau dit avoir retenu certaines leçons des négociations menées en 1976 par le gouvernement précédent : «Bourassa avait lâché six mille nouveaux postes dans l'Éducation alors que la dénatalité commençait déjà à toucher le nombre d'élèves au primaire et secondaire. Je ne souhaitais pas répéter ce genre de choses[17]. Je veux [donc] que toutes les tables soient surveillées par les "politiques". Puisqu'on ne peut pas *truster* les négociateurs, on va avoir confiance aux politiciens[18].» Voilà qui exprime de façon peu subtile la méfiance qu'éprouve Jacques Parizeau à l'endroit de son négociateur en chef, Lucien Bouchard. Le ministre des Finances encourage aussi la formation du comité ministériel de coordination des négociations collectives. Les personnes suivantes en font partie : Denis Lazure, ministre des Affaires sociales, Jacques-Yvan Morin, ministre de l'Éducation, et Denis de Belleval, ministre responsable de la Fonction publique. Deux députés péquistes se joignent également au comité : Guy Chevrette et Guy Bisaillon.

En novembre 1979, les pressions se font de plus en plus fortes pour que les négociations prennent fin. Des grèves éclatent un peu partout dans le secteur public. Puis, une loi spéciale est adoptée, laquelle impose au gouvernement l'obligation de déposer à l'Assemblée nationale, au plus tard le 21 novembre 1979, les dernières offres proposées aux syndicats du secteur public. Entre temps, le droit de grève est suspendu.

Durant la fin de semaine des 17 et 18 novembre 1979, la Fédération des travailleurs du Québec (FTQ) s'entend avec le gouvernement, tandis que la Centrale des enseignants du Québec (CEQ)[19] hésite toujours. Le négociateur de la Confédération des syndicats nationaux (CSN), Marcel Gilbert, qui est également responsable pour le front commun de toutes les négociations portant sur les questions salariales, propose à son syndicat de reporter la grève. Il allègue que les parties sont près d'une entente, mais le comité de négociations de la CSN refuse. Le lundi 19 novembre, la Fédération des affaires sociales déclenche une grève illégale dans les hôpitaux.

---

17. Dans son discours du budget du 27 mars 1979, Jacques Parizeau dénonce ce type de compromis qu'il qualifie de «grand feu d'artifice nocturne» arraché dans les dernières heures de négociations ardues.
18. Entrevue avec Jacques Parizeau, le 17 mai 2000.
19. Aujourd'hui, la CEQ est devenue la Centrale des syndicats du Québec (CSQ).

Désavoué par son propre syndicat, c'est avec dépit que Marcel Gilbert revient à la table des négociations. Afin d'en arriver rapidement à une entente, il propose à Lucien Bouchard de prolonger de six mois la durée de la convention collective et d'y inclure une augmentation de salaire substantielle. Lucien Bouchard accepte d'en discuter. Des négociations intensives s'amorcent à un rythme d'enfer. Le négociateur en chef et le front commun discutent pratiquement nuit et jour pendant une soixantaine d'heures. Au ministère des Finances, Jacques Parizeau n'apprécie pas beaucoup que son négociateur entame un *sprint* de négociations avec un syndicat qui vient d'enclencher un mouvement de grève illégale.

Le président du Conseil du trésor se souvient des dernières heures des négociations comme du pire des cauchemars : « La dernière nuit, j'ai été dérangé deux ou trois fois [20]. » Jacques Parizeau se rappelle également avoir consulté René Lévesque quelques jours avant le *sprint* final de négociations. Les deux hommes s'étaient alors entendus sur un point : « Nous ne voulons pas dépenser sur le plan " monétaire ". Nous ne voulons pas de la formule qui donnerait une bonne augmentation additionnelle le dernier jour de convention collective, ce que Bourassa faisait avant [21]. » Les négociations prennent fin pendant la nuit. Au matin, quand il est mis au courant des résultats, il sort de ses gonds : « De sa propre autorité, sans me consulter et pour terminer les négociations, Bouchard lâche pendant la nuit une augmentation [de salaire] pour le dernier jour de la convention collective. Il engage le gouvernement et je n'ai jamais donné mon avis ! C'est un dépassement de mandat assez important. Ça, je m'en souviens très bien parce que ça m'avait fait bondir [22]. »

Comment Jacques Parizeau interprète-t-il le geste de Lucien Bouchard ? « Ça, c'est la réaction normale d'un négociateur qui, parce que sa réputation de négociateur est en cause, cherche à tout prix à régler et pellette en avant. J'ai trop connu cette réaction-là pour m'en étonner. Quand on dit : on ferme [la négociation], ça ne veut pas dire qu'on inonde de fric. Ça, Bouchard ne l'a pas compris. Il a essayé d'acheter une entente avec de l'argent, ce qui n'était pas dans son mandat. Il espérait qu'on lui pardonnerait, en se disant que les gouvernements sont naturellement irresponsables et que ça se

---

20. Entrevue avec Jacques Parizeau, le 17 mai 2000.
21. *Idem.*
22. Entrevues avec Jacques Parizeau, le 17 mai 2000 et le 5 septembre 2000.

produirait seulement dans trois ans... Quand j'ai appris à Lévesque que c'était une augmentation uniforme, il était furieux[23]!»

Quand on lui fait observer que jamais, auparavant, il n'avait dévoilé publiquement cet épisode, Jacques Parizeau explique son silence de la façon suivante: «Le gouvernement avait eu assez de problèmes, on n'allait pas perdre la face en plus[24]!»

De son côté, Serge Guérin, le fidèle lieutenant de Jacques Parizeau, se souvient très bien de la colère de son patron. Mal en point, épuisé, le président du Conseil du trésor invective son chef de cabinet: «Parizeau croit que j'appuie la recommandation faite par Lucien Bouchard, mais je n'étais pas présent quand cela s'est discuté. Il est vrai que Parizeau est coincé avec ça et il en discute avec le premier ministre[25].» Ce que Serge Guérin nous apprend cependant, c'est que le bureau du premier ministre n'est pas vraiment gêné par cette entente de principe. «Ça poussait ferme au bureau du premier ministre pour que l'on signe rapidement[26]», révèle-t-il. En fait, ce qui semble avoir souverainement déplu à Jacques Parizeau, c'est que Lucien Bouchard ait passé par-dessus son autorité pour faire accepter cette entente au premier ministre. Pendant ce *sprint* de négociations, à tous les jours, Lucien Bouchard se rendait au *bunker* et faisait rapport à René Lévesque de l'état des discussions[27]. Dans ce contexte, il est facile d'imaginer la rage de Jacques Parizeau, un être qui a toujours mis beaucoup d'efforts pour détenir des informations exclusives.

Marc-André Bédard affirme que René Lévesque règle le litige en faveur de Lucien Bouchard, en ne tenant aucunement compte des remontrances du président du Conseil du trésor à l'endroit du négociateur en chef. «Parizeau accepte difficilement de se faire passer par-dessus[28]!», conclut le ministre de la Justice.

---

23. Entrevue avec Jacques Parizeau, le 17 mai 2000.
24. Entrevue avec Jacques Parizeau, le 14 juin 2000.
25. Entrevue téléphonique avec Serge Guérin, le 20 janvier 2001.
26. *Idem.*
27. Gratia O'Leary, l'attachée de presse de René Lévesque, en a été témoin à plusieurs reprises. Entrevue du 16 août 2001.
28. Entrevue avec Marc-André Bédard, le 9 décembre 2000. Une seconde source, un ministre souhaitant conserver l'anonymat, confirme la version du ministre de la Justice.

Quant à savoir si Lucien Bouchard a outrepassé son mandat, Serge Guérin, qui est pourtant très près de son patron, est incapable de porter une telle accusation. Le sous-ministre des Finances, Michel Caron, affirme pour sa part n'avoir assisté à aucun dépassement de mandat[29]. Jean-Roch Boivin avoue avoir gardé très peu de souvenirs de ces négociations : « Jacques Parizeau n'a pas l'air d'un gars qui s'est fait avoir par son négociateur! Le lendemain de l'entente, je le vois se vanter de la rallonge de six mois[30]. » Louis Bernard, le grand patron des fonctionnaires, rappelle de son côté que « prolonger la convention collective de six mois avec deux augmentations [est une idée que] le Conseil des ministres trouve magnifique, [tout comme] le premier ministre et les syndicats[31]. »

Que faut-il donc conclure de cette escarmouche? Bien que Lucien Bouchard ait refusé de collaborer à cette biographie, il est possible de croire que, s'il y a eu un dépassement de mandat, personne dans le gouvernement de René Lévesque ne s'en est indigné, à part Jacques Parizeau, ce qui ne constitue pas pour autant une mince opposition. Le premier ministre du Québec a vraisemblablement été satisfait de l'entente de principe. Il a même salué le travail accompli par le négociateur en chef du gouvernement, au risque de froisser son ministre des Finances.

Étonné et choqué par la façon dont les négociations se terminent, Jacques Parizeau considère pour sa part que les augmentations de salaire offertes en fin de convention collective sont trop généreuses[32]. D'ailleurs, dans les jours qui suivent la présentation de l'entente, Jacques Parizeau reconnaît publiquement avoir « quelque peu reculé sur l'indexation et l'enrichissement collectif[33]. » Sur cet aspect, la journaliste Paule des Rivières observe avec justesse que l'entente inclut « une véritable clause d'enrichissement collectif qui dépasse la simple indexation des salaires, principe que

---

29. Entrevue avec Michel Caron, le 16 octobre 2000.
30. Entrevue avec Jean-Roch Boivin, le 20 février 2001.
31. Entrevue avec Louis Bernard, le 3 avril 2000.
32. Une clause de la convention collective permettait à de nombreux fonctionnaires de bénéficier d'une réduction du nombre d'heures travaillées par semaine tout en recevant le même salaire.
33. Cité dans un article de Pierre Vennat, « Front commun, le règlement n'amènera pas de hausse de taxes – Parizeau », *La Presse*, le 23 novembre 1979.

le gouvernement s'est refusé de négocier depuis le début des pourparlers[34].» La consultation des délibérations du Conseil des ministres nous apprend d'ailleurs qu'un mois plus tôt, en réponse au ministre de l'Énergie et des Ressources, le président du Conseil du trésor soulignait que céder sur la clause d'enrichissement «équivaudrait à distribuer aux fonctionnaires des ressources que le gouvernement n'a pas[35].»

Le 21 novembre 1979 en soirée, Jacques Parizeau annonce qu'il est parvenu à une entente de principe avec les centrales syndicales et que la convention collective sera prolongée de six mois, soit jusqu'au 31 décembre 1982, plutôt qu'en juin de la même année. Le lendemain, la CSN et la FTQ acceptent les propositions salariales fort généreuses du gouvernement. Quant à la CEQ, elle tarde à donner son appui à la proposition gouvernementale. Le 28 novembre 1979, elle refuse les offres de Québec. La mésentente porte essentiellement sur le nombre d'étudiants par classe que les professeurs voudraient voir réduit. Au début de l'année 1980, la question de la tâche de travail des enseignants n'est toujours pas réglée et les négociations se poursuivent. Un autre accrochage s'annonce entre Lucien Bouchard et Jacques Parizeau.

Les racines du mal

En février 1980, Jacques Parizeau convoque Lucien Bouchard à son bureau. Il désire faire le point sur la question des négociations. Au moment où s'amorce le débat sur la question référendaire, le bureau du premier ministre aimerait bien que toutes les conventions collectives soient signées. Jacques Parizeau partage ce souhait et il est aussi de ceux qui trouvent que les discussions avec les enseignants s'étirent indûment. Lucien Bouchard n'est pas de cet avis. Il veut poursuivre les négociations, afin de trouver des accommodements. Jacques Parizeau interroge donc son négociateur en chef[36]:

---

34. Paule des Rivières, «Parizeau parvient à une entente de principe avec le Front commun», *Le Devoir*, le 22 novembre 1979.
35. Extrait du mémoire des délibérations du Conseil exécutif, séance du 3 octobre 1979. Archives nationales du Québec. Fonds René-Lévesque, Montréal.
36. Le dialogue suivant est inspiré des souvenirs d'une source anonyme.

— Monsieur Bouchard, que se passe-t-il à la table des négociations?

Selon un témoin qui assiste à la rencontre, il se montre plutôt rude avec Lucien Bouchard. Après l'avoir écouté, Jacques Parizeau lui donne un ordre :

— Monsieur Bouchard, il faut conclure.

— Mais monsieur Parizeau, il ne faut pas mettre fin à la négociation dans un climat qui risquerait de semer la mauvaise humeur chez les enseignants. Vous savez que le référendum s'en vient et…

Lucien Bouchard vient de franchir la zone qui lui était interdite d'accès. Jacques Parizeau, qui a déjà chaussé les souliers d'un haut fonctionnaire, a une conception claire et précise du rôle réservé aux grands commis de l'État. Selon ses principes, jamais un haut fonctionnaire ne doit se lancer dans quelque analyse politique que ce soit. Cela relève exclusivement du politicien. Or, les propos du négociateur en chef interviennent directement dans le champ de la stratégie référendaire. Usant de toute son autorité, Jacques Parizeau rabroue immédiatement son interlocuteur. «Là, Parizeau insiste un peu plus auprès de Lucien Bouchard[37].»

— Monsieur Bouchard, je vous demande de conclure les négociations!

«Lucien Bouchard l'a très mal pris, affirme une source anonyme. Par ailleurs, il est très susceptible et il me semble qu'il a, par la suite, beaucoup dramatisé ce qui s'est passé lors de cette rencontre[38].»

Les négociations se terminent avantageusement pour la CEQ. «Les enseignants ont reçu un allègement de tâche comportant l'addition d'environ mille six cents enseignants de plus dans le système. C'est à mon sens la seule incongruité du règlement[39]», déclare Jacques Parizeau dans son discours du budget, le 25 mars 1980.

Dans les médias, rien ne transpire de ces rapports tendus entre Lucien Bouchard et Jacques Parizeau. À la fin de la ronde des négociations, le blason de ce dernier s'en trouve même redoré. Plusieurs journalistes n'hésitent pas à le féliciter pour avoir prolongé la convention collective de trente-six à quarante-deux mois, «ce qui va à l'encontre des tendances syndicales en Amérique du Nord. Si ce n'est pas un coup de maître, je me

---

37. Source anonyme, présente lors de l'échange entre les deux hommes.
38. *Idem.*
39. Extrait du discours du budget, le 25 mars 1980, p. 15.

demande ce que c'est, écrit Gilles Lesage, dans le journal *Le Soleil*. En manœuvrant aussi habilement, M. Parizeau a remonté d'un cran le moral du gouvernement et du PQ [40]. »

Quant à Lucien Bouchard, s'il sort personnellement écorché de cette négociation en raison du comportement de Jacques Parizeau à son endroit, il n'en reçoit pas moins toute sa part du mérite. Toutefois, il garde rancune au ministre des Finances. « C'est une sorte de crise pour lui. Il sera écumant pendant des années, raconte Jacques Parizeau. Lucien Bouchard se souvient de cet épisode et de l'affront que je lui ai fait. Il m'en a voulu pendant des années, me dit-on [41]. » Cinq années passent et Lucien Bouchard devient ambassadeur du Canada à Paris, nommé par le gouvernement de Brian Mulroney. À l'occasion d'une visite privée de Jacques Parizeau dans la Ville lumière, Lucien Bouchard refuse carrément de le voir. « À l'ambassade canadienne, il tempêtait, il criait, il hurlait ! Il a même refusé de dîner avec moi à Paris [42] », révèle Jacques Parizeau.

Une source bien informée de l'ambassade canadienne à Paris confirme cette information. Cette même source soutient avoir vu Lucien Bouchard enragé à l'idée de cette visite. « Il a refusé de recevoir Jacques Parizeau et son épouse, alors qu'à ce moment-là, l'ambassade recevait tout le monde en provenance du Québec [43]. » La source précise que « la colère de l'ambassadeur vient des altercations qu'il a eues avec Jacques Parizeau lors de la négociation dans le secteur public en 1979. Il a très très mal pris la façon dont Jacques Parizeau s'est comporté envers lui. Il est d'une rancune... »

Par ailleurs, Jacques Parizeau nous apprend que dans les mois qui ont suivi la fin des négociations, les relations avec Lucien Bouchard continuent à être difficiles : « Euh, je dirais pas mal plus tendues. J'ai assez souvent géré des choses dans le secteur public pour savoir qu'à partir du moment où un fonctionnaire outrepasse ses mandats, s'il l'a fait une fois, il le fera deux fois [44]. » Jacques Parizeau n'a plus confiance en son employé qu'il aurait volontiers foutu à la porte. « Si cela n'avait été que de moi... il serait parti [45]. »

---

40. Gilles Lesage, « Parizeau s'impose comme le numéro 2 », *Le Soleil*, le 26 novembre 1979.
41. Entrevue avec Jacques Parizeau, le 17 mai 2000.
42. Entrevues avec Jacques Parizeau, le 17 mai et le 14 juin 2000.
43. Source anonyme.
44. Entrevue avec Jacques Parizeau, le 17 mai 2000.
45. *Idem.*

Lucien Bouchard n'a rien à craindre, car il est protégé par le bureau du premier ministre. La situation ne déplaît nullement à Jean-Roch Boivin, le chef de cabinet de René Lévesque. Pouvoir compter sur une personne, dans l'entourage du puissant Jacques Parizeau, capable de critiquer ses actions et d'informer le premier ministre, n'est pas à dédaigner. «On n'a pas suggéré la candidature de Lucien Bouchard dans cet esprit-là, soutient Jean-Roch Boivin. Nous l'avons d'abord fait parce que Bouchard était un chr… de bon négociateur, mais c'était peut-être pas mauvais, en y pensant, que Parizeau se rende compte qu'il y avait quelqu'un du bureau du premier ministre qui était là [46].»

En plus de Jean-Roch Boivin, bien d'autres membres de l'entourage de René Lévesque souhaitent restreindre l'énorme influence de Jacques Parizeau. C'est aussi l'avis de Louis Bernard. Pour le secrétaire général du gouvernement, malgré le rôle joué par Lucien Bouchard, c'est bien Jacques Parizeau qui est le grand responsable du résultat des négociations avec le secteur public. Or, l'entente conclue avec les employés de l'État est trop généreuse et illustre très bien la nécessité d'avoir deux avis au sein du gouvernement, estime Louis Bernard [47]. Le temps de soustraire la présidence du Conseil du trésor des mains du ministre des Finances approche.

Jacques Parizeau perd également de sa force sur un autre plan, celui de la stratégie référendaire. Sur cet aspect, René Lévesque écoute Claude Morin plus que jamais. Jacques Parizeau va bientôt l'apprendre à ses dépens, lors du dévoilement de la question référendaire. Cet épisode donnera lieu à une lutte épique entre les barons du parti…

---

46. Entrevue avec Jean-Roch Boivin, le 20 février 2001.
47. Entrevue avec Louis Bernard, le 3 avril 2000.

CHAPITRE 15

Une question, deux référendums

« Compte tenu de la façon dont on a toujours approché la souveraineté du Québec ensemble, je n'aurais pas été surpris qu'il démissionne. Pourtant, il reste. Depuis que l'on se connaît, et cela fait alors près de dix ans, c'est la première fois qu'il va contre la logique des choses. Je suis surpris, très surpris. »

Serge Guérin,
commentant la réaction de Jacques Parizeau
à la question référendaire[1]

À quelques semaines des élections du 15 novembre 1976, une « assemblée de cuisine » se tient dans le comté de L'Assomption. Ernest Boudreau a réuni ses voisins dans son sous-sol pour discuter avec le candidat du Parti québécois. Le futur président de l'association de comté demande à Jacques Parizeau[2] : « Si le Parti québécois gagne, combien de temps après l'élection aurons-nous un référendum ? » Le candidat n'hésite pas longtemps à répondre : « Six mois, tout au plus. » Ernest Boudreau, en témoigne : « Parizeau voulait un référendum six mois après l'élection de 1976 et il l'a répété devant moi plusieurs fois par la suite[3]. »

---

1. Entrevue avec Serge Guérin, le 8 mars 2000.
2. L'anecdote qui suit s'inspire des souvenirs d'Ernest Boudreau.
3. Entrevue avec Ernest Boudreau, le 10 janvier 2001.

«À partir de 1976, il faut que je rende le mouvement souverainiste crédible, déclare Jacques Parizeau. D'autre part, je suis à peu près tout le temps en désaccord avec tout ce qui a trait à la stratégie et à la tactique. Je gueule et je hurle, mais je reste bon soldat. J'ai marché pendant des années dans un cadre, à certains moments, remarquable, à d'autres, pitoyable[4].» Afin d'augmenter ses chances d'être élu, René Lévesque a choisi de ne pas discuter de souveraineté pendant la campagne électorale de 1976 et dorénavant, seul un référendum l'autorisera à poser un geste en faveur de la souveraineté du Québec. «En pratique, cela a complètement stérilisé ce gouvernement, soutient Jacques Parizeau. À Ottawa, quand on arrive aux conférences fédérales-provinciales, on me dit : "Chut! Chut! On ne parle pas de souveraineté avant le référendum[5]".»

En dépit de cette stratégie, Jacques Parizeau continue à croire que la réalisation de la souveraineté demeure la première des priorités de son parti. «Tout ce qui me distrait de cet objectif-là est pour moi une perte de temps, un détour inutile[6].» Plus tard, après l'élection du Parti québécois, il n'hésitera pas à parler des «distractions du pouvoir» et de la gouvernance de l'État qui amènent les ministres à «jouir» de leur situation et de leurs privilèges au point d'en oublier la souveraineté du Québec.

À la fin de l'année 1977, pour maintenir les troupes sur le pied de guerre, l'organisation du parti sonne la charge et demande la mobilisation générale en prévision de l'éventuel référendum. «La campagne du référendum est lancée[7]», titre le journal La Presse. Un comité du référendum est formé[8]. Il est dirigé par le président de l'exécutif national du parti, Pierre Renaud. L'organisation péquiste met ensuite sur pied, dans chaque comté du Québec, les «comités des vingt» qui, comme leur nom l'indique, sont composés d'une vingtaine de membres qui se consacrent exclusivement à la préparation du référendum. Réalisant plus tard le temps écoulé entre la formation de ces comités et la tenue du référendum, bien des militants jugeront qu'ils se sont fait rouler[9].

---

4. Entrevue avec Jacques Parizeau, le 30 mars 2000.
5. Entrevue avec Jacques Parizeau, le 11 mai 1998.
6. Entrevue avec Jacques Parizeau, le 25 mai 2000.
7. Selon un article de Pierre-Paul Gagné, La Presse, le 26 septembre 1977.
8. Cette résolution est adoptée lors du Conseil national du Parti québécois tenu à Sherbrooke les 24 et 25 septembre 1977.
9. C'est le cas d'Ernest Boudreau. Entrevue du 10 janvier 2001.

Pendant ce temps à Québec…

Pendant ce temps, au ministère des Affaires intergouvernementales, la stratégie référendaire prend une tout autre forme. La tenue d'un référendum sur la souveraineté a déjà été écartée. Dès le 14 janvier 1978, un document de travail secret provenant du bureau de Claude Morin parle uniquement d'un mandat de négocier l'association avec le reste du Canada : « L'opération référendaire ne peut, en pratique, que viser à donner un mandat de négociation au gouvernement. Même si le public répondait massivement OUI à l'indépendance, elle ne serait réalisée ni juridiquement ni concrètement pour autant [10]. » Peu de gens connaissent l'existence de ce document.

Pour ce qui est de la question référendaire, Claude Morin écrit qu'une question « limpide », semblant « claire et honnête constitue le moyen le plus sûr de recevoir une réponse majoritairement négative [11]. » Selon lui, il faut donc éviter une question du genre : « Êtes-vous pour ou contre l'indépendance ? », une formulation qui plairait à Jacques Parizeau. « Il est maintenant évident que nous ne procéderons pas de manière aussi naïve et simpliste [12] », écrit Claude Morin. Le document conclut qu'il faut plutôt choisir une « approche descriptive », c'est-à-dire, une question où le public devra se prononcer sur le contenu, « par exemple sur une résolution ou une loi de l'Assemblée nationale comprenant la liste des pouvoirs à récupérer d'Ottawa, le tout coiffé d'un préambule pertinent et évocateur [13] ».

Dans les mois qui suivent, Claude Morin élabore dans le plus grand secret plusieurs versions du projet de loi définissant les pouvoirs d'un Québec souverain [14].

---

10. Conformément au document de travail intitulé *Document : La stratégie référendaire*, daté du 14 janvier 1978, p. 7. Archives nationales du Québec. Fonds Claude Morin, Québec.
11. *Idem*, p. 9.
12. *Idem.*
13. *Idem.*
14. On peut retrouver plusieurs versions de ce projet de loi, aussi appelé *Résolution sur l'avenir constitutionnel du Québec*, dans le Fonds Claude Morin. Archives nationales du Québec, Québec.

En juin 1978, avec l'arrivée de Daniel Latouche à titre de conseiller constitutionnel au bureau du premier ministre, Claude Morin peut compter sur un allié de taille. Issu du milieu universitaire [15], Daniel Latouche se définit avant tout comme un nationaliste québécois et non comme un militant du Parti québécois. Son mandat consiste à préparer une question référendaire gagnante. Pragmatique, il considère que le parti est un lourd véhicule qui restreint la mobilité du gouvernement, tout comme le croient René Lévesque et Claude Morin.

Le 3 octobre 1978, Daniel Latouche écrit à Claude Morin que «l'accession du Québec à la souveraineté-association implique une double négociation [16].» Il estime que faire accepter l'idée d'association au parti sera aussi périlleuse que de faire avaler la souveraineté du Québec au reste du Canada. L'essentiel de son texte de cinq pages ne parle que des difficultés à négocier avec les péquistes. Quelques lignes à peine sont consacrées aux négociations avec le fédéral, comme si l'ennemi véritable résidait à l'intérieur même de l'organisation. Daniel Latouche semble croire que le véritable adversaire du gouvernement est en fait son propre parti [17].

Il insiste sur une «association économique étendue» comprenant une union monétaire avec le Canada et la nécessité d'institutions politiques et administratives communes. Daniel Latouche croit que «faire accepter le principe de limitations sérieuses, mais librement consenties, à la souveraineté québécoise, notamment au chapitre de la reconnaissance et de la présence internationale [18]» sera mal accepté par «les péquistes sincères, partisans du Québec éternel et de l'indépendance à tout prix. (…) Le choc va être épouvantable lorsqu'ils vont commencer à se douter que nous n'aurons pas 143 ambassades [19]…» Alors que la date du référendum n'est pas encore

---

15. Il termine en 1970 un doctorat en sciences politiques de l'Université de Colombie-Britannique, puis il enseigne au Département des sciences politiques de l'Université McGill, de même qu'au Centre d'études canadiennes-françaises de la même université.

16. Extrait du mémorandum de Daniel Latouche, *Grand bond en avant vers la souveraineté…*, le 3 octobre 1978, p. 1. Archives nationale du Québec. Fonds Claude Morin, Québec.

17. Daniel Latouche écrit à la page 3 de son mémorandum : «Mais ce qui est le plus inquiétant, c'est la possibilité d'une jonction entre les intérêts des " indépendantistes-à-tout-prix" et ceux du fédéral.»

18. *Idem*, p. 2.

19. *Idem*, p. 4.

connue et que les négociations sont encore loin, le mémo de Daniel Latouche insiste pour «faire accepter l'idée que les propositions gouvernementales ne sont que des objectifs de négociation qui devront éventuellement faire l'objet de compromis.»

Or, pour un croisé de la trempe de Jacques Parizeau, le temps des compromis ne doit pas se manifester en début de processus, mais bien à la toute fin. De plus, l'indépendantiste qu'il est souhaite voir le Québec ouvrir le plus grand nombre d'ambassades possible. Il désire une politique étrangère autonome, une armée et un dollar québécois. La collision appréhendée par Daniel Latouche avec les militants du parti risque plutôt de se produire de plein fouet avec le «poids lourd» du gouvernement, son ministre des Finances. Pour cette raison, personne dans l'entourage du premier ministre n'informe Jacques Parizeau des réflexions en cours.

Le parti est également maintenu à bonne distance des véritables discussions de fond. «J'avais toujours l'impression que les décisions importantes avaient été prises avant[20]», se rappelle Paul Unterberg, alors membre de l'exécutif du Parti québécois. Pierre Harvey, conseiller au programme de 1977 à 1982, partage cette impression : «Je dois vous avouer que j'ai été un peu frustré pendant cette période-là, parce que ça nous échappait. C'était le bureau du premier ministre qui menait les choses. Nous n'étions pas dans le coup. Cette histoire a été très cuisinée[21].» Pierre Harvey a beau être membre du comité conjoint sur la question référendaire, il en connaîtra la formulation finale quand René Lévesque en fera la lecture en Chambre.

Le trait d'union qui sépare deux hommes

«Il n'est pas question dans notre esprit d'obtenir d'abord la souveraineté, puis de négocier l'association par la suite, affirme solennellement René Lévesque à l'Assemblée nationale le 10 octobre 1978. Nous ne voulons pas briser, mais bien transformer radicalement notre union avec le reste du Canada afin que, dorénavant, nos relations se poursuivent sur la base d'une égalité pleine et entière.» Cette déclaration suscite un grand

---

20. Entrevue téléphonique avec Paul Unterberg, le 8 janvier 2001.
21. Entrevue avec Pierre Harvey, le 22 mars 2000.

mécontentement au sein de la députation péquiste. Au caucus du 7 novembre 1978 [22], Gilbert Paquette rappelle que «le premier ministre n'a jamais été un militant de la base.» Gérald Godin se dit d'accord avec la démarche proposée par le chef du Parti québécois, mais il se demande «pourquoi ne pas avoir consulté les membres et suivi les procédures démocratiques. Il faudrait qu'on connaisse la partition avant d'aller jouer de la musique dans le champ.» René Lévesque explose : «Rogne et grogne est toujours marginal. L'ensemble des militants nous suit et non les gueulards professionnels qui nous empoisonnent la vie depuis douze ans!»

Par sa déclaration du 10 octobre 1978, René Lévesque consacre l'existence du trait d'union entre la souveraineté et l'association. Il ne veut plus parler de déclaration unilatérale d'indépendance. Dans l'esprit de Jacques Parizeau, c'est une erreur stratégique. Que se passera-t-il en cas d'échec des négociations avec le reste du Canada? Dorénavant, le Canada peut dire non et le Québec sera coincé, estime Jacques Parizeau.

En décembre 1978, l'idée de tenir un référendum uniquement sur un mandat de négocier la souveraineté-association a fait son chemin au bureau du premier ministre. À partir des sondages internes d'octobre et de décembre 1978, il est possible de prévoir qu'une question portant trop clairement sur la souveraineté-association mènerait à une défaite cinglante. Selon ces estimations, le OUI ne récolterait que trente-huit pour cent d'appui [23]. Pour s'assurer d'une majorité de voix, Daniel Latouche et Claude Morin concluent à la nécessité d'un référendum qui ne porterait que sur le mandat de négocier [24].

---

22. Les citations qui suivent sont tirées du compte rendu de la réunion du caucus des députés tenue le 7 novembre 1978. Archives de Jacques Désautels, secrétaire du caucus.

23. Extrait d'un mémorandum de Daniel Latouche intitulé *Les options constitutionnelles des Québécois*, p. 10. Ce mémo est adressé à René Lévesque et aux membres du comité référendaire et il est daté du 10 février 1979. Il constitue une version révisée d'un long texte d'analyse sur le même sujet, lequel date de décembre 1978.

24. Il est pertinent de noter que même avec l'ajout du concept du «mandat de négocier» et du deuxième référendum, les forces souverainistes recueillent, en mai 1980, 40 % des voix, soit 2 % de plus que dans ce sondage de décembre 1978, où l'on proposait clairement une chose : réaliser la souveraineté-association.

Le 7ᵉ Congrès du Parti québécois marque un nouveau triomphe pour les tenants de l'étapisme. Les 2 et 3 juin 1979, les délégués entérinent sans animosité l'ensemble des propositions contenues dans le manifeste *D'égal à égal*. Publié par la direction du parti au début du mois de mars, ce manifeste visait à préparer les esprits à l'idée du trait d'union entre la souveraineté et l'association. Tel que le souhaitait René Lévesque, le référendum ne portera plus sur la souveraineté, mais sur l'obtention d'un mandat pour la négocier. Le Congrès biffera également du programme toute référence à une déclaration unilatérale d'indépendance en cas d'échec des négociations avec le Canada. Une seconde consultation auprès de la population sera alors nécessaire. Étonnamment, c'est Jacques Parizeau qui se fait le porte-parole de la proposition. Le baron s'agenouille ainsi devant son roi : « Il y en a qui soutiennent que nous devrions déclarer unilatéralement l'indépendance. Il y en a d'autres qui disent qu'on devrait la faire constater aux Québécois. Ça peut être un référendum, ça peut être une élection qui tombe au bon moment, ça peut être de faire ce qu'on veut [25]. »

La deuxième génuflexion de Jacques Parizeau se produit au moment où l'on enterre définitivement l'idée d'un dollar québécois. Depuis son adhésion au Parti québécois en 1969, l'économiste de la London School of Economics n'a pas cessé de répéter que dans le cadre d'une négociation avec le partenaire fédéral, il fallait préserver l'option de la monnaie québécoise afin d'éviter que cette question ne devienne un objet de chantage de la part d'Ottawa.

En juillet 1978, Jacques Parizeau rappelait que la monnaie commune était inscrite au programme du parti par mesure de prudence seulement. Se plaisant à citer le document de 1972, *Quand nous serons vraiment chez nous*, il ajoutait : « Il est hors de question de se plier à toutes sortes de conditions pour réaliser cette union monétaire. Au fond, nous n'aurons vraiment besoin que d'une union douanière, notamment avec l'Ontario. Le reste, y compris l'union monétaire, viendra peut-être, mais elle est loin d'être indispensable à la survie économique d'un Québec indépendant [26]. »

---

25. Propos de Jacques Parizeau cités dans un article de Normand Girard, « On ne pourra plus traiter le PQ de " séparatiste " », *Le Journal de Montréal*, le 4 juin 1979.
26. Cité dans un article de Jean-Claude Picard, « Jacques Parizeau – Seule l'union douanière est indispensable », *Le Devoir*, le 15 juillet 1978.

Le baron devant son roi lors du Congrès du Parti québécois en juin 1979.
Photo de Jacques Nadeau.

Au cours du Congrès, Jacques Parizeau reçoit une directive du chef du parti : «Lévesque me dit, vous allez appuyer cela (la monnaie commune). J'ai dit : "D'accord Monsieur Lévesque, je vais appuyer cela. Mais je n'y crois pas. Je continue de croire à l'alternative"[27].» Le Congrès de juin 1979 est une victoire de plus à porter au tableau de chasse de Claude Morin.

Le grand scribe

Le mardi 18 décembre 1979, en soirée, Claude Morin, Louise Beaudoin, Louis Bernard et Daniel Latouche préparent un canevas de question référendaire pour le Conseil des ministres du lendemain. À la demande expresse de René Lévesque, le ministre des Affaires intergouvernementales et les conseillers s'affairent à résumer des mois de réflexion par un long

---

27. Entrevue avec Jacques Parizeau, le 25 mai 2000.

préambule qui ressemble peu à une question : « Le gouvernement a fait connaître sa proposition de négocier avec les représentants du reste du Canada une nouvelle entente fondée sur l'égalité de droit des partenaires. Une telle entente permettrait au Québec d'atteindre en même temps un double objectif : acquérir la souveraineté politique et maintenir les liens étroits d'association économique et monétaire avec le reste du Canada. Les résultats des négociations (...) seraient soumis à la population par voie de référendum [28]. »

Ce préambule laisse clairement entendre que le gouvernement du Parti québécois s'engage à tenir un deuxième référendum, même s'il y a entente avec le Canada. Le Congrès de juin n'avait pourtant appuyé l'idée d'un deuxième référendum qu'en cas d'échec des pourparlers. Dans la dernière édition revue et corrigée du livre blanc sur le projet de souveraineté-association de René Lévesque, datée du 22 novembre 1979, il n'est pas encore fait mention de cette nouveauté, qui n'a jamais été discutée au Conseil des ministres ou à l'intérieur du parti. Le document qui propose aux Québécois une nouvelle entente Québec-Canada ne parle que d'un mandat de négocier. « Une fois conclus les accords avec le reste du Canada, le gouvernement du Québec s'engage à les soumettre à l'approbation de l'Assemblée nationale [29]. » Jusqu'à ce que Claude Morin présente sa question au Conseil des ministres, il revenait au parlement québécois d'entériner le résultat des négociations avec le gouvernement fédéral. En cas d'échec seulement, une deuxième consultation devenait obligatoire.

Il y a un certain temps déjà que Claude Morin a soumis cette proposition à René Lévesque, qui « trouve que c'est une maudite bonne idée [30]. » L'habile stratège des Affaires intergouvernementales s'est pourtant bien gardé de tester son idée au Conseil des ministres. Seuls certains privilégiés, amis et alliés du ministre Morin, ont eu droit à ses confidences [31]. « Des

---

28. Selon Graham Fraser dans *Le Parti québécois*, Montréal, Libre Expression, 1984, p. 230.
29. Extrait de « La nouvelle entente Québec-Canada – Proposition du gouvernement du Québec pour une entente d'égal à égal : la souveraineté-association », Montréal, Gouvernement du Québec, Conseil exécutif, Éditeur officiel du Québec, le 22 novembre 1979, p. 87.
30. Entrevue avec Claude Morin, le 17 mars 2000.
31. Entrevue avec Louis Bernard, le 3 avril 2000.

mois avant décembre[32]», Claude Morin se confie à Bernard Landry, qui confirme avoir reçu la visite du père de l'étapisme, comme bien d'autres ministres d'ailleurs : «Oui, il avait fait le tour[33]. » Craignant la colère de Jacques Parizeau, Claude Morin maintient toutefois le ministre des Finances dans l'ignorance.

Marc-André Bédard[34], qui affirme avoir travaillé sur la question référendaire avec Claude Morin, est bien au courant du libellé. Denis de Belleval a également été consulté par le ministre des Affaires intergouvernementales : «J'ai vu des projets de question, Claude Morin m'en a montrés[35]. »

Le mercredi 19 décembre 1979, en après-midi, les ministres se dirigent vers l'immense salle ovale où se tiennent les séances du Conseil des ministres. Jacques Parizeau emprunte le passage souterrain qui doit l'amener au *bunker*, mais il ne sait pas du tout ce qui l'attend au bout du tunnel.

Quelques jours avant la tenue de ce Conseil des ministres déterminant pour l'avenir du Québec, une bombe politique éclate à Ottawa. Le gouvernement minoritaire de Joe Clark est renversé dans la nuit du 13 décembre 1979. Élus en mai, les conservateurs sont défaits de justesse par une motion de censure sur la politique budgétaire. L'occasion est belle de repousser le référendum, estime Claude Morin : «Nous avions le motif voulu[36]. » Mais le ministre ne peut user de son influence sur le chef du gouvernement, car il se trouve à une bonne distance du Québec. Claude Morin participe alors à une rencontre sur la coopération francophone au Togo, en Afrique.

René Lévesque ne bronche pas. Il déclare en Chambre que la question référendaire sera étudiée la semaine suivante et que le référendum aura lieu comme prévu durant l'année qui vient. Claude Morin rentre d'Afrique en catastrophe. Il est hors de lui : «On ne peut tenir un référendum et une élection fédérale au même moment !, se dit-il. Et que faire si Pierre Elliott Trudeau revient et gagne ? ! » Mesurant peut-être les conséquences malheureuses qu'un report du référendum pourrait avoir sur l'unité de son parti et de son gouvernement, René Lévesque tient bon et réaffirme que la chute

---

32. Entrevue avec Claude Morin, le 17 mars 2000.
33. Entrevue avec Bernard Landry, le 12 juin 2000.
34. Entrevue avec Marc-André Bédard, le 9 décembre 2000.
35. Entrevue avec Denis de Belleval, le 29 mars 2000.
36. Cité dans un article de Jean-Marc Salvet, «Référendum 1980 – Claude Morin voulait attendre», *Le Soleil*, le samedi 20 mai 2000.

du gouvernement Clark ne change rien à l'échéancier référendaire. Claude Morin menace de démissionner, puis il finit par se ranger[37]. Ce qui nous ramène au 19 décembre 1979, en après-midi, tous les ministres de René Lévesque sont réunis dans la grande salle ovale pour discuter de la question référendaire qui doit être présentée en Chambre le lendemain matin!

Un Conseil des ministres soumis à une question

Lorsqu'ils se présentent à la salle ovale, les ministres s'attendent à discuter d'une question rédigée en bonne et due forme. Or, ils n'ont droit qu'à une ébauche. «Nous arrivons au Conseil des ministres, puis on se rend compte que l'affaire n'est pas attachée, rapporte Denis de Belleval. Nous aurions aimé que la question soit déposée au Conseil et non le canevas. Le canevas aurait dû l'être un mois à l'avance[38].» C'est le choc. «Les gens sont surpris, raconte Louis Bernard. [Le Conseil des ministres] n'a pas de question et nous sommes pourtant à la veille de la rendre publique[39]!» Il faut la rédiger au plus vite. Le Conseil des ministres se transforme donc en classe de rédaction, où une trentaine d'élèves à la forte tête soutiennent, à tour de rôle, être l'auteur de la meilleure version. Cela promet d'être long...

Jacques Parizeau prend connaissance du projet de question pour la première fois. Certains ministres sont étonnés de constater qu'il a été tenu à l'écart du processus. «Moi, je pensais que les principaux joueurs autour de la table avaient été vus, et Parizeau en est un!, raconte Denis de Belleval. Normalement, tu mets Parizeau dans le coup, puis tu discutes de cela avec lui. On arrive ainsi au Conseil des ministres avec une base solide pour discuter d'une formulation précise. Il semble que Morin n'avait pas le goût de s'obstiner avec Parizeau dans un bureau[40].» Que Jacques Parizeau, le numéro deux du parti et du gouvernement, ait été mis de côté tout au long de ce processus, témoigne de façon éloquente de la méfiance qu'entretient René Lévesque à son endroit, lorsqu'il s'agit de discuter des modalités

---

37. Selon Graham Fraser, *op. cit.*, p. 230.
38. Entrevue avec Denis de Belleval, le 29 mars 2000.
39. Entrevue avec Louis Bernard, le 3 avril 2000.
40. Entrevue avec Denis de Belleval, le 29 mars 2000.

d'accession à la souveraineté. Le premier ministre se méfie du jugement politique de Jacques Parizeau.

Dans ses mémoires, René Lévesque parle d'ailleurs volontiers de son « acerbe aile intégriste [41] » et il est raisonnable de penser que dans l'esprit du chef du Parti québécois, Jacques Parizeau en faisait partie. « Quant à l'idée d'un second référendum, précise René Lévesque, elle faisait littéralement bouillir Jacques Parizeau, pour qui, même le premier n'était pas facile à avaler [42] ! » L'opinion courante veut que Jacques Parizeau ait été le seul à s'exprimer de façon claire et virulente contre cette idée. La réalité est pourtant tout autre. Le 12 décembre 1979, René Lévesque demande à ses ministres une opinion préliminaire sur la façon dont la question doit être posée. Claude Charron, contrairement à ce qu'il a déjà déclaré publiquement, se range alors dans le camp de Jacques Parizeau. Il soutient qu'il « serait dangereux d'évoquer la possibilité de tenir un deuxième référendum dans le texte même de la question (...), cela enlèverait toute la valeur d'un premier référendum [43]. » Les ministres Pierre Marc Johnson, Bernard Landry et Lucien Lessard s'opposent également à l'idée d'un deuxième référendum. Ces derniers ne sont pourtant pas associés à « l'acerbe aile intégriste ». À la fin de la discussion, Bernard Landry qui, comme Pierre Marois, est incapable d'affronter René Lévesque, « mentionne qu'il a maintenant changé d'opinion et qu'il croit qu'un second référendum sur une nouvelle constitution pourrait être évoqué [44]. »

Nous voici donc une semaine plus tard, le 19 décembre 1979, pour la tenue de cette réunion décisive. La rencontre donne lieu à d'interminables discussions. *Gentleman*, Jacques Parizeau contient sa colère [45] : « Le libellé me semble mal foutu, donnant trop de prise à l'adversaire. Je n'aime pas la façon dont c'est rédigé [46] », confie-t-il. Pierre Marois et Camille Laurin ne sont guère plus satisfaits.

---

41. René Lévesque, *Attendez que je me rappelle...*, Montréal, Québec Amérique, 1986, p. 403.
42. *Idem*, p. 404.
43. Extrait du mémoire des délibérations du Conseil exécutif, séance du 12 décembre 1979. Archives nationales du Québec. Fonds René-Lévesque, Montréal.
44. *Idem*.
45. Selon les témoignages des ministres Jocelyne Ouellette et Jacques-Yvan Morin.
46. Entrevue avec Jacques Parizeau, le 25 mai 2000.

Denis de Belleval et Pierre Marois,
deux ministres qui admiraient secrètement Jacques Parizeau.
Archives nationales du Québec, Québec.

Lise Payette est fermement convaincue que, quoi qu'elle dise, René Lévesque a déjà fait son lit : « Quand les discussions ont commencé, il était facile de voir que le premier ministre avait réponse à toutes les interrogations[47]. » Pierre Marc Johnson partage le même avis : « Nous avons senti que, ultimement, c'est Lévesque qui choisirait. C'est normal ! C'est lui le chef du gouvernement. C'est lui qui avait porté le projet, qui avait fondé le parti. Qui étions-nous ! Nous pouvions exprimer notre opinion, mais c'était à Lévesque de décider[48]. »

Avec les heures qui s'écoulent, la tension augmente. Jacques Parizeau émet son opinion : « Il serait préférable de simplement mentionner que la population serait consultée à nouveau, sans préciser si ce sera par voie de référendum ou autrement, de façon à laisser au gouvernement la latitude de déclencher une élection générale au besoin plutôt que de tenir un

---

47. Lise Payette, *Des femmes d'honneur – une vie engagée (1976-2000)*, Montréal, Libre Expression, 1999, p. 80.
48. Entrevue avec Pierre Marc Johnson, le 5 septembre 2000.

référendum[49].» Il craint par-dessus tout que le deuxième référendum porte sur un «fédéralisme plus ou moins renouvelé[50].» Claude Charron hoche de la tête et appuie les propos de Jacques Parizeau. Les opposants aux propositions de Claude Morin demeurent infatigables. Le cercle autour de René Lévesque doit dès lors entrer en action. Marc-André Bédard tente d'apaiser les troupes : « Ce n'est pas la question idéale, j'en conviens, mais c'est la seule question avec laquelle on peut faire le meilleur score possible[51].» Denis de Belleval se jette dans la mêlée : «Nous avons le choix : ou bien on se fait casser la gueule ou bien nous recevons une baffe. Il est préférable de recevoir une baffe. De toute façon, on ne réussira qu'à passer à l'arraché[52].»

Voilà plus de quatre heures que les ministres discutent. À dix-huit heures trente, René Lévesque ajourne la discussion pour le repas. Quelques minutes auparavant, Jacques Parizeau a eu le temps de faire une suggestion sur la façon d'écrire la phrase qui doit mentionner l'utilisation de la monnaie canadienne[53]. Fort satisfait de cette contribution, le ministre des Finances retourne à son bureau.

L'amendement Parizeau

Jacques Parizeau est accueilli par son chef de cabinet, plus fébrile que jamais. Les hommes du ministre s'approchent de Jacques Parizeau et forment un cercle autour de lui. Comme indépendantistes, ils savent que le moment est crucial. Serge Guérin pose la première question[54] :

---

49. Extrait du mémoire des délibérations du Conseil exécutif, séance du 19 décembre 1979. Archives nationales du Québec. Fonds René-Lévesque, Montréal.
50. *Idem.*
51. Propos attribués à Marc-André Bédard et rapportés par Claude Charron. Entrevue du 22 mars 2000.
52. Entrevue avec Denis de Belleval, le 29 mars 2000.
53. La phrase qui est retenue par le Conseil se lit comme suit : « …tout en maintenant avec le Canada une association économique comportant l'usage de la même monnaie ».
54. Le dialogue qui suit provient des témoignages de Jacques Parizeau, de Serge Guérin, de Claude Séguin et de Daniel Paillé.

— Comment cela s'est-il passé?

— Plutôt bien. En fait, mieux que ce que j'anticipais.

— La question sera donc claire?, ajoute Serge Guérin.

Jacques Parizeau, qui est tenu au secret, n'ose pas en dire trop sur les délibérations en cours au Conseil des ministres. Il ne tient surtout pas à parler du deuxième référendum, car cela ferait sûrement sursauter son équipe.

— Écoutez, tant que ce n'est pas fini…

— Il reste donc des choses à ficeler?, ajoute l'un de ses conseillers.

— À cet égard, je pense que j'ai réussi à infléchir le Conseil des ministres suffisamment sur certains points et je pense pouvoir vous dire que nous nous dirigeons vers quelque chose d'intéressant. Vous savez, c'est tout de même encourageant, la majorité des ministres est indépendantiste.

À ces mots, sa fidèle équipe tressaillit. «Nous en étions fort étonnés, se rappelle Daniel Paillé, nous qui pensions que tous les ministres étaient indépendantistes[55]!»

Le souper se termine et Jacques Parizeau repart en direction du *bunker*. Il est environ vingt et une heures.

À la reprise des discussions, la détermination du ministre des Finances contribue à prolonger les débats. À plusieurs occasions, Jacques Parizeau s'oppose directement à Claude Morin et à René Lévesque. Dans ses mémoires, Lise Payette, la ministre d'État à la condition féminine écrit : «La soirée avançait [et] Jacques Parizeau, visiblement, n'avait pas l'intention de lâcher le morceau. Il y avait des éléments auxquels il tenait et qui ne se retrouvaient pas dans le brouillon de la question. Il y revenait avec insistance[56].»

Comme la Loi sur les consultations populaires ne permet pas de tenir deux référendums sur un même sujet, au cours d'un même mandat, il est clair qu'à la suite du premier référendum et des négociations entreprises avec le gouvernement fédéral, une élection suivrait. C'est la raison pour laquelle Jacques Parizeau insiste pour dire qu'une élection victorieuse suffirait à donner au Parti québécois le mandat de réaliser la souveraineté-association. Il s'attaque directement au libellé de la question, en soutenant «qu'une telle formulation exclut la possibilité de recourir à des élections

55. Entrevue avec Daniel Paillé, le 3 février 2000.
56. Lise Payette, *op. cit.*, p. 80.

pour faire avancer ce dossier ou permettre au gouvernement de se tirer d'un guet-apens [57].» Jacques Parizeau regarde Claude Morin droit dans les yeux et lui avoue enfin ce qui le travaille depuis si longtemps : «Mes convictions ne vont pas jusqu'à déclarer qu'il faille absolument un référendum pour changer un statut constitutionnel [58].» On sursaute autour de la grande table ovale du Conseil des ministres, puis la discussion reprend.

Vers une heure de la nuit, le débat porte sur la forme à donner au dernier paragraphe du préambule qui se lit ainsi : «Tout changement de statut politique résultant de ces négociations sera soumis à la population par référendum [59].» Jacques Parizeau n'aime pas les mots «statut politique». À son avis, ces deux mots banalisent l'importance du changement proposé. La souveraineté signifie que l'on change de «régime» politique et non seulement de «statut» politique, «sinon, pourquoi faire une consultation?, demande-t-il? Nous ne sommes tout de même pas pour faire un référendum sur la souveraineté des musées et de la culture [60]!» «Qu'est-ce que ça veut dire "statut politique"? Est-ce que ça signifie un fédéralisme renouvelé? C'est ça un changement de statut politique [61]?» Jacques Parizeau soutient fermement qu'il faut changer «statut politique» par «régime politique». Camille Laurin, l'allié de Jacques Parizeau dans les moments les plus cruciaux, en fait une proposition.

À cette heure tardive, plusieurs ministres sont déjà partis. Mais Jacques Parizeau est coriace, il reste jusqu'à la fin. «J'ai compris, plus tard, pourquoi Claude Morin procède d'abord avec un brouillon, raconte Denis de Belleval. Il sait que bien du monde peut ruer dans les brancards. Il se garde donc de la marge de manœuvre et présente un projet un peu mou en

---

57. Extrait du mémoire des délibérations du Conseil exécutif, séance du 19 décembre 1979. Archives nationales du Québec. Fonds René-Lévesque, Montréal.

58. *Idem.*

59. Les informations qui suivent, quant à la modification à apporter au dernier paragraphe du préambule, proviennent de notes prises par un des ministres présents autour de la table. L'ex-ministre préfère ne pas révéler son identité. La consultation du mémoire des délibérations de cette séance du Conseil exécutif vient toutefois appuyer cette description des faits.

60. *Idem.*

61. Propos attribués à Jacques Parizeau et rapportés par Jean-Roch Boivin. Entrevue du 20 février 2001.

se disant : " Cela va permettre une discussion plus ouverte, moins dramatique que si j'arrive avec une formulation finale ". Je dois dire qu'au fond
sa stratégie de la terre brûlée et de la fatigue a très bien marché. Il épuise
tout le monde, on tourne en rond, puis finalement on en revient au projet
final [62]. » À une heure dix du matin, le Conseil des ministres se met finalement d'accord sur une version de la question référendaire.

Le dernier paragraphe du préambule a été modifié conformément aux
souhaits de Jacques Parizeau et il se lit maintenant de la façon suivante :
« La réalisation d'un changement de *régime* politique sera soumise à l'approbation définitive de la population par voie de référendum [63]. » *Monsieur*
est satisfait : « Finalement, on me concède un certain nombre de choses. Ce
n'est pas majeur, mais quand même important [64] », estime Jacques Parizeau.

Tout le monde est crevé, y compris René Lévesque. Avant de quitter les
lieux, Bernard Landry prend son air le plus sérieux et dit au premier
ministre [65] :

— Monsieur Lévesque, j'ai une dernière chose à proposer.

— Quoi encore !, répond René Lévesque, exaspéré.

— Est-ce qu'on ne pourrait pas ajouter quelques mots supplémentaires à la fin de la question comme « s'il vous plaît ? ! »

La blague de Bernard Landry déclenche une crise d'hilarité chez René
Lévesque. « Puis, on va se coucher [66] », raconte Jacques Parizeau.

Circulation nocturne dans les couloirs

Quand Jacques Parizeau revient à son bureau, deux hommes l'attendent :
Louis La Rochelle et Serge Guérin. « Il est presque deux heures quand nous

---

62. Entrevue avec Denis de Belleval, le 29 mars 2000.
63. Ces informations proviennent des notes prises par un ministre présent autour de
la table du Conseil des ministres et qui préfère ne pas révéler son identité. Questionné par le biographe, Jean-Roch Boivin en a également confirmé la véracité.
Entrevue du 20 février 2001. Le mémoire des délibérations du Conseil exécutif
atteste lui aussi ces informations.
64. Entrevue avec Jacques Parizeau, le 25 mai 2000. Dans son livre, Lise Payette, bien
qu'elle ne reste pas jusqu'à la fin, valide cette information. *Des femmes d'honneur...*,
op. cit.
65. Entrevue avec Bernard Landry, le 12 juin 2000.
66. Entrevue avec Jacques Parizeau, le 25 mai 2000.

le voyons arriver, témoigne son chef de cabinet. "Ça va, c'est gagné, nous dit-il. Demain, monsieur Lévesque se lève et il va lire une question claire[67]".» Mais malheureusement pour Jacques Parizeau, les discussions ne prennent pas fin avec la fin du Conseil des ministres.

En levant la séance du Conseil des ministres, René Lévesque demande à Jean-Roch Boivin, à Louis Bernard et à quelques juristes de compléter le libellé de la question, afin que tout soit légal et clair. En allant se coucher ce soir-là, bien peu de ministres savent que le travail sur la question se poursuit. Pourtant, Claude Morin et Marc-André Bédard sont à des lieues, eux, de leur lit. Au beau milieu de la nuit, ils circulent tout habillés dans les couloirs du *bunker*. Un petit comité, supervisé par Jean-Roch Boivin, aiguise ses crayons et réchauffe ses neurones. Composé, entre autres, de Daniel Latouche, du sous-ministre de la Justice, René Dussault, de son adjoint, Daniel Jacoby, de Jules Brière, de Jean-Claude Scraire, le chef de cabinet de Marc-André Bédard, et de Robert Normand, sous-ministre de Claude Morin, ce petit groupe s'échine jusqu'à l'aurore de façon à ce que la question définitive soit prête à être présentée à la population le jour même.

Jean-Roch Boivin, le chef de cabinet du premier ministre, considère qu'il en a lourd sur les épaules : «Je suis énervé! J'ai la câli… de question dans les mains, puis ça doit être déposé à l'Assemblée nationale demain. À un moment donné, Louis Bernard me dit qu'il est fatigué et qu'il va se coucher. Alors moi, je suis tout seul de "politique" là-dedans avec les juristes. Puis là, le chr... de Dussault commence à dire : "Ouais, cette question est-elle légale?" Ah *ben* tabar…, un instant! C'est pas le temps de demander si elle est légale, nous avons peu de temps pour la faire la question[68].»

Claude Morin, toujours à l'affût, revient sur la modification que Jacques Parizeau a fait adopter : «C'était d'une obscurité… Ça n'avait pas de bons sens[69].» Contrairement au ministre des Finances, il préfère «statut» politique à «régime» politique. En l'absence de Jacques Parizeau, il en discute avec quelques ministres encore présents et conclut que

67. Propos attribués à Jacques Parizeau et rapportés par Serge Guérin. Entrevue du 8 mars 2000.
68. *Idem.*
69. Entrevue avec Claude Morin, le 10 avril 2000.

l'amendement adopté par le Conseil des ministres n'a pas de bon sens. « Je rebondis dans le bureau de Jean-Roch Boivin en disant : " On vient d'approuver une question référendaire, mais il y a une incongruité dedans [70] ". » Le chef de cabinet, qui se fie toujours au jugement du ministre des Affaires intergouvernementales, tend l'oreille. « Il y a quelque chose qui ne marche pas avec cette question-là. On ne peut pas garder ce bout-là (celui de Jacques Parizeau). Il faut le modifier, ce n'est pas clair. Il faut en parler à Lévesque. Jean-Roch Boivin me dit : " Laisse Lévesque tranquille. Je lui parlerai demain matin [71] ". » La rivalité entre Claude Morin et Jacques Parizeau continue donc de sévir au cœur de la nuit, alors que la plupart des ministres dorment et que la séance du Conseil est terminée.

Le lendemain matin, entre huit et neuf heures, Jean-Roch Boivin va porter la question à René Lévesque. Le chef de cabinet a travaillé toute la nuit : « Je ne me suis pas couché tabar...! Je m'en souviens encore, câli... J'ai mal au dos depuis ce temps-là. J'étais tout seul avec le papier (sic) et je savais que l'Assemblée nationale attendait la question [72]! » La question est prête. L'amendement de Jacques Parizeau en a été biffé : « Ouais! On s'est levés le lendemain matin, puis là, le bout de phrase avait disparu [73] », confirme Claude Malette, du bureau du premier ministre. René Lévesque en a convenu avec Claude Morin et Louis Bernard [74]. Personne n'a prévenu Jacques Parizeau. Vers midi trente, lors de la réunion du caucus à laquelle le ministre des Finances ne participe pas, René Lévesque lit la question aux députés.

Dans l'après-midi du 20 décembre 1979, les ministres et députés font leur entrée au salon bleu de l'Assemblée nationale. Jacques Parizeau affiche un large sourire. Intérieurement, il se félicite de l'influence qu'il a eue sur la formulation de la question : « Il n'était pas peu fier, rapporte Lise Payette, et il le montrait à son arrivée à l'Assemblée nationale [75]. » À quinze heures sept, le premier ministre du Québec fait la lecture en Chambre de la question :

---

70. *Idem.*
71. *Idem.*
72. Entrevue avec Jean-Roch Boivin, le 20 février 2001.
73. Entrevue avec Claude Malette, le 17 mars 2000.
74. René Lévesque, *op. cit.*, p. 404.
75. Lise Payette, *op. cit.*, p. 81.

Le gouvernement du Québec a fait connaître sa proposition d'en arriver, avec le reste du Canada, à une nouvelle entente fondée sur le principe de l'égalité des peuples. Cette entente permettrait au Québec d'acquérir le pouvoir exclusif de faire ses lois, de percevoir ses impôts et d'établir ses relations extérieures, ce qui est la souveraineté, et, en même temps, de maintenir avec le Canada une association économique comportant l'utilisation de la même monnaie. Tout changement de *statut* politique résultant de ces négociations sera soumis à la population par référendum.

En conséquence, accordez-vous au gouvernement du Québec le mandat de négocier l'entente proposée entre le Québec et le Canada ?

☐ Oui
☐ Non

À l'Assemblée nationale, les banquettes des députés et des ministres sont attribuées par ordre alphabétique. « Parizeau est donc à côté de moi, au même bureau », explique Claude Morin. À la fin du discours, prononcé par René Lévesque, tous les élus péquistes se lèvent et applaudissent à tout rompre. Tous, sauf un, Jacques Parizeau, qui reste assis [76]. Gêné par l'attitude de son collègue, Claude Morin lui fait signe et lui dit [77] :

— Jacques... franchement !

— Vous m'avez trahi !, lui répond-il, à voix basse.

Le ministre des Finances finit par se lever, en applaudissant du revers de la main. Claude Morin lui dit encore :

— Personne ne t'a trahi.

— Vous m'avez trahi, lui répète-il, le regard fermé.

« J'ai été le dindon de la farce là-dedans, constate Jacques Parizeau. Rien de ce que j'ai dit n'a été retenu et la question originale de la veille a été changée durant la nuit. Vous ne pensez pas que je vais passer des heures et

---

76. Selon les souvenirs de Jean-Claude Rivest, quelques instants avant la lecture de la question, Claude Morin remet une copie du discours de René Lévesque à Jacques Parizeau. Le député libéral, qui est assis en Chambre en face des péquistes, voit Jacques Parizeau en faire la lecture et jeter le document sur son bureau, l'air dégoûté. Jean-Claude Rivest est cité dans un article de Denis Lessard, « Monsieur – premier ministre », *La Presse*, le 17 septembre 1994.

77. Le dialogue suivant est issu des confidences de Claude Morin. Entrevue du 10 avril 2000. Jacques Parizeau ne conteste pas cette version.

des heures [à discuter au Conseil des ministres] pour qu'ensuite on puisse faire en sorte qu'on n'existe pas [78] ! »

Jacques Parizeau quitte le salon bleu de l'Assemblée nationale, complètement dévasté. Lise Payette le rencontre quelques instants plus tard au restaurant *Le Parlementaire*. « Il était attablé avec son épouse, Alice, et il avait l'air renfrogné. Je me suis arrêtée pour lui demander ce qui s'était passé. Il m'a répondu qu'il n'en savait rien, mais qu'il vivait le jour le plus difficile de sa vie [79]. »

Pourquoi ne pas avoir prévenu Jacques Parizeau ? René Lévesque explique dans ses mémoires que « l'un croyant que l'autre s'en chargeait », personne au bout du compte ne l'a avisé [80]. Jacques Parizeau donne peu de crédit à cette version. En fait, sans que personne ne l'affirme, on peut raisonnablement croire que l'entourage de René Lévesque et ses fidèles ont voulu éviter une négociation ardue avec Jacques Parizeau, en préférant le mettre devant un fait accompli. Bourgeois et grand seigneur, Jacques Parizeau en a les qualités et les défauts. À ce titre, « il accorde beaucoup d'importance à la façon dont les choses sont faites, raconte Claude Séguin. Lui qui met un soin méticuleux, de son propre côté, à s'assurer que tout s'enchaîne convenablement, il déteste les processus incorrects [81]. » Louis Bernard a gardé l'impression que l'amendement de Jacques Parizeau, rejeté pendant la nuit, n'était pas crucial : « Parizeau est loyal et bon soldat. Les cas les plus pénibles avec lui, c'est quand il se sent heurté parce que les choses changent et qu'il n'est pas mis dans le coup. Il a alors l'impression qu'on lui a joué dans le dos. Et ça, il a beaucoup de difficulté à accepter ça. Mais si vous avez un débat franc avec lui et qu'il perd, il se rallie sans rancune, bien qu'il ne soit pas toujours heureux [82]. »

Pour sa part, Jean-Roch Boivin reconnaît que le processus décisionnel qui a mené à la formulation de la question référendaire a été des plus boiteux : « Il y a un Conseil des ministres, puis c'est *ti-cul* Boivin en haut [au *bunker*], chr... qui finalise la câli... de question et qui en a encore mal dans le dos aujourd'hui [83] ! »

---

78. Entrevue avec Jacques Parizeau, le 25 mai 2000.
79. Lise Payette, *op. cit.*, p. 81.
80. René Lévesque, *op. cit.*, p. 404.
81. Entrevue avec Claude Séguin, le 1er juin 2000.
82. Entrevue avec Louis Bernard, le 27 mars 2000.
83. Entrevue avec Jean-Roch Boivin, le 20 février 2001.

« Les viraillages de Claude Morin »

« Nous n'avons pas le même tempérament, ni la même vision des choses, constate Claude Morin, pour expliquer les nombreux désaccords politiques qui ont ponctué ses relations avec Jacques Parizeau. Je ne suis pas passionné par la politique. Je ne voulais pas faire une carrière dans la politique. Des gars qui veulent ça, c'est dangereux. Pour Parizeau, la souveraineté est indiscutable, ajoute Claude Morin. Pour moi, la souveraineté est indiscutable, mais les moyens d'y arriver sont éminemment discutables. Dans son cas, la démarche devient l'objectif. Des gens comme ça, vous en retrouvez dans l'Église [84]. » De là à traiter Jacques Parizeau de dogmatique, il n'y a qu'un pas à franchir… Sur les rapports qu'entretiennent Claude Morin et Jacques Parizeau, Jean-Roch Boivin est catégorique : « Il n'y avait pas de rivalité entre les deux hommes, ils ne s'aimaient pas, c'est tout [85] ! »

Au-delà de leurs sentiments, une distance idéologique éloigne aussi les deux hommes. Pour Claude Morin, le livre *Option Québec* de René Lévesque, « ce n'est pas du séparatisme, c'est une véritable confédération [86]. » Claude Morin reproche à Jacques Parizeau d'avoir représenté le programme du RIN, plutôt que celui du Parti québécois, ce qui flatte l'économiste des HÉC quand on lui fait part de cette affirmation. « Il a pris le relais de Bourgault, insiste Claude Morin. Il a toujours été comme ça ! En somme, il y a un courant RIN dans le PQ qui a toujours été minoritaire, c'est évident, et c'est Parizeau qui le représente. Son discours est un discours riniste [87]. »

Indépendantiste fringant et éternel impatient, le baron déteste voir l'histoire bégayer. Pour lui, le bègue en chef n'est nul autre que Claude Morin. D'abord en 1973, la carte de rappel qui, à la dernière minute, demande aux électeurs de remettre l'indépendance à plus tard ; puis, l'étape référendaire adoptée au Congrès de 1974, sans oublier la campagne électorale de 1976 qui ne porte que sur le « bon gouvernement » péquiste ; enfin, le référendum qui tarde à venir et dont la rédaction de la question aboutit dans des couloirs obscurs… Jacques Parizeau, ce partisan du plus court et du plus droit chemin, en a marre des « viraillages de Claude Morin [88]. »

---

84. Entrevue avec Claude Morin, le 10 avril 2000.
85. Entrevue avec Jean-Roch Boivin, le 20 février 2001.
86. Entrevue avec Claude Morin, le 28 juin 1999.
87. Entrevues avec Claude Morin, le 12 avril et le 28 juin 1999.
88. Entrevue avec Jacques Parizeau, le 28 septembre 1999.

De son côté, Claude Morin n'éprouve aucune difficulté à convaincre les détenteurs du pouvoir à le suivre. Il est intelligent, cynique et machiavélique à souhait. Il a le sens de la formule et l'histoire du Québec montre bien qu'il a toujours su jouer efficacement de son influence auprès de cinq premiers ministres de la province.

Affronter en duel Claude Morin ne déplairait pas à Jacques Parizeau, mais cela équivaudrait pour lui à pointer indirectement son épée sur René Lévesque, lequel a toujours appuyé les suggestions stratégiques de son conseiller constitutionnel. Jacques Parizeau ne peut définitivement pas se résoudre à effleurer le flanc de son chef. Ses scrupules ne l'empêchent toutefois pas de se questionner sur les hésitations du fondateur du Parti québécois.

Serge Guérin trouve aussi René Lévesque bien ambivalent : « Il était souverainiste certaines fois, puis à d'autres moments, il avait peur de la souveraineté, explique-t-il. Parfois, nous avions l'impression qu'il disait : " Nous serons souverainistes quand nous serons prêts, quand les gens comprendront ce que c'est la souveraineté. Et au fond, tant mieux si nous ne sommes pas obligés de la faire. Si on peut éviter un déchirement [89] ". » Et Serge Guérin d'ajouter : « Là-dessus, Claude Morin réconfortait Lévesque. Il était la mauvaise conscience de Lévesque [90]. » « Moi, je pense que Lévesque a toujours senti le besoin d'avoir un peureux à côté de lui, précise Jean Garon. Ce n'était pas toujours Morin. Quelques fois, c'était Marc-André Bédard ou Claude Charron [91]. »

Quand Jacques Parizeau apprend que certains ministres sont restés debout toute la nuit après la levée du Conseil des ministres, il appuie les propos de Jean Garon en disant : « Les ministres qui sont là la nuit font partie de la " *gang* des parties de cartes [92] ". »

---

89. Entrevue avec Serge Guérin, le 8 mars 2000.
90. *Idem.*
91. Entrevue avec Jean Garon, le 23 février 2000.
92. Entrevue avec Jacques Parizeau, le 25 mai 2000. Le ministre Marcel Léger parle également de ce petit groupe qu'il dit composé de Claude Morin et d'autres ministres qui « discutaient souvent, sur le coin d'une table, des points qui s'avéraient névralgiques à l'intérieur de la stratégie globale. C'est d'ailleurs dans ce " comité de coin de table " que fut modifié le libellé de la question. » Source : Marcel Léger, *Le Parti québécois, ce n'était qu'un début…*, Montréal, Québec Amérique, 1986, p. 145. Lise Payette soutient la même chose.

«Démissionnez-vous, Monsieur Parizeau ?»

Dans les heures qui suivent la lecture de la question référendaire en Chambre, une atmosphère de crise s'installe au bureau du ministre des Finances. «Nous étions tous en furie contre la question[93]», affirme Daniel Paillé. Les indépendantistes sont en déroute. Serge Guérin est découragé : voilà une question qui nous éloigne trop du pays, juge-t-il. Il est à ce point déçu qu'il encourage son patron à démissionner : «Écoutez Monsieur Parizeau, si vous démissionnez, ça ne nous dérange pas. Au cabinet, on va s'organiser [et se trouver d'autres emplois]. Ne vous retenez pas pour nous. Et si vous voulez démissionner cet après-midi même, je vais comprendre ça[94].» Le même homme qui, au plus fort de la crise entourant la question de la taxe de vente, avait ardemment essayé de convaincre son patron de ne pas partir est prêt cette fois-ci à démissionner avec lui[95] :

— Ça n'a pas de bon sens cette question, déplore Jacques Parizeau. Ce n'est pourtant pas ce qu'on avait convenu au Conseil des ministres...

Serge Guérin se fait provocateur :

— Vous n'avez pas d'autre choix que de démissionner !

Jacques Parizeau préfère y réfléchir jusqu'au lendemain. Pendant ce temps, son chef de cabinet entretient la rumeur : Jacques Parizeau aurait décidé de démissionner. La nouvelle court dans les couloirs de l'Assemblée nationale et parvient jusqu'aux oreilles de Jean-Roch Boivin, qui rend aussitôt visite au ministre des Finances pour l'en dissuader.

Le lendemain, Jacques Parizeau trouve une lettre du chef de cabinet du premier ministre sur son bureau : «Je ne peux me résigner à quitter pour les vacances de Noël sans vous envoyer un petit mot pour aider si possible à dissiper ce qui ne m'apparaît qu'un regrettable malentendu[96]», écrit Jean-Roch Boivin. Pour rassurer le ministre, il joint à la lettre un avis juridique approuvé par Jules Brière, Robert Normand et Henri Brun, professeur de droit constitutionnel à l'Université Laval. La note précise que les

---

93. Entrevue avec Daniel Paillé, le 27 mars 2000.
94. Entrevue avec Serge Guérin, le 8 mars 2000.
95. Le dialogue suivant provient des confidences de Serge Guérin. Entrevue du 8 mars 2000. Jacques Parizeau ne conteste pas cette version.
96. Extrait de la lettre envoyée par Jean-Roch Boivin, datée du 21 décembre 1979, reproduite à la fin du volume à l'annexe D.

mots « changement de statut politique » signifient que le Québec cesse d'être une province canadienne. Jacques Parizeau est flatté par le geste de Jean-Roch Boivin [97].

Il convoque ensuite son chef de cabinet pour lui apprendre qu'il ne démissionne pas. Serge Guérin constate que son patron ne le regarde pas dans les yeux lorsqu'il lui annonce sa décision : « Il est un peu mal à l'aise de me dire qu'il va rester, parce que c'était dans la logique des choses qu'il démissionne. Compte tenu de ses convictions et de la façon dont on a toujours approché la souveraineté du Québec ensemble, je n'aurais pas été surpris qu'il me dise qu'il démissionne. Là, depuis que l'on se connaît, et cela fait alors près de dix ans, c'est la première fois qu'il va contre la logique des choses. Je suis surpris, très surpris [98]. »

Jacques Parizeau s'explique : « Je ne peux pas lâcher monsieur Lévesque à ce moment-là ! Je suis venu à la politique pour faire la souveraineté. Je ne vais tout de même pas démissionner au début d'une campagne référendaire [99] ! » En fait, Jacques Parizeau ne se pardonnerait pas « de casser la baraque parce que trop têtu [100] ! » Cette fois, sa fidélité au chef est plus forte que celle qu'il voue à sa dame : l'option indépendantiste [101].

La décision de Jacques Parizeau n'empêche pas pour autant les deux chefs de cabinet, Serge Guérin et Jean-Roch Boivin, de croiser le fer à ce sujet, entre Noël et le Jour de l'an, à l'occasion d'une réception donnée par

---

97. Est-ce cette lettre qui convainc Jacques Parizeau de ne pas démissionner ? Jean-Roch Boivin n'y croit pas : « Bah ! Moi, j'ai pensé que c'était du Parizeau. Il m'a dit après Noël : " Si cela n'avait été de votre lettre, j'aurais peut-être démissionné ". Mais voyons donc ! Voir s'il aurait démissionné ! Il m'a dit cela pour me faire plaisir, me flatter. Dans la lettre en question, j'écris qu'il est gros et grand et que l'on a besoin de lui au gouvernement… » Entrevue avec Jean-Roch Boivin, le 20 février 2001.

98. Entrevue avec Serge Guérin, le 8 mars 2000.

99. Entrevues avec Jacques Parizeau, le 25 mai 2000 et avec Serge Guérin, le 8 mars 2000.

100. Entrevue avec Jacques Parizeau, le 25 mai 2000.

101. Pourtant, certains péquistes profitent du moment pour quitter le navire, jugeant que René Lévesque s'éloigne trop de l'orientation indépendantiste du parti. Le ministre Robert Burns démissionne quelques mois avant la formulation de la question. Michel Maheu, directeur des communications pour la campagne référendaire, fait de même. Il préfère perdre sur une question « dure » plutôt que d'être défait sur une question « molle » et trop étapiste.

Alice Parizeau, rue Robert à Outremont. Louis-Martin Tard, Gérald Godin et Pauline Julien comptent également au nombre des invités.

La soirée avance… Vers deux heures du matin, dans le sous-sol de la maison, Serge Guérin entreprend un long et violent réquisitoire contre la question référendaire. Jean-Roch Boivin l'écoute et argumente [102].

— Écoute Serge, c'est la seule façon de gagner le référendum!

— Mais qu'est-ce qu'on va gagner avec ça?, demande Serge Guérin. On s'en va dans la *marde* avec ça!

Jacques Parizeau participe à la discussion, mais de façon distante. Puis, Serge Guérin se vide le cœur :

— Ça n'a pas de bon sens d'avoir piégé Parizeau ainsi. Vous vous entendez au Conseil des ministres et puis vous écrivez une autre question à cinq heures du matin.

— C'est un malentendu, chr…!, réplique Jean-Roch Boivin, exaspéré.

— Jean-Roch, cette question va confondre les gens.

Puis, comme les deux hommes sont épuisés et qu'ils ne désirent pas couper les ponts entre eux, ils mettent un terme à leur discussion. Le silence permet à Serge Guérin de réaliser que Jacques Parizeau n'est plus avec eux. Son patron est allé prendre l'air.

En cette nuit d'hiver, les flocons qui tombent sur les épaules de Jacques Parizeau ont presque la forme d'étoiles de métal aux pics acérés. Le baron est assailli par une violente douleur intérieure. Son verre de scotch à la main, il se sent bien seul à la veille d'entreprendre un combat aussi important : consulter la population du Québec par voie de référendum avec une question à laquelle il ne croit pas et qui ne mènera pas à l'indépendance. «Qu'à cela ne tienne, se dit-il en vidant son verre. Ce n'est pas la "*gang* des parties de cartes" qui va réussir à me museler. Je ne ferai pas campagne sur la question, mais sur la souveraineté!»

---

102. Le dialogue qui suit provient des confidences de Serge Guérin. Entrevue du 8 mars 2000. Jean-Roch Boivin ne conteste pas cette version.

CHAPITRE 16

Non !

« Moi je dirais que l'échec, avec un E majuscule, c'est foncièrement la difficulté collective qu'on a de décider. C'est ce qui, encore aujourd'hui, explique cette espèce de stagnation collective du Québec. C'est le manque presque institutionnalisé d'aptitude à prendre des décisions importantes, ce don maudit pour les hésitations permanentes. Ce qui devient, littéralement, une dégradation de la faculté de responsabilité. »

René Lévesque [1]

Au beau milieu de cette même soirée du temps des fêtes qui a lieu chez lui, le ministre Parizeau convoque son équipe à son bureau. Son ton est dramatique et fort peu discret : « Suivez-moi, nous avons un grave problème [2] ! » Tout le monde reste interloqué. Alice Parizeau lève les yeux au ciel, pousse un grand soupir, puis rassure ses invités.

Jacques Parizeau a l'air de mauvaise humeur et il attend que tous soient entrés dans la pièce avant de parler. Daniel Paillé se dit : « Ça y est, il a décidé de démissionner sur la question référendaire [3] ! » Serge Guérin est alors le seul à savoir que le ministre ne démissionnera pas.

---

1. Propos tirés de l'entrevue accordée par René Lévesque et diffusés à la radio de Radio-Canada lors de la série d'émissions portant sur la Révolution tranquille, animée par Pierre de Bellefeuille et Jean-Pierre Bergeron, épisode 13, diffusé le 11 septembre 1971.
2. Selon les souvenirs de Daniel Paillé, le 3 mars 2000.
3. Entrevue avec Daniel Paillé, le 3 mars 2000.

«Messieurs, je vous annonce que j'ai ordonné au Vérificateur général du Québec, le 21 décembre dernier, de faire enquête au ministère de l'Éducation. Un trou budgétaire de cinq cents millions y a été creusé, ce sont des revenus manquants. C'est une situation inqualifiable. Compte tenu des circonstances, j'annule mes vacances des fêtes. Nous devons donc tous être à Québec le 3 janvier prochain pour travailler de façon intensive à résoudre cette crise des plus graves[4].»

En ce début d'année 1980, le ministre des Finances prévient donc Jean-Claude Lebel, le secrétaire du Conseil du trésor, qu'il ira travailler pendant environ une semaine dans les bureaux de cette instance. Jacques Parizeau se sent responsable de la situation et il veut comprendre comment elle a pu se détériorer ainsi. Il convoque plusieurs fonctionnaires et les fait comparaître devant lui. «C'est comme dans le film Z avec le juge d'instruction, relate Daniel Paillé, on dirait qu'il va se mettre à dire : " Monsieur, vous êtes accusé de… " Il aime ce rôle et peu importe s'il ne se fait pas des amis, il a conscience qu'il fait son travail[5].»

Il demande à consulter le livre d'emprunts des commissions scolaires. Il examine les colonnes de chiffres et remarque quelque chose d'anormal. Il convoque alors le sous-ministre responsable de ces opérations et lui dit : «Mais il n'y a aucune addition pour la série d'emprunts effectués par les commissions scolaires. Est-ce autorisé[6]?» Le haut fonctionnaire lui répond : «Je crois.» Jacques Parizeau tient à voir le directeur général responsable du financement des commissions scolaires, mais celui-ci n'est plus en poste. Il vient d'être promu sous-ministre adjoint au ministère des Communications. C'est donc le chef de service qui défend le dossier[7].

— Monsieur, j'ai tous ces emprunts du Conseil scolaire de Montréal. Il y en a trois pages. Ça fait combien au total? Il n'y a pas de totaux en bas des colonnes!

---

4. Propos attribués à Jacques Parizeau et rapportés par Daniel Paillé. Entrevue du 3 mars 2000.
5. *Idem.*
6. Selon les souvenirs de Jacques Parizeau. Entrevue du 25 mai 2000.
7. Le dialogue qui suit provient des souvenirs de Jacques Parizeau. Entrevues du 15 novembre 1999 et du 25 mai 2000. Le chef de service s'appelait Alain Bruneau. Il dit avoir été «aspiré» par cette crise, parce que son directeur général, Bertrand Croteau, le responsable du dossier, venait de passer au ministère des Communications. Entrevue téléphonique avec Alain Bruneau, le 4 février 2002.

— Ah, bien… je ne les pas faits.

— Vous ne les avez pas faits. Vous n'avez pas fait les additions au bas des pages?, s'exclame Jacques Parizeau.

— Non.

— Pourquoi?

— Bien, personne ne me l'a demandé, répond piteusement le fonctionnaire.

«Le gars a autorisé ces emprunts-là au fur et à mesure qu'il recevait des coups de téléphone. On autorisait des emprunts comme dans un bar ouvert!», raconte Jacques Parizeau, encore outré vingt ans après les événements [8]. «C'est inexcusable, absolument inexcusable. Je n'ai jamais pu tolérer cette espèce de laxisme dans la fonction publique. Cela aurait dû être une cause de renvoi. Mais non! Le responsable [le directeur général] n'a jamais été destitué ou *tabletté*, il a même fait l'objet d'une promotion et a été nommé sous-ministre [9]!»

Le 9 février 1980, l'affaire éclate au grand jour : «Parizeau découvre un trou de 500 millions», titre le journal *Le Soleil*. Le ministre ne fait rien pour atténuer le scandale. Il précise même à la presse que des centaines de gens ont travaillé dans ce dossier depuis le début de janvier. Dans son discours sur le budget, le 25 mars, il parle «d'une crise de premier ordre dans le financement des commissions scolaires.» Une analyse approfondie révèle «une sous-estimation des coûts de l'enseignement primaire et secondaire pour toutes les années depuis 1976-1977, précise-t-il. Les études faites depuis trois mois nous apprennent que non seulement on ne connaît pas le nombre exact des enseignants, mais qu'entre la description des années de scolarité et d'expérience des enseignants, telles qu'elles apparaissent dans les registres des commissions scolaires et dans celui du ministère de l'Éducation, il y a des écarts très significatifs [10].» Dans ces conditions, il est impossible d'établir une masse salariale exacte. «Il faut maintenant reprendre le contrôle du système et pour cela, on ne peut y arriver par ajustements mineurs ou réorientations anodines. Il faut tout changer.» Jacques

---

8. Jacques-Yvan Morin, alors ministre de l'Éducation, considère également que le fonctionnaire responsable du dossier a tardé avant d'agir : «Il disait que c'était dans les mœurs.» Entrevue avec Jacques-Yvan Morin, le 30 novembre 2000.

9. Entrevues avec Jacques Parizeau, le 15 novembre 1999 et le 25 mai 2000.

10. Extrait du discours sur le budget, le 25 mars 1980.

Parizeau corrige la situation en canalisant davantage les opérations vers le ministère des Finances et en fermant les comptes bancaires. Tous les emprunts à court terme des commissions scolaires doivent dorénavant être approuvés par lui, cas par cas.

Les révélations de Jacques Parizeau mettent Jacques-Yvan Morin, le ministre de l'Éducation, dans l'eau chaude. L'opposition réclame une enquête publique. Le président de la Fédération des commissions scolaires catholiques, Jacques Mongeau, fait de même et déclare : « J'ai quasiment l'impression que Parizeau a mis le ministère de l'Éducation en tutelle [11]. »

« Jacques-Yvan Morin en est profondément ulcéré [12] », confie Louis Bernard. « À mon avis, il ne s'en est jamais remis [13] », ajoute Denis Vaugeois, alors ministre des Affaires culturelles et des Communications. Mais le ministre concerné, qui est un proche de Jacques Parizeau, nie qu'il ait gardé rancune à son ami : « L'idée de Parizeau, en dramatisant cette question-là, c'était surtout de mettre de la pression sur les commissions scolaires pour que ça cesse. J'étais d'accord avec une telle démarche, afin de les amener à plus de rigueur dans leur administration [14] », explique Jacques-Yvan Morin.

Jacques Girard, le sous-ministre de l'Éducation, est moins tendre à l'endroit du président du Conseil du trésor. « Nous avons tous été blessés, il nous a fait porter le chapeau un peu fort [15]. » « C'était une imbécillité cachée et camouflée par le ministère de l'Éducation, insiste Jacques Parizeau, et le ministre est responsable de tout, même de ce qu'il ignore [16]. » Telle est la vision du baron.

Au bureau du premier ministre, on trouve que le ministre Parizeau en met trop. « Parizeau fait un *show* avec ça, estime Jean-Roch Boivin. C'est banal, ça arrive pourtant à chaque année [17]. » Les hauts fonctionnaires ne partagent pas cet avis : « C'est vrai, il fait un grand spectacle pour donner une image de rigueur, mais il a raison d'en faire un plat, soutient Robert

---

11. Cité dans un article de *La Presse*, le 2 avril 1980.
12. Entrevue avec Louis Bernard, le 3 avril 2000.
13. Entrevue avec Denis Vaugeois, le 11 avril 2000.
14. Entrevue avec Jacques-Yvan Morin, le 30 novembre 2000.
15. Entrevue téléphonique avec Jacques Girard, le 1er février 2002.
16. Entrevue avec Jacques Parizeau, le 25 mai 2000.
17. Entrevue avec Jean-Roch Boivin, le 20 février 2001.

Tessier, secrétaire associé au Conseil du trésor. Ce n'était pas habituel et pas mineur[18]. » Jacques Parizeau peut compter sur l'appui de nombreux fonctionnaires qui ne détestent pas travailler avec un ministre aussi rigoureux.

Cependant, à quelques semaines de la campagne référendaire, René Lévesque n'apprécie pas beaucoup la nouvelle croisade lancée par Jacques Parizeau. Il met en doute le jugement politique de son collègue. Corinne Côté-Lévesque témoigne de la perception qu'avait René Lévesque de son ministre : « C'est un gars génial, mais il faut le surveiller, ne pas le laisser aller parce qu'il peut faire des erreurs[19]. » Et faire un plat avec un trou de cinq cent millions était une erreur, selon René Lévesque[20].

Le ministre rebelle

La pré-campagne référendaire débute tôt pour Jacques Parizeau. Dès le 24 janvier 1980, à Chicoutimi et à Jonquière, le ministre rebelle enfreint les limites stratégiques établies par son propre parti. Alors que le cabinet du premier ministre, soucieux de rassurer les électeurs les plus frileux, a demandé d'insister sur l'association plutôt que sur la souveraineté, Jacques Parizeau, en partisan de la clarté, déclare devant trois cents étudiants réunis à l'Université du Québec à Chicoutimi : « Même si elle est plus facile à définir, c'est la notion de souveraineté que les forces du OUI devront s'attacher à vendre pendant la campagne référendaire, puisque l'association, qui consiste au maintien de ce qui existe déjà, est vendue même chez ceux qui s'opposent à la souveraineté. L'association, ce sera de toute façon l'occasion pour le reste du Canada de sauver les meubles[21]. »

À l'Assemblée nationale, le débat sur la question référendaire, remarquablement orchestré par Claude Charron, le leader parlementaire, se déroule du 4 au 20 mars 1979. Le Parti québécois remporte haut la main

18. Entrevue avec Robert Tessier, le 15 mai 2000.
19. Propos attribués à René Lévesque et rapportés par Corinne Côté-Lévesque. Entrevue du 2 octobre 2000.
20. Selon Corinne Côté-Lévesque, entrevue du 2 octobre 2000 et Jean-Roch Boivin, entrevue du 20 février 2001.
21. Article de Laval Gagnon, « Tournée pré-référendaire – La souveraineté : véritable enjeu économique du référendum », Le Quotidien, le 25 janvier 1980.

cette première manche du combat politique [22]. Les journalistes, qui suivent de près les débats, remarquent que seul Jacques Parizeau parle sans retenue d'indépendance et de pays.

Au chapitre des questions économiques, bien des observateurs politiques jugent que les échanges les plus intéressants opposent Bernard Landry et Jacques Parizeau à André Raynauld et Claude Ryan. Le 19 mars 1980, réagissant aux propos d'André Raynauld, député libéral d'Outremont, Jacques Parizeau profite de l'occasion pour répondre au ministre fédéral de l'Énergie, Marc Lalonde, qui prévoit un déficit énergétique astronomique pour le futur Québec indépendant : « Et cela revient constamment à cette idée qu'un pays, de nos jours, ne peut pas être riche sans pétrole. L'Islande, M. le Président, qui est aussi riche que nous, a trois grandes richesses naturelles : le hareng, le mouton et l'eau chaude ! Et le pétrole suisse, M. le Président, qu'on nous en parle un peu ! Où est le pétrole suédois ? Le pétrole suédois, il est au Moyen-Orient. Et ce sont des pays plus riches que nous dont je parle, M. le Président. Il faut bien se rendre compte que cette peur pétrolière, cette espèce de gomme arabique dans laquelle on cherche à nous enferrer dans ce débat, ne fait que ne pas reconnaître qu'il y a, à l'heure actuelle, passablement de pays du monde qui sont plus riches que nous et qui n'ont jamais eu une goutte de pétrole autre qu'importé [23]. »

L'insoumis

Le dimanche soir 4 mai, un débat télévisé sur les enjeux économiques de la souveraineté-association est présenté à l'émission *Noir sur Blanc* de Radio-Canada. Le seul indépendantiste québécois détenteur d'un doctorat de la London School of Economics brille par son absence. Dans le camp du NON, l'ancien premier ministre Robert Bourassa et le député André Raynauld s'opposent au ministre Bernard Landry et à l'économiste Pierre Fortin. Quinze jours auparavant, Radio-Canada a bien tenté d'obtenir la participation de Jacques Parizeau, mais les responsables des communications au comité du OUI ont fait valoir que ce dernier était occupé. Mais

---

22. En avril, pour la première fois, des sondages révèlent que la souveraineté-association est plus populaire que le fédéralisme renouvelé.
23. *Journal des débats*, Assemblée nationale du Québec, le 19 mars 1980, p. 5321.

où Jacques Parizeau pouvait-il bien se trouver ce soir-là? Dans un article de *La Presse*, Lysiane Gagnon répond à cette question : « Au moment où se déroulait ce débat télévisé devant un demi-million environ de téléspectateurs (dont sans doute, beaucoup d'indécis), M. Parizeau se promenait dans la Beauce et le comté de Bellechasse, parlant devant de petits groupes acquis d'avance[24]. » La journaliste soutient qu'il est tout de même inadmissible que l'économiste n'ait pas assisté à ce débat. En fait, Jacques Parizeau, l'insoumis, suscite la crainte chez les faiseurs d'images du camp du OUI.

Pendant la campagne, Michel Carpentier, le chef de cabinet adjoint de René Lévesque et le grand manitou de l'organisation péquiste sur le terrain, reçoit un appel troublant de Jacques Rochefort, le président du comité du OUI dans le comté de Gouin[25] :

— Ça n'a pas de bon sens! Ne sortez plus Jacques Parizeau!, s'écrie-t-il.

— Que se passe-t-il?, répond Michel Carpentier, intrigué.

— Écoute, il est venu dans le comté cet après-midi s'adresser à un club de l'âge d'or. Dès qu'il a pris la parole, il s'est mis à faire un discours pur et dur, disant : « Si vous votez OUI le 20 mai, c'est la souveraineté et c'est la séparation du Québec ». Tout cela sans aucune nuance!

— Vraiment?, rétorque Michel Carpentier.

— Ne le sortez plus, à moins que vous ne régliez ça avec lui ou avec son entourage! Sinon, insiste Jacques Rochefort, envoyez-le faire la campagne référendaire dans son comté de L'Assomption.

— Si c'est le cas, songe Michel Carpentier, il faut peut-être mettre de côté le plan de campagne qui avait été prévu pour lui et qui consistait à lui faire rencontrer les clientèles difficiles.

— Faites-lui faire la tournée des convaincus, suggère Jacques Rochefort. Mais pour gagner des votes, moi je vais vous dire, je ne veux plus le revoir dans Gouin!

« J'ai la certitude d'avoir été bien entendu[26] », affirme Jacques Rochefort. Le bureau du premier ministre semble effectivement très attentif à celui

---

24. Lysiane Gagnon, « Le fascisme vu par Claude Ryan », *La Presse*, le 6 mai 1980.
25. Le dialogue suivant provient des souvenirs de Jacques Rochefort. Entrevue du 27 mars 2001.
26. Entrevue avec Jacques Rochefort, le 27 mars 2001.

Jacques Parizeau en campagne référendaire.
Derrière lui vers la droite, Rodrigue Biron.
Archives de Jacques Parizeau. ANQ, Montréal.

qui a été promu au cabinet du ministre Jacques Léonard. Michel Carpentier le connaît et l'estime[27]. En 1976, Jacques Rochefort succède à Michel Carpentier à titre de directeur de l'organisation du Parti québécois. « Je pense que l'attitude de Jacques Parizeau a été un facteur expliquant le rôle moins important qu'il a joué pendant la campagne de 1980, estime Jacques Rochefort. Son comportement pendant la campagne référendaire démontre aussi qu'il se désolidarise de l'équipe gouvernementale[28]. » Par ailleurs, comme les sondages n'annoncent rien de bon pour le parti souverainiste, les stratèges péquistes préfèrent ne pas prendre de risques.

Jacques Parizeau sait fort bien que son franc-parler déplaît à plusieurs : « Je suis considéré par l'entourage de René Lévesque comme assez dangereux. On a toujours peur que je fasse un esclandre. On m'envoie dans des endroits où il n'y aura que l'écho de la *gazette* de Sept-Îles ou de

---

27. Ce que confirme Louis Bernard.
28. *Idem.*

Devant une allée de quilles :
quand le bourgeois rencontre le monde ordinaire.
Archives de Jacques Parizeau. ANQ, Montréal.

Trois-Rivières-Ouest. Qu'est-ce qu'on m'a fait courir… Remarquez, je ne suis pas mécontent, ça me permet d'entrer en contact avec la population [29]. »

La députée Louise Harel se souvient très bien du climat qui prévaut à la mise en place de la stratégie médiatique de la campagne référendaire. Un responsable du marketing a bâti un concept publicitaire, «une espèce de fondu enchaîné où il ne devait à aucun moment y avoir de rupture [30]», et ce, bien que la souveraineté implique le bris de nombreux liens avec le Canada. «Il fallait aussi bannir le mot "peuple"», se souvient-elle. La Société Saint-Jean-Baptiste l'apprend à ses dépens, quand elle veut mener une campagne publicitaire qui aurait mis ce mot en évidence. «La Société s'était formellement fait demander d'enlever ce mot-là [31]», soutient Louise Harel. On peut donc aisément imaginer les crises d'apoplexie qui frappent les faiseurs d'images du parti, entendant le ministre Parizeau évoquer la naissance d'un pays et parler d'indépendance sans retenue…

---

29. Entrevue avec Jacques Parizeau, le 30 mai 2000.
30. Entrevue avec Louise Harel, le 26 septembre 2000.
31. *Idem.*

Pendant que l'organisation péquiste cherche à repousser Jacques Parizeau à l'arrière-scène, le camp fédéraliste tente de neutraliser l'influent ministre en s'attaquant à son père. Une source anonyme des plus fiables a confirmé au biographe que, dans les semaines qui précèdent la campagne référendaire, une enquête secrète, commandée par le milieu de la finance, est menée avec zèle. Les écrits du père de Jacques Parizeau sont scrutés à la loupe. On remonte jusqu'à la fin des années soixante dans l'espoir de prendre Gérard Parizeau en défaut en décelant dans ses textes une tendance politique de nature souverainiste. Si le test «d'ADN politique» s'était révélé positif, les fédéralistes auraient laissé circuler l'information ou menacé de la rendre publique, en comptant ainsi faire perdre des contrats au holding Sodarcan [32]. L'enquête, semble-t-il, ne fut pas concluante et n'a pas permis de «compromettre» la réputation de Gérard Parizeau à l'intérieur des cercles financiers du pays.

Compromis et reculs

Dans l'esprit de Jacques Parizeau, lier l'association économique à la question de la souveraineté est une erreur : il craint que le gouvernement fédéral se serve de cette condition pour exercer un chantage sur les souverainistes. Ses craintes se confirment le 2 mai 1980. Pierre Elliott Trudeau, réélu premier ministre du Canada le 18 février, affirme devant la Chambre de commerce de Montréal que si les Québécois disent OUI à la souveraineté-association, Ottawa ne négociera pas avec le Québec. En fin de campagne référendaire, le premier ministre du Canada promet de mettre son siège en jeu pour réformer la constitution canadienne si les Québécois repoussent la proposition des péquistes.

Au fur et à mesure que la campagne avance, la défaite référendaire devient de plus en plus évidente pour plusieurs ministres péquistes. «Lors des assemblées, on sentait la retenue, la réserve des gens [33]», se souvient Jean Garon. Bernard Landry dresse le même constat, à la suite d'un discours prononcé devant des personnes âgées, à qui il explique minutieusement

---

32. Maison de courtage d'assurance et de réassurance fondée par Gérard Parizeau en 1955.
33. Entrevue avec Jean Garon, le 23 février 2000.

que les Québécois pourront encore manger des oranges au lendemain du référendum. Satisfait de son explication qu'il a mis de longues minutes à détailler, Bernard Landry s'apprête à aborder un autre sujet, quand une vieille dame lève la main : « Et les bananes, monsieur Landry ? Les bananes, pourrons-nous en manger ? » « Là, dit Bernard Landry, j'ai réalisé qu'il restait encore trop de travail à faire pour espérer gagner [34]. »

Pour Jacques Parizeau, ce référendum arrive beaucoup trop tard : « Il fallait le tenir dans l'enthousiasme d'une élection. Dieu sait si l'enthousiasme était extraordinaire ! Il fallait y aller dans la première année. Mais rendu en 1980... [35] » Le député libéral Jean-Claude Rivest, l'homme de confiance de Robert Bourassa et le plus influent stratège du parti, partage aussi cette opinion : « Le Parti québécois aurait eu plus de chances, s'il avait tenu son référendum plus tôt [36]. »

À cinq jours du référendum, l'air devient irrespirable pour le baron. Il trouve que les stratèges de René Lévesque font trop de compromis idéologiques espérant ainsi aller chercher plus de votes. Ces compromis représentent autant de reculs, selon lui. En fin de campagne, le Parti québécois en arrive à prôner le « fédéralisme renouvelé [37] », dit-il. Le baron décide donc de remettre le train sur les rails : « La souveraineté-association est un objectif valable, mais ne constitue pas un mandat accordé au gouvernement pour négocier un fédéralisme renouvelé [38] », déclare-t-il le 14 mai à l'émission *Décision* de Radio-Canada. L'indépendantiste rejette toute possibilité pour son gouvernement de négocier, après une victoire, « des pouvoirs accrus pour le Québec ou un statut spécial au sein du Canada [39] ». Il est d'avis que le premier ministre Trudeau a raison quand il soutient qu'un statut spécial pour le Québec ne fonctionnerait pas.

Des années plus tard, à l'occasion du vingtième anniversaire du référendum de 1980, Claude Morin reconnaît enfin, dans un aveu non équivoque, que « ce serait mentir que de dire qu'il n'y avait qu'une seule chose qui pouvait résulter de l'opération, soit la souveraineté totale et

---

34. Entrevue avec Bernard Landry, le 12 juin 2000.
35. Entrevue avec Jacques Parizeau, le 23 août 2000.
36. Entrevue avec Jean-Claude Rivest, le 18 novembre 2001.
37. Entrevue avec Jacques Parizeau, le 25 mai 2000.
38. Cité dans un article de *La Presse*, le 15 mai 1980.
39. *Idem.*

Pour Jacques Parizeau, le référendum de 1980 est arrivé trop tard.
Archives de Jacques Parizeau. ANQ, Montréal.

complète [40]. » Claude Morin précise, ce qu'il ne disait pas en 1980, qu'un référendum gagnant aurait pu aboutir à une forme de renouvellement du fédéralisme.

La colère du mauvais perdant

Le soir du référendum, dans une suite du Doc Motel de Repentigny, Jacques Parizeau assiste avec son équipe au décompte des votes. Contrairement à d'autres ministres, il s'est lancé dans la campagne avec l'espoir de gagner. Bien que le OUI soit majoritaire dans son comté, c'est la déconfiture presque totale dans tout le reste de la province. Soixante pour cent des électeurs ont dit NON à la proposition gouvernementale. René Lévesque se fait refuser le mandat de négocier une nouvelle entente avec le reste du Canada. Une fois son discours prononcé dans son comté de L'Assomption, Jacques Parizeau se rend au Centre Paul-Sauvé, où se trouve René Lévesque.

---

40. Cité dans l'article de Jean-Marc Salvet, « Comité secret pour élaborer la question », *Le Soleil*, le 20 mai 2000.

Les passagers de la limousine ministérielle ont droit à une terrible colère du baron. « Il était très mauvais[41] », confie son chauffeur et garde du corps, Jean-Marie Arsenault. En huit ans de service auprès du ministre, il avoue que c'est la seule fois où il a été témoin d'une crise semblable. Benoit Gignac, qui vient tout juste d'être engagé comme attaché politique dans le comté de Jacques Parizeau, est fort intimidé. Il est assis juste à côté de l'imposant ministre. Il écoute et ne dit rien. Alice Parizeau essaie de comprendre ce qui s'est passé. Cette femme, qui a pris les armes pour son pays et qui a perdu ses parents dans ce combat, ne comprend pas pourquoi les Québécois n'ont pas été capables, avec un simple crayon, de noircir la case qui leur aurait donné ce que tant d'autres peuples ne parviennent à acquérir qu'après de sanglants combats. « Mais Alice! Voyons! Comment penses-tu… On ne peut pas se fier à cette bande d'ignares[42]! » En ce soir de défaite, Jacques Parizeau en a contre les siens. Il est mauvais perdant. Puis, il s'attaque violemment aux fédéralistes. Il dit à son chauffeur : « Ils vont nous revoir dans dix ans, monsieur Arsenault! Si ce n'est pas maintenant, ce sera dans dix ans. Le référendum va passer. On va l'avoir notre indépendance! On va l'avoir notre pays[43]! » Jacques Parizeau prononce ces derniers mots en tapant du pied. Tous les passagers sentent les vibrations qui se communiquent au plancher de la voiture. Jacques Parizeau n'arrête pas de bouger. Il n'arrive pas à se tenir tranquille.

Pendant ce temps au Centre Paul-Sauvé, René Lévesque, déçu, apprend qu'il ne peut même pas compter sur la majorité du vote francophone pour le consoler. Blessé, il dit à Louis Bernard : « Nos gens nous ont laissés tomber[44]. »

« Parizeau est un homme de nature optimiste[45] », soutient Jean Royer, le futur chef de cabinet du baron. « Il est mauvais perdant, mais dans la journée qui suit la défaite, il se crache dans les mains et repart avec l'enthousiasme du jouvenceau[46]. » Peu de temps après le 20 mai 1980,

---

41. Entrevue avec Jean-Marie Arsenault, le 10 août 2000.
42. Propos attribués à Jacques Parizeau et rapportés par Benoit Gignac. Entrevue du 28 novembre 2000.
43. Propos attribués à Jacques Parizeau et rapportés par Jean-Marie Arsenault. Entrevue du 10 août 2000.
44. Entrevue avec Louis Bernard, le 27 mars 2000.
45. Entrevue avec Jean Royer, le 7 avril 2000.
46. *Idem.*

Jacques Parizeau fait l'analyse des résultats du vote francophone et il dit :
« Environ un Québécois sur deux a voté pour le OUI. Bon bien, il faut bien
commencer par quelque chose. Ce n'est pas si mal[47]. »

Le gouvernement de René Lévesque est à bout de souffle. La défaite
référendaire ne lui permet pas d'aller immédiatement devant l'électorat,
mais la marge de manœuvre du Parti québécois est bien mince : il a l'obligation de tenir une élection avant la fin de l'année 1981. La démobilisation
affecte l'ensemble du parti et se propage même aux cabinets ministériels.
Celui de Jacques Parizeau est fauché par les départs. En août 1980,
le ministre des Finances perd Serge Guérin, son fidèle chef de cabinet.
Celui-ci a accepté de présider les destinées de la société d'État Pétromont.
Épuisés, Daniel Paillé et Claude Séguin démissionnent eux aussi. Quant à
Isabelle Fecteau, sa secrétaire, il y a plusieurs mois déjà qu'elle n'est plus à
son service. Jacques Parizeau doit donc rebâtir toute son équipe et se
préparer à une élection qui s'annonce perdante.

---

47. Entrevue avec Jacques Parizeau, le 30 mai 2000. Le biographe note ici que Jacques
    Parizeau associe le vote francophone au qualificatif « québécois ». Un réflexe qui
    lui jouera un mauvais tour le soir du deuxième référendum, en 1995.

CHAPITRE 17

À la recherche du trésor perdu

*« Lévesque a perdu sur l'essentiel, c'est-à-dire, le réfé-
rendum et gagne l'accessoire : les élections de 1981. »*

Jacques Parizeau [1]

Moins d'un an après le référendum, René Lévesque annonce que des élections générales se tiendront au Québec le 13 avril 1981. Comme convenu, le Parti québécois met une sourdine sur son option souverainiste. « C'est tellement intéressant l'administration publique, commente Jacques Parizeau. C'est tellement extraordinaire de pouvoir faire passer des projets de loi, que quand il s'agit d'aborder la question de la souveraineté, [il devient facile de se dire], on verra ça un autre jour [2]. » Pour Jacques Parizeau, le pouvoir politique ne doit servir qu'à réaliser l'indépendance, les autres motivations demeurent accessoires. C'est avec cette certitude en tête qu'il entreprend donc la campagne électorale de 1981.

Mais avant de se jeter dans la mêlée, Jacques Parizeau doit rebâtir son équipe que les nombreuses démissions ont décimée. Il engage d'abord un nouvel attaché de presse dans son comté de L'Assomption. Benoit Gignac [3], ex-journaliste à l'hebdomadaire *L'Artisan* de Repentigny, entre en fonction à la fin de l'année 1979. Il réalise vite que son travail ne sera pas de tout repos : « Jacques Parizeau est incapable d'entrer en relation de manière

---

1. Entrevue avec Jacques Parizeau, le 30 mars 2000.
2. Entrevue avec Jacques Parizeau, le 15 novembre 1999.
3. Benoit Gignac est le fils du célèbre chanteur Fernand Gignac.

Pour Benoit Gignac, « Jacques Parizeau est incapable d'entrer
en relation de manière simple avec les êtres humains.
Il allait à une épluchette de blé d'Inde en complet ! »
Archives de Jacques Parizeau. ANQ, Montréal.

simple avec les êtres humains, dit-il. Il allait à une épluchette de blé d'Inde en complet [4] ! »

Même s'il préfère de beaucoup le style de René Lévesque, Benoit Gignac accepte cependant la promotion que lui offre Jacques Parizeau au lendemain du référendum. Ce dernier lui propose de se joindre à son cabinet à Québec. Chaussant des souliers de marque Wallabee, comme René Lévesque, portant une veste en tweed ressemblant dangereusement à un *blue-jeans*, le nouvel agent de liaison s'attire les regards réprobateurs du gentilhomme d'Outremont. Benoit Gignac préfère continuer de conduire sa petite Renault 5, plutôt que d'accompagner le ministre dans sa limousine. « C'est un artiste !, dit de lui Jacques Parizeau. Tous les soirs, il allait jouer de la guitare à Lévis dans un bar [5] (rires) ! »

---

4. Entrevue avec Benoit Gignac, le 28 novembre 2000.
5. Entrevue avec Jacques Parizeau, le 28 août 2001.

En août 1980, quand Serge Guérin annonce à son patron qu'il abandonne son poste et qu'il a accepté la présidence de la société d'État Pétromont, Jacques Parizeau réagit mal. Il n'apprécie pas que son chef de cabinet le place devant un fait accompli. Quelques mois plus tard, Serge Guérin rencontre à nouveau son ancien patron pour discuter de pétrochimie. «Je trouve alors réconfortant de voir que Parizeau ne me tient pas rigueur d'être parti. J'ai eu un petit doute à ce sujet pendant un certain temps [6].» Les deux hommes vont rester amis et continuer à se voir régulièrement, ce qui est exceptionnel chez Jacques Parizeau.

Michel Leguerrier, l'ancien chef de cabinet de Bernard Landry, vient remplacer Serge Guérin. L'initiative est de Louis Bernard, le secrétaire général du gouvernement, qui ne déteste pas l'idée de placer un admirateur de René Lévesque dans l'entourage immédiat de Jacques Parizeau. Toutefois, le nouveau chef de cabinet n'a guère d'atomes crochus avec le ministre des Finances. «Nous étions emportés par René Lévesque, explique Benoit Gignac. Étions-nous péquistes? Étions-nous sociaux-démocrates? Je ne sais, mais nous étions d'abord *Lévesquistes*, ça oui! Lévesque avait une sorte d'ascendant sur nous, ce que Parizeau n'avait absolument pas [7].» Le ministre Parizeau le perçoit très bien. Une source anonyme déclare que : «Parizeau n'a jamais senti Leguerrier complètement de son côté.» Or, Jacques Parizeau exige une loyauté totale de «ses gens». Les membres de son cabinet qui parlent contre lui sont immédiatement expulsés de son cercle d'intimes. Au bureau du premier ministre, on associe plutôt cette loyauté à de la servilité [8].

Au milieu de tous ces bouleversements, Jacques Parizeau peut heureusement continuer à compter sur son attaché de presse pour le détendre et l'amuser. En poste depuis 1979, Louis La Rochelle, ex-journaliste, n'a pas l'intention de partir. Ce redoutable pince-sans-rire peut dire à peu près n'importe quoi au ministre des Finances, sans craindre d'être réprimandé. Son percutant sens de l'humour plaît à Jacques Parizeau.

Un jour, au moment où Jacques Parizeau est sur le point d'entrer en Chambre, Louis La Rochelle lui tend ses dossiers en lui disant : «Monsieur, voici vos crayons de couleur et votre papier à découper. Allez vous amuser

---

6. Entrevue avec Serge Guérin, le 8 mars 2000.
7. Entrevue avec Benoit Gignac, le mardi 28 novembre 2000.
8. Source anonyme.

à la maternelle[9] !» Parizeau éclate de rire. Alors que bien des gens réagissent mal aux appels nocturnes de Jacques Parizeau, Louis La Rochelle trouve le moyen d'en rire. Quand il décroche le téléphone au beau milieu de la nuit et qu'il entend l'exigeant ministre s'excuser en lui disant : «J'espère que je ne vous dérange pas?», Louis La Rochelle lui répond : «Non, non! Vous ne me dérangez pas, Monsieur. J'étais justement appuyé sur le frigidaire et j'attendais votre téléphone... Je somnolais peut-être un petit peu, mais je m'en excuse[10] !»

C'est à Louis La Rochelle que l'on doit le surnom de *Monsieur* que l'on accolera à Jacques Parizeau dans les milieux parlementaires et journalistiques. Un jour où les journalistes de la colline parlementaire lui demandent pour quelle raison le ministre des Finances est si peu disponible pour des entrevues, Louis La Rochelle leur répond : «Tout simplement parce que Jacques Parizeau est un *Monsieur* et les heures d'un *Monsieur* sont précieuses. Pour rencontrer un *Monsieur*, il faut inévitablement prendre rendez-vous[11].» Voilà la presse parlementaire qui s'empare du surnom dont le ministre, aux allures de grand seigneur, sera désormais affublé.

Quand Jacques Parizeau sort de son bureau, il n'est pas rare de voir Louis La Rochelle le devancer et proclamer sur un ton des plus sentencieux : «Attention... Voici *Monsieur*.» Lorsqu'il arrive au ministre de trop parler et de se mettre les pieds dans les plats, l'attaché de presse ne se gêne pas pour lui dire : «Bon, *Monsieur*, il est temps de rentrer le truc dans le garage. Il faut se tenir tranquille[12].»

La victoire sans lauriers

En prévision des élections du 13 avril 1981, Jacques Parizeau consulte les sondages qui ont été faits dans son comté de L'Assomption. Les résultats sont déroutants, contradictoires même. S'il se fie au pointage, une partie des enquêtes d'opinion le donne gagnant, tandis que l'autre moitié

---

9. Propos attribués à Louis La Rochelle et rapportés par Gratia O'Leary. Entrevue du 16 août 2001.
10. Propos attribués à Louis La Rochelle et rapportés par André Marcil. Entrevue du 30 août 2001.
11. Anecdote rapportée par Serge Guérin.
12. Anecdote rapportée par Jacques Parizeau.

lui assure une défaite. «Mais qu'est-ce que cela veut dire?!», s'insurge-t-il. Le comité électoral du comté hausse les épaules. Jean Royer, la plus jeune des personnes présentes, brise le silence : «Je vais en faire un sondage moi, Monsieur Parizeau! Et je vais pouvoir vous donner l'heure juste [13].» Surpris, Jacques Parizeau accepte de lui confier cette tâche.

Dans les jours qui suivent, Jean Royer rassemble des étudiants de l'Université de Montréal où il étudie l'économie et réalise un sondage scientifique avec des bénévoles du comté de L'Assomption. À la réunion suivante du comité électoral, Jacques Parizeau demande au jeune Royer de lui donner l'heure juste. L'étudiant présente son sondage de façon méthodique et annonce une victoire facile pour le candidat péquiste. Jacques Parizeau est satisfait : «Très bien, Monsieur Royer, nous verrons dans quelques jours si vous avez raison.»

La dernière grande assemblée du Parti québécois avant le scrutin se déroule dans le comté de Jacques Parizeau, à la polyvalente Jean-Baptiste-Meilleur de Repentigny. À deux jours des élections, près de trois mille personnes, électrisées par les chants patriotiques de Gilles Vigneault, sont venues entendre leur candidat et René Lévesque.

Tout au long de cette campagne, il a été convenu de ne pas parler de référendum et encore moins d'indépendance, mot honni par le parti. «Il faut rester fort» est l'unique slogan qui a été retenu. Ce soir-là à Repentigny, utilisant toute la force des mots qu'il sait puissants, le baron abat cet échafaudage stratégique auquel il ne croit pas. «On a fait un bout de chemin pendant quatre ans et on a bien l'intention de continuer dans la voie que vous nous avez tracée, dit d'abord Jacques Parizeau. C'est un travail qu'il faut poursuivre jusqu'à ce que la force qu'on aura réussi à trouver, que la fierté aussi, nous permettent, après ce deuxième mandat, de reprendre le cheminement vers un pays qu'on aura bougrement mérité [14]!» Un pays après deux mandats... Personne dans le parti n'a été aussi clair depuis des mois et même des années.

La foule l'acclame. Jacques Parizeau a dit aux militants ce qu'ils voulaient entendre. «Cette déclaration, si elle a été bien accueillie par les

---

13. Selon les souvenirs de Jean Royer. Entrevue du 7 avril 2000.
14. Propos recueillis et cités par le journaliste Pierre Leroux, «Si le PQ est réélu – Parizeau promet un pays après un deuxième mandat», *Dimanche-matin*, le 12 avril 1981.

partisans, est tombée lourdement sur les épaules de M. Lévesque[15]», observe l'un des journalistes présents. Corinne Côté-Lévesque, qui est assise à côté de son mari, le sent troublé. «C'était aller un peu loin, dit-elle. Et René devait suivre[16]» et expliquer à la salle la signification de ces propos, sans pour autant jouer le rôle d'un éteignoir. Une fois sur scène, René Lévesque déclare aux militants fort excités : «Je n'ai jamais vu faiblir l'esprit de conviction de Parizeau depuis treize ou quatorze ans[17].» La foule, survoltée, applaudit. René Lévesque continue en se livrant à un exposé empreint de prudence et de retenue. Nous sommes à deux jours des élections. «Il fait un discours très "fédéraliste réformé", juge Jacques Parizeau, et moi, je fais un discours très, très, très indépendantiste[18].»

René Lévesque en a-t-il voulu à son ministre rebelle? À la fin de la soirée, «il en a parlé dans l'auto, se souvient Jean-Roch Boivin, mais c'est du genre " Câli..., il aurait pu dire ça autrement. " Mais il n'en fait pas un esclandre[19].»

Le soir du 13 avril 1981, le Parti québécois est ramené au pouvoir avec une large majorité. Jacques Parizeau est facilement réélu dans son comté. À son arrivée au Golden Palace de Repentigny où il doit s'adresser à ses militants, il aperçoit Jean Royer. Il le regarde et lui dit : «Vous avez vu juste Royer, vous étiez en plein dessus[20]!» C'est la dernière fois que Jean Royer rencontre Jacques Parizeau à titre de militant et de sondeur amateur. Dès le lendemain, il fera partie du cercle des initiés du ministre des Finances à Québec.

Peu après cette éclatante victoire, René Lévesque se retire au Mont-Orford, à l'auberge Chéribourg, pour former son nouveau cabinet. Bien que le parti remporte la victoire avec quarante-neuf pour cent des voix, soit un pourcentage plus élevé qu'à l'élection de 1976 (quarante et un pour cent), l'euphorie n'est pas au rendez-vous. Le triomphe sonne creux. «Lévesque et son gouvernement ne savent pas pourquoi ils ont été réélus

---

15. Pierre Leroux, *op. cit.*, le 12 avril 1981.
16. Entrevue avec Corinne Côté-Lévesque, le 2 octobre 2000.
17. Propos recueillis et cités par Pierre Leroux, *op. cit.*, le 12 avril 1981.
18. Entrevue avec Jacques Parizeau, le 15 novembre 1999.
19. Entrevue avec Jean-Roch Boivin, le 20 février 2001.
20. Entrevue avec Jean Royer, le 7 avril 2000.

en 1981 [21] », affirme Serge Guérin. Après la déchirante défaite référendaire, Denis de Belleval ne croit pas que cette victoire électorale pourra relancer les troupes. Le gouvernail péquiste semble être abandonné à lui-même : « On ne sait pas quoi faire de cette victoire [22] », ajoute-t-il. Pour Jacques Parizeau, c'est encore plus simple : « Lévesque a perdu sur l'essentiel, c'est-à-dire, le référendum et gagne l'accessoire : les élections de 1981 [23]. »

Dans cette auberge du Mont-Orford, on discute ferme du sort de Jacques Parizeau. René Lévesque décide finalement de lui retirer la responsabilité du Conseil du trésor. Plusieurs craignent la réaction du bouillant personnage, qui conserve toutefois son poste de ministre des Finances.

La perte du trésor

Quand Jacques Parizeau apprend la nouvelle de la bouche même du premier ministre, il le met tout de suite en garde : « Monsieur Lévesque, on ne peut dissocier les opérations du Conseil du trésor et celles du ministère des Finances, ce sont les deux tranchants d'un même ciseau [24] ! » René Lévesque sait à quel point son baron tient à cette fonction. La lui retirer équivaut à lui braquer l'une des lames du ciseau sur la gorge. Mais René Lévesque reste ferme. Jacques Parizeau a alors l'impression de plonger en pleine déchéance. Il ne peut se résoudre à accepter cette abdication forcée. « Pourquoi veut-il donc m'enlever cette responsabilité ? », se demande-t-il intérieurement. Il songe soudainement à son discours prononcé à la polyvalente de Repentigny, où il a parlé d'un pays après deux mandats. « L'entourage du premier ministre m'en veut sûrement à mort pour cette déclaration », se dit-il à lui-même. Louis Bernard conteste vivement cette interprétation. Il reconnaît toutefois qu'il fait partie des conseillers qui ont insisté pour que l'on retire au ministre des Finances la responsabilité du Conseil du trésor. « C'est une façon d'avoir deux points de vue sur l'économie, prétend Louis Bernard. C'est plus équilibré ainsi, parce qu'il y a un contre-pouvoir [25]. » « Dans le premier mandat, par inexpérience politique,

---

21. Entrevue avec Serge Guérin, le 8 mars 2000.
22. Entrevue avec Denis de Belleval, le 29 mars 2000.
23. Entrevue avec Jacques Parizeau, le 30 mars 2000.
24. Entrevue avec Jacques Parizeau, le 30 mai 2000.
25. Entrevue avec Louis Bernard, le 3 avril 2000.

nous avons confié trop de responsabilités à monsieur Parizeau[26]», reconnaît aujourd'hui Jean-Roch Boivin.

Il semble également que le dernier budget de Jacques Parizeau, celui de mars 1981, soit à l'origine de cette décision. Le ministre des Finances avait alors annoncé un déficit record de près de trois milliards de dollars, soit un dépassement de six cent soixante-quinze millions par rapport aux prévisions, en dépit des restrictions budgétaires d'un milliard de dollars. «Connaissant les finances de l'État depuis la Révolution tranquille, comment M. Parizeau, l'un des piliers de l'équipe Lévesque, a-t-il pu se tromper à ce point?», demande Jacques Forget, dans l'édition du 6 avril 1981 du journal *Finance*. Les dépassements budgétaires de Jacques Parizeau «entre les déficits prévus et réalisés, sont insoutenables, juge-t-il. 38 % pour l'exercice 77-78, 42.5 % pour 78-79, 25 % pour 79-80, 29 % pour 80-81.» Claude Charron est catégorique, c'est là que «le lien de confiance avec Lévesque s'est brisé[27].»

Dans ses mémoires, René Lévesque confirme les craintes que le déficit inspire à son gouvernement : «Nous vivions dangereusement au-dessus de nos moyens. Voilà pourquoi, au lendemain de notre réélection, j'avais dû me résoudre à trancher dans le vif. Toute capacité de travail a ses limites, et Parizeau n'arrivait plus à s'occuper du Trésor que de la main gauche. Vu la rigueur sans précédent à laquelle nous allions désormais être contraints, il nous fallait un trésorier à plein temps[28].» Jacques Parizeau n'a pas cru que le premier ministre oserait lui enlever cette responsabilité.

Déjà en 1979, le ministre des Finances et du Revenu avait sous-estimé la volonté de René Lévesque : celui-ci lui avait demandé de former le jeune député Michel Clair en créant le poste d'adjoint parlementaire au Revenu. «Un adjoint parlementaire répond au nom du ministre quand le ministre n'y est pas, avait-il sèchement répondu à René Lévesque. Or, je n'accepterai jamais que quelqu'un d'autre réponde à ma place[29].» René Lévesque lui avait alors joué «un mauvais tour[30]» en nommant Michel Clair ministre

26. Entrevue avec Jean-Roch Boivin, le 20 février 2001.
27. Entrevue avec Claude Charron, le 1er mars 2000.
28. René Lévesque, *Attendez que je me rappelle*, Montréal, Québec Amérique, 1986, p. 456.
29. Propos attribués et rapportés par Daniel Paillé. Entrevue du 3 mars 2000.
30. Entrevue avec Daniel Paillé, le 3 mars 2000. L'anecdote est confirmée par Serge Guérin.

du Revenu, le 21 septembre 1979. Jacques Parizeau n'avait certes pas apprécié le geste, mais il n'avait pas perçu la perte de ce ministère comme un affaiblissement significatif de son pouvoir politique. Avec la perte du Conseil du trésor, il en est tout autrement.

René Lévesque explique à Jacques Parizeau qu'il lui voue toujours la même confiance, puisqu'en plus du ministère des Finances, il lui confie maintenant le ministère des Institutions financières et des Coopératives. Le baron ne veut cependant rien entendre. L'échange entre les deux hommes prend des accents dramatiques. Bouleversé, Jacques Parizeau finit par quitter le *bunker*, l'air grave. Arrivé à son bureau, il convoque les membres de son équipe de toute urgence. Il leur annonce son intention de démissionner de ses fonctions au sein du gouvernement de René Lévesque.

Le dépossédé

Le soir même dans un restaurant de Québec, Jacques Parizeau doit assister à un dîner donné en l'honneur de Jocelyne Ouellette. Comme elle n'a pas été réélue dans son comté de Hull, l'ancienne ministre doit abandonner ses fonctions au Conseil du trésor. Jacques Parizeau a l'intention de lui offrir en cadeau le cahier rouge aux lettres d'or que chaque membre du Conseil possède, accompagné d'une lettre de remerciement. Des cinq ministres membres du Conseil du trésor, seul Lucien Lessard est absent. Lorsqu'ils voient arriver leur président avec le teint anormalement blême, Denis Vaugeois, Denis de Belleval et Jocelyne Ouellette s'inquiètent pour lui. «Mes amis! leur dit-il, l'heure est grave. Ce soir, Madame Ouellette, je vous invite à dîner au champagne. Nous avons des choses importantes à discuter[31].»

Le petit groupe se dirige dans un petit salon réservé pour eux à l'étage. Jacques Parizeau demande immédiatement au serveur un seau à glace et le meilleur champagne : «Quand ce sera terminé, vous en apportez un autre. Et ne nous dérangez sous aucun prétexte[32].» Puis, Jacques Parizeau apprend à ses collègues que René Lévesque lui a retiré la présidence du

---

31. Propos attribués à Jacques Parizeau et rapportés par Jocelyne Ouellette. Entrevue du 21 mars 2000.
32. *Idem.*

Conseil du trésor. Denis Vaugeois et Denis de Belleval lui annoncent également qu'ils quittent le Conseil des ministres et ont été rétrogradés au rang de simples députés. Le Conseil du trésor a été décapité. Jacques Parizeau se sent dépossédé. «Ce n'est pas très brillant ce que fait Lévesque[33]», soutient Denis de Belleval. «C'est injuste pour Parizeau[34]», rapporte Denis Vaugeois. Tout au long du dîner, Jacques Parizeau multiplie les analyses. Il décortique la situation en tentant de comprendre ce qui peut bien se cacher derrière une telle décision. Le ministre des Finances «y voit alors une conspiration[35]», témoigne Jocelyne Ouellette.

N'empêche, dans l'entourage de René Lévesque, nombreux sont ceux qui voyaient les membres du Conseil du trésor comme «la *gang* à Parizeau». «Ce n'était pas au Conseil du trésor à mener la province», atteste un ministre désirant conserver l'anonymat. «Les ministres n'en pouvaient plus!, ajoute Claude Charron. Il était le potentat, il nous donnait toujours des leçons au Conseil du trésor. Il savait toujours tout! Tu avais envie de lui défaire la moustache! Il avait brûlé ses cartouches avec tout le monde, estime Claude Charron. À l'occasion, au Conseil des ministres, Duhaime me disait : " Ah le gros chr...! " Ce que Lévesque souhaitait, c'était de ne pas l'avoir tout le temps dans les jambes, parce que comme stratège, il [était] épeurant[36].»

Les collègues réunis autour de Jacques Parizeau sentent bien à quel point il est démoralisé. Il évoque à nouveau la possibilité de démissionner. «Il voulait s'en aller, raconte Denis Vaugeois. Notre rôle à nous c'était donc de lui remonter le moral[37].» Tous sont conscients que le départ de Jacques Parizeau aura un impact dévastateur sur le moral du parti. «Denis (de Belleval) et moi, nous nous parlions tous les jours, relate Denis Vaugeois. As-tu vu Parizeau? Comment est-il? Nous ne voulions pas le laisser seul[38].»

Ce n'est pas la première fois que Jacques Parizeau laisse courir la rumeur de sa démission. Les débats sur la taxe de vente et la question

---

33. Entrevue avec Denis de Belleval, le 29 mars 2000.
34. Entrevue avec Denis Vaugeois, le 11 avril 2000.
35. Entrevue avec Jocelyne Ouellette, le 21 mars 2000. Elle s'explique mal également le départ de Denis Vaugeois qui avait pourtant convaincu René Lévesque de nommer le ministre des Affaires culturelles au Conseil du trésor, une première.
36. Entrevue avec Claude Charron, le 1er mars 2000.
37. Entrevue avec Denis Vaugeois, le 11 avril 2000.
38. *Idem.*

référendaire ont déjà donné lieu à une telle situation. «C'était régulier avec Parizeau, relate Claude Séguin, un conseiller du ministre lors de son premier mandat. Il devait démissionner au moins une fois par mois. Mais cela s'explique. Il prend tellement tout à cœur. Il est très entier[39]», constate-t-il. Sans l'exprimer aussi clairement, Marc-André Bédard, le ministre de la Justice, soutient que Jacques Parizeau pouvait souvent donner l'impression d'avoir sa lettre de démission déjà prête sur lui[40]. Mais cette fois-là, Jacques Parizeau ne semble pas *bluffer*. «Il nous a lu sa lettre!, raconte Benoit Gignac. Je n'avais pas trente ans, je me disais le Québec va tomber! Ça tenait du grand spectacle, du grand guignol[41]!»

En effet, Jacques Parizeau demande à son nouveau chef de cabinet, Michel Leguerrier, d'appeler au bureau de Claude Charron, le leader parlementaire du gouvernement, afin de connaître les avantages réservés à un simple député. «*Monsieur* s'apprêtait à vivre parmi les députés[42]!», confie Claude Charron, le sourire aux lèvres. Michel Leguerrier en a plein les bras. Il met Michel Carpentier, le chef de cabinet adjoint de René Lévesque, au courant des intentions de son ministre. Dès lors, une opération se met en branle pour éviter qu'il y ait démission. Marc-André Bédard se rend au bar du Château Frontenac pour convaincre le ministre des Finances de rester[43]. Jean-Roch Boivin se met aussi de la partie.

Jacques Parizeau rencontre le premier ministre une deuxième fois. Louis Bernard qualifie la discussion de «très dramatique». Au cas où il ne parviendrait pas à le faire revenir sur sa décision, René Lévesque lui a écrit une lettre : «Monsieur Parizeau, voici la lettre que je vais vous envoyer si vous démissionnez[44]». Il la lui fait lire. «C'est une lettre assez longue, mais pas dactylographiée[45]» qui exprime la détermination de Lévesque à ne pas céder. «Ça aurait fait beaucoup de peine à M. Lévesque, si Parizeau était parti», croit Louis Bernard. Dans ses mémoires, le chef du Parti québécois

39. Entrevue avec Claude Séguin, le 1er juin 2000.
40. Entrevue avec Marc-André Bédard, le 15 février 2001.
41. Entrevue avec Benoit Gignac, le mardi 28 novembre 2000.
42. Entrevue avec Claude Charron, le 1er mars 2000.
43. Entrevue avec Marc-André Bédard, le 9 décembre 2000.
44. Propos attribués à René Lévesque et rapportés par Louis Bernard. Entrevue du 3 avril 2000.
45. Entrevue avec Louis Bernard, le 3 avril 2000. Jacques Parizeau ne se souvient pas de cette lettre.

commente ainsi la situation : « Il m'a laissé pendant deux jours me faire du mauvais sang[46]. »

Après quarante-huit heures d'hésitation et de représentations, Jacques Parizeau convoque à nouveau son équipe dans son bureau. Il annonce qu'il accepte la décision du premier ministre et qu'il restera en poste. Benoit Gignac et Michel Leguerrier réagissent très mal. « Tout ce qu'il a fait pendant quarante-huit heures, c'est de nous utiliser comme des cartes à jouer, condamne Benoit Gignac. Il nous a fait travailler pour lui, a joué le grand spectacle et quand il a vu que cela ne réussissait pas, il est entré dans le rang. À mon avis, il n'a jamais eu l'intention de démissionner[47]. »

Pourtant, le baron est profondément perturbé par la décision de René Lévesque. Sa femme, Alice Parizeau, téléphone à Corinne Côté-Lévesque pour lui confier à quel point son mari est humilié par ce remaniement ministériel. Il se sent incapable d'accepter cette décision et il croit que l'État n'y gagnerait pas de toute façon. « René pense tout simplement que c'est trop de pouvoir dans les mains d'un seul homme[48] », aurait répondu l'épouse de René Lévesque. « Parizeau fut profondément blessé par cet affront venant du premier ministre[49] », raconte Ernest Boudreau, le président de comté de L'Assomption. « Lorsque je le rencontrai, le dimanche suivant, il m'apparut comme un homme vieilli, défait et désabusé[50]. »

La veille de l'annonce de la formation du nouveau gouvernement, Pierre Marc Johnson, pas très proche du diplômé de la London School of Economics, prend un verre au bar du Château Frontenac et rencontre Jacques Parizeau. « J'ai senti comment ça l'avait blessé de ne pas être reconduit au Trésor[51] », raconte-t-il. « Il y a quand même des limites à me demander de ramasser l'argent et à le laisser dépenser par les autres ! », lui dit Jacques Parizeau, outré mais demeurant loyal à René Lévesque. « Parizeau est extrêmement soumis à Lévesque, constate Pierre Marc Johnson, ce qui donne une cohérence tout à fait britannique à son fonctionnement[52]. »

---

46. René Lévesque, *op.cit.*, p. 456.
47. Entrevue avec Benoit Gignac, le mardi 28 novembre 2000.
48. Source anonyme.
49. Ernest Boudreau, *Le rêve inachevé – Le PQ, l'indépendance et la crise*, Montréal, Éditions Nouvelle Optique, 1983, p. 66.
50. *Idem.*
51. Entrevue avec Pierre Marc Johnson, le 5 septembre 2000.
52. *Idem.*

Le 30 avril 1981, lors de la prestation de serment des ministres, Jacques Parizeau est nommé ministre des Finances et ministre des Institutions financières et des Coopératives. Depuis sa création, c'est la première fois que le Conseil du trésor n'est pas dirigé par le ministre titulaire des Finances. Yves Bérubé, l'ancien ministre des Ressources naturelles, en devient le président. Dans les jours qui suivent, un décret est toutefois adopté au Conseil des ministres en vertu duquel la responsabilité de fixer les enveloppes budgétaires des différents programmes gouvernementaux sera transférée au ministre des Finances, une responsabilité normalement dévolue au président du Conseil du trésor. «Compte tenu des qualités dont fait rapidement preuve Yves Bérubé, cette mesure tombe rapidement en désuétude[53]», rappelle Jacques Parizeau. «Maintenant que les années ont passé, je reconnais que c'était une bonne décision, concède Jacques Parizeau. Les deux tâches étaient devenues trop lourdes pour un seul individu[54].» Cet aveu ne diminue en rien le drame alors vécu par Jacques Parizeau.

Le jardinier

«Il est vrai que Parizeau fait grand seigneur, déclare Jean-Roch Boivin, mais c'est en partie une façade. Pauvre Parizeau, il aurait tant aimé que tout le monde lui dise : "Mon cher Jacques, nous t'aimons tant[55] !"» «Parizeau semble inatteignable, dit Jean Garon, mais ce n'est pas vrai. Les gens le voient comme une statue de bronze, pourtant c'est un homme sensible[56].» «C'est un homme seul, très seul, insiste Jean-Roch Boivin, mais chaleureux et très humain[57].» Cette supériorité affichée dissimule en fait une grande sensibilité[58].

---

53. Entrevue avec Jacques Parizeau, le 30 mai 2000.
54. *Idem.*
55. Entrevue avec Jean-Roch Boivin, le 20 février 2001.
56. Entrevue avec Jean Garon, le 23 février 2000.
57. Entrevue avec Jean-Roch Boivin, le 20 février 2001.
58. Dans un rare moment d'intimité, parlant de René Lévesque et le décrivant comme un être émotif, Jacques Parizeau se définira de la même façon : «Mais bien sûr que je le suis, dit-il au biographe, mais je ne le dirai jamais!» L'aveu est suivi d'un rire nerveux. Entrevue avec Jacques Parizeau, le 30 mars 2000.

Quand Jacques Parizeau vit des moments difficiles, il aime se réfugier loin du bruit, à sa maison de campagne. Cette résidence secondaire, qu'il nomme affectueusement la «ferme», est un endroit où il aime aller se reposer et refaire ses forces. Tel est le cas, quelques semaines après la formation du nouveau cabinet, quand il demande à Jean-Marie Arsenault, son chauffeur et garde du corps, de le conduire à Fulford, en Estrie. L'élégant ministre des Finances troque alors son complet trois pièces pour l'habit de jardinier. Il ne veut recevoir personne, contrairement à Alice, qui est toujours prête à inviter des ministres pour un brunch du dimanche.

Sur son domaine, Jacques Parizeau prend plaisir à cultiver et à tailler ses rosiers. Cet homme soi-disant insensible adore les fleurs. Il connaît un nombre incalculable d'espèces et il peut réciter par cœur le nom latin de bien des plantes. «C'est un homme qui aime être entouré de fleurs[59]», confirme Jocelyne Ouellette. À titre de ministre des Travaux public, elle en sait quelque chose, car c'est son ministère qui est en charge de l'approvisionnement et de l'entretien des fleurs à l'Assemblée nationale, ainsi que dans les bureaux des ministres. «Monsieur Parizeau tenait à avoir des fleurs fraîches à tous les jours à son bureau, nous apprend-t-elle. Il était le seul ministre à faire une telle demande[60].»

Une fois arrivé à Fulford en compagnie de son chauffeur, Jacques Parizeau se change donc, puis se dirige immédiatement vers la grange. Il en ressort muni d'une faux. Cet après-midi-là, il n'a visiblement pas l'intention d'aller cueillir des fleurs. Il se rend plutôt en bordure du chemin, où il se met à couper les hautes herbes. Malgré la chaleur, le jardinier persiste dans son labeur en donnant de violents coups de faux. Chaque mouvement saccadé est suivi d'un cri sourd. «Tiens!», semble dire le baron. Pense-t-il à quelqu'un en particulier? Dans le jardin de ses émotions, Jacques Parizeau fauche et frappe, en prévision d'une meilleure repousse pour la suite des événements.

Jean-Marie Arsenault, qui doit veiller à la protection de Jacques Parizeau, se tient à bonne distance du fossé. Il n'arrive pas à se concentrer sur son livre. Il est fasciné par l'énergie que déploie le ministre. En fait, il s'inquiète pour sa santé... le politicien est tout de même âgé de cinquante

59. Entrevue avec Jocelyne Ouellette, le 21 mars 2000.
60. Idem.

La résidence secondaire de Jacques Parizeau à Fulford en Estrie.
Le royaume de la quiétude, l'endroit où panser les blessures.
Photo d'Antoine Désilets.

ans. Sa chemise est détrempée, il transpire à grosses gouttes, mais il
n'arrête pas de faucher. « C'est pour lui un véritable défoulement[61] »,
témoigne Jean-Marie Arsenault.

Puis, le jardinier finit par aller ranger sa faux et il part prendre une
marche sur sa terre en compagnie de son chauffeur. Il l'amène à l'endroit
où il a enterré son chien Psinka, il y a plusieurs années. Geste insolite pour
un homme dur et froid... « Un bâtard, mais le plus intelligent des trois
chiens que j'ai eus[62] », lui confie-t-il. La bête est morte empoisonnée par
un inconnu qui lui voulait du mal, à moins que l'on ait visé le politicien à
travers elle... les deux hommes continuent à marcher. Jacques Parizeau
montre à Jean-Marie Arsenault les deux arbres qui ont été plantés près de
sa demeure en l'honneur de chacun de ses enfants. Après ce séjour à Fulford,
Jacques Parizeau se sent à nouveau d'attaque. Il retourne à Québec, prêt à
entamer son deuxième mandat. Il remet son complet trois pièces, cette

61. Entrevue avec Jean-Marie Arsenault, le 10 août 2000.
62. Entrevue avec Jacques Parizeau, le 10 décembre 2000.

véritable armure qui le protège des coups. Ainsi vêtu, il redevient le personnage autoritaire et distant qu'il maîtrise à merveille.

Au sein de sa nouvelle équipe toutefois, son côté magistral devient pour certains une source d'exaspération. « C'est un homme qui est en continuelle représentation théâtrale, se plaint Benoit Gignac. Il n'y a pas d'attitude naturelle chez cet homme-là [63]. » D'après Bernard Landry, lors de ce deuxième mandat, « Parizeau devient plus jaloux de son pouvoir et de son autorité, qu'il voit minée [64]. » Le ministre boit également un peu plus. André L'Écuyer, qui s'occupe de son agenda à partir de 1981, apprend qu'il est préférable de régler les dossiers les plus litigieux le matin plutôt qu'en fin d'après-midi [65]. À la fin de son premier mandat, lors d'une séance du Conseil du trésor qui n'en finissait plus, un ministre s'était déclaré malade afin de permettre à Jacques Parizeau d'aller dormir. Il était alors trois heures du matin. Ce dernier n'était plus en état de travailler, parce qu'il avait trop bu. La source anonyme affirme que c'est l'une des rares fois où Jacques Parizeau a été pris en défaut.

Ce comportement de Jacques Parizeau n'est toutefois pas la raison qui amène Benoit Gignac à désespérer de travailler auprès de lui. « Je l'ai vu corriger des hauts fonctionnaires sur des colonnes de chiffres, il était huit heures trente le soir, alors qu'il avait bu une bonne quantité d'alcool. Il regardait les documents et les corrigeait. Les fonctionnaires partaient avec les cahiers sous le bras et revenaient le lendemain pour effectivement confirmer que les exercices n'avaient pas été bien faits [66]. » Jacques Parizeau supporte très bien l'alcool et il le sait. Un jour, se préparant pour un voyage dans l'Ouest canadien, le ministre demande à son agent de liaison [67] :

— Monsieur Gignac, parlez-vous anglais ?
— Oui, répond-il.
— Savez-vous boire ?
— Bien sûr.

---

63. Entrevue avec Benoit Gignac, le 28 novembre 2000.
64. Entrevue avec Bernard Landry, le 12 juin 2000.
65. Plusieurs sources ont confirmé au biographe que Jacques Parizeau buvait plus d'alcool lors de son deuxième mandat. Elles ont également reconnu que certaines fins de journées étaient plus difficiles.
66. Entrevue avec Benoit Gignac, le 28 novembre 2000.
67. L'anecdote est racontée par Benoit Gignac. Entrevue du 28 novembre 2000.

— C'est très bien, dit Jacques Parizeau. Vous venez à Calgary avec moi. Vous savez, les Anglais, après deux verres, on peut leur faire dire n'importe quoi. Soyez donc attentif!

Pour Benoit Gignac, qui se définit avant tout comme un *Lévesquiste*, ce sont d'autres agissements de Jacques Parizeau qui l'agacent davantage. Par exemple, il se souvient d'un après-midi. Le ministre doit se rendre dans son comté afin d'y rencontrer le comité de direction de la Commission scolaire des Manoirs à Terrebonne. Jacques Parizeau n'a aucune envie de s'y rendre, mais il y a des mois que les commissaires insistent pour le voir. Cédant aux pressions répétées de Benoit Gignac, il se résigne enfin à y aller et monte dans la voiture. De fort mauvaise humeur, il dit alors à Benoit Gignac : «Quand j'aurai commencé à parler, attendez une demi-heure et remettez-moi un papier blanc, plié en deux[68].» L'agent de liaison ne comprend rien à la demande, mais il obéit. Peu de temps après son arrivée, Jacques Parizeau commence à s'adresser aux commissaires. Benoit Gignac regarde sa montre, trente minutes passent. Tel que convenu, il se rend auprès du ministre et il lui donne un petit bout de papier blanc. Jacques Parizeau fait semblant de le lire, puis il dit à l'assistance : «Excusez-moi, je suis désolé, mais je dois retourner à Québec pour une affaire importante!»

Le changement de la garde

Au printemps 1981, Benoit Gignac n'en peut plus : «Je m'en vais, je suis tanné, c'est crise par-dessus crise. Il n'est pas humain et ne comprend pas ce qui se passe[69].» Il quitte le bureau du ministre des Finances pour celui de la Santé, dirigé par Pierre Marc Johnson, un rival du ministre des Finances. Au même moment, Michel Leguerrier, le chef de cabinet de Jacques Parizeau, plie bagage et part travailler pour Rodrigue Biron, au ministère de l'Industrie, du Commerce et du Tourisme[70]. Pour expliquer le départ de Michel Leguerrier, Jean Royer invoque la lourdeur de sa tâche : «Il travaille beaucoup. C'est une espèce de rythme sans fin, qui

---

68. Entrevue avec Benoit Gignac, le 28 novembre 2000.
69. *Idem.*
70. Ce dernier est membre du Parti québécois depuis le référendum de 1980.

n'arrête jamais[71].» Pour d'autres, une incompatibilité de caractère serait plutôt à l'origine de ce départ[72].

Pour combler les postes vacants, un nouveau venu va prendre du galon. Attaché de recherche au bureau du ministre des Finances depuis décembre 1980, André L'Écuyer succède à Michel Leguerrier en juin 1981.

Le nouveau chef de cabinet est un ancien étudiant du professeur Parizeau. Après avoir obtenu son diplôme des HÉC en 1973, André L'Écuyer est assistant de recherche pour Jacques Parizeau pendant une année. Il songe à poursuivre ses études. Son maître lui suggère alors d'aller faire une maîtrise à l'Université Maxwell de Syracuse, l'une des cinq plus grandes écoles d'administration publique des États-Unis. Le professeur Parizeau a déjà envoyé un autre de ses poulains à Syracuse, il s'agit de Claude Séguin. Muni d'une lettre de recommandation du docteur en économie de la London School of Economics, André L'Écuyer est reçu à l'Université Maxwell. Deux ans plus tard, il revient à Montréal pour terminer son mémoire.

Ne trouvant pas le temps et le calme nécessaires pour terminer son travail de maîtrise, André L'Écuyer n'avance plus et s'embourbe. Claude Séguin informe Jacques Parizeau de la situation. Ce dernier invite le jeune homme à passer le voir chez lui un samedi soir. Intimidé, l'étudiant enfile un complet et se trouve une cravate en prévision de cette rencontre qui l'angoisse. Jacques Parizeau lui dit alors de se secouer et de tout faire pour terminer son mémoire de maîtrise. C'est fondamental : « Ne faites pas ça chez vous, ça va devenir intolérable, je connais. Je vais plutôt vous trouver un bureau aux HÉC, où vous allez pouvoir finir votre mémoire. Après, je m'occupe de vous trouver un emploi[73].» Jacques Parizeau le confirme : « Tous les matins, à neuf heures, j'allais vérifier s'il était au bureau. Je lui ai

---

71. Entrevue avec Jean Royer, le 7 avril 2000.
72. À deux tentatives, le biographe a tenté de parler à Michel Leguerrier, mais sans succès. Andrée Melançon, la secrétaire particulière adjointe de Jacques Parizeau, de même qu'Alain Robichaud, son attaché politique, démissionnent à la même époque, en mai et en juin 1981.
73. Propos attribués à Jacques Parizeau et rapportés par André L'Écuyer. Entrevue du 28 mars 2000.

fait finir son mémoire de maîtrise [74].» En 1978, André L'Écuyer, devenu maître en administration publique, entre au Conseil du trésor comme analyste. En juin 1981, il devient le chef de cabinet de Jacques Parizeau.

Sa première tâche consiste à recruter de nouveaux conseillers pour Jacques Parizeau. En novembre 1981, il engage Normand Paquin, un autre finissant des HÉC, pour l'assister dans le difficile dossier de la faillite des caisses d'entraide [75]. Normand Paquin s'occupera aussi des institutions financières et du développement économique. À l'été 1983, le chef de cabinet recherche un avocat pour les questions fiscales et financières. «J'ai recruté Hubert Thibault [76]», raconte-t-il. Dans la jeune vingtaine, «Hubert Thibault est un minutieux qui a les réflexes d'un bénédictin [77].» L'avocat se lie rapidement d'amitié avec Jean Royer, qui a presque le même âge que lui. Beaucoup moins romantique que Benoit Gignac, Jean Royer vit mieux avec les frasques de son patron. Il apprend rapidement les rudiments de sa nouvelle fonction d'agent de liaison. Il tisse son propre réseau de contacts à l'intérieur du parti. De plus en plus, il émerge comme l'un des hommes de confiance de Jacques Parizeau.

Le deuxième mandat du Parti québécois se vit dans une tout autre atmosphère que le premier. Le temps de l'euphorie est passé. «Ce n'est plus drôle quand beaucoup de tes collègues prennent un coup et qu'ils sont ultra-fatigués [78]», estime Denis de Belleval. René Lévesque est rude avec plusieurs de ses ministres. «Ça a mortifié bien des gens [79]», confie Denis de Belleval, qui a goûté à cette médecine. «Dans le premier mandat, il existait une collégialité exemplaire et même anormale, constate Louis Bernard. Dans le second, Lévesque est moins patient et tolérant face aux longues discussions [80].» Le pouvoir exercé par le premier ministre devient plus présidentiel et moins collégial. Jacques Parizeau l'apprend à ses dépens lors du caucus qui se tient au Manoir du Lac Delage au mois d'août 1981.

---

74. Entrevue avec Jacques Parizeau, le 15 novembre 1999.
75. Nous reviendrons plus loin dans ce chapitre sur la faillite des caisses d'entraide.
76. Entrevue avec André L'Écuyer, le 28 mars 2000.
77. Entrevue avec Jacques Parizeau, le 28 août 2001.
78. Entrevue avec Denis de Belleval, le 29 mars 2000.
79. Idem.
80. Entrevue avec Louis Bernard, le 17 avril 2000.

Le budget catastrophique

Depuis quelques mois, un comité composé de onze députés du Parti québécois se réunit et mène une réflexion fort critique sur les orientations budgétaires de Jacques Parizeau et du nouveau président du Conseil du trésor, Yves Bérubé. Si René Lévesque considère que le ministre des Finances n'a pas toujours eu la poigne nécessaire pour fermer le robinet des dépenses, ce groupe de députés juge, au contraire, que les restrictions budgétaires des derniers mois ont été faites sans tenir compte de l'esprit social-démocrate du parti. Présidé par Gilbert Paquette, ce « comité sur la situation budgétaire » regroupe les députés suivants : Jacques Baril, Guy Bisaillon, Yves Blais, Guy Chevrette, Pierre de Bellefeuille, Roland Dussault, Gilles Grégoire, Louise Harel, Jacques Rochefort et Denis Vaugeois.

Quelques jours avant le caucus des députés qui doit se tenir au Lac Delage, le « comité des onze » termine la rédaction d'un rapport de quarante-six pages, explosif à souhait. « Est-il possible qu'après trois ans de gouvernement d'austérité, de chômage, d'insécurité et de climat social tendu, que les Québécois aient plus envie de battre le gouvernement que de faire la souveraineté[81] ? », demandent les auteurs du rapport. « La plupart des coupures affectent principalement les catégories de population qui nous appuient politiquement ou qui sont le plus durement touchées par la crise économique[82] », y écrivent-ils encore. Le comité mise sur l'effet de surprise pour ébranler Yves Bérubé et Jacques Parizeau et leur faire accepter certaines de leurs propositions comme celle d'investir un milliard de dollars dans le secteur public et de s'attaquer au déficit de façon moins agressive. Le rapport, confidentiel, doit être distribué à tous les élus du Parti québécois au moment du caucus.

Par un étrange hasard, quelques jours avant l'événement, Jacques Parizeau reçoit une copie de ce fameux rapport. En compagnie de leur ministre, Louis La Rochelle, Jean Royer et André L'Écuyer discutent de la meilleure stratégie à adopter. Jean Royer trouve que le rapport vise moins

---

81. Rapport du comité sur la situation budgétaire présenté au caucus des 27-28 août 1981 et intitulé *Activer la croissance économique et la lutte aux inégalités sociales*. Rapport confidentiel, août 1981, p. 7. Archives du Parti québécois.
82. *Idem*, p. 3.

Jacques Parizeau que Yves Bérubé dont il dénonce le style plutôt cassant. Les conseillers de Jacques Parizeau songent à le rendre public avant la tenue du caucus, de façon à désarçonner l'adversaire. «L'idée, rappelle Jean Royer, c'est de s'organiser pour que l'on se moque des onze députés qui se prennent tout à coup pour le ministre des Finances et le président du Conseil du trésor [83].» Il est finalement convenu de remettre une copie du rapport confidentiel à un journaliste, afin qu'il écrive un article en ce sens. Louis La Rochelle trouve le journaliste tout indiqué pour cette tâche : il téléphone à Normand Girard, du *Journal de Montréal*, et lui donne rendez-vous dans le stationnement souterrain de l'édifice G afin de lui remettre secrètement le rapport [84].

Le jeudi matin, *Le Journal de Montréal* titre en manchette : «Parizeau et Bérubé aux prises avec 11 députés du PQ». Normand Girard présente le document comme l'amorce à une révolution de palais. Il semble critiquer le jugement du comité des onze qu'il qualifie de la «go-gauche du PQ». Il écrit également que le comité «brûle ce qu'il a adoré avant et après les élections, en réprouvant le dernier budget Parizeau, qu'ils ont pourtant voté à l'Assemblée nationale. (…) Plus qu'une expression de censure, c'est une véritable motion de blâme à l'égard de l'ensemble du gouvernement. Il n'y manque que la demande de démission [85].»

Du coup, le caucus qui doit avoir lieu dans quelques heures prend une tournure dramatique. La meute de journalistes mitraillent de leurs questions les membres de ce comité. Les onze députés sont sur la défensive. Au déjeuner, certains vont même voir Jacques Parizeau pour lui dire : «Monsieur Parizeau, nous allons rectifier le tir quand le caucus va commencer [86].» Jean Royer grimace, pour s'empêcher de sourire...

Mais quand René Lévesque fait son entrée dans le hall du Manoir du Lac Delage, l'arme secrète utilisée par Jacques Parizeau se retourne soudainement contre lui. Aux journalistes qui lui posent tous la même question, à savoir ce qu'il pense du rapport des onze députés, le premier ministre

---

83. Entrevue avec Jean Royer, le 27 avril 2000.
84. Tel que rapporté par Jacques Parizeau. Entrevue du 3 mai 2000.
85. Normand Girard, «Parizeau et Bérubé aux prises avec 11 députés du PQ», *Le Journal de Montréal*, le 27 août 1981.
86. Selon les souvenirs de Jean Royer. Entrevue du 27 avril 2000.

répond que le document est loin d'être complètement injustifié. De façon
volontaire ou non, il met directement en cause son ministre des Finances,
en déclarant que « le dernier budget a été préparé un peu en catastrophe.
Nous avions un certain scrupule à nous présenter devant l'électorat sans
budget. Il a été fait à la veille du déclenchement de la campagne électorale,
donc il n'a pas pu être évalué dans tous ses détails[87]. »

Jacques Parizeau avoue aujourd'hui avoir été sérieusement sonné par
de tels propos : « Il s'en va attaquer la façon dont j'avais préparé le budget !
En régime parlementaire britannique, cela ne se fait pas. Un premier
ministre ne dit pas ça à l'égard de son ministre des Finances, il lui demande
plutôt sa démission. Je me suis alors dit : monsieur Lévesque ne me l'a pas
demandée, je ne la lui donnerai sûrement pas[88] ! »

Furieux, Jacques Parizeau ne s'adresse aux journalistes qu'à la fin de la
journée. Le bon coup du *Journal de Montréal* est décidément loin derrière
lui. « Ce budget a été largement discuté lors de la campagne électorale et a
été approuvé par nos concitoyens qui nous ont réélus[89] », soutient-il, visiblement agacé. En dépit de sa colère, le ministre admet avoir dû préparer
le budget du mois de mars 1981 un peu plus vite qu'à l'accoutumée. « Dans
ce sens-là, je vois ce que M. Lévesque voulait dire. S'il y a des erreurs,
ajoute-t-il, elles pourront être corrigées au moment de la présentation du
budget supplémentaire en octobre[90]. »

Le soir du 27 août 1981, un photographe réussit à prendre une photo
de Jacques Parizeau et de René Lévesque. On y voit les deux hommes en
grande conversation sur un balcon du Manoir du Lac Delage. Que se
disent-ils ? René Lévesque est-il en train de s'excuser ? « Non, mais il est mal
à l'aise », raconte Jacques Parizeau. « Il blague en disant que c'est une
mauvaise journée[91]. » Jean-Roch Boivin, qui auparavant est allé trouvé
le ministre des Finances à sa chambre afin de corriger l'erreur du matin,
pense que Jacques Parizeau avait raison d'être outré : « Il y a eu un relâchement de langage, mais Lévesque ne voulait pas exprimer un manque de

---

87. Propos de René Lévesque cités dans *Le Journal de Montréal* et *Le Devoir* du 28 août
    1981.
88. Entrevue avec Jacques Parizeau, le 15 novembre 1999.
89. Propos de Jacques Parizeau, cités dans le journal *Le Devoir du* 28 août 1981.
90. *Idem.*
91. Entrevue avec Jacques Parizeau, le 14 juin 2000.

confiance criant[92].» Marc-André Bédard fait la même observation : «Il n'y avait rien de profond comme mésentente[93].»

Quant à la fuite organisée par Jacques Parizeau, il semble que René Lévesque n'en sera jamais informé. Quelques jours plus tard, les journalistes Jacques Bouchard et Pierre Gravel écrivent dans *La Presse*: «Quoi qu'il en soit et d'où que viennent ces fuites, il apparaît évident que le crime profite essentiellement à ceux qui ont tout intérêt à affaiblir le puissant ministre des Finances[94].» Personne ne pense à l'attaché de presse de Jacques Parizeau... Ce sera d'ailleurs l'un des derniers grands coups de Louis La Rochelle qui laisse ses fonctions au printemps 1982. Il sera remplacé par Raymonde Fréchette, qui deviendra plus tard l'épouse de Jean Royer.

Certains élus péquistes concluent qu'avec la perte du Conseil du trésor et les propos de René Lévesque sur le dernier budget de Jacques Parizeau, l'économiste n'a plus la confiance du premier ministre. Claude Charron, le leader en Chambre, est de ceux qui partagent cet avis et alimentent la rumeur.

Sauver trois cent mille personnes de la faillite

Le baron a-t-il vraiment perdu la confiance du premier ministre? Plusieurs faits permettent d'en douter. Il faut rappeler qu'en lui retirant le Conseil du trésor, René Lévesque lui confie tout de même l'important dossier des caisses d'entraide économique, en sachant qu'une crise majeure menace cette coopérative financière. L'ex-ministre des Institutions financières et des Coopératives, Pierre Marc Johnson, en avait déjà informé René Lévesque. En lui donnant cette nouvelle mission, le premier ministre du Québec sait parfaitement qu'il place Jacques Parizeau devant un monstre : une faillite potentielle impliquant trois cent mille personnes. «Il veut le meilleur de ses joueurs pour faire face à la plus grosse des crises[95]», estime

---

92. Entrevue avec Jean-Roch Boivin, le 20 février 2001. Jean Royer est témoin de la rencontre Boivin-Parizeau.
93. Entrevue avec Marc-André Bédard, le 15 février 2001.
94. Jacques Bouchard et Pierre Gravel, dans la chronique intitulée «Notes politiques» de *La Presse*, le 5 septembre 1981.
95. Entrevue avec André L'Écuyer, le 28 mars 2000.

André L'Écuyer, le chef de cabinet de Jacques Parizeau. La suite des événements va donner raison à René Lévesque.

Mois d'un mois après avoir été nommé ministre des Institutions financières et des Coopératives, Jacques Parizeau sonne la charge. Branle-bas de combat sur le pont : les membres du cabinet de Parizeau sont en état d'alerte. Ils viennent d'apprendre que Yolande L'Écuyer, journaliste au réseau TVA, veut diffuser un reportage explosif sur les caisses d'entraide économique. Elle a mis à jour de graves problèmes de liquidités qui menacent l'ensemble des épargnants de cette coopérative québécoise.

Jacques Parizeau veut comprendre ce qui se passe. Il convoque le sous-ministre responsable du dossier et en parle avec lui pendant le repas du midi. Jean-Marie Bouchard, dépassé par les événements, résume la crise par quelques notes rédigées maladroitement sur une serviette de papier de restaurant. «Ce n'est pas très sérieux pour une faillite de près d'un milliard et demi[96]», estime André L'Écuyer. Pour épauler Jean-Marie Bouchard, sous-ministre des Institutions financières et des Coopératives, André Delisle sera rapidement nommé sous-ministre adjoint.

Avant que le reportage de Yolande L'Écuyer ne soit diffusé, Jacques Parizeau communique avec la journaliste de TVA et lui demande de patienter quelques jours, le temps que son ministère fasse enquête. La journaliste refuse : «Monsieur Parizeau, vous devez savoir que je détiens ces informations depuis des semaines, mais que j'ai attendu que la campagne électorale se termine pour ne pas troubler le processus démocratique. Je ne peux plus retenir de telles informations qui sont d'ordre public[97].»

Le vendredi 29 mai 1981, Yolande L'Écuyer présente un premier reportage sur l'administration des caisses d'entraide économique. Son effet est dévastateur. Le lundi suivant, en quelques heures, trente millions de dollars sont retirés des comptes des caisses d'entraide. Le mardi, vingt autres millions sortent des coffres. À la caisse d'entraide de Sainte-Foy, des gens font la file dès l'aube pour retirer leurs économies. Une jeune femme, son bébé dans les bras, exige la remise de ses avoirs. En voyant ces images le soir à la

96. Entrevue avec André L'Écuyer, le 28 mars 2000. D'autres hauts fonctionnaires et politiciens confirment cette impression, mais désirent conserver l'anonymat.
97. Propos attribués à Yolande L'Écuyer et rapportés par Jacques Parizeau. Entrevue du 30 mai 2000.

télévision, Jacques Parizeau frémit. Il est ministre des Institutions financières et des Coopératives depuis un mois à peine et le voilà déjà dans l'œil du cyclone. Un réseau de soixante-dix-sept caisses menace de s'effondrer, un péril qui guette trois cent mille épargnants !

En contact constant avec Éric Forest, le président de la Fédération des caisses d'entraide économique du Québec, Jacques Parizeau espère contenir la débâcle. Il craint que cette crise n'entache l'esprit coopératif au Québec et contaminer le Mouvement des caisses populaires Desjardins et ses quatre millions de membres.

Dès les premiers jours de juin, Jacques Parizeau s'assure que son ministère pourra renflouer l'institution québécoise pour éviter la faillite. Certains évaluent alors à plus de cent millions de dollars les besoins en liquidités de ce réseau coopératif. D'autres estiment plutôt que les caisses auraient besoin de deux cent cinquante millions de dollars… Si tel est le cas, même l'argent de la Régie de l'assurance-dépôts du Québec, qui garantit en partie les dépôts des épargnants, risque d'être insuffisant. Jacques Parizeau propose alors à son sous-ministre de profiter de l'entente qu'il a établie en 1967 avec le gouvernement fédéral et qui permet de profiter d'une ligne de crédit de cent millions de dollars de la Banque du Canada [98].

— Mais de quoi parlez-vous, Monsieur le Ministre ?, demande Michel Caron, étonné.

D'un ton professoral, Jacques Parizeau se met à lui raconter l'histoire suivante :

— Monsieur Caron, vous devez savoir qu'en 1965, alors que j'étais conseiller de Jean Lesage, j'ai présidé une importante commission : le Comité d'étude sur les institutions financières. Les travaux ont débuté en 1965, sous Jean Lesage, et j'ai remis mon rapport en 1969, au premier ministre Jean-Jacques Bertrand. En 1967, lorsque le gouvernement fédéral met sur pied une société d'assurance-dépôts, je suggère que le Québec fasse de même. Gerry Bouey, aujourd'hui gouverneur de la Banque du Canada, était chef de service à la Banque. C'est avec lui que j'ai négocié la ligne de

---

98. L'anecdote est racontée par Jacques Parizeau, André L'Écuyer et confirmée par Michel Caron. Si le lecteur veut en apprendre plus sur ce comité d'étude, il peut consulter le tome I, de la page 448 à 455.

crédit d'une centaine de millions en cas d'urgence ou de crise grave. Voyez avec lui !

— Écoutez, Monsieur Parizeau, répond Michel Caron, personne n'a entendu parler de cette ligne de crédit. Elle a peut-être déjà existé, mais j'ai l'impression que ce n'est plus le cas aujourd'hui.

— Monsieur Caron, il y a un accord avec le fédéral sur la loi d'assurance-dépôts, je le sais, je l'ai négocié !

— Bon... Je vais vérifier, concède finalement le sous-ministre.

Michel Caron s'informe auprès de Gerry Bouey, qui lui confirme effectivement l'existence de la ligne de crédit.

C'est à ce moment-là que le sous-ministre Caron réalise que les vingt années d'expérience de Jacques Parizeau au cœur du pouvoir québécois lui ont donné une somme de connaissances qui lui permettent de surpasser bien des hauts fonctionnaires et des ministres.

Le sang-froid du ministre

« Je me souviens d'une réunion à deux heures du matin pour faire le point [99] », raconte André L'Écuyer. Malgré l'heure tardive et la gravité de la situation, Jacques Parizeau, énergique, continue d'analyser froidement la situation des caisses d'entraide pendant qu'André L'Écuyer dort debout. Depuis son entrée en fonction comme chef de cabinet, André L'Écuyer a dû affronter toute une série de crises : le trou de cinq cents millions au ministère de l'Éducation, la menace de démission de Jacques Parizeau à la suite de la perte du Conseil du trésor et, maintenant, le drame des caisses d'entraide économique. Au bord de l'épuisement total, le pauvre L'Écuyer se retrouve à l'hôpital un vendredi après-midi. Quand Jacques Parizeau apprend la nouvelle, il appelle son chef de cabinet et lui dit : « L'Écuyer ! Prenez une journée de repos. Vous venez ensuite avec moi en tournée de financement en Europe, ça va vous changer les idées [100]. » « Travailler avec Jacques Parizeau, c'est intense, stimulant et stressant [101] », témoigne Normand Paquin, responsable du dossier des caisses d'entraide. « C'est un

99. Entrevue avec André L'Écuyer, le 28 mars 2000.
100. *Idem.*
101. Entrevue avec Normand Paquin, le 19 février 2001.

homme qui protège son équipe et lui fait confiance, la solidarité n'est donc pas à sens unique », ajoute-t-il.

Le 22 août 1981, Justin Dugal, le nouveau président des caisses d'entraide économique, présente à ses membres le plan de redressement du mouvement coopératif. Tout au long de la crise, il a œuvré en étroite collaboration avec Jacques Parizeau. Justin Dugal propose maintenant aux membres de transformer les coopératives en des institutions financières à capital-actions [102]. Dans le cadre de ce plan de sauvetage, le quart du montant investi par les déposants devient du capital de risque. Le reste est transformé en dépôts dont les échéances varient. D'ici à ce que les membres entérinent ou non cette proposition, tous les comptes sont gelés.

Le ministère des Finances de Jacques Parizeau prend le relais de l'opération de sauvetage le 30 novembre 1981, en présentant le projet de loi 40 qui a pour objet de transformer les caisses d'entraide en sociétés d'entraide. La part des dépôts convertis en actions sera accessible au RÉA, mais la réforme ne sera appliquée que si elle remporte l'adhésion de soixante-quinze pour cent des membres, à l'occasion d'un vote qui devra être mené dans chaque caisse d'ici la fin de janvier 1982.

Entre temps, Jacques Parizeau tente de favoriser un rapprochement entre les caisses populaires et les caisses d'entraide. Il réussit à amener à la même table Justin Dugal et Raymond Blais, le président du Mouvement Desjardins. « Il a essayé une fusion avec Desjardins [103] », raconte Michel Grignon, sous-ministre adjoint. « Je vois alors un Parizeau très alerte [104] », ajoute Normand Paquin. Jacques Parizeau veut donner au Québec des institutions financières fortes : une fusion est donc préférable à une liquidation. Mais c'est peine perdue, les concurrents d'autrefois ont de la difficulté à envisager un mariage de raison.

Le projet de loi 40, complété par une seconde loi, devient effectif à la fin de l'année 1982. Un nombre considérable de caisses d'entraide deviennent des sociétés d'entraide, tandis que quelques autres sont avalées par le Mouvement Desjardins. Finalement, très peu d'entre elles sont liquidées.

---

102. Cette réforme a été dessinée avec l'aide de deux consultants, Gérald Tremblay et Gérald Lacoste.
103. Entrevue avec Michel Grignon, le 14 décembre 2000.
104. Entrevue avec Normand Paquin, le 19 février 2001.

En rétrospective, la Régie de l'assurance-dépôts du Québec a consenti aux caisses d'entraide une avance de plus de soixante et un millions de dollars, afin d'éviter le naufrage. Une partie des fonds est venue du ministère des Finances et une autre, de la Régie d'assurance du Canada en vertu de l'entente négociée par Jacques Parizeau en 1967. Toutes ces avances de fonds ont été remboursées [105]. La faillite de plus d'un milliard de dollars n'a pas eu lieu.

« Le Québec a rapidement pris ses responsabilités et il n'y a pas de contribuables qui ont payé pour cela. C'est une belle réalisation, une gestion proactive, et Parizeau a joué un rôle important [106] », commente le sous-ministre adjoint, Michel Grignon. « C'est un dossier qui a été mené de main de maître par Parizeau [107] », soutient Louis Bernard, le secrétaire général du gouvernement du Québec.

« Cela aurait pu être un drame national épouvantable, estime Normand Paquin. Il y avait quand même trois cents mille personnes qui étaient prises là-dedans. Cette crise a été gérée correctement. Monsieur Parizeau a fait preuve de beaucoup de sang-froid et il avait les connaissances nécessaires pour mettre en place des mesures énergiques [108]. »

L'activisme de *Monsieur*, la confiance du premier ministre

Malgré les différences de style entre les deux hommes et leurs mésententes sur la stratégie politique, Louis Bernard maintient « que parmi les gens à qui Lévesque fait confiance, Parizeau est de ceux sur lesquels il s'est toujours appuyé [109]. » Yves Duhaime, qui est de plus en plus proche de René Lévesque, est d'accord avec cette affirmation, mais il ajoute que Lévesque est « conscient que Parizeau en mène large [110]. »

105. Pour en savoir plus, le lecteur peut consulter la brochure intitulée *Les trente ans d'histoire de la Régie de l'assurance-dépôts du Québec*, gouvernement du Québec, 1997, pp. 34 et 35.
106. Entrevue avec Michel Grignon, le 14 décembre 2000.
107. Entrevue avec Louis Bernard, le 3 avril 2000.
108. Entrevue avec Normand Paquin, le 19 février 2001.
109. Entrevue avec Louis Bernard, le 3 avril 2000.
110. Entrevue avec Yves Duhaime, le 5 avril 2000.

En dépit de la défaite référendaire de 1980 et de la perte du Conseil du trésor en 1981, le croisé ne désarme pas. Son roi l'a sacré chevalier en 1969, puis baron en 1976, depuis, il continue à mener d'extravagantes chevauchées en son nom. D'ici à ce que les Québécois se décident à lui donner un pays, l'homme en mission ne restera pas immobile. Dans sa quête du trésor perdu, il va utiliser la Caisse de dépôt et placement du Québec au maximum et lui donner un tel profil que sa puissance va ébranler l'*establishment* financier anglophone et menacer toutes les places fortes du Canada. Si le nationalisme des Québécois est essentiellement défensif, Jacques Parizeau n'hésite pas pour sa part à mener de franches offensives économiques en territoire ennemi.

CHAPITRE 18

La banque du Québec :
second mouvement

*« La Caisse de dépôt, c'est le plus beau coup de Parizeau.
Elle demeure crainte de l'establishment anglais et c'est ça
se battre pour protéger son identité. La Caisse est devenue
assez puissante pour jouer ce genre de jeu. [Les Anglais]
ne peuvent l'attaquer, ils n'ont rien de plus gros. C'est
nous qui avons le gros bout du bâton. »*

Bernard Lemaire [1],
président du conseil d'administration de Cascades inc.

De sa chambre d'hôtel à Tokyo, Jean Campeau est absorbé dans ses calculs quand la sonnerie du téléphone le fait sursauter [2]. À l'autre bout du fil, une voie familière mais très lointaine lui annonce une grande nouvelle. L'appel vient du Québec. Les paroles prononcées par Daniel Paillé, du cabinet de Jacques Parizeau, sont déformées par l'écho résultant de la mauvaise qualité de la communication : « Cazavan a démissionné ! ... démissionné... démi... N'est-ce pas une bonne nouvelle ?! ... une bonne nouvelle... » Le sous-ministre adjoint, qui se trouve en tournée en Asie à la recherche de capital frais pour l'État québécois, reste impassible. Il attend la suite. « Parizeau t'a choisi, il veut t'avoir comme président de la Caisse de dépôt ! ... choisi comme président... président... Caisse de dépôt... dépôt... » Du coup, Jean Campeau apprécie l'écho qui lui répète ces mots si agréables.

---

1. Entrevue avec Bernard Lemaire, le 4 juillet 2001.
2. Entrevue avec Jean Campeau, le 26 mai 2000.

Au Québec, la nouvelle éclate le dimanche 20 janvier 1980 quand *Le Journal de Montréal* publie la nouvelle en primeur : «Marcel Cazavan partirait demain!» Le lendemain, Marcel Cazavan démissionne effectivement de ses fonctions de président de la Caisse de dépôt et placement du Québec. Après sept années à la tête de l'organisation, il se trouve ainsi à écourter de trois ans son mandat initial qui devait en durer dix. Déjà, à l'époque de la Révolution tranquille, quand il était sous-ministre des Finances, Marcel Cazavan tolérait difficilement les avancées fulgurantes du jeune conseiller financier qu'était Jacques Parizeau[3]. Depuis l'élection du gouvernement péquiste le 15 novembre 1976, il a plus de mal encore à supporter la lourde présence de l'imposant ministre[4].

Dans les semaines qui précèdent sa démission, Marcel Cazavan rencontre Louis Bernard, le grand patron des fonctionnaires. «Écoutez, la façon dont Parizeau veut mener la Caisse, ce n'est pas ma philosophie, dit-il. Dans ces conditions, je suis prêt à démissionner, mais je ne veux pas que cela entraîne une perte de salaire. Croyez-vous que Parizeau pourrait accepter ce type d'entente[5]?» «Je vais voir», lui répond Louis Bernard, qui s'empresse d'en parler à Daniel Paillé et de lui glisser à l'oreille : «Il est mûr.» À titre de conseiller politique de Jacques Parizeau, responsable de la Caisse de dépôt, Daniel Paillé désire depuis longtemps le départ de Marcel Cazavan. Afin de pouvoir répondre aux demandes du président démissionnaire, qui est âgé de plus de soixante ans, Daniel Paillé modifie le règlement de la Caisse et y insère une clause spéciale[6]. Jacques Parizeau convoque ensuite Marcel Cazavan à Outremont, rue Robert. «Monsieur Cazavan, je vous fais la proposition suivante : vous demeurez à l'emploi de la Caisse comme conseiller du président tout en étant payé le même salaire que celui-ci, et

---

3. Décédé aujourd'hui, Marcel Cazavan n'avait malheureusement pas le verbe aussi élégant que Jacques Parizeau. Il avait au contraire de la difficulté à s'exprimer et faisait ainsi piètre figure face au brillant économiste.
4. En fait, Marcel Cazavan est l'objet de critiques de plus en plus vives de la part des membres du gouvernement péquiste. En décembre 1979, Guy Joron, ministre des Consommateurs, des Coopératives et des Institutions financières, dénonce son type de gestion qu'il qualifie de «politique de bas de laine».
5. Propos attribués à Marcel Cazavan et rapportés par Louis Bernard. Entrevue du 17 avril 2000.
6. Entrevue avec Daniel Paillé, le 9 mars 2000. Ce règlement est approuvé par arrêté en Conseil le 11 avril 1979.

ce, pendant cinq ans, soit jusqu'à votre retraite à l'âge de soixante-cinq ans. Sans être président, vous obtenez donc le même salaire que celui-ci. [7] » Avec cette proposition, Jacques Parizeau libère le siège de la présidence, profite de l'expérience de Marcel Cazavan en le maintenant dans l'organisation, et neutralise chez lui toute velléité de critiquer le gouvernement en le maintenant sur la feuille de paie.

Jean Campeau : timonier ou quartier-maître ?

Au nouveau président qui entre en fonction, Jacques Parizeau dit : «Faites-en une boîte qui marche. Il faut une Caisse agressive qui ne soit pas seulement constituée de placements en obligations. La Caisse a le droit d'avoir un portefeuille en actions qui représente jusqu'à trente pour cent de l'ensemble de ses placements [8]. » Jean Campeau est tout ouïe. «Cazavan achetait des obligations et Campeau va acheter des actions, c'est aussi net que ça [9]», constate Serge Saucier, alors président de Raymond, Chabot, Martin, Paré et associés.

En succédant à Marcel Cazavan, Jean Campeau devient le troisième président de la Caisse de dépôt et placement. Tout comme le premier président de la Caisse, Claude Prieur, Jean Campeau a déjà servi dans l'armée canadienne : Prieur, comme brigadier-général, Campeau, comme officier dans l'aviation. De cette brève expérience militaire remontant aux années cinquante, Jean Campeau a conservé l'esprit de discipline. Ce catholique pratiquant est un être ascétique. Discret, il n'aime pas les mondanités. Le midi, il mange régulièrement seul à son bureau. Une soupe, un sandwich et un petit gâteau lui servent invariablement de repas. Il ne cherche pas à plaire aux plus puissants, mais il a souvent de petites attentions envers les employés de la Caisse qui exercent des fonctions subalternes.

Nombreuses sont les sources anonymes qui affirment l'avoir vu au garde-à-vous quand Jacques Parizeau lui donnait des directives par téléphone, ce qu'il nie avec véhémence. Il soutient au contraire que son

---

7. Entrevue avec Jacques Parizeau, le 25 mai 2000.
8. Propos attribués à Jacques Parizeau et rapportés par Jean Campeau. Entrevue du 26 mai 2000.
9. Entrevue téléphonique avec Serge Saucier, le 17 juillet 2001.

autonomie a toujours été préservée. «Campeau était le perroquet de Parizeau», déclare l'une de ces sources. En fait, il ressort des discussions menées auprès de plusieurs témoins privilégiés que Jean Campeau a été un délégué de pouvoir de Jacques Parizeau, du moins pendant les deux ou trois premières années de son mandat. L'esprit derrière les grandes manœuvres, c'était le ministre des Finances. Faut-il en conclure, en ce qui a trait aux destinées de la Caisse de dépôt et placement, que Jean Campeau lui avait cédé le timonier et se contentait du grade de quartier-maître? Il semble que non. Des témoignages confirment qu'à partir de 1982 ou 1983, le président de la Caisse a affronté le ministre des Finances sur certaines orientations stratégiques [10].

Pour l'opposition libérale, toutefois, la situation est claire. Elle reproche à Jacques Parizeau la nomination de Jean Campeau, qu'elle qualifie de partisane. Le député Reed Scowen soutient que le ministre des Finances politise la Caisse, en réduisant en pièces son autonomie [11]. À s'informer sur le président de la Caisse de dépôt et placement, on observe cependant qu'il possède les qualités d'un bon exécutant. «Je n'ai jamais eu besoin de donner des directives à Campeau, prétend Jacques Parizeau. De temps en temps, on prend un verre à la tour de la Bourse, lorsque je passe une journée à mon bureau du ministère des Finances à Montréal, et puis nous parlons. Très souvent, nous discutons de choses qui n'ont aucun rapport avec les opérations de la Caisse. Pierre Lortie, le président de la Bourse de Montréal, vient aussi prendre un verre avec nous, lui qui fait un travail extraordinaire. Moi, je crois beaucoup en ces contacts personnels, raconte Jacques Parizeau. Après cinq heures de l'après-midi, nous prenons un verre pendant une demi-heure ou trois quarts d'heure et puis on brasse les choses. Je n'ai jamais eu besoin de donner d'instructions à Campeau, répète-t-il. D'ailleurs, cela aurait été contraire à la loi. Mais nous étions

---

10. André L'Écuyer, le chef de cabinet du ministre Parizeau à partir de 1981, confirme qu'en 1983, quand Jean Campeau décide d'investir à l'étranger une part importante du portefeuille de la Caisse, il s'attire la colère de Jacques Parizeau. Entrevue avec André L'Écuyer, le 13 avril 2000. À ce sujet, Jean Campeau raconte qu'il y a eu «une profonde division entre lui et moi. J'ai trouvé ça plutôt difficile. Nous nous sommes reparlé deux semaines plus tard d'un autre sujet et j'ai réalisé que Parizeau avait tout oublié.» Entrevue avec Jean Campeau, le 26 mai 2000.
11. Reed Scowen écrit un texte à ce sujet dans le journal *Le Devoir*, le 29 juillet 1980.

vraiment comme des âmes sœurs. Quand, à un moment donné, nous pouvions faire quelque chose, Jean Campeau disait : " Ah ! Monsieur Parizeau, je pense que j'ai une idée [12] " ! (rires) » Cet aveu apporte un éclairage particulier à ceux qui croient que le président de la Caisse de dépôt et placement du Québec entretenait peu de relations avec le ministre des Finances. Dans cette perspective, l'autonomie de la Caisse était plus ou moins factice. Jean Campeau était constamment influencé par la stature colossale du numéro deux du Parti québécois.

Le dernier anglo de la Caisse

À deux semaines du référendum, Eric Kierans démissionne du conseil d'administration de la Caisse de dépôt et placement. Son départ a tout d'un coup d'éclat. Dans sa lettre de démission adressée à René Lévesque, le 5 mai 1979, il écrit : « En 1965, vous et moi avons appuyé la formation de la Caisse de dépôt. (…) De concert avec M. Lesage et nos collègues, nous avons convenu que la direction de la Caisse devait être indépendante et, autant que possible, libre des pressions du secteur public comme du secteur privé. Malheureusement, l'indépendance que nous souhaitions insuffler à la Caisse n'existe plus. L'ingérence, toujours croissante du ministère des Finances auprès de la Caisse, est devenue intolérable [13]. » Plus loin, il accuse directement Jacques Parizeau de vouloir vider la Caisse pour financer ses déficits.

Eric Kierans prétend que sa démission est également motivée par l'affaire du Alberta Heritage Fund. En décembre 1979, le ministère des Finances a officiellement demandé à la Caisse de dépôt et placement d'adopter la politique d'emprunt de ce fonds albertain. Cette politique offre à toutes les provinces canadiennes d'emprunter à un taux d'intérêt égal à la province qui a le meilleur taux, l'Ontario, en l'occurrence. La Caisse se trouve alors dans une situation étrange : elle prête au gouvernement du Québec à un taux supérieur à celui du Alberta Heritage Fund. Malgré l'opposition d'Eric Kierans et de Gill Fortier, le président de la

---

12. Entrevue avec Jacques Parizeau, le 25 mai 2000.
13. Lettre de démission d'Eric Kierans, le 5 mai 1980.

Régie des rentes, la mesure est adoptée par la Caisse le 21 avril 1980[14]. Contrairement à ce qu'ont toujours cru Eric Kierans et Marcel Cazavan, ce n'est pas Jacques Parizeau qui a mené cette opération, mais bien son sous-ministre, Michel Caron, qui en a eu l'idée[15].

Jacques Parizeau ne croit pas un instant aux raisons qu'invoque l'administrateur de la Caisse pour démissionner[16]. Il estime plutôt qu'Eric Kierans pose un geste politique à quinze jours du référendum sur la souveraineté-association. Pour René Lévesque, Éric Kierans, qui est alors membre du comité du NON, «a tenté de nous faire le coup de la Brink's avec une trottinette au lieu d'utiliser un camion comme en 70[17]».

Deux ans plus tard, Éric Kierans reconnaîtra que son geste visait à faire mal aux souverainistes : «Je savais que c'était le bon moment pour agir de la sorte si je ne désirais pas un OUI au référendum[18].» Il faudra attendre l'année 1997 avant que la Caisse compte à nouveau un anglophone à son conseil d'administration.

«Les pays n'ont pas d'amis, ils n'ont que des intérêts»

À la fin de l'été 1980, Jean-Michel Paris, le numéro deux de la Caisse de dépôt et placement, comprend qu'il doit laisser son poste. Au même moment, Jean Lavoie, le directeur général adjoint au financement, et Jean Laflamme, le directeur des placements en obligations, quittent la Caisse. Jean Campeau peut dorénavant recruter ses propres guerriers en prévision des grandes manœuvres à venir.

La première grande opération de Jean Campeau se déploie sur le terrain de l'énergie. En décembre 1980, l'homme d'affaires Conrad Black se départit

---

14. En entrevue avec le biographe, Jean Campeau a reconnu pour la première fois que ce n'était «pas mon meilleur coup d'avoir accepté cela. Si c'était à recommencer, je ne le referais pas. Le rendement de la Caisse en était diminué.» Entrevue du 26 mai 2000.
15. Entrevue avec Michel Caron, le 16 octobre 2000.
16. Entrevue avec Jacques Parizeau, le 25 mai 2000.
17. René Lévesque est cité dans un article d'Alain Dubuc, «Kierans veut nous faire le coup de la Brink's avec une trottinette – Lévesque», *La Presse*, le 7 mai 1980.
18. Cité dans un article de David Thomas, «The caisse's bold but silent conquests», *Maclean's*, le 1er février 1982.

d'un important bloc d'actions de la société Gaz Métropolitain spécialisée dans la distribution du gaz naturel. La Caisse de dépôt s'en porte aussitôt acquéreur. D'une gourmandise encore jamais vue, l'institution québécoise achète le maximum d'actions autorisé par la loi, soit trente pour cent. La Société québécoise d'initiatives pétrolières (SOQUIP) et le ministre de l'Énergie, Yves Bérubé, lancent alors leurs escadrons sur le même terrain et achètent vingt-six pour cent des actions de Gaz Métropolitain. Par l'intermédiaire de ses deux sociétés, le gouvernement du Québec se porte ainsi acquéreur d'une importante entreprise du secteur énergétique. Avec cette transaction, le rêve de Jacques Parizeau se concrétise : voilà enfin des sociétés d'État capables de mener des actions concertées et structurantes pour l'économie du Québec [19]. Cette première opération menée par Jean Campeau initie une nouvelle façon de faire à la Caisse de dépôt et placement. L'agressivité de l'institution québécoise surprend. Pour l'instant, l'*establishment* canadien-anglais se contente d'observer les déplacements de troupes, sans appeler la cavalerie.

Deuxième opération majeure : l'achat de Noranda. Depuis 1979, les frères Bronfman tentent d'acheter un important bloc d'actions de ce colosse de l'économie canadienne. Les activités de Noranda sont vastes. Le géant est actif dans le domaine minier, pétrolier et forestier. Les frères Bronfman, par l'entremise de leur société, Brascan, espèrent obtenir deux sièges au conseil d'administration du mastodonte en achetant vingt pour cent des actions de l'entreprise, mais Alfred Powis, président de Noranda, refuse.

À l'été 1981, les Bronfman voient en la Caisse de dépôt et placement un allié suffisamment agressif pour conquérir Noranda. Le 22 juillet, l'association entre Brascan et la Caisse est entérinée par les deux conseils d'administration. « L'Opération Granite » prend forme. La nouvelle société ainsi créée s'appellera Brascade. Elle est composé à soixante-dix pour cent de capitaux provenant des frères Edward et Peter Bronfman. De son côté, la Caisse investit trente pour cent des sommes nécessaires dans l'opération. Le nouveau *holding* passe à l'attaque en arrosant les actionnaires de Noranda

---

19. Un an plus tard, SOQUIP revient à la charge et met la main sur Inter-City Gas Corporation de Winnipeg, ce qui assure à l'État québécois tout le contrôle du gaz naturel en provenance de l'Alberta.

avec plus d'un milliard de dollars. Brascade prend le contrôle effectif de Noranda avec quarante pour cent des actions. Voyant qu'il y a péril en la demeure, le président de Noranda, Alfred Powis, se débat avec l'énergie d'un condamné à mort. Il va même jusqu'à rencontrer Jacques Parizeau, afin de le persuader de mettre fin à cette transaction [20]. À Toronto, tout le monde a compris que le véritable patron de la Caisse de dépôt et placement est confortablement assis dans le fauteuil du ministre des Finances. La rencontre ne donne aucun résultat.

En novembre 1976, quelques jours avant la victoire de René Lévesque, Charles Bronfman, le principal actionnaire des Expos de Montréal, avait menacé de déménager son équipe professionnelle de baseball si le Parti québécois prenait le pouvoir. Quatre ans plus tard, la famille Bronfman se montre disposée à lever l'anathème lancé sur le gouvernement péquiste. Elle est prête à faire des affaires avec les souverainistes. Pour Jacques Parizeau, ce pacte contre nature s'explique de la façon suivante : les gens d'affaires ont pour seul principe de servir leurs propres intérêts. Quant au comportement de l'État québécois, il l'explique en ces mots : «N'oubliez pas ce que disait Talleyrand : "Les pays n'ont pas d'amis, ils n'ont que des intérêts". Dans ce dossier-ci, nous nous conduisons comme un pays [21].» Bien des analystes verront toutefois en cette transaction un échec financier [22]. Daniel Paillé le reconnaît volontiers : «La Caisse avait trente pour cent d'un bidule qui possédait quarante pour cent de Noranda. Nous n'exercions aucun contrôle. Nous ne pouvions même pas vendre nos actions au moment où nous le désirions [23].» L'épisode de Noranda devient en quelque sorte le banc d'essai qui permet à la Caisse de faire l'apprentissage douloureux des conventions d'actionnaires.

Troisième opération : la prise de contrôle de la compagnie Domtar et de ses vingt et une divisions industrielles, une puissance dans le domaine du papier et des matériaux de construction avec un chiffre d'affaires atteignant le milliard et demi de dollars. Quelques semaines après avoir été nommé président de la Caisse de dépôt, Jean Campeau a la désagréable surprise de lire dans le rapport annuel de Domtar, dont la Caisse est l'actionnaire

20. Selon Jean Campeau, entrevue du 26 mai 2000.
21. Entrevue avec Jacques Parizeau, le 25 mai 2000.
22. Cette analyse est également partagée par la direction actuelle de la Caisse.
23. Entrevue avec Daniel Paillé, le 17 août 2001.

principal, la phrase suivante : « Le rejet de l'option séparatiste par la population du Québec va améliorer le climat économique au Québec et au Canada et sera favorable à Domtar [24]. » Le Québec se trouve alors en pleine campagne référendaire. Jean Campeau fulmine. Il téléphone à Alex Hamilton, le président de Domtar, et il lui fait part de son indignation. Il le somme de mettre fin à ce type d'intervention politique. « Monsieur Hamilton est un employé ; la Caisse est l'employeur [25]. » Or, Alex Hamilton considère qu'il est l'employé de personne. Au contraire, il veut écarter la Caisse et tenter de diluer sa participation dans l'entreprise. Jean Campeau met tout en œuvre pour empêcher qu'une telle chose se produise.

« Hamilton est un *mange-canayen* effrayant [26] », soutient Jacques Parizeau. La direction de la Caisse le sait et surveille de près le président de Domtar. Elle a déjà réussi à faire nommer un de ses représentants au conseil d'administration en la personne d'Yves Pratte [27], le vieux complice de Jacques Parizeau pendant la Révolution tranquille. Au milieu de l'année 1980, Gilles Blondeau, le président du Groupe Optimum, devient le deuxième administrateur nommé par le gouvernement du Québec.

Le 28 avril 1981, James Smith succède à Alex Hamilton au poste de président de Domtar. À l'instar du président sortant, le nouveau venu ne

24. Extrait du rapport annuel de la compagnie Domtar inc., 1979, p. 5. La phrase a été traduite en français par le biographe.
25. Citation de Jean Campeau tirée du livre de Matthew Fraser, *Québec inc. – Les Québécois prennent d'assaut le monde des affaires*, Montréal, Les Éditions de l'Homme, 1987, p. 271.
26. Entrevue avec Jacques Parizeau, le 25 mai 2000. En novembre 1980, Domtar avait mis en colère Jacques Parizeau en annonçant qu'elle déménageait le siège social de sa filiale Sifto à Toronto, en Ontario.
27. Dans les années soixante, Yves Pratte, avocat, fut conseiller juridique des premiers ministres Jean Lesage et Daniel Johnson et, en 1965, membre de la Commission Parizeau sur la réforme des institutions financières. Il fut nommé président de la société Air Canada par Pierre Elliott Trudeau, en 1968. En 1977, le premier ministre Trudeau lui fit à nouveau confiance en le nommant juge à la Cour suprême. Il démissionna de cette fonction en juin 1979 et devint conseiller juridique de Paul Desmarais, à la tête de l'empire financier de Power Corporation. Il siégea au conseil d'administration de cette société dès 1981. Le 14 octobre 1980, René Lévesque avait accordé à Yves Pratte le mandat de représenter le gouvernement pour défendre devant les tribunaux la position du Québec sur la question du rapatriement unilatéral de la constitution par Ottawa. Yves Pratte est décédé en 1988.

semble pas détester avoir du Canadien-français à se mettre sous la dent. Peu de temps avant son entrée en fonction, il a annoncé aux membres du conseil d'administration de Domtar que, s'il était nommé à la présidence de la société, il n'avait pas l'intention de faire beaucoup d'efforts pour investir au Québec. Pourtant, un projet majeur d'investissement est prévu. Domtar doit bientôt bâtir une nouvelle usine de papier fin. D'emblée, le Québec semble donc être écarté au profit de l'Ontario. Une rumeur veut même que Domtar déménage son siège social là-bas. Gilles Blondeau, la sentinelle du gouvernement au conseil d'administration de Domtar, n'en revient pas. Il rapporte aussitôt les propos de James Smith à Jean Campeau et fait part de ses craintes à Jacques Parizeau [28]. Gilles Blondeau sonne aussi l'alarme du côté de Bernard Landry, le ministre d'État au Développement économique, et de Rodrigue Biron, le ministre de l'Industrie, du Commerce et du Tourisme. Puis, il informe directement René Lévesque de la situation. Toutes les personnes consultées sont d'accord : il faut prendre le contrôle de Domtar. Le premier ministre appelle Jacques Parizeau, le ministre responsable de la Caisse de dépôt, et lui donne un mandat clair : «Monsieur Parizeau, nous achetons Domtar [29].» Ce dernier met alors en branle le processus d'achat du plus important fabricant de papier fin au Canada.

En dépit des transactions que la Caisse de dépôt et placement réussit à faire sur le marché boursier, elle est incapable d'acheter suffisamment d'actions pour prendre le contrôle de Domtar. Quand Jacques Parizeau apprend que Paul Desmarais possède directement ou indirectement environ quatorze pour cent des actions de Domtar, il songe à une nouvelle alliance plutôt insolite [30]. Le président de Power Corporation, ce fédéraliste intraitable sur la question de l'unité canadienne, sera bientôt amené à faire des affaires avec le ministre le plus «séparatiste» du gouvernement péquiste, ce que Paul Desmarais a toujours vivement nié. Pour la première fois, voici comment Desmarais et Parizeau sont devenus des associés dans une même cause, en se positionnant contre le Canada anglais.

---

28. Jean Royer est dans le bureau de Jacques Parizeau quand celui-ci reçoit l'appel de Gilles Blondeau. Entrevue du 27 avril 2000.
29. Propos attribués à René Lévesque et rapportés par Jacques Parizeau. Entrevue du 25 mai 2000.
30. Entrevue avec Jacques Parizeau, le 25 mai 2000.

De gauche à droite : Jean-Roch Boivin, René Lévesque,
Yves Pratte et Jacques Parizeau. Quatre hommes qui, à leur façon,
possèdent beaucoup de pouvoir.
Archives de Jacques Parizeau. ANQ, Montréal.

La rencontre Desmarais-Parizeau

Au début du mois d'août 1981, Yves Pratte, ami de Jacques Parizeau et conseiller juridique de Paul Desmarais, organise dans le plus grand secret une rencontre entre les deux hommes[31]. L'ancien juge de la Cour suprême les invite chez lui à Montréal, aux appartements *Le Château* de la rue Sherbrooke, à deux pas de l'hôtel *Ritz Carlton*. Paul Desmarais se présente seul à la rencontre. Jacques Parizeau arrive accompagné de son chef de cabinet, André L'Écuyer, et du président de la Caisse de dépôt et placement, Jean Campeau[32]. Tous ceux qui croient en l'autonomie de la Caisse ont ici la preuve que lorsqu'il s'agit de transactions majeures, c'est le ministre des Finances qui, en dernière instance, donne les ordres.

---

31. La rencontre se tient, selon les souvenirs d'André L'Écuyer, le vendredi après-midi, le 7 ou le 14 août 1981.
32. Paul Desmarais, Jacques Parizeau, André L'Écuyer et Jean Campeau confirment la tenue de cette rencontre.

Tout en prenant un scotch, Paul Desmarais et Jacques Parizeau tentent d'élaborer une entente qui pourrait satisfaire à la fois les intérêts de l'État québécois et ceux de Power Corporation. Pour répondre aux vœux de Jacques Parizeau qui convoite les actions de la compagnie Domtar, Paul Desmarais lui présente un audacieux scénario de fusion[33]. Si l'État québécois permet la fusion de Domtar et de Consolidated Papers, une société papetière qui lui appartient déjà, et qu'il peut ensuite avaler Donohue, Paul Desmarais, qui se retrouverait ainsi à la tête d'un nouvel empire du papier en Amérique du Nord, accepterait, en retour, une importante participation de l'État québécois dans ce nouveau conglomérat. De plus, dans un contexte d'exode des sièges sociaux vers l'Ontario, Paul Desmarais garantit au ministre des Finances que le nouveau géant aurait pignon sur rue à Montréal et que les futures usines seraient installées, en priorité, au Québec. « Nous passons tout l'après-midi à prendre un coup et à discuter de cela[34] », raconte Paul Desmarais. Jacques Parizeau reste de marbre. Le magnat de Power Corporation n'arrive pas à convaincre le grand seigneur, docteur en économie de Londres. « Parizeau ne voulait rien entendre et Jean Campeau non plus[35] », précise Paul Desmarais. Le baron ne veut pas d'une participation minoritaire. Un seul royaume est offert à deux empereurs, aucun n'est disposé à céder à l'autre ses lauriers. « Monsieur Desmarais, il n'est pas question ici de former une méga-compagnie. Nous nous intéressons d'abord à Domtar[36]. »

Après de nombreuses négociations sur le prix, Paul Desmarais accepte finalement de vendre ses actions de Domtar à la Caisse de dépôt. Le président de Power Corporation amorce aussitôt une série d'appels téléphoniques. Dans le salon d'Yves Pratte, Jacques Parizeau et ses hommes sont alors témoins d'une hallucinante démonstration de force. « Desmarais appelait devant nous ses présidents de compagnies (ses filiales), l'un après l'autre, pour leur dire de vendre[37]! », se rappelle André L'Écuyer, qui en avait le souffle coupé. « À un moment donné, il joint le bureau du

33. Selon les souvenirs d'André L'Écuyer. Entrevue du 13 avril 2000.
34. Entrevue avec Paul Desmarais, le 18 avril 2001.
35. *Idem.*
36. Propos attribués à Jacques Parizeau et rapportés par Paul Desmarais. Entrevue du 18 avril 2001. André L'Écuyer le confirme.
37. Entrevue avec André L'Écuyer, le 13 avril 2000.

président de la compagnie d'assurance Great West à Winnipeg. Nous sommes au milieu de l'après-midi et celui-ci est absent, parce qu'il est allé jouer au golf[38].» Il insiste auprès de la secrétaire pour qu'elle le retrouve. Le président de Great West rappelle peu de temps après. Habile, Paul Desmarais réussit à mettre son interlocuteur dans l'embarras, de façon à l'amener à accepter plus facilement la transaction qu'il lui propose :

— Tiens, le chanceux ! Tu joues au golf pendant que moi je travaille pour toi ! Écoute, j'ai une belle transaction pour ta compagnie. Nous avons un bon prix pour les actions de Domtar... Tu devrais les vendre[39].

À l'autre bout du fil, on peut imaginer le pauvre homme, pris en flagrant délit d'école buissonnière, lui répondre par l'affirmative.

Jacques Parizeau et Paul Desmarais en viennent à un marché. «Nous savons que Paul Desmarais est [terriblement] intéressé à prendre le contrôle du Canadien Pacifique (CP). C'est le rêve de sa vie[40]», explique Jacques Parizeau. Power Corporation vient d'acquérir 4,4 pour cent des actions du CP. «Nous allons donc faire un échange. Desmarais va nous vendre à un prix régulier le quatorze pour cent d'actions qu'il contrôle [de Domtar], moyennant quoi nous allons lui donner une option [d'achat] sur les actions du CP que la Caisse détient[41].» La Caisse de dépôt est alors l'actionnaire le plus important du CP avec 5,6 pour cent du capital-actions. Quand on parle de cette entente à Paul Desmarais, il affirme ne pas s'en souvenir. Jean Campeau est plus vague[42]. Pourtant, dans les premiers jours de septembre 1981, les lecteurs du journal La Presse peuvent lire que «Power a renoncé à lever l'option d'achat qu'elle avait sur quatre millions d'actions du Canadien Pacifique détenues par la Caisse de dépôt et placement du Québec. L'option est arrivée à échéance lundi (le 7 septembre)[43].»

---

38. Idem.
39. Propos attribués à Paul Desmarais et rapportés par André L'Écuyer. Entrevue du 13 avril 2000. Paul Desmarais confirme l'anecdote.
40. Entrevue avec Jacques Parizeau, le 25 mai 2000.
41. Idem.
42. Jean Campeau soutient qu'au moment de discuter de l'option d'achat des actions du CP détenues par la Caisse, Jacques Parizeau quitte l'appartement d'Yves Pratte. Jacques Parizeau nie cette version des faits.
43. Article de Frédéric Wagner, «Actions du Canadien Pacifique – Power renonce à son option», La Presse, le 9 septembre 1981. Un an plus tard, le journal Le Devoir et son journaliste Michel Nadeau confirment également cette information : «Le projet S-31 : un coup de Jarnac à Power», Le Devoir, le 12 novembre 1982.

Le cours de l'action du CP avait chuté à quarante-six dollars, alors que l'option d'achat était à cinquante-quatre dollars. Trop chère, Paul Desmarais préfère attendre une autre occasion. Elle viendra...

La Caisse, une menace pour l'entreprise privée

Bien que Paul Desmarais n'ait pas profité de son option d'achat, l'entente qu'il a eue avec le ministre des Finances du Québec tient toujours. C'est donc avec son aide que Jacques Parizeau et Jean Campeau se lancent à la conquête de Domtar. La Société générale de financement (SGF) contribue elle aussi à l'opération. Le 18 août 1981, le tour est joué : la Caisse et la SGF possèdent quarante-deux pour cent des actions de Domtar, ce qui leur donne le contrôle effectif de la deuxième plus importante société forestière et papetière au Canada. L'opération a coûté deux cent soixante-quinze millions de dollars. À l'annonce de la prise de contrôle de Domtar par le gouvernement du Québec, le cours des actions de la compagnie chutent et prennent un certain temps avant de se stabiliser.

Pour la première fois depuis 1903, la société autrefois connue sous le nom de Dominion Tar and Chemical Company appartient aujourd'hui à des intérêts québécois. Dans l'esprit de Jacques Parizeau, cette acquisition a valeur de symbole. Il n'a pas oublié la réunion de la Canadian Pulp and Paper Association, à laquelle il participait au début des années soixante. Professeur d'économie aux HÉC, il agissait alors comme un simple conseiller économique de Lucien Rolland. Il se souvient très bien des paroles du représentant anglophone de la compagnie Domtar, lequel se réjouissait du système mis sur pied par l'entreprise et qui empêchait tout Canadien-français de dépasser le grade de contremaître[44].

C'est donc un Jacques Parizeau gonflé d'orgueil qui exerce, la semaine suivante, des pressions sur le président du conseil d'administration de Domtar. Le baron veut savoir si Alex Hamilton a toujours l'intention d'écarter le Québec des futurs projets d'investissement de la compagnie. Il répond par la négative. « Nous le confirmons comme président, relate Jacques Parizeau, et nous foutons tout le reste du conseil d'administration à la porte, sauf Blondeau et Pratte. Dans les dix-huit mois qui vont suivre,

---

44. L'anecdote est relatée en détail dans le tome I à la page 202.

Domtar investit un milliard huit cents millions dans l'économie québécoise [45] », conclut Jacques Parizeau. La ville de Windsor, au Québec, sera l'emplacement choisi par Domtar pour y bâtir sa nouvelle usine. Elle est inaugurée en 1989 et emploie mille employés. Domtar se lance ensuite dans la modernisation de ses installations à Dolbeau et à Mistassini. En 2001, la papetière québécoise devient le troisième plus important producteur de papier fin non couché au monde et le second en Amérique du Nord [46]. À long terme, l'investissement de la Caisse dans Domtar apparaît comme rentable.

Quelques jours après l'acquisition de Domtar par le gouvernement du Québec, un administrateur anglophone de la papetière confie à Gilles Blondeau la réflexion suivante : « Les francophones avaient pris le contrôle de Québec en 1960, ils viennent de prendre le contrôle de Montréal avec l'opération sur Domtar [47]. »

En 1982, deux ans seulement après son entrée en fonction, Jean Campeau a transformé la Caisse de dépôt et placement du Québec. Avec deux milliards de dollars en actions, l'institution québécoise détient le plus important portefeuille d'actions au Canada. Elle possède des actions dans trente-cinq des cinquante plus importantes compagnies canadiennes. À New York, le milieu financier apprend l'existence de ce nouvel investisseur et cherche à en savoir davantage sur cet organisme parapublic qui, en un mois, est devenu un important actionnaire de Noranda et de Domtar.

Raymond Garneau, l'ancien ministre des Finances de Robert Bourassa, n'aime pas ce qu'il voit : « C'est la plus grande peine que j'ai eue, la façon dont Jacques Parizeau a politisé la Caisse de dépôt par ses interventions directes, indirectes ou circonstancielles [48]. » Inquiet, il invite Jean Campeau à déjeuner pour lui conseiller de garder ses distances avec le pouvoir : « Je

---

45. Entrevue avec Jacques Parizeau, le 25 mai 2000. Yves Pratte est nommé président du conseil d'administration de Domtar le 1er décembre 1982.
46. Le 7 août 2001, Domtar complète l'acquisition de quatre usines appartenant à la compagnie américaine Georgia-Pacific Corporation, ce qui propulse la société au sommet, parmi les plus grandes papetières de la planète. En 2001, Domtar comptait 12 500 employés en Amérique du Nord et des ventes d'environ 6 milliards de dollars.
47. Entrevue avec Gilles Blondeau, le 30 août 2001.
48. Entrevue avec Raymond Garneau, le 17 avril 2000.

n'ai jamais su de quel côté politique vous étiez, lui dit-il, mais le jeu que vous jouez est dangereux pour l'institution qu'est la Caisse de dépôt [49]. » Jean Campeau écoute, mais ne dit rien. Le repas sera de courte durée.

Dans bien des milieux au Canada, on juge maintenant que la Caisse est devenue une menace pour l'entreprise privée. Dès lors, l'*establishment* anglosaxon cesse d'observer passivement les avancées de l'institution québécoise. Les cercles financiers et industriels du Canada anglais décident qu'il est temps de stopper la Caisse. La veille garde serre les rangs et sonne la charge de la cavalerie...

S-31 : la grande bataille contre la Caisse

Depuis plusieurs mois, Paul Desmarais tente sans succès d'obtenir un siège au conseil d'administration du Canadien Paficique (CP). Désireuse de neutraliser les ardeurs et l'appétit de l'ambitieux personnage, la direction du CP finit par lui céder. Une nouvelle entente, signée le 15 décembre 1981, limite sa participation au capital-actions de l'entreprise à quinze pour cent, et ce, pour une période de dix ans. Une clause stipule toutefois que Power Corporation peut se défaire de ce bâillon financier et franchir la barre des quinze pour cent, advenant le cas où un autre actionnaire du CP parvient à posséder plus de dix pour cent des actions. Voilà qui est suffisant pour permettre à Paul Desmarais de manœuvrer.

En signant cette entente, le président de Power Corporation sait très bien que la Caisse de dépôt et placement est le seul actionnaire capable de dépasser le seuil critique de dix pour cent. L'institution québécoise possède alors près de neuf pour cent des actions du CP. Celui qui a déjà pactisé avec le diable péquiste, en lui vendant ses actions de Domtar, y prend goût et récidive. En secret, Paul Desmarais redemande l'aide des « méchants séparatistes » afin de prendre le contrôle du CP.

La rencontre se tient au bureau du premier ministre du Québec. Paul Desmarais exprime son intention à René Lévesque et lui propose, pour atteindre son objectif, de mettre la Caisse de dépôt et placement dans le coup. « Pour me lancer à la conquête du Canadien Pacifique, dit-il à René

---

49. *Idem.*

Lévesque, il faudrait que j'aie l'appui moral de la Caisse. Elle ne doit pas être contre moi, c'est tout ce que je demande [50]. » René Lévesque acquiesce. Puis, Paul Desmarais s'avance encore plus et suggère de représenter les actions de la Caisse auprès de l'assemblée des actionnaires du CP et du conseil d'administration. « Cela m'aurait donné du poids auprès du CP », ajoute-t-il. Séduit par Paul Desmarais, René Lévesque aurait plutôt bien réagi. « Il m'a dit oui », prétend Paul Desmarais [51]. Le premier ministre met ensuite Jacques Parizeau au courant de la proposition de Desmarais. Le ministre des Finances est prêt à appuyer Paul Desmarais dans une opération de prise de contrôle du CP, mais il n'est pas question que celui-ci représente la Caisse devant la direction du CP. Jean Campeau est encore plus catégorique.

En mars 1982, la Caisse augmente sa participation au CP. L'institution québécoise se trouve à quelques décimales du dix pour cent. Elle menace dangereusement de faire éclater le plafond imposé à Paul Desmarais par la direction de la compagnie. La panique saisit le CP qui tire la sonnette d'alarme. Tout l'*establishment* anglo-saxon est ameuté et prépare une offensive contre la Caisse.

Le président du CP, Fred Burbidge, obtient d'abord le soutien des compagnies suivantes : Bell Canada, Stelco, Banque de Montréal, Banque Royale, Dominion Textiles, Nova, Inco, Hiram Walker & Consumers et quelques autres encore. Puis, il fait appel à Pierre Elliott Trudeau, le premier ministre du Canada, et lui demande de bloquer la Caisse de dépôt et placement [52]. Au même moment, Pearce Bunting, le président de la Bourse de Toronto, communique avec les dirigeants des trois autres Bourses canadiennes (Vancouver, Montréal et Calgary) pour empêcher que des actionnaires francophones prennent le contrôle du CP. « J'ai pris cette initiative, parce qu'il me semblait évident qu'avec ce qui se passait ici... la façon dont s'en venait Paul Desmarais et la position de la Caisse de

---

50. Entrevue avec Paul Desmarais, le 18 avril 2001.
51. *Idem.*
52. Matthew Fraser, *Québec inc. – Les Québécois prennent d'assaut le monde des affaires,* *op. cit.,* p. 273. Dans un article publié dans *Le Devoir* du 3 décembre 1982, le journaliste Michel Vastel reprend le témoignage de Burbidge devant le comité du Sénat qui confirme cette alliance du grand pouvoir industriel et financier du Canada anglais.

dépôt... il était clair que cela deviendrait un point de préoccupation[53].» La muraille qui s'érige ainsi autour du CP en fait une forteresse imprenable.

Après avoir fait alliance contre la Caisse, le grand capital anglophone passe à l'attaque en se servant du Parlement canadien. Dans la nuit du 2 novembre 1982, le gouvernement de Pierre Elliott Trudeau dépose un projet de loi au Sénat. La Loi sur la limitation de la propriété des actions de sociétés, appelée S-31, vise spécifiquement la Caisse de dépôt et placement du Québec sans toutefois la nommer. S-31 interdit à toute société d'État de détenir plus de dix pour cent du capital-actions d'une entreprise impliquée dans le transport inter-provincial. La Caisse est dès lors menottée, incapable d'acheter des actions du CP.

Aux yeux de Jacques Parizeau, la manœuvre est incroyablement grossière : «Le gouvernement fédéral, à la demande du CP et de Ian Sinclair, le président du conseil d'administration, dépose un projet de loi au Sénat! Et ne l'oubliez pas, Ian Sinclair est le beau-père de Trudeau[54]!» Un homme qui incarne «la garde descendante[55]» du monde des affaires, selon Jacques Parizeau.

Le soir même où le projet de loi est déposé, Jocelyne Ouellette, responsable du bureau du Québec à Ottawa, en est informée. Jacques Parizeau, toujours prêt au combat, rappelle ses troupes. Jean Campeau est de la partie et «la Caisse, qui était à 9,97 % d'actions du CP, met sur pied un plan de défense en concertation avec le ministère des Finances[56]», confie Jean Campeau.

Malgré l'appui du conseil du patronat au projet de loi S-31, l'influente Chambre de commerce de Montréal prend clairement position contre cette initiative fédérale. Son directeur, André Vallerand[57], et Serge Saucier, président du conseil d'administration, se font les défenseurs de la Caisse de

---

53. Propos de Pearce Bunting, devant le comité du Sénat, cités dans l'article de Gilbert Lavoie, «S-31 : le président de la Bourse de Toronto confirme la thèse Parizeau», *La Presse*, le 25 novembre 1983.

54. Entrevue avec Jacques Parizeau, le 25 mai 2000.

55. Pierre Vincent, «Parizeau : Le projet de loi S-31 vise à protéger l'*establishment* traditionnel», *La Presse*, le 11 novembre 1982.

56. Entrevue avec Jean Campeau, le 26 mai 2000.

57. André Vallerand sera élu député sous la bannière du Parti libéral en 1985, puis deviendra ministre.

dépôt : «Des gens d'affaires se regroupent pour défendre l'organisme qui est en train de prendre beaucoup de place au bénéfice de l'économie québécoise, rappelle Serge Saucier. C'est peut-être le signe le plus tangible que l'on puisse trouver, dans l'histoire contemporaine du Québec, d'un organisme qui a fait quelque chose pour le Québec, pour son développement économique, à telle enseigne que des gens se portent à sa défense pour dire : " Écoutez, on a quelque chose qui marche, ne touchez donc pas à ça, laissez l'organisme se gérer par lui-même[58] ".» Le combat destiné à influencer l'opinion publique est entamé.

André Ouellet, le ministre fédéral de la Consommation et des Corporations, enflamme les esprits quand il affirme, devant le comité du Sénat chargé d'étudier le projet de loi S-31, que la Caisse «fait du socialisme indirect.» Pour la première fois, il reconnaît publiquement que la Caisse de dépôt et placement du Québec est la cible principale du projet S-31.

Ce projet de loi est rapidement dénoncé par les médias francophones comme «une machination de la bourgeoisie d'affaires anglophone pour protéger ses chasses gardées contre les investisseurs francophones[59]». Pour sa part, le Parti libéral du Canada se sent de plus en plus isolé. Les autres partis fédéraux s'opposent au projet de loi. Les sénateurs qui l'étudient apprennent que Jacques Parizeau viendra à Ottawa pour en faire la critique devant eux. Depuis que la confédération canadienne existe, il y a plus de cent ans, on ne se souvient pas d'avoir vu un ministre des Finances provincial effectuer une telle démarche. Le matin du 25 novembre 1982, le jour où Jacques Parizeau doit s'amener au Sénat, la Colline parlementaire est en émoi.

La comparution

Pour sa visite à Ottawa, Jacques Parizeau a soigneusement préparé sa mise en scène. Il arrive accompagné d'une imposante délégation : une dizaine de présidents de sociétés d'État, les membres de son cabinet, le personnel de quatre ministères et trois députés du Parti québécois.

---

58. Entrevue avec Serge Saucier, novembre 1995.
59. Pierre Tourangeau pour la Presse canadienne, dans le journal *Le Soleil*, le 23 novembre 1982.

Lévesque et Parizeau : une admiration commune, mais pas d'amitié.
Source : Parti québécois.

Ainsi entouré, le ministre des Finances du Québec semble plus invincible que jamais.

À neuf heures trente, Jacques Parizeau s'adresse aux sénateurs. Pendant quatre heures, la verve et la logique du professeur d'économie contribuent à percer l'armure des sénateurs les plus résistants, ceux qui croyaient encore à la légitimité du projet de loi S-31. Le ministre des Finances attaque le sujet, en confirmant d'abord que le rendement de la Caisse de dépôt et placement du Québec est supérieur à celui du «Canada Pension Plan». Il rappelle qu'au Québec les institutions du secteur public sont actionnaires de plus de quatre cents entreprises canadiennes et que paralyser la Caisse de dépôt équivaut à étouffer la province en entier. Pourquoi freiner une institution qui ne souhaite qu'une chose : «que les épargnes et les taxes des Québécois puissent servir fondamentalement au développement d'entreprises au Québec [60] ?» Pour construire son pays, le Canada n'a pas agi différemment, clame-t-il. Il a dû financer, sauver, racheter des entreprises. «Finalement, le Canada, comme chacun le sait, n'a pas été basé sur autre chose que le tarif et un chemin de fer [61].»

À un sénateur qui propose d'amender le projet de loi pour permettre à la Caisse d'obtenir des actions des filiales du CP, tout en lui interdisant d'en contrôler le siège social, Jacques Parizeau répond : «Vous vouliez me couper les deux bras, vous suggérez de ne m'en couper qu'un seul et vous me demandez si c'est mieux et si j'apprécie [62] !?» Jean Royer, du cabinet de Jacques Parizeau, entend alors l'un des sénateurs confier à son voisin : «Quelle idée nous avons eu de l'inviter [63] !» À la fin de la séance, nombreux sont les sénateurs qui viennent féliciter le ministre des Finances du Québec.

Depuis Québec, René Lévesque, fort impressionné par la performance de son ministre, convoque tous les députés du Parti québécois à un caucus spécial pour accueillir et acclamer Jacques Parizeau, un geste qui touche énormément le baron [64].

---

60. Extrait du discours de Jacques Parizeau devant le comité du Sénat chargé d'étudier le projet S-31. Le 25 novembre 1982, p. 4.
61. *Idem.*
62. *Idem,* p. 89.
63. Selon les souvenirs de Jean Royer. Entrevue du 27 avril 2000.
64. Entrevue avec Jean Royer, le 27 avril 2000.

La défaite de Paul Desmarais

Au Canada anglais, l'offensive contre la Caisse de dépôt et placement est à ce point puissante et concertée, que le principal protagoniste de cette affaire, Paul Desmarais, baisse les armes et se rend. Le président de Power Corporation, qui s'est secrètement allié à la Caisse afin de conquérir le CP, déclare le 23 novembre : « Je crois que de nombreuses personnes s'inquiètent de l'ingérence des gouvernements dans les grandes corporations canadiennes. Si les gouvernements provinciaux s'ingèrent dans le secteur privé par le truchement de la Caisse de dépôt, je crois que le gouvernement (fédéral) doit y voir [65]. » Paul Desmarais retourne sa veste et abandonne la Caisse pour ne pas se mettre à dos l'*establishment* canadien.

La réaction de Jacques Parizeau aux propos de Paul Desmarais est cinglante : « Je crois que M. Desmarais est trop influencé par son saint patron, Saint-Paul, qui écrivait : " Ne faites pas ce que je fais, mais faites ce que je dis ". Vous savez, d'avoir le gouvernement fédéral comme ami ou ennemi, quand vous êtes dans les affaires, ce n'est pas sans importance. Plus un homme d'affaires devient important dans une société, plus il est sensible aux pressions. Qu'un homme comme lui (Paul Desmarais) soit à ce point vulnérable, c'est amusant ! Mais quant à savoir si, ce jour-là, je lui aurais mis mon pied au derrière, sûrement [66] ! »

De son côté, Paul Desmarais nie avoir reculé pour plaire à un *establishment* anglophone qui lui était hostile : « Je me fiche de l'*establishment* anglais, affirme-t-il, en colère. J'ai toujours fait mes affaires sans l'*establishment* anglais ! J'ai toujours attaqué l'*establishment* anglais ! Par contre, il est vrai que je suis en bons termes avec les banques [67]... »

Le 17 décembre 1982, le rapport du comité sénatorial conclut que le projet S-31 se situe hors des limites raisonnables de la juridiction fédérale. Paul Desmarais ayant annoncé son intention de retirer ses billes, le gouvernement fédéral remballe tout et met fin à sa menace de faire porter une muselière législative à la Caisse de dépôt et placement du Québec.

---

65. Cité dans l'article de la Presse canadienne publié dans *Le Soleil*, le 24 novembre 1982.
66. Entrevue avec Jacques Parizeau, le 25 mai 2000. Également cité dans un article de Gilles Paquin, « Vingt ans d'efforts de l'État québécois menacés – Parizeau », *La Presse*, le 25 novembre 1982.
67. Entrevue avec Paul Desmarais, le 18 avril 2001.

La rue Saint-Jacques se mobilise à nouveau

Le 4 mai 1983, lors de l'assemblée des actionnaires du CP, un homme s'approche de l'un des micros et s'adresse en français à l'auditoire. Depuis le début de la séance, tout s'est déroulé en anglais. «Monsieur le président, compte tenu des propos désobligeants tenus par le président du conseil d'administration du CP à l'endroit de la Caisse de dépôt et placement du Québec, le principal actionnaire du CP, nous nous abstiendrons de voter sur la liste des vingt-deux personnes proposées au conseil d'administration [68].» L'homme qui défie ainsi la direction du CP s'appelle Carmand Normand. Il est le nouveau directeur adjoint de la Caisse de dépôt. Quelques instants plus tôt, Fred Burbidge, le président du conseil d'administration, avait fait une violente sortie contre l'activisme financier de la Caisse de dépôt, en affirmant que l'arrivée de la Caisse au conseil d'administration marquerait «la provincialisation d'une entreprise nationale par un gouvernement voué au séparatisme [69].»

Paul Desmarais, qui s'est rangé aux volontés de l'*establishment* anglophone, se voit octroyer un autre siège au conseil d'administration du CP. Avec 6,25 pour cent des actions, Power Corporation possède deux sièges, alors que la Caisse de dépôt, principal actionnaire du CP avec 9,92 pour cent des actions, n'en a aucun.

Le 3 novembre 1983, le gouvernement fédéral, en la personne de Judy Erola, ministre de la Consommation et des Corporations, revient à la charge et présente un version remaquillée du projet de loi S-31, dans l'espoir de stopper l'institution québécoise que l'on trouve toujours menaçante. Depuis Montréal, le président du conseil d'administration de la Chambre de commerce, Serge Saucier, vole cette fois la vedette à Jacques Parizeau en publiant une pétition signée par vingt et un présidents d'entreprises québécoises, qui demandent tous le retrait immédiat du projet de loi. «Je vois venir la fronde du vieil *establishment* anglais, raconte Serge Saucier. C'est gros comme la bâtisse! C'est outrancier. Pour nous (les gens d'affaires), c'était un coup de poing dans la face. Il ne faut pas nous prendre

---

68. Selon les souvenirs de Carmand Normand, entrevue du 29 août 2001.
69. Cité dans un article de Michel Nadeau, «La société d'État ne peut siéger au conseil – Le conflit entre la Caisse et le CP éclate au grand jour», *Le Devoir*, le 5 mai 1983.

pour des concombres! La Caisse est mauditement importante, elle est utile et cela déplaît au reste du pays[70].»

Serge Saucier dispose de peu de temps pour agir. Rapidement, il réussit à mobiliser la nouvelle garde montante de l'entrepreneurship québécois encore inexistante il y a dix ans. «Il fallait qu'on réagisse comme une bombe et une bombe tu ne peux pas faire autrement que de la faire sauter. Alors, j'ai fait des appels en vitesse. Je n'ai eu aucun refus. J'aurais pu continuer et avoir une cinquantaine de noms. Mais avec vingt et une signatures, l'effet était suffisant[71].» Le 23 novembre 1983, le journal *La Presse* publie la liste des vingt et un chefs d'entreprises et titre en première page[72]: «La rue Saint-Jacques demande le retrait du projet S-31». Quand Jacques Parizeau lit la manchette du journal, il ne peut s'empêcher d'en être touché : «Les vingt et un sont des francophones! Ça m'a porté un coup au cœur. Là, je me suis rendu compte de l'aboutissement de la Révolution tranquille. C'est magnifique[73]!» La *Saint-James Street* a été francisée...

À la session parlementaire de l'automne 1983, le projet de loi est défi-nitivement mis au rancart. Jacques Parizeau a gagné. Pour une première fois, la garde montante des entrepreneurs québécois, pour laquelle il a tant

---

70. Entrevue téléphonique avec Serge Saucier, le 17 juillet 2001.

71. *Idem.*

72. Voici les 21 signataires : Guy Bernier, président de la Fédération des caisses populaires Desjardins de Montréal et de l'Ouest du Québec; Raymond Blais, président de la Confédération des caisses populaires et d'économie Desjardins du Québec; Gilles Blondeau, président du Groupe Optimum inc.; Pierre Brunet, président de Lévesque & Beaubien, président du conseil de la Chambre de commerce du district de Montréal; Robert Chevrier, président des Industries Westhill inc.; Jacques Drouin, président La Prévoyance; Pierre Ducros, président de Ducros, Meilleurs, Roy et associés; Marcel Dutil, président de Canam-Manac inc.; Michel Gaucher, président de Sofati; Pierre Goyette, président de la Banque d'Épargne; Yves Guérard, président du Groupe Sobeco; Jean-René Halde, président de Direct Film; Hervé Hébert, président de la Fiducie du Québec; Maurice Jodoin, président du Trust Général du Canada; Rémi Marcoux, président du Groupe Transconti-nental; Bertin Nadeau, président d'Unigesco; Pierre Péladeau, président des Publications Quebecor; Gaston Pelletier, président de la Société de fiducie Lombard-Odier; Guy Saint-Germain, président du Groupe Commerce; Serge Saucier, président de Raymond, Chabot, Martin, Paré et associés; Jean Vincent, président d'Alliance Mutuelle-Vie.

73. Entrevue avec Jacques Parizeau, le 25 mai 2000.

travaillé, s'est mobilisée en sa faveur. En revanche, parallèlement à cet enchaînement d'exploits sur le plan économique, la bataille politique et constitutionnelle avec Ottawa connaît d'importants ratés.

CHAPITRE 19

Le Québec
dans le hachoir à viande

« Nous sommes arrivés mal préparés à cette conférence. »
Claude Charron [1],
à propos de la nuit des longs couteaux

*« Nous nous dirigions vers un entonnoir. Nous n'étions
pas obligés d'aller tout droit dedans ! »*
Jacques Parizeau [2]

Jacques Parizeau arpente son bureau de long en large. Il ne peut se résigner à suivre encore une fois la stratégie de Claude Morin. Après la défaite référendaire de mai 1980, le père de l'étapisme propose de façonner un front commun avec les provinces anglophones, afin de forcer le gouvernement fédéral à négocier une nouvelle fédération canadienne qui tienne compte des demandes du Québec. « Ça ne marchera jamais ! », se dit-il intérieurement. « Ils vont nous lâcher à la première occasion ! » Jacques Parizeau se sent comme une bête en cage.

Le 23 mai 1980, lors du caucus spécial des députés, à l'Auberge des Gouverneurs de Québec, Jacques Parizeau tente de torpiller l'approche Morin : « Depuis six ans, nous avons suivi une stratégie tendant davantage à l'accession au pouvoir qu'à la souveraineté-association en promettant la tenue d'un référendum. Après des reculs successifs de 1973 à 1976 et 1980,

---

1. Claude Charron, *Désobéir*, Montréal, VLB Éditeur, 1983, p. 51.
2. Entrevue avec Jacques Parizeau, le 30 mai 2000.

403

[je] souhaite qu'on évite le danger de descendre encore d'un cran et de vouloir négocier le renouvellement du fédéralisme[3].»

Alors que Jacques Parizeau refuse de reconnaître que le rejet de l'option souverainiste, tel qu'exprimé le soir du référendum, est définitif, Claude Morin partage une toute autre vision : « Je conclus de l'expérience de 1980 que la population a rejeté l'orientation souverainiste non à cause de circonstances accidentelles, mais pour des motifs ancrés en elle. Indéracinables[4].» La nouvelle stratégie de Claude Morin repose donc sur cette conviction. Elle répond aussi à celle du gouvernement fédéral qui lance une ronde constitutionnelle immédiatement après le référendum. Pierre Elliott Trudeau profite de l'adhésion renouvelée des Québécois au Canada pour engager des pourparlers avec les provinces.

Au Parti québécois, nombreux sont les militants qui ne désirent pas que leur formation politique négocie avec le premier ministre Trudeau, dont ils se méfient. Claude Morin insiste toutefois pour y participer, mais à une condition : «Je n'y vais que si je suis accompagné. Je me suis donc arrangé pour faire nommer deux de mes amis avec lesquels je m'entendais très bien : Claude Charron et Marc-André Bédard[5].» Le trio ministériel se trouve ainsi composé des éléments les plus modérés du Conseil des ministres.

La conférence fédérale-provinciale de septembre 1980 sur la constitution se solde par un échec pour Pierre Elliott Trudeau. Les provinces ne s'entendent pas avec le gouvernement fédéral[6]. En dépit de cette déconvenue, le premier ministre du Canada répète vouloir rapatrier la constitution canadienne, depuis Londres, sans l'accord des provinces.

En avril 1981, trois jours après la réélection du Parti québécois, la stratégie de Claude Morin se déploie de façon spectaculaire. Le 16 avril, René Lévesque s'allie à sept premiers ministres provinciaux et forme officiellement avec eux le front commun des provinces canadiennes qui s'opposent au rapatriement unilatéral de la constitution. Seules l'Ontario

---

3. Extrait du procès-verbal du caucus spécial des députés du Parti québécois, séance du 23 mai 1980. Archives de Jacques Désautels, secrétaire du caucus.
4. Claude Morin, *Les choses comme elles étaient, une autobiographie politique*, Montréal, Les Éditions du Boréal, 1994, p. 442.
5. *Idem.*
6. La délégation du Québec est grandement responsable de ce fiasco. Elle divulgue des documents de nature confidentielle, dont le rapport Kirby, qui décrivent en détail la stratégie fédérale, qui ne souhaite que piéger les provinces.

et le Nouveau-Brunswick font alliance avec Ottawa. Dans un document signé par les huit provinces, le front commun définit sa position : la constitution canadienne ne pourra être rapatriée et modifiée qu'avec l'accord des deux tiers des provinces représentant cinquante pour cent de la population canadienne. Le front commun demande également le retrait du projet de Charte des droits et libertés de Pierre Elliott Trudeau, lequel affaiblirait trop, selon eux, le pouvoir des provinces. René Lévesque craint, entre autres, que cette charte fédérale vienne annuler plusieurs clauses de la Loi 101. Pour la première fois de son histoire, le Québec ne revendique pas le droit de veto qu'elle peut exercer pour tout changement constitutionnel. En échange de cet abandon, Claude Morin propose que toutes les provinces, dans l'éventualité où elles ne désireraient pas appliquer certaines modifications constitutionnelles, aient un droit de retrait avec compensation financière. En renonçant à son droit de veto, « le Québec préfère donc rechercher des garanties moins onéreuses[7] », soutient Claude Morin.

Avec cette proposition, le Québec s'avance à découvert comme jamais il ne l'a fait auparavant. Jusqu'à ce jour, le droit de veto permettait à la seule province francophone du pays de bloquer le processus constitutionnel si les changements envisagés par le Canada ne lui convenaient pas. En cas d'échec, Claude Morin peut toujours prétendre qu'il retournera à la position traditionnelle du Québec, celle qui inclut son droit de veto, mais par cet accord, il signifie au reste du Canada que ce droit est négociable. Dorénavant, le rapport de force du Québec réside essentiellement dans le front commun. Si celui-ci éclate, la position de la province s'effondre.

L'impie constitutionnel

En novembre 1981, une deuxième conférence fédérale-provinciale sur la constitution se tient à Ottawa[8]. Le front commun tient bon au point où

---

7. Claude Morin, « Le Québec seul dans son coin – Pourquoi a-t-on mis de côté le Québec le 5 novembre 1981 ? », *Options politiques*, août 1982, p. 12.
8. La Cour suprême du Canada vient en quelque sorte de donner un léger coup de pouce aux provinces. Dans son jugement du 28 septembre 1981, la Cour déclare que le premier ministre du Canada peut légalement rapatrier la constitution du Canada sans l'accord des provinces, mais cela n'est pas légitime. Politiquement, il est donc préférable pour Pierre Elliott Trudeau de compter sur l'appui de plusieurs provinces. L'Ontario et le Nouveau-Brunswick ne suffisent plus.

plusieurs analystes prévoient l'échec de cette rencontre. La délégation du Québec, dirigée par René Lévesque, est composée du trio habituel : Claude Morin, Marc-André Bédard et Claude Charron. Peu de journalistes remarquent la présence de Jacques Parizeau qui accompagne la délégation dans les premiers jours de la conférence. Au moment où se tramera la nuit des longs couteaux[9], il aura déjà quitté les lieux. Mais que fait donc Jacques Parizeau au sein de la délégation québécoise?

« À ce moment-là, je suis en désaccord avec toute la stratégie constitutionnelle. Là, j'ai mon voyage! La seule raison qui m'amène à Ottawa, c'est que Lévesque me le demande comme un service personnel[10]. » Louis Bernard, le secrétaire général du gouvernement, conteste cette affirmation : « Parizeau s'est invité lui-même. Il a exprimé son intérêt pour la conférence et Lévesque lui a répondu : " Si vous voulez venir[11]… " »

Contrairement aux autres délégations provinciales, celle du Québec n'est pas logée dans un hôtel de la capitale canadienne. L'équipe de René Lévesque dort en sol québécois, à l'Auberge de la Chaudière, à Hull. En ce dimanche du premier novembre 1982, la délégation du Québec traverse la rivière Outaouais pour se rendre à une rencontre du front commun des provinces, au Château Laurier à Ottawa, en prévision de la conférence qui débutera le lendemain.

Au premier jour de la rencontre fédérale-provinciale, Jacques Parizeau se rend à l'une des petites pièces réservées aux délégations. « J'arrive là, tout le monde est très excité. C'est formidable! Regardez ce qu'on a réussi à avoir dans le courant de la nuit, me dit-on. On a fourni à la délégation un rapport secret du gouvernement fédéral sur la stratégie à adopter face au Québec. Le document provient du Conseil privé. Moi, vous savez, ayant été mêlé au réseau Parizeau qui n'a jamais existé, dit-il d'un ton ironique,

---

9. Nom donné à la nuit du 4 au 5 novembre 1981, au cours de laquelle le gouvernement fédéral de Pierre Elliott Trudeau et neuf provinces s'entendirent sur les clauses favorisant le rapatriement de la constitution canadienne en l'absence du Québec. L'expression, inventée par les médias, est une reprise de celle créée pour désigner l'épuration du parti nazi par Hitler après l'incendie du Reichstag à Berlin, en 1933. (Source : *Dictionnaire québécois français* de Lionel Meney, Guérin, 1999.)
10. Entrevue avec Jacques Parizeau, le 9 mai 2000.
11. Entrevue avec Louis Bernard, le 17 avril 2000. Cette version est confirmée par Serge Guérin.

[j'ai développé] une certaine méfiance à l'égard de ces affaires-là. Ça tombe à un curieux moment et me paraît trop beau [12].» Il met en garde Louis Bernard et Robert Normand, le sous-ministre de Claude Morin : «À votre place, je me méfierais [13].» Pour celui qui craint les complots, cela sent le traquenard.

Quand Louis Bernard apprend à Jacques Parizeau que les fuites des documents proviennent en partie de Loraine Lagacé, ses doutes se confirment. «Loraine Lagacé, ça fait bien longtemps que je la connais, avoue-t-il à Louis Bernard. Je ne marche plus là-dedans. Ces documents sont "plantés".» Pour l'ancien chef du réseau Parizeau, il semble évident que les documents subtilisés au Conseil privé ont été fabriqués de toutes pièces afin de berner la délégation du Québec. Mais bien des ministres du groupe ne le prennent pas au sérieux : «Il peut le dire, rapporte Claude Morin, mais c'est pour les films, voyons donc! Des documents plantés... [14]»

Plus tard, Jacques Parizeau fait une violente sortie contre Loraine Lagacé devant René Lévesque. Il demande expressément à l'intrigante de les laisser seuls. «Bien que Lévesque n'ait pas semblé apprécier le procédé, je suis sortie, raconte Loraine Lagacé. J'ai trouvé que c'était un traitement extrêmement injuste envers moi [15].» Jacques Parizeau répète alors à son chef ce qu'il croit depuis 1973, c'est-à-dire, que Loraine Lagacé a trahi le Québec et n'est qu'une agent double qui renseigne le gouvernement fédéral. René Lévesque, qui l'a nommée directrice du bureau du Québec à Ottawa, n'en croit rien.

Jacques Parizeau se résigne donc à observer le comportement de la délégation québécoise, mais il n'aime pas du tout ce qu'il voit : dans une pièce de la suite du premier ministre, Claude Charron et Marc-André Bédard jouent au poker avec Robert MacKay, l'attaché de presse du premier ministre, et André L'Écuyer, son chef de cabinet. Claude Morin est seul dans ses appartements, tandis que René Lévesque est entouré de femmes.

---

12. Entrevues avec Jacques Parizeau, le 26 octobre 1999 et le 27 mars 2000.
13. *Idem.*
14. Entrevue avec Claude Morin, le 10 avril 2000. Le ministre des Affaires intergouvernementales soutient que de tels documents n'ont jamais été entre les mains du Québec et prétend que Jacques Parizeau confond cette rencontre fédérale-provinciale avec celle de septembre 1980.
15. Entrevue avec Loraine Lagacé, le 23 janvier 2001.

Le premier ministre convoque bientôt tout le monde à sa chambre. Les ministres Claude Morin, Marc-André Bédard, Claude Charron et Jacques Parizeau prennent place dans des fauteuils, alors « qu'autour de Lévesque, trois femmes, dont Marie Huot et Loraine Lagacé, sont assises à ses pieds comme des égéries [16]. » Lorsqu'il tourne la tête, Jacques Parizeau aperçoit Catherine Rudel-Tessier, l'attachée de presse de René Lévesque, étendue sur le lit. Pour ce fils de bonne famille, braver les convenances à ce point, défie l'entendement. « Là, je vous avouerai que je suis écœuré. Singulièrement après cette réunion avec les petites filles par terre… Quand vous êtes rendus là dans un régime politique, la sagesse est dans la fuite [17]. » Pendant la discussion, Claude Charron fait une proposition à René Lévesque. Jacques Parizeau entend alors Loraine Lagacé rétorquer : « Mais Monsieur Lévesque, est-ce que vous accordez de l'importance à ce que vos ministres vous disent ? C'est vous le patron [18] ! » Jacques Parizeau sent qu'il est sur le point d'exploser ! Discuter de stratégie constitutionnelle dans un tel environnement de travail est indigne d'un premier ministre. « C'est désordonné, improvisé, note André L'Écuyer. Tout le monde placote, tout le monde dit son mot. Lévesque écoute et essaie de faire la synthèse [19]. » Jacques Parizeau, habitué aux réunions structurées et appuyées sur des documents écrits, en est tout déboussolé. « C'est le désordre total », estime André L'Écuyer.

Trop indigné pour en entendre davantage, Jacques Parizeau décide d'abandonner la partie. « Je ne peux pas jouer un rôle utile quand tout le monde est braqué dans une direction et que je suis convaincu que ce n'est pas la bonne. Ce n'est pas vrai que je vais commencer à prendre de front le secrétaire du Conseil exécutif, le sous-ministre des Affaires intergouvernementales, trois ministres et le premier ministre ! Ils veulent penser que ça va bien… eh bien ! C'est désolant comme épisode, c'est désolant [20] ! » Dans l'après-midi du 3 novembre, il va voir René Lévesque et lui dit qu'il se retire. Le premier ministre ne le retient pas. De toute façon, Jacques

---

16. Entrevue avec Jacques Parizeau, le 27 mars 2000.
17. *Idem.*
18. Propos attribués à Loraine Lagacé et rapportés par Jacques Parizeau. Entrevue du 27 mars 2000. Claude Charron ne conteste pas cette interprétation des faits. Quant à Loraine Lagacé, elle n'en a pas de souvenirs précis.
19. Entrevue avec André L'Écuyer, le 28 mars 2000.
20. Entrevue avec Jacques Parizeau, le 27 mars 2000.

Parizeau a d'autres chats à fouetter. Il doit rentrer à Québec pour mener un autre combat, celui de la lutte à la récession. Il en est à la préparation d'un budget supplémentaire qu'il déposera le 17 novembre 1981. Quand la nuit des longs couteaux se dessine à l'horizon, il est déjà loin des lieux du drame.

Les longs couteaux

Dans les premières heures de la conférence constitutionnelle, le lundi 2 novembre, René Lévesque lance un défi à Pierre Elliott Trudeau qui veut rapatrier la constitution de Londres et la modifier en profondeur : « Vous n'avez aucun mandat pour procéder unilatéralement. En cas de désaccord, vous devriez consulter la population avant de vous adresser au Parlement britannique [21]. » René Lévesque suggère-t-il une élection ou un référendum ? Le 4 novembre, Pierre Elliott Trudeau relève le défi lancé par René Lévesque et propose de soumettre la Charte des droits et libertés à un référendum national. Convaincu qu'il gagnerait ce référendum, car le Québec ne veut pas de cette charte, le premier ministre du Québec accepte la proposition. Mais en agissant ainsi, sans prévenir qui que ce soit, René Lévesque risque de rompre le front commun qu'il a formé avec les provinces anglophones. Celles-ci ne désirent pas un tel référendum. Pierre Elliott Trudeau triomphe. Il donne l'impression d'une alliance entre le Québec et Ottawa : « le loup est dans la bergerie », lance-t-il aux journalistes surpris. Claude Charon, enthousiaste, ne détecte pas l'inquiétude qui ronge les autres membres du front commun et rappelle avec fierté que l'idée vient du Québec. « Comment pourrait-on être contre [22] ? », ajoute-t-il.

Dans la Vieille Capitale, par contre, les autres membres du gouvernement ne voient pas les choses de la même façon. « Les ministres de Québec appelaient pour se plaindre [23] », témoigne Loraine Lagacé. On

21. Cité dans l'article de Jean-Claude Picard, « Lévesque défie Trudeau de déclencher une élection avant d'aller à Londres », Le *Devoir*, le 3 novembre 1981.
22. Extrait du livre de Graham Fraser, *Le Parti québécois*, Montréal, Libre Expression, 1984, p. 319. Le même journaliste en parle également dans l'article « Events leave Lévesque at sea », publié dans *The Gazette*, le 5 novembre 1981.
23. Entrevue avec Loraine Lagacé, le 21 février 2000. D'autres sources appuient celle-ci.

convoque d'urgence un caucus spécial pour discuter de cette nouvelle fracassante. Au nom du caucus, Pierre Marois, qui n'en revient pas, téléphone au premier ministre afin de comprendre son attitude. « Il y avait quelque chose qui dérapait, estime Pierre Marois. Ça n'avait pas de bon sens[24]. » Quelques jours plus tard, le ministre Pierre Marc Johnson dira à René Lévesque : « Jamais Trudeau n'aurait respecté un engagement de tenir un référendum[25]! » « La trappe était grande ouverte, ajoute Jacques Parizeau, et nous nous sommes précipités dedans[26]! »

En fin d'après-midi, à Ottawa, René Lévesque recule. Il ne veut plus d'un référendum sur la Charte des droits et libertés. Entre temps, la délégation fédérale a considérablement modifié sa proposition du matin et a transformé l'idée même d'un référendum en une étape accessoire beaucoup plus compliquée[27].

Le soir du 4 novembre 1981, bien des observateurs estiment que la conférence, qui doit prendre fin le lendemain, se soldera par un vibrant échec d'Ottawa. La délégation du Québec retourne à Hull. Le chef cuisinier de l'Auberge de la Chaudière, qui tient à honorer le premier ministre du Québec, convie la délégation à un banquet à la viande de chevreuil. Pendant le repas, Louis Bernard reçoit un appel de la délégation de la Colombie-Britannique qui veut confirmer la présence du Québec à la réunion du front commun prévue pour le lendemain matin. Tandis que les représentants de l'État québécois festoient, le reste du Canada se réunit en petits groupes et redessine un nouvel accord constitutionnel. Toute la nuit, des émissaires des délégations provinciales se promènent d'un hôtel à un autre. Le Québec est volontairement exclu des discussions.

De bon matin, mais en retard, René Lévesque se présente à la réunion des huit provinces du front commun. Il y apprend que ses partenaires anglophones se sont entendus avec Ottawa pendant la nuit. La Charte des

---

24. Entrevue avec Pierre Marois, le 23 mars 2000.
25. Entrevue avec Pierre Marc Johnson, le 5 septembre 2000.
26. Entrevue avec Jacques Parizeau, le 9 mai 2000.
27. Le journaliste Michel Vastel a mis la main sur les deux documents d'Ottawa (qui portent les numéros 15/019 et 15/020) et qui définissent la teneur des propositions fédérales. Le matin, le seul refus du Québec bloquait le processus, en fin d'après-midi, le refus d'une seule province canadienne permet à Pierre Elliott Trudeau de mettre en vigueur sa Charte des droits.

droits et liberté, telle que proposée par Pierre Elliott Trudeau, a été acceptée, mais avec une clause nonobstant. Une province pourra se soustraire de certains aspects de cette charte, mais le droit de retrait se fera sans compensation financière. Le Québec perd sur tous les fronts. Il n'a plus de droit de veto ni de droit de retrait avec compensation.

René Lévesque est dévasté. Il se sent trahi. Il téléphone à son épouse, Corinne Côté-Lévesque, pour lui annoncer la nouvelle. « Je ne l'ai jamais vu dans un état pareil. Jamais [28] ! », rapporte-t-elle. Son mari ne pleure pas, mais elle le sent terriblement vulnérable. « C'est un homme fort René, mais là j'avais l'impression d'être sa mère. Il avait besoin de quelqu'un de plus fort, de quelqu'un qui le prenne en main. Au cours de sa vie, je pense que c'est le coup le plus dur qu'il a reçu [29]. »

« Quel affreux désappointement (sic) a été pour (René Lévesque) l'attitude des autres provinces qui ont renié leur signature et lui ont tiré dans le dos, sans l'avertir [30] », écrit Gérard Parizeau dans ses mémoires. Le père de Jacques refuse de qualifier de « traîtres » les autres députés fédéraux qui voteront en faveur du rapatriement de la constitution. Il en conclut tout de même que « dans toute cette affaire, [ils] ont montré une veulerie qui est bien dans la tradition de l'esprit du parti [le Parti libéral du Canada]; veulerie qui fait tellement mal au Canada français depuis le début du siècle [31]. » Le chef de l'opposition du Québec, le libéral Claude Ryan, va bientôt dénoncer lui aussi cette entente nocturne qu'il trouve grandement défavorable aux intérêts du Québec.

L'ironie veut que cet affaiblissement du Québec au sein de la fédération canadienne ait été piloté, bien involontairement, par le premier ministre le plus nationaliste que les Québécois aient connu. Celui qui souhaitait donner une force nouvelle au Québec et mettre fin à son statut minoritaire aura présidé au plus important naufrage constitutionnel de la seule province francophone du Canada. La seconde grande ironie veut que cet effort de centralisation politique ait été initié par un premier ministre du Canada qui provenait du Québec.

---

28. Entrevue avec Corinne Côté-Lévesque, le 2 octobre 2000.
29. *Idem.*
30. Gérard Parizeau, *Pages de Journal*, volume XIII, Trois-Rivières, Les Éditions du Bien public, 1985, p.112.
31. *Idem.*

*Selon Gérard Parizeau, le père de Jacques, le Parti libéral
du Canada a fait preuve de veulerie en acceptant de rapatrier
la constitution du Canada sans l'accord du Québec.
Archives de Jacques Parizeau. ANQ, Montréal.*

Après cette nuit de novembre 1981, René Lévesque n'est plus le même. «Il y avait quelque chose d'éteint chez lui[32]», confirme Corinne Côté-Lévesque. «C'était comme un ressort qui avait cassé[33]», précise Pierre Marois. Selon Pierre Marc Johnson, le leader des nationalistes s'est dès lors laissé envahir par un profond sentiment de culpabilité : «Il était premier ministre au moment où l'histoire a basculé pour le Québec[34].» Jacques Parizeau préfère ne pas insister sur la descente émotionnelle de René Lévesque. Il nie même que son chef ait versé des larmes pendant les jours qui ont suivi la nuit des longs couteaux. «René Lévesque ne pleure pas. Il est très fort[35].» Il mentionne cependant que le ministre Yves Duhaime est devenu «à travers cette crise, un appui émotionnel et intellectuel pour Lévesque[36].» Son «*bouncer* intellectuel» en quelque sorte.

Où était la délégation du Québec?

À son retour à Québec, la délégation de René Lévesque est l'objet de regards accusateurs de la part de certains collègues ministres. Lise Payette fait partie de ceux qui se demandent pourquoi les trois ministres qui accompagnaient René Lévesque n'ont rien vu[37]? Et quand la délégation se défend en disant qu'après tout ce sont «les Anglais» qui ont trahi, Bernard Landry réplique : «C'est vrai, mais moi je trouvais que de toute façon cette entente préalable du front commun n'était pas acceptable[38].» Il affirme aujourd'hui qu'il était contre la stratégie du front commun dessiné par Claude Morin et il partage l'opinion de Jacques Parizeau, qui considère que «la délégation québécoise s'est comportée comme des apprentis[39].» «Charron n'est pas juriste, il n'a pas de compétence particulière dans ce domaine, insiste Bernard Landry. Il n'est là que parce que Lévesque

---

32. Entrevue avec Corinne Côté-Lévesque, le 2 octobre 2000.
33. Entrevue avec Pierre Marois, le 23 mars 2000.
34. Entrevue avec Pierre Marc Johnson, le 5 septembre 2000.
35. Entrevue avec Jacques Parizeau, le 30 mai 2000.
36. *Idem.*
37. Lise Payette, *Des femmes d'honneur – une vie engagée (1976-2000)*, Montréal, Libre Expression, 1999, p. 119.
38. Entrevue avec Bernard Landry, le 12 juin 2000.
39. Entrevue avec Jacques Parizeau, le 30 mai 2000.

l'aimait bien. Morin n'est pas juriste non plus, tout comme Lévesque. Pourtant nous sommes dans le droit, nous discutons d'une charte. Il y a bien Marc-André Bédard qui est juriste, mais il ne parle pas anglais[40]!» Sur ce point, Claude Morin s'étonnera des maigres connaissances de Marc-André Bédard en anglais : «Je ne savais pas qu'il était si peu bilingue[41].» «Il y a une vulnérabilité qui se manifeste, explique Bernard Landry. C'est ce qui nous a rendus sceptiques[42].» Même Corinne Côté-Lévesque concède que l'ensemble de la délégation, y compris son mari, «n'ont peut-être pas été très vigilants[43].»

Louis Bernard, le secrétaire général du gouvernement du Québec, repousse violemment cette perception des choses. «La délégation a bien agi, insiste-t-il. La délégation du Québec a toujours été une des plus fortes et c'est reconnu dans le reste du Canada[44].» Quand on lui parle de l'impression de désordre observée par Jacques Parizeau, il réagit : «J'ai participé à bien des rencontres fédérales-provinciales et ce n'est certainement pas la réunion où les gens ont eu du relâchement. On peut essayer de se faire du mal et de se culpabiliser en se disant que si cela nous arrive, c'est que nous en sommes responsables, mais écoutez…, nous n'avons rien à nous reprocher! Ce sont les autres qui nous ont trahis… *Ben* chri…! Ne mettons pas la faute sur nous! C'est un cas clair où les gens les provinces anglophones n'ont pas joué correctement, martèle Louis Bernard. N'essayons pas de dire que si nous avions été plus vigilants et que nous avions eu monsieur Parizeau à la place de Charron [cela aurait été différent]. Cela n'aurait rien changé! Tout le Cabinet aurait pu être là, cela n'aurait rien changé. Tout cela s'est passé à côté de nous, sans notre consentement, sans notre participation. Ce sont elles, les provinces anglophones du front commun, qui ont décidé de laisser tomber le Québec. Que voulez-vous faire? Honnêtement, que peut-on reprocher au Québec et à la délégation du Québec[45]?!»

40. Entrevue avec Bernard Landry, le 12 juin 2000.
41. Entrevue avec Claude Morin, le 10 avril 2000.
42. Entrevue avec Bernard Landry, le 12 juin 2000.
43. Entrevue avec Corinne Côté-Lévesque, le 2 octobre 2000.
44. Entrevue avec Louis Bernard, le 17 avril 2000.
45. *Idem.*

Dans son autobiographie, *Désobéir,* Claude Charron fait pourtant un constat frappant : «Nous sommes arrivés mal préparés à cette conférence [46]», écrit-il. Il se garde toutefois de jeter le blâme sur les hauts fonctionnaires, en reconnaissant au contraire que la préparation technique «fut toujours la meilleure. Mais le jeu allait être strictement politique et sur cet aspect, avoue-t-il, notre premier ministre fut laissé à son instinct (...) C'est cette dimension que Claude Morin et moi aurions dû savoir lire et lui communiquer [47]», concède Claude Charron.

Le lendemain de la nuit des longs couteaux, Serge Guérin, qui ne travaille plus pour Jacques Parizeau, est assailli par une profonde envie, celle de riposter au terrible coup que viennent de donner les fédéralistes. Ses réflexes de militant l'empêchent de rester immobile. Depuis Montréal, il tente de joindre son ancien patron, mais celui-ci demeure introuvable. En soirée, toujours aussi agité, il se décide à prendre le dernier avion d'Air Canada à destination de Québec. Lorsqu'il se retrouve dans le Vieux-Québec, Serge Guérin se met à la recherche de son chef. Il le trouve finalement attablé dans un restaurant. L'allure sombre du ministre des Finances ne lui annonce rien qui vaille [48].

— Que fait-on Monsieur Parizeau? Ça n'a pas de maudit bon sens! Il faut se mobiliser, on ne peut accepter cela.

— Ah..., Monsieur Guérin...

— On ne va pas juste se plaindre, dire que l'on s'est fait flouer dans une négociation!

— C'est le premier ministre qui décide. Nous verrons.

Décidément, Serge Guérin s'adresse à un homme bien taciturne. Encore sous le choc, Jacques Parizeau tente d'évaluer la portée de cette gigantesque défaite. «Il est sonné par tout cela [49]», conclut Serge Guérin. Avec les jours qui passent, le baron revoit rétrospectivement les événements. Il repense aux heures qui ont précédé la nuit des longs couteaux... Il garde cette image d'une délégation désorganisée, alignée sur une stratégie à

---

46. Claude Charron, *op. cit.,* p. 51.
47. *Idem.*
48. Le dialogue suivant est inspiré des souvenirs de Serge Guérin. Entrevue du 17 mars 2000.
49. Entrevue avec Serge Guérin, le 17 mars 2000.

laquelle il n'a jamais cru, celle d'un front commun avec des provinces anglophones…

Si, pour Jacques Parizeau, le débat autour de la question référendaire a été douloureux, «là où ça laisse véritablement des traces, dit-il, c'est lors de la nuit des longs couteaux. Après cet épisode, on commence à se soupçonner les uns, les autres [50].» Le regard sévère de Jacques Parizeau se porte dès lors sur «ceux qui se sont fait avoir comme des enfants. En 1981, le cercle d'amitié n'existe plus [51]», avoue-t-il. Et dans l'esprit du baron, le grand responsable de ce naufrage se nomme Claude Morin, le ministre des Affaires intergouvernementales, celui qui démissionne quelques semaines après le désastre.

50. Entrevue avec Jacques Parizeau, le 9 mai 2000.
51. *Idem.*

CHAPITRE 20

L'homme qui parlait à la GRC

> «*Moi, je me disais, la GRC prépare un coup contre le Québec. J'en étais persuadé. Peut-être finirai-je par connaître mieux ce que la CIA mijote. Le jour où j'aurais découvert qu'il y avait une démarche contre le PQ, à ce moment-là, je prenais mes dispositions pour les prendre sur le fait.* »
>
> Claude Morin [1]

Sur bien des aspects, Claude Morin est un personnage aussi imposant et intriguant que Jacques Parizeau. Le ministre des Affaires intergouvernementales est doté d'une vive intelligence, il a une haute opinion de lui-même et il accorde la même importance au renseignement politique en tant qu'élément non négligeable de la menée de ses activités politiques. Mais ici s'arrête les similitudes entre ces deux géants du gouvernement Lévesque, pour tout le reste, loin de se compléter, les deux hommes s'opposent souvent.

Tel est le cas en ce qui concerne la façon dont Claude Morin perçoit le Parti québécois. Dès son adhésion au parti de René Lévesque en 1969, Jacques Parizeau bat la campagne et sillonne les coins les plus éloignés du Québec, pour rencontrer la moindre association de comté. À l'inverse, Claude Morin, qui n'achète sa carte de membre qu'en 1972, dit détester les

---

1. Extrait du document notarié rendu public par Claude Morin le 10 mai 1992. La rédaction de ce texte, signé de sa main, aurait été terminée en mars 1975.

Conseils nationaux du parti, qu'il souhaite éviter à tout prix[2]. Pour le père de l'étapisme, le Parti québécois du début des années soixante-dix, c'est celui «des années romantiques et détestables. Il ne s'agit pas de réussir, ironise Claude Morin, ce n'est pas important de réussir. Il s'agit plutôt de faire ce qu'on a dit qu'on ferait. C'est un mouvement politique et pas encore un parti[3]», affirme-t-il, sur le ton du reproche. «Comment prendre le pouvoir avec ce monde-là[4]?», se demande-t-il. Sur la question du renseignement politique, il trouve les péquistes terriblement naïfs : «C'est navrant. Ce parti veut diriger un État qui va devenir souverain et pour qui le renseignement est une mauvaise chose. Nous, nous allons nous avancer sans peur... et sans armes. C'est une des choses qui m'ont désolé du PQ[5]», explique Claude Morin, qui croit en l'utilité du renseignement et de l'espionnage politique.

Devenu ministre, Claude Morin répète à qui veut bien l'entendre qu'il déteste l'Assemblée nationale et le jeu parlementaire auquel elle donne lieu. «J'étais peu présent alors que Parizeau, lui, respectait ça. Il fallait le voir s'empresser de s'asseoir et cesser de parler lorsque le président de l'Assemblée se levait[6]», observe-t-il.

En revanche, le ministre des Affaires intergouvernementales donne beaucoup de crédit et de temps aux agents de la GRC qui, pendant presque trente ans, vont bourdonner autour de lui. Claude Morin tisse des liens très étroits avec la GRC, alors que Jacques Parizeau, avec son réseau «d'informateurs» (le réseau Parizeau), prenait d'innombrables précautions pour ne pas entrer directement en contact avec ses sources.

Participer à une opération de la GRC

En 1951, alors qu'il est étudiant à l'Université Laval, Claude Morin rencontre l'officier Raymond Parent au bureau de la GRC à Québec. Le ciné-club de l'université projette alors des films soviétiques et l'étudiant veut rassurer la GRC sur l'absence d'activités communistes sur le campus.

---

2. Entrevue avec Claude Morin, le 10 avril 2000.
3. Entrevue avec Claude Morin, le 28 juin 1999.
4. *Idem.*
5. Entrevue avec Claude Morin, le 17 mars 2000.
6. *Idem.*

À la fin de ses études, environ deux ans plus tard, Claude Morin se met à la recherche d'un emploi. Il retourne au même bureau de la GRC, où il rencontre cette fois l'agent Léonard Gendron. Il s'informe auprès de lui des possibilités d'emploi qu'offre la GRC. Il lui dit qu'il aimerait travailler comme analyste économique[7]. Selon Claude Morin, la démarche n'a pas de suite. Au printemps 1966, au milieu de l'agitation politique créée par la Révolution tranquille, Claude Morin entre à nouveau en relation avec un agent de la GRC, à la demande expresse du premier ministre Jean Lesage. Il s'agit toujours de Raymond Parent, avec qui il a établi un premier contact en 1951[8]. L'agent Parent affirme alors à Claude Morin que la GRC détient des renseignements confidentiels et compromettants sur Philippe Rossillon. L'émissaire français d'allégeance gaulliste inquiète la GRC, car il serait tenté, semble-t-il, d'infiltrer le gouvernement du Québec. Le suspect fait l'objet d'une filature et a été mis sous écoute électronique[9]. Il faut rappeler que la France est alors dirigée par Charles de Gaulle qui fait tout en son pouvoir pour propulser le Québec sur la scène internationale, une attitude que le gouvernement fédéral n'apprécie guère. Claude Morin rencontre ensuite l'agent Parent en 1967, puis en 1969[10].

Plus tard, à l'été 1974, l'agent Léo Fontaine entre en contact avec Claude Morin en invoquant son amitié avec Raymond Parent. Claude Morin est alors membre de l'exécutif national du Parti québécois et il est en train de faire accepter au Parti québécois l'idée d'un référendum comme étape nécessaire à la proclamation de la souveraineté du Québec. Au cours de l'une de ces rencontres, l'agent du SSGRC dit s'inquiéter pour le parti de René Lévesque. Il craint que le Parti québécois soit infiltré par de dange-reux éléments étrangers provenant de France, d'URSS ou de Cuba. L'agent secret sait fort bien qu'il s'adresse à l'ancien sous-ministre des Affaires

---

7. Dans son autobiographie, Claude Morin soutient qu'il *bluffait* et ne cherchait pas vraiment à être engagé par la GRC. Consulter à ce sujet : *Les choses comme elles étaient, une autobiographie politique*, Montréal, Les Éditions du Boréal, 1994, p. 96.
8. Raymond Parent est alors surintendant au Service de sécurité de la GRC (SSGRC) à Montréal. Au début des années soixante-dix, il va travailler à la section G qui sera responsable d'épier toutes les activités «séparatistes et terroristes».
9. Il a été fait mention de Philippe Rossillon au chapitre deux.
10. Dans le texte notarié cité auparavant, Claude Morin laisse entendre qu'il rencontre cet officier régulièrement : «En 1969, M. Raymond Parent me téléphona pour me demander de le voir au Château Frontenac. Ce fut la première d'une série de ren-contres...» Il écrit ensuite qu'il communique à nouveau avec lui en 1971.

intergouvernementales de Robert Bourassa et qu'à titre de membre de l'exécutif du Parti québécois il est fort possible que celui-ci « prenne contact avec des représentants étrangers [11]. » L'agent Léo Fontaine demande donc à Claude Morin de participer à une opération de renseignement du SSGRC destinée à identifier les personnes de l'extérieur qui pourraient vouloir infiltrer le Parti québécois. La proposition plaît à Claude Morin.

— Si jamais j'accepte, combien de temps peut durer mon engagement ?, demande-t-il [12].

— Aussi longtemps que vous le voulez, mais dans un premier temps nous devons essayer pour six mois ou un an, quitte à réévaluer le tout ultérieurement.

Pour les services qu'il rendra au Canada, le stratège constitutionnel du Parti québécois recevra au départ une rétribution de cinq cents dollars par rencontre, puis de huit cents dollars chacune « une fois le tout en marche [13]. » Il y aura au moins vingt-neuf rencontres [14]. En agissant ainsi, Claude Morin sait parfaitement dans quelle aventure il s'engage. En 1975, il écrit dans ses notes personnelles : « On me demande de participer à une opération de contre-espionnage. » En acceptant d'être rémunéré, il devient dorénavant une source de renseignements dont les activités sont contrôlées par un agent de la GRC.

Après la victoire du Parti québécois en novembre 1976, Claude Morin, devenu ministre des Affaires intergouvernementales, continue à rencontrer la GRC. Au milieu de l'année 1977, il fait part de ses rencontres à Marc-André Bédard, le ministre de la Justice. Ce dernier lui suggère de mettre fin aux « dédommagements » qu'il reçoit, mais de continuer à rencontrer les agents fédéraux encore un peu, le temps d'en savoir plus sur leurs intentions. Claude Morin et Marc-André Bédard conviennent de ne pas en parler à René Lévesque.

---

11. Extrait du texte notarié déjà cité.
12. Ce dialogue est inspiré des notes rédigées par Claude Morin et publiées dans le document notarié déjà cité.
13. Propos attribués à l'agent Léo Fontaine et rapportés par Claude Morin dans le document notarié cité auparavant.
14. Claude Morin le reconnaît lui-même dans une lettre adressée à René Lévesque le 3 décembre 1981 et rendue publique par Pierre Godin dans le troisième tome de sa biographie sur René Lévesque : *René Lévesque – L'espoir et le chagrin*, Montréal, Les Éditions du Boréal, 2001, p. 612.

En 1977, Léo Fontaine, le contrôleur de Claude Morin, est remplacé par Jean-Louis Gagnon, le futur directeur adjoint du Service canadien du renseignement de sécurité (SCRS), qui succède au SSGRC en 1984. Contrairement à ce que lui avait recommandé Marc-André Bédard, Claude Morin continue à être rémunéré par la GRC. À la fin de l'année 1977, l'officier Jean-Louis Gagnon met un terme aux rencontres avec Claude Morin. Les commissions d'enquêtes fédérales et provinciales se préparent alors à étudier les agissements de la GRC au Québec.

Qu'est-ce qui peut bien avoir poussé Claude Morin, le principal stratège d'un parti souhaitant se détacher du reste du Canada, à se lier avec la police secrète de ce même pays? «Moi, je me disais, la GRC prépare un coup contre le Québec. J'en étais persuadé [15].» Il voit encore plus loin, en se disant que «peut-être finirai-je par connaître mieux ce que la CIA mijote [16].» Claude Morin prétend s'être approché de la GRC pour que «le jour où j'aurais découvert qu'il y avait une démarche contre le PQ, à ce moment-là, je prenais mes dispositions pour les prendre sur le fait. C'était ça mon idée [17].» Or, Claude Morin ne prendra pas la GRC sur le fait. C'est plutôt lui qui sera obligé de démissionner quand, à l'automne 1981, Loraine Lagacé apprend à René Lévesque que son ministre des Affaires intergouvernementales reçoit de l'argent de la GRC. Puis, en mai 1992, il devra subir une deuxième épreuve : Normand Lester, le journaliste de Radio-Canada, rend publiques ses rencontres avec le SSGRC. La nouvelle se répand comme une traînée de poudre. Claude Morin sera alors jugé durement par ses pairs et par le grand public. Voici comment l'opération de contre-espionnage a été mise à nu par Loraine Lagacé.

Sur la feuille de paie de la GRC

À l'été 1981, la Commission fédérale d'enquête sur les activités de la Gendarmerie royale du Canada, aussi appelée la Commission McDonald, publie une partie de son rapport. Loraine Lagacé, qui est alors directrice du bureau du gouvernement du Québec à Ottawa, en reçoit une copie d'une source anonyme. Un passage du rapport, qui mentionne qu'une source à

15. Entrevue avec Claude Morin, le 17 mars 2000.
16. Extrait du document notarié déjà cité.
17. *Idem.*

l'intérieur du Parti québécois informe la GRC, a été souligné pour attirer son attention. La Commission désigne l'informateur péquiste par la lettre « M ». Loraine Lagacé ne saisit pas la portée du passage annoté. Elle en parle à son patron, le ministre des Affaires intergouvernementales. À la même époque, le contrôleur de Claude Morin, Jean-Louis Gagnon, habite dans le même immeuble qu'elle [18]. Quand la jeune femme lui fait part de cette étrange coïncidence, Claude Morin en déduit que Loraine Lagacé a compris qu'il était la personne derrière le « M ». La GRC l'a aussi surnommé « *French minuet* » ou encore « Q-1 ». Nous sommes en octobre 1981 [19]. Loraine Lagacé est furieuse : « Toi, le moins fougueux des indépendantistes, c'est toi qui fais du zèle au point de te faire agent secret? Si encore tu étais un pur et dur, mais non, ton Québec, c'est celui de Bourassa… Toi qui nous as fait tourner en rond si souvent [20]? »

Vers la fin octobre, Loraine Lagacé se rend au bureau du premier ministre à Montréal, dans la tour d'Hydro-Québec. Elle apprend à René Lévesque que son ministre, le grand stratège péquiste, rencontre depuis des années des agents de la GRC et qu'il est rétribué pour les renseignements qu'il fournit à la police fédérale. « Monsieur Lévesque, Claude Morin est sur le *pay-roll* de la GRC [21] ! »

René Lévesque pâlit et se précipite à la salle de bains afin de s'asperger le visage. Il semble profondément ébranlé. Loraine Lagacé pense même qu'il a eu un malaise cardiaque [22]. Quand Jean-Roch Boivin entre dans le bureau du premier ministre, à la demande de ce dernier, il a la même impression : « Son visage est devenu gris comme de la cendre de poêle mort dont le feu est éteint depuis deux jours. Je n'ai jamais vu Lévesque décomposé comme ça [23]. » « Je vous en prie, demande René Lévesque à Loraine Lagacé, n'en parlez à personne et surtout pas à monsieur Parizeau, cela va de soi [24]. » Aux dires de Loraine Lagacé, le chef du Parti québécois

18. Entrevue avec Loraine Lagacé, le 23 janvier 2001.
19. Dans son autobiographie politique, Claude Morin reconnaît qu'il informe Loraine Lagacé de ses activités secrètes en octobre 1981, *op. cit*, p. 454.
20. Extrait de la déclaration écrite de Loraine Lagacé rendue publique le 13 mai 1992.
21. Entrevue avec Loraine Lagacé, le 21 février 2000.
22. *Idem.*
23. Entrevue avec Jean-Roch Boivin, le 20 février 2001.
24. Propos attribués à René Lévesque et rapportés par Loraine Lagacé. Entrevues du 21 février 2000 et du 23 janvier 2001. Michel Carpentier aura le même réflexe : il faut éviter que Jacques Parizeau en soit informé.

« savait très bien que cette révélation allait faire sauter le gouvernement si des gens comme Jacques Parizeau venaient à apprendre la nouvelle [25]. »

Le premier ministre demande ensuite à son chef de cabinet s'il est au courant de cette histoire : « Monsieur Boivin, madame Lagacé me dit que Claude Morin envoie des rapports à la GRC. Est-ce le cas [26] ? » Jean-Roch Boivin demande à Loraine Lagacé de sortir. Seul avec René Lévesque, il lui répond : « C'est vrai [27]. » Le premier ministre apprend ainsi que Jean-Roch Boivin est au courant des activités secrètes de Claude Morin depuis un an, Marc-André Bédard lui en a parlé [28]. René Lévesque fait venir son ministre de la Justice, qui lui confirme la nouvelle et lui dit du même souffle : « Claude Morin n'a pas trahi les intérêts du Québec. Je demeure convaincu de sa loyauté [29]. » « Lévesque n'a pas cru que monsieur Morin [avait] desservi les intérêts du Québec, ajoute Jean-Roch Boivin [30]. »

Parmi les hommes de confiance de René Lévesque, seul Michel Carpentier doute de la loyauté du ministre des Affaires intergouvernementales. Craignant que René Lévesque ne donne aucune suite à ces révélations, il demande à Loraine Lagacé de recueillir une preuve en enregistrant les aveux de Claude Morin à son insu [31]. Loraine Lagacé accepte, mais elle doit auparavant se consacrer à la préparation de la conférence constitutionnelle de novembre 1981 [32]. « Je me souviens de cette conférence et du climat de désorganisation. Claude Morin suait à grosses gouttes, il se doutait bien que j'avais parlé à Lévesque [33]. »

---

25. Entrevue avec Loraine Lagacé, le 21 février 2000.
26. Propos attribués à René Lévesque et rapportés par Jean-Roch Boivin. Entrevue du 20 février 2001.
27. Entrevue avec Jean-Roch Boivin, le 20 février 2001.
28. *Idem.*
29. Entrevue avec Marc-André Bédard, le 15 février 2001.
30. Entrevue avec Jean-Roch Boivin, le 20 février 2001.
31. Entrevue avec Loraine Lagacé, le 21 février 2000.
32. Jean-Roch Boivin demeure vague sur la date à laquelle Loraine Lagacé annonce pour la première fois à René Lévesque que Claude Morin recevait de l'argent de la GRC. Il affirme que cette rencontre se déroule après la conférence constitutionnelle de 1981. Une lettre manuscrite de Loraine Lagacé adressée à René Lévesque semble toutefois démontrer que le premier ministre savait, avant la nuit des longs couteaux, que son ministre était rémunéré par la police fédérale. Jean-Roch Boivin semble confondre le moment où Loraine Lagacé parle à René Lévesque et celui où elle remet au bureau du premier ministre la cassette compromettante.
33. Entrevue avec Loraine Lagacé, le 23 janvier 2001.

Quelques semaines après la pénible nuit des longs couteaux, Loraine Lagacé enregistre Claude Morin. Le 18 novembre 1981, ces propos sont captés dans la chambre 519 de l'Hôtel Loews Le Concorde de Québec, dans l'ascenseur, ainsi qu'au restaurant *L'Astral* au sommet de l'hôtel[34]. La cassette compromettante est remise à Michel Carpentier. René Lévesque en prend connaissance quelque temps après. Les jours de Claude Morin en politique active sont comptés.

Le 26 novembre, Claude Morin est convoqué au bureau du premier ministre. René Lévesque confronte son stratège constitutionnel aux informations qu'il possède. Claude Morin reconnaît ses torts. Le premier ministre exige alors sa démission.

En exigeant la démission de Claude Morin, René Lévesque cherche uniquement à protéger son gouvernement, car il accepte, par ailleurs, la version de Claude Morin selon laquelle ce dernier n'a pas trahi le Québec. Il faut dire que Marc-André Bédard et Jean-Roch Boivin encouragent fortement René Lévesque à penser ainsi. Les deux hommes, qui savaient depuis un certain temps que le ministre des Affaires intergouvernementales était rétribué par la GRC, pouvaient difficilement condamner Claude Morin sans se condamner eux-mêmes aux yeux du premier ministre.

Quand maître corbeau laisse tomber le fromage

Claude Morin soutient qu'il a rencontré la GRC afin de prévenir les coups contre le Parti québécois. Or, quand il amorce cette nouvelle série de rendez-vous avec les services secrets, en 1974, il ne réussit pas à apprendre que le SSGRC a subtilisé les listes du Parti québécois en janvier 1973 (l'opération HAM). Il semble qu'il n'ait rien découvert non plus sur les micros installés à la permanence du parti ou sur les autres informateurs qui infiltrent le mouvement souverainiste. «On en a à peine parlé, résume Claude Morin. J'ai établi comme règle que nous ne parlions pas des affaires internes. Nous ne parlions que des relations internationales[35].» Étrange procédé qui a pour effet de lui fermer la porte sur les agissements de la GRC envers son propre parti.

---

34. *Idem.*
35. Entrevue avec Claude Morin, le 17 mars 2000.

Pourtant, en 1974 et 1975, Léo Fontaine ne se gêne pas pour lui poser des questions sur le fonctionnement «interne» du Parti québécois. «Il m'interrompit à quelques reprises pour me parler de "l'aile gauche" du parti, rappelle Claude Morin. Je crois avoir remis les choses en place, en lui faisant littéralement un dessin du fonctionnement du parti et de son mode de financement[36].» Puis, Claude Morin se montre également généreux en renseignements auprès de l'agent de la GRC qui veut en savoir plus sur l'idée de l'étapisme référendaire qu'il tente de faire accepter à son parti: «Je lui fis donc encore un topo sur ce que j'avais expliqué la fois précédente, en lui exposant cette fois mon opinion sur le référendum[37]», raconte-t-il, fièrement.

Le père de l'étapisme révèle donc des choses, mais il en apprend aussi: «J'étais en train d'apprendre qui les services de sécurité de la RCMP (GRC) soupçonnaient[38]», écrit-il dans le document notarié datant de mars 1975. L'agent Fontaine lui a dressé une liste des gens qui sont suivis par la GRC. Toutefois, Claude Morin ne prévient aucune des personnes concernées. Les amis du Parti québécois, les souverainistes qui sont sur écoute et qui sont filés par le SSGRC et, en particulier, les Français qui font de l'activisme politique pour mousser la cause du Québec sur la scène internationale, ne sont à aucun moment mis en garde par Claude Morin.

Il sait que Louise Beaudoin, qui travaille à ses côtés à l'École nationale d'administration publique et au sein du Parti québécois, est l'objet d'écoute électronique. «La seule chose que j'ai sue, c'est qu'ils avaient (le SSGRC) essayé de mettre des micros chez Louise Beaudoin (...) Mais de toute façon, les micros n'ont pas [fonctionné]. Je ne l'ai pas dit à Louise Beaudoin. Je me suis dit: c'est un piège, et puis si je lui dis cela, je la connais, elle va colporter ça partout[39]!» Louise Beaudoin, la future chef de cabinet de Claude Morin, n'est pas seulement sous écoute. Elle est également la cible d'un vol par les services secrets de la GRC: «Ils ont volé le sac à main de Louise quand elle est allée au Nouveau-Brunswick (elle y accompagnait le Français Philippe Rossillon). Il y a quelqu'un là-bas qui a eu comme

---

36. Extrait du document notarié déjà cité.
37. *Idem.*
38. *Idem.*
39. Entrevue avec Claude Morin, le 17 mars 2000.

instruction d'aller... Elle se fait voler son sac à main dans lequel il est supposé y avoir des listes, mais il n'y avait rien[40].» Décidément, Claude Morin était bien informé...

Si le ministre des Affaires intergouvernementales semble partager les confidences des services secrets de la GRC, il n'en fait rien avec son parti : «Il a fallu que [le SSGRC] m'explique certains des moyens qu'ils prenaient pour savoir, mais cela je n'en ai jamais parlé. Je l'ai promis et je ne le ferai pas[41]», jure Claude Morin. Léo Fontaine lui donne des directives à propos des renseignements qu'il lui transmet : «Vous vous engagez, sur votre honneur, à ne jamais les divulguer. Il s'agit de la sécurité nationale où le secret s'impose[42].» Ce type d'engagement semble profiter beaucoup plus à la GRC qu'aux membres du Parti québécois.

Et qu'en est-il du réseau Parizeau? Les souvenirs de Claude Morin à ce sujet sont nébuleux : «Je me demande si son nom a été mentionné une fois... OUI! Il l'a été pour l'affaire du trois cents mille dollars[43].» Il fait référence ici à la rumeur voulant que la France ait versé une importante somme d'argent au Parti québécois. Qui a abordé cette question? «Ça doit venir de moi, ça doit être moi qui ai posé le problème parce que... Ah! Il me parlait de Rossillon... Non, je m'en souviens pas, il faudrait que je regarde mes notes[44].» L'analyse des notes de Claude Morin, celles qui ont été rendues publiques en 1992, permet de constater que la GRC a cherché à connaître l'identité de celui qui avait alimenté le journal Le Jour, en avril 1974, et rendu possible la publication du plan Neat Pitch[45]. Fort inquiet, l'agent Léo Fontaine demande à son informateur comment, à son avis, le journal a obtenu le document : «Je lui répondis que je n'en savais rien et que même si je le savais, je ne lui dirais pas[46].» Claude Morin ne le savait

---

40. Entrevue avec Claude Morin, le 17 mars 2000. Louise Beaudoin confirme au biographe s'être fait voler lors d'un voyage en Acadie. Entrevue du 20 juin 2000.
41. Entrevue avec Claude Morin, le 17 mars 2000.
42. Conformément aux souvenirs de Claude Morin, dans son livre Les choses comme elles étaient – une autobiographie politique, op. cit., p. 329-330.
43. Entrevue avec Claude Morin, le 17 mars 2000.
44. Idem.
45. Le biographe a traité cet épisode au chapitre deux.
46. Extrait du document notarié déjà cité.

pas, parce que le réseau Parizeau n'entretenait aucun rapport avec le père de l'étapisme.

Tromperie et chantage

En rencontrant secrètement des agents de la GRC et en acceptant d'être rémunéré par eux, Claude Morin ne semble pas réaliser qu'il se place dans une situation d'extrême vulnérabilité. À tout moment, il peut faire l'objet de chantage. Élu député et nommé ministre en 1976, il devient une cible rêvée pour ses ennemis. Une simple révélation sur son comportement avec la GRC risque de précipiter René Lévesque et son gouvernement dans une crise majeure.

Au début de l'année 1975, quand il accepte de travailler pour la GRC, Claude Morin pose la question suivante à Léo Fontaine [47] :

— Quelle garantie aurai-je qu'on ne me fera pas éventuellement chanter ?

— La GRC ne fait jamais chanter personne, répond l'agent Fontaine. Et de toute façon, comment faire chanter quelqu'un sur qui il n'existe aucune preuve ?

« Je ne serais pas non plus photographié, puisque les rencontres auraient lieu dans une chambre d'hôtel », écrit Claude Morin, pour se rassurer lui-même. Or, Léo Fontaine ment car Donald Cobb, le grand patron de la Section G, responsable des actions contre « les séparatistes et les terroristes », décide de filmer Claude Morin en action dans une chambre d'hôtel, au moment où il reçoit une enveloppe remplie de billets de banque [48]. L'agent Gilbert Albert est chargé d'installer une caméra derrière le miroir de la chambre d'hôtel du Concorde et d'enregistrer ce qui devient un élément de preuve. Claude Morin a donc été filmé à son insu.

En résumé, les activités de renseignement menées par Claude Morin auprès de la GRC, et ce, contre rémunération, lui ont permis d'apprendre que certains souverainistes faisaient l'objet de filature de la police fédérale

---

47. Le dialogue suivant est tiré des notes de Claude Morin, conformément au document notarié déjà cité.

48. Les journalistes Normand Lester et Richard Cléroux ont déjà révélé cette information. Donald Cobb et Gilbert Albert l'ont reconnue publiquement.

et que des micros avaient même été installés chez certains d'entre eux, mais il n'en a rien dit aux personnes concernées. Il affirme avoir participé à une opération de contre-espionnage pour la GRC, afin d'éviter que le Parti québécois ne soit infiltré par des éléments étrangers qualifiés de dangereux par la police fédérale. En contrepartie, il semble n'avoir recueilli aucun renseignement lui permettant de mettre fin aux activités des services secrets fédéraux qui infiltraient l'organisation péquiste.

Quand René Lévesque découvre la situation, il accuse le choc et exige la démission de Claude Morin. Dans les semaines qui suivent, il lui offre le poste de délégué général du Québec à Paris une fois qu'Yves Michaud aura terminé son mandat[49]. Claude Morin refuse. Mais comment expliquer que celui qui a été jugé inapte à occuper la fonction de ministre des Affaires intergouvernementales se voit offrir le poste diplomatique le plus prestigieux et le plus important de l'État québécois? Qu'est-ce qui a poussé René Lévesque à agir ainsi? Il semble bien que le premier ministre du Québec en savait plus sur les rapports qu'entretenait Claude Morin avec la GRC qu'il n'a voulu le laisser croire.

René Lévesque savait

Jean-Roch Boivin et Marc-André Bédard vouent une totale admiration à leur chef. Leur rôle consiste à protéger le premier ministre en toutes circonstances. Aussi, soutiennent-ils fermement que René Lévesque ne savait rien des rencontres que son stratège constitutionnel avait avec la GRC. Ils trouvent ridicules les déclarations répétées de Claude Morin selon lesquelles il aurait informé René Lévesque d'une partie de ses activités d'espionnage, dès la fin du mois d'avril 1975. « J'ai voulu lui dire et il a ri de moi[50] », raconte Claude Morin. Yves Michaud se souvient de l'épisode : « Claude m'a parlé de la réaction de Lévesque. Il se foutait de ce genre de

---

49. Entrevue avec Claude Morin, le 7 octobre 2000, et courriel du 19 janvier 2002. Il en est aussi fait mention dans *Les choses comme elles étaient – une autobiographie politique, op. cit.*, p. 461, ainsi que dans *Mes premiers ministres – Lesage, Johnson, Bertrand, Bourassa et Lévesque*, Montréal, Les Éditions du Boréal, 1991, p. 578.
50. Entrevue avec Claude Morin, le 17 mars 2000.

choses. Pour Lévesque, c'était des vétilles[51].» Claude Morin soutient qu'il en a parlé à nouveau à René Lévesque en 1979[52].

«Monsieur Lévesque n'a pas perdu confiance en Claude Morin. La preuve, c'est qu'il a continué à avoir des relations sociales avec le couple Morin[53]», rappelle Jean-Roch Boivin. Mais René Lévesque savait-il tout? Le premier ministre se doutait-il que son conseiller constitutionnel était payé par la GRC? René Lévesque n'a vraisemblablement pas voulu pénétrer davantage dans les marécages du renseignement politique. Nombreux sont les renseignements qu'un chef de parti et futur premier ministre ne désire pas connaître…

Des mois avant que Claude Morin fasse ses aveux dans une lettre confidentielle et démissionne, René Lévesque rencontre Denis Vaugeois. Nous sommes en avril 1981. Le Parti québécois a repris le pouvoir à la suite de l'élection du 13 avril. Le chef du gouvernement a la pénible tâche d'annoncer à celui qui occupe le poste de ministre des Affaires culturelles qu'il perd son ministère. Denis Vaugeois, qui avait vu venir le coup, n'est pas très surpris de redevenir un simple député. «J'ai autre chose pour vous[54]», lui dit toutefois René Lévesque. Il propose alors à Denis Vaugeois de devenir l'adjoint parlementaire de Claude Charron, leader du gouvernement et ministre délégué aux Affaires parlementaires, ce que l'historien de carrière s'empresse d'accepter. Puis, la discussion s'engage sur l'avenir du Parti québécois. C'est à ce moment-là que René Lévesque confie à Denis Vaugeois qu'il sait que son ministre des Affaires intergouvernementales entretient des rapports avec la GRC. «Monsieur Lévesque me l'a dit, révèle Denis Vaugeois. Il appelait ça les "folies à Morin". Cela faisait longtemps qu'il le savait[55].»

51. Entrevue téléphonique avec Yves Michaud, le 18 janvier 2002.
52. Lors d'une entrevue à ce sujet, le 7 mai 1992 à l'émission *Le Point* de Radio-Canada, Claude Morin affirme à Simon Durivage qu'en 1979, il présente au premier ministre du Québec des documents secrets qui proviennent du fédéral. René Lévesque lui demande : «Est-ce l'affaire dont vous m'avez déjà parlée?» Morin répond que cela n'a rien à voir avec ses rencontres avec la GRC. Claude Morin lui en reparle également en novembre 1981, après la nuit des longs couteaux, forcé de répondre aux révélations de Loraine Lagacé, et à l'été 1985, lors de vacances que les deux hommes passent ensemble dans le Maine aux États-Unis.
53. Entrevue avec Jean-Roch Boivin, le 20 février 2001.
54. Selon les souvenirs de Denis Vaugeois. Entrevue du 11 avril 2000.
55. Entrevue avec Denis Vaugeois, le 11 avril 2000.

Par conséquent, à l'automne 1981, quand Loraine Lagacé révèle à René Lévesque que son ministre des Affaires intergouvernementales tient des rencontres avec les services secrets canadiens, « Lagacé lui a dit des choses qu'il savait déjà[56] », nous révèle Denis Vaugeois. La surprise de René Lévesque, qui se transforme alors en profond malaise, tient vraisemblablement au fait que le premier ministre ignorait les détails de l'engagement liant Claude Morin à la GRC. Le fait d'apprendre qu'il était payé à titre d'informateur de la police fédérale a visiblement perturbé le premier ministre du Québec. « Lévesque n'a pas cru que monsieur Morin ait desservi les intérêts du Québec, témoigne Jean-Roch Boivin. Cependant, il trouvait ça d'une naïveté incroyable de s'être confié à Loraine Lagacé [qui parle beaucoup]. Deuxièmement, il [trouvait] d'une incorrection incroyable de faire une chose semblable. Dès que tu as la preuve qu'un ministre parle [à la GRC], quand bien même il dirait des niaiseries, et qu'il accepte de l'argent, ne serait-ce que cent dollars, bien c'est lui qui est *pogné*, ce n'est pas eux autres [à la GRC]. C'est ça la grande naïveté[57]. » Et c'est cette naïveté que René Lévesque a condamnée.

Denis Vaugeois ajoute que René Lévesque savait que son stratège constitutionnel rencontrait la GRC avant même qu'il ne devienne premier ministre du Québec. « Claude Morin en [a parlé] à René Lévesque lorsqu'il [a été] candidat en 1976. Il en a également parlé avec d'autres, soutient Denis Vaugeois. Il en a parlé à Louis Bernard, c'est sûr[58]. » Rappelons qu'au milieu des années soixante, cet homme travaillait sous la direction de Claude Morin au ministère des Affaires fédérales-provinciales. Morin et Bernard se connaissaient donc très bien. « Dans ces années-là, Louis Bernard était l'homme de confiance de Claude Morin, dit Denis Vaugeois. Louis Bernard est, par ailleurs, une vraie tombe lorsqu'il s'agit de garder des secrets d'État[59]. » En 1976, il a assumé les fonctions de chef de cabinet de René Lévesque, puis de secrétaire général du Conseil exécutif. Quand le biographe a présenté à Louis Bernard certains éléments qui permettent

---

56. *Idem.*
57. Entrevue avec Jean-Roch Boivin, le 20 février 2001.
58. Entrevue avec Denis Vaugeois, le 11 avril 2000. Il est pertinent de rappeler que Denis Vaugeois a agi à titre d'adjoint parlementaire de Claude Morin, d'avril 1976 à février 1978.
59. *Idem.*

d'affirmer que René Lévesque était au courant des agissements de Claude Morin avant 1981, Louis Bernard a déclaré : « Est-ce qu'il le savait ? Est-ce qu'il ne le savait pas ? À mon sens, je ne le sais pas. Mais même s'il l'avait su de façon plus précise (…), je pense que ça ne l'aurait pas trop dérangé. Il aurait peut-être dit : " Faites attention… ", mais je pense qu'il n'y aurait pas attaché une grande importance. Moi, je pense que Morin, c'est vrai, a fait des allusions [aux rencontres avec la GRC], puis il l'a répété (…), [mais] d'après moi, Lévesque n'a pas attaché d'importance à ça, [en se disant]: " Morin s'amuse [60] ". »

Quant à l'attitude de Louis Bernard sur la question du contre-espionnage, l'anecdote suivante nous éclaire. Un jour, Jean-Claude Scraire, le chef de cabinet de Marc-André Bédard, va trouver Louis Bernard et il lui dit : « La GRC a un agent qui est un membre du Cabinet ou très proche du Cabinet [61]. » Dans ces conditions, Scraire aimerait bien savoir ce que le Conseil exécutif fait pour contrer l'espionnage. Louis Bernard lui répond : « Moi, je n'essaie pas de me battre contre l'espionnage [fait] au nom du Canada. S'ils veulent en faire, on n'a pas les moyens, on n'est pas équipés. Moi, je veux rien savoir de ça. Je fais comme s'il n'y en avait pas ou je fais comme s'il y en avait. Pour moi, c'est la même chose. Alors, qu'il y ait quelqu'un au Cabinet ou qu'il n'y en ait pas, ça ne m'intéresse pas [62]. »

Denis Vaugeois croit que René Lévesque a laissé Claude Morin agir ainsi parce que « c'était correct ce qu'il faisait. Morin n'avait pas beaucoup le choix. Il fallait qu'il fasse quelque chose de ce genre pour avoir de l'information et pour en passer à Ottawa [63]. »

Ces révélations permettent de mieux comprendre l'attitude de René Lévesque à l'endroit de Claude Morin et d'expliquer pourquoi, au début du mois de janvier 1982, le premier ministre a proposé à son ministre démissionnaire la Délégation générale du Québec à Paris. Denis Vaugeois était présent au moment où il en a été question pour la première fois [64].

---

60. Entrevue avec Louis Bernard, le 9 janvier 2002.
61. Propos attribués à Jean-Claude Scraire et rapportés par Louis Bernard, le 9 janvier 2002.
62. Entrevue avec Louis Bernard, le 9 janvier 2002.
63. Entrevue avec Denis Vaugeois, le 11 avril 2000.
64. *Idem.*

Jean-Roch Boivin et Corinne Côté-Lévesque n'en ont pas été informés[65]. Par ailleurs, René Lévesque a retardé le départ de Claude Morin jusqu'en janvier 1982, afin de lui permettre de recevoir les sommes maximales de son régime de retraite. « Morin a démissionné, mais c'était un *gentleman agreement*, confirme Jean-Roch Boivin. Lévesque [a attendu] pour lui permettre d'avoir son fonds de pension en entier[66]. »

Lorsque la démission de Claude Morin est rendue publique, personne ne se doute de la tragédie qui est à l'origine de son geste. L'opinion publique croit plutôt que c'est la nuit des longs couteaux qui a épuisé et détruit le maître des négociations constitutionnelles. À la lettre de démission officielle de Claude Morin, René Lévesque répond : « Mon cher collègue (…), ai-je besoin de vous dire la peine très réelle que je ressens (…) L'on verra de plus en plus clairement à quel point vous aurez contribué à faire avancer notre cause de façon durable. (…) Il n'est heureusement pas nécessaire d'être au gouvernement pour avoir l'occasion de se revoir[67] (…) »

De son côté, Jean-Roch Boivin prend les mesures nécessaires pour protéger son chef. Il s'empresse de faire écrire une lettre à Claude Morin dans laquelle ce dernier reconnaît que c'est en novembre 1981 qu'il a parlé *pour la première fois* de ses agissements à René Lévesque. « Celui-ci tenait à ce que ma lettre mentionne les mots *pour la première fois*, parce que son souvenir de mes démarches antérieures était trop imprécis pour lui permettre de répondre correctement aux questions qu'on lui poserait si le tout atterrissait dans les médias[68] », écrit Claude Morin, en novembre 2001.

À la suite de ces incidents, René Lévesque et Claude Morin continuent de se fréquenter. Ils prennent même des vacances ensemble avec leurs épouses. En 1984, René Lévesque nomme Claude Morin administrateur de

---

65. Entrevue avec Jean-Roch Boivin, le 20 février 2001, et entrevue téléphonique avec Corinne Côté-Lévesque, le 18 janvier 2002.
66. Entrevue avec Jean-Roch Boivin, le 20 février 2001. Ce que confirment deux autres sources très proches de Claude Morin.
67. Extrait de la lettre de René Lévesque, adressée à Claude Morin, et publiée dans les journaux du Québec au début du mois de janvier 1982.
68. Claude Morin, *Ma loyauté totale et constante envers le Québec*, texte publié sur le site Internet Vigile, et daté du 15 novembre 2001. Jean-Roch Boivin a pris connaissance de ce texte et ne l'a nullement contesté. La lettre de Claude Morin est datée du 3 décembre 1981. Elle a été publiée à la fin de l'année 2001, dans le troisième tome de la biographie de René Lévesque écrite par Pierre Godin, *op. cit.*, p. 612.

la Société générale de financement. Malgré ses antécédents avec la GRC, le père de l'étapisme continue d'être consulté sur des questions de stratégie politique.

En 1986, Claude Morin fait parvenir à René Lévesque le manuscrit de son livre, *L'Art de l'impossible : la diplomatie québécoise depuis 1960.* Avant que le livre ne soit publié, René Lévesque lui fait part de plusieurs commentaires et il lui suggère même le titre de l'ouvrage. Toujours en 1986, quand René Lévesque publie son autobiographie, les lecteurs constatent que le fondateur du Parti québécois ne critique Claude Morin à aucun moment. Au contraire, les passages concernant son ministre des Affaires intergouvernementales sont flatteurs. En septembre 1987, René Lévesque célèbre officiellement chez lui ses 65 ans. Claude Morin et son épouse y sont présents.

René Lévesque est donc incapable de condamner Claude Morin qui l'a, en partie, tenu au courant de ses activités avec la GRC. Il s'inquiète toutefois de la réaction de Jacques Parizeau. Il sait bien que celui-ci ne pourrait tolérer un tel comportement. Il craint également que Loraine Lagacé ne mette fin au secret et précipite son gouvernement dans l'abîme. René Lévesque a-t-il les mêmes craintes à l'endroit du gouvernement de Pierre Elliott Trudeau ? Les élus fédéraux sont-ils eux aussi au courant des agissements de Claude Morin ?

Le bras droit de Pierre Elliott Trudeau savait

Claude Morin a toujours prétendu que le gouvernement Trudeau n'était pas au courant des liens qui le liaient à la GRC quand il représentait le Québec à la table de négociations fédérales-provinciales. Comme ministre des Affaires intergouvernementales, il affirme ainsi avoir préservé toute sa crédibilité. Or, le bras droit de Pierre Elliot Trudeau affirme le contraire…

Pour la première fois, en effet, Marc Lalonde révèle qu'il savait que Claude Morin était sur la liste des informateurs du SSGRC. Déjà au début des années soixante-dix, Marc Lalonde, qui voulait en savoir plus sur le mouvement nationaliste au Québec, avait mis sur pied une cellule de renseignement destinée à épier le Parti québécois. Il a confié au biographe ce qui suit : « Moi, je l'ai appris comme ministre [d'État aux Relations fédérales-provinciales] et puis comme ministre de la Justice], mais ça faisait un bon bout de temps que ça fonctionnait (…). Je l'ai appris peut-être en 1978 et c'était le solliciteur général, Francis Fox, qui était au courant. Quand j'ai entendu cette information-là, je n'ai rien dit, parce que c'était le travail de la gendarmerie. Ils avaient un informateur. Je vous avouerai que j'étais époustouflé et que j'avais de la difficulté à le croire[69]. » Pourquoi ne pas avoir utilisé cette information peu de temps avant le référendum de 1980 ? « J'ai d'abord eu une énorme difficulté à le croire, explique Marc Lalonde. Mais il ne m'est jamais venu à l'esprit de révéler ça. C'était de l'information de sécurité appartenant à la gendarmerie[70]. » Dans les plus hautes sphères du pouvoir politique à Ottawa, des ministres savaient donc que Claude Morin parlait à la GRC. Pierre Elliott Trudeau était-il au courant ? Marc Lalonde, très proche du premier ministre, soutient qu'il n'en a jamais parlé avec lui. Le ministre d'État responsable des Relations fédérales-provinciales, le solliciteur général et le ministre de la Justice du Canada détenaient une telle information et n'en auraient pas parlé au premier ministre ? Cela semble bien difficile à admettre[71].

Claude Morin ne peut donc plus affirmer que, quand il se présentait à Ottawa, ses adversaires ne savaient pas qu'il avait des liens avec la GRC. Bien des ministres de la délégation fédérale savaient au contraire que le négociateur en chef du Québec parlait à la GRC et qu'il était payé pour le faire. C'est une information stratégique de grande valeur qui ne contribuait sûrement pas à attirer le respect d'Ottawa envers le Québec, ni à affirmer son rapport de force.

Pourquoi René Lévesque a-t-il laissé agir son ministre des Affaires intergouvernementales de la sorte ? Certains pourront conclure à un manque de jugement grave de la part d'un premier ministre. D'autres parleront plutôt d'une généreuse naïveté. Les proches de Claude Morin continuent de soutenir, quant à eux, qu'il n'y avait pas d'autres moyens d'obtenir de l'information d'Ottawa.

Jacques Parizeau, qui a été tenu à l'écart de toute cette affaire, sait bien peu de choses. Mais quand on l'interroge sur l'attitude de René Lévesque à

69. Entrevue avec Marc Lalonde, le 7 décembre 2000. Interrogé par le biographe à ce sujet, Francis Fox a refusé de commenter cette information, se disant lié par le secret professionnel. Le solliciteur général est le ministre responsable de la GRC.
70. Entrevue avec Marc Lalonde, le 7 décembre 2000.
71. Jean Chrétien sera ministre de la Justice et solliciteur général du Canada du 3 mars 1980 au 9 septembre 1982.

l'égard de Claude Morin, il répond [72] : « Je n'ai pas le goût, des années après la mort de Lévesque, de changer son image sur des conflits que j'ai eus avec lui. Je préfère garder de bons souvenirs de cette époque-là [73]. »

Le duel s'annonce

Avec les aveux complets de Claude Morin, la nuit des longs couteaux et l'échec référendaire qui lui pèsent encore sur les épaules, la santé physique et psychologique de René Lévesque est mise à dure épreuve. La situation est d'autant plus difficile à traverser, qu'elle coïncide avec la tenue prochaine du Congrès du Parti québécois qui doit se tenir en décembre 1981.

La démarche référendaire proposée par Claude Morin a conduit à un échec, de même que sa proposition de façonner un front commun avec les provinces anglophones du Canada. Les militants sont en état d'ébullition, Jacques Parizeau en particulier, lequel prépare depuis des mois le déchiquetage du concept de la souveraineté-association. Claude Morin n'est plus là pour lui barrer la route et l'aile modérée du Conseil des ministres a été gravement amochée par l'échec constitutionnel de novembre. Marc-André Bédard et Claude Charron ont été incapables de retenir les digues du fédéralisme centralisateur, qui ont presque emporté René Lévesque dans la rivière Outaouais.

Les indépendantistes au sein du parti se préparent à attaquer ceux qui défendent encore l'association économique avec le reste du Canada, René Lévesque y compris. Pour ces militants déterminés, le seul ministre capable de mener l'offensive et d'affronter en duel le charismatique chef fondateur du Parti québécois se nomme Jacques Parizeau. Le duel s'annonce…

---

72. Le biographe n'a pas tenu Jacques Parizeau au courant des résultats de son enquête sur l'affaire Morin. Il ignorait donc ces dernières informations lorsqu'il a répondu aux questions de l'auteur.
73. Entrevue avec Jacques Parizeau, le 30 mai 2000.

CHAPITRE 21

Une chaudière d'huile
sur le feu!

*« René a toujours su que Jacques Parizeau était un rival
potentiel et qu'il pourrait le remplacer. René le respectait,
il appréciait son génie, tandis que l'entourage du premier
ministre le surveillait. »*

Corinne Côté-Lévesque [1]

Le vendredi 4 décembre 1981, à la fin de la journée, deux mille délégués convergent vers le Centre Claude-Robillard de Montréal où se tient le 8e Congrès du Parti québécois, le plus dramatique de toute l'histoire de cette organisation politique.

« Il faut comprendre que pour un péquiste, un congrès du PQ, c'est un grand moment [2] », raconte Jean Royer qui fait alors partie de l'entourage de l'exécutif du comté de L'Assomption. Or, la grande messe péquiste de décembre 1981 va se transformer en « un congrès inimaginable! Nous étions près de deux mille personnes à tenir la même plume et ce, jusqu'aux petites heures de la nuit [3]. » Cette tragédie, qui se déroulera sur trois jours et pratiquement en trois actes, cumulera par la menace de démission de René Lévesque. Pour bien comprendre comment la machine péquiste en est venue à se déglinguer à ce point, il faut reculer plus d'un an en arrière, au lendemain du référendum du 20 mai 1980.

---

1. Entrevue avec Corinne Côté-Lévesque, le 5 février 2001.
2. Entrevue avec Jean Royer, le 27 avril 2000.
3. *Idem.*

Les engrenages commencent à s'enrayer lors du caucus spécial des députés, le 23 mai 1980. La députée Louise Harel fait alors une violente sortie contre l'étapisme. Elle remet en question la ligne suivie par le parti depuis 1974 et propose «le retour à l'été de 1973, à savoir que l'élection du Parti québécois engagera le processus de négociations de la souveraineté-association[4].» De son côté, Jacques Parizeau prévient ceux qui seraient tentés de laisser tomber l'idée d'indépendance : «Si le gouvernement accepte de jouer le jeu du fédéralisme renouvelé, on risque l'éclatement du parti et la perte du pouvoir à cause des six ou sept pour cent des votes qui iront aux indépendantistes et qui ont déjà suffi à enlever le pouvoir aux libéraux en 1966[5].» Pour sa part, René Lévesque croit en la possibilité de réformer la fédération canadienne en formant un front commun avec certaines provinces anglophones.

En juin 1980, le parti convient de tenir un Conseil national élargi à l'automne suivant, afin de modifier le programme du parti. René Lévesque veut se libérer de son obligation de tenir un référendum s'il est réélu. Michel Carpentier, le chef de cabinet adjoint du premier ministre, invente de toutes pièces cette idée de «Conseil national élargi». Grâce à cette structure inédite, le chef du parti n'aura à faire face qu'à sept cents délégués au lieu de deux mille, comme c'est le cas lors d'un Congrès du parti. Les dérapages sur le parquet sont ainsi plus faciles à contrôler.

La proposition principale, présentée par la direction du parti et qui sera débattue lors du Conseil national élargi, écarte toute idée de référendum pour la prochaine élection et maintient le trait d'union entre la souveraineté et l'association. «Pourtant le concept en entier en a souffert lors du dernier référendum!, s'exclame Jean Royer. Qu'allons-nous faire si le Canada anglais ne veut pas négocier l'association[6]?» Jean Royer, qui entrera bientôt au cabinet du ministre Parizeau, entame une série d'appels téléphoniques auprès de plusieurs associations de comtés dans le but de contrer cette proposition. «Là, je commence à avoir un réseau important, estime Jean Royer. Je monte une opération et mon évaluation me permet

4. Extrait du procès-verbal du caucus spécial des députés du Parti québécois, séance du 23 mai 1980. Archives de Jacques Désautels, secrétaire du caucus.
5. *Idem.*
6. Entrevue avec Jean Royer, le 27 avril 2000.

de penser qu'on peut battre Lévesque[7].» Jacques Parizeau est parfaitement au courant des activités du jeune militant et encore plus de celles de son président de comté, Ernest Boudreau, qui travaille lui aussi dans le même sens. Contrairement à ce que René Lévesque souhaite, Jacques Parizeau refuse de s'enfermer dans une stratégie où l'on exclut à l'avance une élection référendaire ou un référendum[8]. Mais surtout, il ne veut plus «défendre l'inexplicable[9]», c'est-à-dire, la souveraineté-association.

Arrêtez tout!

Le mercredi précédant la tenue du Conseil national élargi, Jacques Parizeau demande à Ernest Boudreau de cesser la cabale contre la résolution principale : «Nous avons eu une discussion à ce sujet au Conseil des ministres et monsieur Lévesque a demandé aux membres du gouvernement d'appuyer cette proposition. Le premier ministre a fait un appel à la solidarité ministérielle, je n'ai plus le choix. Arrêtez tout[10]!»

Jacques Parizeau prévient également Jean Royer, qui lui répond : «Je ne peux pas, Monsieur Parizeau.» Le ministre insiste : «Pensez-y, il faut que vous arrêtiez[11].» Jean Royer se remet à la tâche et téléphone à ses «poteaux» en régions, dont certains gravitent autour de Michel Bourdon, très actif dans la région de Montréal-Centre et qui dirige lui-même un groupe d'opposants à la résolution[12]. «J'ai appelé les gens du parti, je leur ai dit : "Le chef n'est plus avec nous[13]".» Le chef, pour Jean Royer, se nomme Jacques Parizeau.

Le Conseil national élargi se tient les 4 et 5 octobre 1980. L'assemblée accepte de ne pas faire porter la prochaine élection sur la souveraineté-association et exclut la tenue d'un référendum si le parti est reporté au pouvoir. C'est une victoire éclatante pour René Lévesque.

---

7. *Idem.*
8. Entrevue avec Jacques Parizeau, le 30 mai 2000.
9. Selon Jean Royer. Entrevue du 27 avril 2000.
10. Propos attribués à Jacques Parizeau et rapportés par Jean Royer et Ernest Boudreau.
11. Propos attribués à Jacques Parizeau et rapportés par Jean Royer. Entrevue du 7 avril 2000.
12. Michel Bourdon est proche de Louise Harel, vice-présidente du parti, dont il fut le conjoint.
13. Entrevue avec Jean Royer, le 7 avril 2000.

Le chef, pour Jean Royer, se nomme Jacques Parizeau. Pour cette raison,
René Lévesque se méfiait du jeune conseiller à la longue moustache.
Archives personnelles de Jean Royer.

« Le vendredi suivant, nous fîmes le bilan avec Jacques Parizeau, raconte
dans son livre Ernest Boudreau. Nous lui reprochâmes amèrement de pas
avoir exprimé ses idées devant les délégués. La discussion fut franche,
rapporte le président de comté. On lui fit savoir que la solidarité ministérielle avait ses limites et que l'idéal du PQ s'en irait à vau-l'eau si les
ministres n'osaient jamais prendre position. Il nous promit solennellement
que c'était ce qu'il ferait au congrès prévu pour l'automne suivant, en
1981... En attendant, il ne pouvait quand même pas s'opposer carrément
à Lévesque devant les militants, etc...etc...[14] »

Jacques Parizeau ne cesse de répéter à Ernest Boudreau qu'il fait partie
« d'une équipe et qu'il faut être de bons soldats[15]. » Lors de cette même
soirée, Jacques Parizeau se confie : « Il nous avait révélé que d'après lui,
dans l'équipe ministérielle, il y avait de vrais indépendantistes et des moins

---

14. Ernest Boudreau, *Le rêve inachevé – Le PQ, l'indépendance et la crise*, Montréal,
    Éditions Nouvelle Optique, 1983, p. 63.
15. Entrevue avec Ernest Boudreau, le 10 janvier 2001.

vrais [16]. » Ernest Boudreau lui demande d'être plus précis : « Est-ce que la majorité des ministres croient encore à l'indépendance ou sommes-nous les seuls à y croire ? Il nous répondit qu'à sa connaissance, il y en avait six, tout au plus, qui y croyaient vraiment ! Au sujet de René Lévesque, il n'osa se prononcer, se contentant de dire qu'il était mal conseillé [17] », écrit Ernest Boudreau.

Le serment d'allégeance à l'indépendance

En avril 1981, le Parti québécois remporte les élections. Déjà, des militants souhaitent s'assurer que l'on parlera de souveraineté en prévision d'un troisième mandat. L'exécutif de comté de Jacques Parizeau se prépare pour le Congrès de décembre, afin d'y « investir toutes les énergies du désespoir. Nous nous étions jurés de faire enlever du programme toute forme d'association obligatoire qui asservissait notre accession à la souveraineté, raconte Ernest Boudreau. Parizeau nous promit qu'il userait de toute son influence lors du congrès [18]. » Par cette promesse, Jacques Parizeau prête à nouveau un serment d'allégeance à sa dame : l'indépendance du Québec.

Dans les mois qui précèdent le Congrès, Jacques Parizeau prononce de nombreux discours devant les associations de comtés et lors des Congrès régionaux du parti. « Nous faisions tout en notre pouvoir pour qu'il aille prendre la parole dans le plus grand nombre d'assemblées. Chaque fois, il remportait un succès délirant, prêchant le retour à notre programme de 1973, liant la prochaine élection à la déclaration immédiate de la souveraineté [19]. » Le ministre des Finances met les militants en garde contre la situation financière délicate de son gouvernement et demande aux péquistes de garder le cap sur la souveraineté. « Les résolutions de l'exécutif furent soumises au député ministre qui se déclara en parfait accord avec nous [20] »,

---

16. *Idem.*
17. Ernest Boudreau, *op. cit.*, p. 63. Jacques Parizeau ne nie pas cette information. Il mentionne simplement qu'il en veut à Ernest Boudreau d'avoir écrit une telle chose alors qu'il s'agissait d'une conversation privée.
18. Ernest Boudreau, *op. cit.*, pp. 57 et 73.
19. Ernest Boudreau, *op. cit.*, p. 73.
20. *Idem.*

rappelle Ernest Boudreau, qui monte en grade au sein de la hiérarchie péquiste. Quelques semaines avant le Congrès de décembre 1981, il est élu, sans opposition, président de la région Laurentides-Lanaudière.

Michel Carpentier, qui suit de près les événements, voit bien le courant prendre forme. Le groupe de Jacques Parizeau, puis celui de la région de Montréal-Centre, sont d'une redoutable efficacité. Sentant le souffle de la tempête approcher, Michel Carpentier appelle Jean Royer[21] :

— Jean, ce qui est adopté dans les comtés va dans le sens contraire de nos propositions!

— Si tu as un problème, parles-en à Lévesque et que Lévesque en parle à Parizeau. Moi, je prends mon mandat de Parizeau.

Les deux hommes se connaissent bien. La discussion se termine sans heurt. Jean Royer n'en entend plus parler.

Au Congrès régional de Québec, le 25 octobre 1981, Jacques Parizeau est accueilli en héros. «La souveraineté n'a jamais été aussi nécessaire que maintenant[22]!», s'écrie-t-il. Les militants applaudissent à tout rompre. Les délégués songent à mettre au rancart l'association avec le reste du Canada. La veille, à Granby, René Lévesque avait pourtant invité les militants à la patience. Mais le baron ne veut plus entendre les appels à la modération de son roi. Il appuie sur l'accélérateur, excédé par la stratégie étapiste et celle du front commun avec les provinces anglophones. «L'association, ce n'est pas l'Immaculée-Conception[23]», dit-il. Ses propos viennent alimenter les péquistes de la région de Québec qui adoptent plusieurs résolutions qui ne font plus de l'association un préalable à la souveraineté. Le mot «indépendance» est réintroduit dans le programme du parti. À Montréal, René Lévesque ne cesse de parler de «bousculade». «On s'en va à côté de la *track*», s'insurge-t-il. D'une assemblée politique à une autre, René Lévesque et Jacques Parizeau se répondent ainsi, à distance, sans jamais s'affronter ouvertement dans une même salle.

Entre temps, un événement dramatique vient donner une impulsion nouvelle à ceux qui, comme Jacques Parizeau, ne font pas confiance au

21. Dialogue reconstitué à partir des souvenirs de Jean Royer. Entrevue du 27 avril 2000.
22. Michel David, «Parizeau croit plus que jamais à la souveraineté», *Le Soleil*, 26 octobre 1981.
23. *Idem.*

Canada anglais. Du 4 au 5 novembre, se déroule à Ottawa la nuit des longs couteaux. Le Québec se retrouve isolé, abandonné par les sept provinces anglophones avec qui il avait signé une entente. Le Canada anglais va rapatrier la constitution et se doter d'une Charte des droits et libertés à l'encontre du Québec.

Les résultats de cette conférence fédérale-provinciale ne fauchent pas seulement les forces vives de René Lévesque, ils affectent également son parti qui, comme un animal blessé, devient plus agressif et va bientôt s'en prendre à son père fondateur, au risque de le dévorer.

Le bar est ouvert

En réaction à cet événement, l'exécutif du parti décrète la tenue d'un Conseil national spécial au Centre Paul-Sauvé de Montréal. Le samedi 14 novembre, c'est un René Lévesque déchaîné qui se présente à cette assemblée. Depuis l'épisode dramatique de la nuit des longs couteaux, il ne décolère pas. Pendant quatre-vingts minutes, il jette son fiel sur le Canada anglais et il traite le Parti libéral du Canada de « prostituée politique [24] ». Devant quatre cents militants exaltés, reconnaissant qu'il a commis une erreur stratégique en s'associant à sept provinces anglophones, René Lévesque déclare que le temps est venu de déclencher, au moment le plus opportun, des élections qui devront porter sur la souveraineté, mais sans l'association. « Il y a deux nations qui vivent en ce pays! Il y a deux peuples [25]! », s'écrie-il. Les militants, grimpés sur les chaises et les tables, sont survoltés. Jean Royer n'en croit pas ses oreilles. Voilà le chef du parti qui appuie enfin la démarche des indépendantistes et laisse tomber les étapistes!

Après avoir pratiquement déchiré sa chemise sur scène, le chef du parti va rencontrer les journalistes, stupéfaits, et leur répète les mêmes propos : « L'idée d'association proposée lors du référendum de 1980 était un accident dans l'existence et le développement de notre parti [26]. »

---

24. Victor Malarek, « PQ to campaign for sovereignty in next election », *The Globe and Mail*, le 16 novembre 1981 et Graham Fraser, « Levesque : I'll do anything to block charter », *The Gazette*, le 16 novembre 1981.
25. Graham Fraser, *op. cit.*, le 16 novembre 1981.
26. Propos attribués à René Lévesque et rapportés par Victor Malarek dans son article, *op. cit.*, le 16 novembre 1981.

Selon Pierre Marois «Lévesque est tellement furieux, qu'il ne se contrôle plus. Il a pris une chaudière d'huile puis il l'a *maudit* sur le feu[27]!» Louis Bernard, qui est proche de René Lévesque durant toute cette crise, le confirme : «Lévesque était en beau câl… Et puis les Anglais, il ne voulait plus en entendre parler. Il s'est vidé le cœur publiquement. Quand le parti a vu Lévesque agir ainsi, habitué qu'ils étaient à le voir constamment retenir son monde, les gens se sont dit : Ah! Allons-y[28]!» «Les militants ont cru que le bar était ouvert[29]» et que tout était possible, estime Jean Garon. En ouvrant ainsi les vannes, René Lévesque venait de libérer un formidable torrent.

L'avancée des indépendantistes

Le vendredi soir 4 décembre 1981, à l'ouverture du Congrès du Parti québécois, René Lévesque prononce par contre un discours beaucoup plus modéré. À la demande de Michel Carpentier[30], le chef recentre son tir et affirme qu'il n'est pas question de faire l'indépendance avant d'avoir surmonté la crise économique. Le thème du Congrès, *C'est souverainement le temps*, donne toutefois le ton des échanges à venir.

Le lendemain, à l'Université de Montréal, les discussions s'ouvrent autour de vingt-quatre ateliers thématiques. Dans les salles de cours, le vent souffle fort en faveur des indépendantistes, au point de décoiffer les «associationnistes». Dans un de ces ateliers, René Lévesque sent le besoin d'aller au micro pour défendre la souveraineté-association. «Il serait suicidaire d'effacer l'association économique avec le reste du Canada[31]», rappelle-t-il, en essayant de se montrer persuasif. Il est alors proposé que la souveraineté ne soit plus «basée» sur l'association, mais qu'elle «puisse inclure» l'association, ce qui signifie que la souveraineté ne serait plus conditionnelle à une association. Les délégués acceptent le compromis

27. Entrevue avec Pierre Marois, le 23 mars 2000.
28. Entrevue avec Louis Bernard, le 17 avril 2000.
29. Entrevue avec Jean Garon, le 14 mars 2000.
30. Selon Jean Royer. Entrevue du 27 avril 2000.
31. Graham Fraser, «PQ rejects 13 years of association», *The Gazette*, le 7 décembre 1981.

offert par le chef du parti. La résolution sera amenée en plénière pour être discutée. Michel Carpentier s'assure d'en parler à Jacques Parizeau afin qu'il appuie cette nouvelle formulation. «La discussion demeure très cordiale, témoigne Jean Royer, mais Jacques Parizeau, qui trouve l'idée intéressante, ne se compromet nullement [32].»

Au fur et à mesure que la journée avance, il apparaît de plus en plus clairement que le concept de souveraineté-association, introduit en 1967 par René Lévesque, va disparaître. Une deuxième résolution, prônant une élection référendaire, a le vent dans les voiles. En après-midi, les délégués se déplacent au Centre Claude-Robillard pour la grande assemblée plénière. Constatant que le bureau du premier ministre ne contrôle plus les événements, Jacques Parizeau s'informe auprès de Jean Royer [33] :

— Avez-vous bien indiqué à Michel Carpentier ce qui va se passer?

— Mais, Monsieur Parizeau, ça fait des semaines que je lui dis!

— Vérifiez une fois de plus, le somme Jacques Parizeau.

Jean Royer rencontre Michel Carpentier avec sa liste de comtés et de régions qui appuient les résolutions anti-étapistes. «Michel se rend compte de la situation [34]», raconte Jean Royer.

En fin de journée, René Lévesque réunit quelques ministres et députés, dont Jean-François Bertrand, Jean-Pierre Charbonneau et Jacques Rochefort, pour leur dire que si la résolution sur l'association économique ne passe pas, il démissionnera [35]. «Répétez-le», insiste René Lévesque. Jean Royer en est immédiatement informé. Il va trouver son chef [36] :

— Monsieur Parizeau, Lévesque vient de dire qu'il va démissionner, si l'amendement sur l'association ne passe pas.

— Si c'est ainsi, arrêtez tout.

Sur le plancher, Jean Royer fait circuler la consigne suivante : «C'est à vous autres de décider, mais il faudrait faire passer le compromis sur l'association parce que monsieur Lévesque en fait une question de

---

32. Entrevue avec Jean Royer, le 27 avril 2000.
33. Selon les souvenirs de Jean Royer. Entrevue du 27 avril 2000. Confirmé par Jacques Parizeau.
34. Entrevue avec Jean Royer, le 27 avril 2000.
35. Entrevue avec Jean Royer, le 27 avril 2000. Confirmé par Guy Chevrette. Michel Bourdon, qui en a été informé, en parle également à la télévision de Radio-Canada le lendemain.
36. Entrevue avec Jean Royer, le 27 avril 2000. Confirmé par Jacques Parizeau.

leadership[37]. » Pendant ce temps, Jacques Parizeau tente de ramener son président de comté à des positions plus raisonnables : « Monsieur Parizeau me prit à l'écart pour m'expliquer les craintes du premier ministre : ce dernier disait-il, avait l'impression que le programme prenait de plus en plus l'allure d'un programme du RIN. Je crus comprendre que M. Parizeau voulait m'amener à faire marche arrière, raconte Ernest Boudreau. Je lui répondis qu'il n'en était pas question et que, pour ma part, je me battrais jusqu'au bout[38]. »

En soirée, l'enterrement du concept d'association est résolument initié. Vers vingt et une heures trente cinq, René Lévesque vient parler au micro et met les militants en garde : « Le parti joue sa vie un tout petit peu là-dessus[39]. » Le chef du parti est prêt à supprimer le trait d'union entre la souveraineté et l'association, mais il désire maintenir l'offre d'association. À vingt-deux heures, le Téléjournal de Radio-Canada ouvre son bulletin de nouvelles avec la manchette suivante : « Le mot " indépendance " est réinscrit dans le programme du parti lors d'un atelier. L'offre d'association avec le Canada est maintenue, mais le Parti québécois ne s'engage plus à en faire la promotion. »

La marche vers le micro

Le bureau du premier ministre met toute la gomme pour stopper l'avancée des indépendantistes. Bien des délégués, députés et ministres paradent en faveur de l'association. Jean-Pierre Charbonneau, Marc-André Bédard, Jacques-Yvan Morin, Yves Bérubé et Jean-François Bertrand sont du nombre. Ernest Boudreau commence à sentir le vent tourner : « René Lévesque parlait au micro et on voyait que l'on allait perdre[40]. » Le président de L'Assomption se tourne alors vers Jacques Parizeau et lui dit : « Si vous n'y allez pas, [cela signifie] que tout ce travail que l'on a fait [dans les mois précédents] l'a été pour rien. Si vous étiez sérieux quand vous marchiez avec nous dans le comté... eh bien il faut que vous alliez de tout votre

---

37. *Idem.*
38. Ernest Boudreau, *op. cit*, p. 76.
39. Propos diffusés par la télévision de Radio-Canada lors de l'émission spéciale consacrée au 8ᵉ Congrès du Parti québécois. Le 6 décembre 1981.
40. Entrevue avec Ernest Boudreau, le 10 janvier 2001.

poids [parler] au micro[41].» Contrarié, Jacques Parizeau répond : «Je ne sais pas, je vais voir comment ça évolue[42].» Puis, à force d'insister, Ernest Boudreau entend Jacques Parizeau lui dire : «J'y vais!» Le président de l'association de L'Assomption se lève avec lui. Il fait signe aux gens de se tasser.

Il est plus de onze heures du soir. Michel Carpentier et Jean Royer sont en pleine discussion au fond de la salle. À la grande surprise des deux organisateurs, ils voient Jacques Parizeau se lever et se diriger vers le micro des intervenants qui sont contre la proposition défendue par René Lévesque. Michel Bourdon, qui était sur le point de parler, lui cède sa place et demande aux autres personnes dans la file de faire de même. Jacques Parizeau s'approche du micro. La salle cesse de respirer. Certains se mettent à applaudir.

Michel Carpentier regarde Jean Royer et lui dit[43] : «Mais qu'est-ce qu'il fait là?!» Jean Royer ne comprend plus rien : «Il doit sans doute aller négocier avec un des intervenants dans la file.» Voilà une bonne heure que Jean Royer n'a pas discuté avec Jacques Parizeau. La dernière fois qu'ils se sont parlé, Jacques Parizeau lui a dit de ne plus s'opposer à René Lévesque si celui-ci en faisait une question de leadership. Son chef aurait-il changé d'idée? Jacques Parizeau est maintenant directement derrière le micro des «contre». C'est l'ovation pendant de longues secondes. Environ le tiers des délégués applaudit. Selon l'évaluation de Jean Royer, c'est plutôt la moitié des gens qui acclament Jacques Parizeau avec des régions au complet qui encouragent le ministre. Michel Carpentier et Jean Royer se regardent en riant nerveusement. Personne ne sait exactement ce qui va se passer, mais «là tout est possible», se dit Jean Royer.

Comme jamais auparavant dans sa carrière politique, le baron est en mesure d'affronter son roi en duel. Si Jacques Parizeau intervient contre la proposition, le royaume péquiste ne connaîtra plus la paix. Le Congrès donnera alors lieu à un schisme majeur, déclenchant une déchirante course à la chefferie. «Personne ne doutait de la victoire du ministre des Finances[44]»,

---

41. *Idem.*
42. Propos attribués à Jacques Parizeau et rapportés par Ernest Boudreau. Entrevue du 10 janvier 2001.
43. Le dialogue suivant est inspiré des souvenirs de Jean Royer. Entrevue du 27 avril 2000.
44. Entrevue avec Ernest Boudreau, le 10 janvier 2001.

Jacques Parizeau, lors du congrès de décembre 1981.
Le voilà au micro, prêt à affronter en duel son chef René Lévesque...
Photo d'Éric Parizeau.

confie Ernest Boudreau, qui anticipe déjà sur les événements. « Tous les espoirs étaient permis... Enfin !, se dit le président de L'Assomption : Parizeau tient parole. Nous avons eu raison de croire en lui[45]. »

La présence de Jacques Parizeau à ce micro crée une terrible onde de choc parmi les alliés de René Lévesque. Pendant que Jean-François Bertrand se tient la tête à deux mains[46], Jean Royer voit Claude Charron lever les bras en disant : « Ta... je ne peux pas le croire ! » Des journalistes entendent René Lévesque proférer quelques jurons, ce que confirme son épouse : « Ah *ben* ta...!, il ne manquait plus que ça[47] ! » Lévesque se croise les jambes et, l'air sûr de lui, la main sous le menton, il donne l'impression de défier Jacques Parizeau. « Viens-t-en, je suis prêt[48] », semble dire René Lévesque.

---

45. Ernest Boudreau, *op. cit.*, p. 77.
46. Selon Pierre O'Neil, *Le Devoir*, le 7 décembre 1981.
47. Propos attribués à René Lévesque et rapportés par Corinne Côté-Lévesque. Entrevue du 2 octobre 2000.
48. Entrevue avec Marc-André Bédard, le 15 février 2001. Confirmé par Claude Charron et Corinne Côté-Lévesque.

Quand Jacques Parizeau saisit le micro, tous les regards sont suspendus à ses lèvres. Le président de l'assemblée s'adresse à l'illustre personnage :

— Monsieur Parizeau, la parole est à vous.

— Merci, Monsieur le Président. Jacques Parizeau, du comté de L'Assomption...

Une clameur monte du Centre Claude-Robillard. Tout de suite, le baron réagit mal à l'ovation. Il lève le bras pour faire taire la foule. « Un instant! Parce qu'il est tout à fait possible que je sois hors d'ordre. Je veux qu'on soit simplement clair sur une chose... [49] » Le silence se fait graduellement. Jacques Parizeau demande au président si la proposition mentionne que la souveraineté « pourrait » ou « devrait » inclure une offre d'association. Le président lui dit qu'elle « pourrait » inclure une offre d'association. « Dans ces conditions, déclare Jacques Parizeau, malgré le beau geste reçu par la foule, je reconnais que je me suis trompé de micro [50]. » Des huées suivent la déclaration de Jacques Parizeau.

Qu'est-ce qui explique le comportement étrange de Jacques Parizeau? Pourquoi, celui qui file toujours en ligne droite, s'est-il mis tout à coup à zigzaguer, puis à reculer? Jacques Parizeau connaît trop la mécanique des Congrès et des Conseils nationaux pour s'être bêtement trompé de micro.

Plusieurs, comme Jean-Roch Boivin, croient que c'est l'attitude de René Lévesque qui explique que Jacques Parizeau ait battu en retraite. De sa table, le premier ministre le fixait obstinément, ce qui l'aurait intimidé. « Il l'a regardé en ta..., soutient Jean-Roch Boivin. Les quatre yeux se sont rencontrés [51]. » Claude Charron et Marc-André Bédard soutiennent la même version. Toutefois, cette interprétation des faits n'est pas fondée. Jacques Parizeau n'a pas pu croiser le regard de René Lévesque, puisqu'il est myope comme une taupe. Jean Royer le confirme : « Parizeau ne voit pas au bout du corridor! Il ne voit pas à vingt-cinq pieds devant lui [52]. »

« C'est davantage le regard intérieur de Parizeau qui explique son comportement, selon Denis de Belleval. Il réalise que s'il parle, c'est la guerre,

---

49. Selon les propos et images diffusés par la télévision de Radio-Canada lors de l'émission spéciale consacrée au 8e Congrès du Parti québécois, le 6 décembre 1981.
50. Selon les souvenirs de Jean Royer, le 27 avril 2000.
51. Entrevue avec Jean-Roch Boivin, le 20 février 2001.
52. Entrevue avec Jean Royer, le 27 avril 2000. Le biographe s'en est assuré auprès du principal intéressé.

yes sir. Lévesque l'attend, c'est un duel. Puis, il se rend compte de ce qu'il est en train de faire : il déchire le parti. Sur le bord de l'abîme, il se dit non, je ne saute pas là-dedans. Puis… il se "trompe" de micro [53]. » André L'Écuyer, le chef de cabinet de Jacques Parizeau, partage cette analyse. «Il ne s'est pas trompé de micro. Jamais. Il s'est dit : je risque de casser le parti et moi-même [54]», donc il bat en retraite.

«Je me suis vraiment trompé de micro [55]!», maintient le principal intéressé. Pourtant, quand on lui demande d'expliquer comment il se sentait lorsqu'il a réalisé la portée de son geste, Jacques Parizeau précise sa pensée : «Que Lévesque et moi, nous soyons à des micros différents, que nous ayons des points de vue opposés, cela nous est arrivé très souvent. Mais c'est la manière… Lévesque commence à être touché [par cette contestation]… Quand on est plus capable de vivre dans la discipline de parti, on sort du parti. Mais quand on n'a pas décidé de sortir, il y a des choses auxquelles on ne touche pas [56]. » Tant que René Lévesque portera la couronne, Jacques Parizeau ne peut se résoudre à l'affronter en duel. Ce soir-là, même sous la pression de milliers de militants et bien qu'il ait renouvelé sa promesse à sa dame, c'est à ce code d'éthique que le noble baron sent qu'il doit rester fidèle. Il estime que le compromis présenté au Congrès ne mérite pas la tête de son chef.

Après cette «erreur de micro», Jacques Parizeau revient à la table de son exécutif de comté. «Il a le visage rouge, confie Jacques Beaudoin, un délégué de L'Assomption. Pas un mot n'est prononcé [57]. » Au moment du vote, Jacques Parizeau est le seul de sa table à lever la main en faveur de la résolution controversée. «Ah! Nous vivions des moments assez angoissants! shakespeariens [58]!», rappelle Ernest Boudreau.

L'amendement de René Lévesque est battu, la proposition aussi. Toute référence à l'association est éliminée. La résolution, qui a été en grande partie élaborée par le comté de L'Assomption, est finalement entérinée par le Congrès. Jacques Parizeau demeure silencieux.

---

53. Entrevue avec Denis de Belleval, le 29 mars 2000.
54. Entrevue avec André L'Écuyer, le 28 mars 2000.
55. Entrevue avec Jacques Parizeau, le 14 juin 2000.
56. Entrevue avec Jacques Parizeau, le 20 février 2001.
57. Entrevue téléphonique avec Jacques Beaudoin, le 10 janvier 2001.
58. Entrevue avec Ernest Boudreau, le 10 janvier 2001.

René Lévesque explose de rage. Il s'en prend à Pierre Harvey, le conseiller au programme : « Il m'a accroché et reproché d'avoir laissé dans le cahier ces résolutions-là [59]. » René Lévesque déclenche une telle fureur contre lui, que Pierre Harvey rédige sa lettre de démission sur-le-champ et abandonne son poste. Finalement, il revient sur sa décision.

Jacques Rose et René Lévesque, même combat?!

Le chef du Parti québécois n'est pas au bout de ses peines. Le lendemain, le dimanche 6 décembre, une autre résolution confirme qu'une victoire électorale obtenue avec une simple majorité de sièges suffira à enclencher le processus qui permettra au Québec d'exercer tous les pouvoirs d'un pays souverain [60]. Puis, « surgissant de la foule comme un diable d'une boîte, un jeune rouquin trapu s'approcha aussitôt du micro [61] », écrit René Lévesque dans ses mémoires. Jacques Rose, le felquiste emprisonné pour avoir enlevé Pierre Laporte, retrouvé mort dans le coffre arrière d'une voiture, s'adresse aux délégués du Congrès. Ovationné, il propose que les ex-membres du FLQ, toujours emprisonnés, soient libérés et que leurs dossiers de libération conditionnelle soient confiés aux autorités québécoises. La proposition est adoptée. Un délégué de Saint-Henri, Robert Blondin, vient au micro et glorifie les frères Rose : « N'ayons pas peur des frères Rose, ce sont nos pionniers! (…) Arrêtons d'avoir peur de notre option, allons de l'avant et surtout ne renions pas ces gars-là, parce que si on est ici aujourd'hui, c'est [grâce] à ces gars-là [62]! » Des applaudissements fusent de partout.

« Là, quand Lévesque a vu ça, raconte Louis Bernard, il a dit *wôoo*! Ça ne marche pas mon affaire. Je n'ai pas joué mon rôle et j'en paie les conséquences [63]. » Louis Bernard fait référence au discours enflammé de

---

59. Entrevue avec Pierre Harvey, le 22 mars 2000.
60. L'association de comté de Jacques Parizeau, dans L'Assomption, avait adopté une résolution semblable en janvier 1984, lors d'un « congrès local ». Présent à cette assemblée, Jacques Parizeau n'avait pas empêché l'adoption de cette proposition.
61. René Lévesque, *Attendez que je me rappelle…*, Montréal, Québec Amérique, 1986, p. 452
62. Propos diffusés par la télévision de Radio-Canada lors de l'émission spéciale consacrée au 8e Congrès du Parti québécois. Le 6 décembre 1981.
63. Entrevue avec Louis Bernard, le 17 avril 2000.

René Lévesque, le 14 novembre, où ce dernier avait violemment rejeté l'association avec le reste du Canada. «Pendant cette période, les gestes de Lévesque étaient trop brusques, signale Louis Bernard. Avant de retrouver sa stabilité, cela lui a pris quelques semaines[64].»

René Lévesque se vide finalement le cœur dans son discours de clôture. Il dénonce «ce flot de papiers qui s'enfle sans cesse d'un congrès à l'autre, [et] nous amène, désormais, non seulement à une certaine absurdité, mais également, ce qui est autrement plus grave, à une fausse démocratie[65].» Puis, il annonce qu'il est passé bien près de quitter la direction du Parti québécois : «Hier soir, j'ai songé spontanément à me départir de ce rôle et à démissionner *illico* de la présidence. Mais, me suis-je dit, il y a ceux à qui ça ferait trop grand plaisir. J'ai donc réfléchi. Et je continue[66].» La stupéfaction est totale… C'est dans cet esprit que le Congrès est ajourné à janvier ou février.

Le lendemain, en allant à l'école où il enseigne, le professeur Ernest Boudreau réalise à quel point la population n'apprécie pas la raclée que les délégués ont fait subir à René Lévesque. «Tout le monde voulait nous tuer, parce que nous nous étions opposés à Lévesque[67].»

Pour défaire ce que les délégués ont patiemment tissé pendant des mois, le bureau du premier ministre élabore une stratégie astucieuse. Le parti tiendra un référendum interne et posera trois questions aux militants. La démarche, vite surnommée le «renérendum», a pour but de renverser les résolutions controversées adoptées au Congrès de décembre. Les trois questions suivantes sont posées :

1. L'accession du Québec à la souveraineté doit-elle exiger l'accord majoritaire des citoyens?
2. Le programme doit-il comporter l'offre d'une association tout en éliminant le trait d'union avec la souveraineté?
3. Doit-on reconnaître le droit à la minorité anglophone à ses institutions essentielles?

---

64. *Idem.*
65. Extrait du discours de clôture de René Lévesque, le dimanche 6 décembre 1981.
66. *Idem.*
67. Entrevue avec Ernest Boudreau, le 10 janvier 2001.

Au Conseil des ministres qui succède au Congrès, Jacques Parizeau envoie un télégramme à René Lévesque : «Compte tenu de l'ambiguïté que certaines de mes positions antérieures ont pu entraîner dans l'opinion publique, je tiens à vous dire que j'accepte volontiers d'appuyer les conditions fondamentales que vous avez posées quant au cheminement vers la souveraineté. Vous êtes, Monsieur le Premier Ministre, depuis longtemps et pour longtemps encore, celui qui représente, articule et oriente les espoirs des Québécois [68].»

Le baron donne ensuite un mandat clair à Jean Royer, devenu agent de liaison : «Je veux que mon comté soit celui où le *score* pour Lévesque soit le plus élevé. S'il faut que je parle à des gens, je le ferai [69].» Jean Royer rencontre alors le président de comté et l'oblige à entrer dans le rang : «Ça, c'est la décision mon Boudreau. On peut le faire ensemble ou je peux le faire contre toi, mais je pense qu'on va le faire ensemble [70].» Bien que contrarié, le président de L'Assomption accepte la directive.

Les militants de L'Assomption votent à quatre-vingt quatorze pour cent pour René Lévesque, tandis qu'à la grandeur du Québec, les cent quarante-trois mille délégués qui participent au «renérendum» répondent OUI aux trois questions dans une proportion de quatre-vingt-quinze pour cent.

Le prix de la loyauté

L'épisode dramatique du micro est un élément révélateur pour bien des éléments de la gauche du parti. Robert Burns, membre du parti socialiste du Québec avant 1970, organisateur de la CSN, puis député du Parti québécois, associait volontiers Jacques Parizeau à un certain *establishment* peu motivé par l'idée du pays. Avec le référendum, il découvre en lui un ardent indépendantiste. Quant à Gilbert Paquette, rattaché au groupe de Montréal-Centre, il décèle un homme progressiste sous les habits du

---

68. Extrait du télégramme daté du 9 décembre 1981.
69. Propos attribués à Jacques Parizeau et rapportés par Jean Royer. Entrevue du 27 avril 2000.
70. Entrevue avec Jean Royer, le 27 avril 2000.

banquier[71]. « Dans l'intendance, il s'est fait beaucoup d'ennemis, évalue Jean Garon, alors que dans sa fidélité à la cause, ce sont des amis qu'il s'est faits[72]. » Daniel Paillé croit cependant que ses hésitations au micro lui ont coûté cher : « Sa crédibilité de militant a chuté[73] ! » Certains y ont vu un manque de courage politique. Mais qu'advient-il de sa relation avec René Lévesque ? Corinne Côté-Lévesque soutient qu'il n'y a pas encore de scission véritable entre les deux hommes. René Lévesque n'est toutefois pas dupe. Pour lui, c'est clair : Jacques Parizeau s'est ravisé en inventant « un très pâle prétexte[74] », écrit-il dans ses mémoires.

Peu de temps après le Congrès, André Steenhaut, l'ancien président du comté de L'Assomption, rencontre Jacques Parizeau. Il lui exprime son désaccord avec René Lévesque qui, selon lui, déraille avec son « renérendum ». André Steenhaut demande alors à l'économiste de se présenter dans une course à la chefferie contre René Lévesque. Jacques Parizeau réagit plutôt mal : « Monsieur Steenhaut, jamais tant que monsieur Lévesque sera là[75]. » Sa loyauté à René Lévesque lui attire, de la part des militants les plus indépendantistes, de virulentes critiques : « Son attitude aristocratique, son éloignement de la base, mais surtout l'ambiguïté de son discours et ses nombreuses promesses non tenues ont sapé la crédibilité des militants les plus engagés à son égard[76] », estime Ernest Boudreau. Voilà le prix que Jacques Parizeau doit payer pour son attachement à René Lévesque.

---

71. Entrevue avec Gilbert Paquette, le 30 mars 2000.
72. Entrevue avec Jean Garon, le 23 février 2000.
73. Entrevue avec Daniel Paillé, le 9 mars 2000.
74. René Lévesque, *op. cit.*, p. 451.
75. Propos attribués à Jacques Parizeau et rapportés par André Steenhaut. Entrevue du 28 novembre 2000.
76. Ernest Boudreau,, *op. cit.*, p. 54.

CHAPITRE 22

Affronter les tempêtes
et marcher dans la tourmente

> « *Ce fut un bon ministre des Finances. Il a fait des bonnes affaires pour la province de Québec. Il [agissait] dans une période d'inflation et de recul de l'économie. Il a donc essayé de stimuler l'économie… Il était le plus déterminé d'entre tous. Le problème, c'était son option politique…* »
>
> Paul Desmarais [1]

En août 1981, un vent frais de fin d'été souffle sur le continent. Dans les salles des conseils d'administration, la tourmente qui s'annonce donne froid dans le dos. Chez les économistes du pays, la déroute est totale. Sur leur écran radar, ils détectent du mouvement, mais ne parviennent pas à identifier le spectre qui s'approche. En septembre, tous les cadrans se mettent à s'agiter violemment, comme déréglés. À Ottawa comme à Québec, les perturbations économiques semblent si fortes que l'on croit à une erreur statistique. Un violent orage éclate finalement sur l'économie du pays. Les taux d'intérêts, déjà élevés, s'emballent et atteignent des sommets. Ils dépassent les vingt pour cent. L'ouragan qui fait rage va anéantir, en quelques semaines, des milliers d'emplois. Les faillites se multiplient, les usines ferment. Entre août et décembre 1981, le chômage au Canada augmente de vingt pour cent [2]! En octobre, les ministères des Finances du Québec et d'Ottawa confirment que le pays vient de plonger dans la pire récession

---

1. Entrevue avec Paul Desmarais, le 18 avril 2001.
2. Extrait du discours du budget, le 25 mai 1982.

économique depuis la grande crise des années trente. «Ce n'était pas une erreur statistique[3]», déclare Jacques Parizeau.

Dans l'œil de la tempête, le ministre des Finances va piloter, en cherchant à relancer une économie furieusement menacée. «Ce qui est surprenant, c'est la violence du coup, raconte Jacques Parizeau. Vous avez beau périodiquement faire votre caisse, les projections que vous faisiez il y a quinze jours sont encore trop optimistes par rapport à la réalité. C'était comme une sorte de glissade[4]», se souvient-il.

Bustamanté, le milliardaire...

Dans ce contexte, emprunter devient un exercice périlleux. Pour sortir l'État québécois de l'impasse, Bernard Landry, ministre d'État au Développement économique, propose au Conseil des ministres une filière nouvelle pour trouver de l'argent à bon prix. «Je connais des financiers qui gèrent des fonds arabes», dit-il aux ministres. Jacques Parizeau n'assiste pas à cette séance. «Ils ont de l'argent, renchérit Bernard Landry, et ils veulent investir dans des régions prometteuses. J'ai un contact, monsieur Bustamanté, et je peux emprunter un milliard à cinq pour cent d'intérêt[5].» Alors que Jacques Parizeau impose des compressions budgétaires à tous les ministères et emprunte à un taux deux fois plus élevé que celui-là, cette proposition peut devenir gênante pour lui.

Mis au courant de la proposition de Bernard Landry et grandement indisposé par une telle manœuvre, Jacques Parizeau ordonne à son chef de cabinet de faire enquête : «Monsieur L'Écuyer, vous allez mettre tous les gens des Finances là-dessus. Allez au fond des choses dans cette affaire et faites-moi un rapport.[6]» Le ministère des Finances ne possède qu'un renseignement précis sur le dénommé Bustamanté : il aurait un compte à la Banque de Cleveland, aux États-Unis.

---

3. Propos de Jacques Parizeau tirés d'un article de Patricia Dumas, «Un vibrant plaidoyer pour la nouvelle classe des entrepreneurs québécois», *La Presse*, le 27 août 1983.
4. Entrevue avec Jacques Parizeau, le 30 mai 2000.
5. Source anonyme. Bernard Landry a confirmé auprès du biographe avoir fait une telle proposition.
6. Entrevue avec André L'Écuyer, le 28 mars 2000.

Les résultats de l'enquête se révèlent fort compromettants pour le présumé investisseur de Bernard Landry : monsieur Bustamanté ne cherche qu'à obtenir un mandat du ministère des Finances pour négocier un emprunt substantiel au nom du Québec. Dès que son groupe a le mandat, il dépense des millions, se déplace en Arabie ou ailleurs, loue une maison, invite des dignitaires, puis envoie les factures salées à l'État québécois. Il se paie du bon temps et «engage le Québec sur la base d'un mandat, alors qu'il sait très bien qu'il ne pourra pas conclure[7].» «Tous ces emprunts ne sont possibles que si on paie une avance à Bustamanté[8]», rappelle Jacques Parizeau. La proposition de Bernard Landry est donc un piège tendu au gouvernement du Québec. Mais plutôt que de révéler le pot aux roses ou de monter une cabale contre son collègue, Jacques Parizeau se contente d'aborder brièvement la question avec René Lévesque. L'affaire est close. «C'est un homme de pouvoir, mais qui ne [cherche] pas les batailles[9]», observe André L'Écuyer, son chef de cabinet.

Pourtant, à une autre époque, Jacques Parizeau n'a pas hésité à utiliser tous les moyens à sa disposition pour nuire à Bernard Landry. Nous sommes en novembre 1978, à quelques jours d'une conférence fédérale-provinciale sur l'économie. Serge Guérin, qui est alors chef de cabinet de Jacques Parizeau, remet au journaliste Jean-Claude Picard un document confidentiel de la délégation du Québec. Le document présente toute la stratégie du gouvernement du Québec en prévision de la rencontre qui doit se tenir à Ottawa[10]. Le samedi 25 novembre, deux jours avant la rencontre, Le Devoir en publie des extraits en première page.

Pourquoi Jacques Parizeau agit-il alors de la sorte? Ne risque-t-il pas de donner des armes au gouvernement fédéral en faisant couler un document confidentiel? En fait, quand il apprend que ce n'est pas lui, mais plutôt Claude Morin et Bernard Landry qui seront assis aux côtés du premier ministre tout au long de la conférence, il ne le prend pas. Il ne peux supporter de voir ainsi Bernard Landry «co-présider» la délégation

---

7. Source anonyme.
8. Entrevue avec Jacques Parizeau, le 30 mai 2000.
9. Entrevue avec André L'Écuyer, le 28 mars 2000.
10. Information confirmée par deux sources anonymes. Interrogé à ce sujet, le journaliste Jean-Claude Picard confirme, sans donner plus de détails, avoir reçu le document du ministère des Finances.

québécoise, tandis que lui devra se contenter d'intervenir de manière ponctuelle sur des questions précises. «Il n'aimait pas que Bernard Landry ait un trop gros rôle dans des conférences de premiers ministres, nous apprend une source anonyme. Aux yeux de Jacques Parizeau, il n'y avait pas deux économistes au Conseil des ministres, il y en avait un seul et c'était lui[11].» Faire couler ce document pouvait donc rendre la tâche plus difficile au ministre Landry.

Trois ans plus tard, Bernard Landry s'en tire donc plutôt bien avec sa «proposition Bustamanté». Il faut dire qu'à la fin de l'été 1981, Jacques Parizeau a bien d'autres chats à fouetter. Il en a plein les bras avec la récession qui frappe le Québec.

L'économie casse

Le 17 novembre 1981, quand Jacques Parizeau présente un budget supplémentaire, son objectif est de maintenir le déficit à trois milliards de dollars. Les transferts fédéraux, qui diminuent, n'aident en rien à la situation. «Ottawa est en train de déstabiliser l'état des finances publiques du Québec avec une vigueur croissante[12]», déclare-t-il. Plutôt que d'emprunter, Parizeau met fin à sa politique de réduction des impôts et impose des taxes spéciales sur l'essence et la bière. La taxe sur le carburant, en particulier, assomme les consommateurs avec une hausse moyenne de sept cents le litre[13]! Le gouvernement social-démocrate donne ainsi l'image d'une administration qui s'attaque aux plus petits.

L'année 1982 sera véritablement celle de la récession. Le Québec va y perdre deux cent vingt-deux mille emplois. Le taux de chômage atteint quatorze pour cent et la production tombe de près de six pour cent. C'est

---

11. Source anonyme.
12. Extrait de «L'énoncé complémentaire aux politiques budgétaires du gouvernement pour 1981-82», présenté par Jacques Parizeau à l'Assemblée nationale, le 17 novembre 1981.
13. Jacques Parizeau avait déjà innové en mars 1980, au grand déplaisir des consommateurs, en mettant en vigueur le concept de la «taxe ascenseur» sur le prix de l'essence. Conformément à ce concept, la taxe ne sera plus établie en cents par litre, mais en pourcentage de la valeur du carburant. Ainsi, quand le prix de l'essence à la pompe grimpe, la taxe en fait tout autant.

le recul le plus prononcé depuis la dépression des années trente [14]. C'est à ce moment, plutôt mal choisi, que refait surface le coûteux dossier de la nationalisation de l'amiante.

Faire vibrer la mauvaise fibre

Le 12 février 1982, un long contentieux prend fin avec le géant américain General Dynamics. Une entente permet au gouvernement du Québec de se porter officiellement acquéreur d'Asbestos, filiale de la multinationale, au coût de cent soixante-dix millions de dollars. Comme les taux d'intérêt sont élevés, il en coûte cher au gouvernement pour financer cet achat. «General Dynamics demandait dix millions comptant, alors que les taux d'intérêt étaient à dix-sept pour cent, raconte Michel Caron, sous-ministre des Finances. Le gouvernement [a dû] emprunter la totalité du coût d'acquisition [15].»

Dans les années qui suivent, la Société nationale de l'amiante (SNA), qui regroupe les mines des compagnies Asbestos et Bell, enregistre des déficits financiers. La dizaine d'entreprises de transformation que la SNA a mis sur pied deviennent rapidement désuètes. L'aventure de la nationalisation de l'amiante est un fiasco. L'erreur coûtera un demi-milliard de dollars aux Québécois et se soldera par la perte de deux mille six cents emplois et la fermeture de cinq mines.

Jacques Parizeau a mené les négociations avec General Dynamics. «C'est moi qui m'occupais du dossier, c'est donc moi qui suis responsable [16]», reconnaît-il. «Qu'est-ce que je me suis gouré!, ajoute-t-il. Je ne me rendais absolument pas compte de l'accumulation des plaintes devant les tribunaux américains à l'égard du caractère nocif de l'amiante.» «L'amiante est un dossier qui aurait dû être ré-analysé correctement, mais ne l'a jamais été [17]», affirme pour sa part Louis Bernard. Il rappelle que ce dossier était «une vache sacrée au parti» et «qu'il aurait fallu quelque chose d'extraordinaire pour changer le cours des choses.» Le *Montreal Star*

---

14. Extrait du discours du budget, le 22 mai 1984.
15. Entrevue avec Michel Caron, le 16 octobre 2000.
16. Entrevue avec Jacques Parizeau, le 3 mai 2000.
17. Entrevue avec Louis Bernard, le 3 avril 2000.

écrit avec justesse qu'avec la nationalisation de l'amiante, le Parti québécois souhaitait en fait acheter le passé et prendre sa revanche sur l'histoire et la célèbre grève d'Asbestos de 1949[18].

Les orientations du gouvernement péquiste s'expliquent aussi par le phénomène suivant : bien que le Québec soit le deuxième producteur d'amiante au monde après l'URSS, il ne transforme que trois pour cent de la ressource extraite sur son sol. Le Québec est une puissance de l'amiante qui ne possède pratiquement aucune industrie secondaire dans ce domaine. La production québécoise d'amiante est effectuée par quatre entreprises américaines et une britannique. Les Québécois ne sont pas propriétaires de cette ressource.

Le dossier de l'amiante devient vite une hécatombe pour l'économie québécoise. Malgré la responsabilité majeure de Jacques Parizeau dans cette catastrophe, Louis Bernard refuse de lui en faire porter tout le blâme : « C'était le dossier de monsieur Parizeau, mais il était beaucoup pistonné par Lévesque. Je pense que la responsabilité personnelle de monsieur Lévesque est grande, parce que lui-même s'était identifié à ce dossier. Comme ancien ministre des Richesses naturelles, monsieur Lévesque en avait fait un dossier fort de son action. Pendant la campagne électorale, il avait fait une intervention à ce sujet dans la région de Thetford[19]. »

Pour Raymond Garneau, critique économique du Parti libéral, il n'en demeure pas moins que Jacques Parizeau était « celui qui portait le flambeau de la nationalisation. Dans le débat public, [il était] le vendeur de la nationalisation[20]. » De par sa fonction, le principal responsable de toute l'opération demeure toutefois Yves Bérubé, le ministre des Ressources naturelles et des Terres et Forêts. Le 18 mai 1977, de concert avec Bernard Landry, ministre d'État au Développement économique, Yves Bérubé dépose un premier mémoire sur la politique de l'amiante. On y souligne que « le gouvernement du Québec acquerra le contrôle des compagnies productrices de manière à pénétrer de plein pied dans ce secteur clé pour l'économie du Québec[21]. » Les compagnies bénéficient alors d'un délai de

---

18. Éditorial du *Montreal Star* : « Buying the past », le 24 octobre 1977.
19. Entrevues avec Louis Bernard en novembre 1995 et le 3 avril 2000.
20. Entrevue avec Raymond Garneau, le 17 avril 2000.
21. Extrait du mémoire des délibérations du Conseil exécutif, séance du 18 mai 1977. Archives nationales du Québec. Fonds René-Lévesque, Montréal.

deux ans pour parvenir à une entente. « En cas d'impossibilité de conclure, le gouvernement du Québec recourra au moyen ultime qui est la nationalisation [22]. » Chez les collègues ministres, les résistances à ce projet sont pratiquement inexistantes. Bernard Landry déclare : « Ce sera un grand jour pour le Québec lorsque le fleurdelisé flottera au-dessus des installations de la société Asbestos [23]. » Yves Duhaime, qui devient ministre de l'Énergie et des Ressources en 1981, considère que l'achat des compagnies d'amiante « sera le coup du siècle, mieux que la nationalisation de l'électricité [24]. » Le conseiller économique du premier ministre, André Marcil, est le seul à s'opposer à la nationalisation.

En février 1982, la multinationale General Dynamics finit par vendre sa compagnie canadienne au ministère des Finances, non sans avoir épuisé tous les recours possibles devant les tribunaux. Jacques Parizeau, qui achète le bloc d'actions de General Dynamics à quatre-vingt-huit dollars l'action, refuse de faire une offre semblable aux actionnaires minoritaires. Cette décision l'entraînera au cœur d'une poursuite judiciaire qui va le hanter pendant vingt ans.

Carmand Normand, un financier de Montréal, fonde avec Warren Hurst, un homme d'affaires de l'Ontario, le Comité pour le traitement égal des actionnaires minoritaires de la société Asbestos. Ce regroupement d'actionnaires exige du gouvernement du Québec d'être payé pour ses actions au même prix que la compagnie General Dynamics, ce qui pourrait représenter une facture de plus de deux cents millions de dollars pour l'État québécois. Le comité entame alors une longue lutte juridique pour faire valoir son point de vue. Persistant, il se rend même jusqu'en Cour suprême, mais il perd en 2001. En achetant la compagnie General Dynamics Canada et sa filiale Asbestos, Jacques Parizeau affirme que le gouvernement du Québec n'avait donc pas à acheter les actions que cette filiale ne détenait pas. Le ministre des Finances refusera toujours de céder sur cette question : « Il faut comprendre que ce genre de transaction se déroule toujours ainsi. La loi prévoyait cette situation. Nous étions dans une

---

22. *Idem.*
23. Selon les souvenirs de Gilles Lesage, évoqués dans un éditorial du journal *Le Devoir* : « L'amiante, après 500 millions », le 9 septembre 1992.
24. Propos attribués à Yves Duhaime et rapportés par André Marcil. Entrevue du 30 août 2001.

situation juridique impeccable[25].» Jacques Parizeau reconnaît que Carmand Normand a fait du beau travail, «mais, il [n'avait] pas de cause[26]!» L'homme d'affaires réagit mal aux propos du ministre : «Quand vous êtes qualifié de génie et que vous vous en servez pour enrichir davantage les multinationales et fourvoyer vos propres citoyens, vous avez un gros problème! Il faut être équitable[27]», précise Carmand Normand.

En faisant un bilan rétrospectif du dossier de l'amiante, Denis de Belleval estime que le gouvernement du Québec est arrivé «vingt ou trente ans trop tard[28].» Commentant les décisions erronées du ministre des Finances sur cette question, Robert Tessier, alors secrétaire du Conseil du trésor, confirme pour sa part ce que l'on dit dans certains milieux à propos de Jacques Parizeau : «Il ne se trompe pas souvent, mais quand il se trompe, il se trompe en ta...[29]!»

Le respect de la parole donnée

En février 1982, l'économie québécoise est en pleine déroute. Les conventions collectives signées avec le secteur public en 1979 commencent à coûter cher et contribuent à accroître le déficit de la province. Yves Bérubé, le président du Conseil du trésor, considère que l'État ne peut plus se permettre de respecter ses engagements auprès des employés de l'État. Il suggère que l'État procède unilatéralement et ne verse pas les augmentations de salaire prévues dans les conventions collectives pour les six derniers mois de l'année 1982.

Jacques Parizeau s'oppose à cette solution. Celui qui a paraphé les conventions collectives n'a pas l'intention de renier sa signature. L'argumentation du ministre des Finances repose sur le respect de la parole

25. Entrevue avec Jacques Parizeau, le 28 août 2001.
26. L'affaire indisposera à ce point Jacques Parizeau qu'en mai 1995, lors d'un cocktail donné à la suite du discours du budget de Jean Campeau, Carmand Normand tentera de reparler de ce dossier avec Jacques Parizeau, devenu premier ministre. Ce dernier refusera net d'en discuter et tournera le dos à Carmand Normand.
27. Entrevue avec Carmand Normand, le 29 août 2001.
28. Entrevue avec Denis de Belleval, le 29 mars 2000.
29. Entrevue avec Robert Tessier, le 15 mai 2000. Bernard Landry fait partie des ministres qui aiment bien reprendre cette phrase.

donnée. Si le Québec vend des obligations à un taux d'intérêt de huit pour cent, raconte Jacques Parizeau, et qu'en raison de problèmes budgétaires, l'État décide à l'échéance de ne verser que six pour cent aux détenteurs, il deviendra impossible à l'avenir d'emprunter sur les marchés. On ne songe jamais à agir ainsi avec les institutions financières, « mais parce que, dans ce cas-ci, ce sont de simples employés, nous n'allons pas respecter notre signature... Jamais ! Je ne marcherai pas là-dedans[30]. »

Lors de la négociation de 1981-1982, « on a senti plus fermement le combat Parizeau-Bérubé[31] », témoigne Guy Chevrette. Yves Bérubé compte sur d'importants appuis, dont Louis Bernard qui affirme que « la majorité du Conseil des ministres voulait une loi pour annuler les derniers six mois de la convention et renégocier[32]. » Pour contrer l'argument de Jacques Parizeau sur le respect de la parole donnée, Marc-André Bédard donne l'exemple des panneaux de signalisation : « Les règlements de la circulation sont à respecter dans des circonstances ordinaires, mais quand il y a une tempête ou une catastrophe, il devient dangereux de respecter les mêmes panneaux... On peut donc revenir sur notre signature[33]. » Pour Pierre Marc Johnson, c'est encore plus clair : « L'État n'a pas les moyens de respecter la signature de 1979[34]. » Pauline Marois nous apprend que « beaucoup de jeunes ministres[35] » partagent cette opinion. Parmi eux, Alain Marcoux, Michel Clair et Denise Leblanc-Bantey, ministre de la Fonction publique. La vision d'Yves Bérubé semble donc dominer, ce qui n'empêche pas Jacques Parizeau de persister, même à tous contre un.

L'équilibre social ou financier ?

Au comité ministériel de coordination des négociations collectives, Jacques Parizeau doit défendre sa position avec vigueur. En plus du ministre des Finances, le groupe est composé de Jean-Roch Boivin, le

30. Propos attribués à Jacques Parizeau et rapportés par Jean Royer. Entrevue du 27 avril 2000.
31. Entrevue avec Guy Chevrette, le 13 novembre 2001.
32. Entrevue avec Louis Bernard, le 3 avril 2000.
33. Entrevue avec Marc-André Bédard, le 15 février 2001.
34. Entrevue avec Pierre Marc Johnson, le 5 septembre 2000.
35. Entrevue avec Pauline Marois, le 17 décembre 2001.

représentant du premier ministre, Camille Laurin, ministre de l'Éducation, Denise Leblanc-Bantey, ministre de la Fonction publique, Yves Bérubé, président du Conseil du trésor, et Pierre Marc Johnson, ministre des Affaires sociales. À l'une des rencontres du comité, Robert Tessier, le secrétaire du Conseil du Trésor, et Lucien Bouchard, le négociateur en chef du gouvernement, posent un geste audacieux à la demande du ministre Bérubé : ils présentent les calculs qu'ils ont faits des équilibres financiers de l'État, un exercice normalement dévolu au ministère des Finances. « Ce fut sportif, raconte Robert Tessier. C'est l'une des bonnes réunions à laquelle j'ai assisté [36]. » Le document prévoit un déficit qui dépasse de beaucoup les trois milliards de dollars. Jacques Parizeau n'apprécie pas du tout. Ce n'est pas tellement le rôle du jeune Tessier qui l'indispose [37], que les agissements de Lucien Bouchard. « Il n'a pas aimé ça. Mais pas du tout ! », raconte Robert Tessier. Dans un geste spectaculaire, le ministre des Finances déchire les feuilles en s'exclamant : « Je ne reconnais pas ce document ni ces chiffres [38] ! » « C'est une tentative de me passer par-dessus la tête, ça c'est clair [39] », estime Jacques Parizeau. Les discussions se font féroces. « Bouchard aime la bataille. Bien là, nous en avions une vraie !, révèle Robert Tessier. Mais ça n'a pas marché [40]. »

Ni Yves Bérubé, ni ses renforts ne réussissent à ébranler l'économiste issu de la London School of Economics. « Pour moi, l'équilibre social passe avant l'équilibre financier [41] », martèle-t-il. « Tout le monde craignait qu'il minimise le problème [l'ampleur de la récession]. C'était l'opinion de plusieurs, dont celle de Bouchard [42] », confie Claude Séguin, un ancien membre du cabinet de Jacques Parizeau, qui travaillait alors au Conseil du trésor.

---

36. Entrevue avec Robert Tessier, le 15 mai 2000.
37. Jacques Parizeau respecte énormément Robert Tessier. Le ministre a soutenu sa candidature au poste de secrétaire du Conseil du trésor, en 1980, quand Tessier n'était âgé que de 35 ans. Le bureau du premier ministre le trouvait trop inexpérimenté pour assumer une telle fonction. En 2001, Robert Tessier était président de la compagnie Gaz Métropolitain.
38. Propos attribués à Jacques Parizeau et rapportés par Robert Tessier. Entrevue du 15 mai 2000. Confirmé par Jacques Parizeau.
39. Entrevue avec Jacques Parizeau, le 14 juin 2000.
40. Entrevue avec Robert Tessier, le 15 mai 2000.
41. Entrevue avec Jacques Parizeau, le 14 juin 2000.
42. Entrevue avec Claude Séguin, le 1er juin 2000.

Yves Bérubé, le président du Conseil du trésor,
et Jacques Parizeau, le ministre des Finances.
Deux hommes pour s'occuper des chiffres de l'État
et deux visions qui s'affrontent.
Photo de Jacques Nadeau.

La piscine

Un Conseil des ministres spécial se tient en février 1982 à Sainte-Marguerite-du-lac-Masson. Lucien Lessard, un ancien enseignant devenu ministre des Loisirs, de la Chasse et de la Pêche, fait une suggestion qui est retenue par René Lévesque[43]. Plutôt que de ne pas accorder, de façon unilatérale, les dernières augmentations de salaire prévues pour les employés de la fonction publique, Lucien Lessard propose d'en parler d'abord avec les syndicats et de négocier avec eux un arrangement. S'ils refusent, le gouvernement disposera ainsi d'une légitimité supplémentaire pour agir.

Au cours de ces discussions, un événement pénible vient ébranler le Conseil des ministres. Le 23 février 1982, Claude Charron, qui est de plus en plus apprécié par René Lévesque, quitte le Conseil des ministres.

---

43. Entrevue téléphonique avec Lucien Lessard, le 3 mars 2002.

Comme il a été accusé d'avoir volé un manteau au magasin Eaton de Montréal, il ne se croit plus digne de remplir ses fonctions. Élu député du Parti québécois en 1970, à l'âge de 24 ans, Claude Charron n'a que 36 ans au moment de sa démission. Ses collègues ministres lui expriment beaucoup d'empathie. Jacques-Yvan Morin lui serre l'avant-bras. «Parizeau, dont je me suis senti loin pendant toute ma carrière, vient poser sa main sur mon épaule [44]», écrit Claude Charron.

Puis, au mois d'avril, au Sommet économique de Québec, René Lévesque présente au milieu des affaires et au monde syndical les états financiers de son gouvernement : le Québec doit combler un trou de sept cents millions de dollars. Les centrales syndicales ne bougent pas. L'impasse est totale.

À la fin du même mois, Jacques Parizeau n'a toujours pas présenté son budget. Le Conseil des ministres est incapable de statuer sur la façon de répondre définitivement aux refus des syndicats. Pour dénouer la crise, André L'Écuyer, le chef de cabinet de Jacques Parizeau, rédige une note pour son patron [45]. Le ministre des Finances, qui désire accorder les augmentations prévues en 1982, est prêt à imposer un gel des salaires d'une durée de deux ans pour la prochaine convention collective. «Ce scénario est risqué, lui répond André L'Écuyer. Il faut absolument éviter un autre budget supplémentaire.» L'Écuyer se rend au domicile du ministre à Montréal pour discuter avec lui : «Monsieur Parizeau, deux ans, c'est trop long pour récupérer l'argent. Voici ce que je vous propose : il faudrait que vous annonciez que vous respectez votre signature, puis en janvier 1983, plutôt que de geler les salaires pendant deux ans, vous les baissez [46].» André L'Écuyer entrevoit une diminution qui pourrait être étalée sur une année. La discussion dure à peine quinze minutes :«Monsieur L'Écuyer, c'est non [47]!» André L'Écuyer insiste, mais Jacques Parizeau l'interrompt aussitôt : «Monsieur L'Écuyer, c'est NON!» Contrairement à Yves Bérubé, qui n'est pas réputé pour sa diplomatie, le ministre Parizeau ne veut pas d'un règlement qui serait trop brusque pour les fonctionnaires.

---

44. Claude Charron, *Désobéir*, Montréal, VLB Éditeur, 1983, p. 89.
45. Entrevue avec André L'Écuyer, le 13 avril 2000. La note est datée du 30 avril 1982.
46. *Idem*.
47. Propos attribués à Jacques Parizeau et rapportés par André L'Écuyer. Entrevue du 28 mars 2000.

Pendant ce temps, au bureau du premier ministre, Jean-Roch Boivin plaide auprès de René Lévesque afin que le gouvernement n'accorde pas les augmentations promises. Le premier ministre n'adhère pas complètement à ce que lui dit son chef de cabinet : « On ne peut pas casser Parizeau là-dessus. Il le prendrait très mal. Vous savez, il en a déjà mangé pas mal [48]. » René Lévesque fait allusion ici à la perte du Conseil du trésor, l'année précédente. Par ailleurs, il sait que Jacques Parizeau laisse courir la rumeur voulant qu'il serait prêt à démissionner sur cette question [49]. Jean-Roch Boivin comprend alors que le premier ministre va se ranger aux côtés de son ministre des Finances, et ce, malgré l'opposition presque unanime du Conseil des ministres. « C'est une erreur, c'est une erreur monumentale [50] », se dit Jean-Roch Boivin.

Dans les jours qui suivent, au cours d'une séance houleuse du Conseil des ministres, Jacques Parizeau lance finalement l'idée avancée par son chef de cabinet, soit celle de réduire les salaires de la fonction publique, dès janvier 1983. René Lévesque réagit tout de suite : « J'aime ça cette affaire-là [51]. » Les ministres finissent par s'entendre : ils accordent les augmentations prévues pour 1982, mais à la prochaine convention collective, en 1983, les salaires devront baisser. « Tout le monde rentre dans le rang, même monsieur Lévesque. Ça démontre quand même que Jacques Parizeau est puissant en maudit sur le plan personnel [52] ! », observe Denis de Belleval. Mais alors que les ministres sont sur le point de quitter la salle ovale, Louis Bernard demande [53] :

— Mais qu'est-ce qu'on récupère au juste ?

— On récupère tout, répond René Lévesque

— Sur quelle période ? dit Louis Bernard, en se tournant vers Jacques Parizeau.

---

48. Propos attribués à René Lévesque et rapportés par Jean-Roch Boivin, le 20 février 2001.
49. Jacques Parizeau en parle à Jean Royer. Entrevue du 27 avril 2000.
50. Entrevue avec Jean-Roch Boivin, le 20 février 2001.
51. Selon les souvenirs d'André L'Écuyer. Entrevue du 13 avril 2000.
52. Entrevue avec Denis de Belleval, le 29 mars 2000.
53. Le dialogue suivant est inspiré des souvenirs d'André L'Écuyer, entrevue du 13 avril 2000. Jacques Parizeau et Louis Bernard ne contestent pas cette version des faits.

— Je récupérerais ça sur un an, précise le ministre des Finances.

— Non, non, rétorque René Lévesque. Il faut tout récupérer à l'intérieur de l'année fiscale, donc sur trois mois.

De cette façon, le premier ministre se trouve à appuyer l'idée de Jacques Parizeau, tout en respectant l'objectif d'Yves Bérubé, lequel visait une réduction des dépenses avant le nouvel exercice budgétaire. Les initiés appellent cette mesure « la piscine », puisqu'en traçant la courbe des salaires avec un crayon, le dessin qui apparaît ressemble au bassin d'une piscine.

La décision du Conseil des ministres est communiquée à la population lors du discours du budget, le 25 mai 1982. Le gouvernement récupère les montants pour la période allant du 1er janvier au 31 mars 1983. Les salaires touchés baissent en moyenne de 14,6 %, puis remontent. Pour les plus nantis, la récupération s'étalera sur trois ans. La tâche des enseignants est également augmentée par une modification apportée au nombre moyen d'élèves par classe.

Jacques Parizeau vient de gagner contre le bureau du premier ministre, le Conseil des ministres et le comité ministériel de coordination des négociations collectives. Mais au sein de son propre cercle certains croient encore qu'il sous-estime l'ampleur de la crise économique. Son sous-ministre, Michel Caron, fait partie de ceux qui pensent que Jacques Parizeau embellit la situation. Son « optimisme alarmant [54] » l'indispose.

« C'est une époque difficile, reconnaît Jacques Parizeau. Cela prenait des nerfs d'acier. Tous les vendredis, je regardais l'état de la caisse. La peur nous prenait. C'était toujours pire que ce qu'on avait anticipé. Il y avait des plongées de revenus et des dépassements de coûts [55]. » Lors de la préparation du budget de l'année 1982, « Michel Caron a l'impression que Parizeau joue avec les chiffres et cache un peu la vérité à Lévesque [56] », soutient André L'Écuyer. Un désaccord majeur surgit entre le ministre et le sous-ministre en ce qui concerne les projections du déficit.

Sans prévenir Jacques Parizeau, Michel Caron envoie une lettre à Louis Bernard, le secrétaire général du gouvernement, dans laquelle « il dénonce Parizeau assez fort [57]. » « Caron est énervé et décide, sans m'en parler,

---

54. Entrevue téléphonique avec Michel Caron, le 16 octobre 2000.
55. Entrevue avec Jacques Parizeau, le 25 janvier 2000.
56. Entrevue avec André L'Écuyer, le 28 mars 2000.
57. *Idem.*

d'aller voir Louis Bernard pour se plaindre de mes chiffres [58] », confirme Jacques Parizeau. Entre son ministre des Finances et un sous-ministre, René Lévesque n'a aucune difficulté à choisir : le haut fonctionnaire doit partir. Ces incidents se déroulent au printemps, mais Michel Caron démissionne officiellement à la fin de l'été. Il devient vice-président exécutif d'Hydro-Québec, en octobre 1982.

Le nouveau sous-ministre de Jacques Parizeau se nomme Robert Normand. Les deux hommes se sont connus au moment de la Révolution tranquille, alors que Robert Normand occupait le poste d'adjoint de Louis-Philippe Pigeon, chargé des questions de législation à l'Assemblée nationale. Dorénavant, ce sera donc un avocat qui agira comme sous-ministre des Finances ! Cette nomination en fait jaser plusieurs, mais Jacques Parizeau s'en moque car, avant tout, il a choisi Robert Normand en raison de sa connaissance approfondie du fonctionnement de l'appareil étatique. Quand la nouvelle recrue confesse ses craintes relatives à la complexité des questions économiques en jeu, le ministre Parizeau le rassure immédiatement : « Venez ! Venez !, dit-il. La technique, je la connais ! Ce dont j'ai besoin, c'est d'un chef d'orchestre capable de faire travailler mon monde et de maintenir le rôle prédominant du ministère des Finances auprès des autres ministères [59]. » Des années plus tard, Robert Normand constate que Jacques Parizeau a dit vrai : « Jamais je ne me suis promené avec une règle à calcul au ministère des Finances. J'avais des hommes pour le faire [60]. »

L'harmonie entre les deux hommes est parfaite. Robert Normand, qui a déjà reçu une formation militaire quand il était plus jeune, n'a aucune difficulté à porter le veston et à faire preuve de discipline. Avec sa venue au sein de l'équipe, André L'Écuyer observe que l'atmosphère change et que l'air devient plus respirable.

À la même époque, c'est à l'Assemblée nationale que l'atmosphère se détériore. En juin 1982, le député péquiste du comté de Sainte-Marie à Montréal, Guy Bisaillon, démissionne pour exprimer son opposition à l'adoption de la Loi 70. Cette loi impose les réductions de salaires aux employés de la fonction publique. Puis, le 11 décembre, la Loi 105 met fin

---

58. Entrevue avec Jacques Parizeau, le 25 janvier 2000.
59. Propos attribués à Jacques Parizeau et rapportés par Robert Normand. Entrevue du 19 décembre 2000.
60. Entrevue avec Robert Normand, le 19 décembre 2000.

aux négociations et force, par décret, les trois cents mille employés du secteur public à accepter les cent neuf nouvelles conventions collectives. La député Louise Harel enregistre sa dissidence. Elle vote contre la loi, mais demeure au sein du parti.

L'année 1983 débute par des grèves et des manifestations violentes. Une loi spéciale, particulièrement répressive, force le retour au travail des syndiqués. De l'avis du chef de cabinet de Jacques Parizeau, cette ronde de négociations avec le secteur public a « changé pour le mieux les rapports entre les syndicats et le gouvernement [61]. » Selon André L'Écuyer, cette crise a montré aux syndiqués qui était le patron. Pierre Marc Johnson ne partage pas cette opinion : « Par cette " piscine ", nous avons complètement démoli la base de rémunération des employés de l'État. Cela a pris quatre ou cinq ans avant de reprendre le retard. Parizeau a démoli le lien de confiance entre le parti et le monde syndical [62]. » Des années plus tard, les fonctionnaires ne pardonneront toujours pas au gouvernement péquiste d'avoir agi ainsi. Quand Jacques Parizeau sera élu premier ministre du Québec en 1994, il se fera encore reprocher l'adoption de cette mesure, même après avoir reconnu publiquement, en 1989, que l'idée n'était pas bonne.

« Nous avons donné le train électrique à Noël et l'avons ramassé à Pâques, rappelle Robert Tessier. Dans ces conditions, personne ne pouvait être heureux [63]. » Pour Louis Fournier, un ancien journaliste, auteur et directeur des communications à la FTQ, la négociation de 1982, « ce sera la première grande défaite du mouvement syndical, en vingt ans, dans le secteur public [64]. »

Les grandes corvées

Heureusement pour Jacques Parizeau, ses rapports avec le mouvement syndical ne se résument pas qu'à la négociation de conventions collectives. Au Sommet économique de Québec, qui se déroule du 5 au 7 avril 1982,

---

61. Entrevue avec André L'Écuyer, le 13 avril 2000.
62. Entrevue avec Pierre Marc Johnson, le 5 septembre 2000.
63. Entrevue avec Robert Tessier, le 15 mai 2000.
64. Louis Fournier, *Solidarité inc. – Un nouveau syndicalisme créateur d'emplois*, Montréal, Québec Amérique, 1991, p. 27.

Louis Laberge propose de relancer l'emploi par la création d'un programme d'investissement. L'idée se transforme peu à peu en une mesure visant à stimuler la construction domiciliaire, par une subvention qui couvrirait une partie du taux hypothécaire. Raymond Blais, du Mouvement Desjardins, s'empresse d'appuyer l'idée lancée par le président de la FTQ. Mais pour qu'elle ait un effet marqué sur l'emploi, l'objectif doit être fixé à cinquante mille logements sur une période d'un an et demi. Jacques Parizeau s'enthousiasme, mais il a toutefois besoin de quelques heures pour vérifier auprès de son ministère si cette mesure est possible. Il allume les ordinateurs et met rapidement ses fonctionnaires au travail. Quand il revient à la table du Sommet, ses calculs lui permettent de croire en la faisabilité d'un tel programme[65].

Les efforts coordonnés du ministère des Finances et de Guy Tardif, le ministre délégué à l'Habitation, débouchent sur la création du programme *Corvée-habitation*, qui permet la construction d'une nouvelle maison à un taux hypothécaire maximum de treize et demi pour cent, garanti pour trois ans. L'escompte est appréciable, puisque le taux officiel est alors de dix-neuf pour cent. Les institutions québécoises (le Mouvement Desjardins, la Banque Nationale et la Banque d'Épargne) acceptent d'abaisser leurs taux hypothécaires d'un demi pour cent, tandis que les travailleurs et les constructeurs versent douze cents et demi de l'heure travaillée dans le fonds *Corvée-habitation*. Une fois les contributions comptabilisées, le gouvernement du Québec comble la différence de façon à ce que le taux hypothécaire visé soit atteint[66].

Les banques à charte anglophones refusent de participer au programme. Quand Jacques Parizeau l'apprend, il convoque les dirigeants de ces institutions à son ministère. « Je me rappellerai toute ma vie de cette réunion, raconte Normand Paquin, responsable des questions financières au cabinet du ministre Parizeau. Les banquiers étaient autour de la table et Parizeau ne cessait de leur dire : " Nous avons besoin de vous. Les institutions francophones ont accepté de baisser leurs taux hypothécaires d'un demi pour cent, vous devriez faire de même ". Personne ne réagissait, révèle

---

65. Entrevue avec Jacques Parizeau, le 3 mai 2000.
66. Le gouvernement du Québec va finalement contribuer à 59 % au programme. Les travailleurs et les constructeurs vont fournir 32 % des fonds. Les institutions financières ne donneront qu'un maigre 9 %.

Normand Paquin. Jacques Parizeau leur a dit encore : "Vous devriez écouter... Si vous ne faites pas d'efforts, je vais être obligé de vous forcer la main un peu[67]".» À la fin de la réunion, Jacques Parizeau, en bon *gentleman*, prend congé des banquiers sur un ton détendu, le sourire aux lèvres. Seul le représentant de la Banque de Montréal pressent que le ministre est sérieux et qu'il va agir. Normand Paquin l'entend alors dire à ses collègues : « Réveillez-vous, il est en train de vous jouer un tour et vous riez[68] !»

Le 22 juin 1982, Jacques Parizeau annonce effectivement à l'Assemblée nationale que les cinq grandes banques à charte[69] qui ne participent pas au programme *Corvée-habitation* se verront imposer, pour toute la durée du programme, une taxe supplémentaire sur leur capital. Les revenus générés seront versés au fonds *Corvée-habitation*. « Jacques Parizeau est capable de mettre le poing sur la table quand ça ne marche pas, explique Normand Paquin. Il demandait aux banques de collaborer, elles n'ont pas voulu... Il a fait une loi et a mis sur pied une taxe spéciale. Quand il est en mode opération, ôtez-vous de là[70] !», conclut Normand Paquin.

Lancé en juin 1982, le programme *Corvée-habitation*, qui a germé dans l'esprit du syndicaliste Louis Laberge, donne des résultats prodigieux. En trois ans, plus de cinquante mille nouveaux logements sont construits et autant d'emplois sont créés[71]. Au début des années 1970, la FTQ n'était qu'un simple service d'ordre pour le Parti québécois. Elle est maintenant l'instigatrice de mesures économiques structurantes. La bonne entente entre Louis Laberge et Jacques Parizeau n'a pas fini d'étonner.

Lors du Conseil général de la FTQ qui se tient à Jonquière les 8 et 9 novembre 1982, Louis Laberge lance l'idée de la création d'un fonds, le Fonds de solidarité de la FTQ, qui serait administré par la centrale syndicale et constitué à partir des cotisations des travailleurs. Les placements

---

67. Propos attribués à Jacques Parizeau et rapportés par Normand Paquin, le 19 février 2001.
68. Selon les souvenirs de Normand Paquin. Entrevue du 19 février 2001.
69. La Banque Royale, la Banque de Montréal, la Banque de Commerce, la Banque de Nouvelle-Ecosse et la Banque Toronto-Dominion.
70. Entrevue avec Normand Paquin, le 19 février 2001.
71. Le gouvernement fédéral est également responsable de cette hausse, mais dans une moindre mesure. À la même époque, il verse une subvention de 3 000 $ pour réduire l'hypothèque d'une maison neuve ou l'achat d'une première maison.

devraient avoir pour but premier de sauvegarder et de créer des emplois au Québec en investissant dans des PME québécoises. Dans les premiers mois de l'année 1983, Louis Laberge rencontre le premier ministre Lévesque qui appuie l'idée et confie immédiatement le dossier à son ministre des Finances. Jacques Parizeau, qui a bien apprécié travailler avec Louis Laberge dans le programme *Corvée-habitation*, offre à la FTQ tout le soutien technique dont elle a besoin.

Le 23 juin 1983, la Loi 192, qui sanctionne la mise sur pied du Fonds de solidarité de la FTQ, est adoptée. Jacques Parizeau annonce que l'ensemble de la population québécoise pourra contribuer à ce fonds et profiter d'un crédit d'impôt de trente-cinq pour cent. Les placements seront également admissibles à un régime enregistré d'épargne-retraite. Quelques mois plus tard, afin de stimuler le démarrage de ce nouveau fonds, le ministre des Finances accorde un prêt de dix millions de dollars à la nouvelle organisation. Pour Jacques Parizeau, le Fonds de solidarité de la FTQ constitue une voiture de plus dans le long convoi formé essentiellement par des sociétés d'État, afin de donner au Québec l'élan nécessaire pour l'éloigner définitivement de la subordination économique.

Six mois plus tard, la Suède adopte une loi semblable à celle du Québec. La société québécoise est donc la première au monde à avoir confié la direction d'un fonds de placement à une organisation syndicale [72]. Au 31 décembre 2000, le Fonds de solidarité de la FTQ comptait près d'un demi-million d'actionnaires et son actif atteignait les 4,1 milliards de dollars. Le jour de l'inauguration du fonds, Alain Dubuc, le chroniqueur économique de *La Presse*, parlait déjà de la création de la « mini-caisse de dépôt de la FTQ. »

Le *War Room*

Pour un ministre des Finances, une récession est la pire des afflictions dont peut souffrir l'économie. Chez Jacques Parizeau, une fois passés les premiers frissons, la récession de 1982 devient une occasion nouvelle de se

---

72. En mai 1985, le gouvernement fédéral injecte à son tour 10 millions de dollars, sous forme de subvention et accorde des avantages fiscaux aux souscripteurs du Fonds de solidarité de la FTQ.

battre contre l'adversité. S'inspirant vaguement des actions menées par Winston Churchill, il s'approprie une expression britannique forgée pendant la Seconde Guerre mondiale pour combattre la crise et il crée, à la fin de l'été 1983, un *War Room*.

Ce conseil de guerre, qui se tient à son quartier général, a pour mission de suivre le développement d'une vingtaine de grands projets et de veiller à ce que les six milliards de dollars d'investissement qu'ils représentent soient bel et bien investis au Québec. Dirigé par le sous-ministre adjoint Roger Pruneau, en 1983, et par Pierre Ypperciel, en 1984, ce comité d'urgence cessera d'exister peu de temps après la démission de Jacques Parizeau.

L'existence de cette nouvelle force de frappe est rendue possible en raison des nouvelles tâches que René Lévesque confie à Jacques Parizeau, en septembre 1982. Depuis ce remaniement ministériel où l'on a aboli le ministère d'État au Développement économique, le premier ministre a remis à son ministre des Finances la présidence du comité ministériel permanent au développement économique. En mars 1983, un Conseil des ministres extraordinaire se réunit au Mont Saint-Anne. Le gouvernement décide alors d'adopter un programme d'accélération des investissements privés et publics. Le ministère des Finances doit veiller à son application.

«La caractéristique d'une récession, explique Jacques Parizeau, c'est qu'un tas de projets d'investissements est reporté à plus tard[73].» Comme il désire continuer à aller de l'avant malgré la récession, le ministre des Finances demande à son équipe de trouver combien l'ouverture d'un nouveau chantier de construction rapporte en revenus de taxes à l'État quand une entreprise investit au Québec. Après avoir examiné la question, les fonctionnaires en arrivent à la réponse suivante : uniquement pendant la phase de construction, un investissement d'un dollar rapporte 20 cents au gouvernement du Québec. Jacques Parizeau se frappe dans les mains. Avec ces chiffres en main, il décide d'accorder aux entreprises une subvention de vingt pour cent applicable au coût des travaux de construction. «Nous allons voir tous ceux qui ont des plans d'investissement et qui ont accroché leurs patins pour la durée de la récession et nous leur demandons si, avec une telle subvention, ils [seraient] prêts à commencer tout de suite[74]?» Le

---

73. Entrevue avec Jacques Parizeau, le 14 juin 2000.
74. *Idem.*

programme d'aide ne s'applique cependant que sur une courte période de temps. Passé ce délai, le gouvernement ne peut plus promettre d'argent. Dans le domaine minier seulement, cette initiative du ministère des Finances permet de déclencher des travaux d'un demi-milliard de dollars qui dormaient dans les tiroirs.

C'est alors qu'entre en scène le *War Room*. Chaque jeudi matin, le ministre Parizeau s'amène dans cette salle qui a été spécialement aménagée pour y tenir les réunions. Leur durée est déterminée par le nombre de cigarettes qu'il écrase dans un cendrier que l'on a pris soin de nettoyer avant son arrivée. « Bon, [c'était] une réunion de dix-huit cigarettes, celle-là [75] ! », commenteront les seize ou dix-sept fonctionnaires « facilitateurs » de projets, qui assistent aux séances frénétiques d'un Jacques Parizeau exalté.

L'homme de chiffres, qui est aussi un homme de théâtre, a exigé que les murs du *War Room* soient couverts de tableaux géants. Sur chacun des tableaux, le ministre peut voir en gros caractères le montant de l'investissement du projet, les retombées fiscales, le nombre d'emplois créés, de même que les subventions attribuables. Lorsque l'étude d'un projet est terminée, le sous-ministre adjoint fait glisser le tableau de façon latérale. Un second tableau apparaît, puis un troisième et ainsi de suite. Un système de roulement à billes permet ainsi de déplacer la cinquantaine de tableaux qui se superposent. Jacques Parizeau veut du mouvement, même dans le *War Room* [76]...

Grâce à la réalisation de ces nombreux programmes de relance [77], le Québec se relève rapidement de la récession. Pour l'année 1983, le ministère des Finances prévoyait une augmentation du produit intérieur brut (PIB) d'un et demi pour cent, le taux d'expansion frôle plutôt les quatre pour cent. Cette croissance dépasse celle du Canada, des États-Unis et de la moyenne des pays de l'Europe de l'Ouest [78]. Dans les premiers mois de

---

75. Selon les souvenirs de Pierre Ypperciel. Entrevue téléphonique du 4 janvier 2002.
76. La cinquantaine de tableaux et son système de roulement à billes ont coûté près de 40 000 $ au trésor public.
77. Parmi les programmes de relance, il convient de nommer « Le plan Biron » qui venait en aide aux PME en difficulté et dont était responsable Rodrigue Biron, le ministre de l'Industrie, du Commerce et du Tourisme.
78. Selon le discours du budget du 22 mai 1984.

1983, le Québec est responsable de près de quatre-vingt pour cent des emplois créés au Canada. À la fin de l'année, le taux de récupération de l'emploi au Québec demeure toutefois inférieur à celui de l'Ontario.

Pour toute cette période, la politique de relance économique adoptée par le gouvernement du Parti québécois est fortement inspirée par Jacques Parizeau. Celui-ci pousse encore plus loin la présence de l'État québécois sur la scène économique, laquelle atteint un taux de participation record (26,3 %). Afin de relancer l'économie, l'audacieux ministre des Finances ne se contente donc pas seulement de faire confiance aux gens d'affaires et au milieu financier.

La confiance du chef

Quand René Lévesque lui a retiré le Conseil du trésor en 1981, plusieurs personnes croyaient bien que l'influence de Jacques Parizeau au sein du gouvernement ne ferait que diminuer. La suite des événements apporte toutefois un démenti à cette interprétation. Après avoir réglé de brillante façon le dossier des caisses d'entraide économique en les sauvant de la faillite, Jacques Parizeau reçoit l'appui du premier ministre pour mener les négociations avec le secteur public. Puis, pour sortir le Québec de la récession, René Lévesque lui confie ensuite la présidence du comité ministériel permanent au développement économique.

Les ministres qui souhaitent présenter un dossier d'ordre économique au Conseil des ministres doivent auparavant en discuter avec les membres de ce comité ministériel, qui se réunit le deuxième mardi soir de chaque mois, au restaurant *Guido*. Les projets retenus doivent recevoir une recommandation écrite de Jacques Parizeau. À titre de greffier de ce même comité, Pierre Ypperciel est en mesure d'apprécier toute l'influence que Jacques Parizeau conserve encore sur ses collègues. Après avoir perdu la présidence du Conseil du trésor, « il était comme un lion blessé à l'une de ses quatre pattes. La blessure l'a fait souffrir, mais il est resté fort et il [a su] se remettre sur pied[79] », déclare Pierre Ypperciel. Même si plusieurs ministres ont du mal à supporter son côté professoral, « monsieur Parizeau commande plus que jamais l'estime et le respect de ses collègues ministres

---

79. Entrevue téléphonique avec Pierre Ypperciel, le 4 janvier 2002.

en raison de ses compétences[80]. » Quand Jacques Parizeau quittera le gouvernement, les réunions du comité ministériel permanent au développement économique perdront de leur éclat. « Avec Yves Duhaime, ce ne sera plus pareil, constate Pierre Ypperciel, qui a déjà été son attaché de presse. Le nouveau ministre des Finances sera incapable d'avoir la même ascendance que Parizeau sur ses collègues. Duhaime, c'est le copain qui devient *boss*[81]. » Maintenir une distance avec les ministres et manger seul le midi, comme le faisait Jacques Parizeau, comporte donc certains avantages.

La confiance de René Lévesque en Jacques Parizeau s'exprime également à travers les mandats spéciaux que lui donne le premier ministre. Ainsi, le 23 juin 1983, tout de suite après qu'il ait fait adopter la loi permettant la création du Fonds de solidarité de la FTQ, Jacques Parizeau s'envole pour Paris. René Lévesque lui a demandé de conclure les négociations avec la société française Péchiney, afin qu'elle s'engage à implanter sa nouvelle aluminerie à Bécancour. C'est pourtant Yves Duhaime, le ministre de l'Énergie et des Ressources, qui pilote le dossier depuis trois ans. « Des gens au gouvernement trouvaient que ça n'avançait pas, témoigne Pierre Ypperciel. On décide donc d'envoyer à Paris le *heavy weight* du gouvernement[82]. » Dès son arrivée à Paris, Jacques Parizeau entame des pourparlers difficiles avec Laurent Fabius, le ministre français de l'Industrie et de la Recherche. Le 29 juin au matin, le contrat est signé. René Lévesque et Pierre Mauroy, le premier ministre de la France, annoncent à la presse parisienne que Péchiney construira une aluminerie d'un milliard cinq cents millions à Bécancour au Québec.

Le 22 février 1984, l'histoire se répète. Jacques Parizeau est à nouveau dépêché d'urgence dans la Ville Lumière. Cette fois, le ministre des Finances doit venir en aide à René Lévesque dans l'épineux dossier des ordinateurs scolaires que doivent construire en partenariat les sociétés Comtern du Québec et Matra de France. Jacques Parizeau passe ainsi par-dessus la tête de Camille Laurin, ministre de l'Éducation, de Gilbert Paquette, ministre de la Science et de la Technologie, et de Rodrigue Biron, ministre de l'Industrie, du Commerce et du Tourisme. Le voyage se termine

---

80. *Idem.*
81. *Idem.*
82. Entrevue téléphonique avec Pierre Ypperciel, le 4 janvier 2002.

*Jacques Parizeau, l'homme des grandes missions. Le voici à l'Élysée avec
le président de la République française, François Mitterrand, à sa droite.
Archives de Jacques Parizeau. ANQ, Montréal.*

par une fragile entente de principe échafaudée à la dernière minute pour
ne pas faire perdre la face aux premiers ministres du Québec et de France[83].

S'attaquer aux quatre piliers de l'économie

En juin 1969, un jeune économiste de trente-huit ans prévoit «l'apparition d'institutions financières offrant toute la gamme des services financiers
dont le consommateur et l'épargnant ont besoin; c'est l'apparition de l'institution financière "à rayons" au même titre qu'il y a des magasins à
rayons[84].» Un jour, le consommateur pourra donc déposer son argent,
acheter des actions d'entreprises, s'assurer, etc, à un même endroit. L'auteur

---

83. Selon les souvenirs de Pierre Ypperciel qui accompagne alors Jacques Parizeau.
Entrevue téléphonique du 4 janvier 2002.
84. Rapport du comité d'étude sur les institutions financières présidé par Jacques
Parizeau. Québec, Gouvernement du Québec, juin 1969, p. 252. Le biographe en fait
mention dans le premier tome.

de ces lignes n'est nul autre que Jacques Parizeau, qui préside alors le comité d'étude sur les institutions financières.

Quinze ans plus tard, en avril 1984, c'est guidé par cette vision que le ministre des Finances dépose le projet de loi 75 qui permettra «aux compagnies d'assurances québécoises à chartes provinciales de grandir[85]» et devenir de véritables supermarchés financiers. La réforme ainsi amorcée vise à donner davantage de moyens aux compagnies d'assurances pour qu'elles puissent se financer, dont celui d'émettre des actions à travers des filiales.

Ce décloisonnement des institutions financières a été initié quelques mois auparavant, à la suite d'une rencontre entre Jacques Parizeau et Claude Castonguay, le président de la compagnie d'assurances La Laurentienne. Cet ancien révolutionnaire tranquille qui, au milieu des années soixante, a participé à la création de la Caisse de dépôt et placement du Québec, cherche maintenant un moyen de favoriser l'expansion de sa société par l'injection de nouveau capital. Malgré son allégeance libérale, Jacques Parizeau a beaucoup d'estime pour Claude Castonguay. Il accepte donc de modifier la loi une première fois, afin de permettre à la société mutuelle La Laurentienne d'obtenir du capital-actions par l'entremise d'un *holding*, c'est-à-dire d'une compagnie capable de canaliser des capitaux par ses filiales et de l'alimenter. «Quand j'ai rencontré Parizeau, se rappelle Claude Castonguay, on a discuté pendant un certain temps, puis il m'a dit : "D'accord, je comprends ce que vous voulez bâtir. Laissez-moi faire, nous allons y voir[86]". »

Le dossier du décloisonnement financier déclenche une levée des boucliers chez l'Association des banquiers canadiens. Ottawa, qui a autorité sur les banques, a permis à ces géants de se diversifier dans de nouveaux secteurs, mais l'inverse n'a pas été fait. Dans l'esprit du docteur en économie de la London School of Economic, il faut aussi permettre à d'autres institutions financières de concurrencer les banques. Jacques Parizeau s'en prend donc directement au «principe des quatre piliers» : les banques, les fiducies, les compagnies d'assurances et les courtiers en valeurs mobilières.

---

85. Propos de Jacques Parizeau tirés d'un article de Marie-Agnès Thellier, «Le projet de loi 75 pourra générer une explosion des affaires pour les institutions québécoises.», *Le Devoir*, le 21 avril 1984.
86. Entrevue avec Claude Castonguay, le 5 juillet 1999.

Il croit qu'il faut mettre fin à leur cloisonnement. Lors d'une réunion spéciale avec l'Association canadienne des actuaires, lesquels s'inquiètent de l'explosion du système en vigueur, Jacques Parizeau se fait plus provocateur que jamais en répondant : « C'est fantastique! Ça risque de soutirer un peu de *business* à Toronto[87]. » Il est clair que le croisé agit ici dans le but de faire plus de place aux institutions financières québécoises et d'ébranler la domination des banques torontoises. Le 19 juin 1984, devant l'Association canadienne des compagnies d'assurances de personnes, il déclare encore : « Le Québec est différent non seulement par sa langue et sa vie sociale, mais par certaines politiques, notamment fiscales[88]. » Au chapitre du décloisonnement financier, le Québec est en avance sur le reste du pays. Le Canada anglais hésitera longtemps, puis finira par emprunter la même voie.

Le père des déficits publics ?

Le 22 mai 1984, Jacques Parizeau fait la lecture de son huitième discours du budget, le dernier de sa carrière. De tous les ministres des Finances du Québec, seul Onésime Gagnon a siégé plus longtemps que lui[89]. Sous son règne, le ministre Parizeau a vu passer cinq ministres des Finances à Ottawa. « Le taux de mortalité des ministres des Finances à travers le Canada est très élevé[90] », disait-il à la blague, en 1982.

Le rôle de Jacques Parizeau dans l'administration des finances publiques peut être évalué de diverses façons. À prime abord, force est de constater que c'est sous sa gouverne que démarre l'explosion du déficit provincial.

---

87. Selon un article de Jean-Pierre Langlois, « Les banques invitent Parizeau à attendre le reste du Canada », *Le Devoir*, le 7 juin 1984.
88. Propos de Jacques Parizeau tirés d'un article de Marie-Agnès Thellier, « Jacques Parizeau exhorte les assureurs-vie canadiens à utiliser la rentabilité comme seul critère d'investissement au Québec », *Le Devoir*, le 20 juin 1984.
89. La fonction de ministre des Finances n'existe que depuis le 28 novembre 1951. Auparavant, le Québec avait un trésorier. Onésime Gagnon est le premier francophone à avoir occupé le poste de trésorier puis de ministre des Finances. Son règne a duré quatorze ans, soit du 30 août 1944 au 27 janvier 1958.
90. Cité dans l'article de Réjean Lacombe, « Parizeau est content, cette année il n'y a pas eu de fuite », *Le Soleil*, le 26 mai 1982.

Les huit années de gestion de Jacques Parizeau sont ponctuées de nombreux dépassements budgétaires et d'une hausse constante du déficit. Des réformes importantes et nécessaires, comme le financement des régimes de retraite des employés de l'État et la fiscalité municipale, ont coûté très cher à la province.

Certains qualifient Jacques Parizeau de « père des déficits publics ». « Je pense que les chiffres là-dessus sont sans appel, reconnaît Serge Saucier, président du conseil d'administration de Raymond, Chabot, Grant, Thornton. Ce déficit fait partie de notre irresponsabilité collective, mais elle était aussi canadienne cette irresponsabilité et généralisée[91] », ajoute Serge Saucier. Le jugement de Bernard Landry sur cette dérive budgétaire est plus cinglant. « Parizeau est un intempestif : des déficits ? Amenez-en, disait-il. Y'a pas de problèmes[92]! » Celui qui deviendra ministre des Finances du Québec de 1996 à 2001, avant d'occuper la fonction de premier ministre, considère que son rôle « a été, à terme, plus grand[93] » que celui de Jacques Parizeau. « Moi, j'ai écrit *Bâtir le Québec* [un énoncé de politique économique], rappelle Bernard Landry. J'ai préparé " le virage technologique " et l'étude sur l'épargne, des documents qui sont moins spectaculaires que les budgets de Parizeau... », mais combien plus importants, laisse sous-entendre Bernard Landry. Des études « remarquables[94] », reconnaît Jacques Parizeau. Somme toute, le bouillonnant Bernard Landry soutient qu'il aurait fait finalement un bien meilleur ministre des Finances que Jacques Parizeau dans le gouvernement de René Lévesque.

Pour Éric Gourdeau, un proche conseiller et ami de René Lévesque, « il est bien sûr que Parizeau a contribué au déficit, mais c'était Lévesque qui menait. Parizeau était responsable des politiques budgétaires, mais il devait tenir compte du programme du parti et de l'influence de Lévesque[95]. »

Une analyse à plus long terme permet par contre d'imputer le déficit du Québec à l'augmentation rapide des dépenses gouvernementales dès le début de la Révolution tranquille. De plus, à la fin des années soixante, le

---

91. Entrevue téléphonique avec Serge Saucier, le 17 juillet 2001.
92. Entrevue avec Bernard Landry, le 25 avril 2000.
93. *Idem.*
94. Entrevue avec Jacques Parizeau, le 14 juin 2000.
95. Entrevue avec Éric Gourdeau, le 15 mars 2000.

gouvernement fédéral modifie sa politique de transfert de fonds. Comme les provinces ne peuvent plus compter sur un transfert net de ressources financières et fiscales, le déficit s'accroît et prend alors un nouvel élan. Avec la venue du Parti québécois, les dépenses diminuent quelque peu, mais compte tenu du ralentissement économique, «la part du secteur public dans l'économie a donc continué à s'accroître, mais à un rythme légèrement inférieur[96].» L'économiste Pierre Fortin relativise la responsabilité de Jacques Parizeau : «Tous les gouvernements au Canada, et le gouvernement fédéral en particulier, se sont fait prendre par le ralentissement marqué et permanent de la croissance économique après 1975. Dans les années 1980, avec la récession, les taux d'intérêt explosent. Or, quand tu as une dette, c'est mortel», ajoute Pierre Fortin.

Pour l'économiste de l'Université du Québec à Montréal, «le rôle de Jacques Parizeau a été déterminant dans l'accélération de la prise de contrôle de l'économie québécoise par les francophones et par l'expansion de l'épargne et de l'investissement au Québec par des Québécois.» La «garde montante des entrepreneurs» lui doit donc beaucoup. «C'est dans cette sphère, dans les mesures structurantes, comme l'utilisation plus intensive de la Caisse de dépôt, que Jacques Parizeau a excellé. Ce n'est pas dans la gestion de la conjoncture économique[97]», précise Pierre Fortin.

Pour l'entrepreneur Bernard Lemaire, le titre de «père des déficits publics» revient plutôt à Pierre Elliott Trudeau[98]. Sous son gouvernement, la croissance du déficit et de la dette canadienne a augmenté plus vite que celle du Québec. Quant à Paul Desmarais, le plus influent des hommes d'affaires canadiens, il accorde globalement une bonne note à Jacques Parizeau : «Ce fut un bon ministre des Finances. Il a fait des bonnes affaires pour la province de Québec. Il [agissait] dans une période d'inflation et de recul de l'économie. Il a donc essayé de stimuler l'économie... Ce fut un ministre sérieux qui a fait du mieux qu'il pouvait dans les circonstances. Le

---

96. Extrait du texte de Denis Bédard, alors secrétaire du Conseil du Trésor, intitulé : *Les compressions budgétaires : l'expérience du gouvernement du Québec.* Ce texte à été présenté lors du colloque de l'Institut international d'administration publique et de l'École nationale d'administration publique, tenu à Paris, du 7 au 10 décembre 1987, p. 13.
97. *Idem.*
98. Entrevue avec Bernard Lemaire, le 4 juillet 2001.

problème, c'était son option politique[99]», insiste-t-il. Paul Desmarais voit en Jacques Parizeau l'un des plus influents ministres des Finances que le Canada ait connu : «Il était plus déterminé que les autres et puis il avait le contrôle de la Caisse de dépôt[100].»

Le 22 mai 1984, debout dans le salon bleu de l'Assemblée nationale, Jacques Parizeau termine donc son dernier discours du budget en faisant, comme à l'habitude, une allusion au pays, ce que René Lévesque appelle «son indépendantisme tout d'une pièce[101].» «Certains voudraient que le gouvernement du Québec soit leur véritable gouvernement, s'exclame Jacques Parizeau. D'autres souhaitent que le gouvernement fédéral demeure le gouvernement réel de leur pays. (…) Reconnaissons que l'économie du Québec commence à manifester le dynamisme qui assure suffisamment de confiance pour que l'on puisse désormais évoquer (…) l'assurance d'un avenir qui, pour la première fois, serait celui du Québec et non pas celui d'une sorte de moyenne d'intérêts mal définis qui finalement ne sont jamais les nôtres[102].»

Dans exactement six mois, c'est sur cette question du pays à construire que Jacques Parizeau va taillader, non sans douleur, les liens qui l'attachent si solidement à son chef, René Lévesque.

---

99. Entrevue avec Paul Desmarais, le 18 avril 2001.
100. *Idem.*
101. René Lévesque, *Attendez que je me rappelle…*, Montréal, Québec Amérique, 1986, p. 398.
102. Conclusion du dernier discours du budget de Jacques Parizeau, prononcé à l'Assemblée nationale, le 22 mai 1984.

CHAPITRE 23

Démissionner
pour préserver l'essentiel

> « *Le matin où il va démissionner, Jacques Parizeau me dit : "Que ferais-tu si tu étais cardinal et que tu apprenais que le pape a perdu la foi ? " Il est très calme. Sa décision est prise.* »
>
> Pierre Harvey [1]

René Lévesque « a été mon chef en politique, rappelle avec émotion Jacques Parizeau. Je l'ai servi loyalement et c'est avec lui que j'ai eu les années les plus intéressantes de ma vie [2]. » Mais le rideau va bientôt tomber sur cette longue et fructueuse collaboration. « La politique, c'est difficile entre amis, et non entre ennemis. C'est dur entre gens du même groupe, voilà ce qui est terrible [3] ! », confie Denis de Belleval, ex-ministre péquiste.

L'année 1984 sera marquée par « de longues discussions avec Lévesque, mais dans un très grand respect mutuel [4] », insiste Jacques Parizeau. L'événement déclencheur est le 9e Congrès du Parti québécois qui se termine le 10 juin. Les délégués adoptent la résolution suivante : « Un vote en faveur d'un candidat du Parti québécois sera interprété comme un vote en faveur de la souveraineté. » Alors que des sondages donnent le Parti libéral

---

1. Entrevue avec Pierre Harvey, le 22 mars 2000.
2. Entrevue avec Jacques Parizeau, le 28 septembre 1999.
3. Entrevue avec Denis de Belleval, le 29 mars 2000. Il démissionne comme député du Parti québécois en décembre 1982.
4. Entrevue avec Jacques Parizeau, le 28 septembre 1999.

gagnant avec presque soixante-dix pour cent des intentions de votes, René Lévesque considère qu'il est suicidaire de s'engager dans cette voie. Tout au long des débats, le chef du parti intervient peu, mais vote contre cette proposition[5]. Jacques Parizeau, quant à lui, est en faveur de la résolution. À la fin du Congrès et malgré de fortes réserves, René Lévesque se rallie. Les ministres Pierre Marc Johnson et Clément Richard refusent de faire de même. Ils n'acceptent pas que la prochaine campagne électorale se transforme en élection référendaire.

Peu de temps avant les vacances d'été, Jacques Parizeau soupe chez René Lévesque[6]. André L'Écuyer, le chef de cabinet du ministre des Finances, a l'impression que la rencontre se déroule bien et que les deux hommes se laissent en bons termes.

L'été 1984

Claude Charron, qui a quitté l'équipe Lévesque à la fin de l'année 1982, rentre en juin 1984 d'un voyage de dix mois en Asie. En lisant les journaux, il prend connaissance des résultats du Congrès. Il a la nette impression que «les "ultras" à Parizeau font la pluie et le beau temps[7]» dans le parti. Les jours passent, puis Claude Charron reçoit un appel de Robert Mackay, l'ancien attaché de presse de René Lévesque. Il l'invite à participer à une journée de réflexion qui se tiendra chez lui, dans le comté de Portneuf, en compagnie de la garde rapprochée de René Lévesque. Les élections fédérales s'en viennent et les proches du premier ministre veulent faire battre les libéraux. Une alliance avec le Parti conservateur du Canada est envisagée. Le 5 juillet, Claude Charron se rend donc au domicile de Robert Mackay et de sa conjointe, Denise Malouin, à Saint-Basile-de-Portneuf. Louis Bernard, André Marcil, Claude Malette et Evelyn Dumas

---

5. Depuis le départ de son conseiller Michel Carpentier, au début de l'année 1984, l'ascendant de René Lévesque sur la machine péquiste a encore diminué d'un cran. Carpentier connaissait le parti comme le fond de sa poche et savait en faire profiter son patron.
6. Ce serait en juin, selon les souvenirs d'André L'Écuyer. Entrevue du 8 février 2001. Jacques Parizeau n'en a pas souvenir.
7. Entrevue avec Claude Charron, le 31 mars 2000.

comptent parmi les invités. René Lévesque se joint au groupe en fin d'après-midi. « Je peux dire que le virage a commencé là [8] », estime Claude Charron. « C'est là que la " patente du beau risque [9] " a pris forme », raconte-t-il. Le 24 juillet, une deuxième rencontre se tient au même endroit. René Lévesque apprécie à ce point le rôle joué par Claude Charron que Martine Tremblay, la nouvelle chef de cabinet du premier ministre, lui offre un poste de conseiller politique, ce qu'il refuse.

Ces rencontres préparatoires débouchent effectivement sur une alliance avec Brian Mulroney, le nouveau chef du Parti progressiste conservateur du Canada. Dans ses rangs, on retrouve Lucien Bouchard, qui écrit quelques discours majeurs dont celui prononcé à Sept-Îles, le 6 août [10]. Brian Mulroney accepte de jouer le rôle du grand réconciliateur et s'engage à réintégrer les Québécois dans le giron canadien « dans l'honneur et l'enthousiasme. » Une nouvelle entente constitutionnelle devra corriger l'erreur du rapatriement unilatéral de la constitution de 1982. « À partir du moment où Brian Mulroney et René Lévesque s'entendent [par l'entremise de] Lucien Bouchard [11] », tout va très vite, confie Pierre Marc Johnson. Dès le 6 août, « le discours de Sept-Îles devient un univers de référence pour René Lévesque [12]. » Il envoie un tout nouveau message aux troupes péquistes : « Faites élire les conservateurs. » Le 4 septembre 1984, Brian Mulroney devient premier ministre du Canada.

Le moratoire

Quelques jours avant, un Conseil des ministres spécial se réunit au complexe hôtelier de Fort Prével, en Gaspésie. Jacques Parizeau n'assiste pas à la première séance. Il se trouve alors à New York, à tenter de

---

8. *Idem.*
9. Le « beau risque », défini plus tard par René Lévesque, consiste à s'entendre avec le gouvernement fédéral pendant que Brian Mulroney est premier ministre à Ottawa.
10. Il convient également de souligner la contribution du sénateur Arthur Tremblay à la rédaction de ce discours.
11. Entrevue avec Pierre Marc Johnson, le 5 septembre 2000.
12. *Idem.*

convaincre l'agence Standard & Poor's de ne pas abaisser la cote de crédit du Québec. De New York, il prend ensuite l'avion gouvernemental en direction de la Gaspésie. À l'atterrissage, Claude Séguin, son sous-ministre adjoint resté aux États-Unis pour terminer la négociation, lui apprend que Standard & Poor's n'abaissera pas la cote de crédit du Québec.

Jacques Parizeau fait donc son entrée à Fort Prével, gonflé d'orgueil. « Je suis fier comme Artaban [13] », dit-il. Après le souper, René Lévesque et Jacques Parizeau vont prendre l'air à l'extérieur. Ils marchent en observant le paysage magnifique qu'offre la côte gaspésienne. Le ministre des Finances en profite pour annoncer la bonne nouvelle à René Lévesque : « Je pense que ça va aller, Monsieur le Premier Ministre, il n'y aura pas de *décote* [14]. » René Lévesque réagit peu, il est tourmenté par autre chose. Cet après-midi, en l'absence de Jacques Parizeau, le chef péquiste a demandé à ses ministres de ne plus parler de stratégie électorale et des modalités de la souveraineté. Jusqu'à nouvel ordre, il a demandé un moratoire sur toute cette question. En recevant cette directive, Jacques Parizeau dit à son chef : « Si je comprends bien, Monsieur le Premier Ministre, le seul sujet dont on ne peut plus parler, c'est l'article 1 du programme [15] ! »

Jacques Parizeau est soufflé par la nouvelle. Son horizon s'assombrit : « Je sais que je vais avoir à démissionner, c'est clair [16]. » Quand il retourne à l'hôtel et se rend au bar, où se trouvent les ministres, « on ne parle que de ça... de l'interdiction [17] ! » Jacques Parizeau trouve que « le patron est allé un peu loin. » Camille Laurin en est durement affecté. D'autres ministres, par contre, sont satisfaits : Pierre Marc Johnson, Michel Clair, Alain Marcoux, Clément Richard, Yves Bérubé et Yves Duhaime.

« Ce que j'admirais chez Trudeau, c'est qu'il était clair dans ses objectifs et que je l'étais dans les miens, confie Jacques Parizeau. Moi, je n'ai jamais aimé l'ambiguïté des concepts [18]. » Or, depuis 1974, avec l'étape référendaire, puis en 1979, avec l'apparition du trait d'union qui lie la

---

13. Entrevue avec Jacques Parizeau, le 14 juin 2000.
14. Entrevue avec Jacques Parizeau, le 6 juillet 1999.
15. Propos attribués à Jacques Parizeau et rapportés par Jean Royer. Entrevue du 27 avril 2000.
16. Entrevue avec Jacques Parizeau, le 6 juillet 1999.
17. Entrevue avec Jacques Parizeau, le 14 juin 2000.
18. Entrevue avec Jacques Parizeau, le 15 novembre 1999.

souveraineté et l'association, Jacques Parizeau a l'impression de nager en pleine équivoque aux côtés de René Lévesque. « Nous sommes aux antipodes lui et moi, avoue-t-il. René Lévesque est du type américain, moi je suis plus français. Nous sommes de tempérament différent, de classe et de milieu autres [19]. » Alors pourquoi travailler avec le porteur d'ambiguïté ? « Parce que nous avons tout de même le même objectif. Et c'est le droit le plus strict du patron d'un parti politique d'y imposer sa marque. Voici quelqu'un qui, dans l'ambiguïté, mais dans le charme, mais dans le charisme, n'arrive pas à dire ce qu'il veut. Lévesque était à l'image de la société dans laquelle il vivait : ambigu, incertain, [vivant] avec beaucoup de frayeur, beaucoup d'hésitations [20]. »

Jacques Parizeau demeure persuadé qu'en politique « le court terme s'accommode très bien de l'ambiguïté », mais qu'à long terme, l'histoire n'en retient rien. C'est pourtant René Lévesque qui, en 1972, s'adressait en ces termes à des étudiants de l'École Polytechnique de Montréal : « Une société, pas plus qu'une femme, ne peut demeurer indéfiniment enceinte : il faut qu'elle accouche ou qu'elle avorte [21]. » À cette époque, Jacques Parizeau et René Lévesque partageaient la même vision quant au mode d'accession à l'indépendance.

La chasse aux canards

S'il demande à ses ministres de se taire, René Lévesque, de son côté, parle et bouge idéologiquement. Au Conseil national du parti, à la fin septembre, il lance officiellement l'idée du « beau risque » : « Si le fédéralisme devait fonctionner moins mal et même s'améliorer, est-ce que cela ne risque pas d'étouffer un peu notre option fondamentale et de renvoyer la souveraineté aux calendes grecques ? Il y a un élément de risque, mais c'est un beau risque et nous n'avons pas le loisir de refuser. » Alors que le Congrès de juin dernier avait décidé qu'un vote pour le Parti québécois serait un vote pour la souveraineté, René Lévesque propose maintenant

---

19. Entrevue avec Jacques Parizeau, le 7 septembre 1998.
20. Entrevue avec Jacques Parizeau, le 15 novembre 1999.
21. René Lévesque devant des étudiants de l'École Polytechnique de Montréal, le 9 février 1972.

une entente avec le gouvernement de Brian Mulroney. Il s'empresse d'ailleurs de discréditer le dernier Congrès en déclarant : « Un congrès, ce n'est pas l'évangile. »

À partir de ce moment, bien des ministres demeurent silencieux. Ils piaffent néanmoins d'impatience de pouvoir s'exprimer sur l'orientation suggérée par le chef. Jacques Parizeau se sent comme un chasseur camouflé dans les hautes herbes. Il a tellement hâte que la chasse aux canards soit ouverte pour pouvoir tirer sur le gibier. Mais il sait qu'il n'est pas seul dans le marais. Près de lui, Pierre Marc Johnson, devenu ministre de la Justice et des Affaires intergouvernementales canadiennes, attend lui aussi. Le 23 octobre, il fait parvenir à ses collègues ministres un document de vingt-deux pages, dans lequel on peut lire que « le Québec devra jouer le jeu du fédéralisme coopératif et éviter de mettre de l'avant des revendications inacceptables pour le fédéral [22]. » Pierre Marc Johnson est alors en avance dans tous les sondages comme candidat à la succession de René Lévesque.

Quelques jours avant la distribution de ce document, le ministre Johnson téléphone à René Lévesque. « C'est moi qui brise le silence », reconnaît-il. « J'appelle le premier ministre pour lui dire que le journal *Le Devoir* est insistant. Cela fait sept fois que je reporte des entrevues de fond et je suis pourtant ministre des Affaires intergouvernementales canadiennes ! Je dis à Lévesque : "Écoutez, je vais donner une entrevue au journal… [23]" »

Au Conseil des ministres du 24 octobre, René Lévesque prévient ses collègues que le ministre des Affaires intergouvernementales va parler aux médias. « Et là, Lévesque annonce que la chasse est ouverte », observe Pierre Marc Johnson. Bien des ministres autour de la table réagissent mal. Ils ont le sentiment que l'un des leurs a commencé à tirer sur le gibier avant eux. « Nous avons l'impression d'être cocus tous ensemble !, déclare Jacques Parizeau, en colère. En permettant à Pierre Marc Johnson de rompre la règle du silence que l'on s'est imposée au Conseil des ministres, René Lévesque s'est mis la cravate dans le tordeur, dit-il. Là, tout saute ! La démission d'une partie du cabinet Lévesque était virtuellement décidée [24]. »

---

22. Extrait du document préparé par le secrétariat aux Affaires intergouvernementales et divulgué par un article de Donald Charrette de la Presse Canadienne, publié dans *Le Devoir*, le 13 décembre 1984.
23. Entrevue avec Pierrre Marc Johnson, le 5 septembre 2000.
24. Entrevues avec Jacques Parizeau, le 14 juin 2000 et le 20 février 2001.

*Pierre Marc Johnson s'entretenant avec René Lévesque
à courte distance de Jacques Parizeau. Bientôt, ces trois
hommes seront en guerre les uns contre les autres.
Photo de Jacques Nadeau.*

Jacques Parizeau n'accepte pas que le jeune ministre Johnson jouisse d'un
tel privilège : «Pierre Marc Johnson n'a aucune autorité morale auprès de
nous[25]», affirme Jacques Parizeau.

Le lendemain, le conseiller au programme du Parti québécois, Jules-
Pascal Venne, un proche de Pierre Marc Johnson, exprime son opinion
dans *Le Devoir*. Le titre est évocateur : «Une nouvelle entente avec le
Canada». Le samedi 27 octobre, Pierre Marc Johnson soutient en entrevue
«qu'il ne faut pas forcer le peuple québécois à se dire non à lui-même une
seconde fois.» Le jour même à Toronto, il ajoute : «Les Québécois ne sont

---

25. Entrevue avec Jacques Parizeau, le 15 novembre 1999.

pas prêts à voter pour la souveraineté du Québec[26].» Presque au même moment, Jacques Parizeau déclare : «La souveraineté est quelque chose de non seulement valable, mais nécessaire[27].» L'affrontement s'annonce brutal. Une logique infernale se développe. La formation des clans monopolise bientôt toute les énergies du gouvernement de René Lévesque, qui glisse lentement vers l'abîme.

Les orthodoxes et les révisionnistes

Fin octobre, une première réunion des ministres favorables au maintien de la souveraineté comme enjeu principal se tient à Sainte-Jovite, dans le comté de Jacques Léonard[28]. Le groupe, bientôt baptisé par la presse le groupe des Caribous, des Laurentides ou encore des orthodoxes, est composé des ministres suivants : Camille Laurin (Affaires sociales), Denise Leblanc-Bantey (Fonction publique), Louise Harel (Communautés culturelles), Gilbert Paquette (Science et Technologie), Marcel Léger (Tourisme), Robert Dean (Revenu), Jacques Léonard (Affaires municipales). Jacques Parizeau n'assiste pas à cette première rencontre. Camille Laurin rassemble les ministres rebelles autour d'un compromis : le Parti québécois n'a pas à modifier son programme. L'élection portera principalement sur la souveraineté, mais ne sera pas référendaire.

Le 1er novembre, c'est à la résidence de Denise Leblanc-Bantey, à Montréal, que les orthodoxes se réunissent une deuxième fois. Jean Garon et Jacques Parizeau sont alors présents. Jean Garon, pour qui René Lévesque demeure souverainiste, est surpris de la teneur des discussions. Il a l'impression qu'il y «avait déjà des démissions dans l'air[29]!», raconte-t-il, choqué. Ce sera l'unique réunion à laquelle il participera.

Des rencontres se tiennent également dans le camp adverse, celui des révisionnistes, également appelé le groupe des Rocheuses. Deux leaders représentent cette tendance. D'abord, René Lévesque et son entourage,

---

26. Propos de Pierre Marc Johnson tirés de *La Presse*, le 27 octobre 1984.
27. Propos tenus par Jacques Parizeau au Centre Sheraton à Montréal lors du Congrès des comptables en administration industrielle, le vendredi 26 octobre.
28. Selon les informations obtenues par le journaliste Louis Falardeau, *La Presse*, le 6 novembre 1984.
29. Entrevue avec Jean Garon, le 14 mars 2000.

puis Pierre Marc Johnson et ses alliés[30]. Le 5 novembre 1984, René Lévesque convoque ses proches pour mettre fin à la crise qui divise son parti. La rencontre, tenue secrète, se déroule chez Yves Michaud qui, comme il devait s'absenter, a mis sa maison à la disposition du petit groupe. Le premier ministre est accompagné de Martine Tremblay, sa nouvelle chef de cabinet, d'Yves Duhaime, ministre de l'Énergie et des Ressources, et de Louis Bernard, secrétaire général du gouvernement. Un personnage bien connu reprend momentanément du service en participant à la rencontre, il s'agit de Claude Morin. En dépit de son passé avec la GRC, le père de l'étapisme est resté proche de René Lévesque, qui le consulte sur la stratégie du «beau risque».

Yves Duhaime se souvient des propos de René Lévesque lors de cette rencontre : «Monsieur Lévesque ne voulait pas se lancer en campagne et être lié à un référendum[31].» Claude Morin encourage René Lévesque à agir et à oublier le camp des orthodoxes : «Parizeau est le représentant de l'aile riniste et ça n'a jamais été nettoyé, dit-il. Ces gens-là ne seront pas satisfaits à moins que l'on oublie l'association et là, c'est le monde qui va nous abandonner. L'important pour moi a toujours été de faire avancer le Québec, déclare Claude Morin. Si pour faire avancer le Québec, il faut que je m'allie au diable et même à sa belle-mère, comme disait Trotski, je le ferai! Ça, c'est ma position[32].»

La lettre des douze

Les 7 et 8 novembre, les orthodoxes se réunissent au cabinet de la ministre Denise Leblanc-Bantey. Avec la présence des ministres Pauline Marois, Bernard Landry et Guy Tardif, le groupe gagne en importance. Pauline Marois, qui trouve Jacques Parizeau trop à droite lorsqu'il s'agit

---

30. Parmi les proches de Pierre Marc Johnson, les noms qui reviennent le plus souvent sont les suivants : Michel Clair (ministre délégué à l'Administration publique), Alain Marcoux (Affaires municipales), Raynald Fréchette (Travail), Jean-François Bertrand (Communications), Clément Richard (Affaires culturelles), Rodrigue Biron (Industrie, Commerce et Tourisme), le député Jacques Rochefort et Jean-Pierre Charbonneau.
31. Entrevue avec Yves Duhaime, le 5 avril 2000.
32. Entrevue avec Claude Morin, le 10 avril 2000.

d'élaborer des politiques sociales, se sent toutefois très proche de lui quand il est question de stratégie constitutionnelle : « Il avait des idées claires et [là-dessus] on se rejoignait bien [33]. » Les ministres rebelles décident d'affronter le premier ministre de plein fouet. Ils rédigent une lettre dans laquelle ils renouvellent leur engagement envers la souveraineté. Pauline Marois se joint à cette initiative, parce qu'elle « croit vraiment que Lévesque va changer d'avis [34]. »

Camille Laurin et Denise Leblanc-Bantey prennent part à la rédaction de la lettre, mais la principale plume à l'œuvre semble être celle de Jacques Parizeau [35]. Le jeudi 8 novembre, Jean Royer s'active et s'assure de récolter le plus grand nombre de signatures. Avant que la lettre ne soit rendue publique, Jacques Parizeau va la déposer au bureau du premier ministre. « Il a été le premier lecteur de ce texte [36] », insiste-t-il.

Le 9 novembre 1984, dans une lettre commune, les ministres Robert Dean, Louise Harel, Camille Laurin, Bernard Landry, Denis Lazure, Denise Leblanc-Bantey, Marcel Léger, Jacques Léonard, Pauline Marois, Gilbert Paquette, Jacques Parizeau et Guy Tardif [37] font savoir à leur premier ministre qu'ils continuent de croire en la souveraineté. Ils sont douze à contester ouvertement leur chef. Il s'agit d'un précédent dans les annales du parlementarisme. « La souveraineté du Québec est pour nous un instrument d'expansion et non de repli [38] », écrivent-t-ils. Les signataires, qui représentent presque la moitié du Conseil des ministres, se disent toutefois favorables à un compromis : la campagne électorale portera principalement sur la souveraineté, mais un référendum sera toujours nécessaire pour en venir à bâtir le pays du Québec.

Sous le choc, le cabinet du premier ministre tente de limiter les dégâts. Mais la tâche est ardue pour l'entourage de René Lévesque qui, depuis la fin de l'été, a perdu trois de ses piliers : Jean-Roch Boivin, le chef de cabinet, Michel Carpentier, le chef de cabinet adjoint, et Robert Mackay, le conseiller en communication depuis 1976. La nouvelle équipe du premier

---

33. Entrevue avec Pauline Marois, le 17 décembre 2001.
34. *Idem.*
35. Entrevue avec Jacques Parizeau, le 27 avril 2000.
36. Entrevue avec Jacques Parizeau, le 20 février 2001.
37. Un treizième ministre, Gérald Godin, se joint au groupe quelques jours plus tard.
38. Extrait de la lettre intitulée : « La nécessaire souveraineté », publiée dans les journaux le 9 novembre 1984.

ministre manque d'assurance. L'expérience et l'ascendant de Michel Carpentier et de Jean-Roch Boivin font cruellement défaut et Martine Tremblay, chef de cabinet depuis juillet, n'a pas encore eu le temps d'asseoir son autorité au le Conseil des ministres[39]. De plus, René Lévesque est épuisé physiquement et moralement. Depuis l'échec référendaire et la nuit des longs couteaux, il a énormément perdu d'entrain. À peine rentré d'une mission en Asie, il éprouve de la difficulté à récupérer. Le décalage horaire l'affecte durement. « Il a fait un *burnout*, révèle son épouse, Corinne Côté-Lévesque. Ça a commencé au retour de son voyage. Je reste convaincue qu'il a fait un infarctus au Japon[40] », témoigne Corinne Côté-Lévesque.

La jeune ministre Pauline Marois, qui découvre que René Lévesque a des problèmes d'alcool, reçoit beaucoup de signaux en provenance du bureau du secrétaire général : « Louis Bernard va prendre la relève, confirme-t-elle. Il fait les contacts et là, j'ai des bonnes conversations avec lui[41]. » Avec Robert Dean, elle commence à se distancier des orthodoxes : « On ne peut pas non plus faire tomber le gouvernement[42] ! »

Marcel Léger, un autre ministre rebelle, craint lui aussi que cette crise ne détruise le parti[43]. Le 18 novembre, il réunit chez lui, à Pointe-aux-Trembles, plusieurs ministres et députés orthodoxes, afin qu'on s'entende sur un compromis à présenter à René Lévesque. La rencontre se termine tard dans la nuit, sans résultats. Jacques Parizeau n'y a pas assisté. « Ça devient byzantin les analyses de textes, estime-t-il. Il y a des rencontres trois fois par jour [pour faire de] l'analyse grammaticale. Là, on examine des chiures de mouches avec des lunettes d'approche... C'est grotesque[44] ! »

La souveraineté : « la suprême police d'assurance »

Le lundi 19 novembre, deux émissaires du groupe des orthodoxes se rendent au bureau du premier ministre pour une ultime tentative de

---

39. Militante du Parti québécois depuis 1971, puis occupant divers postes d'autorité à la permanence du parti, Martine Tremblay fait partie du personnel politique du premier ministre depuis 1979.
40. Entrevue avec Corinne Côté-Lévesque, le 2 octobre 2000.
41. Entrevue avec Pauline Marois, le 17 décembre 2001.
42. *Idem.*
43. Entrevue avec André Steenhaut, le mardi 28 novembre 2000
44. Entrevue avec Jacques Parizeau, le 14 juin 2000.

compromis. Robert Dean et Camille Laurin discutent avec René Lévesque, mais l'esprit n'est pas à la conciliation. La discussion se termine sur un profond désaccord. Les ponts sont coupés.

Le même jour, vers dix-sept heures, Claude Charron rencontre le premier ministre à son bureau de Montréal, au sommet de la tour d'Hydro-Québec. René Lévesque lui montre la lettre qu'il a l'intention de divulguer dans quelques heures afin de clore le débat qui divise le parti. Claude Charron, dont la « passion s'est éteinte le 20 mai 1980, dans la nuit déchirante du référendum [45] », lit la lettre de René Lévesque avec satisfaction. Il presse même le premier ministre de ne pas céder au chantage de Jacques Parizeau, au cas où il voudrait faire pression sur lui : « S'il vient vous menacer de retourner enseigner aux HÉC, vous le laissez partir [46] ! » René Lévesque demeure silencieux, mais son attitude laisse clairement voir qu'il s'est fait à l'idée du départ de son ministre des Finances.

Vers vingt-deux heures, après une réunion avec l'exécutif du parti, rue Saint-Hubert, la lettre de René Lévesque est distribuée aux journalistes. Le chef du Parti québécois y écrit qu'il faut se « résigner, en tout cas pour la prochaine élection, au fait que la souveraineté n'a pas à être un enjeu : ni en totalité ni en parties plus ou moins déguisées, ni directement ni moins encore par une replongée dans la tentation de vouloir " amorcer " à la pièce, quelque processus que ce soit. » Cette option doit cependant demeurer « la suprême police d'assurance que notre peuple ne saurait plus jamais laisser tomber », écrit-il.

Dans le camp de Pierre Marc Johnson, la publication du texte suscite l'étonnement : « Nous n'en demandions pas tant [47] ! », confie Jacques Rochefort. Martine Tremblay et Louis Bernard ont bien tenté d'apporter des modifications à la lettre, mais René Lévesque a refusé. « Ça n'avait pas de bon sens !, révèle aujourd'hui Louis Bernard. Il faut laisser quelques portes ouvertes, dit-il à René Lévesque. On ne peut pas laisser la lettre ainsi [48]. » Louis Bernard, le loyal et discret serviteur de René Lévesque depuis le début des années 1970, ne reconnaît plus son chef. « Monsieur Lévesque ne voulait rien entendre. Nous ne pouvions plus corriger ses

45. Claude Charron, *Désobéir*, Montréal, VLB Éditeur, 1983, p. 29.
46. Entrevue avec Claude Charron, le 31 mars 2000.
47. Entrevue avec Jacques Rochefort, le 27 mars 2001.
48. Entrevues avec Louis Bernard, les 17 et 27 avril 2000.

textes. Une virgule et c'était la crise.» Son épouse, Corinne Côté-Lévesque, appuie les dires de Louis Bernard : «Il n'écoutait pas beaucoup à ce moment-là [49].»

La forme de *burnout* dont souffre René Lévesque ne facilite pas les choses, explique Louis Bernard. «Avant, il se contrôlait très bien, ce qui n'était plus le cas lors de sa maladie. Ce n'était plus un bon premier ministre [50]», avoue-t-il, la gorge nouée par l'émotion. Dans plus d'un mois, l'entourage du premier ministre va devoir l'hospitaliser presque de force [51]. Un sous-ministre désirant garder l'anonymat laisse d'ailleurs sous-entendre qu'au début de janvier 1985, René Lévesque frisait la folie : «Nous nous sommes demandé, à un moment, s'il existait une procédure *" d'impeachment"* [52] contre le premier ministre! Nous avons songé à aller voir le lieutenant-gouverneur pour qu'il appelle quelqu'un d'autre pour siéger à titre de premier ministre!»

En novembre 1984, l'état de santé de René Lévesque n'est pas encore détérioré à ce point, mais ses intimes savent déjà que l'homme est brisé moralement. Malheureusement pour lui, son confident, Marc-André Bédard, ne participe pas au drame qui se déroule à Québec [53]. Lui-même malade et hospitalisé, Marc-André Bédard doit garder le lit jusqu'en décembre. Quand il prend connaissance du texte de René Lévesque et que celui-ci lui téléphone pour avoir son avis, Marc-André Bédard lui avoue que sa lettre «est dure à accepter pour un indépendantiste, inquiétante

---

49. Entrevue avec Corinne Côté-Lévesque, le 2 octobre 2000.
50. *Idem.*
51. À ce propos, le biographe recommande l'écoute du documentaire radiophonique réalisé par Jacques Bouchard, *Point de mire sur René Lévesque*, premier épisode, diffusé à la radio de Radio-Canada, le 25 février 2002. Michel Vastel évoque aussi ce drame dans sa biographie : *Landry, le grand dérangeant*, Montréal, Les Éditions de l'Homme, 2001, p. 207 et suivantes.
52. La source fait référence à une procédure parlementaire servant à déloger le premier ministre. Aux États-Unis, une telle démarche est possible et, selon des règles bien définies, le Congrès peut démettre un président. Cette procédure porte le nom «d'*impeachment*».
53. Lors de ces événements, d'autres ministres sont aussi absents. C'est le cas de Jean Garon : «J'ai vécu cette crise dans un salon funéraire», dit-il. Sa mère meurt le 21 septembre et son père, le 21 novembre. Pierre Marois a démissionné comme ministre et député en novembre 1983. Jacques-Yvan Morin a également abandonné la politique en mars 1984.

même[54].» René Lévesque lui confie alors qu'il a peut-être réagi un peu trop vite. «Si ce n'est pas très précis ce que vous avez écrit, souligne Marc-André Bédard, et que ça ne reflète pas complètement votre pensée, ce dont je serais heureux, pourquoi n'en jasez-vous pas avec monsieur Laurin et monsieur Parizeau... On va se comprendre[55].» Le premier ministre ne tient pas compte de ce prudent conseil.

«Je ne suis pas sûre qu'il écrirait [cette lettre] à nouveau, nous apprend pour la première fois son épouse Corinne Côté-Lévesque. Mais c'était pendant son *burnout*... René n'a jamais regretté le «beau risque», pensant que c'était ce qu'il fallait faire, mais peut-être que de fermer la porte de cette façon-là... La lettre est raide en *mosus!* Dans l'état d'esprit où il était, il a dû réagir plus fortement qu'il ne l'aurait fait en temps normal[56].»

Le lundi 19 novembre, en soirée, avant que sa lettre ne soit rendue publique, René Lévesque s'assure que les principaux protagonistes du groupe des orthodoxes en recevront une copie. «Je suis dans mon comté, ce soir-là, se rappelle Jacques Parizeau. Il est dix-neuf heures. Lévesque m'appelle et me dit : " J'aimerais vous faire livrer le texte que je rendrai public dans quelques heures "[57].» Jacques Parizeau envoie Jean Royer chercher la précieuse enveloppe à la permanence du parti, à Montréal. Une heure plus tard, il est attablé au restaurant *Nick's Pizzeria*, quand Jean Royer lui remet la lettre. Il se met aussitôt à la lire. Il fronce les sourcils et prend son air le plus grave. Il lève les yeux et s'adresse à Jean Royer[58] :

— Qu'est-ce que vous en pensez?

— D'après moi, Lévesque a choisi son camp.

— Pourriez-vous appeler à Québec pour vous assurer que le bureau soit nettoyé lorsque l'on quittera?

— Et pour ce soir, Monsieur Parizeau, que dit-on aux militants?

Jacques Parizeau réfléchit. Le député ministre doit participer à une assemblée prévue pour huit heures trente. «Je leur lirai la lettre», répond-t-il simplement. «Pour le reste, lors du souper, raconte Jean Royer, Jacques

54. Entrevue avec Marc-André Bédard, le 15 février 2001.
55. *Idem.*
56. Entrevue avec Corinne Côté-Lévesque, le 2 octobre 2000.
57. Entrevue avec Jacques Parizeau, le 30 mars 2000.
58. Le dialogue suivant est inspiré des souvenirs de Jean Royer. Entrevue du 27 avril 2000. Jacques Parizeau ne conteste pas cette version.

Parizeau me donne des directives. "Il faut que vous appeliez un tel pour terminer cette opération-là, un autre pour ce dossier..." Il est déjà en mode de *closing*[59]. »

Après le repas, les deux hommes filent vers le club de tennis de Repentigny, où a lieu l'assemblée de comté. Jacques Parizeau utilise le radio-téléphone de la voiture pour parler à son épouse. Jean Royer entend les propos de son patron : «Alice, veux-tu demander aux enfants de passer à la maison ce soir? Je voudrais leur parler[60]. » Jean Royer comprend qu'il réunit sa famille pour leur annoncer sa démission.

Dès le lendemain, la lettre de René Lévesque provoque un premier départ : le député Pierre de Bellefeuille démissionne. Bernard Landry se range finalement du côté de René Lévesque, en déclarant aux journalistes être «tout à fait d'accord avec l'évacuation claire et nette de la souveraineté pour les prochaines élections[61]. » Du côté des révisionnistes, on triomphe. Yves Duhaime et Jean-François Bertrand estiment voir dans ce texte «du grand Lévesque[62]».

Le 20 novembre au matin, Jacques Parizeau ferme ses dossiers. Il fait défiler ses hauts fonctionnaires à son bureau, en commençant par le sous-ministre, jusqu'aux sous-ministres adjoints. À tous, il annonce la même nouvelle et les prévient de la même façon : « Je dois partir, je vous demande donc de me faire parvenir ou de m'annoncer toute demande urgente qui exige ma signature et qui n'engage pas le gouvernement dans une nouvelle voie, le tout, afin que je puisse le faire dans les prochaines heures[63]. » Pour Jacques Parizeau, «tout est dans la façon de faire. Il ne faut pas terminer dans le désordre, insiste-t-il. Mon grand-père maternel avait l'habitude de dire : "Ce qui vaut la peine d'être fait, vaut la peine d'être bien fait"[64]. »

---

59. Entrevue avec Jean Royer, le 27 avril 2000.
60. Propos attribués à Jacques Parizeau et rapportés par Jean Royer. Entrevue du 27 avril 2000.
61. Cités dans l'article de Michel David, «Aucun ministre ne part... pour l'instant», *Le Soleil*, le 21 novembre 1984.
62. Cités dans l'article de Pierre Vennat et Louis Falardeau, «La prise de position de Lévesque ébranle le PQ – Pierre de Bellefeuille démissionne du caucus», *La Presse*, le 21 novembre 1984.
63. Propos attribués à Jacques Parizeau et rapportés par Jean Royer. Entrevue du 27 avril 2000. Jacques Parizeau le confirme.
64. Entrevue avec Jacques Parizeau, le 14 juin 2000.

Le dernier Conseil des ministres

Le mercredi 21 novembre 1984, Jacques Parizeau assiste à sa dernière séance du Conseil des ministres. Dès le début de la réunion, René Lévesque indique clairement aux ministres présents qu'il défendra au prochain Congrès la position qu'il a exprimée dans sa lettre du 19 novembre. Le Conseil des ministres doit être solidaire de cette position. « Nous avons tous compris, raconte Gilbert Paquette, si nous restions, nous devions nous taire [65]. »

Dans la conclusion de sa fameuse lettre, René Lévesque a écrit : « Au fur et à mesure que cette évolution se poursuivra, quelle forme sera-t-il appelé à prendre, cet État-nation que nous *croyions* si proche et totalement indispensable tel que nous le dessinons depuis les années 60 ? Je ne le sais pas plus que quiconque. » Jacques Parizeau, qui maîtrise la langue française tout aussi bien que René Lévesque, lui demande s'il s'agit d'une erreur typographique :

— Monsieur le Premier Ministre, est-ce : cet État-nation que nous *croyions* ou que nous *croyons* ?

— Il s'agit de *croyions*, lui répond sèchement René Lévesque.

— Monsieur le Premier Ministre, le verbe *croyions* est à l'imparfait alors que *croyons* est au présent. Je répète donc ma question : avez-vous utilisé *croyions* par erreur ou est-ce volontaire ?

— Il s'agit de *croyions* avec un *i*, s'écrie presque René Lévesque.

— Bien, Monsieur le Premier Ministre.

Jacques Parizeau a tiré ses propres conclusions de cet échange linguistique : « Monsieur Lévesque et moi avons appris la même langue, rappelle-t-il. Je [serai] donc le seul ministre des Finances qui ait jamais démissionné sur un *i* [66]. » Louis Bernard vit alors un dur moment. Son chef ne semble plus entendre ni voir qui que ce soit. « Monsieur Lévesque est [devenu] intolérant. Il n'y a plus rien qui l'émeut. Dans le passé, il aurait sûrement essayé de réaligner les choses... ça faisait partie de sa maladie [67]. »

---

65. Entrevue avec Gilbert Paquette, le 30 mars 2000.
66. Entrevue avec Jacques Parizeau, le 30 mars 2000.
67. Entrevue avec Louis Bernard, le 27 avril 2000.

Contrairement à Louis Bernard, Jacques Parizeau ne met pas la mésentente avec René Lévesque sur le compte d'une quelconque maladie. D'ailleurs, il ne sait pas que le premier ministre est malade. «Lévesque commence un petit jeu très dangereux qui consiste à s'appuyer sur les jeunes loups de son Conseil des ministres contre les barons[68]», c'est-à-dire, les ministres d'expérience, plus âgés, comme Camille Laurin, Pierre Marois et lui-même. Le baron désigne notamment Michel Clair et Alain Marcoux comme tire-au-flanc, travaillant sous le commandement de Pierre Marc Johnson.

La tournure des événements force Jacques Parizeau à se questionner sur les convictions de René Lévesque. Le baron, qui est aussi un croisé prêt à prendre l'épée pour défendre sa cause, découvre en son roi un homme capable de se laisser guider par l'indécision. «Moi, je pense que Lévesque a été le grand porteur du ballon souverainiste pendant plusieurs années, dit Jacques Parizeau. Avec le temps, c'est comme si l'espoir s'était atténué[69].» Quand, dans son texte du 19 novembre, Lévesque présente la souveraineté comme l'ultime «police d'assurance de notre peuple», Jacques Parizeau comprend que «Lévesque demeure souverainiste par désespoir.» Cela n'est guère stimulant pour le baron. Mais malgré ce profond désaccord, Jacques Parizeau se refuse de croire que René Lévesque n'était pas souverainiste : «Je crois qu'il l'était dans ses rêves. Et d'autre part, quand quelqu'un a porté tous les espoirs de tellement de gens, pendant tellement d'années, sur la souveraineté, c'est quasiment lui faire injure de lui dire [qu'il ne l'est pas]... Tout de même! Il a passé le plus clair de sa vie là-dedans[70]», à être souverainiste.

Parizeau, le grand *putschiste*?

Dans les heures qui suivent la fin du Conseil des ministres du 21 novembre, l'atmosphère devient terriblement lourde. En soirée, les ministres orthodoxes se réunissent chez Denise Leblanc-Bantey. Jacques Parizeau ne participe plus aux rencontres du groupe depuis plusieurs jours.

---

68. Entrevue avec Jacques Parizeau, le 14 juin 2000.
69. Entrevue avec Jacques Parizeau, le 23 août 2000.
70. *Idem.*

«Gilbert Paquette, Jacques Léonard, Camille Laurin et Denise Leblanc-Bantey étaient convaincus que seule une démission en bloc des douze ministres qui siégeraient comme députés indépendants pouvait ébranler suffisamment la majorité ministérielle et menacer ainsi de faire tomber le gouvernement[71]», écrit Marcel Léger, dans ses mémoires. Un débat s'amorce pour convaincre les ministres réticents à agir ainsi. Marcel Léger, Guy Tardif, Robert Dean et Pauline Marois ne sont pas prêts à voter contre leur chef. Un violent accrochage met aux prises Denise Leblanc-Bantey et Pauline Marois, qui ne veut plus démissionner. «La population ne nous a pas élus sur ce mandat-là[72]», dit-elle en larmes à Denise Leblanc-Bantey. «Ce fut la pire période de ma vie, rappelle Pauline Marois. Leblanc-Bantey m'attaque personnellement, en me disant que je les lâche, que ceux qui restent sont des traîtres. Ça a été très dur[73].»

Du côté des révisionnistes, nombreux sont ceux qui voient en Jacques Parizeau le grand *putschiste* qui manœuvre pour renverser René Lévesque. «C'est lui qui avait écrit la lettre [des douze]», soutient Pierre Marc Johnson. Cette crise démontre «qu'en dépit de sa soumission, ce n'était pas un homme loyal, ajoute-t-il. Parizeau faisait comparaître le monde à son bureau. Je l'ai appris par un collègue, affirme Pierre Marc Johnson. Raynald Fréchette (ministre du Travail) vient me voir et me dit : " Écoute, Jacques Parizeau voulait me faire signer un papier "[74].» Pierre Marc Johnson en conclut que Jacques Parizeau «essaie d'arracher les signatures de chacun pour son papier. Il voulait s'assurer qu'en bloc ce groupe-là traverse la Chambre et mette Lévesque en minorité. Ça porte un nom, ça!» Jacques Parizeau conteste cette version des faits : «On ne renverse pas le chef. On exprime des idées opposées, mais ce sont les autres qui partent, ce n'est pas le *boss*. C'est cela la règle centrale[75].»

«Lévesque ne percevait pas que Parizeau préparait un *putsch* contre lui, nous apprend Corinne Côté-Lévesque. Laurin était beaucoup plus

71. Marcel Léger, *Le Parti québécois, ce n'était qu'un début…*, Montréal, Québec Amérique, 1986, p. 268.
72. Entrevue avec Pauline Marois, le 17 décembre 2001.
73. *Idem.*
74. Entrevue avec Pierre Marc Johnson, le 5 septembre 2000. Confirmé par Raynald Fréchette, entrevue téléphonique du 5 mars 2002.
75. Entrevues avec Jacques Parizeau, le 5 septembre 2000 et le 20 février 2001.
76. Entrevue avec Corinne Côté-Lévesque, le 2 octobre 2000.

féroce, ajoute-t-elle. Il était encore plus pur et dur que Parizeau[76].» Pauline Marois conteste aussi cette hypothèse de Jacques Parizeau en *putschiste*: «Laurin n'aurait jamais embarqué là-dedans. Jacques Léonard non plus. Je trouve que c'est gros comme thèse, très gros[77].» Elle fait d'ailleurs remarquer que Jacques Parizeau se retirait toujours de la discussion quand on abordait de telles propositions. «Laurin et moi, n'aurions jamais accepté de faire une telle chose, précise Jacques Parizeau. Faire des pressions sur Lévesque, ah oui! Pousser très fort, certainement. Mais le renverser, faire un *putsch*, jamais! Ce n'est pas comprendre la loyauté des vieux barons. Jamais un vieux baron n'aurait fait ça. Nous n'aurions jamais voté contre lui en Chambre[78].» Au contraire, le ministre Guy Tardif précise que s'il y avait un putsch en gestation, il a plutôt «l'impression que ça venait de Pierre Marc Johnson qui lui, se préparait, piaffait et se voyait[79]» à la place de René Lévesque. «Michel Clair et Alain Marcoux faisaient déjà du recrutement pour Pierre Marc Johnson», ajoute un autre ministre qui désire garder l'anonymat.

Quoi qu'il en soit, l'histoire donne raison à Jacques Parizeau : à aucun moment, il n'a voté contre René Lévesque et son gouvernement. Le baron a toujours reconnu l'autorité du roi sur son royaume. Il ne peut donc pas être accusé de félonie. «Je reste convaincue qu'il est resté loyal jusqu'en 1984, estime Corinne Côté-Lévesque. Ça ne s'est jamais démenti. Quand il a quitté, il l'a fait de la bonne façon, puisqu'il était en désaccord[80].»

L'étoffe se déchire

Le 22 novembre 1984, l'édifice péquiste craque. Ses fondations sont sérieusement ébranlées par un important glissement idéologique qui dégénère en une série de démissions.

En début d'après-midi, Gilbert Paquette déclare devant les journalistes qu'il démissionne de son poste de ministre de la Science et de la Technologie. À quatorze heures quinze, le député Jérôme Proulx annonce en Chambre qu'il quitte le Parti québécois et se joint aux indépendants. Peu

---

77. Entrevue avec Pauline Marois, le 17 décembre 2001.
78. Entrevue avec Jacques Parizeau, le 5 septembre 2000.
79. Entrevue téléphonique avec Guy Tardif, le 5 mars 2002.
80. Entrevue avec Corinne Côté-Lévesque, le 2 octobre 2000.

de temps après, le ministre des Transports, Jacques Léonard, donne une conférence de presse où il confirme son départ comme ministre, mais non comme député. Les ministres Denise Leblanc-Bantey et Camille Laurin, qui est aussi vice-premier ministre, font de même. Les journalistes apprennent en après-midi que Jacques Parizeau a déposé sa lettre de démission depuis quelques heures. Dans cinq jours, Louise Harel va également abandonner son poste de ministre. Le ministre Denis Lazure, en voyage à l'étranger, confirmera son départ de la vie politique à son retour au Québec, le 4 décembre. Peu après le Congrès de janvier 1985, les députés Jacques Baril et Denis Vaugeois laissent leur siège et le Parti québécois. Surpris par l'ampleur des démissions en novembre, Denis Vaugeois a préféré attendre : « Je n'ai pas voulu me solidariser autour de ça. Je trouvais que c'était trop dur à l'endroit de monsieur Lévesque. Ça me paraissait disproportionné[81]. »

En tout, sept ministres et trois députés quittent le navire péquiste. Pour René Lévesque, qui n'avait pas prévu une telle saignée, c'est une hécatombe[82]. « Monsieur Lévesque était dans une humeur où il était impossible d'en récupérer même un[83] ! », révèle Louis Bernard, attristé. En cette journée de carnage politique, le *bunker* ressemble plus à une salle d'urgence qu'au siège d'un gouvernement. René Lévesque, qui a toujours réussi à réunir ses troupes et à ramener vers lui les dissidents, ce qui a permis la formation du Parti québécois en 1968, « se ferme comme une huître[84]. » Louis Bernard, qui a accompagné Lévesque depuis 1970 et qui l'a vu « à son meilleur dans les années 1976 à 1980 », a maintenant de la difficulté à travailler à ses côtés.

À l'aube du 22 novembre 1984, avant que la guerre des idées ne fasse ses premières victimes, quelqu'un, au bureau du premier ministre, tente pourtant de prévenir les coups en faisant appel à Pierre Harvey, un ancien collègue de Jacques Parizeau aux HÉC. En désespoir de cause, on lui demande d'intervenir auprès du ministre des Finances, afin de le convaincre de demeurer en poste.

---

81. Entrevue avec Denis Vaugeois, le 11 avril 2000.
82. Entrevue avec Corinne Côté-Lévesque, le 2 octobre 2000.
83. Entrevue avec Louis Bernard, le 27 avril 2000.
84. *Idem.*

Pierre Harvey téléphone à Jacques Parizeau, mais ce dernier lui dit : « Il n'y a rien à faire, c'est fait. Que ferais-tu si tu étais cardinal et que tu apprenais que le pape a perdu la foi ? Que ferais-tu [85] ? » Pierre Harvey ne dit rien. « Il est très calme, raconte le professeur. Sa décision [était] prise. »

Quand Jacques Parizeau rédige sa lettre de démission à René Lévesque, il sent que l'étoffe du pays se déchire en lui : « Nos voies, donc, se séparent. Je le regrette, mais je dois en accepter les conséquences. » Le baron continuera sa croisade, mais sans son seigneur. « Nous avons souvent été en désaccord sur des questions de stratégie politique, encore qu'invariablement, comme il se doit, après avoir exprimé ma façon de voir, j'acceptais les décisions d'autant plus volontiers que je vous savais d'accord sur l'objectif à atteindre. » Pour Jacques Parizeau, « l'espoir tenace de la dernière chance » à accorder au gouvernement fédéral, même dirigé par Brian Mulroney, est une « voie stérile et humiliante. » Dans cette dernière lettre, il rappelle par ailleurs au chef de l'État que certains dossiers méritent d'être menés à terme dont celui du livre blanc sur la fiscalité [86].

La lettre de démission de Jacques Parizeau est déposée au bureau du premier ministre à onze heures quarante-cinq, le jeudi 22 novembre 1984. Selon Daniel Paillé, Jacques Parizeau démissionne avec regret : « Il adorait ce travail [87]. » Par contre, il n'hésitait pas à dire à ses proches : « Je ne suis pas entré en politique pour travailler seize heures par jour et pour être ministre des Finances d'une province. Je travaille pour devenir ministre des Finances d'un pays [88]. »

Ses dernières heures comme ministre des Finances, Jacques Parizeau les passe avec son épouse. Il n'assiste pas au caucus extraordinaire convoqué pour le début de l'après-midi, pas plus qu'il ne se présente en Chambre. Il se dirige simplement au restaurant *Le Parlementaire*, où il prend un long repas en compagnie d'Alice Parizeau.

---

85. Propos attribués à Jacques Parizeau et rapportés par Pierre Harvey. Entrevue du 22 mars 2000.
86. En raison de l'importance que Jacques Parizeau accordait à cette réforme fiscale, plusieurs analystes croyaient que cela aurait suffi à le maintenir en place. Au sujet de ce livre blanc, le lecteur peut consulter l'annexe E : *Fermer la trappe de pauvreté*.
87. Entrevue avec Daniel Paillé, le 3 mars 2000.
88. *Idem.*

Alice Parizeau, au bras de son mari, le jour où il annonce sa démission comme ministre des Finances. Malgré la tragédie que vit son époux, Alice Parizeau demeure souriante.
Photo de Jacques Nadeau.

À quinze heures trente, il quitte la salle à dîner pour se diriger à ses bureaux. Dans le couloir, une meute de journalistes s'approche de lui et l'encercle. Les caméras sont braquées sur le ministre démissionnaire et les micros cherchent nerveusement à se faire une place sous son menton. « Mon Dieu, pourquoi ce spectacle [89] ! », s'exclame le ministre. Il se contente de confirmer qu'il démissionne de son poste de ministre, sans donner plus de détails.

Aux côtés de son mari, Alice Parizeau affiche un large sourire. En ce moment crucial pour Jacques Parizeau, elle sait comment l'épauler. « Alice a du panache [90] », dit-il. Pour cette écrivaine qui a toujours admiré le courage de René Lévesque, le « beau risque » lui apparaît « comme une capitulation plutôt qu'un choix politique [91]. » Par conséquent, elle comprend très bien les motifs qui ont mené son mari à démissionner.

Le couple réussit finalement à se frayer un chemin parmi les journalistes et à atteindre le bureau du ministre des Finances. Là, Reed Scowen, le député libéral de Notre-Dame-de-Grâce, les attend. Le critique en matière d'institutions financières demande à rencontrer le démissionnaire seul à seul. Jacques Parizeau accepte de le recevoir. La rencontre est remplie d'émotion : « Je suis désolé pour vous, Monsieur Parizeau. Je dois vous dire une chose : j'ai beaucoup appris de vous [92]. » Le député ressort en larmes du bureau du ministre des Finances. Il déclare ensuite aux journalistes qui font le pied de grue devant le bureau : « Je suis simplement venu lui dire comment je me sentais. Jacques Parizeau est l'un des plus grands ministres des Finances que le Québec a connu. Il n'y a pas beaucoup d'hommes d'honneur comme lui capables de défendre leurs convictions comme lui le fait [93]. » Daniel Johnson, critique libéral en matière de finances, se déplace à son tour pour venir prendre congé du docteur en économie.

---

89. Pour une description détaillée des derniers moments de Jacques Parizeau en ce 22 novembre, il est intéressant de lire l'article de Claude Arpin, « Parizeau quits, then lunches until 3 :30 », *The Gazette*, le 23 novembre 1984.
90. Entrevue avec Jacques Parizeau, le 14 juin 2000.
91. Alice Parizeau, *Une femme*, Montréal, Leméac, 1991, p. 442.
92. Propos attribués à Reed Scowen et rapportés par Jacques Parizeau. Entrevue du 14 juin 2000.
93. Propos de Reed Scowen tirés de l'article de Claude Arpin, « Parizeau quits, then lunches until 3 :30 », *The Gazette*, le 23 novembre 1984.

Pendant tout ce temps, Jacques Parizeau semble impassible. Il se permet même de dire une blague à son chef de cabinet : « Monsieur L'Écuyer, je vais enfin pouvoir m'acheter des RÉA[94]!» Il rencontre à nouveau son équipe de hauts fonctionnaires pour leur faire ses adieux. Il prévient son cabinet : «Tous mes documents et archives accumulés depuis 1976 doivent demeurer disponibles pour mon successeur.» «Monsieur Parizeau a souhaité partir sans apporter un seul papier[95]», confirme Hubert Thibault.

En fin de journée, Jean Royer ne peut s'empêcher de faire remarquer à son patron qu'il ne semble pas perturbé, émotionnellement, malgré la gravité du moment : «Tout me semblait tellement mécanique, je lui dis : "Écoutez, ça n'a pas l'air de vous faire de quoi?" Là, il me regarde, puis il me dit :

— Monsieur Royer, vous me connaissez assez. Vous devez savoir, depuis toutes ces années que nous avons passées ensemble, les sentiments, je les garde pour ma femme et la musique[96]. »

D'après Pierre Harvey, la façon dont Jacques Parizeau se retire de la vie politique «a de la grandeur, et ne manque pas d'allure[97]» «La garde a le droit de mourir sans se rendre, et de le faire avec éclat, écrit la journaliste Lise Bissonnette. Ainsi préserve-t-elle le rêve, essentiel.»

Hommage à *Monsieur*

Quelques jours plus tard, dans l'après-midi du 27 novembre, soucieux de respecter les règles parlementaires, Jacques Parizeau se présente au salon bleu de l'Assemblée nationale, afin d'annoncer au président de la Chambre qu'il quitte son siège de député du comté de L'Assomption. Il salue d'abord les membres de l'opposition, les militants de son comté et le personnel de

---

94. Entrevue avec André L'Écuyer, le 13 avril 2000.
95. Entrevue avec Hubert Thibault, le 18 octobre 2001. Malheureusement pour le biographe, l'équipe d'Yves Duhaime, qui succède à celle de Parizeau, n'a pas jugé utile de conserver ces documents. Les historiens seront donc dans l'impossibilité de consulter les archives du ministre des Finances de 1976 à 1984. Tout a été vraisemblablement détruit.
96. Entrevue avec Jean Royer, le 27 avril 2000.
97. Cité dans l'article de Lise Bissonnette, «Le Parti québécois – des étoiles aux intendants», *Le Devoir*, le 24 novembre 1984.

son cabinet politique. Puis, il exprime sa profonde admiration pour les fonctionnaires « que j'ai eu l'honneur de diriger dans les divers postes que j'ai occupés[98]. » Enfin, il bouge nerveusement de la tête, au moment de prononcer cette dernière phrase : « Je tiens à exprimer au chef du gouvernement le grand respect que j'ai pour lui[99]. » La brève allocution de Jacques Parizeau est applaudie de tous, y compris René Lévesque.

Dans les minutes qui suivent le départ d'un membre de l'Assemblée nationale, la tradition parlementaire veut qu'il soit l'objet d'une motion de félicitations et de remerciement de la part du chef de son parti et d'un porte-parole de l'opposition. Jacques Parizeau s'assoit donc quelques minutes, car il s'attend à ce que son chef lui adresse quelques mots. Quand il voit que René Lévesque ne bouge pas et que la Chambre passe aux affaires courantes, le gentilhomme se lève, salue le président en s'inclinant profondément, conformément à la tradition, et il quitte les lieux, les mains derrière le dos[100]. Il part sans rien dire, bien qu'il soit profondément blessé par ce silence : « On n'a jamais vu ça un ministre ou un député démissionner et que personne ne dit un mot. Ça aussi, ça va me toucher. Pas un mot ! On ne peut imaginer, pour un parlementaire, quelque chose de plus injurieux[101] ! »

Le lendemain, le député Denis Vaugeois propose aux parlementaires d'adresser à Jacques Parizeau « un témoignage d'estime, d'amitié et d'appréciation pour l'exemple qu'il a donné par son respect des institutions[102]. » Le leader du gouvernement, Jean-François Bertrand, et le ministre Pierre Marc Johnson s'y opposent et tentent de dissuader Denis Vaugeois de déposer une telle demande à la Chambre. La motion est reportée de jour en jour. Le 3 décembre, plus d'une semaine après sa démission comme député, l'Assemblée nationale rend finalement hommage à Jacques Parizeau. Le principal intéressé n'est plus là, il est au Mexique, avec son épouse.

---

98. *Journal des débats,* Assemblée nationale du Québec, le mardi 27 novembre 1983, p. 1003.
99. *Idem.*
100. Tel que rapporté par Pierre Gravel dans son article : « Jacques Parizeau aura peut-être droit à un hommage étriqué de l'Assemblée aujourd'hui », *La Presse,* le 29 novembre 1984.
101. Entrevue avec Jacques Parizeau, le 14 juin 2000.
102. Tel que rapporté par Pierre Gravel dans son article, *op. cit.,* le 29 novembre 1984.

JACQUES PARIZEAU
Député du comté de l'Assomption

Monsieur le président

Je démissionne aujourd'hui comme député du comté de l'Assomption.

Ce n'est pas sans une certaine émotion que je suis amené à poser ce geste. Les huit années que j'aurai passé — à l'Assemblée nationale ont profondément marqué ma vie. Ma démission du gouvernement ne me laisse, cependant guère le choix. En raison du poste que j'ai occupé, demeurer député et participer activement aux débats et aux travaux en commission, placerait mon successeur et mes ex-collègues dans une situation inutilement ambigüe, et me placerait, moi, dans une situation finalement assez scabreuse.

Je tiens à souligner tout l'intérêt que j'ai trouvé à travailler au sein de l'équipe ministérielle. Je tiens aussi à exprimer au chef du gouvernement, le grand respect que j'ai pour lui. Je me souviendrai toujours des années que j'ai passées, dans diverses

Voici une des pages manuscrites de la lettre de démission
de Jacques Parizeau. Il en fera la lecture à l'Assemblée nationale
le 27 novembre 1984.
Archives de Jean Royer.

Deux membres de la garde rapprochée de René Lévesque expriment toute leur reconnaissance à Jacques Parizeau pour les années qu'il a passées à servir René Lévesque. Le premier, Louis Bernard, va le saluer à son bureau, le jour de son départ[103]. Le deuxième, Jean-Roch Boivin, qui a quitté le cabinet Lévesque depuis quelques mois, lui adresse dès le lendemain de sa démission une lettre émouvante : « Je sais, plus que bien d'autres, que vous vous êtes toujours acquitté de vos lourdes responsabilités au sein du gouvernement avec une scrupuleuse fidélité à votre sens exigeant de l'État (…) Après tant d'années de lutte, un être sensible comme vous ne quitte pas sans de nombreuses blessures à l'âme et au cœur. Malgré l'insuffisance de mes mots maladroits, je me permets de vous assurer de mon amitié en ces moments difficiles[104]. »

Dans les jours qui suivent sa démission, Jacques Parizeau reçoit une foule de télégrammes et de lettres d'encouragement en provenance de la communauté financière internationale[105]. Que ce soit de New York, Tokyo, Francfort, Paris ou Londres, ces témoignages rendent tous compte du respect qu'il s'était attiré grâce à ses compétences, sa capacité intellectuelle et son allure.

Observer un deuil décent

À la mi-décembre, après deux semaines de repos au Mexique où il vit, en compagnie de son épouse, « un temps de bonheur et d'enchantement[106] », confie-t-il, fébrile et ému, Jacques Parizeau rentre au Québec. Les ministres démissionnaires se mobilisent afin d'empêcher que le Congrès extraordinaire du 19 janvier 1985 entérine la nouvelle orientation prônée par René Lévesque, mais l'ancien ministre des Finances garde ses distances. Il n'assiste à aucune des deux importantes réunions organisées par le groupe des orthodoxes. La présidente de son comté lui offre de le nommer délégué d'office, afin qu'il puisse participer au Congrès. Il refuse.

---

103. Entrevue avec Louis Bernard, le 27 avril 2000.
104. Lettre de Jean-Roch Boivin à Jacques Parizeau, datée du 4 décembre 1984. Archives de Jacques Parizeau. ANQ, Montréal.
105. Le biographe a pu constater ce phénomène en consultant les archives du sujet d'étude.
106. Entrevue avec Jacques Parizeau, le 21 juin 2000.

Gilbert Paquette, très actif au sein des orthodoxes, observe que pendant « que notre groupe fait campagne dans tous les coins du Québec contre ce que propose Lévesque, Jacques Parizeau ne participe à aucun débat, parce qu'il avait une certaine loyauté à l'égard de Lévesque. Parizeau voulait demeurer au-dessus de la mêlée. Je me rappelle, il me dit alors : "Il faut observer un deuil décent. Ça va revenir dans cinq ans[107] ". »

Jacques Parizeau se présente tout de même au Congrès extraordinaire du 19 janvier 1985, à titre d'observateur. Son arrivée sur le parquet ne passe pas inaperçue. Elle est soulignée par une ovation. Pour Jean Royer qui accompagne Jacques Parizeau, la signification de sa présence est simple : « Il n'y va pas dans l'espoir que les choses soient renversées. C'est plutôt pour tirer une sorte de trait [qu'il se déplace]. Il veut marquer le coup de son départ. Pour lui, c'est important[108]. » Jacques Parizeau assiste à l'événement comme s'il participait à des funérailles.

En après-midi, les deux mille délégués vivent un moment de grande émotion quand René Lévesque, qui s'était levé et dirigé vers l'arrière de la salle, aperçoit Jacques Parizeau et va lui serrer la main[109]. « C'est extrêmement touchant[110] », déclare Jacques Parizeau. En entrevue avec le biographe, quand il évoque cet instant magique, le croisé baisse les yeux et avoue : « Pour moi, Lévesque n'a jamais été un homme de mauvaise foi, c'est un homme de conviction et puis si ses convictions changent et que les miennes ne changent pas, ce n'est pas lui qui doit partir, c'est moi. Je n'ai pas de hargne personnelle à l'égard de Lévesque. À partir du moment où les gens sont des gens vrais…! Ce sont les tordus que je ne peux pas sentir[111]. »

Malgré la résistance des orthodoxes, le Congrès entérine la nouvelle orientation de son chef. L'option souverainiste est mise en veilleuse pour permettre un rapprochement avec le gouvernement de Brian Mulroney. Soixante-cinq pour cent des délégués approuvent la démarche proposée

---

107. Entrevue avec Gilbert Paquette, le 30 mars 2000. Dans cinq ans, en 1990, l'accord du Lac Meech ne sera pas ratifié. Une fièvre nationaliste sans précédent va s'emparer des Québécois, précipitant le Canada dans une crise politique majeure.
108. Entrevue avec Jean Royer, le 27 avril 2001.
109. Entrevues avec Jean Royer, le 27 avril 2001 et avec Jacques Parizeau, le 21 juin 2000. L'événement est rapporté par la presse écrite.
110. Cité dans un article d'Yvon Laberge, « Un accueil enthousiaste pour Jacques Parizeau », *La Presse*, le 20 janvier 1985.
111. Entrevue avec Jacques Parizeau, le 21 juin 2000.

par René Lévesque, mais le parti se déchire. Selon les chiffres rendus publics, le parti souverainiste, qui comptait plus de trois cents mille membres en 1981, ne peut s'appuyer que sur soixante-dix mille militants en 1984. Au moins cinq des onze présidents régionaux et quatre membres de l'exécutif national démissionnent à la suite du Congrès. En tout, plus d'une centaine de dirigeants péquistes quittent le navire. Le Parti québécois est obligé de mettre en tutelle une dizaine d'associations de comtés.

Une fois adoptée la résolution qui entérine l'orientation prônée par René Lévesque, cinq cents délégués claquent la porte. En fin d'après-midi, ils enregistrent leur dissidence et quittent la salle des délibérations en scandant : «Parizeau! Parizeau!» Une bannière est brandie sur laquelle on peut lire : «Notre pays le Québec.» Les dissidents se retrouvent bientôt tous au local de l'Union française, à Montréal. Encore une fois, ils scandent : «Parizeau! Parizeau!» L'ex-ministre des Finances se profile de plus en plus comme le leader capable, un jour, de succéder à René Lévesque. Pour l'instant, Pierre Marc Johnson bénéficie d'une trop grande avance dans les sondages. Ce soir-là, Camille Laurin et bien d'autres militants s'adressent à la foule composée des dissidents du Congrès. Jacques Parizeau refuse de prendre la parole, malgré les demandes répétées des militants. «Je ne veux pas commencer à faire des emmerdes à Lévesque. J'ai travaillé vingt-deux ans avec ce gars-là. Il n'y a pas d'amitié entre nous, mais un grand respect. C'est un grand bonhomme [112].»

La chute du roi

Dans les premiers jours de janvier, René Lévesque doit être hospitalisé d'urgence. Il présente tous les symptômes d'un grave *burnout*. Le René Lévesque de la belle époque n'est plus que l'ombre de lui-même. De plus, les démissionnaires du «beau risque» ont décimé le Conseil des ministres «comme c'est pas possible», observe Guy Chevrette, alors ministre des Loisirs, de la Chasse et de la Pêche. «Ce groupe-là était le plus structuré [113].» Pour Bernard Landry, qui a finalement décidé de rester en poste, le départ des orthodoxes a trop affaibli l'organisation péquiste : «Il ne fallait pas donner le parti à Pierre Marc Johnson! Moi, j'essaie de combattre Pierre

112. Entrevue avec Jacques Parizeau, le 21 juin 2000.
113. Entrevue avec Guy Chevrette, le 13 novembre 2001.

Marc, pas parce que je le déteste, mais parce que je considère qu'il liquide l'héritage[114]. »

Jacques Parizeau accrédite l'analyse de Bernard Landry, en faisant observer que « Lévesque, par les gestes qu'il a posés, s'est débarrassé de ses appuis les plus solides. Puis, il s'est trouvé entouré d'une *gang* de jeunes loups qui, eux, voulaient sa peau[115]. » Jacques Parizeau pense entre autres à Pierre Marc Johnson. Perçu comme le dauphin de René Lévesque, ce fils de premier ministre, médecin et avocat, n'est pourtant plus dans les bonnes grâces de René Lévesque. Louis Bernard en témoigne : « C'était le cas au début, mais plus à la fin. Monsieur Lévesque me disait : " Johnson, c'est un jeune qui a de l'avenir, mais il a des défauts. Pour un rien, il peut faire des colères incroyables et commettre des erreurs dans l'administration de ses affaires ". Lévesque en est déçu[116] », estime Louis Bernard. Corinne Côté-Lévesque le confirme : « Non, Pierre Marc Johnson n'était pas particulièrement le dauphin[117]. »

Désillusionné, René Lévesque annonce sa démission comme président du Parti québécois le 20 juin 1985. La course à la chefferie a lieu pendant l'été et Pierre Marc Johnson devient le nouveau chef du Parti québécois. En mars, Jacques Parizeau participe au congrès de formation du Rassemblement démocratique pour l'indépendance, un mouvement indépendantiste présidé par Denise Leblanc-Bantey, mais il n'y croit pas vraiment. Il retourne enseigner aux HÉC.

La retraite du baron

Son dernier discours politique pour le Parti québécois, Jacques Parizeau le prononce à Charlemagne, le 16 décembre 1984, dans son comté de L'Assomption. Il met les militants en garde : « Il ne faut pas que l'on *unionationalise* le Parti québécois. » Puis, précisant sa pensée sur le rôle que doit jouer un politicien, il corrige René Lévesque, qui répète sans cesse qu'il faut aller au même rythme que la population : « Je ne sais pas d'où vient ce vieux bobard. Il consiste à nier l'activité politique, qui consiste à

---

114. Entrevue avec Bernard Landry, le 12 juin 2000.
115. Entrevue avec Jacques Parizeau, le 14 juin 2000.
116. Entrevue avec Louis Bernard, le 17 avril 2000.
117. Entrevue avec Corinne Côté-Lévesque, le 2 octobre 2000.

convaincre ses concitoyens de la validité d'un objectif qu'un parti, que des hommes et des femmes, ont en tête. Et bien sûr, comme toute idée, au départ elle est minoritaire et elle gagne graduellement du terrain et parfois elle en perd. C'est ça l'action politique [118]. » Le baron, redevenu croisé, termine son discours en saluant la foule à plusieurs reprises. Il s'incline lentement, « avec solennité, comme un acteur le soir de la dernière, puis, franchissant sans mot dire les barrages des journalistes [119] », il disparaît dans la petite Renault 5 de Jean Royer. « La voie choisie par le gouvernement n'est pas la bonne, dit-il à Jean Royer, mais ils auront à être jugés là-dessus. Attendons la suite des événements. »

À l'élection partielle qui se déroule dans le comté de Jacques Parizeau, le 3 juin, le Parti québécois arrive bon troisième avec moins de vingt pour cent des votes. « L'hypocrisie ne paie pas en politique [120] », déclare-t-il publiquement, au lendemain du désastre essuyé par le parti de René Lévesque.

Ayant renoncé à son titre de baron, « le preux chevalier de l'indépendance se met en réserve de la république du Québec [121] ». À cinquante-quatre ans, Jacques Parizeau n'a pas encore dit son dernier mot. « Têtu, difficile à convaincre, s'il perd, Jacques Parizeau recule. Il est très anglais à cet égard, estime Denis de Belleval. Quand il frappe l'obstacle, il s'en va, en silence. Il attend un jour meilleur. Mais il est comme les saumons, il remonte toujours [122]. » Dans mille jours, Jacques Parizeau aura conquis la présidence du Parti québécois…

(à suivre...)

Pour joindre le biographe :
pierre_duchesne@radio-canada.ca

118. Extrait du discours de Jacques Parizeau prononcé le 16 décembre 1984 à Charlemagne, lors de son départ comme député du comté de L'Assomption. Le texte est reproduit dans le journal *La Presse*, le 17 décembre 1984.
119. Extrait de l'article de Lysiane Gagnon, « Le grand seigneur », *La Presse*, le 18 décembre 1984.
120. Propos de Jacques Parizeau tirés d'un article de Pierre Vennat, dans *La Presse*, le 11 juin 1985.
121. Gilles Lesage, « Au revoir, Monsieur Parizeau », *Le Devoir*, le 24 novembre 1984.
122. Entrevue avec Denis de Belleval, le 29 mars 2000.

INDEX

DES NOMS DE PERSONNES

320, 321, 322, 324, 325, 326, 328,
329, 343, 344, 403, 404, 405, 406,
407, 408, 413, 414, 415, 416, 417,
418, 419, 420, 421, 422, 423, 424,
425, 426, 427, 428, 429, 430, 431,
432, 433, 434, 435, 457, 493
Morin, Jacques-Yvan, 25, 26, 86, 103,
114, 122, 182, 203, 298, 318, 335,
336, 446, 466, 497
Mulroney, Brian, 304, 487, 490, 505,
512

N

Nadeau, Jacques O., 169, 186, 208, 241,
242, 243, 244, 245, 314, 465, 491,
506
Nantel, Roger, 84, 126
Normand, Carmand, 399, 461, 462
Normand, Robert, 324, 330, 407, 469

O

Oates, Colin, 237, 238, 242, 243
Ouellette, Jocelyne, 31, 42, 43, 44, 45,
46, 47, 48, 50, 101, 132, 203, 318,
355, 356, 360, 394

P

Paillé, Daniel, 32, 33, 82, 83, 86, 87, 91,
94, 102, 153, 160, 161, 162, 165, 166,
167, 168, 172, 192, 202, 223, 224,
225, 226, 245, 252, 271, 272, 284,
285, 320, 321, 330, 333, 334, 346,
354, 377, 378, 384, 454, 505
Paquette Gilbert, 97, 102, 104, 312, 366,
453, 454, 477, 492, 494, 500, 502,
503, 512
Paquin, Normand, 365, 372, 373, 374,
471, 472
Paré, Fernand, 251, 252, 253
Parent, Raymond, 202, 204, 418, 419
Paris, Jean-Michel, 246, 247, 382
Parizeau, Alice, 77, 120, 127, 131, 155,
160, 165, 169, 170, 219, 229, 258,
271, 272, 327, 332, 333, 345, 358,
360, 499, 505, 506, 507

Parizeau, Gérard, 83, 117, 121, 209,
210, 225, 342, 411, 412
Parizeau, Isabelle, 108, 127
Payette, Lise, 133, 161, 194, 195, 274,
319, 321, 323, 325, 327, 329, 413
Péladeau, Pierre, 252, 400
Pelletier, Gaston, 252, 400
Pepin, Marcel, 19, 61
Picard, Jean-Claude, 21, 274, 276, 313,
409, 457
Pigeon, Louis-Philippe, 469
Potvin, Robert, 47, 69
Powis, Alfred, 383, 384
Pratte, Yves, 167, 385, 387, 388, 389,
390, 391
Prieur, Claude, 28, 379
Pruneau, Roger, 474

R

Raynauld, André, 338
Reimnitz, Jürgen, 227
Renaud, Pierre, 134, 214, 308
Richard, Clément, 89, 486, 488, 493
Richardson, James, 69
Rivest, Jean-Claude, 326, 343
Rochefort, Jacques, 214, 339, 340, 366,
445, 493, 496
Rocher, Guy, 185, 200, 205
Rochette, Guy, 112
Rockefeller, David, 219
Rodger, Ian, 295
Rolland, Lucien, 390
Romanov, Roy, 156
Rose, Jacques, 451
Rossillon, Phillippe, 54, 111, 419, 425,
426
Rouleau, Alfred, 251
Rousseau, Louis, 28, 244, 245
Roy, Fabien, 81, 82, 83, 262
Roy, Michel, 95, 96, 277
Royer, Jean, 123, 124, 125, 127, 204,
205, 345, 351, 352, 363, 364, 365,
366, 367, 369, 386, 397, 437, 438,
439, 440, 442, 443, 444, 445, 447,
448, 449, 453, 463, 467, 494, 498,
499, 508, 510, 512, 515

Il faut sauvegarder la classe moyenne

Le 18 avril 1978, lors de son discours du budget, Jacques Parizeau informe les contribuables que le fardeau fiscal des Québécois a pris des allures « confiscatoires ». Les impôts sont trop élevés. Le temps est venu de les diminuer. L'orientation sociale-démocrate du Parti québécois facilite le travail de Jacques Parizeau. Après en avoir discuté avec les gens de son ministère et au Conseil des ministres, il présente sa « Réforme de l'impôt sur le revenu des particuliers ».

La principale réalisation de cette réforme se résume à des réductions d'impôts évaluées à 313 millions de dollars. Si 9 Québécois sur 10 profitent alors d'une baisse d'impôt moyenne de 7,5 %, ce sont toutefois les mieux nantis qui écopent. Pour un certain temps, Jacques Parizeau troque son complet trois pièces pour l'habit de Robin des Bois. Le gentilhomme fait payer les plus riches pour en redonner aux plus pauvres. La table des taux d'imposition est rebâtie de façon draconienne. L'échelle ne compte plus 8 paliers, mais bien 21. Les personnes de haut revenu voient leur taux d'imposition grimper de 28 à 33 %. Au bas de l'échelle, le taux minimum passe de 16 à 13 %. Avec le nouveau régime, le contribuable marié, qui vivait du salaire minimum et payait tout de même 225,00 $ d'impôts, n'en paie plus.

« La cible que doit viser toute réforme fiscale est le salarié moyen qu'on a abusivement écrasé d'impôts depuis de nombreuses années [1] », souligne Jacques Parizeau. Pour les familles de la classe moyenne avec deux enfants et un seul revenu, la baisse d'impôt s'avère considérable. Elle chute de 21 %.

---

1. En 1977, le revenu moyen du travailleur québécois était de 12 730,00 $. Extrait du discours du budget, le 18 avril 1978, p. 41.

Il faudrait abolir la taxe sur les profits

Alors qu'il est ministre du Revenu, Jacques Parizeau constate avec étonnement « que les grandes entreprises installées au Québec, à Montréal en particulier, sont nombreuses à organiser à Toronto des " Sales company ". À titre d'exemple, des papetières et des pétrolières établissent à Toronto un comptoir où une dizaine d'employés reçoivent sur papier la livraison de toute la production au Québec à un prix inférieur à celui du marché. Ces " Sales company " revendent ensuite, depuis Toronto, la marchandise au prix du marché. Tous les profits sont donc déclarés et taxés en Ontario pendant que la filiale québécoise n'annonce aucun profit ou même des pertes [1]. » Le Québec a pourtant un impôt sur les profits qui est pratiquement identique à celui de l'Alberta ou de l'Ontario. Mais ce n'est pas suffisant, la venue du Parti québécois favorise la fuite des profits. « C'est embêtant, parce qu'on est en train de se vider de notre substance fiscale à l'égard des entreprises [2] », observe Jacques Parizeau.

Jacques Parizeau affirme que c'est au moment du débat sur la taxe de vente qu'il découvre la situation. Il attend toutefois à l'année suivante, lors de son discours du budget le 27 mars 1979, avant de la dévoiler publiquement. Reconnaissant alors que la taxe sur les profits est de 13 % en Ontario et de 12 % au Québec, il abolit d'abord la taxe perçue auprès des centres d'affaires et normalise la taxe sur le capital, qu'il augmente de moitié. Comme cette taxe est entièrement déductible du revenu imposable des sociétés et qu'Ottawa « perçoit la plus grande part de l'impôt sur les profits des corporations, le gouvernement fédéral paiera, en fait, une dizaine de millions de dollars sur les 40 qui entreront à Québec [3]. »

---

1. Entrevue avec Jacques Parizeau, le 14 juin 2000.
2. *Idem.*
3. Extrait du discours du budget, le 27 mars 1979, p. 31.

Deux ans plus tard, Jacques Parizeau soutient que « l'idéal serait d'abolir l'impôt sur les profits et de le remplacer par autre chose : par exemple, par une taxe à la valeur ajoutée, comme il en existe dans plusieurs pays d'Europe, ou comme, plus près de nous, l'État du Michigan vient d'en établir l'équivalent. Le problème, c'est qu'une telle taxe ne serait pas constitutionnelle. Il s'agit manifestement d'une taxe indirecte, dont le champ, on le sait, est fermé aux provinces [4]... » Pour régler le problème, Jacques Parizeau propose une réforme de la fiscalité qui, tout en respectant la constitution canadienne, aura pour effet de taxer chacun des facteurs de production (masse salariale, capital, profit) au même taux, de telle sorte que le régime fiscal aura un effet neutre.

Lors de son discours du budget du 10 mars 1981, Jacques Parizeau annonce donc une réduction du taux d'imposition sur les profits d'environ 10 %. En contrepartie, il double la contribution des employeurs au financement des programme de santé. « Avec une telle mesure, ils ne peuvent plus tricher », ajoute-il, avec satisfaction. Le nombre d'employés est plus difficile à masquer. « Cela signifie aussi que l'augmentation des charges pour les entreprises québécoises est totalement déductible de leur revenu imposable à Ottawa (rires). Je jouais un tour au fédéral. Évidemment, j'avais un large sourire [5]. »

« Avec un pareil système de taxation des entreprises, le Québec sera, de toutes les provinces canadiennes, celle où le taux d'impôt sur les profits sera le plus bas, et de loin [6]. » « Et, ô miracle, se réjouit Jacques Parizeau, il y a des entreprises qui ont commencé à déclarer leurs profits au Québec à cause de cela [7]. »

---

4. Extrait du discours du budget, le 10 mars 1981, p. 25.
5. Entrevue avec Jacques Parizeau, le 14 juin 2000.
6. Extrait du discours du budget, le 10 mars 1981, p. 26.
7. Entrevue avec Jacques Parizeau, le 14 juin 2000.

ANNEXE C

Des municipalités plus autonomes

L'importante réforme de la fiscalité municipale, pilotée et mise en œuvre par Jacques Parizeau en étroite collaboration avec Guy Tardif, ministre responsable de l'Habitation, entre en vigueur le 1er janvier 1980. L'objet de cette réforme consiste à donner un pouvoir de taxation accru aux municipalités : des revenus estimés à près d'un milliard de dollars[1]. Les immeubles publics et parapublics ne sont plus exemptés du paiement de la taxe foncière et devront dorénavant verser aux municipalités des sommes tenant lieu de taxes. L'impôt foncier, perçu par les commissions scolaires est transféré en quasi totalité aux municipalités. En contrepartie, le gouvernement aboli un grand nombre de subventions aux municipalités. Un fonds de péréquation est par contre créé pour les municipalités de moins de 5 000 habitants[2].

« Ce fut la plus difficile, la plus compliquée et la plus risquée de toutes les réformes présentées par le ministère des Finances[3] », estime un haut fonctionnaire du cabinet Parizeau. « Le Conseil des ministres avait peur de parler de cette réforme. Il était plus facile de ne rien faire. » Jacques Parizeau présente malgré tout un premier mémoire à ce sujet au Conseil des ministres le 1er mars 1978[4]. Quinze jours plus tard, compte tenu des nombreuses résistances au sein du gouvernement, Jacques Parizeau « reconnaît qu'il n'y a pas consensus en faveur de la réforme de la fiscalité municipale et il conclut qu'il faut fermer ce dossier pour le moment[5]. » Son

---

1. Estimation faite lors du discours du budget du 27 mars 1979.
2. Pour plus de détails, il faut consulter le document : « Budget 1979-1980 – Renseignements supplémentaires. Réforme de la fiscalité municipale. » Québec, ministère des Finances et ministère des Affaires municipales, mars 1979.
3. Source anonyme.
4. Mémoire des délibérations du Conseil exécutif, séance du 1er mars 1978. Archives nationales du Québec. Fonds René-Lévesque, Montréal.
5. Extrait du mémoire des délibérations du Conseil exécutif, séance du 15 mars 1978. Archives nationales du Québec. Fonds René-Lévesque, Montréal.

équipe, qui a travaillé durement et a produit des chiffres pour les 1 600 municipalités, est peinée. Une semaine après, un haut fonctionnaire revient à la charge : « Mais Monsieur Parizeau, il faut absolument faire cette réforme[6]! » Le ministre répond : « Malgré cette dernière décision du Conseil des ministres, la seule façon de continuer c'est que les municipalités en viennent à nous le demander. » La haute direction du ministère des Finances se met alors à rencontrer les maires. Michel Caron, sous-ministre, rappelle que « lors de la conférence annuelle des maires de l'Union des MRC, nos gars était à l'arrière de la salle. Nous avions simulé l'impact de la fiscalité sur presque toutes les municipalités du Québec. Chiffres en mains, nous étions donc capables de dire aux maires des municipalités ce que signifiait précisément la réforme fiscale pour chacune d'entre elle[7]. » Les semaines passent et les maires exigent finalement la réforme. René Lévesque reprend le débat au Conseil des ministres. Celle-ci est mise en route deux ans après le premier mémoire de Jacques Parizeau.

6. Source anonyme.
7. Entrevue téléphonique avec Michel Caron, le 15 décembre 2000.

A N N E X E   D

Lettre de Jean-Roch Boivin

Gouvernement du Québec
Cabinet du Premier Ministre

Québec, le 21 décembre 1979

Monsieur Jacques Parizeau
Ministre des Finances
Edifice C
Hôtel du gouvernement
QUEBEC

Cher monsieur Parizeau,

Je ne peux me résigner à quitter pour les vacances de
Noël sans vous envoyer un petit mot pour aider si possible à dissiper ce qui ne m'apparaît qu'un regrettable malentendu au sujet
du sens précis du troisième alinéa de la question.

Je me permets tout d'abord d'inclure une note sur le
sens des mots "statut politique". Je tiens à préciser que le texte de cette note a été approuvé par Me Henri Brun, professeur en
droit constitutionnel à l'Université Laval, par Me Jules Brière
et Me Robert Normand.

De plus, s'il subsistait quelque doute que ce soit sur
le sens exact de ces mots, il me semble que le Gouvernement a le
droit de se lier solennellement en en définissant le sens. Or, le
Premier ministre a été on ne peut plus clair à ce sujet en Chambre
les 20 et 21 décembre.

20 décembre - "Le troisième élément essentiel, c'est, je crois,
la démarche, c'est-à-dire la démarche démocratique - et le député de Laval n'arrivera pas à me provoquer aujourd'hui - qu'il nous
paraît absolument indispensable de faire ratifier, au moment où
ce sera final comme pourparlers, quelque résultat que ce soit,
mais qui impliquerait un changement de statut politique, c'est-à-
dire autre chose qu'une province - c'est ça que signifie statut
politique - par l'ensemble des citoyens qui ont le droit de prendre les décisions finales".

.../2

529

2.

<u>21 décembre</u> -   "Le mandat, c'est essentiellement de changer le
régime politique, c'est-à-dire qu'une province devienne la patrie
et le pays d'un peuple, mais avec un lien très étroit, au point
de vue économique, qui est à l'avantage de tout le monde, avec le
reste du Canada."

<u>21 décembre</u> -   "De toute façon, nous, on dit ceci très sérieuse-
ment: S'il y a une entente, elle impliquera forcément qu'on devra
se donner une constitution complète, dans le Québec, et elle impliquera forcément que, de toute façon, il va falloir faire ratifier
une entente sous forme d'accord ou de traité, et cela se fait de
façon civilisée, en consultant les citoyens. Cela ne peut pas,
quant à nous, être parachuté littéralement sur la tête d'une population, dans une société démocratique, sans que les citoyens ne
l'approuvent.

Si, d'autre part, sur le fond de la question, il
y a un échec complet des négociations et qu'on se cogne sur un mur,
à notre avis, on ne changera pas notre idée, mais il faut également,
de nouveau, demander aux citoyens: Etes-vous prêts qu'on aille, tous
ensemble, plus loin parce qu'ils n'ont pas voulu écouter la voie démocratique qui exprimait l'intention du Québec?"

A mon avis, pour ce qu'il vaut, je crois que le troisième
alinéa de la question réflète tout à fait fidèlement l'esprit de la
décision du Conseil des ministres.

Compte tenu de l'énorme besogne que vous accomplissez et de
votre rôle dans ce gouvernement, sans mentionner l'amitié que je vous
porte, j'ose espérer que vous profiterez de la période des fêtes pour
prendre un repos bien mérité.

Permettez-moi de vous offrir mes meilleurs voeux à l'occasion de Noël et du Nouvel An.

Jean-Roch Boivin

ANNEXE D

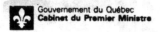

Gouvernement du Québec
Cabinet du Premier Ministre

<u>N O T E</u>

Statut politique

A l'intérieur du Canada,
les parties de la fédération, à l'exception des ter-
ritoires, ont le statut de province.

Tant qu'une de ces parties
demeure une province, qu'elle ait plus ou moins de
pouvoirs, ou encore, des pouvoirs plus ou moins différents des autres membres, elle ne change pas de
statut politique.

Selon l'esprit et la lettre
du 3e élément de la question, " changement de statut
politique " signifie que le Québec cesse d'être une
province canadienne.

ANNEXE E

Fermer la trappe de pauvreté

Conçu par Jacques Parizeau et son équipe, notamment par André Delisle, sous-ministre adjoint, le livre blanc sur la fiscalité des particuliers vise d'abord à réduire le fardeau fiscal de la classe moyenne, entre autres, celui d'une famille avec deux enfants. Il s'attaque ensuite aux familles pauvres. Initiés en 1982, les travaux du ministre Parizeau partent du principe que la lutte à la pauvreté est mal engagée quand un père de famille, prestataire de l'aide sociale, qui se trouve un emploi, se voit dès le départ lourdement imposé. Le gain étant minime, les incitatifs à retourner sur le marché du travail sont infimes. La situation est pire pour les familles monoparentales. Ces observations proviennent à l'origine d'un fonctionnaire du nom de François Geoffrion. Elles permettent alors à Jacques Parizeau de constater que : « Nous nous sommes ainsi fabriqués une trappe de pauvreté [1]. » Il propose donc de ne faire payer des impôts à cette personne que lorsqu'elle aura atteint un revenu plus élevé, c'est-à-dire, lorsqu'il sera passé de 11 900 $ à 16 500 $. Toutefois, bien des ministres s'opposent à cette réforme. Pauline Marois, responsable du dossier de la Main-d'œuvre et de la Sécurité du revenu, en fait partie : « C'était assez drastique. On diminuait les mesures pour aider les personnes à la sécurité du revenu, afin qu'il y ait un intérêt à sortir de cette situation difficile de pauvreté [2]. »

Dans son discours du budget du 10 mai 1983, Jacques Parizeau annonce que le livre blanc sera prêt pour la fin de l'année, mais c'était sans compter sur la réaction du Conseil des ministres qui voit enfin une occasion de freiner l'influence de l'imposant ministre. Des documents distribués par le ministère des Finances aux collègues ministres se retrouvent malencontreusement entre les mains de la presse dans le but évident de discréditer

---

1. Extrait du discours du budget, le 22 mai 1984.
2. Entrevue avec Pauline Marois, le 17 décembre 2001.

le livre blanc. Pauline Marois se souvient de l'atmosphère : «Tous ne critiquaient pas que le contenu de l'ouvrage, il y avait aussi une question de pouvoir[3].» Après de nombreux délais, le livre blanc est finalement déposé le 10 janvier 1985. C'est son successeur au ministère des Finances, Yves Duhaime, qui pose le geste à l'Assemblée nationale.

Quand Jacques Parizeau démissionne, l'économiste Pierre Fortin, qui agit alors comme conseiller économique au bureau du premier ministre, est témoin des résistances grandissantes qu'engendre le document auprès des ministres. «C'est grâce à Lévesque[4]» si le livre blanc est devenu réalité, déclare-t-il. «Lévesque a mis son poing sur la table au Conseil des ministres. Au Canada en général, on considère que c'est le rapport sur la fiscalité le plus intelligent et le plus clairvoyant depuis le rapport de la commission Carter[5].» Un des objectifs du livre blanc était de rendre la fiscalité québécoise concurrentielle avec celle de l'Ontario, ce qui sera fait progressivement de 1984 à 1989.

---

3. *Idem.*
4. Entrevues avec Pierre Fortin en novembre 1995 et le 1er mai 2000.
5. *Idem.*

REMERCIEMENTS

Ce deuxième tome ne fut rendu possible qu'en raison de la précieuse collaboration de plusieurs personnes. Je désire d'abord remercier ma famille et mes proches de leurs encouragements constants. Toute mon affection à mon épouse, Marie-France Mallette, qui a su retenir les petits poings de nos deux enfants, Gabrielle et Félix, qui ne cessaient de cogner à la porte de mon bureau improvisé au sous-sol de la maison. Sa patience et sa générosité ont permis que cet ouvrage puisse être écrit. Toute ma gratitude à mon père, Yvan Duchesne, qui m'a appuyé de bien des façons tout au cours de mes travaux. Je tiens aussi à souligner la rigueur et l'intelligence de Danièle Marcoux, cette redoutable correctrice fut toujours de bon conseil et donna un éclat remarquable au texte. J'apprécie aussi la confiance qu'a témoignée envers moi la direction de la télévision de Radio-Canada en m'encourageant à écrire un tel ouvrage, et ce, sans exercer aucun contrôle sur le contenu. Je remercie en particulier Marc Gilbert, directeur du service Grand Reportage et Documentaire, qui encourage l'audace. J'aimerais aussi saluer mes anciens patrons de la radio de Radio-Canada qui ont permis que ce grand projet voit le jour : Jean-Claude Labrecque, Alain Saulnier et Yvan Asselin. Merci à mon collègue journaliste Maurice Godin pour m'avoir mis une telle idée en tête. Pour veiller au contenu, j'ai demandé à une petite équipe d'experts de m'assister. Il s'agit des journalistes Gilles Lesage et Bernard Drainville, de mon ami Emerson da Silva et de l'ancien rédacteur en chef de la radio de Radio-Canada, Gilles Gariépy. Je désire leur exprimer ma profonde reconnaissance pour ces heures qu'ils ont passées à me lire et à me conseiller.

Merci à Corinne Côté-Lévesque qui m'a permis de consulter le fonds d'archives de René Lévesque, ainsi qu'à Jacques Désautels, qui m'a donné accès aux procès-verbaux des réunions du caucus des députés du Parti québécois. Je me dois ici de souligner le professionnalisme du personnel des Archives nationales du Québec en la personne de Rénald Lessard du centre d'archives de Québec. À Montréal, les Archives nationales du Québec m'ont permis de consulter pour la première fois l'important fonds d'archives de Jacques Parizeau. À cet effet, je remercie spécialement Daniel Ducharme et François David. Je salue l'efficacité de Michelle Tymocko, la bibliothécaire de Radio-Canada, et remercie le centre de documentation de Radio-Canada ainsi que le service des archives sonores et télévisuelles. Je tiens aussi à souligner l'aide constante que j'ai reçue de Lucie Deschênes et Denis Patry du centre de documentation du Parti québécois à l'Assemblée nationale. Leur efficacité est remarquable. Pour cet ouvrage, je rappelle la contribution exceptionnelle des photographes Jacques Nadeau et Antoine Désilets. Enfin, je ne peux terminer ce texte sans exprimer toute ma reconnaissance à l'équipe de Québec Amérique qui m'a assisté et fait confiance tout au long de cet exigeant parcours. Je désire finalement remercier tous ceux qui ont accepté de se confier à moi afin de faire de cette biographie un ouvrage de référence pour la suite du monde [1].

---

1. La liste des personnes interviewées dans le cadre de cette biographie sera publiée dans le troisième tome.

Transcontinental
IMPRESSION
IMPRIMERIE GAGNÉ